D1338079

LES

ŒUVRES

COMPLETES

DE

VOLTAIRE

63B

VOLTAIRE FOUNDATION

OXFORD

2008

ISBN 978 0 7294 0896 7

Voltaire Foundation Ltd
99 Banbury Road
Oxford OX2 6JX

www.voltaire.ox.ac.uk

A catalogue record for this book
is available from the British Library

OCV: le sigle des *Œuvres complètes de Voltaire*

PRINTED IN ENGLAND
AT THE ALDEN PRESS
OXFORD

Direction de l'édition

1968 · THEODORE BESTERMAN · 1974
1974 · W. H. BARBER · 1993
1989 · ULLA KÖLVING · 1998
1998 · HAYDN T. MASON · 2001
2000 · NICHOLAS CRONK ·

Sous le haut patronage de

L'ACADÉMIE FRANÇAISE

L'ACADÉMIE ROYALE DE LANGUE ET DE
LITTÉRATURE FRANÇAISES DE BELGIQUE

THE AMERICAN COUNCIL OF LEARNED SOCIETIES

LA BIBLIOTHÈQUE NATIONALE DE RUSSIE

THE BRITISH ACADEMY

L'INSTITUT ET MUSÉE VOLTAIRE

L'UNION ACADÉMIQUE INTERNATIONALE

Ouvrage publié avec le concours du
CENTRE NATIONAL DU LIVRE

Œuvres de 1767

II

TABLE DES MATIÈRES

vii

TABLE DES MATIÈRES

ABRÉVIATIONS

Arsenal	Bibliothèque de l'Arsenal, Paris
Bengesco	Georges Bengesco, *Voltaire: bibliographie de ses œuvres*, 4 vol. (Paris, 1882-1890)
BnC	*Catalogue général des livres imprimés de la Bibliothèque nationale: auteurs, tome 214, Voltaire*, éd. H. Frémont et autres, 2 vol. (Paris, 1978)
BnF	Bibliothèque nationale de France, Paris
Bodley	Bodleian Library, Oxford
BV	M. P. Alekseev et T. N. Kopreeva, *Bibliothèque de Voltaire: catalogue des livres* (Moscou, 1961)
CN	*Corpus des notes marginales de Voltaire* (Berlin et Oxford, 1979-)
Correspondance littéraire	F. M. Grimm, *Correspondance littéraire, philosophique et critique, par Grimm, Diderot, Raynal, Meister, etc.*, éd. Maurice Tourneux, 16 vol. (Paris, 1877-1882)
D	Voltaire, *Correspondence and related documents*, éd. Th. Besterman, *Œuvres complètes de Voltaire*, t.85-135 (Oxford, 1968-1977)
Dictionnaire de l'Académie	*Dictionnaire de l'Académie française*

Encyclopédie	*Encyclopédie, ou dictionnaire raisonné des sciences, des arts et des métiers, par une société de gens de lettres,* éd. J. Le Rond D'Alembert et D. Diderot, 35 vol. (Paris, 1751-1780)
Essai sur les mœurs	Voltaire, *Essai sur les mœurs et l'esprit des nations et sur les principaux faits de l'histoire depuis Charlemagne jusqu'à Louis XIII,* éd. R. Pomeau, 2 vol. (Paris, 1990)
ImV	Institut et musée Voltaire, Genève
Kehl	*Œuvres complètes de Voltaire,* éd. J. A. N. de Caritat, marquis de Condorcet, J. J. M. Decroix et Nicolas Ruault, 70 vol. (Kehl, 1784-1789)
Lettres philosophiques	Voltaire, *Lettres philosophiques,* éd. G. Lanson, rév. André M. Rousseau, 2 vol. (Paris, 1964)
M	*Œuvres complètes de Voltaire,* éd. Louis Moland, 52 vol. (Paris, 1877-1885)
Mémoires secrets	Louis Petit de Bachaumont, *Mémoires secrets pour servir à l'histoire de la république des lettres en France, depuis 1762 jusqu'à nos jours, ou journal d'un observateur,* 36 vol. (Londres, 1780-1789).
ms.fr.	manuscrits français (BnF)
n.a.fr.	nouvelles acquisitions françaises (BnF)
OCV	*Œuvres complètes de Voltaire* (Oxford, 1968-) [la présente édition]

OH	Voltaire, *Œuvres historiques*, éd. R. Pomeau (Paris, 1957)
SVEC	*Studies on Voltaire and the eighteenth century*
Taylor	Taylor Institution, Oxford
Trapnell	William H. Trapnell, 'Survey and analysis of Voltaire's collective editions', *SVEC* 77 (1970), p.103-99
VF	Voltaire Foundation, Oxford
VST	René Pomeau, René Vaillot, Christiane Mervaud et autres, *Voltaire en son temps*, 2e éd., 2 vol. (Oxford, 1995)

L'APPARAT CRITIQUE

L'apparat critique placé au bas des pages fournit les diverses leçons ou variantes offertes par les états manuscrits ou imprimés du texte. Chaque note critique est composée du tout ou d'une partie des indications suivantes:

— Le ou les numéros de la ou des lignes auxquelles elle se rapporte; comme les titres ou sous-titres, les noms de personnages dans un dialogue ou une pièce de théâtre, et les indications scéniques échappent à cette numérotation, l'indication donne dans ce cas le numéro de la ligne précédente suivi des lettres a, b, c, etc. qui correspondent aux lignes de ces textes intercalaires.

— Les sigles désignant les états du texte, ou les sources, repris dans la variante. Des chiffres arabes, isolés ou accompagnés de lettres, désignent en général des éditions séparées de l'œuvre dont il est question; les lettres suivies de chiffres sont réservées aux recueils, w pour les éditions complètes, et T pour les œuvres dramatiques; après le sigle, l'astérisque signale un exemplaire particulier, qui d'ordinaire contient des corrections manuscrites.

— Des explications ou des commentaires de l'éditeur.

— Les deux points (:) marquant le début de la variante proprement dite, dont le texte, s'il en est besoin, est encadré par un ou plusieurs mots du texte de base. A l'intérieur de la variante, toute remarque de l'éditeur est placée entre crochets.

Les signes typographiques conventionnels suivants sont employés:

— La lettre grecque bêta β désigne le texte de base.

— Le signe de paragraphe ¶ marque l'alinéa.

— Deux traits obliques // indiquent la fin d'un chapitre ou d'une partie du texte.

— Les mots supprimés sont placés entre crochets obliques < >.

— Les mots ajoutés à la main par Voltaire ou Wagnière sont précédés, dans l'interligne supérieur, de la lettre ^{v} ou ^{w}, suivie d'une flèche verticale dirigée vers le haut $^\uparrow$ ou vers le bas $^\downarrow$, pour indiquer que l'addition est inscrite au-dessus ou au-dessous de la ligne. Le signe $^+$ marque la fin de l'addition, s'il y a lieu.

LES DESCRIPTIONS BIBLIOGRAPHIQUES

Dans les descriptions bibliographiques les signes conventionnels suivants sont employés:

— Pi π désigne des cahiers non signés supplémentaires à l'enchaînement régulier des pages préliminaires.

— Chi χ désigne des cahiers non signés supplémentaires à l'enchaînement régulier du texte.

— Le signe du dollar $ signifie 'un cahier typique'.

— Le signe plus ou moins $\pm$ indique l'existence d'un carton.

REMERCIEMENTS

La préparation des *Œuvres complètes de Voltaire* dépend de la compétence et de la patience du personnel de nombreuses bibliothèques de recherche partout dans le monde. Nous les remercions vivement de leur aide généreuse et dévouée. Parmi eux, certains ont assumé une tâche plus lourde que d'autres, dont en particulier le personnel de la Bibliothèque nationale de France et de la Bibliothèque de l'Arsenal, Paris; de l'Institut et musée Voltaire, Genève; de la Taylor Institution Library, Oxford; et de la Bibliothèque nationale de Russie, Saint-Pétersbourg.

Nous remercions pour leur aide, David Adams et Haydn Mason.

PREFACE

'Jamais il n'a tant écrit': so writes René Pomeau about this period in Voltaire's life.[1] The year 1767 is one of frenetic activity and superabundant production. Five volumes in all (volumes 62, 63A, 63B, 63C and 64 of the present edition) contain works published that year, and this by no means covers all that was being written at the time.

As the preface to volume 63A gives a comprehensive account of Voltaire's situation in 1767, it would be otiose to repeat the material provided there. Preferably, it might be useful to remark on the discrepancy which becomes apparent between Voltaire the man and Voltaire the author.

If one reads the voluminous correspondence of 1767 (at least 659 letters from Voltaire alone), it is tempting to conclude that he is obsessed, for at least the first seven months, with one work only, *Les Scythes*, which had already appeared the previous year. This play, dear to his heart (Pomeau terms it a 'tragédie autobiographique'[2]), consumes much time and trouble, but to little avail. He goes from expressing his devotion to it on 16 February: 'Plus j'y pense, plus j'aime *Les Scythes*' (letter to d'Argental, D13965); to deep disillusion on 25 May: '[*Les Scythes*] avancent la fin de mes jours; ils me tuent [...] j'avais un besoin extrême du succès de cet ouvrage' (again to d'Argental, D14197). Yet even then the yearning lingers on: 'j'ai toujours du faible pour *Les Scythes*' (once more to d'Argental, 20 June, D14232).

In addition, Voltaire spends much of 1767 complaining of being ill, even during the summer months, and of being bed-ridden from mid-September to the end of December (see D14480 and D14623).

---

[1] René Pomeau, *La Religion de Voltaire* (Paris, 1969), p.354.
[2] *VST*, vol.2, p.277.

Between preoccupation with *Les Scythes* and indifferent health, one might be led to assume, in ignorance, that this was a fallow period.

But, as we know, the truth was exactly the opposite. To name but two major works, in 1767 he was completing *La Princesse de Babylone* (see volume 66 of the present edition) and *L'Ingénu* (see volume 63c). Not a word is vouchsafed about either before they are published. Only through patient scholarship have indirect traces of their composition been discovered in Voltaire's letters of the time. The same may be said for the *Lettres à Son Altesse Monseigneur le prince de* *** (in this volume), as for many another work throughout his life. To this he pleads an easy excuse, not without justification: the need for self-protection. But the matter goes much deeper than that. An integral part of Voltaire's personality rejoices in this *jeu de cache-cache*, in which his 'real' identity is always held at one remove, persistently *différée* in a manner anticipatory of Derrida's theories about authorship. The ostensible correspondent discourses on a whole host of topics, while in the meantime the creative force works in clandestinity, unabated.

Much of the present volume is, however, more overt, largely because the polemical side plays a large part. Voltaire's intention about Marmontel's enemies is unambiguous, and could as well apply to his own adversaries: 'il ne s'agit plus ici de plaisanter, il faut écraser ces sots monstres' (letter to Marmontel, 16 May, D14184). These are the years when he is still confident of the eventual success of his cause: 'Bénissons cette heureuse révolution qui s'est faite dans l'esprit de tous les honnêtes gens depuis quinze ou vingt années; elle a passé mes espérances' (letter to D'Alembert, 4 June, D14211). Indeed, the enemy at times appears comic rather than threatening: 'On ne peut voir passer un prêtre dans les rues sans rire' (letter to D'Alembert, 30 September, D14447). Towards the end of the year, it is true, a somewhat more anxious note is struck (premonitory of what is to increase in later years) concerning the failure of the *philosophes* to band together against the forces hostile to them: 'Ce qui me fâche le plus, c'est que les cuistres, les fanatiques, les fripons sont unis, que les gens de bien sont dispersés, isolés, tièdes, indifférents, ne pensant qu'à leur petit bien-être' (letter to D'Alembert, 26 December, D14623). But the horror he had felt at the La Barre execution in 1766 has largely dissipated. If the *Relation de la mort du chevalier de La Barre*, presumably written in late 1766, appears only now, it is probably because, as Robert Granderoute suggests, Voltaire had thought it prudent to delay publication. La Barre has effectively disappeared from Voltaire's letters. Though he can still express his horror at this outrage, as when writing to D'Alembert on 4 November (D14517), this appears to be his first reference to it since mid-June (D14230).

As Voltaire had written to Marmontel, 'il ne s'agit plus de plaisanter'. The ferocity of the attack may, nonetheless, be conveyed through apparent gentility. So a whole legion of calumniators lies buried beneath the surface, as in *Les Honnêtetés littéraires*: Chaumeix ('je ne sais qui c'est'); Rousseau, whose villainies now include abusing Hume's hospitality ('Ah! Jean-Jaques, trois soufflets pour une pension? C'est trop! [...] C'est un terrible homme que ce Jean-Jaques!'); La Beaumelle, hounded across Europe, to be jailed eventually in Paris; above all, the egregious Nonnotte ('aimant mieux encore l'argent que la vérité'), who had dared to compile *Les Erreurs de Voltaire*, and whose execution is carried out at length, over some thirty pages.[3] Voltaire briefly considers the possibility of a different response to hostile attacks: 'méprisez cette infamie, l'auteur ne vaut pas la peine qu'on en parle'. His response to that is succinct: 'Voilà un plaisant avis'. Thunderous denunciation is the only fitting way: 'car tout délit est honteux'.[4] The structural principle is 'honnêteté', but 'honnêteté' inverted: 'prise par antiphrase', as Olivier Ferret puts it.[5]

The *Lettres à Son Altesse Monseigneur le prince de* *** wage the same offensive against *l'infâme*, but from a different angle. The

---

[3] See *Les Honnêtetés littéraires*, respectively, p.93, 99, 104-108, 114-43.
[4] *Les Honnêtetés littéraires*, p.107.
[5] See the introduction to *Les Honnêtetés littéraires*, p.15.

discursive approach is reminiscent of the earlier epistolary *Lettres philosophiques*, Voltaire once again wishing to instruct (his letters to Mme Du Deffand often perform the same didactic function). The extensive panorama, both modern and cosmopolitan (as François Bessire makes clear), covers a range of authors widely differing in their philosophies, but sharing one unusual criterion: they have all been 'accusés d'avoir mal parlé de la religion chrétienne'. Yet in each and every case these are not atheists and have never presented any danger to the body politic – unlike the 'sainte religion des Ravaillac, des Damiens, des Malagrida'.[6] The author is intent on pronouncing the death knell of theology, as outdated as astrology, witchcraft – and the Jesuits![7] Theism by contrast, though 'erroné', is no disturber of the peace.[8] The writers who are described in these pages represent the way forward: 'On peut épurer la religion'.[9] For a while, hopes of an 'heureuse révolution' are in the ascendant.

Haydn Mason

---

[6] *Lettres à Son Altesse Monseigneur le prince de* ***, letter 10, p.489.
[7] See letter 4, p.419.
[8] Letter 7, p.453.
[9] Letter 4, p.419.

Les Honnêtetés littéraires etc. etc. etc.

Edition critique

par

Olivier Ferret

TABLE DES MATIÈRES

INTRODUCTION

1. *Histoire du texte*

Le 1er avril 1767, Grimm écrit dans la *Correspondance littéraire* qu'on 'n'a point à Paris' *Les Honnêtetés littéraires*, mais qu'elles 'existent'.[1] L'ouvrage, qui a dû sortir des presses des frères Cramer au cours du mois de février,[2] est mentionné pour la première fois dans la correspondance de Voltaire le 14 mars (D14034): Charles-Frédéric-Gabriel Christin est invité à 'faire parvenir des honnêtetés à M. Le Riche'. Dans une lettre du 3 avril au marquis de Florian (D14085), Voltaire déplore toutefois les incertitudes de la poste ('Vingt ballots envoyés de Paris avec toutes les formalités requises sont arrêtés') et il ajoute: 'J'aurais bien assurément l'honnêteté de vous envoyer des honnêtetés, mais on est si malhonnête, que je ne puis même vous procurer ce léger amusement'. Le 4 mai, Voltaire écrit encore à Damilaville (D14160) que D'Alembert doit lui faire remettre 'des chiffons' – 'deux *Zapata*, et deux *Honnêtetés*'; mais le même jour (D14161), D'Alembert se plaint de ne jamais recevoir de Voltaire ce qu'il pourrait lui envoyer: 'ni l'*Anecdote sur Bélisaire* de son ami l'abbé Mauduit, ni les *Honnêtetés littéraires* que je n'ai pas encore lues, ni la lettre à Elie de Beaumont, ni le Poème sur la belle guerre de Genève'.[3] Il conclut: 'dites, je vous prie, à l'auteur de

---

[1] *Correspondance littéraire*, éd. Maurice Tourneux, 16 vol. (Paris, 1877-1882), t.7, p.282.

[2] Une lettre de Jacob Vernet à La Beaumelle du 25 juin 1767 évoque les 'mensonges' colportés dans *Les Honnêtetés littéraires*, ouvrage paru 'il y a quatre mois' (*Correspondance générale* de La Beaumelle, en cours de publication) – référence qui m'a été communiquée par Claude Lauriol que je remercie aussi pour la relecture attentive et critique qu'il a effectuée des passages de cette édition qui concernent La Beaumelle.

[3] Sur ces textes contemporains, *La Guerre civile de Genève* et l'*Anecdote sur Bélisaire*, voir *OCV*, t.63A, p.1-152 et p.153-88. Pour la 'lettre à Elie de Beaumont', rédigée dans le contexte de l'affaire Sirven, voir ci-dessous, p.175-97.

toutes ces pièces, qu'il a tort d'oublier ainsi ses amis'. En l'absence, dans la correspondance, de toute information ultérieure concernant la circulation du texte, il est difficile d'évaluer la durée de la pénurie: on observera cependant que si le rédacteur des *Mémoires secrets* annonce pour la première fois *Les Honnêtetés littéraires*, ainsi que *Les Questions de Zapata*, le 30 avril, il ne rend véritablement compte du texte que le 27 juillet. [4]

A en juger par leurs réactions, les contemporains ne doutent pas de la cible principale qu'a en vue Voltaire: dans cette 'brochure de près de deux cents pages', il est certes question de 'frère Patouillet', 'La Beaumelle attrape aussi quelques douzaines de coups d'étrivières en passant', mais, précise Grimm, 'Cela est fait particulièrement à l'honneur d'un ci-devant soi-disant jésuite, Nonotte, auteur des *Erreurs de Voltaire*'. [5] La correspondance le confirme. Selon son habitude, Voltaire prend des renseignements sur son adversaire du moment: dès le 29 septembre 1766 (D13699), il demande à Charles Bordes de s''informer d'un nommé Nonotte, ex-jésuite' qui lui 'a fait l'honneur d'imprimer à Lyon deux volumes' contre lui 'pour avoir du pain'. Le même jour, il s'adresse à Christin (D13700): 'mandez-moi, je vous prie, tout ce que vous savez du R. P. Nonotte, de la Compagnie de Jésus; de quel pays est-il? que fait-il? où est-il? quel âge a-t-il? quelle figure a-t-il? quels protecteurs a-t-il? tout cela est bon à savoir'. On devine l'usage que Voltaire entend faire de ces renseignements. L'enquête porte sur la personne; elle porte aussi sur l'ouvrage incriminé. Le 5 octobre (D13714), il interroge le libraire parisien Lacombe: 'Dites-moi, je vous prie, si vous avez entendu parler d'un livre en deux volumes, intitulé *Les Erreurs historiques et dogmatiques de Voltaire*, par un faquin d'ex-jésuite nommé Nonotte. Est-il connu à Paris? Il est détestable; serait-on assez sot pour qu'il eût quelque vogue?' Le 12 octobre (D13731), il

---

[4] Louis Petit de Bachaumont, *Mémoires secrets pour servir à l'histoire de la république des lettres en France depuis 1762 jusqu'à nos jours*, 36 vol. (Londres, J. Adamson, 1777-1789), t.3, p.211 et 244. Le compte rendu des *Questions de Zapata* est livré plus tôt, le 16 mai (t.3, p.217).

[5] *Correspondance littéraire*, t.7, p.282.

interroge le Bisontin François-Louis-Henri Leriche: 'Il y a dans votre ville un misérable ex-jésuite nommé Nonotte, qui pour augmenter sa portion congrue, a fait un libelle en deux volumes. Je voudrais savoir quel cas on fait de sa personne et de son libelle'. Voltaire croit savoir que 'le père de ce prêtre est un boulanger' ('Cela est heureux: il aura le pain azyme pour rien, et il distribuera gratis le pain des forts') et conclut à l'ingratitude de 'frère Nonotte': 'Il faut que frère Nonotte soit bien ingrat d'écrire contre moi dans le temps que je loge et nourris un de ses confrères. Mais quand il s'agit de la sainte religion, l'ingratitude devient une vertu'. A cette date, *Les Honnêtetés littéraires* sont probablement déjà en chantier: le texte comporte deux allusions à la 'portion congrue' de Nonnotte (p.114, ligne 747 et p.120, ligne 859), deux mentions de la profession de son père (à présent 'crocheteur' de son état, p.141, ligne 1311 et p.152, ligne 1520); il est enfin question aussi du père Adam, 'aumônier du château' de Ferney (p.139, lignes 1278-80).

Claude-François Nonnotte (1711-1793) n'est cependant pas un inconnu pour Voltaire. Le 9 octobre (D13721), les réponses commencent à arriver. 'J'ai trouvé aussi le livre du sieur Nonotte, et j'en suis bien fâché', écrit Bordes, 'ce n'est qu'une seconde édition du livre *des Erreurs* etc. que vous devez connaître; on y a ajouté une réponse aux *Eclaircissements historiques* imprimés dans vos *Nouveaux Mélanges*'. On commence à voir se reconstituer les différents épisodes de ce qui ressemble fort à une querelle littéraire, au cours de laquelle les écrits se succèdent et se répondent en l'espace de quelques mois ou, comme ici, de quelques années. Les hostilités commencent en 1762 lorsque Nonnotte fait paraître, de manière anonyme, *Les Erreurs de Voltaire* [6] dont les deux volumes comportent les deux parties de l'ouvrage, respectivement consacrées aux 'erreurs historiques' et aux 'erreurs dogmatiques'. Si la seconde partie prend pour objet une grande diversité de textes, la

---

[6] [Claude-François Nonnotte], *Les Erreurs de Voltaire*, 2 vol. (Paris et Avignon, Antoine-Ignace Fez, 1762). Au dix-huitième siècle, son nom fut également orthographié 'Nonotte' et 'Nonnote'; dans les citations nous retenons l'orthographe qui figure dans la source consultée.

première concentre les attaques prioritairement contre l'*Essai sur les mœurs*, secondairement contre *Le Siècle de Louis XIV*: l'ensemble prend la forme d'une 'réfutation',[7] Nonnotte citant de larges extraits des œuvres de son adversaire dont il signale et corrige les 'erreurs'. Voltaire réplique l'année suivante en publiant, dans le tome 8 de la réimpression de l'*Essai sur l'histoire générale*, les *Eclaircissements historiques à l'occasion d'un libelle calomnieux contre l'Essai sur les mœurs et l'esprit des nations*:[8] le texte adopte la forme d'une suite de trente-deux développements, flanqués d'un titre, et relève en retour les 'sottises, les unes dévotes, les autres calomnieuses' que contient le 'gros livre' qu'il désigne comme un 'libelle'.[9] Ces *Eclaircissements* se prolongent par des *Additions aux observations sur le libelle intitulé Les Erreurs de Monsieur de V.*, signées 'par M. Damilaville', qui stigmatise encore quatre 'faussetés' de Nonnotte.

L'affaire aurait pu en rester là si Nonnotte n'avait pas entrepris, en 1766, de donner une nouvelle édition des *Erreurs de Voltaire*, 'avec la réponse aux *Eclaircissements historiques* de M. de Voltaire'.[10] Même si l'on ignore dans quelles circonstances Voltaire en a fait l'acquisition, il s'agit de l'édition – celle qu'évoque Bordes – qui se trouve dans sa bibliothèque et qui présente des traces de lecture: en regard de la page de titre, Voltaire a écrit 'Erreurs de Nonnote' et, à la suite du titre, il décrit l'ouvrage comme un 'livre très impertinent d'un ex-jésuite nommé Nonnotte auquel on a répondu'.[11] Quatre ans après les *Eclaircissements historiques*, *Les Honnêtetés littéraires* constituent assurément une nouvelle réponse

---

[7] [C.-F. Nonnotte], *Les Erreurs de Voltaire*, 'Discours préliminaire', t.1, p.xxxiv-xxxv.

[8] *Collection complète des œuvres de Monsieur de Voltaire*, 18 vol. (Genève, Cramer, 1761-1764), t.18 (1763), p.355-400.

[9] *Collection complète des œuvres de Monsieur de Voltaire*, t.18, p.355.

[10] [C.-F. Nonnotte], *Les Erreurs de Voltaire. Nouv. éd., rev., corr., augm., avec la réponse aux Eclaircissements historiques de M. de Voltaire*, 2 vol. (Amsterdam [Paris], 1766, BV2579).

[11] *OCV*, t.141, p.119-25 (p.119) et figure 9. Sur les notes marginales de Voltaire, voir O. Ferret, 'Notes sur "Nonnote"', *Revue Voltaire* 7 (2007), p.155-67.

de Voltaire.[12] L'apport de la réédition du 'libelle' consistant essentiellement dans la 'réponse' de Nonnotte aux *Eclaircissements historiques*, Voltaire concentre sa contre-attaque sur cette portion du texte, quitte à répéter ('On t'a déjà dit que...') certains des propos déjà avancés dans le pamphlet de 1763:[13] peut-il en être autrement dès lors que son adversaire 'rabâche' les mêmes inepties?

Jusque-là, on a semble-t-il affaire à une querelle littéraire ordinaire comme il y en a tant dans une 'république des lettres' qui, d'après les représentations qu'en donnent les contemporains,[14] est le lieu d'une agitation perpétuelle. Reste que, en l'occurrence, la réponse de Voltaire prend une forme atypique: si le texte présente la physionomie d'une succession de développements numérotés, les attaques ne se concentrent pas, comme c'était le cas dans les *Eclaircissements historiques*, sur l'unique Nonnotte, même si la réédition augmentée de son ouvrage anti-voltairien est probablement à l'origine de la genèse des *Honnêtetés littéraires*; le texte n'est pas conçu comme une machine de guerre contre un adversaire unique exposé à un tir nourri comme cela a été le cas, par exemple, avec Desfontaines, La Beaumelle, Pompignan ou encore, plus récemment, avec Jean-Jacques.[15] En fait, c'est à tous ces personnages (et à d'autres encore), convaincus d'avoir fait preuve d'une grande 'honnêteté', que Voltaire consacre ici une 'honnêteté'. Si l'angle d'attaque semble nouveau, on verra que l'ouvrage entretient de nombreux échos avec certains écrits de Voltaire, récents ou plus anciens.

---

[12] L'affaire n'en reste pas là: Nonnotte répond, en 1767, par une *Lettre d'un ami à un ami sur les Honnêtetés littéraires, ou supplément aux Erreurs de Voltaire* à laquelle Voltaire réplique, l'année suivante, par la *Lettre d'un avocat au nommé Nonotte, ex-jésuite*. Voir l'édition critique de ce texte, ci-dessous p.333-51.

[13] Sur ces échos d'un texte à l'autre, voir l'annotation du texte.

[14] Voir Simon-Augustin Irailh, *Les Querelles littéraires, ou mémoires pour servir à l'histoire des révolutions de la république des lettres depuis Homère jusqu'à nos jours* (Paris, Durand, 1761).

[15] On songe en particulier à la *Lettre [...] au docteur Jean-Jacques Pansophe* (*M*, t.26, p.17-27), à la *Lettre à Monsieur Hume* (p.29-34) et aux *Notes* qui s'y rapportent (p.35-46).

2. *Honnêtetés, malhonnêtetés, mensonges*

Lorsque Voltaire parle d'"honnêteté', de quoi s'agit-il? Le *Dictionnaire de l'Académie* (1762) définit une notion qui renvoie à des qualités indissociablement morales et sociales. Honnêteté signifie en effet 'chasteté, pudeur, modestie', au sens où quelque chose – 'des paroles', en particulier – peut 'blesser' ou 'choquer l'honnêteté', notamment 'l'honnêteté des mœurs'. C'est dans cette perspective que l'on peut entendre l'évocation, dans la Septième honnêteté, du *De matrimonio* du R. P. Sanchez dont sont données quelques citations en latin que la 'pudeur' interdit de traduire: 'J'ai prétendu me borner à faire voir combien les théologiens sont quelquefois honnêtes' (p.91-92). L'adjectif 'honnête', qui a pleinement ici son sens moral, est à prendre par antiphrase, comme c'est d'ailleurs souvent le cas pour les occurrences des mots 'honnête' et 'honnêteté' dans le texte. Dans cette acception, la question de l'"honnêteté' est aussi étroitement liée à celle de la 'bienséance', terme que le *Dictionnaire de l'Académie* donne pour synonyme. On observera cependant que cette qualité morale n'est pas sans implications sociales, la définition de la 'bienséance' devant toujours être rapportée à un contexte socio-historique: l'exemple fourni fait d'ailleurs référence à 'l'honnêteté publique'. Ainsi, par exemple, dans la Dix-septième honnêteté, de l'évocation de l'"honnête maison' dans laquelle il vaut mieux 'être laquais' ou encore de la profession des ramoneurs savoyards, présentés comme d'"honnêtes enfants' (p.107). Quant aux 'catins', 'on doit avoir de l'honnêteté pour elles sans doute, mais avec quelques restrictions' (p.108). Cette occurrence actualise surtout le sens social, relatif à une forme de savoir-vivre que le *Dictionnaire de l'Académie* décrit en termes de 'civilité', caractérisant aussi une 'manière d'agir obligeante et officieuse', dans une acception que l'on trouve également dans la lettre adressée 'à M. l'archevêque d'Auch': 'On a épuisé toutes les voies de l'honnêteté pour vous faire rentrer en vous-même' (p.151). Dès lors que, par extension, le terme en vient à désigner 'les civilités que l'on fait', il peut être employé, en discours, pour qualifier – par antiphrase – les agissements de ceux que Voltaire prend pour cible. 'Les honnêtetés de Jean-Jacques' lui attirent, par exemple, 'de très grandes honnêtetés': 'pour peu que vous soyez poli, vous trouverez à coup sûr des gens fort polis qui ne sont pas en reste avec vous'. On en conclura que 'cela compose une société charmante' (p.100). Si la notion d''honnêteté' se rattache à une forme de morale pratique envisagée dans l'espace social, elle qualifie en particulier un mode de commerce policé entre individus. Selon le *Dictionnaire de l'Académie*, 'on dit faire une honnêteté pour dire faire un présent par reconnaissance': 'Il m'avait rendu un service... et je lui ai fait une honnêteté'. Ainsi s'entend encore, selon une logique anti-phrastique déjà rencontrée, l'évocation de l'étrange 'remercie-ment' que Pompignan a adressé à ses confrères après son élection à l'Académie française (p.87) ou encore de 'la reconnaissance de certains hommes soi-disant gens de lettres' pour l''entreprise' encyclopédique, 'si avantageuse à eux-mêmes': 'celle de la décrier, de diffamer les auteurs, de les poursuivre, de les accuser d'irréli-gion et de lèse-majesté' (p.93).

La stigmatisation de telles 'honnêtetés littéraires' est ainsi, dans le texte, étroitement reliée à la question de la calomnie, de la falsification et du mensonge. 'Une honnêteté nouvelle', par exemple, 'c'est d'imprimer des lettres sous le nom d'un auteur connu, ou de falsifier celles qui ont couru dans le monde [...], et d'insérer dans ces lettres les plus énormes platitudes avec les calomnies les plus insolentes' (p.100). On reconnaît là un procédé déjà dénoncé, l'année précédente, dans l'*Appel au public contre un recueil de prétendues lettres de Monsieur de Voltaire*: l'éditeur de ces lettres a 'joint' à la 'malhonnêteté de les imprimer sans le consentement de l'auteur' l''infidélité de les altérer et de les empoisonner'. Ce que confirme le 'Certificat de M. Damilaville': le recueil a été publié 'au mépris de l'honnêteté publique'.[16] Le

---

[16] *M*, t.25, p.580.

lecteur des *Mensonges imprimés* se souvient aussi que Voltaire a déjà eu l'occasion de dévoiler 'le plus sûr secret pour un honnête libraire': 'c'est d'avoir soin de mettre à la fin des ouvrages qu'il imprime, toutes les horreurs et toutes les bêtises qu'on a imprimées contre l'auteur'...[17]

Si, comme l'écrit le rédacteur des *Mémoires secrets*, le 30 avril 1767, l'ouvrage 'roule sur les querelles des auteurs et sur la façon décente et polie dont ils traitent leurs différends',[18] le projet polémique qui sous-tend la rédaction des *Honnêtetés littéraires* s'inscrit dans la continuité d'ouvrages antérieurs qui poursuivent une semblable visée. Dès lors que la notion d'"honnêteté', en tant qu'elle comporte une dimension morale et sociale, engage une certaine conception du commerce entre les membres de la collectivité fondé sur le respect des règles de sociabilité, l'orientation générale du propos prend place dans un ensemble de textes qui développent une réflexion sur les rapports entre les individus constituant la société et, singulièrement, sur ceux qui ont cours au sein de la 'république des lettres'. On se souvient, par exemple, que c'est par des considérations sur les fondements de la 'vie civile' et sur la 'politesse des hommes' érigée, en France, en 'loi de la société' que s'ouvre le *Mémoire sur la satire*: cette 'requête présentée au nom de tous les honnêtes gens' s'assigne alors pour objectif, par contraste, de 'réprimer' l'"abus intolérable' que représente, en particulier, la publication d'un 'libelle de l'abbé Desfontaines contre l'auteur'.[19]

La nature même des 'honnêtetés' exposées dans le texte de 1767 n'est pas non plus sans rapports avec la dénonciation, entreprise en 1749, des 'mensonges imprimés'. La discussion, par une argumentation présentée sous la forme d'une liste numérotée, de l'authenticité du *Testament politique d'Armand Du Plessis, cardinal duc de Richelieu* donne lieu en effet à un élargissement des perspectives,

---

[17] *OCV*, t.31B, p.377.
[18] T.3, p.211.
[19] *Mémoire sur la satire*, *OCV*, t.20A, p.164, et l'introduction, p.131-34.

des 'faiseurs de testaments' aux 'auteurs d'anecdotes' et aux 'livres [...] polémiques'[20] qui fournit l'occasion d'évoquer des questions que l'on retrouve dans *Les Honnêtetés littéraires*. D'un point de vue général, la mise en œuvre de la méthodologie critique qui préside à l'examen de l'authenticité du *Testament politique* repose sur les mêmes fondements épistémologiques que celle qui oriente le développement 'Sur les *Mémoires de Madame de Maintenon*, publiés par La Beaumelle' (p.164-74). Plus spécifiquement, on trouve aussi des remarques sur les 'mensonges imprimés'[21] à propos, par exemple, du comportement de l'armée française à la bataille de Fontenoy, des crimes imputés au pape Alexandre VI ou encore des éventuelles clés du *Satiricon* de Pétrone qui sont reprises, dans des termes comparables, dans *Les Honnêtetés littéraires*.[22] On peut enfin être tenté de rapprocher de l'entreprise même de rédaction du texte de 1767 ce que Voltaire écrit au sujet de la réaction de Pope face aux 'libelles' dont il était accablé: 'il prit le parti de faire imprimer lui-même un petit abrégé de toutes ces belles pièces. Ce fut un coup mortel pour les écrivains qui jusque-là avaient vécu assez honnêtement des injures qu'ils lui disaient'. La parenté des démarches est d'autant plus frappante que Voltaire opère alors lui-même un rapprochement avec sa propre situation: il évoque le 'léger service' qu'il a rendu à l'abbé Desfontaines et la 'bonté' avec laquelle il a été payé de retour.[23]

La parenté est encore plus forte avec l'*Appel au public*, imprimé

---

[20] *OCV*, t.31B, p.366 et 374.

[21] L'expression intervient dès le préambule des *Honnêtetés littéraires*: il est question d'une accusation, proférée à l'encontre de Voltaire, dont il s'agit de laver 'un historien impartial, amateur de la vérité et des hommes' (p.75). Certaines des 'honnêtetés' mentionnées par la suite – à commencer par celles qui concernent Nonnotte – cherchent à retourner contre les 'calomniateurs' mêmes une telle accusation.

[22] Voir respectivement *OCV*, t.31B, p.369, et Première honnêteté, lignes 221-27 (la bataille de Fontenoy); *OCV*, t.31B, p.387, et Vingt-deuxième honnêteté, lignes 1267-72 (Alexandre VI); *OCV*, t.31B, p.390, et Vingt et unième honnêteté, n.*l* (Pétrone).

[23] *OCV*, t.31B, p.375-76.

le 15 novembre 1766 dans le *Journal encyclopédique*: 'il ne faut jamais répondre aux critiques sur des objets de goût', écrit Voltaire, 'mais il faut confondre le mensonge'.[24] Tel semble bien être, en effet, l'argument général du préambule des *Honnêtetés littéraires*, qui s'ouvre sur la mention d'un 'déjà dit'. D'autres éléments confirment les rapports qui doivent être établis entre les deux textes. D'une part, le titre l'indique, l'objet premier de l'*Appel au public* est, pour Voltaire qui se met en scène à la troisième personne, d'émettre une protestation contre un 'recueil de prétendues lettres de M. de Voltaire', publié par des libraires hollandais, qui fournit aussi la matière de la Quinzième honnêteté: ici et là, il s'agit de 'réclamer la justice du public',[25] voire de faire 'bonne et briève justice' (p.163). D'autre part, selon un procédé d'élargissement déjà rencontré, l'*Appel au public* comporte, en germes, des développements qui correspondent à plusieurs 'honnêtetés littéraires' évoquées dans le texte de 1767: sont ainsi successivement mentionnés l'"édition furtive du *Siècle de Louis XIV*" procurée par La Beaumelle (voir la Dix-septième honnêteté, p.105-107), les vers forgés de *La Pucelle* – 'les traits les plus honnêtes qu'on osa mettre sur le compte' de Voltaire – (voir la Vingtième honnêteté, p.112-13), les élucubrations mensongères de l'abbé Guyon (voir la Vingt-quatrième honnêteté, p.153-54), enfin les 'mensonges historiques d'un nommé Nonotte, ex-jésuite' (voir les Vingt et unième et Vingt-deuxième honnêtetés, p.114-43).[26]

L'orientation du propos n'est donc pas nouvelle: elle s'inscrit dans le prolongement de réflexions théoriques et polémiques sur le mode de fonctionnement d'une 'république des lettres' qui est décidément un lieu d'affrontement fortement polarisé entre des gens de lettres dignes de ce nom – qui peuvent se réclamer de la figure historique de l'"honnête homme' – et une nuée de 'pauvres diables' (malhonnêtes) en tous genres: gazetiers, 'folliculaires',

[24] *M*, t.25, p.585.
[25] *M*, t.25, p.583.
[26] *M*, t.25, p.584-85.

faiseurs de libelles, etc. La matière n'est pas non plus entièrement originale puisque Voltaire a déjà eu l'occasion de dénoncer la plupart de ces 'honnêtetés' dans des écrits antérieurs, à l'occasion des querelles qui l'ont opposé à ses adversaires ou dans des textes qui, à partir de l'une de ces 'honnêtetés', esquissaient déjà une vue cavalière sur d'autres manœuvres ressortissant aux mêmes pratiques. La forme même n'est pas absolument neuve puisque plusieurs écrits antérieurs adoptaient d'ores et déjà un mode de développement qui s'apparente à la liste numérotée: liste d'arguments à faire valoir (par exemple dans *Des mensonges imprimés*); liste de griefs contre un adversaire (*Le Préservatif* contre Desfontaines ou encore, plus proche des circonstances de rédaction du texte de 1767, les *Eclaircissements historiques* contre Nonnotte). La singularité des *Honnêtetés littéraires* tient alors peut-être à la manière dont Voltaire, non sans ambiguïtés, [27] fait de la notion d''honnêteté' – prise par antiphrase – le principe organisateur, à la fois thématique et structurel, de son texte. Avant de faire état des tensions multiples qui caractérisent un tel ouvrage on examinera la question de sa cohérence pamphlétaire, [28] ce qui conduit à s'interroger sur la logique du '*compendium*' affichée dans le texte.

3. *Un 'compendium'*

A lire la fin du préambule, *Les Honnêtetés littéraires* adoptent en effet explicitement la forme du '*compendium*': 'C'est un *compendium* de traits d'érudition, de droiture et de charité qui me fut envoyé il y a quelque temps par un bon ami, sous le titre de *Nouvelles*

[27] Voir l'article de Christophe Cave, 'Mélange et brouillage dans *Les Honnêtetés littéraires*: les ambiguïtés textuelles de la vérité', *Revue Voltaire* 6 (2006), p.215-29, dont on exploitera plus loin les acquis.

[28] Les premiers éléments de cette réflexion ont été présentés lors du 37e Congrès de l'ASECS (American Society for Eighteenth Century Studies; Montréal, 30 mars-2 avril 2006), dans la session organisée par J. Patrick Lee auquel je voudrais ici rendre hommage.

Honnêtetés littéraires' (p.80). La mise en œuvre d'un tel dispositif appelle quelques remarques.

D'une part, décrire la loi de développement du texte comme un '*compendium*' conduit à poser de manière aiguë le problème de son unité: si, comme on l'a vu, il n'y a pas d'unité de cible, reste(nt) à déterminer le(s) critère(s) qui préside(nt) au choix des éléments constitutifs de la liste. Le critère thématique (qui, pour être évident, n'est probablement pas le seul) est fourni par le titre: le point commun entre les éléments tient à leur statut d''honnêteté littéraire', notion dont les termes ici employés permettent de retrouver et de préciser les traits définitoires étudiés plus haut. Dire qu'il va être question d''érudition', de 'droiture' et de 'charité', c'est dire, par antiphrase, que les 'honnêtetés' évoquées concernent à la fois les domaines intellectuel (l'absence d''érudition', les 'erreurs' sinon de Voltaire du moins de Nonnotte – celles des autres, également – les 'sottises' de Nonnotte aussi) et moral (absence de 'droiture' voire de 'charité' – un comble de la part de littérateurs qui se proclament bons chrétiens, en tout cas qui accusent ceux qu'on appelle les 'philosophes' en général, et Voltaire en particulier, de ne pas être de bons chrétiens). L'enjeu engage donc conjointement une posture savante, une déontologie réglant les relations entre les membres de la 'république des lettres', et un surplus référé à la morale chrétienne qui se rattache, latéralement, aux enjeux des querelles opposant, à la même période, philosophes et antiphilosophes.[29] Quelques exemples de semblables malhonnêtetés sont donnés peu avant (p.79-80):

Mais à présent que le R. P. Le Tellier ne distribue plus de lettres de cachet, je pose qu'il n'est pas absolument défendu à un barbouilleur de papier, soit mauvais poète, soit plat prosateur, du nombre desquels j'ai l'honneur d'être, d'exposer les petites erreurs dans lesquelles des gens de bien sont depuis peu tombés, soit en inventant, soit en rapportant des calomnies absurdes, soit en falsifiant des écrits, soit en contrefaisant le style, et

---

[29] Voir O. Ferret, *La Fureur de nuire: échanges pamphlétaires entre philosophes et antiphilosophes (1750-1770)*, *SVEC* 2007:03.

16

jusqu'au nom de leurs confrères qu'ils ont voulu perdre; soit en les accusant d'hérésie, de déisme, d'athéisme, à propos d'une recherche d'anatomie, ou de quelques vers de cinq pieds, ou de quelques points de géographie.

On observe d'autre part que le discours est pris en charge, à la première personne, par un locuteur (le '*compendium*' 'me fut envoyé [...] par un bon ami') dont l'identité est construite au cours du préambule: il s'agit d'*'un barbouilleur de papier'*, mais qui (sans doute parce que 'mauvais poète' et 'plat prosateur') ne doit pas être confondu avec Voltaire. La première occurrence du 'je' dans le texte suit en effet une (pseudo) citation de 'M. de Voltaire' ('M. de Voltaire écrivit un jour...'). Le locuteur conclut: 'Je pense entièrement comme M. de Voltaire' (p.74-75). La distinction, fortement exhibée, n'exclut toutefois pas une communauté de pensée... La mise en scène de ce locuteur, qui entretient un rapport de distance/proximité avec le véritable auteur, jette ainsi les fondements de ce que l'on pourrait appeler une fiction encadrante, qui fournit un premier élément de cohérence: le texte construit la fiction de sa transmission.

i. *Mise en scène de l'énonciation*

Le locuteur-personnage est doté d'une identité minimale: il n'a pas de nom, mais un état ('barbouilleur de papier'). Voltaire lui confère aussi une ébauche de caractère qui l'apparente à une sorte de Candide: 'Maître Abraham Chaumeix (je ne sais qui c'est) ayant demandé à travailler à ce grand ouvrage [l'*Encyclopédie*]' (p.93); 'les auteurs de je ne sais quelles feuilles (car je ne lis point les feuilles)' (p.94); 'Il [Jean-Jacques] prétend, dans je ne sais quel roman intitulé *Héloïse* ou *Aloïsia*' (p.99). Cette feinte candeur n'exclut pas une non moins feinte modération: 'Des profanes ayant lu ces grandes questions dans saint Thomas d'Aquin, ont prétendu qu'il eût été à désirer pour la tranquillité publique, que toutes les *Sommes* de ce bon homme eussent été enterrées avec tous les jacobins; mais ce sentiment me paraît un peu trop dur' (p.91).

Feinte pudeur encore, à la fin de la même Honnêteté, lorsque se trouvent abordées les 'questions tout à fait intéressantes' agitées par le R. P. Sanchez dans son ouvrage *De matrimonio*, citées en latin: 'Ma pudeur, et mon grand respect pour les dames m'empêchent de traduire en français cette dispute théologique' (p.91-92). C'est sans doute cette 'pudeur' qui explique la réserve du locuteur au sujet des 'catins' évoquées dans *Le Pauvre Diable*: 'pour celui [le métier] des belles demoiselles qui ruinent un sot, je n'en fais pas tout à fait le même cas que l'auteur du *Pauvre Diable*; on doit avoir de l'honnêteté pour elles sans doute, mais avec quelques restrictions' (p.108).

Le souci manifeste de se démarquer par rapport à 'l'auteur du *Pauvre Diable*' ne fait cependant que souligner le degré de proximité variable du locuteur-personnage avec M. de Voltaire. Tantôt, quoiqu'il soit fait mention de leurs relations, la distinction des personnes est rappelée: 'M. de Voltaire a reçu une lettre datée de Hennebond en Bretagne le 18 novembre 1766, signée *le chevalier de Brulé*: il a bien voulu nous la communiquer, la voici' (p.143). Tantôt la distance tend à s'amenuiser: 'celui qui écrit ces mémoires instructifs conserve quatre-vingt quatorze lettres anonymes qu'il a reçues de ces messieurs [les gueux de la littérature]' (p.113). Quant à la lettre de l'imprimeur qui propose à Voltaire d'acheter pour mille écus l'édition des *Erreurs de Voltaire* pour en éviter la publication: 'J'ai par malheur pour le petit Nonotte la lettre de Fez en original.' On pourra en lire 'la copie mot pour mot' (p.115). Du reste, lorsque 'je' s'adresse à Nonnotte, la proximité avec Voltaire est confondante (p.120-21):

Sois persuadé comme moi, que David laissa en mourant vingt-cinq milliards d'argent comptant dans sa ville d'Hershalhaïm [...] mais par saint Ignace ne fais pas le panégyrique d'Aod qui assassina le roi Eglon, et de Samuel qui hacha en morceaux le roi Agag parce qu'il était trop gras; ce n'est pas là une raison. Vois-tu? j'aime les rois, je les respecte, je ne veux pas qu'on les mette en hachis; et les parlements pensent comme moi; entends-tu, Nonotte?

L'invention de ce locuteur-personnage crée, on le voit, un rapport au lecteur qui se définit sur un mode ludique. Dès lors que le locuteur en dit moins que n'en savent l'auteur et le lecteur, s'instaure en effet une complicité fondée sur un jeu de devinette que renforce et que prolonge encore le jeu de cache-cache entre l'auteur et le locuteur-personnage, qui n'est pas Voltaire, puisqu'il parle de lui à la troisième personne, mais qui n'en avoue pas moins ouvertement, dans la Vingt-sixième honnêteté, prendre 'toujours son parti comme [il] le doi[t]' (p.160). Cette complicité contribue à impliquer le lecteur dans le jeu du texte, ce que vise aussi à faire le dispositif d'énonciation que met en place la fiction encadrante.

Dès la fin du préambule, on s'en souvient, le locuteur se présente en effet non pas comme le responsable mais comme le simple dépositaire du 'petit morceau' qu'il livre au 'public', pour son 'édification', 'sous le titre de *Nouvelles Honnêtetés littéraires*' (p.80). La fiction est reprise dans la Sixième honnêteté, qui évoque le 'remerciement' (le discours de réception) prononcé par 'un homme de province' (Pompignan) lorsqu'il obtient 'une place dans un corps respectable d'une capitale' (l'Académie française): 'Mon correspondant ne me dit point dans quel pays s'est passée cette aventure. Je soupçonne que c'est en Amérique' (p.87-88). On voit comment s'entretient la complicité déjà évoquée et comment se renforce, par le biais de la fiction encadrante, la définition du caractère candide du locuteur-personnage. La Vingt-sixième honnêteté s'achève sur une promesse sous-tendue par un appel à témoignage: 'S'il se passe quelques nouvelles honnêtetés dans la turbulente république des lettres, on n'a qu'à nous en avertir; nous en ferons bonne et briève justice' (p.163). Le texte ne s'arrête toutefois pas là puisqu'on peut lire, à la suite, une 'Lettre à l'auteur des *Honnêtetés littéraires*. Sur les *Mémoires de Madame de Maintenon*, publiés par La Beaumelle'. D'un point de vue générique, rien n'apparente ce dernier morceau à une lettre: il n'est pas signé (et ne comporte d'ailleurs aucune marque personnelle); le destinataire désigné dans le titre – 'l'auteur des *Honnêtetés littéraires*' – ne fait pas non plus l'objet d'une quelconque adresse.

Seul importe, semble-t-il, l'effet de montage qui mime en quelque sorte le pouvoir du texte qui précède de susciter, de la part d'un lecteur anonyme, virtuellement de n'importe quel lecteur, une réaction qui prend la forme d'une collaboration, voire une émulation: il importe, pour 'l'édification du public', que 'bonne et briève justice' soit faite et, dans la fiction encadrante, c'est bien une figure de lecteur qui rend une telle justice. Le lecteur attentif était prévenu dès le préambule: 'Il me semble d'ailleurs que dans notre Europe occidentale, tout est procès par écrit' (p.75). Le procès intenté dans le texte se déroulera d'autant mieux que le locuteur-personnage, qui prend 'toujours son parti' comme il le 'doit', endosse le rôle de l'avocat de Voltaire.

ii. 'M. de Voltaire'

Lorsqu'il rend compte des *Honnêtetés littéraires*, le 27 juillet 1767, le rédacteur des *Mémoires secrets* remarque que 'M. de Voltaire, pour n'avoir pas l'air d'égoïser trop, commence d'abord par venger quelques auteurs illustres de leurs ennemis'. Mais il ajoute: 'Il revient bientôt aux siens'.[30] Si, en raison du relais mimé par le dispositif textuel, la transmission du discours présente un indéniable caractère centrifuge, le propos, quant à lui, est nettement centripète. L'un des éléments de cohérence des *Honnêtetés littéraires* tient donc aussi au fait que tout ramène à Voltaire. C'est le cas des personnages auxquels on fait justice: cela n'échappe ni au rédacteur des *Mémoires secrets*, ni à Grimm, qui déclare que 'M. de Voltaire passe en revue presque tous ses adversaires'.[31] Mais le mode de présence de Voltaire dans le texte s'étend bien au-delà. Mis à part le phénomène de l'énonciation déléguée, qui apparente *Les Honnêtetés littéraires* à l'ouvrage d'un autre, le texte ne cesse de convoquer, explicitement ou implicitement, des écrits de Voltaire, tantôt cités (et éventuellement adaptés au contexte), tantôt seulement évoqués.

[30] T.3, p.244.
[31] *Correspondance littéraire*, t.7, p.282.

Les mentions explicitement rapportées au nom de Voltaire relèvent de trois cas de figure que l'on peut distinguer en fonction du statut des ouvrages mentionnés. Le texte fait d'abord référence à des œuvres avouées par l'auteur: par exemple, on ne répondra pas mieux à Nonnotte, qui veut 'brouiller l'auteur du *Siècle de Louis XIV* avec le clergé de France' qu'en demandant, citation à l'appui: 'Insulte-t-il les évêques quand il parle de l'évêque de Marseille dans une ode contre le fanatisme?' (p.136-37). Sont aussi cités des extraits d'œuvres fermement désavouées par l'auteur. Ainsi, dans la Vingtième honnêteté, d'un passage tiré d'une édition pirate de *La Pucelle* qui contient des obscénités: 'On n'imputera jamais à l'auteur d'*Alzire* ces vers'.[32] Il peut enfin s'agir d'une pseudo-citation: c'est le cas de celle que l'on trouve dans le préambule ('M. de Voltaire écrivit un jour...', p.74). Il s'agit en fait d'un pseudo-paradoxe, dans la mesure où – le lecteur l'a bien compris – le texte de la citation a bel et bien été écrit 'un jour' par Voltaire, tout comme l'ensemble des *Honnêtetés littéraires*...

La plupart des extraits cités ne sont cependant jamais rapportés au nom de Voltaire. On observe le phénomène dès le préambule, après la pseudo-citation évoquée: 'J'ai lu autrefois une épître sur la calomnie, j'en ignore l'auteur; et je ne sais si son style n'est pas un peu familier, mais les derniers vers m'ont paru faits pour le sujet que je traite' (p.76). On le retrouve dans la Onzième honnêteté lorsqu'une citation du chant 18 de *La Pucelle* est donnée en note d'après 'l'abbé Trithème page 115' (p.96). C'est encore le cas dans la Dix-septième honnêteté, qui rapporte les vers de 'l'auteur d'un petit poème, intitulé *Le Pauvre Diable*' (p.107), et dans la Vingt-cinquième honnêteté, où l'insertion d'un poème intitulé 'Maître Guignard, ou de l'hypocrisie' est précédée par l'évocation de son histoire (fictive): 'Dans le dernier voyage que M. Robert [Covelle] fit à Carcassonne, il dédia à son ami Bernet [*alias* Vernet] une petite pièce de poésie que je vais transcrire ici, comme une honnêteté digne de ce recueil' (p.156).

[32] P.113. On verra que d'autres passages, non désavoués, sont également cités mais sans que le nom de Voltaire apparaisse.

Voltaire est donc omniprésent dans un texte qui multiplie les citations de ses propres ouvrages. On retiendra en priorité les extraits non explicitement référés à son nom, mais dont le mode de citation prolonge le jeu de complicité avec le lecteur: le nom de Voltaire n'apparaît certes pas, dès lors que sont mentionnés ceux de ses prête-noms les plus connus (l'abbé Trithème, Robert Covelle), mais les connaisseurs sont invités à prendre part au jeu de devinette qui ne trompe du reste personne. Ces citations font ainsi appel à une mémoire pamphlétaire, à moins qu'elles ne contribuent à construire, par le 'compendium' justement, cette mémoire.

L'autre mode de présence de Voltaire dans *Les Honnêtetés littéraires* tient à l'évocation de sa personne, qui touche à de multiples aspects de ses activités. La personne privée est mentionnée lorsqu'il est question des 'paroles des Nonottes, Patouillets, Guions etc.' adressées 'à ce pauvre vieillard qui est hors d'état de leur répondre' (le lecteur appréciera; p.160) ou encore de ce 'voisin' qui 'avait soixante et onze ans' et qui 'était à peu près aveugle' (p.110): on retrouve ici l'image du vieillard cacochyme qui est un lieu commun de la correspondance. Dans la même Honnêteté, ce vieillard est aussi présenté comme un 'seigneur de [...] paroisse', qui 'se mêle de prose et de vers' (p.110); ailleurs, on parle de 'ce seigneur de plusieurs paroisses' et, plus haut, d''un officier de la maison du roi, très vieux et très malade, retiré depuis treize ans dans ses terres' (p.148-49). Cette imagerie du seigneur de Ferney est du reste raillée par Grimm: 'M. de Voltaire, en parlant de lui, s'appelle un officier de la maison du roi, seigneur de plusieurs paroisses. J'ai lu deux pages avant de deviner qu'il parlait de lui. [...] Notre patriarche est un vieil enfant. Il trouve si beau d'être décoré du titre de gentilhomme ordinaire du roi!'[33] Mais, ces faiblesses mises à part, le texte évoque principalement en Voltaire l'homme de lettres, désigné comme 'l'auteur' d'œuvres éminemment avouables parce qu'elles s'inscrivent dans les grands genres: l'auteur dramatique ('l'auteur d'*Alzire*', p.113 et 140;

---

[33] *Correspondance littéraire*, t.7, p.283.

'l'auteur de *Zaïre*', p.140), le poète épique ('l'auteur de *La Henriade*', p.101, 113 et 140), surtout l'historien ('l'auteur du *Siècle de Louis XIV*', p.83, 101, 104, 136 et 145; 'l'auteur de *Charles XII*', p.111; 'l'auteur de l'*Essai sur l'histoire générale*', p.118). Une telle représentation de soi est d'une part censée marquer toute la distance qui sépare 'M. de Voltaire' des 'gazetiers' (p.75), 'journalistes' (p.112) et autres 'folliculaires' (p.75, 95, 97 et 108), pour ne rien dire des 'polissons de la littérature' (p.115) qui sont d'ailleurs souvent les mêmes. D'autre part surtout, cette insistance sur le statut d'historien de 'M. de Voltaire' est l'occasion de rappeler les éléments d'une épistémologie critique et d'une déontologie qui, dans la perspective des polémiques avec La Beaumelle et Nonnotte, peuvent également être lus comme la condamnation de ses adversaires.

Lorsque Voltaire est évoqué dans la posture de l'historien, c'est la notion de 'vérité' qui est systématiquement mise en avant. Dès la Première honnêteté sont stigmatisés les mensonges d'un 'historien anglais', mensonges apparentés à 'des honnêtetés qu'il est juste de relever' et, ajoute le locuteur-personnage, 'que l'auteur du *Siècle de Louis XIV* n'a pas passées sous silence' (p.83). Non content de s'astreindre à dire la vérité, de pousser même 'l'amour de la vérité jusqu'à justifier la mémoire d'un Alexandre VI' (p.139), l'historien se doit aussi de combattre l'erreur, et c'est bien cette démarche que dramatise un curieux passage qui se trouve dans la Vingt-deuxième honnêteté, consacrée à Nonnotte, où il est question de la pucelle d'Orléans. Le 'petit morceau' peut apparaître comme une pièce rapportée[34] qui se justifie d'autant moins, dans la logique du développement, qu'il s'annonce comme une digression gratuite, à la faveur d'une nouvelle adresse à Nonnotte: 'Il me prend envie de t'instruire sur l'histoire de la pucelle d'Orléans, car j'aime cette pucelle; et bien d'autres l'aiment aussi. Ce petit morceau sera utile

---

[34] Le passage correspond, dans les *Eclaircissements historiques*, à la Dix-huitième sottise de Nonnotte. Sur le devenir éditorial de ce 'petit morceau', voir plus loin, p.49-50.

au public, qui se soucie fort peu de tes bévues et de tes querelles, mais qui aime l'histoire' (p.130-31). Dans l'économie des *Honnê-tetés littéraires*, ce développement copié et collé entre toutefois en résonance avec le mot d'ordre de l'historien, qui se pose ainsi en se démarquant *des* historiens qui l'ont précédé: 'La plupart de nos historiens qui se copient tous les uns les autres, supposent que la pucelle [...] On lui fait dire que [...] On lui fait écrire [...]' (p.131); 'La plupart de nos historiens, plus amateurs des prétendus embellissements de l'histoire que de la vérité, disent que [...]' (p.135). C'est dire que la démarche historienne commence par une lecture critique de l'histoire, prompte à débusquer les épisodes invraisemblables qui relèvent de la fable ou, comme on le verra, du 'roman': *a contrario* se trouve explicité et souligné 'ce que les historiens auraient dû observer, et ce qu'ils ont négligé' (p.132). Se définit donc une méthode, et une bonne manière d'écrire l'histoire, qui dans *Les Honnêtetés littéraires* comporte aussi, on s'en doute, un versant polémique. C'est en effet écrire l'histoire au rebours d'un La Beaumelle – homme ironiquement présenté comme 'consommé dans la connaissance de l'histoire' (p.105) – ou encore d'un Nonnotte, 'aussi grand amateur de la vérité que Varillas, ou Maimbourg, ou Veirac etc.' (p.114), au point qu'il faut 'revenir' à lui, le prendre à partie: 'montrer à quel point tu es honnête et charitable, combien tu connais la vérité, combien tu l'aimes' (p.116). Les portraits des deux adversaires sont dès lors construits comme des repoussoirs. Le 'petit morceau' sur la Pucelle s'ouvre et se ferme sur l'expression du souci charitable d'instruire Nonnotte: 'Il me prend envie de t'instruire sur l'histoire de la pucelle d'Orléans'; 'Apprends, Nonotte, comme il faut étudier l'histoire quand on ose en parler' (p.130 et 135). Le développement exemplaire est donc censé corriger l'''ignorance' de Nonnotte, plusieurs fois stigmatisée: 'Que tu es ignorant dans les choses les plus connues!'; 'Que tu es ignorant te dis-je!' (p.127). D'autres, à l'instar de l'abbé Guyon, délaissent l'histoire (qu'ils sont inca-pables d'écrire – 'Voilà la manière dont ledit Guion veut qu'on écrive l'histoire', p.154) pour le roman: 'Un abbé Guion qui a écrit une histoire du *bas* Empire, dans un style convenable au titre, dégoûté d'écrire l'histoire, se mit il y a peu d'années à faire un roman' (p.153). Le reproche s'abat aussi sur La Beaumelle: 'est-il permis d'écrire ainsi l'histoire?', s'interroge l'auteur de la 'Lettre à auteur des *Honnêtetés littéraires*' (p.166). A l'évidence, La Beaumelle 'ne songe qu'à faire un roman' (p.166), et se trouve alors logiquement désigné comme 'ce romancier' ou 'notre romancier' (p.166 et 168). On doit cependant s'indigner lorsque le prétendu historien imprime les 'impostures' les 'plus sottes' et les 'plus grossières' (p.168): dès lors que des 'choses [...] extravagantes', voire 'outrageantes' sont avancées 'sans la moindre vraisemblance', ne sont cautionnées par 'aucun historien sérieux', et même par 'aucun historien' tout court, La Beaumelle, jusqu'alors 'romancier', devient le 'falsificateur de toute l'histoire' (p.168-69). Quant à Nonnotte, auquel on revient toujours, c'est sous les traits d'un 'calomniateur' qu'il est dépeint (p.117 et 136).

L'un des éléments de cohérence du texte consiste donc dans l'élaboration, par l'intéressé mais avec le concours d'un locuteur-personnage fictif, d'un discours sur Voltaire, et la rédaction des *Honnêtetés littéraires* s'apparente à une entreprise d'auto-justification: il s'agit de s'assurer la complicité du lecteur pour gagner son procès. Ainsi, s'il n'y a pas d'unité de cible, le centre de gravité du texte semble pouvoir être trouvé du côté de la victime. Pour tenter de cerner le mode de fonctionnement spécifique du texte pamphlétaire, il faut cependant être sensible aussi à la manière dont se constituent des séries qui assurent des réseaux de cohérence textuelle.

iii. *'Nonotte et consorts'*

On n'insistera pas sur les effets d'enchaînement rhétorique qui construisent l'illusion d'une continuité du propos alors qu'il ne s'agit, en définitive, que de passer d'une Honnêteté à une autre. A titre d'exemple, on trouve, à la fin de la Quinzième honnêteté (sur les éditions des lettres secrètes de Voltaire, qui 'se vendent à la foire de Leipsick comme on vend du vin d'Orléans pour du vin de Pontac'): '*Il est bon d'*en *avertir* ceux qui ne sont pas gourmets.' (p.102; je souligne). Le début de la Seizième honnêteté (sur La Beaumelle) fait apparaître un raccord effectué sur le mode de la surenchère: '*Il est encore plus utile d'avertir* ici que [...]'.[35] D'autres enchaînements mettent en série des portraits qui définissent une filiation donnant consistance à une catégorie par rapport à laquelle il devient possible de se démarquer. Ainsi de la catégorie des gazetiers:[36]

Le gazetier ecclésiastique outrage pendant trente ans, une fois par semaine, les plus savants hommes de l'Europe, des prélats, des ministres, quelquefois le roi lui-même; mais le tout en citant l'Ecriture sainte. Il meurt inconnu, ses ouvrages meurent aussi; *et il a un successeur*.[37]

Un *autre* gazetier joue dans la littérature le *même* rôle que l'écrivain des *Nouvelles ecclésiastiques* a joué dans l'Eglise de Dieu. C'est l'abbé Des Fontaines [...] *enfin, il a un successeur aussi. Ce successeur* est l'Elisée de cet Elie [...] Le nom de Fréron est devenu une injure, *et cependant il aura aussi un successeur* [...].[38]

L'enchaînement entre les deux Honnêtetés est ici doublement marqué. D'une part, se trouvent stigmatisés des adversaires dont le texte construit la parenté: quoiqu'il s'agisse d'un janséniste et d'un ex-jésuite, seule importe en définitive la profession qu'ils ont en partage ('Le gazetier ecclésiastique'; 'Un autre gazetier'); l'élaboration textuelle de cette catégorie entre alors dans un système axiologique qui oppose à l'homme de lettres respectable la figure du 'gazetier' dont le 'rôle', envisagé indifféremment 'dans l'Eglise de Dieu' ou 'dans la littérature', est de proférer des 'outrages' et

---

[35] P.102; je souligne. L'enchaînement est aussi thématique puisque Voltaire s'affirme 'convaincu' de l'implication de La Beaumelle dans la publication des *Lettres de Monsieur de Voltaire à ses amis du Parnasse* (voir l'annotation du texte, n.114).

[36] Une analyse semblable pourrait être effectuée à propos de la catégorie des 'folliculaires' mentionnée dans les Douzième et Treizième honnêtetés.

[37] P.85; je souligne.

[38] P.85-87; je souligne.

dont les injures, à l'instar de Fréron, rejaillissent, par antonomase, sur leur personne même (son 'nom' est 'devenu une injure'). D'autre part, la construction par analogie ('même') de cette catégorie est décrite, d'une Honnêteté à l'Honnêteté suivante, sur le mode de la succession, voire de la filiation: 'il a un successeur', 'il a un successeur aussi', 'il aura aussi un successeur'. A s'en tenir aux derniers avatars évoqués, le processus de transmission, ici métaphorisé par la référence aux prophètes de l'Ancien Testament, [39] fait intervenir une parenté liée à une histoire commune: 'comme' Desfontaines, Fréron a été 'mis à Bissêtre' et, l'élève dépassant le maître, il est passé 'de Bissêtre au fort l'Evêque et au Châtelet'; 'comme' Desfontaines, 'chassé pour ses mœurs de la Société de Jésus chassée de France pour ses intrigues', Fréron a été 'chassé [...] des jésuites' (p.86).

On voit ici apparaître un autre effet de série qui résulte d'échos d'autant plus significatifs qu'ils engagent la portée idéologique du texte: à la manière d'une basse continue, *Les Honnêtetés littéraires* construisent et exploitent une représentation polémique des jésuites. D'une mention à l'autre est repris un ensemble de lieux communs du discours anti-jésuite. Il est d'abord question des mœurs des jésuites: le préambule évoque 'le procès de Mlle La Cadiére et du R. P. Girard' (p.76); Desfontaines est, on l'a vu, 'chassé pour ses mœurs' de la Société de Jésus (p.86); quant au *De matrimonio* du R. P. Sanchez, on se souvient que la 'pudeur' du locuteur-personnage l'empêche de le citer autrement qu'en latin quoique l'auteur soit 'regardé en Espagne, et par tous les jésuites du monde, comme un Père de l'Eglise' (p.91). *Les Honnêtetés littéraires* font aussi état des accusations d'athéisme que les jésuites ne manquent pas de porter à l'encontre des hommes de lettres, à l'instar de Fontenelle, victime du 'mauvais livre du R. P. Balthus de la Société de Jésus', livre auquel il ne répond d'ailleurs pas, car 'les RR. PP. Lallemant et Doucin, de la Société de Jésus' lui 'firent dire

---

[39] On sait que Voltaire envisage occasionnellement d'autres modes de filiation entre les deux disciples, lorsque, dans *Le Pauvre Diable* par exemple, Fréron est désigné comme un 'Vermisseau né du cul de Desfontaines' (*M*, t.10, p.103).

[...] que s'il répondait on le mettrait à la Bastille' (p.78-79). On voit donc que la portée du trait dépasse les questions théologiques pour s'étendre à une autre topique du discours anti-jésuite, qui dénonce leur influence politique. Peu après, le locuteur-personnage mentionne 'le R. P. Le Tellier' qui, 'à présent', 'ne distribue plus de lettres de cachet' (p.79). On ne s'étonnera pas non plus que le spectre du régicide soit brandi, à l'occasion de l'évocation des 'honnêtetés' qui ont eu lieu 'entre les RR. PP. dominicains, et les RR. PP. jésuites' (Septième honnêteté).

Des lieux communs, certes, mais dont la force accusatoire est ponctuellement rappelée et dont le bénéfice polémique apparaît d'autant mieux que l'adversaire principal qu'il s'agit ici d'atteindre est systématiquement désigné comme 'l'ex-jésuite Nonotte'. Le portrait de Nonnotte en fait d'ailleurs une figure emblématique de la Société. Par ses mœurs, d'abord: il est question à plusieurs reprises de 'la vieille fille' qu'il 'fréquent[e]' et qu'il 'endoctrin[e]', à laquelle on l'invite à confesser ses 'fredaines'; 'elle te fessera [...] comme Girard fessait La Cadiére, *et vice versa*' (p.130). Ensuite, par sa promptitude à brandir l'accusation d'irréligion, que Voltaire s'emploie à retourner contre lui: 'Ah! impie Nonotte! blasphémateur Nonotte!' (p.145). Enfin, par un discours politique qu'il s'agit de rendre suspect: en louant encore 'le bon chrétien qui déchira l'édit de l'empereur' Dioclétien, Nonnotte se rend coupable d''un crime de lèse-majesté au second chef' car 'le roi n'aime pas qu'on déchire les édits' (p.119).

Surtout – l'effet de mise en série opère aussi à ce niveau-là – l'entreprise de Nonnotte ne saurait être considérée comme un acte isolé. D'une part, Nonnotte ne fait que reproduire ce que d'autres jésuites, avant lui, ont fait: la Treizième honnêteté rappelle que 'le R. P. Hardouin de la Société de Jésus avait démontré que Pascal, Nicole, Arnaud et Mallebranche n'ont jamais cru en Dieu' (p.98); 'tu emploies l'artillerie des Garasse et des Hardouin', accuse l'auteur de la Vingt-deuxième honnêteté, 'tu traites d'athée l'adorateur le plus résigné de la divinité' – on aura reconnu Voltaire (p.140). Quant au 'digne évêque de Marseille', auquel

Voltaire a rendu justice dans l'*Ode sur le fanatisme*, 'il vous l'a rendue à vous, anciens confrères de Nonotte, à vous, Le Tellier, Lallemant et Doucin, qui faisiez attendre des évêques dans la salle basse [...] tandis que vous fabriquiez la bulle qui vous a enfin exterminés' (p.137). D'autre part, Nonnotte peut compter sur l'aide de confrères, cette fois-ci ses contemporains. Ses menées sont du reste régulièrement présentées comme celles de 'Nonotte et consorts' (p.78 et 114), de Nonnotte et 'ses aides' (p.141), dont l'identité est aussi livrée ('Nonotte, Patouillet et consorts', p.78; p.145) en même temps que ces personnages deviennent, par antonomase, des types: 'les Nonottes, les Patouillets et autres Welches' (p.140), 'les Nonottes, Patouillets, Guions etc.' (p.160). Tout est dit lorsqu'on lit que c'est 'le parti jésuitique' qui 'a fait imprimer cette édition clandestine' des *Erreurs de Voltaire*, 'au mépris des ordonnances' (p.142).

Que conclure de cette mise en série? Que Nonnotte étant l'héritier d'un savoir-faire jésuite, la dernière victime, en l'occurrence Voltaire, s'inscrit dans la liste, elle aussi fort longue, de ceux – et ils sont prestigieux – qui ont été persécutés par les membres de la Société. Lorsqu'il fait état de la réédition du 'livre du jésuite Nonotte', Voltaire écrit ainsi au marquis d'Argence, le 8 octobre 1766 (D13718), que 'les partisans des prétentions ultramontaines soutiennent ce livre': certes, 'ces opinions ultramontaines qui offensent nos rois et nos parlements, n'ont pas un grand crédit chez la nation', mais il n'en reste pas moins que 'c'est servir la religion et l'Etat que d'abandonner les systèmes jésuitiques à leurs ridicules'. On conclura aussi peut-être, avec cet 'homme en place' qui écrit de Besançon une lettre qui 'peut instruire': 'Vous voyez que les membres épars de la vipère coupée en morceaux, ont encore du venin' (p.142). A moins qu'il faille surtout retenir que l'important est que la 'vipère' a été 'coupée en morceaux', que ceux qui lui ont fait 'très maladroitement' leur cour se sont trompés lorsqu'ils se sont imaginés 'que la Société de Jésus était immortelle et invulnérable' (p.89): dès le préambule, une note renvoie en effet à 'l'excellent ouvrage' de D'Alembert 'intitulé *la destruction des jésuites*' (p.79, n.*f*). Telle serait peut-être l'ultime leçon de l'histoire, dont l'importance est décidément capitale dans *Les Honnêtetés littéraires*: dans la logique pamphlétaire, c'est l'histoire qui a eu raison de la Société de Jésus et qui, par là même, donne raison à leurs victimes, à commencer par Voltaire lui-même.

Au-delà de l'impression de dispersion qu'entraîne leur mode de développement, plusieurs phénomènes concourent donc à la cohérence textuelle et polémique des *Honnêtetés littéraires*: la mise en place d'une fiction encadrante qui permet d'accueillir, au sein d'une trame offrant certaines libertés, la liste des 'honnêtetés' à dénoncer et qui construit la fiction de la transmission du texte; par delà l'effet de polyphonie induit par la scénographie énonciative, [40] la remarquable convergence du propos vers la personne et les écrits de Voltaire, principale victime de telles 'honnêtetés'; l'organisation, enfin, entre les éléments de la liste, de phénomènes de séries qui inscrivent en particulier l'adversaire du moment, l'''ex-jésuite Nonotte', dans un 'parti jésuitique' dont les jalons historiques permettent de retracer et de dénoncer les manœuvres, et que l'histoire a fini par anéantir.

La recherche de la logique qui sous-tend le '*compendium*' permet ainsi d'entrevoir les points de passage essentiels à une appréhension du texte comme texte pamphlétaire. L'examen du dispositif énonciatif met l'accent sur l'importance de l'organisation rhétorique d'un texte sous-tendu par la mise en scène d'énonciateurs fictifs, mais aussi sur l'horizon que constitue la diffusion du texte pamphlétaire: la stratégie des citations entretient une mémoire des textes et contribue également à en assurer la publicité, donc l'impact; la fiction encadrante dramatise en la mimant la diffusion même du texte et, par la sollicitation permanente du lecteur, signale en tout cas le rôle du public sur lequel il s'agit de faire effet. C'est dire enfin que *Les Honnêtetés littéraires*, en tant que texte pamphlétaire, présentent des enjeux

[40] Sur cette notion élaborée par Dominique Maingueneau, voir le *Dictionnaire d'analyse du discours*, éd. P. Charaudeau et D. Maingueneau (Paris, 2002), article 'Scène d'énonciation', p.515-18.

pragmatiques forts: destiné, comme on l'a vu, à construire et à perpétuer une image de Voltaire, le texte cherche aussi à construire et à imposer une représentation polémique de l'adversaire. Cette guerre d'images, au cours de laquelle Voltaire exploite ici une histoire en marche, nous fait ainsi entrer dans ce que l'on pourrait appeler une économie médiatique.

4. *Un texte sous tensions*

Reste que la recherche d'une cohérence au sein du '*compendium*' que livrent *Les Honnêtetés littéraires* rencontre inévitablement des limites: il fallait cependant signaler cette cohérence pour mieux apprécier peut-être les irrégularités du texte, les multiples effets de montage qui font tenir ensemble des éléments foncièrement disparates. On sera alors mieux à même de percevoir les tensions qui travaillent un texte qui non seulement présente une instabilité générique et rhétorique, mais qui contribue aussi à révéler l'instabilité de l'œuvre voltairienne.

i. *Instabilité générique*

La lecture des *Honnêtetés littéraires* comme texte pamphlétaire confirme une caractéristique frappante de l'écriture pamphlétaire telle que la pratique Voltaire mais aussi ses contemporains: si l'élaboration d'une éventuelle poétique du pamphlet s'avère à ce point problématique, c'est parce que se déploie dans les textes une écriture qui s'avère apte à investir et à subvertir tous les genres.[41] L'ouvrage présente cependant un degré de complexité supplémentaire dans la mesure où il ne s'apparente pas à un genre identifiable, mais procède par assemblage de développements qui relèvent de genres, de formes et de styles divers.

Par son statut de '*compendium*', le texte adopte certes la forme de

---

[41] Voir O. Ferret, *La Fureur de nuire*, p.243-368.

la 'liste'[42] qui règle la succession de vingt-six Honnêtetés numérotées. Le procédé est repris, pour ainsi dire en abyme, dans la Vingt-deuxième honnêteté, qui suit une progression marquée par la succession de dix-sept points numérotés. Cette forme, on l'a dit, n'est pas nouvelle: on la trouve notamment dans les *Eclaircissements historiques*, déjà consacrés à Nonnotte, qui, comme on le verra, entretiennent de nombreux rapports, de forme et de fond, avec la Vingt-deuxième honnêteté. L'observation des éléments constituant le '*compendium*' fait cependant déjà apparaître, au sein de la liste, des phénomènes d'irrégularité. Ils concernent d'une part la disproportion entre les différentes Honnêtetés: cette Vingt-deuxième honnêteté est de très loin la plus longue puisque le développement comporte 566 lignes (soit plus du quart de l'ensemble du texte); à l'inverse, on trouve aussi des développements de 7 lignes (Cinquième honnêteté), voire de 5 lignes seulement (Troisième honnêteté). C'est dire que la dimension moyenne de l'ensemble des Honnêtetés (60 lignes) ne doit pas oblitérer les contrastes: le texte résulte d'un assemblage, mais les éléments qui le constituent sont de tailles très diverses.

Si la succession des Honnêtetés numérotées crée une forme d'homogénéité générique, on trouve toutefois des développements dont le titre signale l'hétérogénéité. C'est notamment le cas de celui qui suit la Vingt-deuxième honnêteté, flanquée – première entorse à la norme instaurée dans le texte – d'un sous-titre ('*fort ordinaire*'), et qui s'intitule 'Petite Digression' – première infraction par rapport à la règle de la succession des Honnêtetés numérotées. A l'effet de disproportion créé par la longueur exceptionnelle de la Vingt-deuxième honnêteté s'ajoute un effet de disparate: par son titre, le passage s'annonce comme digressif, ce que souligne, à la fin du développement, le retour marqué au propos ('revenons [...] à nos honnêtetés littéraires', p.147). La digression n'est pourtant qu'apparente si l'on considère que le passage obéit à une double

---

[42] Le terme est employé dans le texte: la Vingt-cinquième honnêteté évoque 'cette triste liste des honnêtetés littéraires' (p.156).

logique rétrospective et prospective. Le sous-titre l'indique, il
s'agit d'opérer un retour sur 'les vingt-deux honnêtetés précédentes': après l'interminable Vingt-deuxième honnêteté, le texte
dessine une ligne de force fondée sur l'opposition entre les 'petits
auteurs' et les 'premiers hommes de la littérature', et identifie la
nature des attaques, trahissant 'une fureur si folle', portées par les
uns (ils 'crient [...] toujours à l'hérétique, au déiste, à l'athée')
contre les autres (p.143-44). C'est l'occasion de rappeler que, parmi
les 'premiers hommes de la littérature', se trouvent 'les premiers
mathématiciens du siècle, les premiers philosophes, les plus grands
poètes et orateurs, les plus exacts historiens', auxquels s'ajoutent
des 'magistrats' et des 'officiers d'armée' qui, dans cette perspective, font cause commune (p.144): à l'exception de D'Alembert
(calomnié comme Pascal ou Nicole), évoqué dans la Douzième
honnêteté ('un des plus grands géomètres [...] de l'Europe', p.97),
aucun nom n'est fourni, mais le lecteur est invité à opérer les
rapprochements qui s'imposent avec les 'honnêtetés précédentes' –
et à décider, en particulier, dans quelle catégorie ranger M. de
Voltaire, parmi les 'philosophes', 'poètes', 'orateurs' ou 'exacts
historiens', éventuellement dans toutes. C'est aussi l'occasion de
nommer certains de ces adversaires ('Nonotte, Patouillet et
consorts', p.145), auxquels viennent s'ajouter 'M. l'évêque du
Puy en Vélai' et 'M. J. F. archevêque d'Auch' (p.145-47). On
voit alors comment l'évocation de la 'pastorale' de l'un (Jean-
George Lefranc de Pompignan) appelant celle du 'mandement' de
l'autre (Jean-François de Chatillard de Montillet-Grenaud), ce qui
s'annonçait comme une 'digression' ménage en réalité une transi-
tion vers la matière de la Vingt-troisième honnêteté consacrée à
'cet écrit apostolique qui attaque tous les parlements du royaume'
(p.148).

La 'Petite Digression' n'est pas l'unique cas d'infraction à la
norme générique instituée par la succession des Honnêtetés: entre
les Vingt-troisième et Vingt-quatrième honnêtetés s'intercale un
développement intitulé 'Réflexion morale'; la Vingt-cinquième
honnêteté se prolonge par le poème intitulé 'Maître Guignard, ou

33

de l'hypocrisie', défini d'un point de vue générique comme une 'diatribe'. Le sujet de ce dernier texte entretient certes des échos avec la Vingt-deuxième honnêteté: le titre l'indique, il sera question de 'Maître Guignard', qualifié plus loin de 'Fesse-mathieu, dévot et grand paillard', personnage dont le nom a déjà été rencontré dans un conseil adressé à Nonnotte ('souviens-toi de frère Guignard et sois sage', p.119) et dont la 'mort édifiante' a été évoquée avec celles des RR. PP. Malagrida, Garnet, Oldcorn et Creton (p.121-22). L'insertion de cette pièce de cent vers, pourvue d'un titre, de la mention d'un dédicataire ('à M. Isaac Bernet, prédicant de Carcassonne en Languedoc') et d'un auteur ('par M. Robert Covelle'), n'en exhibe pas moins, au sein du texte, des marques d'hétérogénéité. Le texte est en effet défini comme une 'diatribe', genre auquel Voltaire ne s'est jusque-là exercé que dans l'*Histoire du docteur Akakia* et, plus récemment, dans *La Défense de mon oncle*: le chapitre 21 comporte quatre 'diatribes composées' par 'M. l'abbé Bazin'; l'ensemble du texte est en outre désigné, au chapitre 18, comme une 'diatribe'.[43] Le phénomène est d'autant plus remarquable que, comme le rappelle José-Michel Moureaux, le mot 'diatribe' n'est attesté, dans le *Dictionnaire de l'Académie*, que dans l'édition de 1762, où il est donné comme synonyme de 'dissertation' dans une acception qui n'est pas encore celle du sens moderne.[44] C'est dire que de telles 'diatribes' appartiennent à un genre nouveau qui n'a guère été pratiqué que par Voltaire. Encore convient-il d'ajouter que c'est ici la première fois que Voltaire confère à une diatribe la forme versifiée. On observera par ailleurs que, dans la Vingt-troisième honnêteté, c'est l'ensemble des *Honnêtetés littéraires* qui se trouvent désignées comme une 'diatribe' (p.147), ce qui ne peut qu'accentuer la complexité de la définition générique du texte.

[43] *OCV*, t.64, p.234.
[44] Voir *OCV*, t.64, p.359, n.5. A la suite de J. Tuffet, J.-M. Moureaux signale que 'les lexicologues tiennent généralement Voltaire pour l'inventeur du sens moderne de diatribe'. Le rédacteur des *Mémoires secrets* désigne ce poème comme une 'satire' (t.3, p.217).

34

Le titre donné à la 'Réflexion morale' explicite quant à lui une autre tendance latente du texte qui consiste à conférer au discours une coloration morale, ce que permettent les généralisations effectuées à partir des attaques contre des adversaires désignés. D'entrée, ce développement élève le propos au niveau de 'l'examen' du 'sage' et, par delà les exemples présentés jusque-là, évoque, dans une perspective globalisante, 'les' jésuites et 'les' jansénistes, engagés les uns contre les autres dans d'incessants combats et surtout ligués contre 'les' gens de lettres. Un degré d'abstraction supplémentaire est franchi dès lors que ces adversaires ne sont plus envisagés comme des groupes mais comme des types renvoyés dos à dos: 'le jésuite chassé de son collège'; 'le convulsionnaire échappé de l'hôpital' (p.152). La généralisation est achevée lorsque l'on désigne, toujours au présent gnomique, cette 'manie' comme 'une maladie des écoles', 'la vérole de la théologie' qui n'est pas 'particulière' aux 'deux partis', d'ailleurs 'ruinés l'un par l'autre' (p.152). Si le propos ne tarde pas à revenir à Nonnotte, l'attaque s'effectue à un certain degré de généralité, marqué par l'emploi du pronom indéfini ('Dès qu'on s'est mêlé de controverse, on n'est plus bon à rien', p.152), qui permet d'opérer un effet de mise en série au moment de la chute du développement: 'frère Nonotte, frère Pichon, frère Duplessis' sont directement pris à partie et comparés à de 'vieux acteurs chassés des chœurs de l'Opéra, qui vont fredonnant de vieux airs sur le Pont-Neuf pour obtenir quelque aumône'. Il ne reste qu'à conclure: 'Croyez-moi [...] un meilleur moyen pour obtenir du pain serait de ne plus chanter' (p.152-53). Ce conseil d'un 'sage' acquiert, au-delà des 'pauvres gens' auxquels il est adressé, la portée d'une réflexion de moraliste. [45]

A cette diversité générique explicite [46] s'ajoute celle que révèle la lecture des Honnêtetés proprement dites qui, quoique désignées

[45] Voir aussi l'étude de la Troisième honnêteté qu'effectue Christophe Cave: 'Mélange et brouillage dans *Les Honnêtetés littéraires*', p.223.

[46] On rappellera pour mémoire que le texte s'achève sur une 'Lettre à l'auteur des *Honnêtetés littéraires*' qui prolonge les Honnêtetés déjà consacrées à La Beaumelle.

par le même terme, n'en sont pas moins écrites selon des manières très diverses. Plusieurs Honnêtetés se développent, par exemple, à la manière d'une anecdote significative: un protagoniste est d'abord présenté ('Un homme de province', p.87; 'Un homme d'un génie vaste', 'Un homme d'un nom illustre', p.92; 'Un gentilhomme de Bretagne', p.94); le récit rapporte ensuite l''honnêteté' dont il est coupable ou victime et s'achève sur la leçon morale qu'il appartient au 'cher lecteur' de retenir (Sixième et Huitième honnêtetés) ou de déduire de l'exemple qui vient de lui être présenté (Dixième honnêteté). L'anonymat entretenu autour de l'identité des personnages confère aussi à cette forme de récit le piquant de l'histoire à clés, que le lecteur est invité à percer. Les récits sont d'ailleurs d'une complexité variable en fonction du nombre des protagonistes qui interviennent: la Onzième honnêteté se borne à esquisser, de manière épurée, la noirceur d''un auteur' que l'on reconnaît être Palissot; la Dix-huitième honnêteté, qui énonce une leçon adressée aux 'pauvres gens de lettres', fait successivement entrer en scène 'le fils d'un laquais de M. de Maucroix', lui-même un temps 'laquais', devenu 'folliculaire', 'faiseur d'almanachs', 'prêtre' et 'généalogiste'; 'une dame qui a une terre dans le voisinage' de son 'petit prieuré'; le 'seigneur de la paroisse voisine'; 'un jeune homme' de la 'maison' de ce 'seigneur'; enfin 'un seigneur à la généalogie duquel' M. le prieur travaille et 'un magistrat considérable du parlement de Paris'.

Très différente, dans sa facture comme dans sa tonalité, est la Vingt-deuxième honnêteté, qui s'ouvre sur une prise à partie du 'très cher Nonotte'. Outre le fait que, comme c'est aussi le cas de nombreuses autres Honnêtetés, la cible est ouvertement désignée, le texte fait une large place à l'invective. On reconnaît en effet les procédés caractéristiques des attaques *ad hominem* et *ad personam*: le locuteur, dont les marques, à la première personne, sont omniprésentes dans cette Honnêteté, interpelle directement son adversaire par des apostrophes ('mon cher Nonotte', 'ami Nonotte', mais aussi 'Petit Nonotte', p.125, 122 et 119) et s'adresse à lui en recourant au tutoiement de mépris; par les ordres qu'il lui donne à l'impératif ('apprends', p.123, 128 et 135; 'lis [...] lis, Nonotte, lis', p.124), il stigmatise son ignorance ('Que tu es ignorant', 'Que tu es ignorant te dis-je!', p.127), sa 'vanité' ('Tu crèves de vanité, Nonotte', p.136), mais aussi ses imputations abominables ('calomniateur Nonotte', p.136). La fin du texte multiplie les attaques personnelles contre le 'petit Jaques' (p.141) dont on rappelle les origines (il est 'né à Besançon d'un pauvre homme qui était fendeur de bois et crocheteur'; 'Il paraît à son style et à ses injures qu'il n'a pas dégénéré', p.141), dont on évoque aussi les mœurs ('il gouverne despotiquement une vieille fille imbécile', p.142). Le portrait se termine sur une note insultante: 'Ce misérable est un excrément de collège qu'on ne décrassera jamais' (p.142). Il est vrai que ce qui s'apparente à une notice biographique au vitriol n'est pas ouvertement prise en charge par le locuteur qui n'endossera par conséquent pas la responsabilité des injures qu'elle contient: est ici produite une 'lettre' censée 'instruire' les 'lecteurs', mais qui est donnée comme digne de foi en raison de la qualité de son auteur ('un homme en place') et de la fiabilité de ses informations (cette lettre, 'écrite de Besançon le 9 janvier 1767', provient de la ville natale de Nonnotte et elle est contemporaine de la date de rédaction du texte; p.141).

Si Nonnotte est encore pris à partie dans la 'Petite Digression' ('impie Nonotte! blasphémateur Nonotte!'), la tonalité du passage est à présent différente car la prise de parole du locuteur adopte un tour original: 'Prions Dieu, mes frères, pour sa conversion' (p.145). C'est ainsi sur le mode de la prédication aux 'frères' ('Croiriez-vous bien, mes frères, que [...]', p.145) qu'est dénoncé le 'libelle théologique' de Nonnotte, dans un développement qui débouche sur l'évocation de l'''énorme pastorale' de l'évêque du Puy: '*Soyez donc philosophes, mes très chers frères*, dit-il aux chaudronniers du Vélai à la page 299' (p.146). Malgré la précision de la référence, la citation est décontextualisée;[47] elle vaut peut-être d'abord par l'écho qu'elle entretient avec l'adresse du locuteur aux 'frères'. Le

---

[47] Voir l'annotation du texte, n.286.

pastiche du sermon concourt alors à relever, sur un mode plaisant,[48] le ridicule qu'encourent les graves théologiens – qu'il s'agisse de Nonnotte ou de Pompignan – à parler 'de belles-lettres' dans leurs ouvrages.

Les emprunts à différents genres confèrent ainsi aux *Honnêtetés littéraires* l'aspect d'une bigarrure. L'effet, qui résulte des assemblages dont on a fourni quelques exemples, tient aussi au fait que le texte multiplie les citations de provenances diverses: extraits de lettres censées être authentiques (lettre d'un 'homme en place', déjà évoquée; lettre du libraire Fez, p.115; lettre 'datée de Hennebond en Bretagne, le 18 novembre 1766, signée *le chevalier de Brulé*', p.143; 'Lettre à l'auteur des *Honnêtetés littéraires*'),[49] extraits d'ouvrages polémiques de l'adversaire, mais aussi d'ouvrages historiques ou poétiques, de Voltaire, on l'a dit, mais aussi d'autres auteurs.[50] On insistera en particulier sur le mélange de la prose et des vers. Comme le souligne en effet le rédacteur des *Mémoires secrets*, 'la prose est de temps en temps épicée de vers, encore plus piquants':[51] c'est bien entendu le cas de la 'diatribe' de cent vers intitulée 'Maître Guignard ou de l'hypocrisie' qui prolonge la Vingt-cinquième honnêteté, 'fort mince'. Mais cette intrusion des vers s'effectue aussi par l'intermédiaire de certaines citations, qu'elles proviennent des œuvres de Voltaire (*Le Pauvre Diable*, p.107-108; l'*Ode sur le fanatisme*, p.137) ou d'autres auteurs (rondeau de Corneille et extrait de la *Vita Terenti* de Suétone,

---

[48] Autres exemples de plaisanteries, sur l''âme' d'Abraham Chaumeix (Neuvième honnêteté) ou sur le 'journal' (mauvais) 'chrétien' (Dixième honnêteté, n.*h*).

[49] La lettre 'envoyée de Paris à M. d'Auch' (p.150-51) constitue un cas particulier que l'on examinera plus loin.

[50] Les citations proviennent, par exemple, des ouvrages de J.-G. Lefranc de Pompignan (préambule), de Goudar (Deuxième honnêteté), de Sanchez (Septième honnêteté), de La Beaumelle (Seizième honnêteté et 'Lettre à l'auteur des *Honnêtetés littéraires*'), de Nonnotte (Vingt-deuxième honnêteté et 'Petite Digression'); elles concernent aussi les œuvres de Voltaire (la Vingt-deuxième honnêteté comporte un extrait de l'*Essai sur les mœurs*). Pour le détail, voir l'annotation du texte.

[51] T.3, p.244.

p.72 et n.*h*). [52] Dans certains passages enfin, prose et vers sont étroitement mêlés au sein d'un texte qui semble se développer sur le modèle du *Voyage de messieurs Bachaumont et La Chapelle*, d'ailleurs cité dès la Première honnêteté (p.82) ainsi que dans la Vingt-cinquième honnêteté (p.156): [53] ainsi des vers de Molière (tirés d'*Amphitryon*; p.99, ou du *Misanthrope*; p.110-11), de La Fontaine (p.112), de Racine (le dernier vers de l'acte I des *Plaideurs* dans la Vingt-deuxième honnêteté, p.132) ou encore de L'Arioste ('Epître sur le mariage'; p.145).

Le recours à des genres et styles d'écriture variés ainsi que l'association des vers et de la prose, tout en participant de l'instabilité générique du texte, font ainsi ressortir *Les Honnêtetés littéraires* à une esthétique du mélange dont les deux mots d'ordre explicites sont l'"enjouement' et la 'variété'. C'est en tout cas ainsi que l'auteur justifie, dans la Vingt-cinquième honnêteté, l'insertion du 'petit morceau de M. Robert Covelle', censé 'égayer un peu' la 'triste liste des honnêtetés littéraires': 'Sans enjouement et sans variété, vous ne tenez rien' (p.156).

ii. *Instabilité rhétorique*

La différence dans les manières d'écrire chacune des Honnêtetés a permis d'apercevoir la tension qui s'instaure, par exemple, entre les 'réflexions morales' dignes de l'"examen' d'un 'sage' et les invectives d'un pamphlétaire. D'autres tensions se font jour lorsqu'on prête attention à la désignation générique explicite du texte: on a déjà relevé l'emploi de l'expression 'cette diatribe' (p.147) qu'il faut aussi mettre en concurrence avec l'expression 'ces mémoires instructifs' rencontrée auparavant dans l'ordre de la lecture (p.113). Le mot 'mémoires' est certes polysémique et, à s'en tenir aux occurrences internes au texte, il pourrait désigner, à l'instar des *Mémoires de Madame de Maintenon* critiqués dans la

---

[52] Voir l'annotation du texte, n.3 et 6.
[53] Voir l'annotation du texte, n.38 et 326.

'Lettre à l'auteur des *Honnêtetés littéraires*', le récit des événements d'une vie: la polarisation, déjà signalée, sur la personne de Voltaire inviterait à lire *Les Honnêtetés littéraires* comme l'histoire des procédés malhonnêtes employés contre l'auteur au cours de sa carrière. Il semble toutefois plus pertinent de prendre en compte une autre acception du terme, présente dès le préambule lorsqu'il est question de ces 'procès par écrit' qui se multiplient 'dans notre Europe occidentale': 'Deux citoyens ont-ils un différend sur une clause d'un contrat ou d'un testament? on imprime des factums et des dupliques, et des mémoires nouveaux' (p.75-76). C'est d'ailleurs une forme de procès qu'annonce le locuteur en affirmant peu après qu'il est 'permis à un malheureux auteur de bagatelles' de 'plaider' devant la 'bonne compagnie', sous réserve de le faire 'honnêtement' et de ne pas être 'ennuyeux' (p.76). Cette tension entre la 'diatribe' et les 'mémoires', qui entraîne aussi une tension entre recours à la rhétorique épidictique et recours à la rhétorique judiciaire, s'accorde du reste avec celle que l'on observe au niveau de la posture du locuteur-personnage qui prend en charge le discours.

Dès lors qu'il entreprend de distribuer les éloges et (surtout) les blâmes, le locuteur-personnage adopte la posture du satiriste. Il est à cet égard significatif que la figure de Boileau soit convoquée à deux reprises dans le texte: d'une part, la traduction des vers de Middleton (ou plutôt de Lyttelton) évoque un 'Boileau plein de sel, encor plus que de grâce', 'Courtisan satirique' et 'censeur des Cotins' (p.162); d'autre part surtout, en achevant la Treizième honnêteté sur deux vers tirés des *Satires*, c'est par la voix de Boileau que s'exprime le locuteur-personnage, endossant par là même le rôle du pourfendeur des Cotins. A la fin de la Vingt-sixième honnêteté, lorsqu'il se propose de faire 'bonne et briève justice' des 'nouvelles honnêtetés' dont il serait 'averti' (p.163), il se peint encore dans l'attitude héroïque du satiriste qui combat 'la plume à la main'.[54]

54 Voir Joseph Pineau, *L'Univers satirique de Boileau. L'ardeur, la grâce et la loi* (Genève, 1990).

L'expression employée n'en trahit pas moins la confusion opérée entre l'épidictique et le judiciaire qui s'accentue encore, dans le domaine du judiciaire, par une ambiguïté dans la répartition des rôles: tel entend faire 'justice' qui affirme, dans la même Honnêteté, prendre 'toujours' le 'parti' de Voltaire comme il le 'doit' et 'défendre' son 'ami' *unguibus et rostro*' (p.160). Qu'est-ce à dire, sinon que le locuteur-personnage, tantôt justicier et tantôt avocat, se trouve simultanément juge et partie? Tout confirme donc l'instabilité rhétorique d'un texte qui emprunte concurremment à deux des genres de discours oratoires distingués par Aristote: le démonstratif et le judiciaire.

Dans *Les Honnêtetés littéraires*, le blâme s'abat en effet sur les manifestations du 'laid moral' qui, comme on l'a vu, sont désignées, par antiphrase, comme des 'honnêtetés'. On ne s'étonnera pas dès lors de voir stigmatisées, chez les différents adversaires, des paroles et des actions contraires à la 'vertu' entendue au sens de 'puissance capable de procurer et de conserver des biens, et aussi capable de faire accomplir de bonnes actions nombreuses, importantes et de toute sorte et à tous les points de vue'.[55] Ainsi, par exemple, de la vénalité du libraire Fez et d'un Nonnotte soucieux d'augmenter sa 'portion congrue' (Vingt et unième honnêteté) qui s'écartent de la 'libéralité' en tant qu'elle implique le désintéressement. Ainsi des 'mœurs' d'un abbé Desfontaines et d'un Fréron qui les font 'chasser' de la Société de Jésus et fréquenter Bicêtre, le For l'Evêque ou le Châtelet (Quatrième honnêteté), de celles de Nonnotte, invité à confesser ses 'fredaines' à la 'vieille fille' qu'il 'fréquente' et qu'il 'endoctrine' (Vingt-deuxième honnêteté, p.130), qui sont aux antipodes de la 'tempérance' digne de l'éloge.[56] Plus généralement, la matière des *Honnêtetés littéraires* est fournie par l'ensemble des 'outrages' et des 'calomnies' proférées à l'encontre de citoyens honorables parce

[55] Aristote, *Rhétorique*, éd. M. Meyer (Paris, 1991), livre 1, ch.3 [1358b] et ch.9 [1366a], p.94 et 129.
[56] Aristote, *Rhétorique*, livre 1, ch.9 [1366b], p.130.

qu'ils recherchent 'l'honnête' et 'l'utile'. [57] Toutefois, dès lors que la principale victime est Voltaire, la satire des comportements déviants tourne au procès des fauteurs de troubles, procès mené par un locuteur-personnage qui se présente explicitement comme le défenseur de son 'ami'.

C'est bien contre une série d'injustices qu'il s'agit de porter plainte si l'on considère, avec Aristote, que 'l'injustice, c'est ce qui, tout ensemble, n'est pas irréfléchi et part d'une pensée méchante'. [58] La plupart des 'honnêtetés' relevées sont en effet présentées comme des actions concertées, gouvernées par l'intention de nuire: c'est le cas des accusations d'irréligion et de lèse-majesté prononcées, entre autres, à l'encontre des encyclopédistes (Huitième honnêteté), notamment par Chaumeix qui va jusqu'à les 'dénoncer juridiquement' (Neuvième honnêteté); c'est aussi le cas des manœuvres des éditeurs de 'vers et libelles de taverne' publiés sous le nom de Voltaire qui, outre le profit, 'espèrent' que 'l'auteur, à qui ils les imputent, sera infailliblement perdu à la cour' (p.112) ou des manœuvres de Nonnotte qui 'veut brouiller l'auteur du *Siècle de Louis XIV* avec le clergé de France' (p.136). Dès lors, les 'citoyens' attaqués, par exemple, dans le 'libelle' paru sous le nom de l'archevêque d'Auch 'n'ont d'autre ressource que celle de confondre les calomnies', de 'dénoncer au public' son auteur 'comme un scélérat dont on dédaigne de se venger, mais qu'on doit faire connaître' (p.150-51). De là un texte qui, comme c'était déjà le cas, par exemple, du *Mémoire du sieur de Voltaire* (1739) contre Desfontaines, comporte des pièces justificatives (la 'lettre de Fez en original' copiée 'mot pour mot', Vingt et unième honnêteté) et qui s'apparente occasionnellement à un mémoire rédigé à l'appui d'un procès. On retrouve aussi les procédés caractéristiques de la rhétorique judiciaire. D'une part, de nombreuses 'honnêtetés' émanent de personnages correspondant de manière canonique aux 'gens qui font du tort' évoqués par Aristote. Il peut s'agir de

[57] Voir Aristote, *Rhétorique*, livre 1, ch.6.
[58] Aristote, *Rhétorique*, livre 1, ch.13 [1374b], p.166.

'ceux qui trouvent (dans le préjudice causé par eux) un profit manifeste ou d'une grande importance, ou très prochain, tandis que la peine portée contre eux est minime, ou non apparente, ou éloignée':[59] les accusations de plagiat lancées dans la presse l'illustrent, 'ces petits mensonges font le profit des folliculaires' (p.112) ou, pour le dire en parodiant La Fontaine, à propos d'une édition pirate de *La Pucelle*, 'les galants y trouvaient double profit à faire; leur bien premièrement et puis le mal d'autrui' (p.112). Il peut aussi s'agir de 'ceux dont la réputation est détestable':[60] ainsi de Fréron, dont 'le nom [...] est devenu une injure' (p.86). D'autre part, on reconnaîtra, dans les victimes – la première d'entre elles étant Voltaire lui-même – certaines des 'catégories de personnes à qui l'on cause un préjudice': 'ceux qui sont loin de nous [...] parce que la vengeance sera tardive', 'ceux qui ont été poursuivis par la médisance et ceux qui peuvent y être exposés'.[61]

Les Honnêtetés littéraires dramatisent ainsi un procès des malhonnêtes gens porté devant le 'public' qu'il s'agit tour à tour d'"instruire' et d'"éclairer' (p.75), voire d'"édifier' (p.80). On remarquera cependant que l'image construite de ce public n'est pas sans ambiguïtés. Lorsque l'auteur évoque l'édition pirate de *La Pucelle* qui comporte des obscénités, il pose aussi une distinction notable: 'il y a des vers pour la bonne compagnie, il y en a pour la canaille' (p.113). A n'en pas douter, c'est à 'la bonne compagnie' qu'il convient de s'adresser, mais l'expression est elle-même rendue problématique quand il est aussi question de la 'bonne compagnie du Puy en Vélai' qui, en lisant l'"énorme pastorale' dans laquelle M. l'évêque cite 'Bacon, Galilée, Descartes, Mallebranche, Leibnitz, Neuton et Loke', 'a pris tous ces gens-là pour des Pères de l'Eglise' (p.146). Le trait, discrètement méprisant, s'éclaire à la lecture de l'opposition entre Paris et la province qui est établie, à propos de La Beaumelle, à la fin de la 'Lettre à l'auteur des *Honnêtetés littéraires*': 'Il se peut que quelques provinciaux qui

[59] Aristote, *Rhétorique*, livre 1, ch.12 [1372a], p.156.
[60] Aristote, *Rhétorique*, livre 1, ch.12 [1372b], p.157.
[61] Aristote, *Rhétorique*, livre 1, ch.12 [1372b], p.157-58.

43

n'avaient aucune connaissance des affaires publiques, aient été trompés quelque temps par les faussetés que ce misérable débite avec tant d'assurance. Mais son livre a été regardé à Paris avec autant d'horreur que de dédain' (p.173-74). Si le 'public' invoqué présente une physionomie composite et peut-être contradictoire, il en va de même de la fonction qui lui est assignée. Le locuteur-personnage lui reconnaît d'abord la compétence du juge: 'Vous savez, mon cher lecteur, que le public est alerte sur les fautes des gens de lettres' (p.88). Mais quelle est la valeur de cette compétence dès lors qu'une partie de ce 'public' – les 'provinciaux', notamment – peut être trompée lorsqu'elle n'est pas absolument ignare? S'il convient d'''avertir' le public, c'est en effet parce qu'il pourrait être la dupe, par exemple, des manœuvres des éditeurs de 'Lettres secrètes' et manquer par là même de clairvoyance: 'Il est bon d'en avertir ceux qui ne sont pas gourmets' (p.102). La définition même de la 'bonne compagnie' (parisienne) que l'on trouve dès le préambule ne laisse pas d'être ambiguë: 'Il est [...] permis à un malheureux auteur de bagatelles, de plaider par-devant trois ou quatre douzaines de gens oisifs qui se portent pour juges des bagatelles, et qui forment la bonne compagnie' (p.76).

Si *Les Honnêtetés littéraires* engagent un tel procès, on peut donc s'interroger sur sa portée. On peut aussi s'étonner de la manière dont il est mis en œuvre dans un texte émanant d'un locuteur-personnage qui défend la cause de Voltaire devant un tel public, mais qui se propose aussi, comme on l'a vu, de rendre justice lui-même et qui, dans la pratique, distribue allègrement les blâmes: dès lors que Voltaire apparaît comme une 'autre figure de juge dans le texte', on ne peut que constater, avec Christophe Cave, que 'deux juges, c'est un de trop'.[62] S'il est entendu que Voltaire défend sa propre cause et contre-attaque par la voix d'un locuteur-person-nage qui est à la fois juge et partie, on ne saurait, comme le font ses adversaires, parfois relayés par la critique, tout expliquer par la mauvaise foi de Voltaire: 'les honnêtetés ne font (bien sûr) pas le

---

[62] Ch. Cave, 'Mélange et brouillage dans *Les Honnêtetés littéraires*', p.228.

procès honnête qu'elles font mine d'intenter, mais ne se réduisent pas à la malhonnêteté polémique, pourtant pratiquée' (p.215). On sera par conséquent plus volontiers sensible, avec Christophe Cave, aux tensions qui résultent d'un texte qui entretient 'un étrange rapport à la vérité et au mensonge' alors même que son 'objet' explicite 'est de lutter contre toute manipulation, de faire le partage entre le vrai et le faux' (p.227). C'est dire que *Les Honnêtetés littéraires* mettent en œuvre un 'procès de lecture' au cours duquel la vérité devient, par l''hybridation énonciative' que présente le texte même, 'une possible question' (p.229).

iii. *L'instabilité de l'œuvre*

Si, comme on l'a vu, l'un des principes d'organisation des *Honnêtetés littéraires* peut être recherché autour de la personne de Voltaire et de son œuvre, il faut encore s'interroger sur la manière dont des œuvres antérieures se trouvent convoquées dans le texte, sur les stratégies qui sous-tendent le dispositif mis en place, mais aussi sur l'image que ce texte particulier construit de l'œuvre voltairienne dans son ensemble.

L'examen des œuvres dont des extraits sont donnés dans *Les Honnêtetés littéraires* peut d'abord s'interpréter en termes d'auto-promotion, qu'il s'agisse d'ouvrages dont la paternité est avouée ou d'ouvrages non explicitement attribués à 'M. de Voltaire': dans chacun de ces cas de figure, la promotion fait appel, d'une part à une stratégie de valorisation de l'œuvre, d'autre part à une stratégie publicitaire. On a déjà souligné combien les mentions et citations des œuvres historiques entraient dans un système de contrepoint visant conjointement à discréditer les ouvrages des La Beaumelle et autres Nonnotte et à réaffirmer la valeur historique, précisément contestée par les *Erreurs* de Nonnotte, du *Siècle de Louis XIV* et de l'*Essai sur les mœurs*. On s'en tiendra ici à la seconde classe d'œuvres: celles qui ne peuvent pas être ouvertement avouées par Voltaire. Un premier constat s'impose: certains extraits convoqués sont inédits ou se trouvent dans des œuvres dont une version nouvelle a été donnée dans un passé récent. Leur insertion dans *Les Honnêtetés littéraires* semble ainsi avoir une vocation publicitaire: il s'agit de faire connaître tel morceau inédit mais aussi de remettre sous les yeux du public tel texte déjà publié afin d'en prolonger le retentissement. [63] Les lecteurs de la *Lettre curieuse de M. Robert Covelle* [...] *à la louange de M. Vernet* (1766) avaient pu apprendre, à la faveur du dialogue qui s'instaure, l'existence d'"un certain poème sur l'*Hypocrisie*' censé prouver que Vernet se trompe s'il se croit à l'abri des représailles parce que Voltaire le 'méprise trop' pour 'répondre' à ses 'manœuvres'. [64] Le 13 janvier 1767 (D13837), un lecteur privilégié comme Frédéric II a pu recevoir, pour ses 'étrennes', 'un petit éloge de l'hypocrisie': 'Si cela peut amuser Votre Altesse Sérénissime, l'auteur, quel qu'il soit, sera trop heureux'. Il appartient désormais au lecteur des *Honnêtetés littéraires* de s'"égayer' en découvrant, pour la première fois, ce 'petit morceau de M. Robert Covelle' intitulé 'Maître Guignard, ou de l'hypocrisie' [65] et de deviner que le 'prédicant de Carcassonne en Languedoc' nommé 'Isaac Bernet' désigne en fait le théologien Jacob Vernet. Le passage cité en note dans la Onzième honnêteté est, quant à lui, déjà connu puisque 'l'abbé Trithème' est notoirement l'un des personnages qui s'expriment dans *La Pucelle*. On observera cependant que, alors que les lecteurs disposent depuis 1762 d'une édition autorisée de ce poème en vingt chants, l'extrait provient du chant de la 'capilotade' qui ne devient le chant 18 qu'à partir de l'édition de 1773, en vingt et un chants. S'il ne figure pas jusque-là dans les éditions successives de *La Pucelle*, le texte ne saurait pourtant être considéré comme inédit puisque ce 'Chant détaché d'un poème

---

[63] On sait en effet que certains textes, notamment lorsqu'ils sont étroitement en prise sur les circonstances de leur rédaction, se périment vite.

[64] *M*, t.25, p.495. Il est notamment question ici des *Lettres critiques d'un voyageur anglais*, qualifiées de 'libelle [...] en deux volumes' (p.154).

[65] P.156. Lorsqu'il rend compte des *Honnêtetés*, le rédacteur des *Mémoires secrets* attire l'attention sur cette 'satire': 'On y lit entre autres une satire intitulée *Montre* [*sic*] *Guignard*, qui n'est sûrement pas une honnêteté littéraire' (t.3, p.244).

épique' a été publié, en 1764, dans les *Contes de Guillaume Vadé*.[66]
On voit comment la publication de l'extrait contribue à raviver la
connaissance d'un texte connu uniquement par le recueil de 1764.
La confrontation des versions montre aussi que le texte a fait l'objet
de légers remaniements:[67] le vers 273 ('D'une main prompte, et
d'un zèle empressé') est supprimé; au vers suivant, 'Habilement'
remplace 'Pendant la nuit', expression qui se substitue à 'Tout est
parti', à l'attaque du vers 271, premier vers cité.[68] C'est dire que
l'extrait prélevé doit être retouché pour prendre place dans le texte
d'accueil:[69] ce qui s'apparente, dans cet exemple, à une retouche
stylistique donne lieu ailleurs à des remaniements de plus grande
ampleur.

Lorsque, dans la Vingt-cinquième honnêteté, Voltaire mêle
deux vers à son texte en prose, rien n'indique que le premier ('Ami,
Servet est mort, laissons en paix sa cendre') relève de l'auto-
citation (p.155). Il s'agit pourtant de la reprise d'un vers de la
tragédie d'*Œdipe* dans lequel le nom de Laïus est remplacé par celui
de Servet dont il est question dans le nouveau contexte.[70] On
n'insistera pas sur cette pratique de l'emprunt non signalé qui, sur
le mode du clin d'œil fondé sur le partage d'une mémoire,
entretient la complicité, déjà évoquée, avec le lecteur. En signalant,

[66] *Contes de Guillaume Vadé* (Genève, 1764), p.83-94.

[67] Les éditeurs de Kehl identifient la référence et rétablissent le texte qui figure
dans les éditions ultérieures du chant 18 de *La Pucelle*: voir les variantes concernant
ce passage.

[68] Cette expression, placée en rejet, constitue en effet la fin de la phrase
précédente: 'Linge, vaisselle, habits, tout est troussé, / Tout est parti' (vers 270-71).

[69] Ce phénomène concerne aussi, à l'occasion, les extraits cités d'autres auteurs.
C'est le cas dès le préambule lorsque Voltaire, en livrant le rondeau de Corneille
contre Scudéry, remplace la mention du Cid par l'expression 'le ciel': voir
l'annotation du texte, n.6. L'effet produit dépasse ici largement le seul enjeu
stylistique.

[70] Voir l'annotation du texte, n.324: 'Ami' remplace aussi 'Seigneur', peut-être
pour une question d'euphonie ('Seigneur, Servet est mort'), peut-être aussi parce
que l'adresse de Phorbas à Œdipe présente une solennité qui sied mal à la tonalité
familière du nouveau contexte que confirme le vers suivant, créé pour l'occasion
('Que m'importe qu'on grille ou Servet ou Bernet?').

dans le préambule, qu'il a 'lu autrefois une épître sur la calomnie' dont il 'ignore l'auteur', le locuteur des *Honnêtetés littéraires* sollicite la mémoire du lecteur, invité à juger à quel point 'les derniers vers' paraissent 'faits pour le sujet' qu'il 'traite' (p.76). De fait, on retrouve la fin de l'*Épître sur la calomnie* telle qu'elle est donnée depuis l'édition de la *Collection complète des œuvres de Monsieur de Voltaire* publiée en 1756. On remarque cependant que le texte de l'épître comporte un ajout de vingt-quatre vers inédits (lignes 120-43) qui fournissent l'occasion d'évoquer le *Paradis perdu* de Milton, mais aussi de tirer une première salve contre Rousseau, Patouillet, 'Nonotte et consorts'. Une note précise d'ailleurs, au sujet des 'deux ex-jésuites les plus insolents calomniateurs de leur profession': 'il en sera question dans le cours de cet ouvrage'. L'ajout a donc pour fonction de faire entendre, dès le préambule, les noms de certains des adversaires dont les 'honnêtetés' seront présentées plus tard dans le texte et, posant ainsi quelques premiers jalons, de mettre en place ces échos internes qui fondent l'unité des *Honnêtetés littéraires*, par delà la dispersion induite par la forme du '*compendium*'. On voit aussi que si ces vers 'ont paru faits pour le sujet', c'est d'abord parce qu'ils ont été fabriqués pour l'occasion et que la reprise d'un texte antérieur de l'œuvre s'accompagne de la création d'une variante susceptible d'être intégrée dans les éditions ultérieures de l'*Épître sur la calomnie*.[71] Un phénomène comparable se produit dans la Vingt-sixième honnêteté qui cite les 'vers charmants' écrits par Middleton (Lyttelton) et traduits par 'M. de Voltaire': si les douze premiers vers sont déjà connus, c'est ici pour la première fois que le lecteur prend connaissance des douze suivants ainsi que de leur traduction.[72] On remarque toutefois que, contrairement à ce que l'on observait dans l'exemple précédent, l'ajout n'est apparemment pas motivé par le souci de parfaire l'adéquation entre le passage cité et le 'sujet' traité dans *Les Honnêtetés littéraires*: il semble uniquement

[71] Voir l'annotation du texte, n.18.
[72] Voir l'annotation du texte, n.335.

48

s'expliquer par le plaisir de créer de l'inédit. Non content de citer ses propres œuvres, Voltaire les transforme donc dans la version que donnent à lire *Les Honnêtetés littéraires*. Ces remaniements sont de deux sortes: lorsqu'il s'agit d'adapter le passage au nouveau contexte, ils traduisent la capacité de l'œuvre citée à être revisitée; lorsqu'ils donnent lieu à l'adjonction de fragments inédits, ils contribuent à la production de variantes qui rendent problématique la stabilité du texte cité et à souligner la dimension évolutive de l'œuvre.

C'est cette dimension que renforce encore le devenir éditorial de certains passages des *Honnêtetés littéraires*. On a vu que le texte s'inscrit dans la continuité d'ouvrages antérieurement parus, cités ou non: c'est le cas, par exemple, des *Eclaircissements historiques* contre Nonnotte qui entretiennent de nombreuses parentés avec les attaques conduites dans la Vingt-deuxième honnêteté. On peut ajouter que ces *Eclaircissements*, qui paraissent pour la première fois en 1763 dans le tome 8 de la réimpression de l'*Essai sur l'histoire générale*,[73] font l'objet d'une réédition en 1769[74] dans laquelle sont alors inclus des passages provenant de la Vingt-deuxième honnêteté. On s'en tiendra, pour illustrer cette circulation des textes, au développement consacré à Jeanne d'Arc, déjà évoqué. Dans l'édition de 1763 des *Eclaircissements*, le développement, intitulé 'De Jeanne d'Arc', est d'une grande brièveté et ne relève qu'une erreur de chronologie somme toute assez limitée:

Que cet homme charitable insulte encore aux cendres de Jean Hus et de Jérôme de Prague, cela est digne de lui; qu'il veuille nous persuader que Jeanne d'Arc était inspirée, et que Dieu envoyait une petite fille au secours de Charles VII contre Henri VI, on pourra rire; mais il faut au moins relever la mauvaise foi avec laquelle il falsifie le procès-verbal de Jeanne d'Arc, que nous avons dans les actes de Rymer.

Interrogée en 1431, elle dit qu'elle est âgée de vingt-neuf ans: donc, quand elle alla trouver le roi en 1429, elle avait vingt-sept ans; donc le

---

[73] Voir ci-dessus, n.8.
[74] *Collection complète des œuvres de Monsieur de Voltaire*, 45 vol. (Genève, Cramer; Paris, Panckoucke, 1768-1777), t.10 (1769), p.485-521.

libelliste est un assez mauvais calculateur, quand il assure qu'elle n'en avait que dix-neuf. [75]

En 1769, ce qui devient la 'Dix-huitième sottise de Nonotte, Sur Jeanne d'Arc' acquiert une tout autre ampleur. 'Il convient de mettre le lecteur au fait de la véritable histoire de Jeanne d'Arc, surnommée la *Pucelle*', ajoute Voltaire: 'Les particularités de son aventure sont très peu connues, et pourront faire plaisir au lecteur.' [76] Est alors inclus l'essentiel du développement sur 'l'histoire de la pucelle d'Orléans' que l'on trouve dans le seizième point de la Vingt-deuxième honnêteté (lignes 1055-1189), qui se conclut sur ce jugement sans appel: 'Apprends, Nonotte, comme il faut étudier l'histoire quand on ose en parler'. L'histoire de ce fragment ne s'arrête pourtant pas là puisque, après avoir été utilisé pour étoffer la 'Dix-huitième sottise de Nonotte', le passage est encore réemployé, en 1770, pour constituer l'article 'Arc, Jeanne d'' des *Questions sur l'Encyclopédie*. [77]

Cette pratique du recyclage de passages des *Honnêtetés littéraires*, avec ou sans textes intermédiaires, n'est pas unique. D'autres passages entretiennent des liens de parenté évidents avec des articles des *Questions sur l'Encyclopédie*. [78] On remarquera aussi que le texte de la lettre 'envoyée de Paris à M. d'Auch', citée à la fin de la Vingt-troisième honnêteté (p.150-51), se retrouve, en 1769, dans le troisième tome de *L'Evangile du jour*. [79] Il n'est évidemment pas anodin que ces fragments, prélevés dans *Les Honnêtetés littéraires*, puissent être accueillis dans des œuvres qui ressortissent

[75] *Collection complète des œuvres de Monsieur de Voltaire*, t.18, p.376.
[76] *Collection complète des œuvres de Monsieur de Voltaire*, t.10, p.499.
[77] Voir F. Bessire, 'Voltaire à l'œuvre: seconde main et réemploi dans l'article "Arc" des *Questions sur l'Encyclopédie*', dans *Copier/coller. Ecriture et réécriture chez Voltaire*, éd. O. Ferret, G. Goggi, C. Volpilhac-Auger (Pise, 2007), p.197-208.
[78] Même si l'emprunt n'est pas textuel, l'article 'Géographie' comporte, par exemple, de nombreux éléments qui se trouvent dans la Première honnêteté: voir l'annotation du texte, n.39.
[79] Voir l'annotation du texte, n.304.

à une esthétique du mélange[80] ou dans des recueils:[81] l'œuvre de Voltaire comporte de nombreux passages virtuellement détachables et susceptibles de connaître un tel destin éditorial.[82] Cette circulation des textes n'en contribue pas moins à poser, dans une autre perspective, le problème de la cohérence des *Honnêtetés littéraires* en tant qu'œuvre: texte susceptible d'accueillir des morceaux détachés d'autres œuvres ou publiés dans des recueils antérieurement parus – comme c'est le cas, on l'a vu, du 'Chant détaché d'un poème épique', *Les Honnêtetés littéraires* sont à leur tour susceptibles de démembrements ultérieurs à l'initiative de Voltaire lui-même lorsqu'il compose les *Questions sur l'Encyclopédie* ou lorsqu'il organise la collection de *L'Evangile du jour*.[83]

L'histoire du devenir éditorial des *Honnêtetés littéraires* montre que le phénomène n'est pas sans répercussions. Si, par la pratique du copier-coller, Voltaire a pour ainsi dire montré la voie, les responsables des éditions posthumes de ses œuvres l'ont suivie, et même avec zèle. C'est ainsi que les éditeurs de Kehl, désireux d'éliminer des redites jugées fâcheuses, ont quant à eux recours à la technique du couper-coller, sans systématiquement indiquer les passages supprimés.[84] Ainsi s'explique, par exemple, que l'on ne trouve pas, dans l'édition des *Honnêtetés littéraires*, le développement sur Jeanne d'Arc: le texte étant perçu comme faisant double

---

[80] Voir O. Ferret, 'Des "pots-pourris" aux "mélanges"', *Revue Voltaire* 6 (2006), p.35-51, en particulier p.46-48.

[81] Voir J.-M. Moureaux, 'Voltaire éditeur: de sa conception de l'édition à sa pratique éditoriale des recueils', *Revue Voltaire* 4 (2004), p.11-38.

[82] Pour une mise au point théorique sur ces questions, voir N. Cronk, 'Voltaire autoplagiaire', dans *Copier/coller*, p.9-30.

[83] L'histoire éditoriale de cette collection est encore très mal connue. A Mme Du Deffand qui, le 27 novembre 1769 (D16011), lui réclamait, entre autres, *L'Evangile du jour*, Voltaire envoie, le 11 décembre, ce qu'il a 'enfin trouvé' (D16036). Cette lettre ne précise pas de quel(s) tome(s) il s'agit, mais elle prouve que Voltaire prend une part active à la diffusion de ce recueil. Reste que, comme le souligne J.-M. Moureaux, rien n'indique que 'la responsabilité éditoriale de Voltaire dans la composition' de *L'Evangile du jour* (et des autres semblables recueils) a 'toujours été entière' ('Voltaire éditeur', p.29).

[84] Voir N. Cronk, 'Voltaire autoplagiaire', p.21-22.

emploi avec l'article des *Questions sur l'Encyclopédie*, le lecteur est renvoyé, en note, au '*Dictionnaire philosophique*, art. *Arc*'. [85] On ne trouvera pas non plus, dans cette édition, la 'petite pièce de poésie, intitulée: *Maître Guignard* ou *de l'hypocrisie*': ici encore, une note renvoie au 'volume des *Contes et Satires*'. [86] Allant encore plus loin dans la recomposition du texte, les éditeurs de Kehl ajoutent une Vingt-septième honnêteté correspondant à l'article 16 du *Fragment sur l'histoire générale* (1773) qui porte sur les *Trois Siècles* de Sabatier de Castres. Beuchot se montre toutefois conscient de l'anachronisme' qui en résulte (l'ouvrage de Sabatier date de 1772) et décide de reporter 'à sa place' l'article du *Fragment sur l'histoire générale*. [87] Il ne semble pourtant pas sensible à la remise en cause de l'intégrité de l'œuvre qu'entraînent les suppressions de l'édition de Kehl: Beuchot ne restitue ni le développement sur Jeanne d'Arc, [88] ni la 'diatribe' prétendument écrite par Robert Covelle. [89] Beuchot suit même jusqu'au bout la logique économique des éditeurs de Kehl [90] en ne faisant pas non plus figurer la lettre 'A M. l'archevêque d'Auch' qui se trouve à la fin de la Vingt-troisième honnêteté: 'Ici Voltaire reproduisait la *Lettre pastorale* qu'on a vue, tome XXV, page 469, et qu'il était inutile de répéter', précise-t-il en note. [91]

A bien des égards, *Les Honnêtetés littéraires*, qui reproduisent des portions de textes antérieurement publiés, qui introduisent des remaniements et des ajouts inédits, qui donnent à l'occasion

[85] Kehl, t.48, p.53.

[86] Kehl, t.48, p.69. Le poème est donné, sous le titre 'L'Hypocrisie' (t.14, p.174-77). On n'a pas tenu compte de cette édition du poème pour l'établissement des variantes.

[87] *M*, t.26, p.115, n.1.

[88] 'Ici les éditeurs de Kehl renvoyaient à l'article "Arc" du *Dictionnaire philosophique*, où ils avaient placé ce morceau', se borne à indiquer Beuchot, qui procède de la même manière (*M*, t.26, p.148, n.2).

[89] Beuchot signale l'endroit où, 'dans l'édition originale', on lisait la satire intitulée *Eloge de l'Hypocrisie* et renvoie le lecteur au 'tome X' (*M*, t.26, p.158, n.3).

[90] La lettre 'A M. l'archevêque d'Auch' est en effet imprimée deux fois dans l'édition de Kehl: dans *Les Honnêtetés littéraires* (t.48, p.65-66) et dans le volume des 'Facéties' (t.46, p.188-89).

[91] *M*, t.26, p.156, n.1.

certains textes appelés à avoir un destin éditorial autonome, apparaissent comme une œuvre laboratoire dans laquelle Voltaire transforme ses textes. L'ouvrage qui en résulte est inclassable, en ce qu'il ne se laisse pas facilement catégoriser par les définitions génériques et rhétoriques habituelles. Etant le résultat d'une série d'assemblages, l'ouvrage lui-même n'échappe pas à l'instabilité comme en témoigne la complexité de sa propre histoire éditoriale. Son existence même contribue enfin à soulever le problème du devenir de l'œuvre voltairienne dans son ensemble: *Les Honnêtetés littéraires* illustrent ainsi la fluidité des échanges qui interviennent entre les textes et invitent à prendre conscience de la plasticité de l'œuvre de Voltaire.

5. *Réception*

Lorsqu'il annonce, dans la *Correspondance littéraire*, la publication des *Honnêtetés littéraires*, le 1er avril 1767, Grimm émet un jugement mitigé sur la 'brochure': 'En vérité, M. de Voltaire est bien bon de se chamailler avec un tas de polissons et de maroufles que personne ne connaît'. Certes, 'notre patriarche n'a jamais oublié aucun de ceux à qui il avait des remerciements à faire', ajoute-t-il, mais 'sa brochure n'est pas gaie': 'C'est qu'il se fâche et qu'il écrit avec passion; et assurément il n'y avait pas de quoi se fâcher contre des gens de cette espèce.' Bref, si 'le titre de cette brochure était bien trouvé', il 'promettait quelque chose de plus gai et de plus agréable'. [92] C'est pourtant de l'"amusement' que Voltaire promet au marquis de Florian, le 3 avril 1767 (D14085), et il écrit à Cramer, le 4 avril (D14092): 'Quand les fripons s'affligent il faut que les honnêtes gens rient'. C'est encore, comme on l'a vu, sur la dimension plaisante du texte que l'auteur attire l'attention au début et à la fin des *Honnêtetés littéraires*: on ne doit pas être 'ennuyeux' (p.76); on ne doit pas 'ennuyer les dames, dont il faut toujours ménager la délicatesse' (p.163). Si le 'trait' de Palissot qui, dans la

[92] *Correspondance littéraire*, t.7, p.282-83.

comédie des *Philosophes*, 'prostitue' les encyclopédistes 'sur le théâtre, et les introduit volant dans la poche', 'n'est pas assez plaisant' (p.95-96), l'auteur s'efforce *a contrario* d''égayer un peu' la 'triste liste des honnêtetés littéraires' et met en avant la nécessité de l''enjouement' et de la 'variété' (p.156). Y aurait-il donc un hiatus entre la réception programmée par Voltaire et la réception dont se font l'écho les témoignages contemporains? Il convient de remarquer que l'avis de Grimm relève peut-être d'un goût un peu étroit, d'ailleurs assez habituel lorsqu'il s'exprime sur la production pamphlétaire contemporaine. On observe cependant que le jugement du rédacteur des *Mémoires secrets*, quoique moins ouvertement critique, n'en demeure pas moins mitigé. Le 24 juillet 1767, il déclare en effet, à propos de *La Défense de mon oncle*, qu''on ne peut refuser à cet écrit beaucoup de gaieté et même le feu de la jeunesse'. Trois jours plus tard, lorsqu'il rend compte des *Honnêtetés littéraires*, il n'est plus question de 'gaieté'. Le texte s'avère même, par certains aspects, fâcheux, notamment lorsque Voltaire s'en prend à Nonnotte:

[L]'on est fâché de voir ce grand homme employer 30 pages à dire des injures à ce malheureux *Scribler*. Il donne lui-même le modèle des grossièretés qu'il reproche aux autres. Les mots de *gueux*, de *gredin*, de *canaille*, etc. se reproduisent trop souvent. C'est un champion qui d'abord entre en lice en riant, s'échauffe ensuite, éprouve enfin les mêmes fureurs convulsives de son adversaire. [93]

La condamnation, on le voit, ne s'abat pas sur l'ensemble du texte — il arrive à Voltaire d''entrer en lice en riant' — mais, parmi les différentes manières que l'on a relevées, sur les débordements pamphlétaires qui caractérisent en particulier la Vingt-deuxième honnêteté. Les 'fureurs convulsives' de l'auteur cessent d'être plaisantes, d'autant qu'elles entrent en contradiction avec son propos: [94] si Voltaire entend stigmatiser 'la façon décente et

[93] T.3, p.242 et 244.
[94] Le rédacteur des *Mémoires secrets* se montre ainsi sensible aux tensions dont on a fait état plus haut.

54

polie' dont les auteurs 'traitent leurs différends' (p.211), il est regrettable qu'il cède 'lui-même', par son langage, aux 'grossièretés qu'il reproche aux autres'.

Du côté des adversaires de Voltaire, si Fréron semble garder le silence au moment de la publication du texte, on dispose du témoignage de La Beaumelle, dans la longue lettre qu'il adresse à Claude-Christophe Philibert et Barthélemy Chirol, le 25 août 1770 (D16613). Cette lettre, qui évoque les 'outrages' que lui a infligés 'M. de Voltaire ou l'écrivain qui a pris son nom', permet d'appréhender certains des enjeux des *Honnêtetés littéraires*, qui figurent dans la liste des ouvrages dont se plaint La Beaumelle. On observera que La Beaumelle situe son propos sur un terrain voisin de celui de Voltaire. Il n'entend pas, en effet, défendre 'l'homme de lettres' que 'le public' a d'ores et déjà 'jugé sans consulter' son 'ennemi'; ce sont les 'imputations' calomnieuses qui flétrissent le 'citoyen' dont il faut se purger: 'les gens de lettres n'existent pas seulement dans la société comme auteurs; ils y existent comme citoyens, et chacun d'eux y existe avec plus ou moins d'agrément, suivant l'opinion que ses concitoyens ont de ses mœurs. Ils doivent être aussi jaloux de leur réputation que tous les autres sujets'. On ne saurait alors mieux définir les effets désastreux que 'les satires d'un anonyme' peuvent avoir sur la 'réputation' de celui qui en est la victime:

Je n'aurais rien à répondre si ces satires n'étaient lues que par des sages: je serais bien sûr qu'ils renverraient avec indignation dans la classe des mensonges imprimés tout ce qui ne serait pas prouvé. Mais ces libelles ont bien d'autres lecteurs; les uns admettent tout par malignité de cœur; les autres croient tout par faiblesse d'esprit. Il en est qui sont si vivement frappés, qu'ils ne peuvent se défendre d'une demi-persuasion; les plus équitables sont ceux qui restent indécis; quand la calomnie est présentée adroitement, avec tout l'appareil, toutes les couleurs de la vérité, le diffamé est trop heureux s'il se trouve quelques personnes judicieuses qui ne le croient pas tout à fait aussi noir qu'on le représente. A peine le mensonge élève-t-il sa voix, que mille échos répètent au moins ses dernières paroles: l'écho n'est rien, et c'est ce rien qui assassine.

Telle est la redoutable puissance des 'libelles', face à laquelle toute entreprise de 'justification' paraît bien dérisoire contre un auteur dont toutes les productions sont recherchées, recueillies et largement diffusées:

[A] quoi servira cette justification? Elle sera lue par quelques-uns de mes contemporains, et tombera bientôt dans l'oubli, au lieu que la diffamation parviendra sûrement aux siècles à venir, puisqu'elle est consignée dans le recueil des Œuvres de M. de Voltaire, soit qu'elle parte de sa plume, soit qu'il ait eu seulement la faiblesse de l'adopter, soit que ses libraires l'aient glissée sans son aveu dans cette unique édition qu'il avoue. Il arrivera donc que je me serai bien justifié, et que je resterai pourtant flétri. Mon siècle m'aura plaint, et la postérité me méconnaîtra.

En effet, si l'"immense collection' fera assurément 'les délices' de 'cette postérité sans cesse renouvelée', c'est en raison de son 'agrément' et de la touche 'plaisante' que Voltaire sait imprimer jusque dans ses 'libelles':

Car puis-je me dissimuler que les ouvrages de M. de Voltaire sont d'un genre à être longtemps l'unique lecture des femmes, des gens du monde, et même des gens de goût? Il a traité tant de sujets, il y a répandu tant d'agrément; il est si séduisant par les charmes de son style; il est si commode à lire et si facile à retenir! Il est quelquefois si plaisant dans ses libelles mêmes, dont chaque phrase est un poignard renfermé dans un éclair! En vérité, il est bien fâcheux de prévoir qu'on sera diffamé à jamais dans un recueil qui, selon les apparences, sera sans cesse réimprimé et qui tiendra lieu de bibliothèque à tant d'honnêtes gens.

C'est pourquoi la riposte de La Beaumelle cherchera à 'faire passer l'antidote avec le poison à la postérité la plus reculée': renouant avec l'entreprise critique qui avait amené la publication, en 1753, d'une édition annotée du *Siècle de Louis XIV*,[95] il

---

[95] La lecture de la Dix-septième honnêteté prouve l'efficacité d'une telle entreprise: 'Qu'arrive-t-il d'un tel ouvrage? De jeunes provinciaux, de jeunes étrangers cherchent chez des libraires, *Le Siècle de Louis XIV*. Le libraire demande si on veut ce livre avec les notes savantes? L'acheteur répond qu'il veut sans doute l'ouvrage complet. On lui vend celui de La Beaumelle' (p.107).

envisage de 'donner une édition des Œuvres de M. de Voltaire avec des notes courtes et utiles':

Cette édition paraîtra dès qu'il se présentera un libraire qui veuille copier l'édition in-8° des frères Cramer. Je lui remettrai mon manuscrit, à condition qu'il imprimera mon commentaire au bas du texte; qu'il fera une édition belle et correcte; qu'il la donnera, malgré les augmentations, au même prix que celle des Cramer, et qu'il publiera séparément le commentaire, en faveur des personnes qui ayant déjà ce recueil ne voudront pas l'acheter une seconde fois.

On sait qu'une telle entreprise ne verra pas le jour.[96] Le contexte de rédaction de cette lettre doit être pris en compte pour en apprécier la tonalité: La Beaumelle est alors 'miné par la maladie', rappelle Claude Lauriol, et un tel texte sonne 'comme un aveu d'impuissance'.[97] Reste que le témoignage intéresse en raison de l'analyse, de la part d'un adversaire, de l'effet produit par des 'libelles' dont le 'poison' atteindra la postérité en étant répandu dans les œuvres. Loin de s'en tenir aux habituelles protestations, La Beaumelle démontre la conscience vive que l'on pouvait avoir, au moment de la publication des *Honnêtetés littéraires*, des enjeux pragmatiques de tels textes. C'est pourquoi il paraissait ici nécessaire de commencer par rendre compte de la cohérence pamphlétaire de l'ouvrage auquel Voltaire assigne pour objectif principal d'anéantir la réputation de ses adversaires: Nonnotte en premier lieu, mais aussi La Beaumelle, et tous ceux qu'il passe en revue dans le '*compendium*' qu'il livre au public. On doit cependant observer que si la nouveauté consiste dans cet assassinat en série, la démarche qui se trouve au fondement de l'entreprise n'est pas originale: le texte tisse de nombreux échos avec des pamphlets récents (l'*Appel au public*, les *Mensonges imprimés*, par exemple) ou

---

[96] Seule paraît, de manière posthume, la critique de *La Henriade* dans le *Commentaire sur la Henriade, par feu M. de La Beaumelle, revu et corrigé par M. F**** [Fréron], 2 vol. (Berlin et Paris, Le Jay, 1775).

[97] C. Lauriol, *La Beaumelle: un protestant cévenol entre Montesquieu et Voltaire* (Genève, 1978), p.546.

plus anciens (les *Eclaircissements historiques*); la rhétorique qu'il mobilise, qui fait apparaître une tension entre le judiciaire (Voltaire demande justice des calomnies dont il est victime) et l'épidictique (en blâmant ses adversaires, il fait justice à ces 'honnêtetés'), n'est pas fondamentalement différente de celle qui est à l'œuvre dans les mémoires qu'il rédige en 1739 contre l'abbé Desfontaines. Le lecteur du début du vingt-et-unième siècle sera probablement plus sensible aux multiples ambiguïtés d'un texte dont les définitions génériques et rhétoriques demeurent instables et qui, par son mode de composition, son devenir éditorial et les modalités de son inscription dans les œuvres complètes de Voltaire, permet d'interroger la notion même d'œuvre. Les travaux récents sur l'hybridation des genres et sur les modes d'écriture et de diffusion des ouvrages voltairiens [98] montrent qu'un texte de circonstance est aussi propre à alimenter une réflexion sur l'ensemble de l'œuvre.

6. *Editions*

67A

LES / HONNÊTETÉS / LITTERAIRES. / &c. &c. &c. / [*ornement, 39 mm x 36 mm*] / [*filet gras-maigre, 61 mm*] / MDCCLXVII. / [*faux-titre*] LES / HONNÊTETÉS / LITTERAIRES. /

8°. sig. 3π A-M⁸ [\$4 signé, chiffres arabes]; pag. [6] 189 [5] (p.4 numérotée 9); réclames par page (à la page 147, qui se termine par la ligne 'quelque dupe qui imprime ses libelles?', la réclame est 'on'. La page 148 débute pourtant par 'les?', c'est-à-dire la deuxième partie du mot libelle, qui a dû à un moment être divisé par un trait d'union. Le deuxième mot est bien 'on').

[98] Voir 'Poétique et esthétique des mélanges voltairiens', journée d'études organisée à Paris en juin 2005; 'Voltaire et l'hybridation des genres', actes du colloque international organisé à Nice par M.-H. Cotoni en octobre 2005 (*Revue Voltaire* 6, 2006, p.7-121 et 123-287); *Copier/coller*, actes du colloque international organisé à Pise en juillet 2005, éd. O. Ferret, G. Goggi et C. Volpilhac-Auger.

[*1-2*] bl.; [*3*] faux-titre; [*4*] bl.; [*5*] page de titre; [*6*] bl.; [1]-165 Les Honnêtetés littéraires; 166-89 Lettre à l'auteur des Honnêtetés littéraires; [*1-5*] bl.

L'édition originale, imprimée à Genève. Notre texte de base.

Bengesco 1736; BnC 4089.

Oxford, Taylor: V8.H3.1767.[99] Lyon, BM: 396496. Paris, BnF: Z Bengesco 303; Z Beuchot 303;[100] Z Beuchot 384;[101] Z 27269.[102] Saint-Pétersbourg, BNR: BV, 9-54.

67B

LES / *HONNÊTETÉS* / LITTERAIRES. / &c, &c, &c, &c, &c. / *Par Monsieur de V****. / [*ornement*] / [*triple ligne*] / M. DCC. LXVII. / [*faux-titre*] LES / HONNÊTETÉS / LITTERAIRES. /

8°. sig. A-M⁴ [$2, chiffres arabes, sauf C2 et E2 en chiffres romains, et D2 qui n'est pas signé]; pag. 96; réclames par cahier.

[1] faux-titre; [2] bl.; [3] page de titre; [4] bl.; [5]-85 Les Honnêtetés littéraires; 86-96 Lettre à l'auteur des Honnêtetés littéraires.

Edition faite d'après 67A. L'exemplaire de la BnF comporte deux notes marginales manuscrites, p.24 et 25, identifiant 'un auteur qui' comme étant 'Palisse', et 'un gentilhomme de Bretagne' comme étant 'S. Foix'.

Bengesco 1736; BnC 4093.

Paris, BnF: Z Beuchot 385.

---

[99] La note manuscrite 'Mlle de Lespinasse' figure au bas de la page de titre.

[100] L'exemplaire porte une note manuscrite, p.155.

[101] Dans le volume conservé à la réserve de la BnF, le texte est relié avec une *Lettre de M. de Voltaire à M. Elie de Beaumont, avocat au Parlement, du 20 mars 1767*, 14 p., paginée séparément.

[102] Recueil factice comportant, à la suite des *Honnêtetés littéraires*, la *Relation du bannissement des jésuites de la Chine* (Amsterdam, 1768; BnF: Z 27270); *L'Américain sensé, par hasard en Europe; et fait chrétien par complaisance* (Rome, De l'Imprimerie de Sa Sainteté, 1769; BnF: Z 27271); *Dialogue de morale à l'usage de la jeune noblesse* (Berlin, G. J. Decker, 1770; BnF: Z 27272); la *Réponse d'un campagnard de Pierrefort, au physicien de Saint-Flour, capucin, et cuisinier, sur les coquilles, et bien d'autres choses* (Clermont, 1768; BnF: Z 27273); *Les Singularités de la nature* (Basle, 1768; BnF: Z 27274).

67C

LES / HONNÊTETÉS / LITTERAIRES. / &c. &c. &c. /
[*ornement*] / [*filet gras-maigre*] / MDCCLXVII. /

8°. sig. [A]-H⁸ I⁷ [$1]; pag. 142 (p.133 numérotée 134); réclames par pages
(sauf aux pages 65, 67, 71, 78, 81, 97, 106, 111, 113, 115, 124 et 129; les
réclames sont erronées aux pages 29, 45 et 119).

[1] page de titre; [2] bl.; [3]-125 Les Honnêtetés littéraires; 126-42 Lettre à
l'auteur des Honnêtetés littéraires.

Edition non mentionnée par Bengesco, faite d'après 67A, vraisemblablement à Berne, d'après les caractères typographiques et les fleurons.

BnC 4092; Besterman, 'Some eighteenth-century Voltaire editions
unknown to Bengesco', *SVEC* 111 (1973), n° 297.

Genève, ImV: BE 82 (1). Paris, BnF: 16 Z 8953.

W70L (1773)

Collection complète des œuvres de Monsieur de Voltaire. Lausanne, Grasset,
1770-1781. 57 vol. 8°.

Tome 33 (*Mélanges de littérature*, tome 12): 160-245 Les Honnêtetés
littéraires; 245-56 Lettre à l'auteur des Honnêtetés littéraires.

Bengesco 2138; Trapnell 70L; BnC 149 (1-6, 14-21, 25).

Oxford, Taylor: V1 1770 L (33).

NM (1775)

Nouveaux Mélanges philosophiques, historiques, critiques, etc. [Genève,
Cramer] 1765-1775. 19 vol. 8°.

Tome 19: 104-185 Les Honnêtetés littéraires; 186-97 Lettre à l'auteur des
Honnêtetés littéraires.

Bengesco 2212; Trapnell NM; BnC 127-28, 132.

Genève, ImV: BA 1765/1. Paris, BnF: Z Bengesco 487 (19).

W75G

La Henriade, divers autres poèmes et toutes les pièces relatives à l'épopée.
Genève, [Cramer et Bardin,] 1775. 37 vol. 8°.

Tome 37 (tome 5 des Mélanges de littérature, d'histoire et de philosophie): 313-78 Les Honnêtetés littéraires; 378-86 Lettre à l'auteur des
Honnêtetés littéraires.

Bengesco 2141; Trapnell 75G; BnC 158, 160.

Oxford, Taylor: VF. [103]

W75X

Œuvres de Monsieur de Voltaire. [Lyon?,] 1775. 37 vol. 8°.

Tome 37 (*Mélanges de littérature, d'histoire et de philosophie*, tome 5): 314-
79 Les Honnêtetés littéraires; 379-87 Lettre à l'auteur des Honnêtetés
littéraires.

Bengesco 2141; BnC 162.

Oxford, Taylor: VF.

W71L (1776)

Collection complète des œuvres de Monsieur de Voltaire. Genève [Liège,
Plomteux], 1771-1777. 32 vol. 12°.

Tome 25 (*Mélanges de littérature, histoire et poésies*): 344-406 Les
Honnêtetés littéraires; 406-14 Lettre à l'auteur des Honnêtetés littéraires.

Bengesco 2139; Trapnell 71; BnC 151.

Oxford, Taylor: VF.

W68 (1777)

Collection complète des œuvres de Monsieur de Voltaire. [Genève, Cramer;
Paris, Panckoucke,] 1768-1777. 30 vol. 4°.

Tome 28 (*Mélanges philosophiques, littéraires, historiques, etc.*, tome 6):

---

[103] L'exemplaire de la BnF, Z 24872, comporte un carton pour les pages 317-18.
Le feuillet remplacé est relié à la fin du volume.

463-521 Les Honnêtetés littéraires; 522-29 Lettre à l'auteur des Honnêtetés littéraires.

Bengesco 2137; Trapnell 68; BnC 141-43.

Oxford, Taylor: VF. Paris, BnF: Rés. m. Z 587.

K84

Œuvres complètes de Voltaire. [Kehl,] Société littéraire-typographique, 1784-1789. 70 vol. 8°.

Tome 48 (*Mélanges littéraires*, tome 2): [9]-78 Les Honnêtetés littéraires; 79-88 Lettre à l'auteur des Honnêtetés littéraires.

Bengesco 2142; Trapnell K; BnC 167.

Oxford, Taylor: VF.

7. *Principes de l'édition*

L'édition retenue comme texte de base est 67A, c'est-à-dire l'édition originale. Il s'agit d'une part de donner à lire le texte dans son intégralité, ce qui n'a pas été le cas dans toutes les éditions parues après la mort de Voltaire. On se souvient en effet que *Les Honnêtetés littéraires* ont connu un devenir éditorial complexe qui a mis en cause l'intégrité même d'un texte successivement amputé de certains passages par les éditeurs de Kehl et par Beuchot. Cette situation prévaut encore dans la dernière édition en date, celle que contient le volume des *Mélanges* de Voltaire, [104] puisque Jacques Van den Heuvel donne le texte d'après la version de l'édition Moland. Le choix de l'édition originale témoigne d'autre part du souci de tenir compte de la nature polémique du texte. L'étude de la réception montre que *Les Honnêtetés littéraires* ont été lues comme un ouvrage pamphlétaire, et il semble dès lors préférable de donner à lire le texte dont les contemporains ont pu prendre connaissance au moment de sa publication. Parmi les trois éditions qui paraissent en 1767, on a donc retenu la première en date qui est aussi la moins fautive. L'examen des variantes indique par ailleurs que le texte de l'édition 'encadrée', qui

---

[104] Voltaire, *Mélanges* (Paris, 1961), p.949-1000.

inclut les passages supprimés par les éditeurs ultérieurs, correspond cependant à l'état de la version imprimée dans les *Nouveaux Mélanges* qui présente une erreur, [105] qui ne donne parfois que l'initiale du nom de certaines personnes incriminées [106] et qui surtout supprime les références précises de l'édition de l'ouvrage de Nonnotte [107] qui fournit, comme on l'a vu, la principale occasion de la rédaction du texte.

Pour les variantes, ne sont prises en compte ni les coquilles évidentes, ni les modifications de la ponctuation. S'agissant des noms propres, on a négligé les différences orthographiques (Moliéres pour Molière, [108] par exemple) et les coquilles évidentes (Souderi pour Scuderi, [109] par exemple); les changements jugés significatifs figurent en revanche comme variantes.

Traitement du texte de base

On a uniformisé la présentation des notes de Voltaire: dans chacune des sections du texte, elles ont été numérotées en continu par des lettres alphabétiques (*a*, *b*, *c*, etc.).

On a respecté l'orthographe des noms propres de personnes et de lieux. On n'a dérogé à ce principe que lorsque l'on a rencontré plusieurs graphies pour un même nom: dans ces cas, l'uniformisation s'est fondée sur la graphie la plus fréquente: 'Beaupère' (et non 'Beaupére'); 'Besançon' (et non 'Bezançon'); 'Châtelet' (et non 'Chatelet'); 'La Cadiere' (et non 'La Cadiére'); 'Genève' (et non 'Genêve'); 'Guion'

---

[105] Il est question, dans la 'Lettre à l'auteur des *Honnêtetés littéraires*', du 'président de Maisons' (et non du 'premier président de Maisons'), ce qui ne s'accorde pas avec la suite du texte qui précise que 'M. de Maisons n'a jamais été premier président' (lignes 1975 et 1977-78).

[106] 'Jean George Le F....' (préambule, ligne 170; Septième honnêteté, ligne 316); 'M. H...' (Quatorzième honnêteté, ligne 456). A l'occasion d'autres textes pamphlétaires contre Jean-Jacques Lefranc de Pompignan, Voltaire se montre par exemple soucieux que le nom de son adversaire figure en toutes lettres: 'Il faut absolument que les rimes des *Pour* et des *Que* soient pleines. Des rimes en points... font vomir. Il faut du Pompignan tout du long' (à Cramer, août 1760, D9150).

[107] Voir Vingt-deuxième honnêteté, lignes 805 et 1326.

[108] 67C, préambule, ligne 41.

[109] 67C, préambule, ligne 12.

(et non 'Guyon'); 'La Sabliére' (et non 'La Sabliere'); 'Lyon' (et non 'Lion'); 'Mezerai' (et non 'Mezeray'); 'Vendome' (et non 'Vendôme'). A trois reprises, les chiffres désignant les rois et empereurs ont été donnés en chiffres romains ('Ferdinand trois', 'François premier', Jaques second', 'Lettre à l'auteur des *Honnêtetés littéraires*', lignes 1878, 1896 et 1907). On n'a laissé subsister la marque du pluriel que dans les noms de personnes employés par antonomase.

On a conservé les italiques du texte de base, que l'on a également ajoutées pour les titres des œuvres citées: Alzire; apologie de la révocation de l'Edit de Nantes; l'appel à la raison; Armide; Atis; Brutus; Cinna; Daphné; la destruction des Jésuites; dictionnaire anti-philosophique; Eneide; erreurs de Nonotte; essay sur les mœurs et l'esprit des nations; essay sur l'histoire générale [parfois abrégé: histoire générale]; Héloïse ou Aloïsia; La Henriade; histoire d'Allemagne; histoire de Charles XII.; histoire de Clotilde; histoire de la régence; histoire des oracles; Instruction Pastorale [de J.-G. Lefranc de Pompignan]; Journal Chrétien; Lettres de Madame de Maintenon; Lettres de Me. de Sévigné; lettres secrettes de l'auteur de la Henriade; Mahomet; Mémoires de Maintenon; mémoires de Montpensier; Mérope; nouvel appel à la raison; nouvelles ecclésiastiques; Phèdre; Provinciales; Sémiramis; Le Siècle de Louïs XIV.; Somme [de saint Thomas d'Aquin]; le Spectacle de la nature; Tancrède; Zaïre; Zénobie. On a en revanche supprimé les italiques pour les dates.

On a respecté scrupuleusement la ponctuation. On a toutefois supprimé le point qui suit toujours les chiffres romains et arabes, que l'on a parfois remplacé par une virgule. On a également supprimé les virgules qui rendaient incohérente la phrase: 'Pourquoi, dit-il, que dans la maison de Scarron...' ('Lettre à l'auteur des *Honnêtetés littéraires*', ligne 1803).

On a en outre corrigé plusieurs coquilles: 'Que devient dont la paix universelle' (préambule, ligne 135); '*Avignon, 30 avril 1662*' (Vingt et unième honnêteté, ligne 774); 'combien Nonotte et Fez perdraient a ce beau marché' (Vingt et unième honnêteté, lignes 778-79); 'quelque tours de fripon' ('Maître Guignard', ligne 1645); 'qui ne songe qu'à faire un romain' ('Lettre à l'auteur des *Honnêtetés littéraires*', ligne 1817); 'et qu'il assiégeait Lille' ('Lettre à l'auteur des *Honnêtetés littéraires*', ligne 1932).

Par ailleurs, le texte de 67A a fait l'objet d'une modernisation portant sur la graphie, l'accentuation et la grammaire. Les particularités du texte de base dans ces trois domaines étaient les suivantes:

I. *Particularités de la graphie*

1. Consonnes

— absence de la consonne *p* dans le mot 'tems' (deux occurrences) et son composé 'long-tems' (une occurrence).
— présence de la consonne *ʒ* là où l'usage actuel donne un *s*: azile, baze, hazard, lèze-majesté, sarrazins.
— absence de la consonne *t* dans les finales en *-ans* et en *-ens*: enfans, habitans, passans, etc. (mais aussi, 'savants', 'vivants', etc.).
— redoublement de consonnes contraire à l'usage actuel: aggresseur, appeller (et appellèrent), Caffé, caffard, cotteries, datté (de), duppe, imbécille(s), jetté (et jetta), renouveller (et renouvellé), secrette.
— présence d'une seule consonne là où l'usage actuel prescrit son doublement: apartenantes, aparut, (s')apliquaient, aplaudiront, apréhender, aprend (mais aussi, 'apprenant'), aprouver, apuyait, colets, convulsionistes, (s')enveloper, grifonnante, oprimé, oprobres, (tu ne) pouras, prisoniére, raport (et raportant, raporte, raporté(s); mais aussi, 'rapporté'), siflé (et siflets), souflant (et souflet), suplice, suposent.

2. Voyelles

— emploi de *i* à la place de *y* dans: ennuieux, païs, Prosélite, Roiales.
— emploi de *i* à la place de *y* dans les mots dérivés du grec (et où cet *y* est ordinairement la transcription de l'upsilon que comporte la forme grecque originelle): anonime, cinique, Enciclopédie, martirs (et martirise; mais aussi, 'martyr'), métaphisicien (et phisicien), Sicophante, Sirien, stile.
— emploi de *y* à la place de *i* dans: aye(nt), croyent, ennuyent, essay (et essaye), Savoye, voyes, voyent.
— remplacement du *-e* final par une apostrophe devant voyelle dans: quoiqu'aucun, puisqu'ayant.

3. Divers

— orthographe 'étymologique': je ne sçais (mais aussi, 'sais').
— emploi de la graphie *-oi* pour *-ai* dans: monnoye (seul cas de graphie archaïsante pour *-ai*).

— coupure des mots ne correspondant pas à l'usage moderne: lors que, mal adroitement.

— utilisation systématique de l'esperluette.

4. Graphies particulières

— l'orthographe moderne a été rétablie dans le cas des mots suivants: autentique, avanture, bienfaicteur (mais aussi, 'bienfaits'), chaudero-niers, coeffe, contract, (aux) dépends (de), échaffaut, Francomtois, encor (mais aussi, 'encore'), nud, paitri, pigrieche, prophanes, solemnel, terrein, (ton col) tords, vuides.

5. Abréviations

— Ier, Iere deviennent 'premier', 'première'; IIeme devient 'deuxième', etc.

— 15e siècle, 16e (Vingtième honnêteté, lignes 710-11) deviennent respectivement 'quinzième siècle', 'seizième'.

— art. devient 'article'.

— chap. devient 'ch.'

— l., liv. deviennent 'livre'.

— Mr., Monsieur deviennent 'M.'; Me., Mad^e. deviennent 'Mme'; Mademoiselle devient 'Mlle'.

— N^{bre}. devient 'novembre' (seul cas de mois écrit en abrégé).

— pag. devient 'page(s)'.

— quest. devient 'question'.

— St. devient 'saint'; Ste. devient 'sainte'.

6. Le trait d'union

— il a été supprimé dans les mots et expressions suivants: aussi-tôt, bien-heureux, par-tout, sur-tout (mais aussi, 'surtout'), très-profond (seule occurrence d'un trait d'union entre l'adverbe 'très' et l'adjectif qui suit), tout-à-fait.

— il a été rétabli dans les mots et expressions suivants: amour propre, au dessous, belles lettres, garderobe, là dessus, par dessus, par devant (mais aussi, 'par-devant'), sur le champ.

7. Les majuscules ont été supprimées

— dans les noms suivants: Abbé, Agent, Ambassadeurs, Assesseurs, Auteurs, Bibliothéque, Brochure, Caffé, Calvinistes, Capitaines, Capucin, Cardinal, Cathédrale, Catins, Centurion, Chambre Haute,

Chancelier (et Chancellerie), Charlatan, Christianisme, Chroniques, Comédiens, Comte, Connétable, Conseil, Couronne, Czar, Dames, Diable, Diocèse, Divinité, Duc, Eglise (l'édifice), Electeur Palatin, Empereur, Enciclopédie, Episcopat, Evêque (et Evêché, Archevêché), (en bon) Français, Garde des sceaux, Généraux, Honnêtetés, Jacobin(s), Jansénistes, (Ex-)Jésuites, Journalistes, Juifs, Laïques, Légion, Lettre, Lettré, Lieutenant criminel, Littérature, Lord, Magistrat, Mandement, Maréchal, (ces) Messieurs, Ministres (mais aussi, 'ministres'), Ordonnances, Pair, Pape, Parlement(s), Président, Prieur, Prince, Prosélite, Province (et Provinciaux), Psaumes, Purgatoire, Roman, Roi (et Royaume), Saintes, Seigneur (et Seigneurie), Sicophante, Socinien, la Souveraineté de l'Exarcat, Stoïciens, Syriaque, Taureau, Toutou, Vicaire de l'Inquisition, Ville.

— dans les noms désignant les mois de l'année: Avril, Janvier, Juin.
— dans les particules des noms propres: Bernard De Fontenelle, Mr. D'Hozier, Monsieur De Voltaire, etc.
— dans les adjectifs suivants: Anglais(e), Apostolique (mais aussi, 'apostolique'), Athée, Catholique (mais aussi, 'catholique'), Chinois, Chrétien, Danois, Déiste, Egyptienne, Française, Impériale, Jésuitique, Latin, Littéraires, Occidentale, Pastorale, Romaine, Royale, Thébaine, Turc.

8. Les majuscules ont été ajoutées

— dans les titres d'ouvrages.
— dans les noms suivants: (l'article) *ame*, l'église (de Dieu), l'état, les états (du Pape), la ligue, le marais, l'opéra, (ces) pères, le pont neuf, Porto-bello, la régence, la société de Jésus.

II. *Particularités d'accentuation*

1. L'accent aigu

— il est absent dans: Antechrist, benins, déferait (de déférer), dégeneré, deïsme (et Deiste), deshonore (et deshonorait, deshonorée), diocesain, l'Eneide, géneral, heros, janseniste, miserable, reservant, réverence, reverendissime, secretaire, tetons, varieté, vérole.
— contrairement à l'usage actuel, il est présent dans: éxamine, éxécution, éxemplaire, frédonnant, ménuisier, mercénaire(s), régistre, réfléxion, rélatif (et rélation), sécourir.

— il est employé au lieu du grave:
dans les finales *-er* + *e* muet et les adverbes et noms formés à partir
d'adjectifs correspondants: amérement, bergére, biére, carriére, confréres, derniére, derriére, entiérement, fidéles (et fidélement), gros-
siéres, guerriére (mais aussi, 'guerrière'), laniére, légéreté (et
légérement), lumiére, maniére, particuliére, piéces, premiére, priéres,
prisonniére, réguliére, séculiére, sorciére.
dans le suffixe *-ième* de l'adjectif numéral ordinal: troisiéme.
dans les noms et adverbes suivants: Bibliothéque, briévement,
siége(s).
dans les formes verbales: ménent, posséde, relévera.
— il est employé au lieu du circonflexe dans: vétir.

2. L'accent grave

— il est absent dans: déja, obsede, séculieres, voila.
— contrairement à l'usage actuel, il est présent dans: celà, fète.

3. L'accent circonflexe

— il est employé au lieu de l'aigu dans: chrêtiens, mêtier.
— il est employé au lieu du grave dans: (tu) crêves, prophête.
— il est employé dans les déterminants possessifs: nôtre, vôtre.
— il est présent dans des mots qui ne le comportent pas selon l'usage
actuel: baîller, bênet, tître (mais aussi, 'titre'), magôt, (la) plûpart.
— il est présent dans les formes de participe passé: lû (mais aussi, 'lu'), pû.
— il est absent dans: ainé, ame, aumonier, batiment, brula, chateau,
chatiments, (re)connait, coutent, déplait, dine (et diner), enchaina (et
enchainé), fraiche (et rafraichi), gout (et dégoutant, dégouté; mais
aussi, 'goût'), grace(s), hopital, idolatrie, impots, infame, maitre (mais
aussi, 'maître'), (le) notre (pronom possessif), parait (mais aussi,
'paraît'), (tu) rabacheras, role, sureté, théatre, traitresse, voute.
— il est absent dans les formes de passé simple (vous allates, vous
daignates) et de subjonctif imparfait (qui ne donnat, qu'on employat,
qu'on ne jouat, que le Duc de Vendôme tint ses ennemis).

4. Le tréma

— contrairement à l'usage actuel, on le trouve dans: athéïsme (mais aussi,
'athéisme'), deïsme, lieuës, louïs, Louïs, luës (participe passé), poëte,
(tu te) réjouïras, ruë (mais aussi, 'rue').

IV. *Particularités grammaticales*

1. L'accord du participe passé est tantôt réalisé correctement; tantôt il ne l'est pas: 'dans quel païs s'est passé cette avanture' (Sixième honnêteté, lignes 294-95); 'L'auteur de l'histoire de Charles XII. l'avait publié' (Dix-neuvième honnêteté, ligne 693); 'Dans leur tripot on les a vu souvent' ('Maître Guignard', ligne 1664).

2. Absence de la désinence -s dans les verbes à l'impératif présent (2ᵉ personne du singulier): crain, croi moi, di-moi, fai (des réflexions), obtien que, souvien toi, vien (dans sa Bibliothéque).

3. Emploi de l's adverbial dans: guères.

4. Les formes en -ant sont parfois accordées comme des adjectifs verbaux: argumentants, étalants, errants, travaillants, vendants.

5. L'accord des déterminants numéraux cardinaux 'cent' et 'vingt' n'est pas réalisé: trois cent; quatre vingt.

6. Emploi du pluriel en -x dans: loix.

LES HONNÊTETÉS LITTÉRAIRES

On a déjà dit qu'il est ridicule de défendre sa prose et ses vers, quand ce ne sont que des vers et de la prose;[1] en fait d'ouvrages de goût il faut faire et ensuite se taire.

Térence se plaint dans ses prologues, d'un vieux poète qui suscitait des cabales contre lui, qui tâchait d'empêcher qu'on ne jouât ses pièces, ou de les faire siffler quand on les jouait.[2] Térence avait tort, ou je me trompe. Il devait, comme l'a dit César (a), joindre plus de chaleur et plus de comique au naturel charmant et à

(a) *Tu quoque, tu in summis, ô dimidiate Menander!*
Poneris, et merito puri sermonis amator.
Lenibus atque utinam scriptis adjuncta foret vis
Comica, ut aequo virtus polleret honore
Cum Graecis, neque in hac despectus parte jaceres!
Unum hoc maceror, et doleo tibi deesse, Terenti.[3]

n.*a*, 4   w68: *ut aequato virtus*

[1] Voir, par exemple, l'*Appel au public contre un recueil de prétendues lettres de Monsieur de Voltaire*, imprimé dans le *Journal encyclopédique* le 15 novembre 1766 (t.8, 1re partie, p.127-36), *M*, t.25, p.579-85 (p.585). Le texte fait notamment référence à La Beaumelle, Desfontaines, Guyon, Nonnotte et Vernet.

[2] Même jugement dans les Remarques sur le Premier Discours de Corneille: Voltaire conclut qu'"une telle guerre est honteuse pour les beaux-arts' (*Commentaires sur Corneille*, *OCV*, t.55, p.1039).

[3] Suétone, *Vita Terenti*, §7 (*De poetis*), *Fragmenta poetarum Latinorum* (éd. Morel, Teubner, 1927, p.91). Traduction: 'Toi aussi, tu es placé parmi les plus grands, toi le demi-Ménandre, et c'est justice puisque tu aimes une langue toute pure. Si seulement la force du comique était venue se joindre à la grâce de tes écrits, pour que ton mérite fût riche d'un honneur égal à celui des Grecs et qu'en ce domaine tu ne restasses pas dédaigné, abandonné! Il ne te manque que cela, Térence: voilà ce qui m'afflige et me peine.' Voir aussi les *Carnets*, *OCV*, t.81, p.190, et t.82, p.516.

l'élégance de ses ouvrages.[4] C'était la meilleure façon de répondre
à son adversaire.   10

Corneille disait de ses critiques, S'ils me disent *pois*, je leur
répondrai *fèves*.[5] En conséquence il fit contre le modeste Scuderi ce
rondeau un peu immodeste.[6]

> Qu'il fasse mieux ce jeune jouvencel,
> A qui le ciel donne tant de martel   15
> Que d'entasser injure sur injure,
> Rimer de rage une lourde imposture,
> Et se coucher ainsi qu'un criminel.
> Chacun connaît son jaloux naturel,
> Le montre au doigt comme un fou solennel,   20
> Et ne croit pas en sa bonne écriture
>   Qu'il fasse mieux.
> Paris entier ayant vu son cartel,[7]
> L'envoie au diable, et sa muse au bordel.
> Moi j'ai pitié des peines qu'il endure;   25
> Et comme ami je le prie et conjure,
> S'il veut ternir un ouvrage immortel,
>   Qu'il fasse mieux.

11-12   67C: leur répondrais *fèves*.
18   K84: se cacher ainsi
24   K84: au b.....

[4] Voltaire évoque la froideur de Térence et les reproches de César dans la *Vie de
Molière* (*M*, t.23, p.103) et dans l'article 'Faible' de l'*Encyclopédie* (*OCV*, t.33, p.64).

[5] Le *Dictionnaire de l'Académie* (1762) signale comme proverbiale et populaire
l'expression 's'il me donne des pois, je lui donnerai des fèves', pour dire 's'il me fait
de la peine, s'il me donne du chagrin, je lui rendrai la pareille'.

[6] Dans les *Commentaires sur Corneille*, Voltaire rappelle que ce rondeau, 'indigne
de l'auteur du *Cid*', 'fut fait par Corneille en 1637 dans le temps du différend qu'il eut
avec Scudéry au sujet des *Observations sur Le Cid*' (*OCV*, t.54, p.107-108). D'où
cette variante, au deuxième vers: 'A qui le Cid donne tant de martel'. Autre variante,
au cinquième vers: 'Et se cacher' (corrigé dans K84).

[7] Selon le *Dictionnaire de Furetière*, le terme désigne un 'écrit qu'on envoie à
quelqu'un pour le défier à un combat singulier, soit pour des tournois, soit pour un
duel formé'.

Il eut ensuite le malheur de répondre à l'abbé d'Aubignac,[8] prédicateur du roi qui faisait des tragédies comme il prêchait, et qui pour se consoler des sifflets dont on avait régalé sa *Zénobie*, se mit à dire des injures à l'auteur de *Cinna*. Corneille eût mieux fait de s'envelopper dans sa gloire et dans sa modestie, que de répondre *fèves* à l'abbé d'Aubignac.

Racine, dans quelques-unes de ses préfaces a fait sentir l'aiguillon à ses critiques; mais il était bien pardonnable d'être un peu fâché contre ceux qui envoyaient leurs laquais applaudir à la *Phèdre* de Pradon, et qui louaient les loges à la *Phèdre* de Racine pour les laisser vides, et pour faire accroire qu'elle était tombée.[9] C'étaient là de grands protecteurs des lettres.

Moliére s'y prit d'une autre façon. Cotin, Ménage, Boursaut, l'avaient attaqué; il mit Boursaut, Cotin et Ménage sur le théâtre.[10]

La Fontaine, qui a tant embelli la vérité dans ses fables, fit de très

---

34-35   NM, W75G, W68, K84: d'Aubignac, qui lui avait dit *pois*. ¶Racine

37   NM, W75G, W68, K84: laquais battre des mains à

38   NM, W75G, W68, K84: qui retenaient les loges

40-41   NM, W75G, W68, K84: lettres; c'étaient le duc Zoïle, le comte Bavius et le marquis Mévius.[11] ¶Moliére

43   NM, W75G, W68, K84: dans plusieurs de ses

---

[8] Sur la querelle entre Corneille et l'abbé d'Aubignac, voir *La Défense de mon oncle*, ch.20, *OCV*, t.64, p.243 et n.36-38. Dans le 'Catalogue des écrivains' du *Siècle de Louis XIV*, Voltaire écrit que d'Aubignac 'prouva par sa tragédie de *Zénobie* que les connaissances ne donnent pas les talents' (*OH*, p.1135). Les 'torrents d'injures' que d'Aubignac lance à l'encontre de Corneille sont évoqués dans les *Commentaires sur Corneille*: *OCV*, t.55, p.828-29. Voir encore l'article 'Critique' des *Questions sur l'Encyclopédie* (*M*, t.18, p.289).

[9] L'épisode est notamment relaté dans les *Mémoires* de Louis Racine (J. Racine, *Œuvres complètes*, éd. G. Forestier, Paris, 1999, t.1, p.1144). Voir Georges Montgrédien, 'Une vieille querelle: Racine et Pradon', *La Revue bleue*, 15 janvier et 5 février 1921; Debora Helena Creusen, *Racine versus Pradon: eine alte Kontroverse neu Aufgegriffen* (Titz, A. Lenzen, 1999).

[10] Allusion à la question bien connue des 'applications' faites à partir des personnages de Trissotin et de Vadius dans *Les Femmes savantes*.

[11] Trois figures de critiques mesquins ayant respectivement pris pour cible Homère, Virgile et Horace.

mauvais vers contre Furetiére, qui le lui rendit bien. [12] Il en fit de médiocres contre Lulli qui n'avait pas voulu mettre en musique son détestable opéra de *Daphné*, et qui se moqua de son opéra et de sa satire. [13]

Rousseau le poète fit quelques bons vers et beaucoup de mauvais contre tous les poètes de son temps, qui le payèrent en même monnaie. [14]

Pour les auteurs, qui dans les discours préliminaires de leurs tragédies, ou comédies, tombées dans un éternel oubli, entrent amicalement dans tous les détails de leurs pièces, vous prouvent que l'endroit le plus sifflé est leur meilleur; que le rôle qui a le plus fait bâiller, est le plus intéressant; que leurs vers durs, hérissés de barbarismes et de solécismes, sont des vers dignes de Virgile et de Racine: ces messieurs sont utiles en un point; c'est qu'ils font voir jusqu'où l'amour-propre peut mener les hommes, et cela sert à la morale.

M. de Voltaire écrivit un jour: [15] '*La Henriade* vous déplaît, ne la lisez point. *Zaïre*, *Brutus*, *Alzire*, *Mérope*, *Sémiramis*, *Mahomet*, *Tancrède* vous ennuient, n'y allez pas. *Le Siècle de Louis XIV* vous

45

50

55

60

44-45   NM, W75G, W68:   de fort médiocres

47-48   NM, W75G, W68:   satire. J'aimerais mieux, dit-il, mettre en vers sa satire que son opéra. ¶Rousseau

    K84:   satire. J'aimerais mieux, dit-il, mettre en musique sa satire que son opéra. ¶Rousseau

54   NM, W75G, W68, K84:   est le meilleur

[12] On connaît un sonnet en 1685 et une épigramme en 1686 dans lesquels La Fontaine répond à Furetière qui l'accusait d'avoir voté l'exclusion de l'Académie: voir *Œuvres complètes*, éd. J. Marmier (Paris, 1965), p.491-92.

[13] L'affaire de la satire du *Florentin* contre Lully est évoquée dans la *Lettre de Monsieur de La Visclède* (*M*, t.30, p.328).

[14] Voir le *Mémoire sur la satire*, 'De la satire après le temps de Despreaux', *OCV*, t.20A, p.173-77.

[15] Cette prétendue citation, qui ne se trouve pas dans les œuvres complètes, exprime cependant une idée récurrente. Voltaire écrit à Hénault, le 28 septembre 1768 (D15228), qu''en fait d'ouvrages de génie il ne faut pas répondre aux critiques, attendu qu'on ne peut disputer des goûts': 'Mais en fait d'histoire il faut répondre,

paraît écrit d'un style ridicule, à la bonne heure; vous écrivez bien mieux, et j'en suis fort aise. Je vous jure que je ne serai jamais assez sot pour prendre le parti de ma manière d'écrire contre la vôtre.   65

'Mais si vous accusez de mauvaise foi et de mensonges imprimés, un historien impartial, amateur de la vérité et des hommes; si vous en imprimez et réimprimez vous-même, soit par la noble envie qui ronge votre belle âme, soit pour tirer dix écus d'un libraire, je tiens qu'alors il faut éclaircir les faits. Il est bon que   70 le public soit instruit, il s'agit ici de son intérêt. J'ai fort bien fait de produire le certificat du roi Stanislas qui atteste la vérité de tous les faits rapportés dans l'*Histoire de Charles XII*. Les aboyeurs folliculaires sont confondus alors, et le public est éclairé.

'Si votre zèle pour la vérité et pour les mœurs va jusqu'à la   75 calomnie la plus atroce, jusqu'à certaines impostures, capables de perdre un pauvre auteur auprès du gouvernement et du monarque, il est clair alors, que c'est un procès criminel que vous lui faites, et que le malheureux sifflé, opprimé, que vous voudriez encore faire pendre, doit au moins défendre sa cause, avec toute la circonspec-   80 tion possible.'

Je pense entièrement comme M. de Voltaire.

Il me semble d'ailleurs que dans notre Europe occidentale, tout est procès par écrit. Les puissances ont-elles une querelle à démêler? elles plaident d'abord par-devant les gazetiers qui les   85 jugent en premier ressort, et ensuite elles appellent de ce tribunal à celui de l'artillerie.

Deux citoyens ont-ils un différend sur une clause d'un contrat ou d'un testament? on imprime des factums et des dupliques, [16] et

---

68   NM, W75G, W68, K84: si vous imprimez et réimprimez vous-même des mensonges, soit

---

parce que lorsqu'on m'accuse d'avoir menti, il faut que je me lave'. Voltaire évoque ensuite la question de l'exarchat de Ravenne, l'une des pommes de discorde avec Nonnotte: voir ci-dessous, p.122-24.

[16] 'Terme de pratique' qui désigne une 'réponse à des répliques' (*Dictionnaire de l'Académie*, éd. 1762): 'L'ordonnance de 1667 a aboli les dupliques'.

des mémoires nouveaux. Nous avons des procès de quelques 90
bourgeois plus volumineux que l'histoire de Tacite et de Suétone.
Dans ces énormes factums, et même à l'audience, le demandeur
soutient que l'intimé est un homme de mauvaise foi, de mauvaises
mœurs, un chicaneur, un faussaire. L'intimé répond avec la même
politesse. Le procès de Mlle La Cadiére et du R. P. Girard contient 95
sept gros volumes, [17] et l'*Enéide* n'en contient qu'un petit.

Il est donc permis à un malheureux auteur de bagatelles, de
plaider par-devant trois ou quatre douzaines de gens oisifs qui se
portent pour juges des bagatelles, et qui forment la bonne
compagnie, pourvu que ce soit honnêtement, et surtout qu'on ne 100
soit point ennuyeux; car si dans ces querelles l'agresseur a tort,
l'ennuyeux l'a bien davantage.

J'ai lu autrefois une épître sur la calomnie, j'en ignore l'auteur; et
je ne sais si son style n'est pas un peu familier, mais les derniers vers
m'ont paru faits pour le sujet que je traite. [18] 105

> Voici le point sur lequel je me fonde;
> On entre en guerre en entrant dans le monde.
> Homme privé, vous avez vos jaloux,
> Rampant dans l'ombre, inconnus comme vous,
> Obscurément tourmentant votre vie. 110
> Homme public, c'est la publique envie
> Qui contre vous lève son front altier.
> Le coq jaloux se bat sur son fumier,
> L'aigle dans l'air, le taureau dans la plaine.
> Tel est l'état de la nature humaine. 115

---

[17] *Recueil général des pièces contenues au procès du père Jean-Baptiste Girard... et de
demoiselle Catherine Cadière*, 5 vol. (Aix, J. David, 1731, BV2908), dont il existe une
édition (La Haye, 1731) en 8 volumes in-8°. Voltaire possède aussi une *Histoire du
procès entre demoiselle Cadière* [...] *et le P. Girard* (s.l.n.d., BV1643). Voir 'Sur
l'estampe du R. P. Girard et de La Cadière', *OCV*, t.8, p.541-42.

[18] Les lignes 106-19 et 144-45 reproduisent la fin de l'*Epître sur la calomnie* telle
qu'elle figure dans les éditions depuis w56 (*OCV*, t.9, p.307-308, variante). Une
variante à la ligne 144 ('Que faire donc? à quel saint recourir?') effectue la jonction
avec l'ajout du passage central qui se trouve ici pour la première fois avant d'être
intégré parmi les variantes dans k84.

La jalousie et tous ses noirs enfants
Sont au théâtre, au conclave, aux couvents.
   Montez au ciel; trois déesses rivales
Y vont porter leur haine et leurs scandales;
Et le beau ciel de nous autres chrétiens   120
Tout comme l'autre eut aussi ses vauriens.
Ne voit-on pas, chez cet atrabilaire
Qui d'Olivier fut un temps secrétaire (*b*),
Ange contre ange, Uriel et Nisroc,
Contre Arioc, Asmodée et Moloc,   125
Couvrant de sang les célestes campagnes,
Lançant des rocs, ébranlant des montagnes,
De purs esprits qu'un fendant coupe en deux,
Et du canon tiré de près sur eux;
Et le Messie allant dans une armoire   130
Prendre sa lance, instrument de sa gloire.[19]
Vous voyez bien que la guerre est partout.
Point de repos; cela me... pousse à bout.
Eh quoi toujours alerte, en sentinelle!
Que devient donc la paix universelle,   135

(*b*) Milton, secrétaire d'Olivier Cromwel, et qui justifia le meurtre de Charles Ier dans le plus abominable et le plus plat libelle qu'on ait écrit jamais.[20]

n.*b*, 2   NM, W75G, W68, K84: dans le plus plat

[19] Allusions au *Paradis perdu* (en particulier livre 6, vers 354-85), évoqué dans l'article 'Epopée' des *Questions sur l'Encyclopédie* (*M*, t.18, p.581-82). Sur Milton, voir aussi l'*Essai sur la poésie épique*, ch.9 (*OCV*, t.3B, p.371-94). Voir J. Gillet, *Le Paradis perdu dans la littérature française de Voltaire à Chateaubriand* (Paris, 1975), p.41-111.

[20] *Defensio seconda pro populo anglicano: contra infamem libellum anonymum cui titulus, Regii sanguinis clamor ad coelum adversus parricidas anglicanos* (Hagae-Comitum, 1654, BV2462). Voir aussi *Pro populo anglicano defensio contra Claudii Anonymi, alias Salmasii, defensionem regiam* (Londini, 1651). Voltaire possède aussi *A Defence of the people of England* [...] *in answer to Salmasius's Defence of the king* ([Amsterdam], 1692, BV2461). Voir *CN*, t.5, p.646 et n.759. Voltaire donne 'un échantillon de ce libelle scandaleux' dans l'article 'Epopée' des *Questions sur l'Encyclopédie*, 'De Milton' (*M*, t.18, p.587).

Qu'un grand ministre en rêvant proposa,
Et qu'Irenée (c) aux sifflets exposa,[21]
Et que Jean-Jaques orna de sa faconde,
Quand il faisait la guerre à tout le monde (d).
(e) O Patouillet! ô Nonotte et consorts!   140
O mes amis! la paix est chez les morts.
Chrétiennement mon cœur vous la souhaite.
Chez les vivants où trouver sa retraite?
Où fuir? que faire? à quel saint recourir?
Je n'en sais point: il faut savoir souffrir.   145

Mais, dit-on, Bernard de Fontenelle, après avoir fait quelques épigrammes contre Nicolas Boileau,[22] ne répondit rien au mauvais livre du R. P. Balthus de la Société de Jésus, qui l'accusait d'athéisme pour avoir rédigé en bon français et avec grâces le

(c) Irenée Castel de Saint-Pierre.

(d) Jean-Jaques a fait aussi un très mauvais ouvrage sur ce sujet.[23]

(e) Ce sont deux ex-jésuites les plus insolents calomniateurs de leur profession, et il en sera question dans le cours de cet ouvrage.[24]

147   NM, W75G, W68, K84: épigrammes assez plates contre Nicolas Boileau et contre Racine, ne répondit

[21] Charles-Irénée Castel de Saint-Pierre, *Projet pour rendre la paix perpétuelle en Europe* (Utrecht, A. Schouten, 1713). Voltaire a annoté ses *Ouvrages de politique* (Paris, Briasson, 1733-1741, BV654; *CN*, t.2, p.386) dont les deux premiers tomes sont constitués par l'*Abrégé du projet de paix perpétuelle* et son *Supplément*. Le 'grand ministre' évoqué est Sully: voir l'ajout à la note sur Castel de Saint-Pierre dans K84 ('On prétend que Sulli avait eu le même projet', *Épître sur la calomnie*, *OCV*, t.9, p.307-308, variante, n.**) et le *Fragment sur l'histoire générale* (*M*, t.29, p.268).

[22] Voir le 'Catalogue des écrivains' du *Siècle de Louis XIV*, *OH*, p.1162.

[23] *Extrait du projet de paix perpétuelle de Monsieur l'abbé de Saint-Pierre* (s.l., 1761, BV653; *CN*, t.2, p.381-86). Voltaire se moque de cet ouvrage dans le *Rescrit de l'empereur de la Chine* (*M*, t.24, p.231-33).

[24] Voir ci-dessous, Vingt-troisième honnêteté, Vingt et unième et Vingt-deuxième honnêtetés, respectivement.

livre latin très savant, mais un peu pesant, de Vandall;[25] c'est que les RR. PP. Lallemant et Doucin, de la Société de Jésus, firent dire à M. de Fontenelle par M. l'abbé de Tilladet, que s'il répondait on le mettrait à la Bastille. C'est que plus de vingt ans après le R. P. Le Tellier persécuta Fontenelle, qu'il accusa d'avoir engagé Du Marsais[26] à répondre (f). C'est que Du Marsais était perdu sans le président de Maisons,[27] et Fontenelle sans M. d'Argenson, comme on l'a déjà dit ailleurs,[28] et comme Fontenelle le fait entendre lui-même dans le bel éloge de M. d'Argenson le garde des sceaux (g).

Mais à présent que le R. P. Le Tellier ne distribue plus de lettres de cachet, je pose qu'il n'est pas absolument défendu à un barbouilleur de papier, soit mauvais poète, soit plat prosateur,

(f) Voyez la page 101 de l'excellent ouvrage intitulé *la destruction des jésuites*,[29] livre écrit du style des *Provinciales*, mais avec plus d'impartialité. Voici comme l'auteur très instruit s'exprime: *Dans le même temps que Le Tellier persécutait les jansénistes, il déférait Fontenelle à Louis XIV comme un athée pour avoir fait l'histoire des oracles.*

(g) M. Jean George Le Franc évêque du Puy en Vélay, a renouvelé cette accusation dans une pastorale qui ne vaut pas les pastorales de Fontenelle.

[25] Dans le 'Catalogue des écrivains', Voltaire évoque la 'querelle assez violente' que valut à Fontenelle son *Histoire des oracles* 'qui n'est qu'un abrégé très sage et très modéré de la grande histoire de Van Dale [*De Oraculis ethnicorum dissertationes duae* (Amsterdam, 1683)]' (*OH*, p.1163). Sur la *Réponse à l'Histoire des oracles* du jésuite Baltus (Strasbourg, J.-R. Doulssecker, 1707-1708), voir l'article 'Philosophe' du *Dictionnaire philosophique* (*OCV*, t.36, p.444 et n.45).

[26] D'après le 'Catalogue des écrivains' du *Siècle de Louis XIV*, c'est 'son ami, le savant Basnage, philosophe de Hollande' qui répond à la place du 'philosophe de Paris' (*OH*, p.1163).

[27] Le président de Maisons et Dumarsais, son ex-précepteur, arrivent en compagnie de l'abbé de Saint-Pierre et de Du Fay à la fin du troisième entretien du *Dîner du comte de Boulainvilliers* (*OCV*, t.63A, p.401).

[28] Outre le 'Catalogue des écrivains' du *Siècle de Louis XIV*, voir les contemporaines *Lettres à Son Altesse Monseigneur le prince de ****, lettre 7 (ci-dessous, p.445).

[29] D'Alembert, *Sur la destruction des jésuites en France* (s.l., 1765, BV37).

du nombre desquels j'ai l'honneur d'être, d'exposer les petites erreurs dans lesquelles des gens de bien sont depuis peu tombés, soit en inventant, soit en rapportant des calomnies absurdes, soit en falsifiant des écrits, soit en contrefaisant le style, et jusqu'au nom de leurs confrères qu'ils ont voulu perdre; soit en les accusant d'hérésie, de déisme, d'athéisme, à propos d'une recherche d'anatomie, ou de quelques vers de cinq pieds, ou de quelque point de géographie. M. Jean George Le Franc évêque du Puy, dit, par exemple, dans une pastorale, [30] à la page 6, *qu'on s'est armé contre le christianisme dans la grammaire.* On n'avait pas encore entendu dire que le substantif et l'adjectif, quand ils s'accordent en genre, en nombre et en cas, conduisent droit à nier l'existence de Dieu.

Je vais, pour l'édification du public, rassembler, preuves en main, quelques tours de passe-passe dans ce goût, qui ont illustré en dernier lieu la littérature. Ce petit morceau pourra être utile à ceux qui entrent dans la carrière heureuse des lettres. C'est un *compendium* de traits d'érudition, de droiture et de charité qui me fut envoyé il y a quelque temps par un bon ami, sous le titre de *Nouvelles Honnêtetés littéraires.*

165

170

175

180

---

170   NM, W75G, W68: M. Jean George Le F.... évêque

[30] Jean-George Lefranc de Pompignan, *Instruction pastorale* [...] *sur la prétendue philosophie des incrédules modernes* (Paris, 1763; BV1996). La citation n'est pas textuelle: la grammaire figure dans la liste des 'parties' de la république des lettres qui ont été 'en proie à une fausse philosophie armée contre le christianisme' (p.6). Sur ce texte, évoqué dans la note (*g*) ci-dessus, voir aussi, ci-dessous, 'Petite Digression', p.145-47.

Première honnêteté

Il y a des sottises convenues qu'on réimprime tous les jours sans conséquence, et qui servent même à l'éducation de la jeunesse. La géographie d'Hubner[31] est mise entre les mains des enfants depuis Moscou jusqu'à Strasbourg. On y trouve dès la première page, que Jupiter se changea en taureau pour enlever Europe, treize cents ans avant Jésus-Christ, jour pour jour;[32] mais que les habitants de l'Europe sont enfants de Japhet;[33] qu'ils sont au nombre de trente millions,[34] (quoique la seule Allemagne possède environ ce nombre d'habitants). Il affirme ensuite qu'on ne peut trouver en Europe un terrain d'une lieue d'étendue qui ne soit habité,[35] quoiqu'il y ait vingt lieues de pays dans les landes de Bordeaux où on ne trouve absolument personne; quoique dans les Etats du pape, depuis Orviette jusqu'à Terracine, il y ait beaucoup de terrains abandonnés, et quoiqu'il y ait des marécages immenses dans la Pologne, et des déserts dans la Russie, et partout pays des Landes.

Il est dit dans ce livre que le roi de France a toujours quarante mille Suisses à sa solde,[36] quoiqu'il n'en ait environ que douze mille.

[31] Johann Hübner fils, *La Géographie universelle, où l'on donne une idée abrégée des quatre parties du monde, et des différents lieux qu'elles renferment*, 6 vol. (Basle, 1761, BV1687).

[32] Cf. *Géographie universelle*, t.1, p.1: l'événement est situé 'environ 1300 ans avant la naissance de Jésus-Christ'. L'auteur précise: 'Nous laissons à d'autres le soin d'examiner si cette partie du monde, qu'on appelle Europe, tire son nom de cette fille dont parlent les anciens poètes dans leurs récits fabuleux.'

[33] Cf. *Géographie universelle*, t.1, p.5: 'On prétend que les habitants de l'Europe sont descendants de Japhet, troisième fils de Noé; c'est pourquoi on les nomme *Enfants de Japhet*.'

[34] Voir *Géographie universelle*, t.1, p.5. Voir aussi les *Remarques pour servir de Supplément à l'Essai sur les mœurs* (*Essai*, t.2, p.943).

[35] Hübner précise: 'qui ne soit habité, ou possédé par quelqu'un' (*Géographie universelle*, t.1, p.5). Les éléments des lignes 183-91 sont repris dans *Le Pyrrhonisme de l'histoire* (*OCV*, t.67, p.362).

[36] La précision ne se trouve apparemment pas dans le livre du premier tome consacré au royaume de France. L'article qui traite 'des officiers de la cour' commence ainsi: 'On peut dire que si le roi de France n'est pas bien servi ce n'est pas

M. Hubner en parlant de Marseille, dit que le château de Notre-Dame de la Garde est très bien fortifié. [37] Si M. Hubner avait ou vu Marseille, ou lu le voyage de Bachaumont et de Chapelle, il aurait eu une connaissance plus exacte de Notre-Dame de la Garde. [38]

> Gouvernement commode et beau,
> A qui suffit pour toute garde
> Un Suisse avec sa hallebarde
> Peint sur la porte du château. [39]

M. Hubner assure qu'à Orange il parut une couronne d'or au ciel en plein midi, lorsque Guillaume prince d'Orange, depuis roi d'Angleterre, reçut l'hommage des habitants de cette ville, *et que c'est pourquoi il eut toujours beaucoup de bienveillance pour elle.* [40]

On cite ici le livre d'Hubner parmi cent autres, parce qu'on a été obligé par hasard d'en lire quelque chose, ainsi que du *Spectacle de la nature*, [41] où il est dit que Moïse est un grand physicien, [42] que la

200   67C: avait vu

---

faute d'avoir des gens payés pour cela: le nombre des officiers de sa cour est si grand, qu'il serait trop long d'en faire l'énumération et d'entrer dans le détail de leurs différentes charges et emplois' (*Géographie universelle*, t.1, p.303).

[37] Voir *Géographie universelle*, t.1, p.243.

[38] *Voyage de Messieurs Bachaumont et La Chapelle* (Trévoux, par la Compagnie, 1741), p.47.

[39] Les éléments des lignes 197-206 sont repris dans l'article 'Géographie' des *Questions sur l'Encyclopédie* (*M*, t.19, p.254-55).

[40] Hübner écrit en fait: 'Cette apparition fut cause que Guillaume III conserva toujours des sentiments de bienveillance pour ce pays, se souvenant que c'était là, que le ciel lui avait promis la couronne d'Angleterre' (*Géographie universelle*, t.1, p.249).

[41] Voltaire possède deux exemplaires du *Spectacle de la nature* de l'abbé Pluche (Paris, 1732-1746, BV2765, et Paris, 1755-1764, BV2766): dans le second exemplaire, on relève des traces de lecture qui pourraient avoir servi à préparer la rédaction des *Singularités de la nature*.

[42] Dans le 'Concert de la nature avec la révélation', l'abbé Pluche combat l'opinion des savants dont la 'physique' est 'aussi peu d'accord avec l'ordre du monde et avec la droite raison, qu'elle est contraire au récit de Moïse': voir *Le Spectacle de la nature*, 3 vol. (Paris, Veuve Estienne, 1741), t.3, p.504 et suiv.

lumière arrive des étoiles sur la terre en sept minutes,[43] et que le
chien de M. le Chevalier s'appelle *Mouflar*.[44]

Ces inepties nombreuses ne font nul mal, ne portent préjudice à
personne, et sont aisément rectifiées par les instituteurs qui
instruisent la jeunesse. Mais qu'un historien anglais dans les
annales du siècle, assure que le dernier empereur de la maison
d'Autriche Charles VI a été empoisonné par un de ses pages, lequel
page s'est réfugié paisiblement à Milan;[45] qu'il dise que le roi de
France à la bataille de Fontenoi ne passa jamais l'Escaut, lorsqu'il
est avéré qu'il était au-delà du pont de Calone à la vue des deux
armées; qu'il dise que les Français empoisonnèrent les balles de
leurs fusils en les mâchant, et en y mêlant des morceaux de verre;
qu'il dise que le duc de Cumberland envoya au roi de France un
coffre rempli de ces balles;[46] que ces absurdes mensonges soient
répétés encore dans d'autres livres: voilà, ce me semble, des
honnêtetés qu'il est juste de relever, et que l'auteur du *Siècle de
Louis XIV* n'a pas passées sous silence.[47]

215

220

225

230

[43] Voir *Le Spectacle de la nature*, t.3, p.511. Dans les *Eléments de la philosophie de
Newton*, Voltaire relève déjà cette 'Erreur du Spectacle de la nature': *OCV*, t.15,
p.261 et n.9.

[44] *Le Spectacle de la nature* se présente sous la forme d'entretiens entre plusieurs
personnages. Au cours de l'entretien sur les animaux terrestres, la discussion sur le
chien est introduite par une question du comte de Jonval: 'Allons, M. le Chevalier,
faites venir votre chien, voyons ce qu'il sait faire'. Le chevalier Du Breuil déclare
que son chien 'se nomme Mouphti: c'est le roi des barbets' (t.1, p.344).

[45] Voir *Des mensonges imprimés*, *OCV*, t.31B, p.367-68 et n.48.

[46] Voir Samuel Boyse, *An historical review of the transactions of Europe, from the
commencement of the war with Spain in 1739, to the insurrection in Scotland in 1745*,
2 vol. (Reading, D. Henry, 1747, BV532), t.2, p.150n: voir *Des mensonges imprimés*,
OCV, t.31B, p.369 et n.53, et l'article 'Histoire' de l'*Encyclopédie* (*OCV*, t.33,
p.184).

[47] Voir *Précis du siècle de Louis XV*, ch.15 (*OH*, p.1375-88) et n.* (p.1388).

Seconde honnêteté

Après que l'espion turc eut voyagé en France sous Louis XIV,[48] Dufresny fit voyager un Siamois.[49] Quand ce Siamois fut parti, le président de Montesquieu donna la place vacante à un Persan,[50] qui avait beaucoup plus d'esprit que l'on n'en a à Siam et en Turquie.

Cet exemple encouragea un nouvel introducteur des ambassadeurs, qui dans la guerre de 1741 fit les honneurs de la France à un espion turc,[51] lequel se trouva le plus sot de tous.

Quand la paix fut faite, M. le chevalier Godart fit les honneurs de presque toute l'Europe à un espion chinois qui résidait à Cologne, et qui parut en six petits volumes.[52]

Il dit, page 17 du premier volume, que le roi de France est le roi des gueux — que si l'univers était submergé, Paris serait l'arche où l'on trouverait en hommes et en femmes toutes sortes de bêtes.

— Il assure qu'une nation naïve et gaie qui *chambre ensemble*, ne doit pas être de mauvaise humeur contre les femmes, et que les auteurs un peu polis ne les *invectivent* plus dans leurs ouvrages; cependant sa politesse ne l'empêche pas de les traiter fort mal.

p.21.

p.69 et 70.

235

240

245

---

[48] Voir Giovanni Paolo Marana, *L'Espion du grand seigneur et ses relations secrètes envoyées du divan de Constantinople, découvertes à Paris pendant le règne de Louis le Grand, traduites de l'arabe en italien par le sieur Jean-Paul Marana* (Paris, Barbin, 1684).

[49] Voir Charles Rivière Du Fresny, *Amusemens sérieux et comiques*, dans *Œuvres*, 4 vol. (Paris, Briasson, 1747, BV1128), t.4, et l'édition de J. Dunkley (Exeter, 1976).

[50] Voltaire présente fréquemment les *Lettres persanes* comme une œuvre d'imitation: voir, par exemple, le 'Catalogue des écrivains' du *Siècle de Louis XIV* (OH, p.1187) et le *Commentaire sur l'Esprit des lois* (M, t.30, p.405).

[51] Voir Joseph Du Fresne de Francheville, *L'Espion turc à Francfort pendant la diète et le couronnement de l'Empereur en 1741* (Londres, les Libraires associés, 1741, BV1127).

[52] Ange Goudar, *L'Espion chinois; ou l'Envoyé secret de la cour de Pékin, pour examiner l'état présent de l'Europe. Traduit du chinois*, 6 vol. (Cologne, 1764, BV1501). Voir *CN*, t.4, p.158, n.106. Les passages suivants sont textuellement cités et se trouvent, dans l'édition, aux pages indiquées par Voltaire, respectivement dans les lettres 6, 8, 22 et 29.

84

p.89. Il dit que le peuple de Lyon est d'un degré plus stupide que celui de Paris, et de deux degrés moins bon.

Passe encore, dira-t-on, que l'auteur pour vendre son livre, attaque les rois, les ministres, les généraux et les gros bénéficiers; ou ils n'en savent rien, ou s'ils en savent quelque chose ils s'en moquent. Il est assez doux d'avoir ses courtisans dans son anti-chambre, tandis que les écrivains frondeurs sont dans la rue. Mais les pauvres gens de lettres qui n'ont point d'antichambre, sont quelquefois fâchés de se voir calomniés par un lettré de la Chine qui probablement n'a pas plus d'antichambre qu'eux.

Il y a surtout beaucoup de dames nommées par le lettré chinois, lequel proteste toujours de son respect pour le beau sexe. C'est un sûr moyen de vendre son livre. Les dames, à la vérité, ont de quoi se consoler; mais les malheureux auteurs vilipendés n'ont pas les mêmes ressources.

Troisième honnêteté

Le gazetier ecclésiastique [53] outrage pendant trente ans, une fois par semaine, les plus savants hommes de l'Europe, des prélats, des ministres, quelquefois le roi lui-même; mais le tout en citant l'Ecriture sainte. Il meurt inconnu, ses ouvrages meurent aussi; et il a un successeur.

Quatrième honnêteté

Un autre gazetier joue dans la littérature le même rôle que l'écrivain des *Nouvelles ecclésiastiques* a joué dans l'Eglise de

---

[53] Les *Nouvelles ecclésiastiques, ou Mémoires pour servir à l'histoire de la constitution Unigenitus*, évoquées plus loin (p.85-86): voir *Dictionnaire des journaux*, éd. Jean Sgard, 2 vol. (Paris et Oxford, 1991), n° 1027 (t.2, p.951-53). Sur son exemplaire Voltaire a laissé des traces de lecture portant sur les années 1755-1759 (BV2589): voir *CN*, t.6, p.145, n.131.

85

Dieu. C'est l'abbé Des Fontaines[54] chassé pour ses mœurs de cette   270
Société de Jésus chassée de France pour ses intrigues. Il met en vers
des psaumes,[55] et on ne lit point ses vers: il meurt de faim, et il
déchire pour vivre tous ceux qui se font lire; et il le déclare.[56] Il est
enfermé à Bissêtre, et il fait des feuilles à Bissêtre;[57] enfin, il a un
successeur aussi. Ce successeur est l'Elisée de cet Elie,[58] chassé   275
comme lui des jésuites, mis à Bissêtre comme lui, passant de
Bissêtre au fort l'Evêque et au Châtelet, couvert d'opprobres
publics et secrets, osant écrire et n'osant se montrer.[59] Le nom
de Fréron est devenu une injure, et cependant il aura aussi un

279   NM, W75G, W68: de Frélon[60] est

[54] Sur Pierre-François Guyot Desfontaines, rédacteur du *Nouvelliste du Parnasse*
puis des *Observations sur les écrits modernes* (*Dictionnaire des journaux*, n° 1061 et
1092, t.2, p.974-77 et 999-1002), voir T. Morris, *L'Abbé Desfontaines et son rôle dans
la littérature de son temps*, *SVEC* 19 (1961). Les querelles entre Voltaire et
Desfontaines amènent notamment la rédaction du *Préservatif* (*M*, t.22, p.371-87),
du *Mémoire du sieur de Voltaire* et du *Mémoire sur la satire* (*OCV*, t.20A, p.11-120 et
121-87).

[55] *Poésies sacrées traduites ou imitées des Psaumes* (Rouen, Michel Lallemant,
1717).

[56] Voir l'anecdote rapportée dans le *Mémoire sur la satire*: Voltaire rappelle 'la
réponse que fit [...] un de ces malheureux écrivains à un magistrat qui lui reprochait
ses libelles scandaleux. Monsieur, dit-il, il faut que je vive' (*OCV*, t.20A, p.180 et
n.52).

[57] Voltaire, qui affirme avoir contribué à son élargissement, accuse Desfontaines
d'avoir composé au sortir de Bicêtre le libelle intitulé *Apologie de Monsieur de
Voltaire*: voir *Mémoire du sieur de Voltaire* et *Mémoire sur la satire* (*OCV*, t.20A,
p.102 et 185-86); sur cette affaire, voir aussi T. Morris, *L'Abbé Desfontaines*, p.38-47.

[58] Dans l'Ancien Testament, les 'merveilles' qui caractérisent la geste du
prophète Elisée, disciple d'Elie, sont rapportées dans le deuxième livre des Rois.

[59] Sur Elie-Catherine Fréron, rédacteur des *Lettres sur quelques écrits de ce temps*
puis de *L'Année littéraire* (*Dictionnaire des journaux*, n° 838 et 118, t.2, p.761-62, et
t.1, p.143-45), voir J. Balcou, *Fréron contre les philosophes* (Genève, 1975). Les
turpitudes de Fréron font notamment l'objet des *Anecdotes sur Fréron* (*OCV*, t.50,
p.471-522).

[60] Frélon est le nom donné au folliculaire mis en scène dans *L'Ecossaise* (*OCV*,
t.50, p.221-469).

86

successeur, dont les sots liront les feuilles en province pour se   280
former *l'esprit et le cœur.* [61]

Cinquième honnêteté

L'abbé de Caveyrac dans sa belle apologie de la révocation de
l'Edit de Nantes, et dans celle de la Saint-Barthelemi, [62] traite
comme des coquins environ douze cent mille personnes qui vivent
paisiblement en France sous le nom de nouveaux convertis. Il   285
tombe ensuite sur les avocats; il déchire les gens de lettres; il
calomnie le ministère. Il se ferait beaucoup d'amis s'il n'avait pas
trop peu de lecteurs.

Sixième honnêteté

Un homme de province sollicite une place dans un corps
respectable d'une capitale, et l'obtient; et pour tout remerciement   290
il dit à ses confrères, qu'eux, et tous ceux qui aspirent à l'être sont

---

281   67C: former *le cœur et l'esprit.* //

---

[61] Expression régulièrement moquée qui provient de Charles Rollin, auteur du
*Traité sur la manière d'enseigner et d'étudier les belles-lettres par rapport à l'esprit et au
cœur,* 4 vol. (Paris, les frères Estienne, 1748-1755, BV3007). Voir *Le Taureau blanc,*
ch.9: 'Contez-moi quelque fable [...] pour achever *de me former l'esprit et le cœur,*
comme dit le professeur égyptien Linro' (*OCV,* t.74A, p.124 et n.9). Voir, plus loin,
l'extrait cité de *La Pucelle* (p.96, n.*i*, ligne 18).
[62] *L'Apologie de Louis XIV, et de son conseil, sur la révocation de l'édit de Nantes*
(s.l., 1758, BV2593), qui répond à la *Lettre d'un patriote sur la tolérance civile des
protestants en France* d'Antoine Court, est accompagnée d'une 'Dissertation sur la
journée de la saint Barthélemy'. Voltaire s'en prend à Novi de Caveirac dans le
Traité sur la tolérance (*OCV,* t.56C, p.148, n.*b*) et dans une 'Réponse à l'abbé de
Caveyrac' (*Réflexions philosophiques sur le procès de Mademoiselle Camp, OCV,*
t.74B, p.84-87). Voir *CN,* t.6, p.146, n.135.

des extravagants, des ennemis de l'Etat et de la religion, [63] et même des gens sans goût qui ne lisent point ses cantiques. [64]

Mon correspondant ne me dit point dans quel pays s'est passée cette aventure. Je soupçonne que c'est en Amérique. Il ajoute que ce discours du récipiendaire produisit quelques mauvaises plaisanteries qu'il faut pardonner aux intéressés. [65] Heureux ceux qui lorsqu'ils sont outragés se contentent de rire! Vous savez, mon cher lecteur, que le public est alerte sur les fautes des gens de lettres, comme sur l'orgueil, l'avarice et les petites paillardises qu'on a quelquefois reprochées aux moines. Plus un état exige de circonspection, plus les faiblesses sont remarquées; et si les moines ont fait vœu de chasteté, d'humilité, et de pauvreté, les gens de lettres semblent avoir fait vœu de raison.

Septième honnêteté

Lorsque le R. P. La Valette, *alias* Duclos, *alias* Le Fêvre, eut fait sa première banqueroute, *ad majorem Societatis gloriam*; [66] lorsque les frères de Tournes imprimeurs huguenots à Genève, eurent rafraîchi les premières pages d'une vieille édition du

306-308   NM, W75G, W68, K84: lorsque des imprimeurs huguenots eurent rafraîchi

[63] Jean-Jacques Lefranc de Pompignan, natif de Montauban, est élu à l'unanimité à l'Académie française le 6 septembre 1759 en remplacement de Maupertuis. Dans son discours de réception il lance de violentes attaques contre les philosophes: voir *Discours de réception prononcé devant l'Académie française, le 10 mars 1760* (Paris, Brunet, 1760). Sur Pompignan, voir T. E. D. Braun, *Un ennemi de Voltaire, Le Franc de Pompignan, sa vie, ses œuvres, ses rapports avec Voltaire* (Paris, 1972).

[64] *Poésies sacrées de M. L* F***** (Paris, Caubert, 1751, BV2003). On connaît le vers assassin de Voltaire à propos de ces 'cantiques sacrés' dans *Le Pauvre Diable*: 'Sacrés ils sont, car personne n'y touche' (*M*, t.10, p.105).

[65] Sur la riposte, notamment voltairienne, au discours de Pompignan, voir O. Ferret, *La Fureur de nuire, SVEC* 2007:03, p.120-34.

[66] Traduction: 'pour la plus grande gloire de la Société [de Jésus]'. Sur la banqueroute de La Valette, voir le *Précis du siècle de Louis XV*, ch.38 (*OH*, p.1534-35), où il est aussi question de la référence à saint Thomas (voir ci-dessous).

R. P. Busembaum que l'on fit passer pour nouvelle,[67] et qu'ils eurent ainsi jeté, sans le savoir, la première pierre qui a servi à lapider la Société de Jésus; lorsque ces pères écrivaient en faveur de leur corps tant de petits livres qu'on ne lit plus; lorsque quelques prélats s'imaginant que la Société de Jésus était immortelle et invulnérable, lui firent leur cour très maladroitement par quelques écrits; lorsque le bourreau brûla selon son usage, une belle lettre du révérendissime père en Dieu Jean George Le Franc évêque du Puy en Vélai,[68] il y eut alors une inondation de brochures, et autant d'injures de part et d'autre qu'il y avait de jésuites en France.

La principale honnêteté fut entre les RR. PP. dominicains, et les RR. PP. jésuites. Les jésuites dans un écrit intitulé, *Lettre d'un homme du monde à un théologien*, page 4,[69] complimentèrent les jacobins sur leur frère Politien de Montepulciano, qui, dit-on, empoisonna avec une hostie le méchant empereur Henri VII; sur le *bienheureux* Jaques Clément, ainsi nommé par la Ligue: sur Edmond Bourgouin son prieur, sur frères Pierre Argier et Ridicouse, roués tous deux à Paris.[70]

Les jacobins répondirent à ce compliment par une longue

310
315
320
325

---

316   NM, W75G, W68: Jean-George le F.... évêque
319-20   67C: dominicains. Les jésuites dans

---

[67] Sur la *Medulla theologicae moralis* du père Busenbaum et sur le commentaire qu'en effectue le jésuite Claude Lacroix (*Theologia moralis* [...] *nunc pluribus partibus aucta*, Coloniae Agrippinae, apud S. Noethen, 1716-1720), voir le *Traité sur la tolérance*, ch.11, n.*b* (*OCV*, t.56C, p.187 et p.308, n.2), qui évoque aussi les écrits des jésuites invoquant saint Thomas mentionnés ci-dessous.

[68] J.-G. Lefranc de Pompignan, *Lettre écrite au roi par l'évêque D. P. [du Puy], sur l'affaire des jésuites* (s.l., 1762), datée du 16 avril 1762. Des arrêts des parlements de Bordeaux [Acte. 1762-06-28] et de Rouen [Acte. 1762-07-05] ordonnent que ce 'libelle' soit lacéré et brûlé.

[69] *Lettre d'un homme du monde à un théologien, sur les calomnies qu'on prétend avoir été avancées contre saint Thomas* (s.l.n.d, BV2090): sur son exemplaire, Voltaire relève en marge l'évocation des 'quatre jacobins parricides' (*CN*, t.5, p.334).

[70] Au début de la *Seconde Anecdote sur Bélisaire* (*OCV*, t.63A, p.203), frère Triboulet est aussi défini par son appartenance à 'l'ordre de frère Montepulciano, de frère Jaques Clément, de frère Ridicous, etc. etc. etc.': voir n.2 et 3.

énumération des martyrs de la Société; et cette liste ne finissait point. Les deux partis appelèrent à leur secours saint Thomas d'Aquin. [71] Il s'agissait de le bien entendre, et c'est là le grand effort de la théologie. Les uns et les autres convenaient des paroles. Ils avouaient que saint Thomas a dit livre 2, question 42, article 2, que ceux qui délivrent la multitude d'un méchant roi sont très louables. [72]

Que le mauvais prince est le seul séditieux. [73]

Qu'il y a des cas où celui qui le tue mérite récompense. [74]

Que selon le même saint Thomas d'Aquin livre 2, question 12, un prince qui a apostasié n'a plus de droit sur ses sujets.

Que s'il est excommunié, ses sujets sont *ipso facto* délivrés de leur serment de fidélité, *ejus subditi et juramento fidelitatis ejus liberati sunt.* [75]

Que comme il est permis de résister aux larrons, il est permis de résister aux mauvais princes: *Ut sicut licet resistere latronibus, ita licet in tali casu resistere malis principibus.* Livre 2, question 69. [76]

330

335

340

---

340   67B, NM, W75G, K84: *ejus subditis et*

[71] Voltaire dispose de la *Summa theologica* (Lugduni, apud fr. Deville, 1738, BV3292), mais les références qui suivent proviennent de l'*Appel à la raison des écrits et libelles publiés par la passion contre les jésuites de France* (Bruxelles, Vandenberghen, 1762, BV246). L'ouvrage, daté du 15 avril 1762, attribué au père André-Christophe Balbany et parfois à Jean Novi de Caveirac, est mentionné plus loin (ligne 345).

[72] Cf. *Appel à la raison*, p.181: saint Thomas dit 'que l'on peut détrôner le tyran, à moins que le trouble qui en résulterait, ne fût plus grand que le tort que le prince fait à ses sujets'.

[73] Cf. *Appel à la raison*, p.183: 'le tyran est bien plus séditieux, lui qui donne lieu à la sédition.'

[74] Ces 'cas' sont envisagés à partir d'exemples tirés de Cajetan, de Dominique Sotto, de Sylvestre de Prieras, de Dominique Bannès et d'autres 'autorités' encore: voir l'*Appel à la raison*, p.183-87.

[75] *Appel à la raison*, p.242-43 et n.a.

[76] *Nouvel Appel à la raison des écrits et libelles publiés par la passion contre les jésuites de France* (Bruxelles, Vandenberghen, 1762, BV2594), p.163. L'ouvrage, mentionné plus loin (ligne 359), est attribué à Caveirac.

90

Tout cela se trouve dans l'*Appel à la raison*, avec beaucoup   345
d'autres choses également édifiantes, imprimé en 1762 sous le titre
de Bruxelles.

On prétend que chez les jacobins quand il meurt un docteur en
théologie, on met une bible [77] de saint Thomas dans sa bière. Des
profanes ayant lu ces grandes questions dans saint Thomas   350
d'Aquin, ont prétendu qu'il eût été à désirer pour la tranquillité
publique, que toutes les *Sommes* de ce bon homme eussent été
enterrées avec tous les jacobins; mais ce sentiment me paraît un peu
trop dur.

Après cette dispute qui intéressa vivement dix ou douze lecteurs,   355
il en survint une autre entre les mêmes combattants, au sujet du
livre *De matrimonio* du R. P. Sanchez, [78] regardé en Espagne, et par
tous les jésuites du monde, comme un Père de l'Eglise. Cette
dispute se trouve à la page 262 du *Nouvel Appel à la raison*; [79] et il
faut avouer que la raison doit être bien étonnée qu'on soumette un   360
pareil procès à son tribunal.

On y discute trois questions tout à fait intéressantes. La
première, *quando vas innaturale usurpatur*. La seconde, *quando
seminatio non est simultanea*. La troisième, *quando seminatio est
extra vas*. [80] Ma pudeur, et mon grand respect pour les dames   365

345-46   K84: se trouve avec beaucoup d'autres choses également édifiantes, dans
l'*Appel à la raison*, imprimé
365   67B: *extra vas.* ¶Ma

[77] Beuchot 'pense qu'il faut lire *Somme*' (*M*, t.26, p.126, n.2).

[78] Tomas Sanchez, *De sancto matrimonii sacramento disputationum* (Lugduni,
sumpt. L. Anisson, 1739, BV3081). Voltaire mentionne en particulier cet ouvrage
dans la *Relation* [...] *du jésuite Berthier* (*M*, t.24, p.98 et n.4) et dans *L'Homme aux
quarante écus* (*OCV*, t.66, p.349-50).

[79] Dans son exemplaire, Voltaire a placé plusieurs signets: voir *CN*, t.6, p.157. Le
texte de Sanchez, évoqué lorsqu'il est question des 'assertions produites sur l'article
de l'impureté' (*Nouvel Appel*, p.141), est donné en entier à la fin de l'ouvrage (p.181-
87), lequel ne contient que 188 pages.

[80] Cf. *Nouvel Appel*, p.183: '*Primo, quando vas innaturale usurpatur. Secundo,
quando seminatio utriusque conjugis non est simultanea: vel data opera est extra vas
legitimum. Tertio, quando est extra, ratione impotentiae.*' ('Premièrement, quand on

m'empêchent de traduire en français cette dispute théologique. J'ai prétendu me borner à faire voir combien les théologiens sont quelquefois honnêtes.

Huitième honnêteté

Un homme d'un génie vaste, d'une érudition immense, d'un travail infatigable, et dont le nom perce dans l'Europe, du sein de la   370
retraite la plus profonde, entreprend le plus grand et le plus difficile ouvrage dont la littérature ait jamais été honorée; le meilleur géomètre de France se joint à lui. [81] Ce géomètre qui unit à la délicatesse de Fontenelle la force que Fontenelle n'a pas, donne un plan de cette célèbre entreprise, et ce plan vaut lui seul une   375
encyclopédie. [82] Un homme d'un nom illustre, qui s'est consacré aux lettres toute sa vie, physicien exact, métaphysicien profond, très versé dans l'histoire et dans les autres genres, fait lui seul près du quart de cet ouvrage utile; [83] des hommes savants, des hommes de génie s'y dévouent; d'anciens officiers militaires, d'anciens   380
magistrats, d'habiles médecins, des artistes même y travaillent avec succès, et tous dans la vue de laisser à l'Europe le dépôt des sciences

380   K84: d'anciens militaires

---

se sert d'un réceptacle non naturel. Deuxièmement, quand l'émission de semence de l'un et l'autre époux n'est pas simultanée, ou [quand] l'activité se produit en dehors du réceptacle légitime. Troisièmement, quand [l'émission de semence] est extérieure, parce qu'on ne peut pas se contrôler.')

[81] Diderot et D'Alembert, directeurs de l'*Encyclopédie*.

[82] Voltaire célèbre régulièrement le Discours préliminaire de l'*Encyclopédie*, rédigé par D'Alembert, comme un chef-d'œuvre: voir, entre autres, la huitième des *Lettres à Son Altesse Monseigneur le prince de* ***, qui évoque un discours 'applaudi de toute l'Europe' qui 'parut supérieur à la méthode de Descartes, et égal à tout ce que l'illustre chancelier Bacon avait écrit de mieux' (voir ci-dessous, p.466).

[83] Le chevalier de Jaucourt: voir R. N. Schwab, 'The extent of the Chevalier de Jaucourt's contribution to Diderot's *Encyclopédie*', *Modern Language Notes*, 1957, p.507-508.

et des arts, sans aucun intérêt, sans vain amour-propre. Ce n'est que malgré eux que le libraire a publié leurs noms. M. de Voltaire surtout avait prié que son nom ne parût point.[84] Quelle a été la 385 reconnaissance de certains hommes soi-disant gens de lettres pour une entreprise si avantageuse à eux-mêmes? celle de la décrier, de diffamer les auteurs, de les poursuivre, de les accuser d'irréligion et de lèse-majesté.[85]

Neuvième honnêteté

Maître Abraham Chaumeix (je ne sais qui c'est) ayant demandé à 390 travailler à ce grand ouvrage, et ayant été éconduit, comme de raison, ne manqua pas de dénoncer juridiquement les auteurs.[86] Il soupçonne que celui qui a principalement contribué à le faire refuser, a composé l'article *Ame*, et que puisqu'il est son ennemi, il est athée; il le dénonce donc juridiquement comme tel. Il se trouve 395 que l'auteur de l'article est un bon docteur de Sorbonne très pieux[87]. Il est très étonné d'apprendre qu'il est accusé de nier l'existence de Dieu et celle de l'âme; et il conclut que si Abraham Chaumeix a une âme, elle est un peu dure et fort ignorante.

Abraham, pour se dépiquer, va se faire maître d'école à 400 Moscou.[88] Que son *âme* y repose en paix!

[84] Le nom de Voltaire ne se trouve pas à la fin du 'Discours préliminaire des éditeurs' dans le premier tome de l'*Encyclopédie*: la participation de Voltaire, d'ailleurs assez modeste, est cependant annoncée en 1754 dans l'Avertissement au lecteur' du tome 4.

[85] Sur les querelles suscitées par la publication de l'*Encyclopédie*, voir J. Proust, *L'Encyclopédie* (Paris, 1965), et J. Lough, *Essays on the 'Encyclopédie' of Diderot and D'Alembert* (London, New York, Toronto, Oxford, 1968). Voir aussi les *Dialogues chrétiens* (*M*, t.24, p.129-49).

[86] La dénonciation juridique émane de l'avocat général Omer Joly de Fleury, mais les *Arrêts de la cour de Parlement* se réfèrent explicitement aux *Préjugés légitimes contre l'Encyclopédie*, 8 vol. (Paris, Hérissant, 1758-1759) qu'a fait paraître Abraham-Joseph de Chaumeix: voir J. Lough, *Essays on the 'Encyclopédie'*, p.299-300.

[87] L'abbé Yvon est l'auteur de l'article 'Ame'.

[88] Au printemps 1763, Chaumeix part pour la Russie où Catherine II lui a procuré

Dixième honnêteté

Un gentilhomme de Bretagne qui a fait des comédies charmantes, nous a donné des anecdotes très curieuses sur la ville de Paris,[89] et sur l'histoire de France, imprimées avec privilège, et surtout avec celui de l'approbation publique; aussitôt les auteurs de je ne sais quelles feuilles (h) (car je ne lis point les feuilles) écrivent dans ces feuilles, dédiées à la cour, à douze sous par mois,[90] que l'auteur est incontestablement déiste ou athée, et qu'il est impossible que cela ne soit pas, puisqu'il a dit que Maugiron, Quelus et saint Mégrin tués sous le règne de Henri III, furent enterrés dans l'église de saint Paul,[91] et qu'on n'avait pas voulu inhumer une

405

410

(h) Ce sont les auteurs du *Journal chrétien*. Or ce journal n'étant pas bon, on a dit qu'il était mauvais chrétien.

407   67B, 67C: douze sols par

---

un poste de tuteur d'un jeune seigneur russe (voir *Dictionnaire des journalistes*, éd. Jean Sgard, 2 vol., Oxford, 1999, t.1, p.219-21, n° 169). Outre les lettres de Catherine II (D12631, D12865), voir la lettre de Voltaire à D'Alembert (26 juin [1766], D13374): 'tous ceux qui ont écrit contre les philosophes sont punis dans ce monde. Les jésuites ont été chassés; Abraham Chaumeix s'est enfui à Moscou; Berthier est mort d'un poison froid; Fréron a été honni sur tous les théâtres, et Vernet sera pilorié infailliblement'.

[89] Germain-François Poullain de Saint-Foix, *Essais historiques sur Paris* (Londres et Paris, Duchesne, 1755-1757); *Supplément aux Essais historiques sur Paris* (1763, BV3064).

[90] Voir la 'Lettre critique' sur cet ouvrage 'adressée à M. l'abbé Dinouart' et publiée en mai 1760 dans le *Journal chrétien*. Sur cette affaire, encore évoquée dans l'article 'Quisquis' des *Questions sur l'Encyclopédie* (M, t.20, p.323), voir le *Dictionnaire des journaux*, t.2, p.564-66, n° 627.

[91] Il est en fait question de la destruction, par le peuple, des tombeaux de ces trois personnages: 'le peuple fut très coupable de manquer au prince'; mais pourquoi 'attribuer' cette 'démarche' 'aux seules prédications des moines, et déguiser que le peuple scandalisé de voir, dans une église, les statues de ces *mignons* [...] n'était que trop porté de lui-même à les soustraire à ses yeux'? (*Journal chrétien*, mai 1760, p.24.)

94

vieille femme dans la rue de l'arbre sec avant qu'on eût vu son testament. [92]

Le Breton qui n'entend pas raillerie, fait assigner au Châtelet les auteurs des feuilles, par-devant le lieutenant criminel, en réparation d'honneur, et de conscience, au mois de juin 1763. [93] Les folliculaires civilisent l'affaire et sont forcés de demander pardon de leur incivilité.

415

Onzième honnêteté

Un auteur qui n'aimait pas ceux du grand et utile ouvrage dont on a déjà parlé, les prostitue sur le théâtre, et les introduit volant dans la poche. [94] Ce n'est pas ainsi que Moliére a peint Trissotin et Vadius. [95] On me dira que des galériens du temps du roi Charles VII, condamnés pour crime de faux, ayant obtenu leur grâce de leur bon roi, lui volèrent tout son bagage, comme il est

420

[92] Evoquant la 'sédition survenue en 1505' à cette occasion, l'auteur précise que 'ces abus' ne viennent pas 'de l'essence, de l'esprit de la religion' mais 'des vices de quelques-uns de ses ministres': Saint-Foix a ainsi cherché 'à faire juger de la religion par la conduite de quelques-uns de ses ministres, au lieu qu'il faudrait juger leur conduite sur l'esprit de la religion' (*Journal chrétien*, mai 1760, p.25).

[93] C'est en 1760 que Saint-Foix présente une *Requête [...] à Monsieur le lieutenant criminel* (s.l., 1760), réimprimée par Voltaire, sous le titre de *Factum du sieur Saint-Foix*, dans le *Recueil des facéties parisiennes* (s.l. [Genève, Cramer], 1760), p.145-80.

[94] Dans la comédie des *Philosophes*, représentée pour la première fois sur le théâtre de la Comédie-Française le 2 mai 1760, Charles Palissot de Montenoy met en scène certains des encyclopédistes, à commencer par Diderot sous les traits du personnage de Dortidius. Voltaire fait allusion à la scène (II.i) au cours de laquelle le valet Carondas fait les poches de son maître, appliquant ainsi à la lettre les maximes de Valère sur l'intérêt personnel.

[95] La référence aux *Femmes savantes* est omniprésente dans la querelle suscitée par la comédie de Palissot: voir *La comédie des Philosophes et autres textes*, éd. O. Ferret (Saint-Etienne, 2002).

rapporté dans l'abbé Trithème (*i*) page 115;[96] mais on m'avouera   425
que ceux qui font aujourd'hui honneur à la littérature française, ne
sont point des coupeurs de bourses, et que d'ailleurs ce trait n'est
pas assez plaisant.

(*i*) Pendant la nuit la horde griffonnante
    Sous le drapeau du gazetier de Nante
    Habilement avait débarrassé
    Notre bon roi de son leste équipage.
    Ils prétendaient que pour de vrais guerriers   5
    Selon Platon le luxe est peu d'usage.
    Puis se sauvant par de petits sentiers,
    Au cabaret la proie ils partagèrent.
    Là par écrit doctement ils couchèrent
    Un beau traité bien moral, bien chrétien,   10
    Sur le mépris des plaisirs et du bien.
    On y prouva que les hommes sont frères,
    Nés tous égaux, devant tous partager
    Les dons de Dieu, les humaines misères,
    Vivre en commun pour se mieux soulager.   15
    Ce livre saint mis depuis en lumière,
    Fut enrichi d'un pieux commentaire
    Pour diriger et *l'esprit et le cœur*,
    Avec préface, et l'avis au lecteur.

425 NM, W75G, W68: page 298; mais
     K84: page 329; mais
n.*i*, 1 K84: Tout est parti. La horde
n.*i*, 3 K84: Pendant la nuit avait
n.*i*, 7 K84: Puis s'esquivant par
     67B: par des petits sentiers,
n.*i*, 13 NM: devant tout partager
n.*i*, 19 K84: lecteur. / [*ajoute la référence à 'La Pucelle', chant 18*]

96 *La Pucelle*, chant 18, vers 271-72 et 274-90 avec raccords (*OCV*, t.7, p.543). Le
passage présente les variantes des *Contes de Guillaume Vadé* (Genève, 1764, p.92-93)
dans lesquels ce chant se trouve pour la première fois. La référence à la page 115 est
fantaisiste. Sur l'attribution des propos à l'abbé Trithème, voir, par exemple,
chant 20, vers 30-31 (*OCV*, t.7, p.559): 'Ce n'est pas moi, c'est le sage Tritème, / Ce
digne abbé qui vous parle lui-même'. Le 'gazetier de Nante' désigne Fréron.

Douzième honnêteté

Des folliculaires à la petite semaine,[97] ont imprimé que
M. D'Alembert est un *Rabzacès*,[98] un *Philistin*, un *Amorrhéen*,   430
une *bête puante*;[99] je ne sais pas précisément pourquoi, mais
Rabzacès signifie grand échanson en syriaque. Or M. D'Alembert
n'est pas un grand échanson: c'est même l'homme du monde qui
verse le moins à boire. Il ne peut être à la fois Rabzacès, Syrien,
Philistin ou Amorrhéen; il n'est ni bête, ni puant; je sais seulement   435
qu'il est un des plus grands géomètres, un des plus beaux esprits, et
une des plus belles âmes de l'Europe, ce qu'on n'a jamais dit de
Rabzacès.

Treizième honnêteté

Les mêmes folliculaires ont eu d'aussi étranges honnêtetés pour
M. de Montesquieu et pour M. de Buffon. On a écrit contre l'un des   440

439   NM, W68: Les folliculaires

[97] Voir la *Lettre à un ami, sur un écrit intitulé: Sur la destruction des jésuites en
France, par un auteur désintéressé* (s.l., 1765, BV1572) rédigée par Louis Guidi, l'un
des rédacteurs des *Nouvelles ecclésiastiques*: sur son exemplaire, Voltaire qualifie
cette lettre d''impertinente', écrite 'par un sot fanatique', et l'ouvrage de D'Alembert
d''écrit excellent' (*CN*, t.4, p.255). Ouvrage mentionné dans la lettre à Michel-Paul-
Guy de Chabanon du 25 juin 1765 (D12659).

[98] Le 9 mai [1767], Voltaire écrit à D'Alembert (D14164): 'Si on vous a appelé
Rabsacès, [...] on m'appelle Capanée'. Sur Rabsacès, voir 4 Rois 18:17 et suiv.

[99] Voir la *Lettre à un ami*, p.29: (à propos des 'prétendus destructeurs des
jésuites') 'c'est Dieu, qui par les mains des Amorrhéens, les [les jésuites] a mis en
fuite en punition de leurs infidélités; [...] c'est Dieu qui s'est servi d'une armée de
blasphémateurs, Rabsacès à leur tête, pour tailler en pièces les Ethiopiens'. L'auteur
ironise ensuite sur la 'cause' de la 'chute' de la Compagnie de Jésus: selon
'l'anonyme' auteur de la *Destruction des jésuites*, 'ce n'est pas le doigt de Dieu qui
renverse ce colosse énorme. Non, c'est la plume de Voltaire' (p.30). Et, à propos des
'philosophes': 'le miel se trouve dans la bouche du fort, mais sa force le rend
triomphant du Philistin' (p.43). L'expression 'bête puante' ne se trouve pas dans le
texte. Voir aussi D19702 (Voltaire à La Harpe, 10 octobre 1775).

lettres du Pérou[100] qui n'ont pas dû être un Pérou pour l'auteur. On a prouvé à l'autre qu'il était déiste ou athée (cela est égal) parce qu'il avait loué les stoïciens;[101] et on l'a prouvé tout comme le R. P. Hardouin de la Société de Jésus avait démontré que Pascal, Nicole, Arnaud et Mallebranche n'ont jamais cru en Dieu.[102] 445

Qui méprise Cotin n'estime point son roi
Ou n'a (selon Cotin) ni roi, ni foi, ni loi.[103]

Quatorzième honnêteté

En voici une d'un goût nouveau. Jean-Jaques Rousseau qui ne passe ni pour le plus judicieux, ni pour le plus conséquent des hommes, ni pour le plus modeste, ni pour le plus reconnaissant, est 450 mené en Angleterre par un protecteur[104] qui épuise son crédit pour lui faire obtenir une pension *secrète* du roi. Jean-Jaques trouve la pension *secrète* un affront. Aussitôt il écrit une lettre[105] dans laquelle il sacrifie l'éloquence et le goût à son ressentiment contre son bienfaiteur. Il pousse trois arguments contre ce bienfaiteur 455 M. Hume; et à chaque argument il finit par ces mots, *premier*

456 NM, W75G, W68: M. H....; et

[100] Voir Joseph-Adrien Lelarge de Lignac, *Lettres d'un Américain sur l'histoire naturelle, générale et particulière de Buffon* (s.l., 1751) et la *Suite des Lettres à un Américain* (Hambourg, 1756).

[101] L'accusation est portée le 24 avril 1750 dans l'article des *Nouvelles ecclésiastiques* consacré à la *Défense de l'Esprit des lois*: voir le *Remerciement sincère à un homme charitable*, daté de 'Marseille, le 10 mai 1750' (*M*, t.23, p.457-61), et, en 1771, les articles 'Lois (Esprit des)' et 'Quisquis' des *Questions sur l'Encyclopédie* (*M*, t.20, p.14 et 323).

[102] Voir *Athei detecti*, inclus dans les *Opera varia* du jésuite Jean Hardouin. Voir l'article 'Athée, athéisme' du *Dictionnaire philosophique* (*OCV*, t.35, p.385 et n.38).

[103] Boileau, Satire 9, vers 305-306. Boileau écrit, au vers 306: 'Et n'a, selon Cotin, ni Dieu, ni foi, ni loi'.

[104] Sur la querelle entre Rousseau et David Hume, voir Henri Gouhier, *Rousseau et Voltaire, portraits dans deux miroirs* (Paris, 1983), ch.15.

[105] Lettre du 10 juillet 1766 (*Correspondance complète*, éd. R. A. Leigh, Oxford, 1965-1998, t.30, p.29-54, n° 5274).

soufflet, second soufflet, troisième soufflet sur la joue de mon patron.
Ah! Jean-Jaques, trois soufflets pour une pension? c'est trop!

> Tudieu, l'ami, sans vous rien dire
> Comme vous baillez des soufflets!
>
> (*Amphitryon*, acte I.) [106]

460

Un Genevois qui donne trois soufflets à un Ecossais! cela fait
trembler pour les suites. Quel homme que Jean-Jaques! si le roi
d'Angleterre avait donné la pension, Sa Majesté aurait eu le
quatrième soufflet. [107] C'est un terrible homme que ce Jean-
Jaques! Il prétend, dans je ne sais quel roman intitulé *Héloïse* ou
Aloïsia, s'être battu contre un seigneur anglais de la chambre
haute, dont il reçut ensuite l'aumône. [108] Il a fait, on le sait, des
miracles à Venise, [109] mais il ne fallait pas calomnier les gens de
lettres à Paris. Il y a de ces gens de lettres qui n'attaquent jamais
personne, mais qui font une guerre bien vive quand ils sont
attaqués, et Dieu est toujours pour la bonne cause. Un des

465

470

---

462   w68: donne des soufflets
463   k84: suites. Si le roi
472-73   67c: Un des accusés s'amusa

---

[106] Molière, *Amphitryon*, I.ii.327-28.
[107] Même plaisanterie dans *La Guerre civile de Genève*, chant 2, n.*h* (*OCV*, t.63A,
p.105).
[108] Dans *La Nouvelle Héloïse* (1re partie, lettres 46-61), le duel entre Saint-Preux et
Milord Edouard n'a pas lieu. Au moment de son départ, Saint-Preux refuse un
prêt d'argent non de Milord Edouard mais de Julie (lettre 65, *Œuvres complètes*, t.2,
Paris, 1964, p.186-87). Conformément au principe explicité dans les *Lettres sur la
Nouvelle Héloïse*, qui exploite une ambiguïté entretenue par Rousseau (Saint-Preux
est un pseudonyme et le nom de l'amant de Julie n'est donné nulle part), Voltaire
confond l'auteur et son personnage: Jean-Jacques 's'est fait le héros de son roman';
'Ce sont les aventures et les opinions de Jean-Jacques qu'on lit dans *La Nouvelle
Héloïse*' (*M*, t.24, p.170).
[109] Voir les *Notes sur la lettre de Monsieur de Voltaire à Monsieur Hume* [du
24 octobre 1766], *M*, t.26, p.35-46 (p.39).

offensés s'amusa à le dessiner par les coups de crayon que
voici: [110]

> Cet ennemi du genre humain,   475
> Singe manqué de l'Arétin,
> Qui se croit celui de Socrate,
> Ce charlatan trompeur et vain
> Changeant vingt fois son mithridate, [111]
> Ce basset hargneux et mutin,   480
> Bâtard du chien de Diogène,
> Mordant également la main
> Ou qui le fesse, ou qui l'enchaîne,
> Ou qui lui présente du pain.

Les honnêtetés de Jean-Jaques lui ont attiré comme on voit de   485
très grandes honnêtetés. Il y a de la justice dans le monde; et pour
peu que vous soyez poli, vous trouvez à coup sûr des gens fort polis
qui ne sont pas en reste avec vous. Cela compose une société
charmante.

Quinzième honnêteté

Une honnêteté nouvelle, et dont on ne s'était pas encore avisé dans   490
la littérature, c'est d'imprimer des lettres sous le nom d'un auteur
connu, ou de falsifier celles qui ont couru dans le monde par la trop
grande facilité de quelques amis, et d'insérer dans ces lettres les
plus énormes platitudes avec les calomnies les plus insolentes. C'est
ainsi qu'en dernier lieu on a imprimé à Amsterdam sous le titre de   495
Genève, de prétendues *Lettres secrètes* de l'auteur de *La Hen-*

---

487   NM: poli, vous trouverez à
496   w68: Genève, des prétendues

---

[110] Vers repris dans les *Poésies mêlées*: 'Sur Jean-Jacques Rousseau' (*M*, t.10,
p.582).
[111] Le *Dictionnaire de l'Académie* (éd. 1762) signale qu'il s'agit d'une 'espèce de
thérique qui sert d'antidote ou de préservatif contre les poisons' et précise: 'On
appelle *vendeur de mithridate*, un charlatan'.

riade,[112] lesquelles lettres, si elles étaient secrètes, ne devaient pas être publiques. Il y a surtout dans ces *Lettres secrètes* un correspondant nommé le *comte de Bar-sur-Aube*,[113] qui est un homme sûr; mais comme il n'y a jamais eu de comte de Bar-sur-Aube, on ne peut pas avoir grande foi à ces *Lettres secrètes*.

Ensuite, le nommé Schneider libraire d'Amsterdam, a débité sous le nom de Genève, les lettres du même homme à *ses amis du Parnasse*:[114] c'est là le titre. Il se trouve que ces *amis du Parnasse* sont le roi de Pologne, le roi de Prusse, l'électeur palatin, le duc de Bouillon etc.[115] Outre la décence de ce titre, on fait dire dans ces lettres à l'auteur de *La Henriade* et du *Siècle de Louis XIV* qu'à la cour de France *il y a d'agréables commères, qui aiment Jean-Jaques Rousseau comme leur toutou.*[116] On ajoute à ces gentillesses des notes infâmes contre des personnes respectables, et il y a surtout trois lettres à un chevalier de Bruan, qui n'a jamais existé, et qu'on

504   67B: que *ses amis*

[112] Les *Lettres secrètes de Monsieur de Voltaire, publiées par M. L. B.* (Genève, 1765, BV3674), éditées par Jean-Baptiste-René Robinet.

[113] Les noms des destinataires des lettres sont laissés en blanc mais on lit, dans la lettre 15, à propos d'un paquet dont une partie n'est pas parvenue à destination: 'Tout ce que vous m'avez envoyé arriverait sûrement, s'il était adressé au comte de Bar-sur-Aube pour Cirey en Champagne' (*Lettres secrètes*, p.59-60).

[114] Les *Lettres de Monsieur de Voltaire à ses amis du Parnasse, avec des notes historiques et critiques* (Genève [Amsterdam, M.-M. Rey], 1766, BV3672). D'après D13695 (à d'Argental, 28 novembre 1766), Voltaire est 'convaincu' que La Beaumelle est à l'origine de cette publication. Une autre édition (Genève, Cramer, 1766, BV3673), effectuée par les soins de Voltaire, contient un avertissement et trois certificats. Voir l'*Appel au public*, M, t.25, p.579-83. Voir aussi J. Vercruysse, 'Voltaire correcteur de ses *Lettres de Monsieur de Voltaire à ses amis du Parnasse*', *SVEC* 201 (1982), p.67-80.

[115] On trouve en effet dans le recueil au moins une lettre adressée à chacun de ces correspondants.

[116] *Lettres de Monsieur de Voltaire*, p.182. Cette lettre 38, adressée le 1er mars 1765 'à M. D'Amoureux', correspond à la lettre à Damilaville du même jour (D12425): les éléments qui constituent cette citation recomposée prennent place dans un paragraphe contre 'ce fou triste, ci-devant petit citoyen ignoré à Genève' (p.181) qui ne figure pas dans D12425. Voir l'*Appel au public*, M, t.25, p.580-81 et p.581, n.1.

appelle *mon cher Philinte*. [117] L'éditeur doute si ces trois lettres sont de M. de Montesquieu, ou de M. de Voltaire, quoique aucun de leurs laquais n'eût voulu les avoir écrites. (*j*) On a déjà dit ailleurs [118] que ces bêtises se vendent à la foire de Leipsick comme on vend du vin d'Orléans pour du vin de Pontac. Il est bon d'en avertir ceux qui ne sont pas gourmets.

515

Seizième honnêteté

Il est encore plus utile d'avertir ici que le style simple, sage et noble, orné, mais non surchargé de fleurs, qui caractérisait les bons auteurs du siècle de Louis XIV paraît aujourd'hui trop froid et trop rampant aux petits auteurs de nos jours; ils croient être éloquents lorsqu'ils écrivent avec une violence effrénée. Ils pensent être des Montesquieux quand ils ont à tort et à travers insulté quelques cours et quelques ministres du fond de leurs greniers, et qu'ils ont entassé sans esprit injure sur injure. Ils croient être des

520

525

(*j*) Voici quelques lignes de la dernière à mon cher Philinte. *Il est impossible qu'il y ait un grand homme parmi nos rois, puisqu'ils sont abrutis et avilis dès le berceau par une foule de scélérats qui les environne, et qui les obsède jusqu'au tombeau.*

C'est ainsi qu'on parle des ducs de Montauzier et de Beauvilliers, des Bossuet et des Fénelon et de leurs successeurs; cela s'appelle écrire avec noblesse, et soutenir les droits de l'humanité. C'est là le style ferme de la nouvelle éloquence.

5

n.*j*, 5   67c: et de Bouillon, des

[117] D'après Beuchot (*M*, t.25, p.583, n.2), ces trois lettres, formant 16 pages, ont une pagination particulière et ne sont pas comprises dans la table du volume. Ces lettres ne se trouvent pas dans l'édition consultée (BnF, Z 15690); l'autre exemplaire (BnF, Z 15419) est hors d'usage. Voir l'*Appel au public*, *M*, t.25, p.583-84.

[118] Voir la lettre *Sur Mademoiselle de Lenclos à Monsieur* *** (1751): 'Quelqu'un a imprimé, il y a deux ans, des Lettres sous le nom de Mlle de Lenclos, à peu près comme dans ce pays-ci on vend du vin d'Orléans pour du Bourgogne' (*M*, t.23, p.513).

Tacites lorsqu'ils ont lancé quelques solécismes audacieux à des hommes dont les valets de chambre dédaigneraient de leur parler. Ils s'érigent en Catons et en Brutus la plume à la main. Les bons écrivains du siècle de Louis XIV ont eu de la force, aujourd'hui on cherche des contorsions.

Qui croirait qu'un gredin [119] ait imprimé en 1752 dans un livret intitulé, *Mes Pensées*, [120] les mots que voici, et qu'il croyait dans le vrai goût de Montesquieu. [121]

'Une république qui ne serait formée que de scélérats du premier ordre, produirait bientôt un peuple de sages, de conquérants et de héros. Une république fondée par Cartouche aurait eu de plus sages lois que la république de Solon. [122]

'La mort de Charles Ier a fait plus de bien à l'Angleterre que n'en aurait fait le règne le plus glorieux de ce prince. [123]

'Les forfaits de Cromwell sont si beaux, que l'enfant bien né n'entend point prononcer le nom de ce grand homme sans joindre les mains d'admiration.' [124]

Ces pensées ont été pourtant réimprimées; et l'auteur à la

530

535

540

531-32 67C, W68, K84: un livre intitulé

[119] Sur La Beaumelle, voir la 'Lettre à M. de la Condamine' datée du 8 mars 1771, citée dans la note de Voltaire ajoutée à l'*Epître à Monsieur D'Alembert* (*M*, t.10, p.432, n.1), et l'article 'Quisquis' des *Questions sur l'Encyclopédie* (*M*, t.20, p.327-28). Voir aussi C. Lauriol, *La Beaumelle: un protestant cévenol entre Montesquieu et Voltaire* (Genève, 1978).

[120] La Beaumelle, *Mes pensées*, 6e éd. (Londres, 1752, BV1795), édition à laquelle on renvoie par la suite. Pour apprécier l'usage qu'en fait Voltaire, voir l'édition de C. Lauriol (Genève, 1997).

[121] La Beaumelle s'affiche comme un disciple de Montesquieu: il cite avec éloges *L'Esprit des lois* et adopte les positions de Montesquieu contre Voltaire. Voir C. Lauriol, *La Beaumelle et le 'montesquieusisme'*, *Cahiers Montesquieu* 3 (1996).

[122] *Mes pensées*, p.79.

[123] *Mes pensées*, p.198. Dans son exemplaire, Voltaire a repéré ce passage par un papillon (*CN*, t.5, p.38).

[124] Cf. *Mes pensées*, p.202: 'Les forfaits de Cromwel sont si ... que l'enfant bien né ... sans joindre les mains d'admiration.' C. Lauriol explique que l'édition de Francfort, avec 'ses mystérieux points de suspension', a suscité de nombreuses contrefaçons prétendant restituer le texte complet (*La Beaumelle*, p.358-59).

seconde édition mettait au titre *septième édition* pour encourager à lire son livre. [125] Il le dédiait à son frère. Il signait *Gonia Palaios*. *Gonia* signifie angle; *Palaios* vieux. Son nom en effet est *l'angle vieux*. Il s'est fait appeler La Beaumelle. C'est lui qui a falsifié les *Lettres de Madame de Maintenon*, et qui a rempli les *Mémoires de Maintenon* de contes absurdes et des anecdotes les plus fausses. [126]

Dix-septième honnêteté

On connaît l'histoire du siècle de Louis XIV. Tout impartial qu'est ce livre, il est consacré à la gloire de la nation française, et à celle des arts, et c'est même parce qu'il est impartial qu'il affermit cette gloire. Il a été bien reçu chez tous les peuples de l'Europe, parce qu'on aime partout la vérité. Louis XV qui a daigné le lire plus d'une fois, en a marqué publiquement sa satisfaction. Je ne parle pas du style, qui sans doute ne vaut rien; je parle des faits.

Ce même La Beaumelle, dont il a bien fallu déjà faire mention, [127] ci-devant précepteur à Ferney, du fils d'un gentil-homme qui a vendu Ferney à l'auteur du *Siècle de Louis XIV*, chassé de la maison de ce gentilhomme, [128] réfugié en Dannemarck;

545

550

555

560

---

557 w68: bien déjà fallu faire
558 NM, W75G, w68, K84: précepteur du fils

[125] *Mes pensées*, 7ᵉ éd., augm[entée] de plus de la moitié (Berlin, 1753, BV1796). Cf. *Remarques sur le Siècle de Louis XIV, M*, t.15, p.100.

[126] Voir les *Lettres de Madame de Maintenon*, 6 vol. (Amsterdam, aux dépens de l'éditeur, 1756). Sur les mémoires de Maintenon, voir ci-dessous la 'Lettre à l'auteur des *Honnêtetés littéraires*', p.164-74.

[127] Voir ci-dessus, Seizième honnêteté, p.102-104.

[128] La *Lettre de Monsieur de Voltaire* datée du 24 avril 1767, qui reprend certains des traits rapportés dans cette Honnêteté, précise que La Beaumelle 'fut précepteur du fils de M. Budé de Boissy' (*M*, t.26, p.192). Le 30 juillet 1767 (D14320), La Beaumelle supplie Charles Manoël de Végobre de demander en son nom à M. de Boisy 'un certificat, qui démente purement et simplement ces paroles' qui sont citées. Le 25 juin, Jacob Vernet écrivait à La Beaumelle que 'M. de Boisy [...] n'a pas manqué de déclarer à qui a voulu l'entendre que cet allégué était faux' (*Correspondance générale* de La Beaumelle, en cours de publication).

chassé du Dannemarck, réfugié à Berlin; chassé de Berlin, réfugié à Gotha; chassé de Gotha, réfugié à Francfort; [129] cet homme, dis-je, s'avise de faire à Francfort l'action du monde la plus honorable à la littérature.

Il vend pour dix-sept louis d'or au libraire Eslinger une édition du *Siècle de Louis XIV* qu'il a soin de falsifier en plusieurs endroits importants, et qu'il enrichit de notes de sa main; [130] dans ces notes, il outrage tous les généraux, tous les ministres, le roi même et la famille royale; mais c'est avec ce ton de supériorité et de fierté qui sied si bien à un homme de son état, consommé dans la connaissance de l'histoire.

Il dit très savamment que les filles hériteraient aujourd'hui de la partie de la Navarre, réunie à la couronne. [131] Il assure que le maréchal de Vauban n'était qu'un plagiaire; [132] il décide que la Pologne ne peut produire un grand homme; [133] il dit que les savants danois sont tous des ignorants, tous les gentilshommes des imbéciles; et il fait du brave comte de Plelo, un portrait ridicule. Il ajoute qu'il ne se fit tuer à Dantzic, que parce qu'il *s'ennuyait à*

565

570

575

---

[129] Sur les pérégrinations de La Beaumelle à Copenhague, à Berlin, à Gotha puis à Francfort, voir C. Lauriol, *La Beaumelle*, ch.5 et 6. 'Quant à Berlin', écrit La Beaumelle à la duchesse de Saxe-Gotha le 13 août 1767 (D14369), 'j'ai l'attestation de S[a] M[ajesté] P[russienne] dans la meilleure forme, que cela n'est pas': 'Et pour Gotha, Votre Altesse sérénissime sait ce qui en est, et je la supplie de le déclarer'.

[130] *Le Siècle de Louis XIV par Monsieur de Voltaire, nouvelle édition, augmentée d'un très grand nombre de remarques par M. de La B****, 3 vol. (Francfort, chez la veuve Knoch et J. G. Eslinger, 1753, BV3786). Dans le *Supplément au Siècle de Louis XIV*, Voltaire répond à La Beaumelle qui réplique par une *Réponse au Supplément du Siècle de Louis XIV* (Colmar, 1754). Voir l'édition, préparée par H. Bost et C. Lauriol, des textes de La Beaumelle contre Voltaire.

[131] Voir *Le Siècle de Louis XIV*, éd. La Beaumelle, t.2, p.155, n.c; *Supplément*, 1re partie, no 31 (*OH*, p.1253).

[132] Voir *Le Siècle de Louis XIV*, éd. La Beaumelle, t.1, p.173, n.g; *Supplément*, 1re partie, no 11 (*OH*, p.1245).

[133] Voir *Le Siècle de Louis XIV*, éd. La Beaumelle, t.1, p.187, n.c: 'Ce Casimir [Jean Casimir, roi de Pologne] était bien le plus petit esprit qu'ait produit une nation qui n'en produit guère de grands.'

périr à Copenhague. [134] Non content de tant d'insolences, qui ne
pouvaient être lues, que parce qu'elles étaient des insolences, il   580
attaque la mémoire du maréchal de Villeroi. Il rapporte à son sujet
des contes de la populace. [135] Il s'égaie aux dépens du maréchal de
Villars. [136] Un La Beaumelle donner des ridicules au maréchal de
Villars! Il outrage le marquis de Torcy, le marquis de La Vrilliére,
deux ministres chers à la nation, par leur probité. [137] Il exhorte tous   585
les auteurs à sévir contre M. de Chamillart; [138] ce sont ses termes.

   Enfin il calomnie Louis XIV au point de dire qu'il empoisonna le
marquis de Louvois; et après cette criminelle démence qui
l'exposait aux châtiments les plus sévères, il vomit les mêmes
calomnies contre le frère et le neveu de Louis XIV. [139]   590

586   NM, W75G, W68, K84: M. Chamillart;

   [134] Voir *Le Siècle de Louis XIV*, éd. La Beaumelle, t.2, p.234-35, n.h; *Supplément*,
1re partie, n° 17 (*OH*, p.1249).
   [135] Voir *Le Siècle de Louis XIV*, éd. La Beaumelle, t.2, p.93, n.c et p.98, n.d;
Supplément, 3e partie (*OH*, p.1269) et 1re partie, n° 33 (*OH*, p.1253-54).
   [136] Voir *Le Siècle de Louis XIV*, éd. La Beaumelle, t.2, p.119, n.c; *Supplément*,
1re partie, n° 30 (*OH*, p.1252-53).
   [137] Sur Jean-Baptiste Colbert de Torci, 'neveu du grand Colbert, ministre d'Etat
sous Louis XIV' (*OH*, p.1210-11), voir *Le Siècle de Louis XIV*, éd. La Beaumelle,
t.2, p.73, n.t; *Supplément*, 1re partie (*OH*, p.1236-37). Louis Phelypeaux, marquis de
La Vrillière, mort en 1681, occupait le département des affaires du royaume (*OH*,
p.1130): il n'en est semble-t-il pas question dans les notes de La Beaumelle.
   [138] Voir *Le Siècle de Louis XIV*, éd. La Beaumelle, t.2, p.173, n.t; *Supplément*,
3e partie (*OH*, p.1269-70). La *Lettre de Monsieur de Voltaire* (*M*, t.26, p.192) et le
*Mémoire pour être mis à la tête de la nouvelle édition qu'on prépare du Siècle de
Louis XIV* (*M*, t.26, p.357) mentionnent à nouveau le traitement réservé à Villars,
Villeroi, La Vrillière, Torcy, Plelo et Chamillard. Voir l'édition de ces textes
préparée par C. Lauriol.
   [139] La mort de Louvois et les 'conjectures sur le poison' qui l'entourent sont
rapportées non pas dans les notes que La Beaumelle ajoute au *Siècle de Louis XIV*,
mais dans les *Mémoires pour servir à l'histoire de Madame de Maintenon, et à celle du
siècle passé*, 6 vol. (Amsterdam, Pierre Erialed impr. libr. [Avignon, Deleyre], 1757,
BV1794), livre 9, ch.9 (t.3, p.269-71). Voir le *Mémoire*, *M*, t.26, p.361-62. Dans sa
lettre à Voltaire du 18 juillet 1767 (D14291), le duc d'Estrées atteste l'empoisonnement de Louvois, son grand-père.

Qu'arrive-t-il d'un tel ouvrage? De jeunes provinciaux, de jeunes étrangers cherchent chez des libraires, *Le Siècle de Louis XIV*. Le libraire demande si on veut ce livre avec des notes savantes? L'acheteur répond qu'il veut sans doute l'ouvrage complet. On lui vend celui de La Beaumelle. 595

Les donneurs de conseils vous disent: *méprisez cette infamie, l'auteur ne vaut pas la peine qu'on en parle*. Voilà un plaisant avis. C'est-à-dire qu'il faut laisser triompher l'imposture. Non, il faut la faire connaître. On punit très souvent ce qu'on méprise, et même à proprement parler on ne punit que cela; car tout délit est honteux. 600

Cependant cet honnête homme ayant osé se montrer à Paris, on s'est contenté de l'enfermer pendant quelque temps à Bissêtre, après quoi on l'a confiné dans son village près de Montpellier. [140]

Ce La Beaumelle est le même, qui a depuis fait imprimer des lettres falsifiées de M. de Voltaire à Amsterdam, à Avignon, 605 accompagnées de notes infâmes contre les premiers de l'Etat. [141]

On a toujours du goût pour son premier métier. [142]

On demande après de pareils exemples, s'il ne vaut pas mille fois mieux être laquais dans une honnête maison que d'être le bel esprit des laquais; et on demande si l'auteur d'un petit poème, intitulé *Le* 610 *Pauvre Diable*, n'a pas eu raison de dire: [143]

> J'estime plus ces honnêtes enfants
> Qui de Savoie arrivent tous les ans,
> Et dont la main légèrement essuie

[140] A propos de la *Lettre de Monsieur de Voltaire*, qui reprend le même trait (*M*, t.26, p.192), Rose Victoire de La Beaumelle écrit à Voltaire, le 12 juin 1767 (D14225): 'Vous savez très bien que c'est à la Bastille qu'il a été, où l'on met les auteurs imprudents, et non pas à Bicêtre, où l'on met les malfaiteurs'. Sur la détention de La Beaumelle à la Bastille entre avril et octobre 1753, et sur sa libération, voir C. Lauriol, *La Beaumelle*, p.353-65.

[141] *Lettres de Monsieur de Voltaire à ses amis du Parnasse*: voir ci-dessus, Quinzième honnêteté, p.101-102, et n.114.

[142] Cf. *La Pucelle*, chant 9, vers 298: 'On a du goût pour son premier métier' (*OCV*, t.7, p.414).

[143] *Le Pauvre Diable*, vers 386-402 (*M*, t.10, p.112-13).

Ces longs canaux engorgés par la suie; 615
J'estime plus celle qui dans un coin
Tricote en paix les bas dont j'ai besoin;
Le cordonnier qui vient de ma chaussure
Prendre à genoux la forme et la mesure,
Que le métier de tes obscurs Frérons. 620
Maître Abraham et ses vils compagnons
Sont une espèce encore plus odieuse;
Quant aux catins, j'en fais assez de cas;
Leur art est doux et leur vie est joyeuse.
Si quelquefois leurs dangereux appas 625
A l'hôpital mènent un pauvre diable,
Un grand benêt qui fait l'homme agréable,
Je leur pardonne: il l'a bien mérité.

Je cite ces vers pour faire voir combien ce métier de petits
barbouilleurs, de petits folliculaires, de petits calomniateurs, de 630
petits falsificateurs du coin de la rue, est abominable; car pour celui
des belles demoiselles qui ruinent un sot, je n'en fais pas tout à fait
le même cas que l'auteur du *Pauvre Diable*; on doit avoir de
l'honnêteté pour elles sans doute, mais avec quelques restrictions.

Dix-huitième honnêteté

Le fils d'un laquais de M. de Maucroix, lequel fils fut laquais aussi 635
quelque temps, et qui servit souvent à boire à l'abbé d'Olivet,[144]
s'est élevé par son mérite, et nous sommes bien loin de lui
reprocher son premier emploi dont ce mérite l'a tiré, puisque
nous avons approuvé la maxime, qu'il vaut mieux être le laquais
d'un bel esprit, que le bel esprit des laquais.[145] Un jeune homme 640

---

622   w68: espèce encor plus

[144] La plupart des informations sur l'abbé Destrées se trouvent dans la lettre du
13 mars 1765 au duc de Richelieu (D12456): ainsi de cette anecdote impliquant l'abbé
d'Olivet et la société du poète François de Maucroix (1619-1708).
[145] Voir ci-dessus, Dix-septième honnêteté, lignes 608-10.

sans fortune sert fidèlement un bon maître; il s'instruit, il prend un
état; il n'y a dans tout cela aucune indignité, rien dont la vertu et
l'honneur doivent rougir. Le pape Adrien IV avait été mendiant;
Sixte-Quint avait été gardeur de porcs. [146] Quiconque s'élève a du
moins cette espèce de mérite qui contribue à la fortune, et pourvu   645
que vous ne soyez ni insolent, ni méchant, tout le monde honore en
vous cette fortune qui est votre ouvrage.

Cet homme nommé d'Etrée, parce que son père était du village
d'Etrée, ayant cultivé les belles-lettres au lieu de cultiver son
jardin, fut d'abord folliculaire, [147] ensuite faiseur d'almanachs, [148] et   650
il mit au jour *l'Année merveilleuse*, pour laquelle il fut incarcéré; [149]
puis il se fit prêtre, puis il se fit généalogiste; il travailla chez
M. d'Hozier, [150] et en sortit je ne sais pas pourquoi: enfin il obtint un
petit prieuré dans le fond d'une province. M. le prieur alla se faire
reconnaître dans sa seigneurie en 1763 et comme il est généalogiste,   655
il se fit passer, mais avec circonspection, pour un neveu du cardinal
d'Etrée. Il reçut en cette qualité une fête assez belle d'une dame qui
a une terre dans le voisinage, et fut traité en homme qui devait être
cardinal un jour. [151]

653   NM, W75G, W68, K84: je ne veux pas dire pourquoi

[146] Voir l'*Essai sur les mœurs*, ch.184 (*Essai*, t.2, p.707-708).

[147] Jacques Destrées ou d'Etrée publie avec Desfontaines et Fréron les *Observations sur les écrits modernes* et le *Contrôleur du Parnasse*: voir le *Dictionnaire des
journalistes*, t.1, p.308-309, n° 237. Voir *CN*, t.4, p.262, n.206.

[148] Dans la lettre au duc de Richelieu (D12456), Voltaire écrit que l'abbé Destrées
'composa l'*Almanach des théâtres*' puis 'se mit à faire des généalogies'. On connaît
notamment l'*Almanach généalogique, chronologique et historique pour l'année 1747...*,
3 vol. (Paris, Ballard fils, s.d.).

[149] *L'Année merveilleuse* (s.l., 1748). Sur ce texte, cité dans l'article 'Philosophe'
des *Questions sur l'Encyclopédie* (*M*, t.20, p.200), voir C. Volpilhac-Auger, '1748,
l'année merveilleuse', dans *1748, année de l'Esprit des lois* (Paris, 1999), p.47-60.

[150] D'après la lettre de Bonardi à Bouhier du 12 avril 1745, Destrées 'a été, dit-on,
précepteur chez M. d'Hozier et, mécontent de lui, le décrie beaucoup' (cité dans le
Dictionnaire des journalistes, t.1, p.309).

[151] Dans la lettre au duc de Richelieu (D12456), Voltaire précise que c'est Louis
Sextius de Jarente de La Bruyère, évêque d'Orléans, qui lui a donné un prieuré
auprès de Ferney.

Comme il n'y a point de maison dans son prieuré, il tenait sa 660
cour dans un cabaret. Il écrivit une lettre pleine de dignité et de
bonté au seigneur de la paroisse voisine, qui se mêle de prose et de
vers tout comme l'abbé d'Etrée. Il avertissait ce voisin qu'un jeune
homme de sa maison avait osé chasser sur les terres du prieuré, qui
ont je crois cent toises d'étendue, qu'il accorderait volontiers le 665
droit de chasse à la seule personne du voisin en qualité de
littérateur, parce qu'il avait soixante et onze ans, et qu'il était à
peu près aveugle; mais nul autre ne devait effaroucher le gibier de
M. le prieur, qui n'a pas plus de gibier que de basse-cour.[152] Le
jeune homme qui avait imprudemment tiré à deux ou trois cents pas 670
des terres de l'église, était un gentilhomme qui ne crut point devoir
de réparation. Autre lettre de M. le prieur au voisin; pas plus de
réponse à cette seconde lettre qu'à la première.

Mon homme part en méditant une noble vengeance. Il va en
Picardie chez un seigneur, à la généalogie duquel il travaillait. Un 675
magistrat considérable du parlement de Paris[153] était dans le
voisinage. M. l'abbé d'Etrée accuse auprès de ce magistrat celui
qui n'avait pu lui écrire une lettre,

D'avoir fait un gros livre, un livre abominable,[154]
Un livre à mériter la dernière rigueur, 680

661   NM, W75G, W68, K84: cabaret du voisinage. Il
662   NM, W75G, W68, K84: paroisse, qui

[152] Anecdote rapportée dans la lettre au comte d'Argental du 20 octobre 1764
(D12155): 'en se disant de la maison d'Estrées', ce 'polisson' s'est fait 'donner des
fêtes par tous les gentilshommes du pays', explique Voltaire qui précise qu'il n'eut
pas 'l'honneur' de lui faire sa 'cour'. Dans ce récit, l'abbé se plaint que les 'gens' de
Voltaire sont 'allés chasser une fouine auprès de sa grange épiscopale'.
[153] D'après la correspondance, le 'seigneur' est M. de La Roche-Aymon et son
voisin le procureur général du parlement: voir la lettre à D'Alembert du 19 décembre
1764 (D12245) et celle, déjà citée, au duc de Richelieu (D12456).
[154] Toutes les fois que Voltaire évoque cette anecdote, c'est pour se plaindre
qu''un nommé l'abbé d'Estrées [...] a donné le *Portatif* au procureur général, lequel
instrumente' (à la comtesse d'Argental, 19 octobre 1764, D12150). Voir aussi, sur ce
'dénonciateur', D12155 et les lettres déjà citées.

Dont le traître a le front de le faire l'auteur.

Misanthrope, Acte IV. (*k*)[155]

Voilà M. le prieur qui triomphe, et qui écrit à un intendant de ses états, *il est perdu, il ne s'en relèvera pas, son affaire est faite.* Il se trompa, mais on a lieu d'espérer qu'il réussira mieux une autre fois. 685

Pauvres gens de lettres, voyez ce que vous vous attirez, soit que vous écriviez, soit que vous n'écriviez pas. Il faut non seulement faire son devoir, *taliter qualiter*, comme dit Rabelais;[156] et *dire toujours du bien de M. le prieur*;[157] mais il faut encore répondre aux lettres qu'il vous écrit. Cette négligence a ulcéré quelquefois plus 690
d'un grand cœur; et vous voyez avec quelle noblesse un prieur se venge.

Dix-neuvième honnêteté

L'auteur de l'*Histoire de Charles XII* l'avait publiée il y a environ vingt ans, avant que le P. Barre donnât son *Histoire d'Alle-magne*;[158] cependant le P. Barre jugea à propos de fondre dans 695
son ouvrage presque tout *Charles XII*, batailles, sièges, discours,

(*k*) Voyez comme du temps de Molière on était aussi méchant que du nôtre.

[155] Cf. Molière, *Le Misanthrope*, V.i.1501-504: 'Il court parmi le monde un livre abominable, / Et de qui la lecture est même condamnable, / Un livre à mériter la dernière rigueur, / Dont le fourbe a le front de me faire l'auteur.'

[156] Cette expression latine ne se trouve pas dans les œuvres de Rabelais.

[157] Selon le *Dictionnaire de l'Académie* (6e éd., 1835), 'on dit proverbialement, *Il faut toujours dire du bien de M. le prieur*, pour dire, qu'il faut toujours ménager dans ses discours les gens en place, les personnes de qui l'on dépend'.

[158] La première édition de l'*Histoire de Charles XII* date de 1731, mais Voltaire en fit paraître une nouvelle édition avec beaucoup de modifications en 1748. Joseph Barre publia son *Histoire générale d'Allemagne* aussi en 1748 (Paris, Ch.-J.-B. Delespine et J.-Th. Hérissant, BV270; *CN*, t.1, p.217-19).

caractères, bons mots même.[159] Quelques journalistes ayant entendu parler à quelques lecteurs de cette singulière ressemblance, ne songeant pas à la date des éditions, et n'ayant pas même lu le P. Barre qu'on ne lit guère, ne doutèrent pas que M. de Voltaire n'eût volé le P. Barre, ou du moins feignirent de n'en pas douter, et appelèrent l'auteur de *Charles XII* plagiaire.[160] Mais c'est une bagatelle qui ne mérite pas d'être relevée. Ces petits mensonges font le profit des folliculaires; il faut que tout le monde vive.[161]

700

705

Vingtième honnêteté

C'est encore un secret admirable que celui de déterrer un poème manuscrit, qu'on attribue à un auteur, auquel on veut donner des marques de souvenir, et de remplir ce poème de vers dignes du postillon du cocher de Verthamon;[162] d'y insérer des tirades contre Charlemagne, et contre saint Louis; d'y introduire au quinzième siècle Calvin et Luther qui sont du seizième; d'y glisser quelques vers contre des ministres d'Etat; et enfin de parler d'amour comme on en parle dans un corps de garde. Les éditeurs espèrent qu'ils vendront avantageusement ces beaux vers et libelles de taverne, et que l'auteur, à qui ils les imputent, sera infailliblement perdu à la cour.

710

715

Les galants y trouvaient double profit à faire; leur bien premièrement et puis le mal d'autrui.[163] Vous vous trompez,

---

701   67C: Barre, et du moins
713   NM, W75G, W68, K84: on parle

---

[159] Voir l'"Avis" sur l'*Histoire de Charles XII* (*OCV*, t.4, p.581).
[160] Voir aussi l'article 'Plagiat' des *Questions sur l'Encyclopédie* (*M*, t.20, p.223-24).
[161] Voir les propos prêtés à Desfontaines: ci-dessus, n.56.
[162] Voir *La Fête de Bélesbat*, lignes 9-10 (*OCV*, t.3A, p.157), et la 'Préface' de *La Pucelle*, signée par 'Don Apuleius Risorius', *OCV*, t.7, p.253 et n.2.
[163] La Fontaine, *Fables*, livre 9, fable 17, 'Le singe et le chat', vers 12-13.

messieurs, on a plus de discernement à Versailles et à Paris, que vous ne croyez; et ceux, *quibus est equus et pater et res*,[164] ne sont pas vos dupes. On n'imputera jamais à l'auteur d'*Alzire* ces vers:[165]

> Chandos, suant et soufflant comme un bœuf,
> Cherche du doigt si Jeanne est une fille;
> Au diable soit, dit-il, la sotte aiguille!
> Bientôt le diable emporte l'étui neuf;
> Il veut encor secouer sa guenille...
> Chacun avait son trot et son allure,
> Chacun piquait à l'envi sa monture etc.

On a pris la peine de faire environ trois cents vers dans ce goût, et de les attribuer à l'auteur de *La Henriade*: il y a des vers pour la bonne compagnie, il y en a pour la canaille; et cela est absolument égal pour quelques libraires de Hollande et d'Avignon.

Pour mieux connaître de quoi la basse littérature est capable, il faut savoir que les auteurs de ces gentillesses ayant manqué leur coup, firent à Liége une nouvelle édition du même ouvrage, dans lequel ils insérèrent les injures qu'ils crurent les plus piquantes contre Mme de Pompadour;[166] ils lui en firent tenir un exemplaire, qu'elle jeta au feu. Ils lui écrivirent des lettres anonymes, qu'elle renvoya à l'homme qu'ils voulaient perdre. C'est une grande ressource que celle des lettres anonymes, et fort usitée chez les âmes généreuses qui disent hardiment la vérité: les gueux de la littérature y sont fort sujets; et celui qui écrit ces mémoires instructifs conserve quatre-vingt quatorze lettres anonymes qu'il a reçues de ces messieurs.[167]

---

[164] Cf. Horace, *Art poétique*, vers 248: '*offenduntur enim quibus est equos et pater et res*' ('autrement ils choquent les gens qui ont un cheval, un père, du bien', traduction F. de Villeneuve).

[165] Ces vers, cités dans la 'Préface' de *La Pucelle* (voir ci-dessus, n.162), se trouvent dans le chant 13, entre les vers 425 et 426: variante de l'édition de Londres, 1756 (*OCV*, t.7, p.482).

[166] Voir, dans la même édition de Londres, 1756, la variante au chant 2, entre les vers 206 et 207 ('Telle plutôt cette heureuse grisette...', *OCV*, t.7, p.285-86).

[167] Dans la *Lettre* datée du 24 avril 1767, Voltaire dit avoir reçu une lettre 'de Lyon, datée du 17 avril, commençant par ces mots: *J'ose risquer une 95ᵉ lettre*

Vingt et unième honnêteté

L'ex-révérend père ex-jésuite Nonotte, aussi grand amateur de la   745
vérité que Varillas, ou Maimbourg, ou Veirac etc. [168] n'étant pas
content apparemment de sa portion congrue, mais *suffisante*, [169]
qu'on donne aux ci-devant frères de la Société de Jésus, se mit en
tête il y a quatre ans de gagner quelque argent en vendant à un
libraire d'Avignon nommé Fez, une critique des œuvres de V. ou   750
attribuées à V. [170]

Mais Nonotte aimant mieux encore l'argent que la vérité, fit
proposer à M. de Voltaire de lui vendre pour mille écus son
édition; [171] ne doutant pas que M. de Voltaire craignant un aussi
grand adversaire que Nonotte, ne se hâtât de se racheter pour cette   755
petite somme, après quoi Nonotte et consorts ne manqueraient pas
de faire une nouvelle édition de leur libelle, corrigée et augmentée.

---

746   K84: ou Caveyrac, etc.

---

anonyme' (*M*, t.26, p.191). A partir de juin 1767, Voltaire revient fréquemment sur
ces lettres anonymes, attribuées à La Beaumelle; il entend obtenir réparation: voir
notamment la lettre au comte de Saint-Florentin du 8 juillet (D14262). Lorsque
Voltaire rédige les *Honnêtetés*, il n'est peut-être pas sûr qu'il incrimine déjà
La Beaumelle: voir, ci-dessous, l'évocation de la 'vieille fille imbécile' gouvernée
par Nonnotte, qui aurait écrit 'une lettre anonyme' à Voltaire (Vingt-deuxième
honnêteté, lignes 1329-30).

[168] Sur Antoine Varillas, 'historien plus agréable qu'exact', et Louis Maimbourg,
que Voltaire appelle, dans l'*Essai sur les mœurs*, le 'déclamateur Maimbourg', voir le
'Catalogue des écrivains' du *Siècle de Louis XIV* (*OH*, p.1212 et 1183). Jean de
Vayrac est l'auteur d'un *Etat présent de l'Espagne*, 4 vol. (Paris, A. Cailleau, 1718).

[169] Selon le *Dictionnaire de l'Académie* (éd. 1762), la 'portion congrue' désigne 'la
somme que les gros décimateurs sont obligés de fournir ou de suppléer aux curés qui
n'ont pas assez de revenu pour en pouvoir subsister'. Voir la lettre de Voltaire à Louis-
Henri Leriche du 12 octobre 1766 (D13731). Allusion probable à la 'grâce suffisante',
'secours que Dieu nous donne pour agir' (*Dictionnaire de Trévoux*, éd. 1752).

[170] [Claude-François Nonnotte], *Les Erreurs de Voltaire* (Paris et Avignon,
Antoine-Ignace Fez, 1762; BV2579: Amsterdam, par la Compagnie des libraires
[Paris], 1766).

[171] Voir la réponse de Nonnotte dans la *Lettre d'un ami à un ami sur les Honnêtetés
littéraires* (Avignon, 1767), p.31-35, et la riposte de Voltaire dans la *Lettre d'un avocat
au nommé Nonnote ex-jésuite* (ci-dessous, p.350-51, lignes 72-78).

J'ai par malheur pour le petit Nonotte la lettre de Fez en original.
Voici la copie mot pour mot.

Monsieur,   760

Avant que de mettre en vente un ouvrage qui vous est relatif, j'ai cru
devoir décemment vous en donner avis. Le titre porte, Erreurs de M. de
Voltaire sur les faits historiques, dogmatiques etc. *en deux volumes*
in-12 par un auteur anonyme. En conséquence, je prends la liberté de
vous proposer un parti; le voici. Je vous offre mon édition de   765
1 500 exemplaires à 2 livres en feuille, montant 3000 livres. L'ouvrage
est désiré universellement. Je vous l'offre, dis-je, cette édition de bon
cœur, et je ne la ferai paraître que je n'aie auparavant reçu quelque ordre
de votre part.

J'ai l'honneur d'être avec le respect le plus profond,   770
Monsieur,

Votre très humble et très obéissant serviteur.
Fez imp. lib. à Avignon.
Avignon 30 avril 1762.

M. de Voltaire accoutumé à de telles propositions de la part des   775
polissons de la littérature (*l*), fut trop équitable pour acheter une
édition aussi considérable à si vil prix. Il fit au libraire Fez son

(*l*) On trouve dans les mélanges de littérature de M. de Voltaire une
lettre semblable d'un nommé La Zonchère, [172] et on y apprend aussi que
les savants auteurs de l'histoire de la Régence, et de la vie du duc
d'Orléans régent, ont pris ce La Zonchère pour le trésorier général des
guerres, [173] à peu près comme de prétendus esprits fins prennent encore le   5

761   w68: *vente mon ouvrage*
763   NM: historiques et dogmatiques

[172] Sur La Jonchère, voir le *Mémoire du sieur de Voltaire*, *OCV*, t.20A, p.180, n.51.
[173] Gérard-Michel de La Jonchère, dont il est question dans la lettre du
20 décembre [1753] à Mme Denis (D5595): on a 'pris en Hollande' le 'bel esprit'
La Jonchère 'pour La Jonchère, le trésorier des guerres'. Voir [La Mothe, dit de
La Hode], *La Vie de Philippe d'Orléans*, 2 vol. (Londres [La Haye], 1737, BV1899).
Voir aussi le *Précis du siècle de Louis XV*, ch.2, note (*OH*, p.1311).

compte net. Il lui fit voir combien Nonotte et Fez perdraient à ce beau marché. Cette lettre fut imprimée par ceux qui impriment tout:[174] on dit qu'elle est plaisante; je ne me connais pas en raillerie, je ne cherche ici que la simple vérité.

Vingt-deuxième honnêteté, fort ordinaire

Je reviens à toi, mon très cher Nonotte, et ex-compagnon de Jésus; il faut montrer à quel point tu es honnête et charitable, combien tu connais la vérité, combien tu l'aimes, et avec quel noble zèle tu te joins à un tas de gredins qui jettent de loin leurs ordures à ceux qui cultivent les lettres avec succès.

As-tu gagné par tes deux volumes les mille écus que tu voulais escamoter à M. de Voltaire par ton libraire Fez?[175] Je t'en fais mon compliment; Garasse[176] n'en savait pas tant que toi; et le contrat Mohatra[177] n'approche pas du marché que tu avais proposé. Mais

780   NM: connais point en
782   NM, W75G, W68: mon cher

jeune débauché obscur auteur du Pétrone, pour le consul Pétrone; l'imbécile et dégoûtant vieillard Trimalcion pour le jeune empereur Néron, la sotte et vilaine Fortunata pour la belle Poppea, et Encolpe pour Sénèque.[178] *In omnibus rebus qui vult decipi decipiatur.*[179]

[174] La lettre de Voltaire à Antoine-Ignace Fez du 17 mai 1762 (D10451) fait l'objet d'une publication séparée: *Réponse de Monsieur de Voltaire au sieur Fez, libraire d'Avignon, du 17 mai 1762* (Aux Délices, [1762]). Elle paraît aussi dans le *Journal encyclopédique* le 15 juin 1762 (t.4, 3ᵉ partie, p.129-32).

[175] Voir la Vingt et unième honnêteté, p.114-16.

[176] Sur François Garasse (1584-1631), voir Carlos Sommervogel, *Bibliothèque de la Compagnie de Jésus*, 12 vol. (Bruxelles et Paris, 1891), t.3, p.1184-94.

[177] D'après l'*Encyclopédie* (t.10, p.614), il s'agit d''un contrat usuraire, par lequel un homme achète d'un marchand des marchandises à crédit et à très haut prix, pour les revendre au même instant à la même personne argent comptant et à bon marché': 'Ces sortes de contrats sont prohibés par toutes les lois'.

[178] Voir *Des mensonges imprimés*, *OCV*, t.31B, p.390. Sur les 'applications' du *Satyricon*, voir *Le Pyrrhonisme de l'histoire*, 'De Pétrone' (*M*, t.27, p.261-64).

[179] Traduction: 'En toutes choses, qu'il soit pris celui qui croyait prendre'.

cher Nonotte, ce n'est pas assez de faire de bons marchés, il faut avoir raison quelquefois.

1° En attaquant un *Essai sur les mœurs et l'esprit des nations*, tu ne devais pas commencer par dire que Trajan si connu par ses vertus, était un barbare et un persécuteur. Et sur quoi le trouves-tu cruel? parce qu'il ordonne, *qu'on ne fasse point de recherches des chrétiens, et qu'il permet qu'on les dénonce.* [180]

Mais il était très juste de dénoncer ceux qui emportés par un zèle indiscret comme Polyeucte, auraient brisé les statues des temples, battu les prêtres et troublé l'ordre public. [181] Ces fanatiques étaient condamnés par les saints conciles. Un roi aussi bon que Trajan pourrait aujourd'hui sans être cruel punir légèrement le chrétien Nonotte s'il était dénoncé, comme calomniateur, s'il était convaincu d'avoir publié ses erreurs sous le nom des erreurs d'un autre, [182] d'avoir mis le titre d'Amsterdam au lieu de celui de Lyon au mépris des ordonnances royales, [183] et d'avoir méchamment et proditoirement [184] médit de son prochain.

2° On t'a déjà dit [185] que tu manquais de bonne foi quand tu

795

800

805

791-93   w68: faut quelquefois avoir raison. ¶1°
805-806   NM, W75G, W68, K84: d'Amsterdam au mépris

[180] [C.-F. Nonotte], *Les Erreurs de Voltaire* (Amsterdam [Paris], 1766, BV2579), 1re partie, ch.1. Nonotte se fonde sur le témoignage de Pline: l'empereur 'lui dit qu'il ne faut point faire de recherche des chrétiens, mais qu'il faut cependant les punir, lorsqu'ils sont dénoncés, à moins qu'ils ne renoncent à leur religion en sacrifiant aux dieux' (t.1, p.12).

[181] Sur Polyeucte et les arguments invoqués pour justifier les persécutions, voir le *Traité sur la tolérance*, ch.9 (*OCV*, t.56c, p.169).

[182] Dans son exemplaire, Voltaire écrit, en face de la page de titre de l'ouvrage de Nonotte: 'Erreurs de Nonnote' (voir *CN*, t.6, p.119); voir aussi ci-dessous, lignes 935-36.

[183] Allusion à la législation concernant la librairie: voir J.-P. Belin, *Le Commerce des livres prohibés à Paris de 1750 à 1789* (Paris, 1913). Sur l'édition évoquée ici, voir ci-dessous, ligne 1326.

[184] 'En trahison', selon le *Dictionnaire de l'Académie* (éd. 1762), qui précise que ce terme de palais 'n'a d'usage que dans les matières criminelles où il s'agit d'assassinat'.

[185] Voir les *Eclaircissements historiques à l'occasion d'un libelle calomnieux contre l'Essai sur les mœurs et l'esprit des nations* (1763), *M*, t.24, p.484.

reprochais à l'auteur de l'*Essai sur l'histoire générale* ces paroles que
tu cites de lui, *L'ignorance chrétienne se représente d'ordinaire*   810
Dioclétien comme un ennemi armé sans cesse contre les fidèles.[186]
On a averti, et on avertit encore, que ces mots, *l'ignorance*
chrétienne, ne sont dans aucune des éditions de cet ouvrage, pas
même dans l'édition furtive de Jean Néaume.[187] Que dirais-tu si tu
trouvais dans un bon livre *l'ignorance de Nonotte*! mettrais-tu à la   815
place *l'ignorance chrétienne de Nonotte*? ne t'exposerais-tu pas aux
soupçons qu'on aurait que ce Nonotte ex-jésuite est un fort
mauvais chrétien, puisqu'il calomnie?

Tu réponds que ce sont des chrétiens mal instruits qui ont dit
que Dioclétien avait toujours persécuté, et que par conséquent on   820
peut appeler leur erreur une ignorance *chrétienne*.[188]

Mon ami, voilà de ta part une ignorance un peu jésuitique. Tu
fais là une plaisante distinction; tu allègues une direction d'intention[189] fort comique! il fallait ne point corrompre le texte, avouer
ton tort et te taire.   825

3° Tu continues à canoniser l'action du centurion Marcel qui
jeta son ceinturon, son épée, sa baguette à la tête de sa troupe, et
qui déclara devant l'armée qu'il ne fallait pas servir son

---

809   k84: l'*Essai sur les mœurs etc.* ces
814   w68, k84: Jean Neaulme. Que
822   67c: ignorance jésuitique.

---

[186] *Les Erreurs de Voltaire*, 1re partie, ch.1 (t.1, p.2). Dans son exemplaire,
Voltaire a souligné l'expression 'ignorance chrétienne' (*CN*, t.6, p.119).

[187] Il s'agit de l'édition en deux volumes de l'*Abrégé de l'histoire universelle* publiée
à La Haye par Jean Néaulme en 1753.

[188] Voir la 'Réponse aux *Eclaircissements historiques* de M. de Voltaire',
paragraphe 1 (*Les Erreurs de Voltaire*, t.2, p.365).

[189] Selon le *Dictionnaire de l'Académie* (éd. 1762), 'on dit en termes de dévotion,
diriger ou *dresser son intention*, pour dire, la tourner vers une bonne fin': 'On le dit
plus ordinairement de ceux qui, pour sauver ce qu'il y a de mauvais dans un
discours, dans une action, allèguent l'innocence de leur motif, de leur intention. *Il*
n'y a rien qu'on ne prétende justifier par la direction de l'intention.' Voir ci-dessous,
lignes 985-86, et 'Petite Digression', ligne 1379.

empereur.[190] Mon ami, prends garde, le ministre de la guerre veut
que le service se fasse; ton Marcel est de mauvais exemple. Sois   830
bon chrétien si tu peux; mais point de sédition, je t'en prie;
souviens-toi de frère Guignard[191] et sois sage.

Tu loues encore le bon chrétien qui déchira l'édit de l'empereur.[192] Nonotte, cela est fort. Prends garde à toi, te dis-je; le roi
n'aime pas qu'on déchire les édits, il le trouverait mauvais. Sais-tu   835
bien que c'est un crime de lèse-majesté au second chef?[193] Tu
apportes pour raison que cet édit était injuste.[194] Etait-ce donc à ce
chrétien à décider de la légitimité d'un arrêt du Conseil? Où en
serions-nous si chaque jésuite ou chaque janséniste prenait cette
liberté?   840

4° Petit Nonotte, rabâcheras-tu toujours les contes de la légion
thébaine,[195] et du petit Romanus né bègue dont on ne put arrêter le
caquet dès qu'on lui eut coupé la langue?[196] Faut-il encore

---

833   NM, W75G, W68, K84: qui déchire l'édit
835   K84: déchire ses édits

[190] Voir *Les Erreurs de Voltaire*, 1re partie, ch.3 (t.1, p.26-28), les *Eclaircissements
historiques* (*M*, t.24, p.485) et la 'Réponse' de Nonnotte, paragraphe 3 (*Les Erreurs de
Voltaire*, t.2, p.376-79). Voir aussi la *Lettre* [...] *à un ami* (p.65-67) et la *Lettre d'un
avocat* (ci-dessous, p.349-50, lignes 49-55).

[191] Le jésuite Jean Guignard, régent et bibliothécaire du collège de Clermont à
l'époque de la Ligue, a été impliqué dans le procès de Jean Châtel et pendu le 7 janvier
1595: voir *Essai*, t.2, p.552-53. Voir ci-dessous, 'Maître Guignard, ou de l'hypocrisie',
p.156-59.

[192] Voir *Les Erreurs de Voltaire*, 1re partie, ch.3 (t.1, p.24-26), les *Eclaircissements
historiques* (*M*, t.24, p.484-85) et la 'Réponse' de Nonnotte, paragraphe 2 (*Les
Erreurs de Voltaire*, t.2, p.367-74).

[193] Selon le *Dictionnaire de l'Académie* (1762), il s'agit d'un 'attentat contre
l'autorité du prince ou contre l'intérêt de l'Etat'.

[194] Voir *Les Erreurs de Voltaire*, t.1, p.25.

[195] Voir *Les Erreurs de Voltaire*, 1re partie, ch.3 (t.1, p.34-36), les *Eclaircissements
historiques* (*M*, t.24, p.487-88) et la 'Réponse' de Nonnotte, paragraphe 6 (*Les
Erreurs de Voltaire*, t.2, p.382-83). Voir encore, la *Lettre* [...] *à un ami* (p.35-37), la
Lettre d'un avocat (ci-dessous, p.350, lignes 56-63) et, en 1769, la *Lettre anonyme*
écrite 'à M. de Voltaire' et sa réponse (*M*, t.27, p.410).

[196] Voir *Les Erreurs de Voltaire*, 1re partie, ch.3 (t.1, p.31-34), les *Eclaircissements
historiques* (*M*, t.24, p.485-86) et la 'Réponse' de Nonnotte, paragraphe 4 (*Les*

t'apprendre qu'il n'y a jamais eu de légion thébaine; que les
empereurs romains n'avaient pas plus de légion égyptienne que   845
de légions juives, que nous avons les noms de toutes les légions
dans la notice de l'Empire, [197] et qu'il n'y est nullement question de
Thébains?

Faut-il te redire que les faits, les dates et les lieux déposent
contre cette histoire digne de Rabelais? faut-il te répéter qu'on ne   850
martyrise point six mille hommes armés dans une gorge de
montagnes où il n'en peut tenir trois cents. Crois-moi, Nonotte,
marions les six mille soldats thébains aux onze mille vierges, [198] ce
sera à peu près deux filles pour chacun, ils seront bien pourvus. Et à
l'égard de la langue du petit Romanus, je te conseille de retenir la   855
tienne et pour cause.

5° Sois persuadé comme moi, que David laissa en mourant
vingt-cinq milliards d'argent comptant dans sa ville d'Hershalhaïm; [199] obtiens que ta portion congrue [200] soit assignée sur ce
trésor royal; cours après les trois cents renards que Samson attacha   860

---

846   K84: de légion juive; que
848-49   NM, W75G, W68, K84: Thébains, mais qu'il y avait d'ordinaire trois
légions romaines en Egypte? ¶Faut-il
858-59   NM, W75G, W68, K84: d'Hershalhaïm, j'y consens; obtiens

---

Erreurs de Voltaire, t.2, p.379-80). Voir encore la *Lettre* [...] *à un ami* (p.37-38) et, en
1769, la *Lettre anonyme* (*M*, t.27, p.410-12).

[197] Philippe Labbe, *Notitia dignitatum omnium tam civilium quam militarium
imperii Romani* (Venetiis, B. Javarina, 1729)? Guide Panciroli, *Notitia utraque
dignitatum cum Orientis, tum Occidentis ultra Arcadii, Honoriique tempora...*
(Venetiis, F. de Franciscis Senensem, 1593, BV2638)? Pour défendre Nonnotte,
l'auteur de la *Lettre* [...] *à un ami* cite 'le texte de Pancirole, p.63, sous le titre
Legiones additae a Severo Augusto ad Constantinum, etc.' (p.36).

[198] Allusion à l'histoire de sainte Ursule et de ses onze mille vierges massacrées
par les Huns près de Cologne, au retour de leur pèlerinage à Rome: voir *Le Dîner du
comte de Boulainvilliers, OCV*, t.63A, p.365 et n.28. Voir les *Eclaircissements
historiques* (*M*, t.24, p.488).

[199] Sur les richesses amassées par David qui serviront à construire le Temple de
Jérusalem, voir 1 Chroniques 22:14.

[200] Voir ci-dessus, n.169.

par la queue; dîne du poisson qui avala Jonas; sers de monture à Balaam et parle, j'y consens; mais par saint Ignace ne fais pas le panégyrique d'Aod qui assassina le roi Eglon, et de Samuel qui hacha en morceaux le roi Agag parce qu'il était trop gras;[201] ce n'est pas là une raison.[202] Vois-tu? j'aime les rois, je les respecte, je   865
ne veux pas qu'on les mette en hachis; et les parlements pensent comme moi; entends-tu, Nonotte?[203]

6° Tu trouves qu'on n'a pas assez tué d'Albigeois et de calvinistes,[204] tu approuves le supplice de Jean Hus et de Jérome de Prague, et celui d'Urbain Grandier,[205] et tu ne dis rien de la   870
mort édifiante du R. P. Malagrida, du R. P. Guignard, du

862   NM, W75G, W68, K84: consens encore; mais

[201] Juges 14:5-6 (Samson); Jonas 2:1-10 (Jonas); Nombres 22:23-38 (l'ânesse de Balaam); Juges 3:15-26 (Aod et Eglon); 1 Samuel 15:32-33 (Samuel et Agag).

[202] Voir *Les Erreurs de Voltaire*, 2ᵉ partie, ch.17 (t.2, p.142): passage marqué d'un signet dans l'exemplaire de Voltaire (*CN*, t.6, p.121).

[203] Passage brocardé à deux endroits dans la *Lettre [...] à un ami*: le début est caractéristique du 'beau style' de l'auteur des *Honnêtetés* (p.8-10); la fin fait plus loin l'objet d'une réponse (p.28-30).

[204] Tout en condamnant la 'cruauté dont on usa envers les Albigeois', Nonnotte ajoute qu''elle était bien méritée' en raison des 'ravages affreux' et des 'massacres dont les Albigeois s'étaient rendus eux-mêmes coupables' (*Les Erreurs de Voltaire*, 1ʳᵉ partie, ch.20, t.1, p.209-10). C'est Voltaire, explique Nonnotte, qui 'assure que les protestants aujourd'hui tiennent à peu près les mêmes dogmes que prêchaient les Albigeois' (p.205). Voir les *Eclaircissements historiques* (*M*, t.24, p.494-96) et la 'Réponse' de Nonnotte, paragraphe 16 (*Les Erreurs de Voltaire*, t.2, p.412-14): dans son exemplaire, Voltaire a souligné le mot 'Calvinistes' (*CN*, t.6, p.125).

[205] Sur 'l'esprit de sédition et de rébellion', voire de 'fanatisme' qui inspire les propositions de Jean Hus et de son 'disciple' Jérôme de Prague, voir *Les Erreurs de Voltaire*, 1ʳᵉ partie, ch.21 (t.1, p.220-23), les *Eclaircissements historiques* (*M*, t.24, p.497) et la 'Réponse' de Nonnotte, paragraphe 18 (*Les Erreurs de Voltaire*, t.2, p.416). Sur 'le fameux curé de Loudun Grandier', voir *Les Erreurs de Voltaire*, 1ʳᵉ partie, ch.46 (t.1, p.452-53): Nonnotte 'n'examine pas' s'il 'était magicien ou non', mais remarque que 'Voltaire serait fort embarrassé de prouver que ce prêtre fût innocent', d'autant qu''il fut convaincu d'entretenir depuis plusieurs années une fille de joie, qui était sa paroissienne'...

R. P. Garnet, du R. P. Holdecorn, du R. P. Creton.[206] Eh mon ami, un peu de justice!

7° Ne t'enfonce plus dans la discussion de la donation de Pepin;[207] doute, ami Nonotte, doute; et jusqu'à ce qu'on t'ait montré l'original de la cession de Ravenne, doute, dis-je. Sais-tu bien que Ravenne en ce temps-là était une place plus considérable que Rome, un beau port de mer, et qu'on peut céder des domaines utiles en s'en réservant la propriété? sais-tu bien qu'Athanase le bibliothécaire est le premier qui ait parlé de cette propriété?[208] croira-t-on de bonne foi que Charlemagne eût parlé dans son testament de Rome et de Ravenne comme de villes à lui appartenantes, si le pape en avait été le maître absolu?

J'avoue que saint Pierre écrivit une belle lettre à Pepin du haut du ciel, et que le saint pape envoya la lettre au bon Pepin qui en fut fort touché.[209] J'avoue que le pape Etienne vint en France pour sacrer Pepin qui ravissait la couronne à son maître, et qui s'était déjà fait sacrer par un autre saint.[210] J'avoue que le pape Etienne

875

880

885

---

876   w68: doute, te dis-je.

[206] Voir C. Sommervogel, *Bibliothèque de la Compagnie de Jésus*: Gabriel Malagrida (1689-1761), t.5, p.394-95; Henri Garnett (1555-1575), t.3, p.1226-27; Guillaume Creitton (ou Creighton; Crichton), t.2, p.1650. Edward Oldcorne, exécuté en 1606, est suspecté de complicité dans la conspiration des poudres. Sur Guignard, voir ci-dessus, n.191. Ces jésuites sont fréquemment associés sous la plume de Voltaire: voir, par exemple, la *Relation* [...] *du jésuite Berthier* (*M*, t.24, p.98), *Balance égale* (*M*, t.24, p.337) ou l'article 'Philosophe' des *Questions sur l'Encyclopédie* (*M*, t.20, p.205).

[207] Voir *Les Erreurs de Voltaire*, 1re partie, ch.12 (t.1, p.121-32), les *Eclaircissements historiques* (*M*, t.24, p.508) et la 'Réponse' de Nonotte, paragraphe 28 (*Les Erreurs de Voltaire*, t.2, p.434-37). Voir aussi la *Lettre* [...] *à un ami*, p.75-77.

[208] Affirmation avancée par Voltaire dans le chapitre 13 de l'*Essai sur les mœurs* (t.1, p.316) et contestée par Nonotte qui cite des 'historiens français et contemporains de Charlemagne qui en ont parlé longtemps avant Athanase' (t.1, p.126).

[209] Dans l'*Essai sur les mœurs* (t.1, p.316), Voltaire cite le texte de cette lettre qui n''eut son effet' que parce qu''il régnait alors dans les esprits un mélange bizarre de politique et de simplicité, de grossièreté et d'artifice'.

[210] Voir encore l'*Essai sur les mœurs*, ch.13 (t.1, p.312-15): le pape Etienne III sacre

étant tombé malade à Saint-Denis fut guéri par saint Pierre et par
saint Paul qui lui apparurent avec saint Denis, suivi d'un diacre et
d'un sous-diacre.[211] J'avoue même avec l'abbé de Vertot que le
pape qui avait enfermé dans un couvent Carloman frère de Pepin
dépouillé par ce bon Pepin, fut soupçonné d'avoir empoisonné ce
Carloman pour prévenir toute discussion entre les deux frères.[212]

J'avoue encore qu'un autre pape trouva depuis sur l'autel de la
cathédrale de Ravenne, une lettre de Pepin qui donnait Ravenne au
Saint-Siège; mais cela n'empêche pas que Charlemagne n'ait
gouverné Ravenne et Rome. Les domaines que des archevêques
ont dans Rheims, dans Rouen, dans Lyon, n'empêchent pas que
nos rois ne soient les souverains de Rheims, de Rouen et de Lyon.

Apprends que tous les bons publicistes d'Allemagne mettent
aujourd'hui la donation de la souveraineté de l'exarchat par Pepin,
avec la donation de Constantin.[213] Apprends que la méprise vient

890

895

900

Pépin qui 'avait déjà reçu cette onction de l'Anglais Boniface', 'créé évêque de
Mayence par Carloman, frère de l'usurpateur Pépin'. Si, selon le témoignage
d'Eginhard, 'le roi Hilderic fut déposé par ordre du pape Etienne', 'le premier des
domestiques d'un roi de France dépouillait son maître Hilderic III' et un pape
consacrait donc un 'brigandage'.

[211] Voir *Le Pyrrhonisme de l'histoire* (*M*, t.27, p.270): 'L'auteur de l'*Essai sur les
mœurs et l'esprit des nations*' ne 'croit' pas la donation de l'exarchat de Ravenne 'plus
authentique' que cette 'apparition'.

[212] Dans le chapitre 15 de l'*Essai sur les mœurs*, Voltaire signale seulement que
'Carloman mourut subitement, et laissa une veuve et deux enfants en bas âge' (t.1,
p.324). Il écrit cependant, dans les *Annales de l'Empire*, que Charlemagne 'usurpa la
moitié de la France sur son frère Carloman, qui mourut trop subitement pour ne pas
laisser des soupçons d'une mort violente' (*M*, t.13, p.240). Dans l'*Origine de la
grandeur de la cour de Rome, et de la nomination aux évêchés et aux abbayes de France*
(Lausanne, M.-M. Bousquet, 1745, BV3434), René Aubert de Vertot aborde la
question de l'"étroite alliance' entre Pépin et le pape Etienne, 'dont un intérêt
réciproque serra les nœuds' (p.42): 'le pape, pour se débarrasser du prince Carloman
[...] le fit enfermer, de concert avec le roi, dans un monastère de la ville de Vienne, où il
mourut dans la même année. L'enlèvement des princes ses enfants, qui disparurent en
même temps, fit soupçonner que la mort de leur père n'avait pas été naturelle' (p.45).

[213] Sur la donation de Constantin, fondée sur une 'imposture', voir l'*Essai sur les
mœurs*, ch.10 (t.1, p.300-301). Voltaire rapproche ces deux prétendues donations de
Constantin et de Pépin dans le chapitre 16 de l'*Essai sur les mœurs* (p.333), dans les

de ce que les premiers écrivains aussi exacts que toi, ont confondu *patrimonium Petri et Pauli*, avec *dominium imperiale*. [214] Tu dois savoir, ex-jésuite Nonotte, ce que c'est qu'une équivoque. [215]

8° Eh bien, parleras-tu encore des bigames et trigames de la première race? [216] un jésuite ferme-t-il la bouche à un autre jésuite? suffira-t-il de Daniel pour confondre Nonotte? lis donc ton Daniel, quoiqu'il soit bien sec. Lis la page 110 du premier volume in-4°; [217] lis, Nonotte, lis et tu trouveras que le grand Théodebert épousa la belle Deuterie, quoique la belle Deuterie eût un mari, et que le grand Théodebert eût une femme, et que cette femme s'appelait Visigarde, et que cette Visigarde était fille d'un roi des Lombards nommé Vacon fort peu connu dans l'histoire; tu verras que Théodebert imitait en cette bigamerie [218] ou bigamie son oncle Clotaire, [219] et voici les propres mots de Daniel:

'Son oncle Clotaire après avoir épousé la femme de Clodomir son frère peu de temps après la mort de ce prince, quoiqu'il eût déjà une autre femme, et il en eut trois pendant quelque temps, dont deux étaient sœurs.' [220]

Annales de l'Empire (*M*, t.13, p.228), dans l'article 'Donations' des *Questions sur l'Encyclopédie* (*M*, t.18, p.415-16) et dans les *Carnets* (*OCV*, t.82, p.436).

214 Dans le chapitre 13 de l'*Essai sur les mœurs*, Voltaire écrit, à propos du 'patrimoine de l'exarchat' que 'c'est probablement ce mot patrimoine qui fut la source de la méprise' (t.1, p.318).

215 Même plaisanterie dans les *Questions sur les miracles*, Vingtième lettre (*M*, t.25, p.447).

216 Voir *Les Erreurs de Voltaire*, 1re partie, ch.10 (t.1, p.97-98) et ch.25 (p.284), les *Eclaircissements historiques* (*M*, t.24, p.489) et la 'Réponse' de Nonnotte, paragraphe 9 (*Les Erreurs de Voltaire*, t.2, p.390-96). Dans son exemplaire, Voltaire a placé un signet entre les pages 394 et 395 (*CN*, t.6, p.125). Voir aussi la *Lettre [...] à un ami* (p.68-74) et la *Lettre d'un avocat* (ci-dessous, p.349, lignes 44-48).

217 Gabriel Daniel, *Histoire de France*, 9 vol. (Paris, 1729, BV938).

218 Hapax dans l'œuvre de Voltaire, qui emploie toujours 'bigamie', le mot 'bigamerie' ne se trouve pas dans le *Dictionnaire de l'Académie* (éd. 1762).

219 Repris dans l'article 'Femme' des *Questions sur l'Encyclopédie* (*M*, t.19, p.100-101). Voltaire précise qu'"il est difficile de concevoir comment un ex-jésuite nommé Nonotte a pu, dans son ignorance, pousser la hardiesse jusqu'à nier ces faits'.

220 G. Daniel, *Histoire de France*, t.1, p.110. En marge de son exemplaire, Voltaire note: 'Clotaire épouse sa belle sœur et deux autres femmes à la fois' (*CN*, t.3, p.30).

Cela n'est pas trop bien écrit, et tu ne pourras approuver ce style à moins que tu n'aimes ton prochain comme toi-même. Mais, mon ami, si Daniel écrit mal, il dit au moins ici la vérité, et c'est la différence qui est entre vous deux.

Je veux te conter une anecdote au sujet des bigames. Le lord Couper grand chancelier d'Angleterre épousa deux femmes qui vécurent avec lui très cordialement dans sa maison. Ce fut le meilleur ménage du monde. Ce bigame écrivit un petit livre sur la légitimité de ses deux mariages, et prouva son livre par les faits. [221] M. de Voltaire s'était trompé en racontant cette bigamie. Il avait pris le lord Couper pour le lord Trévor. [222] La famille Trévor l'a redressé avec une extrême politesse; ce n'est pas comme toi, Nonotte, qui te trompes très impoliment.

9° Mais, mon cher Nonotte, quand tu as fait deux volumes de tes erreurs que tu appelles les erreurs d'un autre, as-tu pensé qu'on perdrait son temps à répondre à toutes tes bévues? le public s'amuserait-il beaucoup d'un gros livre intitulé *les Erreurs de Nonotte*? [223] Je ne veux te présenter qu'un petit bouquet, mais j'ai peine à choisir les fleurs. Voici en passant quelques fleurs pour Nonotte.

Il n'y a point, dis-tu, *de couvent en France où les religieux aient deux cent mille livres de rente.* [224] Il est vrai, les pauvres moines n'ont rien; mais les abbés réguliers ou irréguliers de Citeaux et de

926-27   w68, k84:   lord Cowper grand

[221] Selon *The Oxford Dictionary of national biography*, l'accusation de bigamie lancée par Swift à l'encontre du 'lord chancelor' William Cowper (1665-1723) n'est pas clairement établie: Voltaire la reprend à son compte et l'enjolive plaisamment en affirmant que Cowper aurait écrit un ouvrage sur la bigamie. Voltaire rappelle cette anecdote dans l'article 'Femme' des *Questions sur l'Encyclopédie* (M, t.19, p.102) et dans le *Fragment sur l'histoire générale* (M, t.29, p.232).

[222] Peut-être Robert Hampden-Trevor, envoyé britannique à La Haye, dont il est question dans la correspondance des années 1740-1744. On ignore où Voltaire a fait de lui le héros de 'cette bigamie'.

[223] Voir ci-dessus, n.182.

[224] *Les Erreurs de Voltaire*, 2e partie, ch.1, paragraphe 11 (t.2, p.14).

925

930

935

940

Clairvaux les ont ces deux cent mille livres; et je te conseille d'être   945
leur fermier, tu y gagneras plus qu'avec le libraire Fez. L'abbé de
Cîteaux a commencé un bâtiment dont l'architecte m'a montré le
devis, il monte à dix-sept cent mille livres. [225] Nonotte! il y a là de
quoi faire de bons marchés.

10° Sache que c'est M. D'Amilaville (connu des principaux gens   950
de lettres de Paris, s'il ne l'est pas de Nonotte) qui ayant été indigné
de l'insolence et de l'absurdité de ton libelle intitulé *les Erreurs* a
daigné imprimer ce qu'il en pensait; [226] c'est lui surtout qui a
montré qu'il n'y a point de contradiction à dire que Cromwell fut
quelque temps un fanatique, puis un politique profond, et enfin un   955
grand homme, et qu'on peut dire la même chose de Mahomet. [227]
Sache que Cromwell rançonna, pilla, saccagea pendant la guerre, et
qu'il fit observer les lois pendant la paix, qu'il ne mit point de
nouveaux impôts, *qu'il couvrit par les qualités d'un grand roi les
crimes d'un usurpateur;* [228] qu'il craignait avec très grande raison   960
d'être assassiné, et qu'après avoir pris toutes les précautions pour
ne le pas être, il n'en mourut pas moins avec une fermeté connue de
tout le monde. M. D'Amilaville a dit qu'il n'y a rien dans tout cela
d'incompatible; et que Nonotte n'a pas le sens commun. A-t-il tort?

---

[225] Dans une lettre à Fyot de la Marche du 26 janvier 1762 (D10285), Voltaire
évoque le coût de la construction entreprise par ce 'cochon d'abbé de Cîteaux'. Voir
aussi l'*Extrait de la Gazette de Londres du 20 février 1762* (M, t.24, p.291) et *Pot-
pourri*, ch.15 (M, t.25, p.275). Voir la réponse de Nonnotte dans la *Lettre* [...] *à un
ami*, p.81-87.

[226] Dans les *Additions* aux *Eclaircissements historiques*, qu'évoque Voltaire dans sa
lettre du 13 décembre [1762] (D10837), Damilaville entend 'suppléer à ce que M. de
Voltaire a dédaigné de dire' (M, t.24, p.515). Voir la 'Réponse aux *Additions aux
Observations sur le libelle, intitulé les Erreurs de Voltaire par M. Dam....',* Les Erreurs
de Voltaire*, t.2, p.451-52: Nonnotte écrit que Voltaire 'emprunte le nom' de
Damilaville et désigne l'auteur des *Additions* comme 'le Voltaire déguisé'. Voir
encore, en 1769, la *Lettre anonyme* (M, t.27, p.413). Le marquis d'Argence évoque
cette réponse de Damilaville (à Gabriel-Marie de Talleyrand, comte de Périgord,
15 novembre 1766, D13672).

[227] Voir les *Additions*, Quatrième fausseté du libelliste (M, t.24, p.519-20), où il
n'est toutefois pas question de Mahomet.

[228] *Le Siècle de Louis XIV*, ch.2 (OH, p.626).

11° Que tu es ignorant dans les choses les plus connues! tu   965
trouves mauvais que le véridique auteur de l'*Histoire générale* dise
que le célèbre Guillaume de Nassau, fondateur de la république de
Hollande, était comte de l'Empire au même titre que Philippe
second était seigneur d'Anvers. [229] Tu es tout étonné que ce fameux
prince d'Orange soit mis en parallèle avec la *maesta del re don*   970
Phelippo el discreto. Tu as raison; Philippe second n'était pas
comparable à un héros. Ils étaient tous deux d'une famille
impériale; ces deux maisons étaient également descendues de
braves gentilshommes. Est-ce parce que l'assassin du défenseur
de la liberté se confessa et communia avant d'exécuter son crime,   975
que tu trouves Guillaume coupable? est-ce parce que ce héros
résista à toute la puissance d'un poltron hypocrite? est-ce parce
qu'il rendit sept provinces libres, que le petit Franc-Comtois
Nonotte insulte à sa mémoire?

12° Que tu es ignorant te dis-je! Tu ne sais pas que le bourg de   980
Livron en Dauphiné, était une ville du temps de la Ligue, qu'elle
fut détruite comme tant d'autres petites villes. Et quand on t'a
prouvé qu'elle fut assiégée par Henri III en personne, que le
maréchal de camp de Bellegarde conduisit le siège avec vingt-
deux pièces de canon en 1574, tu réponds avec une direction   985
d'intention, [230] *que tu voulais parler de l'état où est Livron*
aujourd'hui, et non de l'état où elle était alors. Il s'agit bien de
l'état où est Livron aujourd'hui! et tu ajoutes savamment, *J'ai*
nommé le commandant Montbrun qui refusa de rendre la place. [231] Tu
excuses ton ignorance par une nouvelle erreur; ce n'était pas   990
Montbrun qui commandait dans cette ville, c'était *de Roësses*,

966   K84: de l'*Essai sur les mœurs etc.* dise

[229] Voir *Les Erreurs de Voltaire*, 1re partie, ch.36 (t.1, p.370-71).
[230] Voir ci-dessus, n.189.
[231] Voir *Les Erreurs de Voltaire*, 1re partie, ch.39 (t.1, p.393-94), les *Eclaircisse-*
ments historiques (M, t.24, p.508-509), la 'Réponse' de Nonnotte, paragraphe 29 (*Les*
Erreurs de Voltaire, t.2, p.438-39). Voir aussi la *Lettre* [...] *à un ami* (p.79-80), la
Lettre d'un avocat (ci-dessous, p.350, lignes 64-71) et, en 1769, la *Lettre anonyme*
(M, t.27, p.402-404).

comme le dit de Thou livre 49. [232] Tu as tort quand tu critiques; tu as plus de tort quand tu dis des injures dignes de ton éducation et tort encore peut-être, quand tu espères qu'on ne te punira pas.

13° Avec quelle audace peux-tu dire que M. de Voltaire n'a   995 jamais lu la taxe de la chancellerie de Rome? [233] viens dans sa bibliothèque, mon ami, les laquais te laisseront entrer pour cette fois-là, et même te feront sortir par la porte. Tu verras deux exemplaires de ce livre [234] qu'on ne te prêtera point.

14° Tu fais le savant, Nonotte, tu dis à propos de théologie, que   1000 l'amiral Drake a découvert la terre d'Yesso. [235] Apprends que Drake n'alla jamais au Japon, encore moins à la terre d'Yesso; apprends qu'il mourut en 1596, en allant à Porto-Bello. Apprends que ce fut quarante ans après la mort de Drake que les Hollandais découvrirent les premiers cette terre d'Yesso, en 1644; apprends   1005 jusqu'au nom du capitaine Martin Jeritson, et de son vaisseau qui s'appelait le Castrécom. [236] Crois-tu donner quelque crédit à ta

232 Voir Jacques-Auguste de Thou, *Histoire universelle*, 11 vol. (La Haye, H. Schleurleer, 1740; BV3297: Basle, J.-L. Brandmuller, 1742): le récit du siège de Livron par l'armée du roi se trouve dans le livre 59 (t.5, p.122-23); de Thou signale aussi la mort, au cours du siège, du sieur de Roësses qui 'commandait dans cette place avec quatre cents hommes de garnison'.

233 Voir les *Eclaircissements historiques* (*M*, t.24, p.503-504) et la 'Réponse' de Nonnotte, paragraphe 21 (*Les Erreurs de Voltaire*, t.2, p.422).

234 *Taxe de la Chancellerie romaine, ou la Banque du pape dans laquelle l'absolution des crimes les plus énormes se donne pour de l'argent* (Rome, à la Tiare chez Pierre La Clef, 1744, BV3252). Un seul exemplaire a été recensé, en deux parties.

235 Voir *Les Erreurs de Voltaire*, 2e partie, ch.15 (t.2, p.129): passage marqué d'un papillon dans l'exemplaire de Voltaire (*CN*, t.6, p.121). Ce quatorzième paragraphe forme la 'Trente-troisième sottise de Nonnotte' ajoutée en 1769 aux *Eclaircissements historiques* (*M*, t.24, p.512). Voir la réponse de Nonnotte dans la *Lettre* [...] *à un ami*, p.39-42.

236 Voir l'*Histoire naturelle, civile et ecclésiastique de l'empire du Japon*, 3 vol. (La Haye, P. Gosse et J. Néaulme, 1732; BV1771: La Haye, P. Gosse et J. Néaulme, 1729), livre 1, ch.4 (t.1, p.109). Engelbert Kämpfer fait notamment état des deux vaisseaux affrétés lors de l'expédition hollandaise de 1643: 'l'un se nommait le Bresken, et l'autre le Castricum'. L'expédition est qualifiée de 'malheureuse' car, outre les tempêtes, l'équipage du Bresken est arrêté et mis en prison. L'auteur ne mentionne ni le devenir du Castricum, ni le nom de son capitaine.

théologie en faisant le marin? tu te trompes sur terre et sur mer; et tu t'applaudis de ton livre, parce que tes fautes sont en deux volumes.

15° Voyons si tu entends la théologie mieux que la marine.[237] L'auteur de l'*Histoire générale* a dit que selon saint Thomas d'Aquin, il était permis aux séculières de confesser dans les cas urgents, que ce n'est pas tout à fait *un sacrement*, mais que c'est *comme sacrement*.[238] Il a cité l'édition et la page de la *Somme* de saint Thomas;[239] et là-dessus tu viens dire que tous les critiques conviennent que cette partie de la *Somme* de saint Thomas n'est pas de lui.[240] Et moi je te dis qu'aucun vrai critique n'a pu te fournir cette défaite. Je te défie de montrer une seule *Somme* de Thomas d'Aquin où ce monument ne se trouve pas. La *Somme* était en telle vénération qu'on n'eût pas osé y coudre l'ouvrage d'un autre. Elle fut un des premiers livres qui sortirent des presses de Rome dès l'an 1474; elle fut imprimée à Venise en 1484. Ce n'est que dans des éditions de Lyon qu'on commença à douter que la troisième partie de la *Somme* fût de lui. Mais il est aisé de reconnaître sa méthode et son style qui sont absolument les mêmes.

Au reste, Thomas ne fit que recueillir les opinions de son temps, et nous avons bien d'autres preuves que les laïques avaient le droit de s'entendre en confession les uns les autres; témoin le fameux passage de Joinville, dans lequel il rapporte qu'il confessa le connétable de Chypre.[241] Un jésuite du moins devrait savoir ce que le jésuite Tolet

1012 K84: de l'*Essai sur les mœurs etc.* a dit

[237] Ce quinzième paragraphe forme la 'Trente-quatrième sottise de Nonnotte' ajoutée en 1769 aux *Eclaircissements historiques* (*M*, t.24, p.513-14).

[238] Voir la réponse de Nonnotte dans la *Lettre* [...] *à un ami*, p.43-50.

[239] Voir l'*Essai sur les mœurs*, ch.21 (t.1, p.361-62). Le passage cité se trouve dans la *Summa theologica*, 3ᵉ partie, p.255.

[240] Voir la 'Réponse' de Nonnotte, paragraphe 22 (*Les Erreurs de Voltaire*, t.2, p.424; passage marqué d'un signet dans l'exemplaire de Voltaire, *CN*, t.6, p.125), et, en 1769, la *Lettre anonyme* (*M*, t.27, p.402).

[241] Voir les *Mémoires de Messire Jean, sire de Joinville* (Paris, J. Cottin, 1666), ch.45, p.277: 'Messire Guy de Belun connétable de Chypre [...] se confessa à moi et je

a dit dans son livre de l'*Instruction sacerdotale*, livre I, ch.16, ni femme ni laïc ne peut absoudre sans privilège. *Nec femina nec laïcus absolvere possunt sine privilegio.* [242] Le pape peut donc permettre aux filles de confesser les hommes; cela sera assez plaisant; tu réjouiras fort Besançon en confessant tes fredaines à la vieille fille que tu fréquentes et que tu endoctrines. [243] Auras-tu l'absolution? 1035

Je veux t'instruire, en t'apprenant que cette ancienne coutume, cette dévotion de se confesser mutuellement vient de la Syrie. Tu sauras donc, Nonotte, que les bons juifs se confessaient quelquefois 1040 les uns aux autres. Le confesseur et le confessé quand ils étaient bien pénitents, s'appliquaient tour à tour trente-neuf coups de lanière sur les épaules. [244] Confesse-toi souvent, Nonotte; mais si tu t'adresses à un jacobin, ne va pas lui dire que la *Somme* de saint Thomas n'est pas de lui; on ne se bornerait pas à trente-neuf coups d'étrivières. 1045 Confesse ta fille, confesse-toi à elle; et elle te fessera plus doucement qu'un jacobin, comme Girard fessait La Cadiére, *et vice versa.*

16° Il me prend envie de t'instruire sur l'histoire de la pucelle d'Orléans, car j'aime cette pucelle; et bien d'autres l'aiment aussi.

1049-1190   K84: aussi. Mais je te renvoie à une dissertation imprimée dans un ouvrage très connu. [*avec note*: 'Voyez le *Dictionnaire philosophique*, art. *Arc.*'] ¶Apprends

---

lui donnai l'absolution, selon ma puissance'. L'auteur de la *Lettre* [...] *à un ami* (p.17-18) ironise sur la valeur démonstrative de cet exemple.

[242] Cf. Francisco de Toledo, *De Instructione sacerdotum, et peccatis mortalibus, lib. VIII* (Lugduni, S. Rigaud, 1642), p.67: '*Nec* [...] *foemina, nec laïcus, nec simplex sacerdos absolvere possunt, cum absolvere sit jurisdictionis ecclesiasticae; quae jurisdictio in illis non est, nisi ex privilegio aliquo, ut illic diximus.*' Traduction: 'Ni une femme, ni un laïc, ni un simple prêtre ne peuvent donner l'absolution, puisque l'absolution revient à la juridiction ecclésiastique; laquelle juridiction ne leur appartient pas, sauf à la suite d'un privilège, comme nous l'avons dit tout à l'heure'. Pour une discussion de la valeur de cette référence, voir la *Lettre* [...] *à un ami*, p.47-50.

[243] Première allusion à cette 'vieille fille': voir ci-dessous, lignes 1330 et 1526.

[244] Cf. les *Eclaircissements historiques*: la 'Douzième sottise de Nonnotte' relate 'l'histoire fidèle de la confession' (*M*, t.24, p.491-92). Dans l'article 'Confession' des *Questions sur l'Encyclopédie* (*M*, t.18, p.224), à propos de l''expiation solennelle', Voltaire renvoie à la *Synagogue judaïque*, ch.35.

Ce petit morceau sera utile au public, qui se soucie fort peu de tes   1050
bévues et de tes querelles, mais qui aime l'histoire. Je tirerai les faits
des auteurs contemporains, des actes du procès de Jeanne d'Arc, et
de l'histoire très curieuse de l'Orléanais, écrite par M. le marquis de
Luchet, qui n'est pas un Nonotte. [245]

Paul Jove dit que le courage des Français fut animé par cette   1055
fille, et se garde bien de la croire inspirée. [246] Ni Robert Gagain, ni
Paul Emile, ni Polidore Virgile, ni Genebrar, ni Philippe de
Bergame, ni Papire Masson, ni même Mariana, ne disent qu'elle
était envoyée de Dieu; et quand Mariana le jésuite l'aurait dit, en
vérité cela ne m'en imposerait pas.   1060

Mezerai conte, *que le prince de la milice céleste lui apparut*; j'en
suis fâché pour Mezerai, et j'en demande pardon au prince de la
milice céleste.

La plupart de nos historiens qui se copient tous les uns les autres,
supposent que la pucelle fit des prédictions et qu'elles s'accom-   1065
plirent. On lui fait dire qu'elle chassera les Anglais hors du
royaume, et ils y étaient encore cinq ans après sa mort. On lui
fait écrire une longue lettre au roi d'Angleterre, et assurément elle
ne savait ni lire, ni écrire; on ne donnait pas cette éducation à une

---

1052-55   NM, W75G, W68: d'Arc, et des mémoires authentiques sur l'Orléanais.
¶Paul Jove
1058   67B: ne disait qu'elle

[245] La fin de ce seizième paragraphe est ajoutée, en 1769, à la 'Dix-huitième sottise
de Nonnotte' consacrée, dans les *Eclaircissements historiques*, à Jeanne d'Arc
(*Collection complète des œuvres de Monsieur de Voltaire*, 45 vol., Genève, Cramer;
Paris, Panckoucke, 1768-1777, t.10, 1769, p.499-503); il forme aussi, en 1770,
l'article 'Arc, Jeanne d'' des *Questions sur l'Encyclopédie*: voir l'annotation de
F. Bessire (*OCV*, t.38, p.571-78). Dans la *Lettre [...] à un ami* (p.50-64), Nonnotte
conteste en particulier le sens du témoignage de Villaret (p.52-54).
[246] A la fin du chapitre 22 de la première partie, Nonnotte écrit, à propos de
'l'histoire de la Pucelle', que 'ceux qui y reconnaissent de l'inspiration et du
miraculeux ont les probabilités et les raisons les plus fortes, et que ceux qui n'y en
reconnaissent point n'ont que des raisonnements vagues, et bien aisés à détruire'
(*Les Erreurs de Voltaire*, t.1, p.237). Dans son exemplaire, Voltaire a marqué d'un
signet les pages 234-35 (*CN*, t.6, p.120).

servante d'hôtellerie dans le Barrois; et son procès porte qu'elle ne savait pas signer son nom. 1070

Mais, dit-on, elle a trouvé une épée rouillée dont la lame portait cinq fleurs de lys d'or gravées; et cette épée était cachée dans l'église de Sainte-Catherine de Fierbois à Tours. Voilà certes un grand miracle! 1075

La pauvre Jeanne d'Arc ayant été prise par les Anglais, en dépit de ses prédictions et de ses miracles, soutint d'abord dans son interrogatoire que sainte Catherine, et sainte Marguerite l'avaient honorée de beaucoup de révélations. Je m'étonne qu'elle n'ait rien dit de ses conversations avec le prince de la milice céleste. 1080 Apparemment que ces deux saintes aimaient plus à parler que saint Michel. Ses juges la crurent sorcière, et elle se crut inspirée; et c'est là le cas de dire,

> Ma foi, juge et plaideurs, il faudrait tout lier.

Une grande preuve que les capitaines de Charles VII em- 1085 ployaient le merveilleux pour encourager les soldats dans l'état déplorable où la France était réduite, c'est que Saintrailles avait son berger, comme le comte de Dunois avait sa bergère. Ce berger faisait ses prédictions d'un côté, tandis que la bergère les faisait de l'autre. 1090

Mais malheureusement la prophétesse du comte de Dunois fut prise au siège de Compiégne par un bâtard de Vendome, et le prophète de Saintrailles fut pris par Talbot. Le brave Talbot n'eut garde de faire brûler le berger. Ce Talbot était un de ces vrais Anglais qui dédaignent les superstitions, et qui n'ont pas le 1095 fanatisme de punir les fanatiques.

Voilà ce me semble ce que les historiens auraient dû observer, et ce qu'ils ont négligé.

La pucelle fut amenée à Jean de Luxembourg comte de Ligny. On l'enferma dans la forteresse de Beaulieu, ensuite dans celle de 1100 Beaurevoir, et de là dans celle du Crotoy en Picardie.

1101   67B, NM: celle de Crotoy

D'abord Pierre Cauchon évêque de Beauvais, qui était du parti du roi d'Angleterre contre son roi légitime, revendique la pucelle comme une sorcière arrêtée sur les limites de sa métropole. Il veut la juger en qualité de sorcière. Il appuyait son prétendu droit d'un insigne mensonge. Jeanne avait été prise sur le territoire de l'évêché de Noyon: et ni l'évêque de Beauvais, ni l'évêque de Noyon n'avaient assurément le droit de condamner personne, et encore moins de livrer à la mort une sujette du duc de Lorraine, et une guerrière à la solde du roi de France.

Il y avait alors (qui le croirait?) un vicaire général de l'Inquisition en France, nommé frère Martin. C'était bien là un des plus horribles effets de la subversion totale de ce malheureux pays. Frère Martin réclama la prisonnière comme *adorant l'hérésie, odorantem haeresim*. Il somma le duc de Bourgogne et le comte de Ligny, *par le droit de son office, et de l'autorité à lui commise par le Saint-Siège, de livrer Jeanne à la sainte Inquisition*.

La Sorbonne se hâta de seconder frère Martin: elle écrivit au duc de Bourgogne et à Jean de Luxembourg: 'Vous avez employé votre noble puissance à appréhender icelle femme qui se dit la pucelle, au moyen de laquelle l'honneur de Dieu a été sans mesure offensé, la foi excessivement blessée, et l'Eglise trop fort déshonorée; car par son occasion idolâtrie erreurs mauvaise doctrine et autres maux inestimables se sont ensuivis en ce royaume... mais peu de chose serait avoir fait telle prinse, si ne s'ensuivait ce qu'il appartient pour satisfaire l'offense par elle perpétrée contre notre doux créateur et sa foi, et sa sainte Eglise, avec ses autres méfaits innumérables... et si, serait intolérable offense contre la majesté divine s'il arrivait qu'icelle femme fût délivrée.'

Enfin la pucelle fut adjugée à Pierre Cauchon qu'on appelait l'indigne évêque, l'indigne Français et l'indigne homme. Jean de Luxembourg vendit la pucelle à Cauchon et aux Anglais pour dix mille livres, et le duc de Bedfort les paya. La Sorbonne, l'évêque et

1105

1110

1115

1120

1125

1130

1114   w68: comme odorant l'hérésie
1115   67B, nm: *adorantem*

frère Martin, présentèrent alors une nouvelle requête à ce duc de
Bedfort régent de France: *En l'honneur de notre Seigneur et Sauveur* 1135
Jésus-Christ, pour qu'icelle Jeanne fût brièvement mise es mains de la
justice de l'Eglise. Jeanne fut conduite à Rouen. L'archevêché était
alors vacant, et le chapitre permit à l'évêque de Beauvais, de
besogner dans la ville. (C'est le terme dont on se servit.) Il choisit
pour ses assesseurs neuf docteurs de Sorbonne avec trente-cinq 1140
autres assistants, abbés ou moines. Le vicaire de l'Inquisition,
Martin, présidait avec Cauchon; et comme il n'était que vicaire, il
n'eut que la seconde place.

Il y eut quatorze interrogatoires; ils sont singuliers. Elle dit
qu'elle a vu sainte Catherine et sainte Marguerite à Poitiers. Le 1145
docteur *Beaupère* lui demanda, à quoi elle a reconnu les deux
saintes? elle répond que c'est à leur manière de faire la révérence.
Beaupère lui demande si elles sont bien jaseuses? Allez, dit-elle, le
voir sur le registre. Beaupère lui demande si quand elle a vu saint
Michel il était tout nu? elle répond, Pensez-vous que notre 1150
Seigneur n'eût de quoi le vêtir?

Voilà le ridicule, voici l'horrible.

Un de ses juges, docteur en théologie et prêtre, nommé Nicolas
l'Oiseleur, vient la confesser dans la prison. Il abuse du sacrement
jusqu'au point de cacher derrière un morceau de serge deux prêtres 1155
qui transcrivent la confession de Jeanne d'Arc. Ainsi les juges
employèrent le sacrilège pour être homicides. Et une malheureuse
idiote, qui avait eu assez de courage pour rendre de très grands
services au roi et à la patrie, fut condamnée à être brûlée par
quarante-quatre prêtres français qui l'immolaient à la faction de 1160
l'Angleterre.

On sait assez comment on eut la bassesse artificieuse de mettre
auprès d'elle un habit d'homme pour la tenter de reprendre cet
habit, et avec quelle absurde barbarie on prétexta cette prétendue

1146   67C: lui demande à
1159-60   NM, W75G, W68: par quarante prêtres
1164   67C: on prétexte cette

transgression pour la condamner aux flammes, comme si c'était   1165
dans une fille guerrière un crime digne du feu, de mettre une culotte
au lieu d'une jupe. Tout cela déchire le cœur, et fait frémir le sens
commun. On ne conçoit pas comment nous osons, après les
horreurs sans nombre dont nous avons été coupables, appeler
aucun peuple du nom de barbare.   1170

La plupart de nos historiens, plus amateurs des prétendus
embellissements de l'histoire que de la vérité, disent que Jeanne
alla au supplice avec intrépidité; mais comme le portent les
chroniques du temps, et comme l'avoue M. de Villaret, elle reçut
son arrêt avec des cris et avec des larmes; faiblesse pardonnable à   1175
son sexe, et peut-être au nôtre, et très compatible avec le courage
que cette fille avait déployé dans les dangers de la guerre; car on
peut être hardi dans les combats, et sensible sur l'échafaud.

Je dois ajouter ici que plusieurs personnes ont cru sans aucun
examen que la pucelle d'Orléans n'avait point été brûlée à Rouen,   1180
quoique nous ayons le procès verbal de son exécution. Elles ont été
trompées par la relation que nous avons encore, d'une aventurière
qui prit le nom de la pucelle, trompa les frères de Jeanne d'Arc, et à
la faveur de cette imposture épousa en Lorraine un gentilhomme de
la maison des Armoises. Il y eut deux autres friponnes qui se firent   1185
aussi passer pour la pucelle d'Orléans. Toutes les trois prétendirent
qu'on n'avait point brûlé Jeanne, et qu'on lui avait substitué une
autre femme. De tels contes ne peuvent être admis que par ceux qui
veulent être trompés.

Apprends, Nonotte, comme il faut étudier l'histoire quand on   1190
ose en parler. Ne fais plus de Jeanne d'Arc une inspirée, mais une
idiote hardie qui se croyait inspirée, une héroïne de village à qui on
fit jouer un grand rôle, une brave fille que des inquisiteurs et des
docteurs firent brûler avec la plus lâche cruauté. Corrige tes
—, et ne les mets plus sur le compte des autres. Souviens-   1195
capucin qui étant monté en chaire, dit à ses auditeurs, *Mes*

o   67C: peuple du monde barbare
75   w68, w75G: et des

frères, mon dessein était de vous parler de l'immaculée conception, mais j'ai vu affiché à la porte de l'église, Réflexions sur les défauts d'autrui par le R. P. de Viliers de la Société de Jésus (m).[247] *Eh, mon ami! fais des réflexions sur les tiens; je vous parlerai donc de l'humilité.*[248]

1200

Tu crèves de vanité, Nonotte: on t'a fait l'honneur de te répondre; mais pour t'inspirer un peu de modestie, sache que l'illustre Montesquieu daigna répondre à l'auteur des *Nouvelles ecclésiastiques* à peu près comme le maréchal de La Feuillade battit une fois un fiacre qui lui barrait le chemin quand il allait en bonne fortune.[249]

1205

17° Oh oh Nonotte, tu veux brouiller l'auteur du *Siècle de Louis XIV* avec le clergé de France. Ceci passe la raillerie. *Il n'y a point*, dis-tu à la page 224, *d'hommes aussi méprisables que ceux qui forment ce corps nombreux.*[250] Et après avoir proféré ces abominables paroles, tu les imputes à l'auteur du *Siècle de Louis XIV*! Sens-tu bien tout ce que tu mérites, calomniateur Nonotte?

1210

L'auteur du *Siècle de Louis XIV* a toujours révéré le clergé en citoyen, il l'a défendu contre les imputations de ceux qui disent au hasard qu'il a le tiers des revenus du royaume; il a prouvé dans son chapitre 35 que toute l'Eglise gallicane séculière et régulière ne possède pas au-delà de quatre-vingts millions de revenus en fonds et en casuel. Il remarque que le clergé a secouru l'Etat d'environ

1215

(m) Depuis abbé de Viliers assez mauvais poète.

1217   67B, 67C: millions de revenu en

[247] Pierre de Villiers, *Pensées et réflexions sur les égarements des hommes, dans la voie du salut* (Paris, 1695).

[248] L'anecdote est rapportée dans la lettre à Mme Denis du 20 mars [1751] (D4426).

[249] Voltaire a peut-être appris cette anecdote alors qu'il fréquentait Louis d'Aubusson, maréchal de La Feuillade: voir la correspondance des années 1718-1722. Sur les démêlés de Montesquieu et de l'auteur des *Nouvelles ecclésiastiques*, voir ci-dessus, n.101.

[250] *Les Erreurs de Voltaire*, 2ᵉ partie, ch.25 (t.2, p.224). Le texte porte: 'Il n'est point d'hommes aussi méprisables et aussi inutiles'.

quatre millions par an, l'un dans l'autre.[251] Il n'a perdu aucune occasion de rendre justice à ce corps.

On trouve, au chapitre quatre du traité de la tolérance ces paroles: *Le corps des évêques en France est presque tout composé de gens de qualité qui pensent et qui agissent avec une noblesse digne de leur naissance.*[252] Est-ce là insulter les évêques de France comme tu les outrages?

Insulte-t-il les évêques quand il parle de l'évêque de Marseille dans une ode contre le fanatisme?[253]

> Belzuns[254] ce pasteur vénérable
> Sauvait son peuple périssant;
> Langeron guerrier secourable
> Bravait un péril renaissant;
> Tandis que vos lâches cabales
> Dans le trouble et dans les scandales
> Occupaient votre oisiveté,
> De la dispute ridicule
> Et sur Quesnel et sur la Bulle,
> Qu'oubliera la postérité.

O ex-jésuite! c'était rendre justice au digne évêque de Marseille: il vous l'a rendue à vous, anciens confrères de Nonotte, à vous, Le Tellier, Lallemant et Doucin, qui faisiez attendre des évêques dans la salle basse, avec le frère Vadblé, tandis que vous fabriquiez la bulle qui vous a enfin exterminés.[255]

---

[251] Voir *Le Siècle de Louis XIV*, OH, p.1029-31. L'ensemble des revenus est dit inférieur à 'quatre-vingt-dix millions'.

[252] Cf. *Traité sur la tolérance*, OCV, t.56c, p.149: le texte ne comporte pas la modalisation 'presque tout'.

[253] Cf. *Ode sur le fanatisme*, OCV, t.16, p.432: le texte porte 'un trépas renaissant' (ligne 1231) et 'Dans la mollesse et les scandales' (ligne 1233).

[254] Henri-François-Xavier de Belsunce de Castelmoron (1671-1755), évêque de Marseille.

[255] Les jésuites Michel Le Tellier (1643-1719), dernier confesseur de Louis XIV, Jacques-Philippe Lallemant (1660-1748) et Louis Doucin (1652-1726), auteur d'une *Instruction pour les nouveaux catholiques* (Paris, G. et L. Josse, 1686), en envoyant à Rome cent trois propositions extraites des *Réflexions morales* du père Quesnel, sont

O Nonotte! tu oses dire que l'auteur du *Siècle de Louis XIV* n'a jamais cherché qu'à tourner les papes en ridicule et à les rendre odieux.[256]

Mais vois les éloges qu'il donne à la sagesse d'Adrien Ier. Vois comme il justifie le pape Honorius tant accusé d'hérésie,[257] vois ce qu'il dit de Léon IV (page 237, tome 1, *Histoire générale*.)[258]

'Le pape Léon IV prenant dans ce danger une autorité que les généraux de l'empereur Lothaire semblaient abandonner, se montra digne, en défendant Rome, d'y commander en souverain. Il avait employé les richesses de l'Eglise à réparer les murailles de la ville, à élever des tours, à tendre des chaînes sur le Tibre. Il arma les milices à ses dépens, engagea les habitants de Naples et de Gayette à venir défendre les côtes et le port d'Ostie, sans manquer à la sage précaution de prendre d'eux des otages, sachant bien que ceux qui sont assez puissants pour nous secourir le sont assez pour nous nuire. Il visita lui-même tous les postes, et reçut les Sarrasins à leur descente, non pas en équipage de guerrier, ainsi qu'en avait usé Goslin évêque de Paris dans une occasion encore plus pressante, mais comme un pontife qui exhortait un peuple chrétien, et comme

1245

1250

1255

1260

1248-49 w68, w75G: Léon IV au tome 1 de l'*Essai sur l'esprit et sur les mœurs des nations*. ¶'Le

NM, K84: Léon IV au tome 1 de l'*Essai sur les mœurs et l'esprit des nations*. ¶'Le

1259 67C: de guerre, ainsi

---

considérés comme les artisans de la bulle *Unigenitus Dei filius* promulguée par Clément XI en 1713: voir *Le Siècle de Louis XIV*, ch.37 et *Balance égale* (M, t.24, p.337-38); voir aussi C. Sommervogel, *Bibliothèque de la Compagnie de Jésus*, t.7, p.1911-19 (Le Tellier); t.4, p.1387-1400 (Lallemant); t.3, p.159-63 (Doucin). Le jésuite Vatebled, valet de chambre du père de La Chaise, est évoqué dans le chapitre 20 de *L'Ingénu* (*OCV*, t.63C, p.318-19). Le développement s'achève sur une nouvelle allusion à la destruction des jésuites.

256 Voir *Les Erreurs de Voltaire*, 2e partie, ch.19 (t.2, p.162-68), où il est notamment question de Honorius et d'Adrien Ier.

257 Sur Honorius Ier, accusé 'd'avoir été monothélite', voir l'*Essai sur les mœurs*, ch.14 (t.1, p.320; passage cité par Nonnotte, t.2, p.163); sur le 'tempérament politique' d'Adrien Ier, ch.20 (t.1, p.353-54; extraits cités par Nonnotte, t.1, p.119; t.2, p.164).

258 *Essai sur les mœurs*, ch.28, t.1, p.402.

un roi qui veillait à la sûreté de ses sujets. Il était né Romain. Le courage des premiers âges de la république revivait en lui dans un temps de lâcheté et de corruption, tel qu'un des beaux monuments de l'ancienne Rome qu'on trouve quelquefois dans les ruines de la nouvelle.' 1265

Il a poussé l'amour de la vérité jusqu'à justifier la mémoire d'un Alexandre VI contre cette foule d'accusateurs qui prétendent que ce pape mourut du poison préparé par lui-même pour faire périr tous les cardinaux ses convives. Il n'a pas craint de heurter l'opinion 1270 publique et de rayer un crime du nombre des crimes dont ce pontife fut convaincu. [259] Il n'a jamais considéré, n'a chéri, n'a dit que le vrai, il l'a cherché cinquante ans, et tu ne l'as pas trouvé.

Tu es fâché que le pape Benoit XIV lui ait écrit des lettres agréables, et lui ait envoyé des médailles d'or et des agnus par 1275 douzaines! [260] tu es fâché que son successeur l'ait gratifié, par la protection et par les mains d'un grand ministre, de belles reliques pour orner l'église paroissiale qu'il a bâtie? [261] Console-toi, Nonotte, et viens y servir la messe d'un de tes confrères qui est l'aumônier du château. [262] Il est vrai que le maître ne marchera pas à 1280 la procession derrière un jeune jésuite, comme on a fait dans un

---

[259] Voir *Des mensonges imprimés*, *OCV*, t.31B, p.387. Voir *Essai sur les mœurs*, ch.111 (t.2, p.98-100). Voltaire conteste notamment Guichardin (*Historia d'Italia*, t.1, p.626-27): voir la 'Dissertation sur la mort de Henri IV', *OCV*, t.2, p.340-41. Il écrit néanmoins, dans la seconde des *Lettres à Son Altesse Monseigneur le prince de ****: 'il paraît impossible qu'il y eût le moindre instinct de religion dans le cœur d'un Alexandre VI, qui faisait périr par le stylet, par la corde, ou par le poison tous les petits princes dont il ravissait les Etats' (ci-dessous, p.399).

[260] On se souvient que Voltaire imprime, en tête de l'édition de *Mahomet*, la lettre qu'il adresse à Benoît XIV le 15 août 1745 ainsi que la 'Réponse du souverain pontife' datée du 19 septembre (*OCV*, t.20B, p.157). Sur cette affaire, voir *VST*, t.1, p.469-73. Voir encore, en 1769, la *Lettre anonyme* (*M*, t.27, p.413).

[261] En 1761, Voltaire réclame au pape Clément XIII des reliques pour son église de Ferney (D9841) et reçoit un morceau du silice de saint François d'Assise: il précise à Jacques-François-Paul Aldonce de Sade, le 12 février 1764 (D11694), que cette relique lui a été envoyée 'par M. le duc de Choiseul'. Sur cette affaire, voir *VST*, t.2, p.52.

[262] Le père Adam.

beau village lès Montauban;[263] il n'est pas de ce goût: mais enfin vous serez deux jésuites. *Saepe premente deo fert deus alter opem.*[264]

Enfin, Nonotte, tu emploies l'artillerie des Garasse et des Hardouin,[265] *ultima ratio jesuitarum, et aliquando jansenistarum.*[266] Tu traites d'athée l'adorateur le plus résigné de la divinité; tu intentes cette accusation horrible contre l'auteur de *La Henriade*, poème qui est le triomphe de la religion catholique, tu l'intentes contre l'auteur de *Zaïre* et d'*Alzire* dont cette même religion est la base, contre celui qui ayant adopté la petite-fille du grand Corneille, ne la reçut dans une de ses maisons située sur le territoire de Genève qu'à condition qu'elle aurait toutes les facilités d'exercer la religion catholique. Tu le sais, puisque tes complices pour gagner quelque argent ont fait imprimer la lettre où il est dit expressément que cette demoiselle aura sur le territoire des protestants tous les secours nécessaires pour l'exercice de sa religion.[267] Tu ne songeais pas que tu donnais ainsi des armes contre toi et tes consorts.

C'est ainsi que les Nonottes, les Patouillets et autres Welches ont traité d'athées les principaux magistrats français et les plus éloquents: les Monclar, les Chauvelin, les La Chalotais, les Duché,

1285

1290

1295

1300

1282   K84: village de Montauban;
1290   NM, W75G, W68, K84: la nièce du

---

[263] Voir la *Relation du voyage de Monsieur le marquis de Pompignan*, *M*, t.24, p.461.

[264] Ovide, *Tristes*, livre I, 2, vers 4. Traduction J. André: 'Souvent, contre la persécution d'un dieu, un autre dieu prête son assistance'.

[265] Voir ci-dessus, n.102.

[266] Traduction: 'dernier argument des jésuites, et quelquefois des jansénistes'.

[267] Allusion à la lettre adressée par Voltaire et Mme Denis à Marie-Françoise Corneille le 22 novembre 1760 (D9421): 'nous passons plusieurs mois de l'année dans une campagne auprès de Genève, mais vous y aurez toutes les facilités, et tous les secours possibles pour tous les devoirs de la religion.' La lettre est fidèlement reproduite dans les *Lettres de Monsieur de Voltaire à ses amis du Parnasse*, lettre 30, p.150-51: voir ci-dessus, Quinzième honnêteté, p.101-102.

les Castillon, et plusieurs autres.[268] Mais aussi, il faut considérer que ces messieurs leur ont fait plus de mal que M. de Voltaire.

Après l'exposé des bévues, des insolences et des injures atroces prodiguées par Nonotte et par ses aides, quelques lecteurs seront bien aises de savoir quels sont les auteurs de ce libelle, et de tant d'autres libelles contre la magistrature de France. Voici la lettre d'un homme en place, écrite de Besançon le 9 janvier 1767; elle peut instruire.[269]   1305

'Jaques Nonotte âgé de 54 ans est né à Besançon d'un pauvre homme qui était fendeur de bois et crocheteur. Il paraît à son style et à ses injures qu'il n'a pas dégénéré. Sa mère était blanchisseuse. Le petit Jaques ayant fait le métier de son père à la porte des jésuites, et ayant montré quelque disposition pour l'étude, fut recueilli par eux, et fut jésuite à l'âge de vingt ans. Il était placé à Avignon en 1759. Ce fut là qu'il commença à compiler avec quelques-uns de ses confrères son libelle contre l'*Histoire générale*, et contre vous.[270]   1310

1315

1317-18   K84: contre l'*Essai sur les mœurs etc.* et

[268] Jean-Pierre-François de Ripert, marquis de Monclar (1711-1773), procureur général au parlement de Provence, Henri-Philippe de Chauvelin (1714-1770), chanoine de Notre-Dame, conseiller au Parlement et Louis-René de Caradeuc de La Chalotais, procureur général au parlement de Bretagne ont tous trois été très actifs dans la lutte contre l'ordre des jésuites. On ignore qui est Duché; un personnage portant ce nom est mentionné dans la lettre au marquis de Villevielle du 23 mars 1767 (D14063): Voltaire envoie 'une plaisanterie' – peut-être les *Honnêtetés* – qui pourra 'réjouir' son correspondant 'et M. Duché'. Jean-François-André Le Blanc de Castillon (1719-1800), avocat général au parlement d'Aix, publie en 1765 un *Monitoire* qui comporte 'un bel éloge de cette vraie philosophie' (Voltaire à Damilaville, 19 mars [1766], D13212): un *Arrêt de la cour de Parlement, aides et finances de Dauphiné* du 22 mars 1766 (Grenoble, A. Giroud, 1766, BV116) condamne au feu un extrait de ce discours 'comme séditieux et calomnieux'.

[269] Lettre vraisemblablement fictive, à tout le moins dont on n'a pas gardé trace dans la correspondance: l'auteur de la *Lettre* [...] *à un ami* parle d'une 'lettre fabriquée pour offenser' Nonotte, et qui 'renferme presque autant de sottises que de mots' (p.106-107). Voir l'introduction de la *Lettre d'un avocat*, ci-dessous, p.335-42.

[270] Voir ci-dessus, Vingt et unième honnêteté, p.114-16.

'L'imprimeur Fez en tira douze cents exemplaires. Le débit n'ayant pas répondu à leurs espérances, Fez se plaignit amèrement, et les jésuites furent obligés de prendre l'édition pour leur compte. Vous daignâtes, Monsieur, vous abaisser à répondre à ce mauvais livre; cela le fit connaître, et a enhardi Nonotte et ses associés à en faire une seconde édition pleine d'injures les plus méprisables à la fois et les plus punissables. Le parti jésuitique a fait imprimer cette édition clandestine à Lyon par les libraires Jaquenod et Rusand au mépris des ordonnances.[271]

'Nonotte est actuellement toléré et ignoré dans notre ville. Il demeure à un troisième étage, et il gouverne despotiquement une vieille fille imbécile qui vous a écrit une lettre anonyme. Il dit qu'il s'occupe à un *Dictionnaire anti-philosophique* qui doit paraître cette année.[272] Je crois en effet qu'il en fera un anti-raisonnable. Vous voyez que les membres épars de la vipère coupée en morceaux, ont encore du venin.[273] Ce misérable est un excrément de collège qu'on ne décrassera jamais etc.'

Nous conservons l'original de cette lettre.

1326   NM, W75G, W68, K84: Lyon, au

---

[271] La description correspond à une édition qui n'est pas celle de BV: *Les Erreurs de Voltaire*, 3ᵉ édition, revue, corrigée et considérablement augmentée, avec un avant-propos pour le second tome, et une table des matières. Par M. l'abbé Nonnotte. A Lyon, chez Jacquenod père et Rusand, libraires, grande rue Mercière, au Soleil, 1767 (BnF, Z Beuchot 1599). Voir ci-dessus, n.183.

[272] Le *Dictionnaire philosophique de la religion* de Nonotte (s.l., 1772, BV2578) ne paraît que cinq ans après la publication de ce texte. Il s'agit plus probablement du *Dictionnaire anti-philosophique* de Louis-Mayeul Chaudon (Avignon, Veuve Girard et F. Seguin, 1767, BV728) évoqué dans la lettre à Damilaville du [1ᵉʳ] décembre 1767 (D14562): 'j'ai reçu un livre imprimé à Avignon, intitulé: *Dictionnaire anti-philosophique*'; quoique l'ouvrage paraisse 'sans nom d'auteur', Voltaire estime que 'trois jésuites nommés Patouillet, Nonotte et Ceruti ont contribué à ce chef-d'œuvre'.

[273] Cf. *Lettres à Son Altesse Monseigneur le prince de* ***, ci-dessous, p.437: 'la fureur de l'absurde Nonotte est le fruit de l'horreur et du mépris où les jésuites sont tombés dans l'Europe; c'est le serpent qui veut mordre encore quand il a été coupé en tronçons'.

Si Nonotte a ses censeurs, il a aussi des gens de bon goût pour partisans. M. de Voltaire a reçu une lettre datée de Hennebond en Bretagne le 18 novembre 1766, signée *le chevalier de Brulé*: il a bien voulu nous la communiquer; la voici; elle est en beaux vers. [274]   1340

> L'orgueil du philosophe avait bercé Voltaire,
> Dans la flatteuse idée, mais par trop téméraire,
> De mériter un nom par-dessus tous les noms.
> Le voilà bien déchu de sa présomption.
> David avec sa fronde a terrassé Goliath.   1345

Et puis qu'on dise qu'il n'y a plus de Welches en France. Le chevalier de Brulé est apparemment un disciple de Nonotte. Les jésuites n'élevaient-ils pas bien la jeunesse?

Petite digression, qui contient une réflexion utile sur une partie des vingt-deux honnêtetés précédentes

Quelle est la source de cette rage de tant de petits auteurs, ou ex-jésuites, ou convulsionnistes, ou précepteurs chassés, ou petits   1350
collets sans bénéfices, ou prieurs, ou argumentant en théologie, ou travaillant pour la comédie, ou étalant une boutique de feuilles, ou vendant des mandements et des sermons? D'où vient qu'ils attaquent les premiers hommes de la littérature avec une fureur si folle? pourquoi appellent-ils toujours les Pascal *porte d'enfer*; les   1355
Nicole *loup ravissant*, et les D'Alembert *bête puante*? [275] Pourquoi,

---

1339   w68: le chevalier Brulé

---

[274] On ne trouve aucune trace de cette lettre dans la correspondance de Voltaire.

[275] Ces 'injures, faussetés; mensonges, impostures et calomnies' se trouvent dans *Le Jansénisme confondu* du père Brisacier, dont Arnauld donne un 'Extrait' dans l'"Appendice' de la *Défense de la censure* de l'archevêque de Paris contre cet ouvrage, publiée en 1652 (*Œuvres*, Paris et Lausanne, 1775-1783, 43 vol.), t.29, p.597-610: Calaghan et 'ses amis' sont traités de '*sectaires*, de *prélats du démon*, et de *portes d'enfer*' (p.601), puis de 'chiens muets' (p.603). Brisacier estime aussi avoir été obligé de crier 'au loup', quand il l'a vu 'entrer dans la bergerie' (p.598). Arnauld est traité

lorsqu'un ouvrage réussit, crient-ils toujours à l'hérétique, au déiste, à l'athée? La prétention au bel esprit est la grande cause de cette maladie épidémique.

Ce n'est certainement pas pour rendre service à la religion catholique apostolique et romaine, qu'ils crient partout, qu'ils impriment partout, que les premiers mathématiciens du siècle, les premiers philosophes, les plus grands poètes et orateurs, les plus exacts historiens, les magistrats les plus consommés dans les lois, tous les officiers d'armée qui s'instruisent, ne croient pas à la religion catholique apostolique et romaine, contre laquelle les portes de l'enfer ne prévaudront jamais.[276] On sent bien que les portes de l'enfer prévaudraient, s'il était vrai que tout ce qu'il y a de plus éclairé dans l'Europe, déteste en secret cette religion.[277] Ces malheureux lui rendent donc un funeste service en disant qu'elle a des ennemis dans tous ceux qui pensent.[278]

Ils veulent eux-mêmes la décrier en cherchant des noms célèbres qui la décrient. Il est dit dans le second volume des *Erreurs de Nonotte*, renforcées par un autre homme de bien qui l'a aidé,

1360 K84: certainement que pour
1361-62 NM, W75G, W68, K84: partout, que les premiers
1373-74 NM, W75G, W68, K84: dans les *Erreurs de Nonotte*,

---

d''hérésiarque' (p.608). Pascal évoque ces 'calomnies' du père Brisacier dans la quinzième lettre des *Provinciales* (Paris, 1992), p.294. Voir aussi une note de Voltaire dans les *Fragments historiques sur l'Inde* (*M*, t.29, p.112, n.1). Sur D'Alembert, voir ci-dessus, Douzième honnêteté, p.97.

[276] Voir Matthieu 16:18: 'et les portes de l'enfer ne prévaudront point contre elle'.

[277] L'auteur de la *Lettre* [...] *à un ami* explicite et dénonce (p.99-104), derrière 'cet entortillement affecté de propos' (p.93), une 'proposition' qui, si elle 'était déférée à la Sorbonne', serait probablement 'qualifiée d'impie, de blasphématoire, de fausse, de téméraire, de scandaleuse, etc.' (p.104).

[278] Argument comparable à celui qu'exprime le marquis d'Argence dans la lettre au comte de Périgord du 15 novembre 1766 (D13672), à propos des 'petits Zoïles, prétendus chrétiens' qui ont écrit des 'sottises' contre l'*Encyclopédie*: ils 'ne voient pas quel tort ils font au christianisme, et combien ils l'outragent, en criant toujours qu'il a pour ennemis les hommes les plus savants *et les mieux savants*'. Nonnotte est évoqué peu après.

page 118, *Qu'à la vérité M. de Voltaire n'attaque point l'autorité des*   1375
livres divins, qu'il montre même pour eux du respect, mais que cela
n'empêche point qu'il ne s'en moque dans son cœur,[279] *et de là* il conclut
que tout le monde en fait autant, et que lui Nonotte pourrait bien
s'en moquer aussi avec une direction d'intention.[280]

    Ah! impie Nonotte! blasphémateur Nonotte! Prions Dieu, mes   1380
frères, pour sa conversion.[281]

    Ce qui damne principalement Nonotte, Patouillet et consorts,
est précisément ce qui a traduit frère Berthier en purgatoire;[282]
c'est la rage du bel esprit. Croiriez-vous bien, mes frères, que
Nonotte dans son libelle théologique, trouve mauvais que l'auteur   1385
du *Siècle de Louis XIV* ait mis *Quinaut* au rang des grands
hommes?[283] Nonotte trouve Quinaut plat: quoi! tu n'aimes pas
l'auteur d'*Atis* et d'*Armide*! tant pis, Nonotte, cela prouve que tu as
l'âme dure et point d'oreille, ou trop d'oreilles.

        Non sa che cosa è amor, non sa che vaglia   1390
        La caritate e quindi advien che i frati
        Sono si ingorda e si crudel' canaglia.

        Arioste, épître sur le mariage.[284]

    Voilà donc l'ex-révérend Nonotte qui dans un livre dogmatique
pèse le mérite de Quinaut dans sa balance. M. l'évêque du Puy en   1395

---

[279] Cf. *Les Erreurs de Voltaire*, 2ᵉ partie, ch.12 (t.2, p.108): 'Il est vrai qu'il
n'attaque jamais ouvertement l'autorité des livres divins. Il montre même
quelquefois pour eux une espèce de respect. Mais cela ne l'empêche pas ensuite
d'essayer toute la force de sa philosophie contre les vérités qui y sont le plus
clairement annoncées.'

[280] Voir ci-dessus, n.189.

[281] L'auteur de la *Lettre* [...] *à un ami* ironise sur 'ce nouvel enthousiasme de
Turlupin' (p.18).

[282] C'est du moins la fiction que développe l'*Apparition de frère Berthier à frère
Garassise*': voir la *Relation* [...] *du jésuite Berthier* (*M*, t.24, p.102-104).

[283] Voir *Les Erreurs de Voltaire*, 1ʳᵉ partie, ch.54 (t.1, p.492-93).

[284] Traduction: 'Il ne sait ce que c'est que l'amour, il ne sait ce que vaut la charité;
et c'est ce qui fait que les moines sont une si avide et si cruelle canaille'. Ces vers de
L'Arioste sont repris et légèrement modifiés dans *Les Lettres d'Amabed* (*M*, t.21,
p.477).

Vélai, adresse aux habitants du Puy en Vélai, une énorme pastorale dans laquelle il leur parle de belles-lettres;[285] *Soyez donc philosophes, mes très chers frères*, dit-il aux chaudronniers du Vélai à la page 299.[286] Mais remarquez qu'il ne leur parle ainsi par l'organe de *Cortiat secrétaire*,[287] qu'après leur avoir parlé de Perraut, de La Motte, de l'abbé Terrasson, de Boindin,[288] après avoir outragé la cendre de Fontenelle,[289] après avoir cité Bacon, Galilée, Descartes, Mallebranche, Leibnitz, Neuton et Loke.[290] La bonne compagnie du Puy en Vélai a pris tous ces gens-là pour des Pères de l'Eglise. Cortiat secrétaire examine, page 23, si Boileau n'était qu'un versificateur; et, page 77, si les corps gravitent vers un centre.[291] Dans le mandement sous le nom de M. J. F. archevêque

140

140

1398   NM, W75G, W68: *mes chers*
1407   K84: de J. F.

[285] Jean-George Le Franc de Pompignan, *Instruction pastorale* [...] *sur la prétendue philosophie des incrédules modernes* (voir préambule, lignes 170-74 et n.30) à laquelle Voltaire réplique par la *Lettre d'un quaker à Jean-George Lefranc de Pompignan* (*M*, t.25, p.5-12).

[286] La citation, textuellement exacte, intervient à la fin de l'ouvrage, après une ultime diatribe contre le 'nom usurpé' de 'philosophe', 'dont les incrédules de nos jours se parent avec tant de complaisance', et avant que Pompignan exhorte ses ouailles à voir l'univers et à en louer le Créateur: 'C'en est assez pour être philosophe à meilleur titre que des savants présomptueux' (p.299-300). Il avait déjà signalé que la 'vraie' philosophie doit être cherchée 'dans cette même religion si indignement méprisée par de prétendus philosophes' (p.279).

[287] L'ouvrage s'achève sur cette signature: '† Jean-George, évêque du Puy. Par monseigneur, Cortiat, secrétaire' (p.300). La *Lettre d'un quaker* évoque aussi 'une instruction dite pastorale [...] en trois cent huit pages, *par monseigneur, Cortiat, secrétaire*' (*M*, t.25, p.5).

[288] La *Lettre d'un quaker* (*M*, t.25, p.7) renvoie avec exactitude à la page 18 du texte de Pompignan.

[289] Voir la *Lettre d'un quaker* (*M*, t.25, p.6), où Voltaire explique l'outrage commis à l'encontre de Fontenelle, auquel Pompignan attribue une *Histoire des oracles* 'remplie de venin': Pompignan parle en fait de 'venin déguisé' (*Instruction pastorale*, p.18).

[290] La *Lettre d'un quaker* (*M*, t.25, p.5-6) renvoie, pour Newton et Locke, aux pages 33 et 38 du texte de Pompignan. Une énumération comportant la liste quasi-complète des auteurs cités par Voltaire (à l'exception de Locke) se trouve à la page 21.

[291] Les références sont exactes. A noter, en ce qui concerne l'évocation de

d'Auch,[292] on examine si un poète doit se borner à un seul talent, ou en cultiver plusieurs.

Ah! messieurs, *non erat his locus*.[293] Vos troupeaux d'Auch et du Vélai ne se mêlent ni de vers, ni de philosophie; ils ne savent pas plus que vous, ce que c'est qu'un poète et qu'un orateur. Parlez le langage de vos brebis.

Vous voulez passer pour de beaux esprits, vous cessez d'être pasteurs; vous avertissez le monde de ne plus respecter votre caractère. On vous juge comme on jugeait La Motte et Terrasson dans un café. Voulez-vous être évêques, imitez saint Paul; il ne parle ni d'Homère ni de Lycophron: il ne discute point si Xénophon l'emporte sur Thucidide; il parle de la charité:[294] *La charité*, dit-il, *est patiente*; êtes-vous patients? *elle est bénigne*; êtes-vous bénins? *elle n'est point ambitieuse*; n'avez-vous point eu l'envie de vous élever par votre style? *elle n'est point méchante*; n'avez-vous mis ou laissé mettre aucune malignité dans vos pastorales?

Beaux pasteurs, paissez vos ouailles en paix, et revenons à nos moutons, à nos honnêtetés littéraires.

Vingt-troisième honnêteté, des plus fortes

Un ex-jésuite nommé Patouillet, (déjà célébré dans cette diatribe),[295] homme doux et pacifique, décrété de prise de corps à

Boileau, qui 'n'a été qu'un *versificateur*', que Pompignan prend soin de renvoyer, en note, à l'article 'Encyclopédie' du *Dictionnaire encyclopédique* (n.2, p.23).

[292] Voir la Vingt-troisième honnêteté, p.147-51.

[293] Horace, *Art poétique*, vers 19. Traduction F. Villeneuve: 'ce n'en était pas le lieu'. Passage déjà cité dans la *Lettre d'un quaker* (*M*, t.25, p.6).

[294] Cf. 1 Corinthiens 13:4-5: 'La charité est patiente, elle est douce et bienfaisante. La charité n'est point envieuse, elle n'est point téméraire et précipitée, elle ne s'enfle point d'orgueil. Elle n'est point dédaigneuse, elle ne cherche point ses propres intérêts, elle ne se pique et ne s'aigrit de rien, elle n'a point de mauvais soupçons'.

[295] Voir ci-dessus préambule, ligne 140, et 'Petite Digression', ligne 1382.

Paris pour un libelle très profond contre le Parlement,[296] se réfugie
à Auch chez l'archevêque avec un de ses confrères. Tous deux
fabriquent une pastorale en 1764, et séduisent l'archevêque jusqu'à
lui faire signer de son nom *J. F.*[297] cet écrit apostolique qui attaque
tous les parlements du royaume,[298] et voici surtout comme la
pastorale s'explique sur eux page 48. *Ces ennemis des deux*
puissances mille fois abattus par leur concert, toujours relevés par de
sourdes intrigues, toujours animés de la rage la plus noire etc.[299] Il n'y a
presque point de page où ces deux jésuites n'exhalent contre les
parlements une rage qui paraît d'un noir plus foncé. Ce libelle
diffamatoire a été condamné à la vérité à être brûlé par la main du
bourreau;[300] on a recherché les auteurs, mais ils ont échappé à la
justice humaine.

Il faut savoir que ces deux faiseurs de pastorales s'étaient imaginé
qu'un officier de la maison du roi, très vieux et très malade, retiré
depuis treize ans dans ses terres, avait contribué du coin de son feu à
la destruction des jésuites. La chose n'était pas fort vraisemblable,

---

1429   w68: se réfugia

[296] Louis Patouillet (1699-1779) prend part aux polémiques qui opposent les
jésuites et l'archevêque de Paris au Parlement: exilé, il se réfugie à Amiens, à Uzès
puis à Auch. Ses *Réflexions d'un docteur en théologie de l'Université sur la déclaration*
du roi du 10 décembre 1756 sont brûlées par arrêt du Châtelet le 9 novembre 1758: voir
le *Dictionnaire des journalistes*, t.2, p.775-76, n° 624. Voir aussi C. Sommervogel,
Bibliothèque de la Compagnie de Jésus, t.6, p.351-57.

[297] L'auteur de la *Lettre* [...] *à un ami* dénonce le 'vrai style de corps de garde' de
l'auteur des *Honnêtetés littéraires*, qu'illustre cette 'plaisanterie soldatesque' (p.18).

[298] Jean-François de Chatillard de Montillet-Grenaud, *Lettre pastorale de*
Monseigneur l'archevêque d'Auch, au clergé séculier et régulier de son diocèse (s.l.,
1764, BV2505). Sur la page de titre de son exemplaire, Voltaire écrit que cette lettre
est 'composée par le nommé Patouillet jésuite, et condamnée par le parlement à être
brûlée par le bourreau' (*CN*, t.5, p.762). Voltaire attribue aussi cette lettre pastorale
à Patouillet dans la lettre à Damilaville du 2 avril 1764 (D11808) et dans l'épilogue de
La Guerre civile de Genève (*OCV*, t.63A, p.143 et n.a, p.143-45). Voir encore, en
1769, la *Lettre anonyme* (*M*, t.27, p.408).

[299] Passage repéré par une barre en marge dans l'exemplaire de Voltaire: voir
CN, t.5, p.772.

[300] Voir *OCV*, t.63A, n.2, p.143.

148

mais ils la crurent, et ils ne manquèrent pas de dire dans le mandement, selon l'usage ordinaire, que ce malin vieillard était déiste et athée, que c'était un *vagabond* qui à la vérité ne sortait guère de son lit, mais que dans le fond il aimait à courir, que *c'était un vil mercenaire*[301] qui mariait plusieurs filles de son bien, mais qui avait gagné depuis douze ans quatre cent mille francs avec les frères Cramer auxquels il a donné ses ouvrages, et avec les comédiens de Paris auxquels il a abandonné le profit entier *mammonae iniquitatis*.[302]

Enfin M. J. F. d'Auch traita ce seigneur de plusieurs paroisses qui sont assez loin de son diocèse et très bien gouvernées, comme le plus vil des hommes, comme s'il était à ses yeux membre d'un parlement. Un parent de l'archevêque auquel cet officier du roi daignait prêter de l'argent dans ce temps-là même, écrivit à M. d'Auch[303] qu'il s'était laissé surprendre, qu'il se déshonorait, qu'il devait faire une réparation authentique; que lui son parent,

1450

1455

1460

1451-52   NM, W75G, W68, K84: les éditeurs auxquels

[301] Cf. *Lettre pastorale*, p.13: Voltaire est présenté comme 'un auteur mercenaire, qui varia ses talents, et qui multiplia ses productions par le bas motif du vil intérêt; un vagabond chassé de sa patrie, et fugitif de royaume en royaume'. Dans la marge de son exemplaire, Voltaire proteste à deux reprises: 'tu en as menti malheureux il ne vend point ses ouvrages. Il n'est point mercenaire il a prêté *généreusement* de l'argent à ton neveu qui le lui doit encore'; 'chassé de sa patrie? coquin. Il y fait plus de bien que tu n'y fais de mal'. Voltaire est plus loin qualifié de 'maître d'irréligion par excellence' (p.14): 'ou as-tu pris ce tissu de calomnies ridicules', demande Voltaire en marge (*CN*, t.5, p.764-65).

[302] Cf. Luc 16:9: '*facite vobis amicos de mamona iniquitatis*'. Traduction: 'employez les richesses injustes à vous faire des amis'. Les arguments qu'oppose Voltaire se retrouvent dans la lettre du marquis d'Argence au comte de Périgord du 15 novembre 1766 (D13672).

[303] Outre la note marginale déjà citée (voir ci-dessus, n.301), voir la note de l'épilogue de *La Guerre civile de Genève* (*OCV*, t.63A, n.a, p.144): Voltaire a prêté de l'argent au neveu de l'archevêque d'Auch, Claude-Joseph-Hippolyte de Bourgeois, marquis de Billiat (voir n.4, p.144). La lettre évoquée est peut-être celle, dont la minute est signée 'V' mais probablement envoyée sous le nom de Daumart, adressée à J.-F. de Montillet le 29 mai 1764 (D11898).

n'oserait plus paraître devant l'offensé; *je ne suis pas en état*, disait-il dans sa lettre, *de lui rendre ce qu'il m'a si généreusement prêté. Payez-moi donc ce que vous me devez depuis si longtemps, afin que je sois en état de satisfaire à mon devoir.*

M. d'Auch fut si honteux de son procédé qu'il se tut. La famille nombreuse de l'offensé répondit à son silence par cette lettre qui fut envoyée de Paris à M. d'Auch. [304]

A M. l'archevêque d'Auch

Il parut sous votre nom, Monsieur, en 1764, une *Instruction pastorale* qui n'est malheureusement qu'un libelle diffamatoire. On s'élève dans cet ouvrage contre le recueil des assertions [305] consacré par le parlement de Paris, on y regarde les jésuites comme des martyrs et les parlements comme des persécuteurs, *(n)* on y accuse d'injustice l'édit du roi qui bannit irrévocablement les jésuites du royaume. Cette instruction pastorale a été brûlée par la main du bourreau. Le roi fait réprimer les attentats à son autorité; les parlements savent les punir: mais les citoyens qui sont attaqués avec tant d'insolence dans ce libelle, n'ont d'autre ressource que celle de confondre les calomnies. Vous avez osé insulter des hommes vertueux que vous n'êtes pas à portée de connaître;

(n) Nos pères vous avaient appris à respecter les jésuites etc. pages 35 et suivantes du *Mandement* de M. d'Auch. [306]

---

[304] Le texte qui suit se trouve, sous le titre de *Lettre pastorale à Monsieur l'archevêque d'Auch*, dans *L'Evangile du jour*, t.3 (Londres, 1769), p.71-72. Voir aussi *M*, t.25, p.469-70.

[305] [Claude-Pierre Goujet et autres], *Extrait des assertions dangereuses et pernicieuses en tout genre que les soi-disant jésuites ont, dans tous les temps et persévéramment, soutenues, enseignées et publiées, etc.*, (Paris, P.-G. Simon, 1762). La *Lettre pastorale* évoque un 'volume' 'si artificieusement formé' (p.48): passage marqué d'une barre en marge dans l'exemplaire de Voltaire (*CN*, t.5, p.772).

[306] La citation, qui se trouve à la page indiquée, n'a pas été marquée dans l'exemplaire de Voltaire.

vous avez surtout indignement outragé un citoyen qui demeure à cent cinquante lieues de vous: vous dites à vos diocésains d'Auch que ce citoyen officier du roi et membre d'un corps à qui vous devez du respect, (o) est un vagabond et un fugitif du royaume, tandis qu'il réside depuis quinze années dans ses terres où il répand 1485 plus de bienfaits que vous ne faites dans votre diocèse, quoique vous soyez plus riche que lui; vous le traitez de mercenaire, dans le temps même qu'il donnait des secours généreux à votre neveu dont les terres sont voisines des siennes; ainsi vous couronnez vos calomnies par la lâcheté et par l'ingratitude. Si c'est un jésuite qui 1490 est l'auteur de votre brochure comme on le croit, vous êtes bien à plaindre de l'avoir signée. Si c'est vous qui l'avez faite, ce qu'on ne croit pas, vous êtes plus à plaindre encore. Vous savez tout ce que vos parents et tout ce que des hommes d'honneur vous ont écrit sur le scandale que vous avez donné, qui déshonorerait à jamais 1495 l'épiscopat, et qui le rendrait méprisable, s'il pouvait l'être. On a épuisé toutes les voies de l'honnêteté pour vous faire rentrer en vous-même. Il ne reste plus à une famille considérable si insolemment outragée qu'à dénoncer au public l'auteur du libelle, comme un scélérat dont on dédaigne de se venger, mais qu'on doit faire 1500 connaître. On ne veut pas soupçonner que vous ayez pu composer ce tissu d'infamies dans lequel il y a quelque ombre de fausse érudition. Mais quel que soit son abominable auteur, on ne lui répond qu'en servant la religion qu'il déshonore, en continuant à faire du bien, et en priant Dieu qu'il convertisse une âme si perverse 1505 et si lâche; s'il est possible pourtant qu'un calomniateur se convertisse.

(o) Pages 12, 13 et 14 du libelle. [307]

1491   NM, W75G, W68: êtes à

[307] Voir ci-dessus, n.301.

Réflexion morale

C'est une chose digne de l'examen d'un sage que la fureur avec laquelle les jésuites ont combattu les jansénistes, et la même fureur que ces deux partis ruinés l'un par l'autre exhalent contre les gens de lettres. Ce sont des soldats réformés qui deviennent voleurs de grand chemin. Le jésuite chassé de son collège, le convulsionnaire échappé de l'hôpital, errant chacun de leur côté, et ne pouvant plus se mordre, se jettent sur les passants.

Cette manie ne leur est pas particulière; c'est une maladie des écoles; c'est la vérole de la théologie. Les malheureux argumentants [308] n'ont point de profession honnête. Un bon menuisier, un sculpteur, un tailleur, un horloger, sont utiles; ils nourrissent leur famille de leur art. Le père de Nonotte était un brave et renommé crocheteur de Besançon. [309] Ne vaudrait-il pas mieux pour son fils scier du bois honnêtement que d'aller de libraire en libraire chercher quelque dupe qui imprime ses libelles? on avait besoin de Nonotte père et point du tout de Nonotte fils. Dès qu'on s'est mêlé de controverse, on n'est plus bon à rien, on est forcé de croupir dans son ordure le reste de sa vie, et pour peu qu'on trouve quelque vieille idiote qu'on ait séduite, [310] on se croit un Chrysostome, un Ambroise, pendant que les petits garçons se moquent de vous dans la rue. O frère Nonotte, frère Pichon, frère Duplessis, [311] votre temps est passé; vous ressemblez à de vieux acteurs chassés des chœurs de l'Opéra, qui vont fredonnant de vieux airs sur le

1510

1515

1520

1525

1530

---

308 Selon le *Dictionnaire de l'Académie* (1762), 'celui qui argumente dans un acte public contre le répondant'.

309 Voir ci-dessus, Vingt-deuxième honnêteté, ligne 1311.

310 Voir ci-dessus, Vingt-deuxième honnêteté, lignes 1036-37 et 1330.

311 Sur le jésuite Jean Pichon (1683-1751), auteur de *L'Esprit de Jésus-Christ et de l'Eglise sur la fréquente communion* (Paris, H.-L. Guérin, 1745) dont il fait rétractation dans une *Lettre* [...] *à Monseigneur l'archevêque de Paris*, voir C. Sommervogel, *Bibliothèque de la Compagnie de Jésus*, t.6, p.717-22. Le jésuite François-Xavier Duplessis (1694-1745) est l'auteur d'une *Lettre* [...] *au sujet des calomnies publiées contre lui par l'auteur des Nouvelles ecclésiastiques* (s.l.n.d.), datée du 29 juin 1745.

Pont-Neuf pour obtenir quelque aumône. Croyez-moi, pauvres gens; un meilleur moyen pour obtenir du pain serait de ne plus chanter.

Vingt-quatrième honnêteté, des plus médiocres

Un abbé Guion qui a écrit une histoire du *bas* Empire,[312] dans un style convenable au titre, dégoûté d'écrire l'histoire, se mit il y a peu d'années à faire un roman.[313] Il alla, dit-il, dans un château qui n'existe point; il y fut très bien reçu, accueil auquel il n'est pas apparemment accoutumé. Le maître de la maison qu'il n'a jamais vu, lui confia immédiatement après le dîner tous ses secrets.[314] Il lui avoua que M. *B.* est un hérétique, M. *C.* un déiste, M. *D.* un socinien, M. *F.* un athée, et M. *G.* quelque chose de pis; et que pour lui seigneur du château, il avait l'honneur d'être l'Antéchrist, et qu'il lui offrait un drapeau dans ses troupes sous les ordres de MM. Da, de, di, do, du, ses capitaines.[315] Il dit qu'il fit très bonne chère chez l'Antéchrist; c'est en effet un des caractères de ce seigneur que nous attendons, et c'est par là en partie qu'il séduira les élus.

[312] Probablement l'*Histoire romaine, depuis la fondation de Rome jusqu'à la translation de l'empire par Constantin* de Laurence Echard (6 vol., Paris, G. Martin, 1728, BV1200), à laquelle auraient collaboré Desfontaines et l'abbé Claude-Marie Guyon.

[313] Voir *L'Oracle des nouveaux philosophes* (Berne [Paris], 1759, BV1586).

[314] Voltaire simplifie la fiction mise en place au début de l'ouvrage. Une 'affaire particulière' conduit le narrateur en Suisse; il rend visite à 'un gentilhomme' qu'il a 'beaucoup fréquenté à Paris' et qui lui offre l'hospitalité. En discutant avec son hôte, il apprend que 'la belle maison de campagne de M. de Voltaire' se situe dans les environs et que son propriétaire 'reçoit son monde à merveille' (*L'Oracle des nouveaux philosophes*, p.1-2). L'ouvrage de l'abbé Guyon se compose de neuf conversations avec ce 'personnage célèbre'.

[315] A la fin de la dernière conversation, le narrateur fait l'éloge de Bossuet, que Voltaire est accusé de 'rendre [...] suspect d'incrédulité': Voltaire met fin à l'entretien 'avec des yeux étincelants de colère'. Le narrateur comprend qu'il doit se 'hâter de quitter le pays des nouveaux philosophes': 'Je ne crus pas même me tromper en prévoyant que leur oracle, ou quelqu'un de la société de Da* De* Di* Do* Du* lâcherait un jour contre moi les traits d'une vengeance satirique' (*L'Oracle des nouveaux philosophes*, p.385).

153

L'abbé Guion parle ensuite de Louis XIV; il dit que ce monarque *n'allait à la guerre qu'accompagné de plusieurs cours brillantes; mais que son médaillon a deux faces;*[316] il ajoute que dans les dernières années de ce prince il n'y a rien d'intéressant *sinon les quatre-vingt mille livres de pension qu'obtint Mme de Maintenon à la mort de ce monarque.*[317] Voilà la manière dont ledit Guion veut qu'on écrive l'histoire. Laissons-le faire la fonction d'aumônier auprès de l'Antéchrist et n'en parlons plus.

Vingt-cinquième honnêteté, fort mince

Cette vingt-cinquième honnêteté est celle d'un nommé Bernet prédicant d'un village près de Carcassonne en Languedoc.[318] Ce prédicant a fait un libelle de lettres en deux volumes[319] contre sept ou huit personnes qu'il ne connaît pas, dédié à un grand seigneur

---

1555-56   NM, W75G, W68, K84: nommé Larnet, prédicant [*systématiquement par la suite*]

1556   K84: Languedoc. [*avec note*: Vernet ministre à Genève.] Ce

---

[316] 'Convenait-il d'exagérer le faste voluptueux avec lequel vous prétendez qu'il fit la campagne de 1670, suivi de toute sa cour, de celles de M. le Dauphin, de Madame, de Mademoiselle, et de Madame de Montespan?', demande le narrateur: 'Ce n'est pas ainsi que les vrais héros marchent à la tête de leurs armées.' 'Le médaillon avait deux faces', conclut-il plus loin: 'Vous avez mis au grand jour celle qui devait être voilée; et vous avez caché celle qui devait être exposée aux yeux de l'univers' (*L'Oracle des nouveaux philosophes*, p.353-54).

[317] Le narrateur cite un passage du *Siècle de Louis XIV* (ch.27; *OH*, p.940) où Voltaire écrit que, à la mort de Louis XIV, Mme de Maintenon 'ne voulut qu'une pension de 80 000 livres, qui lui fut exactement payée jusqu'à sa mort'. Il ajoute, s'adressant à Voltaire: 'Voilà peut-être le seul fait intéressant qu'il y ait dans toutes vos anecdotes' (*L'Oracle des nouveaux philosophes*, p.356-57).

[318] Voir la lettre de Voltaire à Cramer, [4 avril 1767] (D14092): 'Est-il vrai que l'ami Vernet soit parent du prédicant Vernet de Carcassonne à qui le grand Covelle a rendu tant de justice dans ses honnêtetés littéraires?' Sur Vernet, voir G. Gargett, *Jacob Vernet, Geneva and the philosophes*, SVEC 321 (1994).

[319] *Lettres critiques d'un voyageur anglais sur l'article Genève du Dictionnaire encyclopédique; et sur la Lettre de Monsieur d'Alembert à Monsieur Rousseau*, 3ᵉ éd., 2 vol. (Copenhague, C. Philibert [Genève], 1766, BV3426). Les deux éditions précédentes (1761 et 1763) ne comportent qu'un volume.

qu'il connaît encore moins. Ces écrivains de lettres ont toujours des correspondants, comme les poètes ont des Philis et des Amarantes en l'air. Bernet commence par dire page 50 que c'est le pape qui est l'Antéchrist. [320] Oh! accordez-vous donc, messieurs; car l'abbé Guion assure qu'il a vu l'Antéchrist dans son château auprès de Lausanne. [321] Or l'Antéchrist ne peut pas siéger à Lausanne et à Rome: il faut opter: il n'appartient pas à l'Antéchrist d'être en plusieurs lieux à la fois.

Le prédicant appelle à son secours le pauvre Michel Servet, [322] qui assurait que l'Antéchrist siège à Rome. Si c'était le sentiment du sage Servet, il ne fallait donc pas que de sages prédicants le fissent brûler; [323] mais

> Ami, Servet est mort, laissons en paix sa cendre. [324]
> Que m'importe qu'on grille ou Servet ou Bernet?

Tout cela m'est fort égal. Il est un peu ennuyeux, à ce qu'on dit, ce Bernet, prédicant de Carcassonne en Languedoc. Cependant il a

---

1574   67B: il y a

[320] Dans une note, l'auteur prend à partie D'Alembert parce qu'il déclare, 'à propos de l'inscription latine qu'on voit encore entre les portes de l'Hôtel de ville de Genève, *Mais dans un siècle tel que le nôtre, il (le pape) n'est plus l'Antéchrist pour personne*' (*Lettres critiques*, p.52). La note est appelée par la mention du 'siècle que M. d'Alembert appelle poliment le *siècle de M. Voltaire*'. Dans un préambule, l'auteur a déjà évoqué en Voltaire le 'coryphée' des philosophes (p.17-20) et dépeint la 'secte' des 'voltairiens' ou 'philosophistes' (p.20-22).

[321] Voir ci-dessus, Vingt-quatrième honnêteté, lignes 1541-44 et n.315.

[322] L'auteur consacre plusieurs pages (*Lettres critiques*, p.46-51) à la manière dont D'Alembert, répétant Voltaire, évoque le supplice de Servet, et à la manière dont les protestants excusent 'les personnes' qui ont ordonné des procédures criminelles contre ce malheureux, 'sans justifier l'action' (p.47). L'esprit de tolérance s'étant développé, dans '*notre siècle*', à l'avantage des pays protestants, 'le tolérant M. d'Alembert' n'aurait-il pas dû sentir 'le tort qu'il a eu de blâmer nos pères de s'être soustraits à l'empire papal?' (p.52).

[323] Sur le supplice de Michel Servet, voir notamment le chapitre 134 de l'*Essai sur les mœurs*.

[324] Cf. les paroles de Phorbas à Œdipe: 'Seigneur, Laïus est mort, laissez en paix sa cendre' (*Œdipe*, IV.ii.206, *OCV*, t.1A, p.231).

quelques amis. M. Robert Covelle, qui joue, comme on sait, un 1575
grand rôle dans la littérature, lui est fort attaché. [325] Dans le dernier
voyage que M. Robert fit à Carcassonne, il dédia à son ami Bernet
une petite pièce de poésie que je vais transcrire ici, comme une
honnêteté digne de ce recueil. Cette épître n'est pas limée.
M. Covelle est un homme de bonne compagnie, qui hait le travail 1580
et qui peut dire avec Chapelle: [326]

> Tout bon fainéant du Marais,
> Fait des vers qui ne coûtent guère.
> Pour moi c'est ainsi que j'en fais,
> Et si je les voulais mieux faire, 1585
> Je les ferais bien plus mauvais.

Voici donc le petit morceau de M. Robert Covelle, [327] pour
égayer un peu cette triste liste des honnêtetés littéraires. Sans
enjouement et sans variété, vous ne tenez rien.

Maître Guignard, [328] *ou de l'hypocrisie.*
Diatribe par M. Robert Covelle, dédiée à M. Isaac Bernet,
prédicant de Carcassonne en Languedoc

> Mes chers amis, il me prend fantaisie, 1590
> De vous parler ce soir d'hypocrisie.

1578-79 K84: poésie, intitulée: *Maître Guignard* ou *de l'hypocrisie.* [*avec note*:
Voyez le volume de *Contes et satires.*] Cette
1586-1689a K84: mauvais. / *Vingt-sixième honnêteté*
1589b NM, W75G, W68: *dédiée à M. Larnet*

[325] Robert Covelle, qui joue un grand rôle dans *La Guerre civile de Genève*, est aussi
l'auteur supposé d'une *Lettre curieuse* [...] *à la louange de M. Vernet* parue en 1766 (*M*,
t.25, p.491-96) qui prend aussi pour cible les *Lettres critiques d'un voyageur anglais.*
[326] *Voyage de messieurs Bachaumont et La Chapelle*, Préface, p.iii.
[327] Ce texte, connu sous le titre d'"Eloge de l'hypocrisie' et publié ici pour la
première fois, est envoyé à Frédéric II le 13 janvier 1767 (D13837). Il est cependant
déjà mentionné dans la *Lettre curieuse* (*M*, t.25, p.495).
[328] Voir ci-dessus, Vingt-deuxième honnêteté, lignes 832 et 871, et n.191.

Grave Bernet, soutiens ma faible voix;
Plus on est lourd, plus on parle avec poids.
   Si quelque belle à la démarche fière,
Aux gros tétons, à l'énorme derrière,   1595
Etale aux yeux ses robustes appas,
Les rimailleurs la nommeront Pallas.
Une beauté, jeune, fraîche, ingénue
S'appelle Hébé; Vénus est reconnue
A son sourire, à l'air de volupté   1600
Qui de son charme embellit la beauté.
Mais si j'avise un visage sinistre,
Un front hideux, l'air empesé d'un cuistre,
Un cou jauni sur un moignon penché,
Un œil de porc à la terre attaché,   1605
(Miroir d'une âme à ses remords en proie,
Toujours terni de peur qu'on ne le voie)
Sans hésiter je vous déclare net
Que ce magot est Tartuffe ou Bernet.
C'est donc à toi, Bernet, que je dédie   1610
Ma très honnête et courte rapsodie,
Sur le sujet de notre ami Guignard,
Fesse-mathieu, [329] dévot et grand paillard.
   Avant-hier advint que de fortune
Je rencontrai ce Guignard sur la brune,   1615
Qui chez Fanchon s'allait glisser sans bruit,
Comme un hibou qui ne sort que de nuit.
Je l'arrêtai d'un air assez fantasque
Par sa jaquette, et je lui criai, Masque,
Je te connais; l'argent et les catins   1620
Sont à tes yeux les seuls objets divins;
Tu n'eus jamais un autre catéchisme.
Pourquoi veux-tu de ton plat rigorisme
Nous étalant le dehors imposteur,
Tromper le monde, et mentir à ton cœur,   1625
Et tout pétri d'une douce luxure,

---

[329] 'On appelle ainsi un usurier, un homme qui prête sur gage', note le
Dictionnaire de l'Académie (1762) qui précise que le terme est familier.

Parler en Paul, et vivre en Epicure?
  Le sycophante alors me répondit,
Qu'il faut tromper pour se mettre en crédit,
Que la franchise est toujours dangereuse,   16
L'art bien reçu, la vertu malheureuse,
La fourbe utile, et que la vérité
Est un joyau peu connu, très vanté,
D'un fort grand prix, mais qui n'est point d'usage.
  Je répliquai, Ton discours paraît sage;   16
L'hypocrisie a du bon quelquefois.
Pour son profit on a trompé des rois.
On trompe aussi le stupide vulgaire,
Pour le gruger bien plus que pour lui plaire.
Lorsqu'il s'agit d'un trône épiscopal,   16
Ou du chapeau qui coiffe un cardinal,
Ou si l'on veut de la triple couronne,
Que selon toi l'ami Belzébut donne,
En pareil cas peut-être il serait bon
Qu'on employât quelques tours de fripon.   16
L'objet est beau, le prix en vaut la peine.
Mais se gêner pour nous mettre à la gêne,
Mais s'imposer le fardeau détesté
D'une inutile et triste fausseté,
Du monde entier méprisée et maudite,   16
C'est être dupe encor plus qu'hypocrite.
Que Peretti (ƒ) se déguise en chrétien
Pour être pape, il se conduit fort bien,

(ƒ) *Sixte-Quint*; il est vrai qu'il fit longtemps semblant d'être humble et doux, lui qui était si fier et si dur. [330] Voilà pourquoi M. Robert Covelle dit que Sixte-Quint se déguise en chrétien: avec sa permission je trouve cela un terme un peu hardi.

1645   67B: quelque tour de

[330] Voir, en particulier, dans *La Henriade*, les notes de Voltaire aux chants 3 (*OCV*, t.2, p.439, n.q) et 4 (p.465, n.d) qui évoquent la 'dissimulation' et l'*'artifice'* de Felice Peretti (1521-1590), élu pape en 1585; voir aussi l'article 'Caractère' du *Dictionnaire philosophique* (*OCV*, t.35, p.432).

Mais toi, pauvre homme, excrément de collège,
Dis-moi, quel bien, quel rang, quel privilège   1655
Il te revient de ton maintien cagot?
Tricher au jeu sans gagner est d'un sot.
Le monde est fin; aisément on devine,
On reconnaît le cafard à la mine,
Chacun le hue: on aime à décrier   1660
Un charlatan qui fait mal son métier.
Mais convenez que du moins mes confrères
M'applaudiront... Tu ne les connais guères;
Dans leur tripot on les a vus souvent
Se comporter comme on fait au couvent.   1665
Tout penaillon y vante sa besace,
Son institut, ses miracles, sa crasse;
Mais en secret l'un de l'autre jaloux
Modestement ils se détestent tous.
Tes ennemis sont parmi tes semblables.   1670
Les gens du monde au moins sont plus traitables;
Ils sont railleurs, les autres sont méchants.
Crains les sifflets, mais crains les malfaisants.
Crois-moi, renonce à la cagoterie,
Mène uniment une plus noble vie,   1675
Rougissant moins, sois moins embarrassé;
Que ton col tord désormais redressé
Sur son pivot garde un juste équilibre.
Lève les yeux, parle en citoyen libre;
Sois franc, sois simple; et sans affecter rien,   1680
Essaie un peu d'être un homme de bien.
    Le mécréant alors n'osa répondre.
J'étais sincère, il se sentait confondre.
Il soupira d'un air sanctifié.
Puis détournant son œil humilié,   1685
Courbant en voûte une part de l'échine,
Et du menton se battant la poitrine,
D'un pied cagneux il alla chez Fanchon
Pour lui parler de la religion.

Vingt-sixième honnêteté

Vous êtes un impudent, un menteur, un faussaire, un traître, qui [1690]
imputez à des Anglais de mauvais vers que vous dites avoir traduits en
français. Vous êtes le seul auteur de ces vers abominables; et de plus,
vous n'avez jamais entendu ni Loke, ni Neuton; car frère Berthier a dit
que vous cherchiez la trisection de l'angle par la géométrie ordinaire. [331]

Ce sont à peu près les paroles des Nonottes, Patouillets, Guions [1695]
etc. à ce pauvre vieillard qui est hors d'état de leur répondre. Je
prends toujours son parti comme je le dois. La plupart des gens de
lettres abandonnent leurs amis pillés et vexés; ils ressemblent assez
à ces animaux qu'on dit amis de l'homme, et qui quand ils voient un
de leurs camarades mort de ses blessures dans un grand chemin, [1700]
lèchent son sang et passent sans se soucier du défunt. Je ne suis pas
de ce caractère, je défends mon ami, *unguibus et rostro.* [332]

M. Midleton à qui nous devons la vie de Ciceron, et des
morceaux de littérature très curieux, voyageant en France dans
sa jeunesse, fit des vers charmants sur ce qu'il avait vu dans notre [1705]
patrie; [333] les voici d'après le recueil où ils sont imprimés. Ceux qui
entendent l'anglais les liront sans doute avec plaisir. [334]

1700   w68: de blessures

[331] Voir le *Post-scriptum* de la lettre publiée dans *Le Pour et contre*: *Eléments de la philosophie de Newton, OCV*, t.15, p.686 et n.17.

[332] 'Des ongles et du bec'. Voir l''Avertissement essentiel ou inutile' de *La Défense de mon oncle* (*OCV*, t.64, p.189 et n.3).

[333] Si Conyers Middleton est l'auteur d'une *Histoire de Cicéron, tirée de ses écrits et des monuments de son siècle; avec les preuves et des éclaircissements* (trad. Prévost, Paris, Didot, 1743; Ferney catalogue) que Voltaire a utilisée en rédigeant *Rome sauvée* (voir *OCV*, t.31A, p.49-51), les vers qui suivent sont en fait de George Lyttelton, premier Baron Lyttelton (1709-1773), qui avait lui-même publié des *Observations on the life of Cicero* (Londres, 1733).

[334] Voir 'To the reverend Dr Ayscough at Oxford. Writ from Paris in the year 1728', dans *Poems by the right honourable the late Lord Lyttelton*, Glasgow, 1773, p.29-31, comportant plusieurs variantes. Je remercie Paul Gibbard de m'avoir communiqué cette référence. Sur Voltaire et Lyttelton, voir A. M. Rousseau, *L'Angleterre et Voltaire, SVEC* 145-47 (1976), p.234-37.

A nation here I pity and admire.
Whom noblest sentiments of glory fire,
Yet thaught by custom's force, and bigot fear,   1710
To serve with pride, and boast the yoke they bear.
Whose nobles born to cringe and to command,
In courts a mean, in camps a gen'rous band
From priests and tax-jobbers content receive
Those laws their dreaded arms to Europe give,   1715
Whose people vain in want, in bondage blest,
Thò plunder'd, gay; industrious, tho opprest,
With happy follies rise above their fate
The jest and envy of each wiser state.
   Yet here the muses deign'd a while to sport   1720
In the short sun-shine of a fav'ring court;
Here Boileau, strong in sense, and sharp in wit
Who *from* the ancients, like the ancients vrit,
rmission gaind inferior vice to blame,
ing incense to his masters fame.   1725
more delight those pleasing shades I view
Whe ondé from an envious court withdrew,
Where of glory, faction, power and pride
Sure judg w empty all, who all had try'd,
Beneath hi ms, the wary chief repos'd   1730
And life's gr ene in quiet virtue clos'd.

Voici comme M. de V ire mon ami traduit assez fidèlement
tout cet excellent morceau autant qu'une traduction en vers
peut être fidèle.

   Tel est l'esprit français; j dmire et le plains.   1735
Dans son abaissement quel ex de courage!

<hr>

335 Voltaire cite les dix premiers vers de ce poè vec éloge dans une lettre à
Lyttelton de 1750 (D4145). Il publie douze vers du poè ainsi que leur traduction,
dans les *Pensées sur le gouvernement* (1752), pensée 16 – ve cités par Nonnotte dans
Les Erreurs de Voltaire (2ᵉ partie, ch.26, t.2, p.250-51; passag marqué par un signet
dans l'exemplaire de Voltaire, *CN*, t.6, p.122). Le vers 'De l'A glais libre et sage il
est encor l'envie' est relevé ailleurs (*Les Erreurs de Voltaire*, t.2, p. 6) et marqué par
un papillon (*CN*, t.6, p.122).

La tête sous le joug, les lauriers dans les mains,
Il chérit à la fois la gloire et l'esclavage.
Ses exploits et sa honte ont rempli l'univers. (q)
Vainqueur dans les combats, enchaîné par ses maîtres,   1740
Pillé par des traitants, [336] aveuglé par des prêtres,
Dans la disette il chante, il danse avec ses fers.
Fier dans la servitude, heureux dans sa folie,
De l'Anglais libre et sage il est encor l'envie.
   Les muses cependant ont habité ces bords,   1745
Lorsqu'à leurs favoris prodiguant ses trésors,
Louis encourageait l'imitateur d'Horace;
Ce Boileau plein de sel, encor plus que de grâce,
Courtisan satirique, ayant le double emploi
De censeur des Cotins, et de flatteur du roi.   1750
   Mais je t'aime encor mieux, ô respectable asile!
Chantilli, des héros séjour noble et tranquille,
Lieux où l'on vit Condé fuyant de vains honneurs,
Lassé de factions, de gloire et de grandeurs,
Caché sous ses lauriers, dérobant sa vieillesse   1755
Aux dangers d'une cour infidèle et traîtresse,
Ayant éprouvé tout, dire avec vérité,
Rien ne remplit le cœur, et tout est vanité.

J'avoue que ces vers français peuvent n'avoir pas tous l'énergie anglaise. Hélas! c'est le sort des traducteurs en toute langue d'être   1760
au-dessous de leurs originaux.

J'avoue encore qu'il y a quelques vers de Midleton injurieux à la nation française. M. de Voltaire a souvent repoussé toutes ces injures modestement selon sa coutume.

(q) C'était dans la guerre de 1689.

1754   67B: Lassé des factions
1759   K84: pas toute l'énergie

[336] Selon le *Dictionnaire de l'Académie* (1762), le *traitant* 'se charge du recouvrement des impositions ou deniers publics, à certaines conditions réglées par un traité'.

En voilà assez pour ce qui regarde les vers. Quant à la trisection   1765
de l'angle, cela pourrait ennuyer les dames, dont il faut toujours
ménager la délicatesse.

S'il se passe quelques nouvelles honnêtetés dans la turbulente
république des lettres, on n'a qu'à nous en avertir; nous en ferons
bonne et briève justice.   1770

1770-71   K84: [*entre ces lignes ajoute une 'Vingt-septième honnêteté' correspondant
à l''article 16' et dernier du 'Fragment sur l'histoire générale' (1773): voir M, t.29,
p.279-83*]

LETTRE À L'AUTEUR
DES *HONNÊTETÉS LITTÉRAIRES*. [337]

Sur les Mémoires de Madame de Maintenon,
publiés par La Beaumelle

On ne peut lire sans quelque indignation les *Mémoires pour servir à l'histoire de Madame de Maintenon et à celle du siècle passé.* [338] Ce sont cinq volumes d'antithèses et de mensonges. Et l'auteur est encore plus coupable que ridicule, puisque ayant fait imprimer les lettres de Mme de Maintenon [339] dont on lui avait confié une copie, il ne tenait qu'à lui de faire une histoire vraie, fondée sur ces mêmes lettres et sur les mémoires accrédités que nous avons. Mais la littérature étant devenue un objet de commerce, l'auteur n'a songé qu'à enfler son ouvrage et à gagner de l'argent aux dépens de la vérité. Il faut regarder son livre comme les mémoires de Gatien de Courtils et comme tant d'autres libelles qui se sont débités dans leur temps et qui sont tombés dans le dernier mépris. L'auteur commence par un portrait de la société de Mme Scarron, comme

177

178

1775 NM, W75G, W68, K84: dont il avait escroqué une
1778 NM, W75G, W68, K84: devenue le vil objet d'un vil commerce

---

[337] Cette 'Lettre' fait partie des *Honnêtetés littéraires* dans toutes les éditions du texte: voir l'introduction, p.19-20.

[338] [La Beaumelle], *Mémoires pour servir à l'histoire de Madame de Maintenon, et à celle du siècle passé*, 6 vol. (Amsterdam, Pierre Erialed impr. libr. [Avignon, Deleyre], 1757, BV1794). Dans le 'Catalogue des écrivains' du *Siècle de Louis XIV* ces mémoires sont dits 'remplis de faussetés' (*OH*, p.1183). Outre les ouvrages cités ci-dessous, de nombreux passages sont repris dans la préface des *Souvenirs de Madame de Caylus* (*OCV*, t.71A, p.118-19) et dans les *Fragments sur l'histoire générale* (*M*, t.29, p.257-66). Sur cette édition des *Mémoires* [...] *de Madame de Maintenon*, voir C. Lauriol, *La Beaumelle*, ch.8, et 'Le premier biographe de Mme de Maintenon réévalué: La Beaumelle', dans A. Niderst (dir.), *Autour de Françoise d'Aubigné, marquise de Maintenon*, *Albineana* 10-11, 2 vol. (Niort, 1999), t.1, p.91-106. Sur La Beaumelle, voir aussi les Seizième et Dix-septième honnêtetés, p.102-108.

[339] Voir ci-dessus, n.126.

s'il avait vécu avec elle. Il met de cette société M. de Charleval, qu'il appelle le plus élégant de nos poètes négligés, et dont nous n'avons que trois ou quatre petites pièces qui sont au rang des plus médiocres; il y associe le comte de Coligny, qu'il dit *avoir été à Paris le prosélyte de Ninon, et à la cour l'émule de Condé.* En quoi le comte de Coligny pouvait-il être l'émule du prince de Condé? quelle rivalité de rang, de gloire et de crédit pouvait être entre le premier prince du sang, célèbre dans l'Europe par trois victoires, et un gentilhomme qui s'était à peine distingué alors? Il ajoute à cette prétendue société *le marquis de La Sablière, qui avait,* dit-il, *dans ses propos toute la légèreté d'une femme.* [340] La Sablière était un citoyen de Paris qui n'a jamais été marquis; qui a dit à l'auteur que ce La Sablière était si léger dans ses propos?

Sied-il bien à cet écrivain de dire que *les assemblées qui se tenaient chez Scarron, ne ressemblaient point à ces coteries littéraires dans qui la marquise de Lambert semble avoir formé le dessein de détruire le bon goût.* Cet homme a-t-il connu Mme de Lambert, qui était une femme très respectable? a-t-il jamais approché d'elle? est-ce à lui à parler de goût?

Pourquoi dit-il que dans la maison de Scarron on cassait souvent les arrêts de l'Académie? [341] Il n'y a pas dans tous les ouvrages de Scarron un seul trait dont l'Académie ait pu se plaindre. Ne découvre-t-on pas dans ces réflexions satiriques si étrangères à son sujet un jeune étourdi de province qui croit se faire valoir en affectant des mépris pour un corps composé des premiers hommes de l'Etat et des premiers de la littérature?

Comment a-t-il assez peu de pudeur pour répéter une chanson

1785

1790

1795

1800

1805

1810

1801-802   W75G, W68, K84: lui de parler

[340] La description de cette 'Société de Mme de Maintenon', qui comporte les passages cités concernant Charleval, Coligni et le marquis de La Sablière, se trouve dans le chapitre 7 du livre 2: *Mémoires [...] de Madame de Maintenon,* t.1, p.131-32; passage marqué par un papillon dans l'exemplaire de Voltaire (*CN,* t.5, p.26 et n.13).
[341] *Mémoires [...] de Madame de Maintenon,* t.1, p.133: passage marqué d'un signet dans l'exemplaire de Voltaire (*CN,* t.5, p.26 et n.14).

infâme de Scarron contre sa femme,[342] dans un ouvrage qu'il prétend avoir entrepris à la gloire de cette même femme et pour mériter l'approbation de la maison de Saint-Cyr? Il attribue aussi à Mme de Maintenon plusieurs vers qu'on sait être de l'abbé Têtu, et d'autres qui sont de M. de Fieubet.[343] On voit à chaque page un homme qui parle au hasard d'un pays qu'il n'a jamais connu, et qui ne songe qu'à faire un roman.

Mlle de La Valliére dans un déshabillé léger s'était jetée dans un fauteuil, là elle pensait à loisir à son amant; souvent le jour la retrouvait assise sur une chaise accoudée sur une table, l'œil fixe dans l'extase de l'amour.[344] Eh mon ami! l'as-tu vue dans ce déshabillé léger? l'as-tu vue accoudée sur cette table? est-il permis d'écrire ainsi l'histoire?

Ce romancier sous prétexte d'écrire les mémoires de Mme de Maintenon, parle de tous les événements auxquels Mme de Maintenon n'a jamais eu la moindre part: il grossit ses prétendus mémoires des aventures de Mademoiselle avec le comte de Lausun. Pourrait-on croire qu'il a l'audace de citer les mémoires de Mademoiselle, et de supposer des faits qui ne se trouvent pas dans ces mémoires? il atteste les propres paroles de Mademoiselle. *Elle lui déclara sa passion,* dit-il, *par un billet qu'elle lui remit entre les mains au milieu du Louvre à la face de ses dieux domestiques, en 1671;* il y lut ces mots: *C'est M. le comte de Lausun que j'aime et que je veux épouser.* Il cite les mémoires de Montpensier tome 6 page 53.[345] Il n'y a pas un mot de cela dans les mémoires de Montpensier. Mademoiselle écrivit seulement sur un papier, *c'est vous,* et rien de plus. Il faut en croire cette princesse plutôt que La Beaumelle. *La*

_____

[342] Les 'couplets', quoique 'indécents', sont rapportés dans le souci de ne pas 'taire les choses désavantageuses': 'l'histoire ne connaît pas ces ménagements' (*Mémoires [...] de Madame de Maintenon*, livre 2, ch.12; t.1, p.158-59).

[343] Voir *Mémoires [...] de Madame de Maintenon*, livre 2, ch.17 (t.1, p.186-89). Le *Mémoire pour être mis à la tête de la nouvelle édition [...] du Siècle de Louis XIV* cite quelques 'vers infâmes': *M*, t.26, p.358.

[344] *Mémoires [...] de Madame de Maintenon*, livre 3, ch.3 (t.1, p.223): passage marqué d'un signet dans l'exemplaire de Voltaire (*CN*, t.5, p.26 et n.15).

[345] Voir *Mémoires [...] de Madame de Maintenon*, livre 4, ch.4 (t.2, p.18).

présence des dieux domestiques est fort convenable et du vrai style de l'histoire!

Ce qui révolte presque à chaque page, ce sont les conversations que l'auteur suppose entre le roi, Mme de Montespan et la veuve de Scarron, comme s'il y avait été présent. *Louis*, dit-il, *n'eût point aimé la vérité dans une bouche ridicule* en pie-grièche, *que Mme de Maintenon savait envelopper dans des paroles de soie.* [346] 　　　1840

Mme de Maintenon savait, dit-il, *que les amours et les craintes de Mme de Montespan avaient sauvé la Hollande.* [347] Où a-t-il lu que Mme de Montespan sauva la Hollande, qui allait être entièrement envahie, si les Hollandais n'avaient pas eu le temps de rompre leurs digues et d'inonder le pays? 　　　1845

Comment ose-t-il dire que lorsque Mme de Maintenon mena le duc du Maine à Barêge, elle dit au maréchal d'Albret *en voyant le Château Trompette, Voilà où j'ai été élevée, mais je connais une plus rude prison, et mon lit n'est pas meilleur que mon berceau.* [348] Tout le monde sait qu'elle était née à Niort, et non pas à Bordeaux; et qu'elle n'avait jamais été élevée au Château Trompette. Comment peut-on accumuler tant de sottises et de mensonges! 　　　1850

　　　1855

Il fait dire par Mme de Maintenon à Mme de Montespan; *J'ai rêvé que nous étions l'une et l'autre sur le grand escalier de Versailles, je montais, vous descendiez, je m'élevais jusqu'aux nues, et vous allâtes à Fontevraux.* [349] Il est difficile de s'élever jusqu'aux nues par un escalier. Ce conte est imité du duc d'Epernon, qui montant l'escalier de Saint-Germain rencontra le cardinal de Richelieu, dont le pouvoir commençait à s'affermir. Le cardinal lui demanda 　　　1860

1860　　NM, W75G, W68, K84: imité d'une ancienne anecdote du duc

[346] *Mémoires [...] de Madame de Maintenon*, livre 5, ch.2 (t.2, p.82).
[347] *Mémoires [...] de Madame de Maintenon*, livre 5, ch.3 (t.2, p.97): passage marqué par un papillon dans l'exemplaire de Voltaire (*CN*, t.5, p.26 et n.17).
[348] *Mémoires [...] de Madame de Maintenon*, livre 5, ch.6 (t.2, p.106): passage marqué par un papillon dans l'exemplaire de Voltaire (*CN*, t.5, p.27 et n.18).
[349] *Mémoires [...] de Madame de Maintenon*, livre 6, ch.1 (t.2, p.162): passage marqué par un papillon dans l'exemplaire de Voltaire (*CN*, t.5, p.27 et n.19).

s'il ne savait point quelques nouvelles? Oui, lui dit-il, *vous montez et je descends.* [350] Notre romancier cite les lettres de Mme de Sévigné, et il n'y a pas un mot dans ces lettres de la prétendue réponse de Mme de Maintenon.

Il faut être bien hardi et croire ses lecteurs bien imbéciles pour oser dire qu'en 1681 le duc de Lorraine envoya à Mademoiselle un agent secret déguisé en pauvre, qui en lui demandant l'aumône dans l'église, lui donna une lettre de ce prince, par laquelle il la demandait en mariage. [351] On sait assez que ce conte est tiré de l'histoire de Clotilde. On sait assez que Mademoiselle n'aurait point omis un événement si singulier dans ses mémoires, et qu'elle n'en dit pas un seul mot. [352] On sait que si le duc de Lorraine avait eu de telles propositions à faire, il le pouvait très aisément sans le secours d'un homme déguisé en mendiant. Enfin en 1681 Charles duc de Lorraine était marié avec Marie Eléonore fille de l'empereur Ferdinand III, veuve de Michel roi de Pologne. On ne peut guère imprimer des impostures plus sottes et plus grossières.

Il fait dire à Mme d'Aiguillon; *mes neveux vont de mal en pis; l'aîné épouse la veuve d'un homme que personne ne connaît; le second la fille d'une servante de la reine; j'espère que le troisième épousera la fille du bourreau.* [353] Est-il possible qu'un homme de la lie du peuple écrive du fond de sa province des choses si extravagantes et si outrageantes contre une maison si respectable; et cela sans la moindre vraisemblance et avec une insolence dont aucun libelle n'a encore approché? Cet homme aussi ignorant que dépourvu de bon

1864-65   w68: cite les lettres de la prétendue réponse
1872   NM, W75G, W68, K84: Clotilde, histoire presque aussi fausse en tout que les mémoires de Maintenon. On

350 Voir *Le Siècle de Louis XIV*, ch.27, note de Voltaire (*OH*, p.930, n.*).
351 *Mémoires [...] de Madame de Maintenon*, livre 6, ch.4 (t.2, p.193): passage marqué par un papillon dans l'exemplaire de Voltaire (*CN*, t.5, p.28 et n.20).
352 Voir *Le Siècle de Louis XIV*, ch.26, note de Voltaire (*OH*, p.918, n.*).
353 *Mémoires [...] de Madame de Maintenon*, livre 6, ch.11 (t.2, p.240): passage marqué par un signet annoté dans l'exemplaire de Voltaire ('mad<ame> de Richelieu', *CN*, t.5, p.29 et n.21).

sens, dit pour justifier le goût de Louis XIV pour Mme de
Maintenon, *que Cléopatre déjà vieille enchaîna Auguste, et que
Henri second brûla pour la maîtresse de son père.* [354] Il n'y a rien de
si connu dans l'histoire romaine que la conduite d'Auguste et de
Cléopatre, qu'il voulait mener à Rome en triomphe à la suite de son
char. Aucun historien ne le soupçonna d'avoir la moindre faiblesse
pour Cléopatre. [355] Et à l'égard de Henri second qui *brûla* pour la
duchesse de Valentinois, aucun historien sérieux n'assure qu'elle
ait été la maîtresse de François Ier. On soupçonna à la vérité, et
Mezerai le dit assez légèrement, *que Saint-Vallier eut sa grâce sur
l'échafaud pour la beauté de Diane sa fille unique;* [356] mais elle n'avait
alors que 14 ans; et si elle avait été en effet maîtresse du roi,
Brantone [357] n'aurait pas omis cette anecdote.

Ce falsificateur de toute l'histoire cite Gourville, [358] qui reprocha
au prince d'Orange d'avoir livré la bataille de Saint-Denis ayant la
paix dans sa poche; mais il oublie que ce même Gourville dit
page 222 de ses mémoires [359] que le prince d'Orange ne reçut le
traité que le lendemain de la bataille.

Il nous dit hardiment que *les jurisconsultes d'Angleterre avaient*

1890
1895
1900
1905

1901-902   NM, W75G, W68, K84: qui reproche au

[354] *Mémoires [...] de Madame de Maintenon*, livre 7, ch.12 (t.3, p.75): passage
marqué par un papillon dans l'exemplaire de Voltaire (*CN*, t.5, p.30 et n.22).

[355] Voir le *Mémoire pour être mis à la tête de la nouvelle édition [...] du Siècle de
Louis XIV*, M, t.26, p.360.

[356] Voir François Eudes de Mézeray, *Abrégé chronologique de l'histoire de France*,
6 vol. (Amsterdam, H. Schelte, 1712; BV2444: Amsterdam, 1701), t.4, p.199: 'On
disait que le roi la [sa grâce] lui avait envoyée après avoir pris de Diane sa fille, âgée
pour lors de 14 ans, ce qu'elle avait de plus précieux; échange fort doux à qui estime
moins l'honneur que la vie ou qui le fait consister dans l'éclat d'une faveur plus
enviée qu'innocente'.

[357] Pierre de Bourdeille, seigneur de Brantôme, *Œuvres*, 15 vol. (La Haye
[Rouen], aux dépens du libraire, 1740, BV538).

[358] Voir *Mémoires [...] de Madame de Maintenon*, livre 9, ch.4 (t.3, p.230).

[359] Voir Jean Hérault de Gourville, *Mémoires [...] concernant les affaires auxquelles
il a été employé à la cour, depuis 1642, jusqu'en 1698*, 2 vol. (Paris, E. Ganeau, 1724,
BV1507).

169

proposé cette question du temps de la fuite de Jaques II. Un peuple a-t-il droit de se révolter contre l'autorité qui veut le forcer à croire?[360] Jamais on ne proposa cette question, on ne la trouve nulle part. La question était de savoir si le roi d'Angleterre avait le droit de dispenser des lois portées contre les non-conformistes. C'est précisément tout le contraire de ce que dit l'auteur.

Il s'avise de rapporter une prétendue lettre de Louis XIV écrite vers l'an 1698 au prince d'Orange depuis roi d'Angleterre, conçue en ces termes: *j'ai reçu la lettre par laquelle vous me demandez mon amitié, je vous l'accorderai quand vous en serez digne; sur ce je prie Dieu qu'il vous ait en sa sainte garde.*[361]

Quel ministre, quel historien, quel homme instruit a jamais rapporté une pareille lettre de Louis XIV? est-ce là le ton de sa politesse et de sa prudence? est-ce ainsi qu'on s'exprime après avoir conclu un traité?[362] est-ce ainsi qu'on parle à un prince d'une maison impériale qui a gagné des batailles? lui parle-t-on de *sainte garde*? Cette lettre n'est assurément ni dans les archives de la maison d'Orange, ni dans celles de France; elle n'est que chez l'imposteur.

C'est avec la même audace qu'il prétend que Louis XIV pendant le siège de Lille dit à Mme de Maintenon: *Vos prières sont exaucées, Madame; Vendôme tient mes ennemis, vous serez reine de France.*[363] Si un prince du sang avait entendu ces paroles, à peine pourrait-on le croire, et c'est un polisson nommé La Beaumelle qui les rapporte sans citer le moindre garant. Le roi pouvait-il supposer que le duc de Vendôme tînt ses ennemis pendant qu'ils étaient victorieux et qu'ils assiégeaient Lille? Quel rapport y avait-il entre la levée du

1910
1915
1920
1925
1930

1908   w68: *veut forcer*
1920-21   w68: qu'on *parle à*

[360] *Mémoires [...] de Madame de Maintenon*, livre 9, ch.4 (t.3, p.237).
[361] *Mémoires [...] de Madame de Maintenon*, livre 9, ch.4 (t.3, p.230-31): d'après les manchettes, l'événement est censé s'être produit en 1688.
[362] La paix de Ryswick met fin à la Guerre de la Ligue d'Augsbourg (1688-1697): voir *Le Siècle de Louis XIV*, ch.17 (*OH*, p.787-89).
[363] *Mémoires [...] de Madame de Maintenon*, livre 10, ch.22 (t.4, p.109): passage marqué par un papillon dans l'exemplaire de Voltaire (*CN*, t.5, p.31 et n.24).

siège de Lille et le couronnement de Mme de Maintenon déclarée reine?

Qui lui a dit que Mme la duchesse de Bourgogne eut le crédit d'empêcher le roi de déclarer reine Mme de Maintenon? dans quelle bibliothèque à papier bleu a-t-il trouvé que les Impériaux et les Anglais jetaient de leur camp des billets dans Lille, et que ces billets portaient; *rassurez-vous, Français, Mme de Maintenon ne sera pas votre reine, nous ne lèverons pas le siège.* 364 Comment des assiégeants jettent-ils des billets dans une ville assiégée? comment ces assiégeants savaient-ils que Louis XIV devait faire Mme de Maintenon reine quand le siège serait levé? Peut-on entasser tant de sottises avec un ton de confiance que l'homme le plus important du royaume n'oserait pas prendre s'il faisait des mémoires pleins de vérité et de raison?

L'histoire du prétendu mariage de Monseigneur le Dauphin avec Mlle Chouin 365 est digne de toutes ces pauvretés, et n'a de fondement que des bruits adoptés par la canaille.

On lève les épaules quand on voit un tel homme prêter continuellement ses idées et ses discours à Louis XIV, à Mme de Maintenon, au roi d'Espagne, à la princesse des Ursins, au duc d'Orléans etc. Mme de Maintenon assure, selon lui, que le prince de Conti ne commandera jamais les armées, *parce que le roi a toujours été résolu de ne les point confier à un prince du sang.* 366 Et cependant le grand Condé et le duc d'Orléans les ont commandées.

1939 k84: *Français, la Maintenon*

364 *Mémoires [...] de Madame de Maintenon*, t.4, p.110: dans son exemplaire, Voltaire a placé un signet entre les pages 110 et 111 (*CN*, t.5, p.31). Voir le *Mémoire pour être mis à la tête de la nouvelle édition [...] du Siècle de Louis XIV*, M, t.26, p.361.
365 Voir *Mémoires [...] de Madame de Maintenon*, livre 12, ch.5 (t.4, p.208-29): l'exemplaire de Voltaire comporte un signet annoté 'chouin' (*CN*, t.5, p.33 et n.26). Voir aussi *Le Siècle de Louis XIV*, ch.27, note de Voltaire (*OH*, p.944, n.*) et le *Mémoire pour être mis à la tête de la nouvelle édition [...] du Siècle de Louis XIV*, M, t.26, p.361.
366 *Mémoires [...] de Madame de Maintenon*, livre 13, ch.4 (t.5, p.45): passage marqué par un papillon dans l'exemplaire de Voltaire (*CN*, t.5, p.33 et n.27).

C'est avec le même jugement et la même vérité que, pendant le siège de Toulon, il fait dire à Charles XII occupé du soin de poursuivre le czar à cinq cents lieues de là; *si Toulon est pris, je l'irai reprendre*.[367]

De tous les princes qu'il attaque avec une étourderie qui serait très punissable, si elle n'était pas méprisée, M. le duc d'Orléans régent du royaume, est celui qu'il ose calomnier avec la violence la plus cynique et la plus absurde. Il commence par dire qu'en 1713 le duc d'Orléans traversait le mariage du duc de Bourbon et de la princesse de Conti, et que le roi lui dit tête à tête dans son cabinet, *je suis surpris qu'après vous avoir pardonné une chose où il allait de votre vie, vous ayez l'insolence de cabaler chez moi contre moi*.[368] La Beaumelle était sans doute caché dans le cabinet du roi quand il entendit ces paroles. Ce mot *d'insolence* est surtout dans les mœurs de Louis XIV et bien appliqué à l'héritier présomptif du royaume. Tout ce qu'il dit de ce prince est aussi bien fondé.

Il faut avouer qu'il est très bien instruit quand il dit que le duc d'Orléans fut reconnu régent au Parlement *malgré le président de Lubert et le premier président de Maisons et plusieurs membres de l'assemblée etc.*[369] Le président de Lubert était un président des enquêtes qui ne se mêlait de rien. M. de Maisons n'a jamais été premier président; il était très attaché au Régent, et il allait être garde des sceaux lorsqu'il mourut presque subitement, et il n'y eut pas un membre du Parlement, pas un pair, qui ne donnât sa voix d'un concours unanime. Autant de mots, autant d'erreurs gros-

1960

1965

1970

1975

1980

1975   NM, W75G, W68, K84: *le président*

[367] *Mémoires [...] de Madame de Maintenon*, livre 13, ch.6 (t.5, p.75).

[368] *Mémoires [...] de Madame de Maintenon*, livre 13, ch.9 (t.5, p.110-11): passage marqué par un papillon dans l'exemplaire de Voltaire (*CN*, t.5, p.33 et n.28).

[369] Cf. *Mémoires [...] de Madame de Maintenon*, livre 15, ch.2 (t.5, p.228): 'Le président Luber, le premier président de Maisons, divers membres de l'assemblée [...] n'attendaient pour se déclarer qu'une opposition courageuse de sa part [le duc du Maine]'. Dans l'exemplaire de Voltaire, passage marqué par un signet annoté 'president Lubert' (*CN*, t.5, p.36 et n.29).

sières dans ce narré de La Beaumelle, sur lequel il lui était si aisé de s'instruire pour peu qu'il eût parlé seulement à un colporteur de ce temps-là, ou au portier d'une maison.

Je ne parlerai point des calomnies odieuses et méprisées que ce La Beaumelle a vomies contre la maison d'Orléans dans plus d'un ouvrage. [370] Il en a été puni, et il ne faut pas renouveler ces horreurs ensevelies dans un oubli éternel.

Mais comment peut-il être assez ignorant des usages du monde, et en même temps assez téméraire pour dire que *la duchesse de Berry avoua qu'elle était mariée à M. le comte de Riom, et que sur-le-champ M. de Mouchy demanda la charge de grand maître de la garde-robe de ce gentilhomme?* [371] M. de Riom avoir un grand maître de la garde-robe! quelle pitié! le premier prince du sang n'en a point. Cette charge n'est connue que chez le roi. Enfin tout cet ouvrage n'est qu'un tissu d'impostures ridicules dont aucune n'a la plus légère vraisemblance. C'est le livre d'un petit huguenot élevé à Genève pour y être prédicant, qui n'a jamais rien vu, qui parle comme s'il avait tout vu, qui a écrit dans un style aussi audacieux qu'impertinent pour avoir du pain et qui n'en méritait pas.

Il se peut que quelques provinciaux qui n'avaient aucune connaissance des affaires publiques, aient été trompés quelque temps par les faussetés que ce misérable débite avec tant d'assu-

1985
1990
1995
2000

1997-98   NM, W75G, W68, K84: élevé pour être
1998   NM, W75G, W68, K84: vu, qui a parlé comme
2000   NM, W75G, W68, K84: pain; qui
2000-2001   NM, W75G, W68, K84: méritait pas et qui n'aurait été digne que de la corde, s'il ne l'avait pas été des petites maisons. ¶Il
2003   NM, W75G, W68, K84: misérable calomniateur débite

[370] On a notamment reproché à La Beaumelle une note sur le Régent ajoutée, dans son édition du *Siècle de Louis XIV* (t.2, p.348, n.e), à l'endroit où Voltaire allègue le témoignage du marquis de Canillac pour disculper le duc d'Orléans des soupçons d'empoisonnement (*OH*, p.945-46). Cette maladresse aurait servi de prétexte à son embastillement: voir C. Lauriol, *La Beaumelle*, p.355-56 et ci-dessus, Dix-septième honnêteté, p.107.
[371] Voir *Mémoires [...] de Madame de Maintenon*, livre 15, ch.6 (t.5, p.278).

rance. Mais son livre a été regardé à Paris avec autant d'horreur que de dédain. Il est au rang de ces productions mercenaires qu'on tâche de rendre satiriques pour les débiter, ne pouvant les rendre raisonnables, et qui sont enfin oubliées pour jamais.

2005

Lettre de Monsieur de Voltaire à Monsieur Elie de Beaumont, avocat au parlement

Edition critique

par

Robert Granderoute

TABLE DES MATIÈRES

INTRODUCTION

1. *Une lettre ostensible*

Le 21 mars 1767, Voltaire, qui, depuis le 4, a enfin entre les mains le *Mémoire* de J. B. J. Elie de Beaumont si longtemps attendu, [1] écrit au marquis d'Argence que l'affaire des Sirven l'occupe à présent tout entier' (D14059). Le même jour, il prévient Damilaville de la réception prochaine d'une 'lettre ostensible sur les Sirven' qui 'peut-être sera imprimable, supposé qu'il soit permis d'imprimer des choses utiles' (D14061). La lettre ainsi annoncée, alors que Voltaire, réconforté par la publication du factum, espère bien que le Conseil ne se relâchera pas 'sur le droit qu'il a de prononcer des évocations que la voix publique demande et que l'équité exige' (D14052), c'est la *Lettre* datée du 20 mars 1767 et rédigée précisément à l'adresse de M. Elie de Beaumont. Cramer confie la *Lettre* à Chirol pour l'impression, ce qui n'est pas sans mécontenter le philosophe parce que, dit-il, Chirol 'imprime fort mal' et 'est fort long'. Dans un billet non daté et que Besterman place vers le 1er avril (D14082), Voltaire manifeste à Cramer son impatience, fait état de celle de Beaumont et n'hésite pas à user de l'hyperbole: 'Si je pouvais en avoir quelques exemplaires corrects samedi avant le départ de la poste, vous me rendriez la vie aussi bien qu'à Sirven' — tant la *Lettre* est jugée dans les circonstances présentes 'd'une nécessité absolue'. Sans doute la publication eut-elle lieu dans les tout premiers jours d'avril. Dans un autre billet envoyé à Cramer et également non daté (Besterman propose la date du 7 avril), Voltaire demande de 'faire encore envoyer par Chirol au Lyon d'or' chez Souchay 'une douzaine d'exemplaires' (D14092).

---

[1] *Mémoire à consulter et consultation pour Pierre-Paul Sirven, commissaire à terrier dans le diocèse de Castres, présentement à Genève, accusé d'avoir fait mourir sa seconde fille pour l'empêcher de se faire catholique; et pour ses deux filles.* Voir notre introduction de l'*Avis au public sur les parricides imputés aux Calas et aux Sirven* (*OCV*, t.61).

Le 10 avril, répondant à Damilaville qui lui a écrit le 3, Voltaire accepte, 'pour ne pas compromettre' Beaumont, de retrancher un passage de sa *Lettre*, celui où il met en cause Coqueley de Chaussepierre présenté comme l'approbateur des feuilles de Fréron et notamment de cette feuille de 1765 où le journaliste nie l'accusation de parricide portée en Languedoc contre les parents protestants. Voltaire autorise et invite son correspondant à faire imprimer par Merlin la *Lettre* avec l'omission, tandis qu'il lui transmet une addition à insérer – vraisemblablement le paragraphe où il rapporte le bruit calomnieux relatif à un prétendu aveu de sacrilège fait par la servante des Calas à son lit de mort (D14096). [2] Le 13 avril, c'est à Beaumont lui-même qu'il s'adresse (D14110): il se justifie de n'avoir dans sa *Lettre* rien dit de la conduite du parlement de Toulouse et de s'en être tenu aux seuls faits dont il a été témoin. Et, tout en recommandant à l'avocat deux légères corrections dans la perspective d'une réédition, [3] il revient sur son sentiment à l'égard de Coqueley: quoiqu'il se dise certain que Coqueley ait été l'approbateur de Fréron et donc 'le receleur de Cartouche', il veut bien convenir de la rumeur selon laquelle un certain Albaret lui aurait 'depuis longtemps' succédé: 'Si cela est, je transporte authentiquement à d'Albaret, et par-devant notaire s'il le faut, l'horreur et le mépris qu'un approbateur de Fréron mérite'. C'est pourquoi en définitive le passage n'a pas été supprimé, mais conservé sous un tour anonyme dans la 'seconde édition' dont la parution doit dater de la première quinzaine même d'avril. A Coqueley qui lui a écrit, Voltaire, prétextant son ignorance, redira le 24 avril: 'Je transporte par cette présente mon indignation et mon mépris [...] j'en fais une donation authentique et irrévocable à celui qui a signé et approuvé' (D14139). En mai, quand il reçoit un

---

[2] Voir la *Déclaration juridique de la servante de Madame Calas au sujet de la nouvelle calomnie qui persécute encore cette vertueuse famille* (*OCV*, t.56B, p.258-67, appendice 3).

[3] Il s'agit de substituer à 'l'argent consigné entre vos mains' 'l'argent qu'on leur offrait pour leurs honoraires' (ligne 7) et à 'Berne' et 'Genève' 'le conseil de Berne' et 'le conseil de Genève' (lignes 39 et 42).

exemplaire des *Nouveaux Mélanges philosophiques, historiques, critiques etc. etc.*, il se désole de voir que Cramer a retenu pour sa *Lettre à Monsieur Elie de Beaumont* la première édition et non la seconde: 'On accuse dans la première', précise-t-il, 'un avocat, homme d'un grand mérite nommé Coqueley, d'avoir été complice de Fréron. Il a prouvé qu'il ne l'était point: c'est lui faire une injustice atroce que de mettre son nom avec celui de Fréron' (D14177). Et Voltaire adresse à Cramer un exemplaire de la seconde édition, l'incite à faire un carton: 'Ce carton est d'une nécessité absolue, sans quoi le volume n'entrerait jamais à Paris.'

Composée de huit pages (l'édition originale en comptait quatorze), la 'seconde édition' sera reproduite avec la même mention en quinze pages: ces trois éditions successives et proches dans le temps auxquelles on pourrait ajouter, par exemple, la reproduction qu'en fait le *Journal encyclopédique*[4] à la suite du compte rendu du *Mémoire* de Cassen[5] témoignent du retentissement de ce 'petit imprimé', écrit selon les *Mémoires secrets*,[6] avec l''onction' et le 'pathétique qui coulent si naturellement de la plume de ce grand écrivain lorsqu'il prêche l'humanité' et dont l'auteur, s'adressant à Jacob Vernes, définissait la portée: 'J'écris pour agir' (D14117).

2. *Le texte*

Nous choisissons comme texte de base la première édition en 14 pages. Si Voltaire est ensuite conduit à modifier sa *Lettre*, c'est en raison d'éléments circonstanciels et afin de ne pas nuire à la diffusion en France et notamment à Paris. La première version est donc préférable; c'est d'ailleurs celle qui a été retenue dans les collections des œuvres complètes.

[4] Tome 3, 2e partie, 15 avril 1767, p.122-26.
[5] Avocat au conseil, Pierre Cassen a rédigé un *Mémoire pour Pierre-Paul Sirven Feudiste ou Commissaire à terrier à Castres, Marianne Sirven, femme Ramond Périé, et Jeanne Sirven, ses filles, demandeurs en évocation.*
[6] Tome 3, p.182, 3 mai 1767.

3. *Manuscrits et éditions*

Manuscrits

Signalons l'existence de deux manuscrits qui ne sont, selon toute vraisemblance, qu'une copie faite à partir de la première édition et dont en conséquence nous ne tenons compte ni dans l'établissement du texte ni dans celui des variantes:

MS1

Ce manuscrit est relié dans un recueil en deux tomes et se trouve dans le tome 2, pages 112-22. Au début du premier tome, on trouve les indications: 'Manuscrit. Ou sont contenues diverses pièces curieuses et intéressantes, appartient au Chev. d'Espagnac Chevalier de l'ordre militaire [...]. année 1766'.[7]
Genève, ImV: MS 31.

MS2

Darmstadt, Hessische Landes und Hochschulbibliothek: ms. 2322, p.363-70.

Editions

67G

LETTRE / *DE MONSIEUR* / DE VOLTAIRE, / *A MONSIEUR* / ELIE DE BEAUMONT, / *AVOCAT AU PARLEMENT*. / *Du* 20. *Mars* 1767.

[*titre de départ*] [*ornement typographique*, 85 *mm* x 6 *mm*] / LETTRE, / *DE MONSIEUR DE VOLTAIRE* / A Mr. ELIE DE BEAUMONT. / *AVOCAT AU PARLEMENT*. / *Du* 20 *Mars* 1767.

8°. sig. A^8 [$2 signé, chiffres arabes (-A1)]; pag. 14; réclames par page.

[7] Nous remercions François Jacob et Catherine Walser de l'Institut et musée Voltaire de nous avoir communiqué ces renseignements.

[1] titre; [2] bl.; 3-14 texte.

Edition retenue comme texte de base. Dans le recueil étudié, la *Lettre* est précédée des *Honnêtetés littéraires* paginées distinctement (p.[1]-189).

Paris, BnF: Rés. Z Beuchot 384 (2), 8° Ln²⁷ 19025.

67P

[*titre de départ*] LETTRE / *DE Monsieur de Voltaire, à Mr. Elie* / *de Beaumont, Avocat au Parle-* / *ment, du 20 Mars* 1767. / SECONDE EDITION

8°. sig. A⁴ [$4 signé, chiffres arabes (-A1, -A4)]; pag. 8.

Cette édition qui présente les corrections demandées à Damilaville (D14096) et à Beaumont (D14110) a probablement été imprimée à Paris. En mai 1767, lorsqu'il publie les *Nouveaux Mélanges*, Cramer semble bien ignorer cette deuxième édition et ses modifications que Voltaire lui transmet.

Paris, BnF: Rés. Z Beuchot 417.

67X

LETTRE / *De Monsieur de Voltaire à Mr. Elie de* / *Beaumont, Avocat au Parlement,* / *du 20 Mars* 1767. / SECONDE ÉDITION.

[*titre de départ*] [*filet gras-maigre*, 80 mm] / *LETTRE* / De Monsieur de Voltaire, à Mr. Elie / de Beaumont, Avocat au Parlement, / du 20 Mars 1767. / *SECONDE ÉDITION.*

8°. sig. A⁸ [$4 signé, chiffres romains (-A1)]; pag. 15.

[1] titre; [2] bl.; [3] titre de départ; [3]-15 texte; [16] bl.

Contrefaçon de l'édition précédente?

Paris, BnF: Rés. Z Bengesco 398.

NM (1767)

Nouveaux Mélanges philosophiques, historiques, critiques, etc. [Genève, Cramer] 1765-1775. 19 vol. 8°.

Tome 4 (1767): 403-411 Lettre de M. de Voltaire, à M. Elie de Beaumont avocat au parlement. Du 20 mars 1767.

Bengesco 2212; Trapnell NM; BnC 111-135.

Oxford, Taylor: VF. Paris, BnF: Z Bengesco 487.

EJ1 (1769)

L'Evangile du jour. Londres [Amsterdam, M.-M. Rey], 1769-1780. 8°. 18 vol.

Tome 3 (1769): 38-45 Lettre de M. de Voltaire, à M. Elie de Beaumont, avocat au parlement. Du 20 mars 1767.

Bengesco 292, Trapnell EJ, BnC 5234-5281.

Oxford, Taylor: V8 E8 1769. Paris, BnF: D² 5300 (3), Rés. Z Beuchot 290 (3).

W75G

La Henriade, divers autres poèmes et toutes les pièces relatives à l'épopée. Genève [Cramer et Bardin], 1775. 37 (ou 40) vol. 8°.

Tome 35: 425-32 Lettre du même, à Monsieur Elie de Beaumont avocat au parlement. Du 20 mars 1767.

Bengesco 2141, Trapnell 75G, BnC 158-61.

Genève, ImV: A 1775/2. Oxford, Taylor: V1 1775; VF. Paris, BnF: Z 24839-24878.

EJ2 (1776)

L'Evangile du jour. [...] *Seconde édition augmentée.* Londres [Amsterdam, M.-M. Rey]. 8°.

Tome 3 (1776): 33-39 Lettre de M. de Voltaire, à M. Elie de Beaumont, avocat au parlement. Du 20 mars 1767.

Bengesco 292, Trapnell EJ, BnC 5234-5281.

Paris, BnF: Rés. Z Bengesco 378.

K

Œuvres complètes de Voltaire. [Kehl] Société littéraire-typographique, 1784-1789. 70 vol. 8°.

Tome 30: 300-308 Lettre du même, à M. Elie de Beaumont, avocat au parlement. Du 20 mars 1767.

Bengesco 2142, Trapnell K, BnC 164-169.

Oxford, Taylor: V1 1785/2; VF. Paris, BnF: Rés. P Z 2209.

4. *Principes de l'édition*

L'édition retenue est, nous l'avons dit, l'édition 67G. Nous corrigeons les coquilles suivantes:

ligne 19: 'meme force' devient 'même force'
ligne 40: 'a la mère' devient 'à la mère'
ligne 54: 'à fait un don' devient 'a fait un don'
ligne 149: 'etre admis' devient 'être admis'
ligne 150: 'L' 'devient 'l' '
ligne 157: 'Et' devient 'et'
ligne 170: 'quils ont fait' devient 'qu'ils ont fait'

Les variantes qui figurent dans l'apparat critique et que nous distinguons des simples coquilles (non relevées) sont empruntées aux éditions suivantes qui ont été décrites: 67P, 67X, NM et K. Ajoutons que l'édition des *Mélanges philosophiques, littéraires, historiques, etc.* (Cramer, 1771) dont nous ne faisons pas état reproduit la première édition.

Nous respectons dans le texte de base l'orthographe des noms de lieux et de personnes (simplement, nous remplaçons la minuscule employée dans ces noms par une majuscule: ligne 150, Fréron; ligne 149, France). Nous respectons la ponctuation; les seuls changements apportés sont les suivants:

— nous substituons, quand il y a lieu, après le point une majuscule à la minuscule employée.
— nous substituons après les points-virgules des minuscules aux majuscules parfois employées.
— ligne 43: nous substituons après 'roi de Pologne' une virgule au point-virgule employé.

- ligne 131: nous supprimons le point utilisé après 'passer'.
- ligne 173: nous ajoutons un point-virgule après la parenthèse devant 'ainsi'.

Les aspects suivants de l'orthographe et de la grammaire ont été modifiés selon l'usage moderne.

I. *Particularités de la graphie*

1. Consonnes

- emploi de la consonne simple dans: apareil, aprobateur, oprimée, pourait, raport, raporteur, reconue, selette, solicité, suplications, suplice (mais aussi: supplice).
- emploi de la consonne double dans: jetter.
- absence de la consonne *h* dans: autentique.
- emploi de la consonne *m* dans: solemnel, solemnellement.
- absence de la consonne *t* dans les syllabes finales *-ans* et *-ens*: enfans, sentimens.
- emploi de la consonne *ʒ* au lieu de la consonne *s* dans: azile, procez (mais aussi: procés).
- emploi de la double consonne *sç* dans: on sçait.

2. Voyelles

- *e* absent dans: encor, remerciments.
- *i* employé au lieu de *y*: hidre.
- *y* employé au lieu de *i* dans: aye, Roy (mais aussi: roi).
- *y* employé au lieu de *ï*: ayeul.

3. Le trait d'union

- il est absent dans: lui même, petit fils, vous même.

4. Majuscules

Avocats, Capitoul, Catholique (mais aussi: catholique), Communion, Confréres, Conseil, Duc, Duchesse, Filles (mais aussi: filles), Illustre (mais aussi: illustre), Impératrice, Innocence (mais aussi: innocence), Juge(s) (mais aussi: juge(s)), Landgrave, Magistrat, Maréchal, Margrave, Marquis, Nation (mais aussi: nation), Patrie, Parlement (mais aussi: parlement), Père, Princesse, Réligion (mais aussi: réligion), Roi/Roy (lignes 72 et 89: ROY), Seigneurs, Sieur.

5. Minuscule

états (ligne 52).

6. Points de grammaire

Désinences verbales: -*és* au lieu de -*e{* dans: m'apprenés, avés, pouviés.

7. Divers

abréviations: Sr./sr. devient sieur, Mr. devient M., Messieurs devient MM., madame devient Mme.

II. *Particularités d'accentuation*

1. L'accent aigu

— il est absent dans: deserts, deshonorer, egalement (mais aussi égale-ment), mepris, persecutée, scélerat.
— il est présent dans: s'empréssérent, éxécration, éxemples (mais aussi: exemple), réligion (mais aussi: religion).
— il est employé au lieu du grave dans: altére, aprés, célébres, cherchérent, confréres, derniére, entiére, piéces, premiére (mais aussi: premieres), s'empressérent, procés, révére.

2. L'accent grave

— il est absent dans: premieres.
— il est présent dans: celà.

3. L'accent circonflexe

— il est absent dans: ame, bruler, bucher, confondites, connaitre, maitres (mais aussi: maîtres), paraitre, plutot, trainé, trainer, votre (le).
— il est présent dans: vôtre (adjectif; mais aussi: votre).
— il est employé au lieu du grave dans: Genève, mêres.

LETTRE DE MONSIEUR DE VOLTAIRE
À MONSIEUR ÉLIE DE BEAUMONT,
AVOCAT AU PARLEMENT.
DU 20 MARS 1767

Votre mémoire, Monsieur, en faveur des Sirven a touché et convaincu tous les lecteurs et fera sans doute le même effet sur les juges. La consultation signée de dix-neuf célèbres avocats de Paris, a paru aussi décisive en faveur de cette famille innocente que respectueuse pour le parlement de Toulouse. [1] 5

Vous m'apprenez qu'aucun des avocats consultés n'a voulu recevoir l'argent consigné entre vos mains pour leur honoraire. Leur désintéressement et le vôtre sont dignes de l'illustre profession dont le ministère est de défendre l'innocence opprimée. [2]

C'est pour la seconde fois, Monsieur, que vous vengez la nature 10 et la nation. Ce serait un opprobre trop affreux pour l'une et pour l'autre, si tant d'accusations de parricides avaient le moindre fondement. Vous avez démontré que le jugement rendu contre les Sirven est encore plus irrégulier que celui qui a fait périr le vertueux Calas sur la roue et dans les flammes. [3] 15

7   67P, 67X: l'argent remis entre
10   K: C'est la seconde

[1] Daté du 1er décembre 1766, signé par Elie de Beaumont, le factum dont nous avons reproduit le titre dans l'introduction (n.1) a reçu la signature de dix-huit avocats: Gillet, Le Prestre de la Motte, bâtonnier, Cellier, de Lambon, Boucher d'Argis, Brousse, Simon, Clement, Rouhette, Dandasne, Reymond, Gerbier, Jabineau Delavoute, Le Gouvé, Boissou, Target, Beaucousin, Bigot de Sainte-Croix.

[2] Voltaire était prêt à payer les avocats (D13147, D13212, D13271). Déjà pour l'affaire Calas, Beaumont avait refusé tout honoraire, de même que Loiseau de Mauléon (D10762, D10980): 'Je leur ferai présent de quelques livres à leur usage', écrivait Voltaire chargé d''un petit honoraire' pour Mariette (D11046).

[3] L'arrêt du parlement de Toulouse rendu contre Jean Calas est du 9 mars 1762 et est exécuté le 10. La sentence qui condamne les Sirven est du 29 mars 1764.

Je vous enverrai le sieur Sirven et ses filles quand il en sera temps;[4] mais je vous avertis que vous ne trouverez peut-être point dans ce malheureux père de famille la même présence d'esprit, la même force, les mêmes ressources qu'on admirait dans Mme Calas.[5] Cinq ans de misère et d'opprobre[6] l'ont plongé dans un accablement qui ne lui permettrait pas de s'expliquer devant ses juges: j'ai eu beaucoup de peine à calmer son désespoir dans les longueurs et dans les difficultés que nous avons essuyées pour faire venir de Languedoc le peu de pièces que je vous ai envoyées,[7] lesquelles mettent dans un si grand jour la démence et l'iniquité du juge subalterne qui l'a condamné à la mort, et qui lui a ravi toute sa fortune.[8] Aucun de ses parents, encore moins ceux qu'on appelle

[4] Sirven avait trois filles. Les deux filles qui lui restent, après la mort d'Elisabeth, sont l'aînée, Marie-Anne, née en 1735, mariée à un marchand de Castres, Ramond Perier, et la benjamine, Jeanne, née en 1739. Le père partira seul; après neuf jours de marche, il sera, en juin, à Paris et sera bien accueilli par ceux auxquels Voltaire l'a adressé (D14256).

[5] 'Cinq années de désespoir ont un peu affaibli sa tête; il ne répondra peut-être qu'en pleurant' (D14052). Le 25 juin 1767, Lavaysse émet des doutes sur la vérité de ce portrait: 'Je n'ai pas trouvé Sirven ressemblant au portrait de votre lettre [...]; sa physionomie m'a paru également honnête, respectable et intéressante. C'est sans doute une adresse de votre part' (D14242). Le sentiment de Voltaire à l'égard de Mme Calas a été parfois moins favorable qu'ici (voir *OCV*, t.56B, introduction générale, p.36-37).

[6] Depuis sa fuite de Castres dans la nuit du 19 au 20 janvier 1762.

[7] Dans son *Mémoire* (p.42-43), Beaumont avance un exemple de ces difficultés: les deux filles donnent le 3 juin 1765 une procuration par-devant notaire pour faire lever plusieurs pièces: 'Le greffier sommé deux fois de les expédier répondit au bas de la deuxième sommation faite le 6 août 1765 qu'il ne pouvait les remettre qu'en exécution des ordonnances du parlement ou des ordres particuliers qui pourraient lui être adressés par ses supérieurs légitimes.' Et Beaumont commente: 'Comme s'il fallait des ordres particuliers à un dépositaire public pour remplir son ministère!' (Voir notre introduction de l'*Avis au public sur les parricides*, *OCV*, t.61.)

[8] Il s'agit du juge haut justicier de Mazamet qui s'est fait assister de deux juges de deux petites justices de canton. 'Une cohorte d'huissiers à Castres et à Saint-Alby vinrent [...] sous le nom de saisie annotation enlever et disperser tous mes effets. J'avais pour environ 18 000 livres de bien, seul fruit de mes travaux, unique espoir de la subsistance de mes enfants' (Beaumont, *Mémoire*, p.22).

amis, n'osait lui écrire, tant le fanatisme et l'effroi s'étaient emparés de tous les esprits. [9]

Sa femme condamnée avec lui, femme respectable, qui est morte de douleur en venant chez moi; [10] l'une de ses filles prête de succomber au désespoir pendant cinq ans, un petit-fils né au milieu des glaces et infirme depuis sa malheureuse naissance, [11] tout cela déchire encore le cœur du père et affaiblit un peu sa tête. Il ne sait que pleurer: mais vos raisons et ses larmes toucheront également ses juges.

Je dois vous avertir de la seule méprise que j'aie trouvée dans votre mémoire. Elle n'altère en rien la bonté de la cause. Vous faites dire au sieur Sirven que Berne, et Genève l'ont pensionné. Berne, il est vrai a donné au père, à la mère, et aux deux filles sept livres dix sols par tête chaque mois, et veut bien continuer cette aumône pour le temps de son voyage à Paris; mais Genève n'a rien donné. [12]

Vous avez cité l'impératrice de Russie, le roi de Pologne, le roi de Prusse qui ont secouru cette famille si vertueuse et si

31   κ: filles près de
34   67P, 67X: père: sa douleur lui ôterait toute la présence d'esprit nécessaire. Il
34-35   κ: ne fait que
39   67P, 67X: pensionné: le conseil de Berne
42   67P, 67X: mais celui de Genève

[9] Voltaire le souligne également au début de l'*Avis au public sur les parricides*.
[10] Née le 11 août 1699, Antoinette Leger, femme de Pierre-Paul Sirven, est, ainsi que son mari, déclarée dûment atteinte et convaincue du crime de parricide et condamnée à être pendue et étranglée 'jusqu'à ce que mort naturelle s'ensuive'. Elle meurt à Lausanne au début de juin 1765 (D12638, D12639, D12642).
[11] Lorsqu'elle fuit, Marie-Anne est enceinte. Elle accouche à Lausanne et connaît un travail douloureux de neuf jours.
[12] Voir Beaumont, *Mémoire*, p.2 et 21. Antoinette Sirven et ses filles vivent à Lausanne, canton de Berne, et Pierre-Paul est à Genève où il vit de son travail. Dans sa correspondance, Voltaire fait état de la pension versée (D12503) et loue le conseil de Berne 'noble et juste, bienfaisant, généreux' (D15688). Dans sa lettre du 4 mars 1767 à Beaumont, il précisait déjà que 'Messieurs de Berne' avaient promis de continuer 'la petite pension' pendant le procès à Paris à condition d'avoir un exemplaire du *Mémoire* de l'avocat (D14015; voir aussi D14052).

persécutée. [13] Vous ne pouviez savoir alors que le roi de Danne-   45
marc, le landgrave de Hesse, Mme la duchesse de Saxe Gotha,
Mme la princesse de Nassau Saarbruck, Mme la margrave de
Bade, Mme la princesse de Darmstadt, tous également sensibles à la
vertu et à l'oppression des Sirven, s'empressèrent de répandre sur
eux leurs bienfaits. [14] Le roi de Prusse qui fut informé le premier, se   50
hâta de m'envoyer cent écus avec l'offre de recevoir la famille dans
ses Etats et d'avoir soin d'elle. [15]

Le roi de Dannemarc sans même être sollicité par moi, a daigné
m'écrire et a fait un don considérable. [16] L'impératrice de Russie a
eu la même bonté et a signalé cette générosité qui étonne et qui lui   55
est si ordinaire; elle accompagna son bienfait de ces mots
énergiques écrits de sa main, *malheur aux persécuteurs.* [17]

Le roi de Pologne, sur un mot que lui dit Mme de Geoffrin qui
était alors à Varsovie, fit un présent digne de lui; et Mme de Geoffrin

58   67x: Mme Geoffrin [*passim*]

[13] Beaumont, *Mémoire*, p.2 (les noms des trois souverains sont cités en note) et 22.
[14] Voltaire écrit à Frédéric II landgrave de Hesse-Cassel le 21 juin 1766 (D13366).
Sollicitée le même jour (D13367), la duchesse de Saxe-Gotha verse avec le duc
cinquante louis pour la 'malheureuse famille des Sirven' (D13468); Voltaire la
remercie le 22 juillet (D13438) et le 25 août (D13516) et les Sirven la remercient de
leur côté (D13606). Le philosophe sollicite, le 23 juin, la margravine de Baden-
Durlach (D13370) et la remercie le 22 juillet (D13436). Sollicitée, elle, le 22 juillet
(D13435), la landgravine de Hesse-Darmstadt verse dix louis (D13486); Voltaire la
remerciera le 25 août (D13512).
[15] D13402 (voir également D13464, D13538). Il avait été sollicité par Voltaire
(D13365) qui parla d'abord de 500 livres (D13449, D13455, D13463).
[16] Il envoie 400 ducats. Voltaire répond, le 4 février 1767, par de 'beaux vers'
(D13917) que citent les *Mémoires secrets* de Louis Petit de Bachaumont du 8 mars
1767 (*Mémoires secrets pour servir à l'histoire de la république des lettres en France*,
36 vol., Londres, 1783-1789, t.3, p.154). Il remercie également le comte de
Bernstorff, premier ministre de Danemark (D13916). Voir aussi D13918 ('Le roi
de Danemark m'écrit une lettre charmante de sa main sans que je l'aie prévenu, et
leur [les Sirven] envoie un secours'), et D13934 ('J'ai brelan de roi quatrième').
[17] 'Vous désirez, Monsieur, un secours modique pour les Sirven: le puis-je
refuser?', répond Catherine en juillet 1766 à la demande qui lui a été faite (D13364),
laissant Voltaire libre de la nommer ou non (D13433). La formule imprécatoire
apparaît dans la lettre de Catherine du 27 février 1767 (D13868).

a donné l'exemple aux Français en suivant celui du roi de 60
Pologne. [18] C'est ainsi que Mme la duchesse d'Anville, lorsqu'elle
était à Genève fut la première à réparer le malheur des Calas.
Née d'un père et d'un aïeul illustre pour avoir fait du bien (la
plus belle des illustrations) elle n'a jamais manqué une occasion de
protéger et de soulager les infortunés avec autant de grandeur 65
d'âme que de discernement. [19] C'est ce qui a toujours distingué sa
maison, et je vous avoue, Monsieur, que je voudrais pouvoir faire
passer jusqu'à la dernière postérité les hommages dus à cette
bienfaisance qui n'a jamais été l'effet de la faiblesse.

Il est vrai qu'elle fut bien secondée par les premières personnes 70
du royaume, par de généreux citoyens, par un ministre à qui on n'a
pu reprocher encore que la prodigalité en bienfaits, enfin, par le roi
lui-même qui a mis le comble à la réparation que la nation et le
trône devaient au sang innocent. [20]

La justice rendue sous vos auspices à cette famille, a fait plus 75
d'honneur à la France que le supplice de Calas ne nous a fait de
honte. [21]

63-64   K: [*parenthèse remplacée par un jeu de virgules*]

[18] Voltaire écrit le 5 juillet 1766 à Mme Geoffrin pour qu'elle incite le roi de
Pologne à la commisération en faveur des Sirven (D13392). Les *Mémoires secrets*
reproduisent cette lettre le 1er décembre 1766 (t.3, p.105-106). Stanislas Poniatowski
verse 200 ducats (D13720). La lettre de remerciement de Voltaire au roi ne nous est
pas parvenue (voir D13913). Tous les dons reçus doivent, dans la pensée de Voltaire,
servir à payer en partie les frais du Conseil 'qui seront immenses' (D13720).

[19] 'Une dame, dont la générosité égale la haute naissance, qui était alors à Genève
pour faire inoculer ses filles, fut la première qui secourut cette famille infortunée'
(D12425). Il s'agit de Marie-Louise-Nicole-Elisabeth de La Rochefoucauld (1716-
1797), veuve du duc d'Anville, Louis-Frédéric de La Rochefoucauld. Elle s'intéressa
également aux Sirven.

[20] Le roi accorde sur sa cassette 12 000 francs à Mme Calas, 6000 francs à chacune
de ses filles, 3000 francs à chacun de ses fils, 3000 francs à Jeanne Viguière la
servante, plus 6000 francs pour les frais de procédure et de voyage, soit, au total,
36 000 livres (voir *OCV*, t.56B, introduction générale, p.60-61).

[21] Elie de Beaumont a composé en faveur des Calas le *Mémoire à consulter et
consultation pour la dame A. R. Cabibel, veuve Calas, et pour ses enfants* (Paris, 23 août
1762), et, en 1765, deux autres mémoires: *Mémoire à consulter et consultation pour les*

Si la destinée m'a placé dans des déserts où la famille des Sirven
et les fils de Mme Calas cherchèrent un asile, [22] si leurs pleurs et leur
innocence si reconnue m'ont imposé le devoir indispensable de leur   80
donner quelques soins, je vous jure, Monsieur, que dans la
sensibilité que ces deux familles, m'ont inspirée, je n'ai jamais
manqué de respect au parlement de Toulouse; [23] je n'ai imputé la
mort du vertueux Calas et la condamnation de la famille entière des
Sirven, qu'aux cris d'une populace fanatique, à la rage qu'eut le   85
capitoul David de signaler son faux zèle, [24] à la fatalité des
circonstances.

Si j'étais membre du parlement de Toulouse, je conjurerais tous
mes confrères de se joindre aux Sirven pour obtenir du roi qu'il leur
donne d'autres juges. [25] Je vous déclare, Monsieur, que jamais cette   90
famille ne reverra son pays natal qu'après avoir été aussi légalement justifiée qu'elle l'est réellement aux yeux du public. Elle

---

enfants de défunt Jean Calas, marchand à Toulouse (22 janvier), et Mémoire pour dame
Anne-Rose Cabibel veuve Calas et pour ses enfants sur le renvoi aux requêtes de l'hôtel au
souverain, ordonné par arrêt du conseil du 4 juin 1764.

22 'Le même hasard qui m'amena les enfants de Calas veut encore que les Sirven
s'adressent à moi' (D12425). Sirven arrive en Suisse au début d'avril 1762, sa femme
et ses filles en juin. Donat Calas, absent de Toulouse le jour du drame (13 octobre
1761) – car il était alors en apprentissage à Nîmes chez un commerçant – s'y réfugie
dès mars 1762; son frère, Pierre, le rejoint en juillet quand il réussit à s'échapper du
couvent des jacobins de Toulouse où, après son jugement en date du 18 mars 1762, il
avait été enfermé.

23 De fait, tous les écrits de Voltaire relatifs aux Calas révèlent une très ferme
volonté de ne pas accuser les juges qui 'ont jugé selon les lois' (D10481) mais en
s'appuyant sur 'les indices les plus trompeurs' (D10519) (voir notamment note l des
Pièces originales sur 'les présomptions qui les excusent', OCV, t.56B, p.173-74).
Voltaire écrira encore en 1769: 'J'ai toujours marqué dans mes démarches le plus
profond respect pour le parlement' (D15870).

24 François-Raymond David de Beaudrigue, capitoul titulaire devenu 'perpétuel'
(voir Mémoire de Donat Calas, OCV, t.56B, p.305, n.58), fait la descente sur les lieux
le soir même du drame et multiplie les irrégularités: arrestation et audition d'office
de ceux qui ne sont pas encore accusés, rapport rédigé non sur les lieux mais à l'hôtel
de ville, etc. (voir OCV, t.56B, introduction générale, p.5).

25 Beaumont estime le juge de Mazamet dépouillé 'de plein droit' en raison des
irrégularités et des 'excès dont il s'est rendu coupable' (Mémoire, p.46).

n'aurait jamais la force ou la patience de soutenir la vue du juge de Mazamet qui est sa partie et qui l'a opprimée plutôt que jugée. Elle ne traversera point des villages catholiques, où le peuple croit fermement qu'un des principaux devoirs des pères et des mères dans la communion protestante est d'égorger leurs enfants dès qu'ils les soupçonnent de pencher vers la religion catholique.[26] C'est ce funeste préjugé qui a traîné Jean Calas sur la roue:[27] il pourrait y traîner les Sirven. Enfin, il m'est aussi impossible d'engager Sirven à retourner dans le pays qui fume encore du sang de Calas, qu'il était impossible à ces deux familles d'égorger leurs enfants pour la religion.

Je sais très bien, Monsieur, que l'auteur d'un misérable libelle

95

100

94   K: sa patrie et
96   67X: pères et mères
103-104   67P, 67X: religion. ¶Jugez, Monsieur, de la disposition des esprits en Languedoc, par la nouvelle calomnie qui vient de se répandre contre la famille Calas, contre M. de la Vaysse, et surtout contre le conseil qui a rendu une justice si authentique à l'innocence. Il n'y a point de ville dans cette province où l'on ne débite comme une nouvelle très certaine que cette servante si célèbre dans le procès criminel des Calas par sa probité incorruptible, est morte à Paris (où elle est en pleine santé), qu'avant de mourir elle a déclaré par devant notaire, qu'elle avait été une sacrilège toute sa vie, qu'elle avait feint pendant quarante ans d'être catholique pour être l'espionne des huguenots, qu'elle avait aidé son maître et sa maîtresse à pendre leur fils aîné, que les protestants de ce pays-là avaient en effet un bourreau secret élu à la pluralité des voix, lequel venait aider les pères et mères [67X: et les mères] à tuer leurs enfants quand ils voulaient aller à la messe, et que cette charge était la première dignité de la communion protestante. C'est au conseil à voir s'il y aurait de l'humanité à exposer la famille Sirven à un peuple si fanatique. ¶A Dieu ne plaise que je soupçonne aucun magistrat du Languedoc d'avoir des opinions si extravagantes, mais je dis qu'elles sont dans la tête de la populace, et que ses cris se font écouter quelquefois. ¶Je sais
105   K: [*parenthèse remplacée par un jeu de virgules*]

5

10

15

[26] 'Il n'est malheureusement que trop vrai qu'en Languedoc il s'est répandu dans le vulgaire ignorant l'opinion que les protestants font mourir leurs enfants pour les empêcher de se faire catholiques' (Beaumont, *Mémoire*, p.67).
[27] Dans le *Mémoire de Donat Calas*, Voltaire dénonce aussi ce 'préjugé' fondé notamment sur un prétendu enseignement de Calvin tiré de l'*Institution chrétienne* (*OCV*, t.56B, p.309 – voir aussi n.74).

193

périodique intitulé (je crois) *l'Année littéraire*, assura il y a deux ans   105
qu'il est faux qu'en Languedoc on ait accusé la religion protestante
d'enseigner le parricide. Il prétendit que jamais on n'en a
soupçonné les protestants; il fut même assez lâche pour feindre
une lettre qu'il disait avoir reçue de Languedoc. Il imprima cette
lettre dans laquelle on affirmait que cette accusation contre les   110
protestants, est imaginaire:[28] il faisait ainsi un crime de faux pour
jeter des soupçons sur l'innocence des Calas et sur l'équité du
jugement de MM. les maîtres des requêtes,[29] et on l'a souffert! et
on s'est contenté de l'avoir en exécration!

Ce malheureux compromit les noms de M. le maréchal de   115
Richelieu et de M. le duc de Villars: il eut la bêtise de dire que je
me plaisais à citer de grands noms: c'est me connaître bien mal; on
sait assez que la vanité des grands noms ne m'éblouit pas et que ce
sont les grandes actions que je révère. Il ne savait pas que ces deux
seigneurs étaient chez moi, quand j'eus l'honneur de leur présenter   120
les deux fils de Jean Calas, et que tous deux ne se déterminèrent en
faveur des Calas qu'après avoir examiné l'affaire avec la plus
grande maturité.[30]

107   K: on en

[28] *Année littéraire*, 1765, t.3, lettre 7, 4 mai, p.145-63. Est insérée (p.147 et suiv.)
une 'Lettre d'un philosophe protestant à M*** sur une lettre que M. de Voltaire a
écrite à M. d'Am... à Paris, au sujet des Calas' (voir D12425): feignant de ne pas s'en
prendre à la méthode de Voltaire qui 'croit à la vertu des accusés et non à celle des
juges' (car 'chacun doit être libre sur sa façon de penser'), le philosophe protestant
poursuit: 'Je trouve à dire seulement qu'il ait osé avancer qu'il était reçu parmi tous
les catholiques du Languedoc que les protestants avaient un point de leur secte qui
leur permettait de donner la mort à ceux de leurs enfants qu'ils soupçonnaient
vouloir changer de religion'. Plus loin, il s'écrie: 'A-t-on jamais vu un homme qui se
dit philosophe attribuer à toute une province le fanatisme de quelques particuliers?'
(voir *Mémoires secrets*, t.2, p.193-94, 15 mai 1765).

[29] 'Je ne me souviens qu'avec horreur que Fréron osa jeter des soupçons sur
l'innocence des Calas dans une de ses feuilles qu'on m'envoya' (D14062). Le
jugement des maîtres des requêtes est rendu à l'unanimité des quarante membres, au
terme de six séances, le 9 mars 1765, jour anniversaire de l'arrêt de mort de Jean
Calas prononcé par le parlement de Toulouse (9 mars 1762).

[30] Voltaire fait allusion au passage suivant de *l'Année littéraire*: 'Il [Voltaire] prit

Il devait savoir, et il feignait d'ignorer, que vous-même, Monsieur, vous confondîtes dans votre mémoire pour Mme Calas ce préjugé abominable qui accuse la religion protestante d'ordonner le parricide;[31] M. de Sudre, fameux avocat de Toulouse s'était élevé avant vous contre cette opinion horrible, et n'avait pas été écouté.[32] Le parlement de Toulouse fit même brûler dans un vaste bûcher élevé solennellement, un écrit extrajudiciaire, dans lequel, on réfutait l'erreur populaire; les archers firent passer Jean Calas chargé de fers à côté de ce bûcher pour aller subir son dernier interrogatoire. Ce vieillard crut que cet appareil était celui

125

130

---

la liberté d'écrire à ceux qui avaient gouverné la province, à des commandants des provinces voisines, à des ministres d'Etat. Que pouvaient savoir d'une affaire aussi obscure ceux qui avaient autrefois gouverné la province, ainsi que ceux qui gouvernent les provinces voisines? A la bonne heure les ministres. Ah! pourrait-on dire ici à M. de Voltaire, je vous y prends encore; toujours des ducs, des gouverneurs, des commandants, des ministres d'Etat!' (p.151-52). Le duc de Villars qui a déjà résidé d'août à octobre 1761 aux Délices que lui avait cédés Voltaire y réside de nouveau en septembre 1762 (D10695). Dans sa lettre du 26 mai 1762 (D10472) il se fait l'écho de l'opinion générale selon laquelle Calas est coupable. Il est sollicité d'intervenir auprès du comte de Saint-Florentin (D10566). Attendu depuis août 1762, le maréchal de Richelieu qui a écrit à Voltaire une 'grande lettre sur les Calas' sans apporter d'éclaircissement satisfaisant (D10445) et qui a été lui aussi prié d'intercéder auprès de Saint-Florentin (D10566) est à Ferney les premiers jours d'octobre (D10742, D10751); en septembre Voltaire déclarait avoir l'intention de lui parler 'fortement' lors de son séjour (D10719). Chiron rend compte à Paul Rabaut de la scène de présentation à Richelieu du 8 octobre: 'M. de V. lui a présenté Pierre Calas en lui disant: Voici un débris de la triste famille. M. le duc lui dit: Après M. de Voltaire, vous n'avez personne qui s'intéresse plus à vous que moi. Je sais ceci de source et même que ce seigneur a écrit fortement à sa fille pour l'engager à s'employer vivement à cette affaire' (cité par A. Coquerel, *Jean Calas et sa famille*, Genève, Slatkine Reprints, 1970, p.232-33). N'oublions pas que le philosophe reconnaît lui-même avoir 'fait pendant deux mois les plus grands efforts auprès des premières personnes du royaume en faveur de cette malheureuse famille qu'il a crue innocente' (D10490).

[31] Beaumont, *Mémoire à consulter et consultation pour la dame A. R. Cabibel*, 23 août 1762, p.33 et suiv. ('A-t-on pu sérieusement former une telle accusation contre une communion qui se glorifie d'être une communion chrétienne?').

[32] *Mémoire pour le sieur Jean Calas, négociant de cette ville; dame Anne Rose Cabibel son épouse; et le sieur Jean-Pierre Calas un de leurs enfants* (Toulouse, s.d.), p.58-60. Voir D12807.

de son supplice. Il tomba évanoui, il ne put répondre quand il fut traîné sur la sellette, son trouble servit à sa condamnation. [33]   135

Enfin, le consistoire, et même le conseil de Genève furent obligés de repousser et de détruire par un certificat authentique l'imputation atroce intentée contre leur religion; [34] et c'est au mépris de ces actes publics, au milieu des cris de l'Europe entière, à la vue de l'arrêt solennel de quarante maîtres des requêtes, qu'un   140 homme sans aveu comme sans pudeur ose mentir pour attaquer, (s'il le pouvait,) l'innocence reconnue des Calas!

Cette effronterie si punissable a été négligée, le coupable s'est sauvé à l'abri du mépris. M. le marquis d'Argence officier général qui avait passé quatre mois chez moi dans le plus fort du procès   145 des Calas, a été le seul qui ait marqué publiquement son indignation contre ce vil scélérat. [35]

[33] L'écrit est du pasteur Paul Rabaut, intitulé *La Calomnie confondue ou mémoire dans lequel on réfute une nouvelle accusation intentée aux protestants de la province de Languedoc, à l'occasion de l'affaire du sieur Calas détenu dans les prisons de Toulouse*, Au Désert, 1762. Composé à partir d'une Lettre pastorale datée du 1er décembre 1761 et rédigée par Laurent Angliviel de La Beaumelle, envoyé au magistrat chargé de poursuivre les Calas et au procureur général Riquet de Bonrepos, réfuté par l'abbé de Contezat dans des *Observations sur un mémoire qui paraît sous le nom de Paul Rabaut, intitulé La Calomnie confondue*, dénoncé par le procureur général au ministre Saint-Florentin et au parlement de Toulouse, prolongé par un *Mémoire pour Paul Rabaut* composé par le pasteur lui-même, cet écrit fut condamné à être 'lacéré et brûlé au bas du perron du Palais' et effectivement brûlé le 8 mars 1762. Dans son *Mémoire* du 23 août 1762, Beaumont rapporte dans une note (p.43) l'anecdote relative à Jean Calas. Voir également Loiseau de Mauléon, *Mémoire pour Donat, Pierre et Louis Calas* (Paris, 1762), p.36.

[34] Voltaire fait allusion, comme dans le *Mémoire de Donat Calas* (voir *OCV*, t.56B, p.309, n.75), à une Déclaration de la vénérable Compagnie des pasteurs et professeurs de l'Eglise et de l'Académie de Genève, signée Maurice, modérateur, et Lecointe, secrétaire, en date du 29 janvier 1762, et à une délibération des syndics et consuls de Genève du 30 janvier 1762, scellée du grand sceau de la République, signée du secrétaire d'Etat et certifiée par le baron de Montpéroux résident de France à Genève.

[35] Voir D12807: dans cette lettre datée du 20 juillet 1765, d'Argence rappelle lui-même qu'il a passé trois mois chez Voltaire lorsque celui-ci entreprit l'affaire Calas. Dans sa réponse du 30 août, Voltaire remercie d'Argence de la 'générosité' avec laquelle il a 'daigné confondre les calomnies de ce malheureux Fréron' (D12855). Sur cette polémique avec Fréron, voir *OCV*, t.56B, introduction générale, p.74-77.

Ce qui est plus étrange, Monsieur, c'est que M. Coquelet qui a eu l'honneur d'être admis dans votre ordre, se soit abaissé jusqu'à être l'approbateur des feuilles de ce Fréron, qu'il ait autorisé une telle insolence, et qu'il se soit rendu son complice. [36]   150

Que ces feuilles calomnient continuellement le mérite en tout genre, que l'auteur vive de son scandale, et qu'on lui jette quelques os pour avoir aboyé; à la bonne heure; personne n'y prend garde. Mais qu'il insulte le conseil entier, vous m'avouerez que cette   155 audace criminelle ne doit pas être impunie dans un malheureux chassé de toute société, et même de celle qui a été enfin chassée de toute la France. [37] Il n'a pas acquis par l'opprobre le droit d'insulter ce qu'il y a de plus respectable. J'ignore s'il a parlé des Sirven, mais on devrait avertir les provinciaux qui ont la faiblesse de faire venir   160 ses feuilles de Paris, qu'ils ne doivent pas faire plus d'attention qu'on n'en fait dans votre capitale à tout ce qu'écrit cet homme dévoué à l'horreur publique.

Je viens de lire le mémoire de M. Cassen avocat au conseil, cet ouvrage est digne de paraître, même après le vôtre. On m'apprend   165 que M. Cassen a la même générosité que vous: il protège l'innocence sans aucun intérêt. [38] Quels exemples, Monsieur,

148-52   67P, 67X: c'est que l'auteur de ces calomnies écrivait sous les yeux d'un examinateur nommé pour lui mettre un frein. Cet examinateur fut donc trompé par Fréron, ou fut son complice. ¶Que ces
161   K: pas y faire

[36] Charles-Georges Coqueley de Chaussepierre (1711?-1791?), avocat au parlement de Paris, était un des censeurs royaux dans la liste desquels il figure au 1er janvier 1762 (voir *DP* 2, n° 191). Dans la deuxième édition, il n'est pas nommé (voir l'introduction).
[37] Elevé chez les jésuites des collèges de Quimper et de Louis-Le-Grand, Fréron fut, sans avoir été ordonné, professeur à Caen et à Paris et quitta la Compagnie à l'âge de 21 ans.
[38] Le 10 avril, Pierre Cassen dont le *Mémoire* est parvenu à Voltaire par l'intermédiaire de Damilaville (le philosophe le remercie le 19, D14128) assure que son désintéressement 'n'est que le paiement d'une dette que tout avocat contracte [...] Un devoir n'est pas une générosité' (D14097). L'avocat devait mourir le 23 décembre 1767.

et que le barreau se rend respectable! M. de Crone et M. de
Bacancourt ont mérité les éloges et les remerciements de la France
dans le rapport qu'ils ont fait du procès des Calas.[39] Nous avons   170
pour rapporteur (a) dans celui des Sirven, un magistrat sage,
éclairé, éloquent (de cette éloquence qui n'est pas celle des
phrases);[40] ainsi nous pouvons tout espérer.

Si quelques formes juridiques s'opposaient malheureusement à
nos justes supplications (ce que je suis bien loin de croire)[41] nous   175
aurions pour ressource votre factum, celui de M. Cassen et
l'Europe; la famille Sirven perdrait son bien, et conserverait son
honneur. Il n'y aurait de flétri que le juge qui l'a condamnée. Car ce
n'est pas le pouvoir qui flétrit c'est le public.

On tremblera désormais de déshonorer la nation par d'absurdes   180

(a) M. de Chardon

175   K: [parenthèse remplacée par un jeu de virgules]
n.a   67X: M. Chardon

[39] Louis Thiroux de Crosne (14 juillet 1736–28 avril 1794), après avoir été avocat
du roi au Châtelet et conseiller au parlement, et avant d'être nommé intendant
(1767) et lieutenant général de police (1785), est maître des requêtes et, sur le choix
de Maupeou, a rempli – avec talent – les fonctions de rapporteur dans la révision de
l'arrêt du parlement de Toulouse. Guillaume-Joseph Dupleix seigneur de Bac-
quencourt sera à partir de 1774 intendant de Bourgogne.
[40] C'est Voltaire qui, à l'instigation de Beaumont, demande au duc de Choiseul
que Daniel-Marc-Antoine Chardon (1730-1795) soit désigné comme rapporteur
(D13540). Choiseul le propose au vice-chancelier (D13558). En dépit des réticences
dont fait part la duchesse d'Anville au rapport de plusieurs personnes qui pensent
que Chardon ne convient pas (D13550), Voltaire estime qu''il n'y a plus moyen de
reculer sur M. Chardon' (D13558, D13585). De fait, en janvier 1767, Chardon, à qui
Voltaire a écrit en novembre et décembre 1766 (D13677, D13750), est nommé
rapporteur. Il prend l'affaire à cœur, semble bien disposé (D13747): 'Il est humain, il
est philosophe et bon juge', écrit Voltaire (D13966).
[41] La requête des Sirven, admise au conseil, sera rejetée le 29 janvier 1768: la
forme l'emportera sur le fond, le conseil n'osera pas aller à l'encontre du droit de
ressort des parlements contre les condamnés contumaces (D14756).

accusations de parricides, et nous aurons du moins rendu à la patrie le service d'avoir coupé une tête de l'hydre du fanatisme.

J'ai l'honneur d'être avec les sentiments de l'estime la plus respectueuse etc.

183-84   67P-K: [*absence d'italique*]

Lettre sur les panégyriques, par Irénée Aléthès, professeur en droit dans le canton suisse d'Uri

Edition critique

par

Michel Mervaud

TABLE DES MATIÈRES

INTRODUCTION

La *Lettre sur les panégyriques* est le premier des opuscules dans lesquels Voltaire soutient publiquement la politique de Catherine II. Signée 'Irénée Aléthès' ('celui qui dit la vérité') elle date d'avril 1767. Le 22 avril, Voltaire annonce au comte Alexandre Romanovitch Vorontsov, ambassadeur de Russie à La Haye, qu'il va lui envoyer deux exemplaires de son ouvrage (D14136). Il les lui envoie le 28 avril (D14150). Vorontsov en accuse réception le 3 juin, en lui annonçant qu'il en fait parvenir un à Moscou (apparemment pour Catherine II) et en fait faire une édition à La Haye (chez Frédéric Staatman) 'dans l'intention de faire passer quelques exemplaires de cet excellent ouvrage en Pologne' (D14210).

Voltaire envoie sa *Lettre* à Damilaville le 29 avril (D14151), à D'Alembert le 3 mai (D14157), à Charles Bordes le 13 mai (D14171), à Mme Du Deffand le 18 mai (D14187). D'Alembert, le 23 mai, trouve que cette *Lettre* est 'pleine de vérités utiles' (D14195). Mme Du Deffand répond le 26 mai qu'elle lui a fait 'grand plaisir' (D14201). Le 23 mai, elle avait informé Horace Walpole, sans commentaire, qu'elle avait reçu l'avant-veille un 'petit imprimé sur les panégyriques [...] plein d'éloges de cette Catherine'. Et elle avait recopié pour son correspondant, sans commentaire non plus, le passage de la lettre de Voltaire où celui-ci parlait avec désinvolture des 'bagatelles' qu'on reprochait à Catherine au sujet de son mari.[1]

On ne s'étonnera pas qu'Andreï Chouvalov approuve la *Lettre*

---

[1] *Correspondance complète de la marquise Du Deffand* (Paris, 1865), t.1, p.426. Walpole fut indigné par le 'badinage' de Voltaire au sujet du meurtre de Pierre III (t.1, p.426n). Mais ce cynisme n'est peut-être qu'apparent: Voltaire s'est durablement interrogé sur le sort tragique de certains grands de ce monde (voir M. Mervaud, 'Tragédie et philosophie dans la correspondance de Voltaire: le cas d'Ivan VI', *SVEC* 2007:12, p.117-47).

sur les panégyriques dans ses lettres du 1er/12 juillet et novembre-décembre (D14269 et D14561). Quant à la duchesse de Choiseul, dans une longue lettre à Mme Du Deffand du 14 juin, elle reproche à Voltaire d'avoir souillé sa plume en faisant l'éloge de 'cette infâme' Catherine II. Elle ne lui pardonne pas 'ce froid, ce bas, ce détestable panégyrique'. Elle est révoltée par le parallèle qu'il a osé faire entre son panégyrique de Louis XV et celui que l'on peut faire de l'impératrice de Russie. Et pourquoi Voltaire 's'étend-il avec tant de complaisance et de pesanteur sur ce panégyrique qu'il a fait du roi? [...] Il semble n'avoir fait sa lettre sur les panégyriques que pour en parler. Quelle puérile vanité!' (D14226)

La *Lettre sur les panégyriques* paraissait en un moment où Catherine II élaborait le *Nakaz*, mais aussi où elle intervenait militairement en Pologne sous prétexte de soutenir les 'dissidents' non-catholiques, protestants et orthodoxes. Voltaire, défenseur inconditionnel de la politique de l'impératrice, était ainsi amené à célébrer le *Nakaz* qui proclamait la tolérance, mais aussi à justifier l'intervention russe en Pologne au nom de la 'liberté de conscience'. Les 'dissidents' n'auraient pas tardé à faire imprimer la *Lettre sur les panégyriques*, si l'on en croit la lettre de Voltaire à D'Alembert du 19 juin 1767 (D14230).

Voltaire remarque d'emblée que les panégyriques ont mauvaise presse. N'a-t-il pas d'ailleurs refusé de faire le panégyrique de Pierre le Grand comme l'y invitaient les Russes quelques années auparavant, lorsqu'il écrivait l'histoire du tsar? Malgré ses énormes qualités, Pierre le Grand avait en effet trop de côtés négatifs pour qu'il fût loué sans d'importantes réserves. C'est pourquoi il convenait, non de faire l'éloge de l'homme, mais de célébrer son œuvre, la Russie qu'il avait transformée.[2]

Aussi Voltaire distingue-t-il dans sa *Lettre* les panégyriques mérités et les autres. Passe encore pour le panégyrique de Trajan par Pline le Jeune, beaucoup trop long. Mais celui de Constantin par Eusèbe de Césarée prête à rire. Quant aux oraisons funèbres de

---

[2] *Histoire de l'empire de Russie sous Pierre le Grand*, OCV, t.46, p.116-18.

Bossuet, malgré leur brillant, elles ne sont pas moins ridicules, car elles font l'éloge de personnages qui devraient être oubliés. Habilement, Voltaire rappelle deux panégyriques justifiés faits du vivant de Louis XIV et de Louis XV: celui de Louis XIV par Pellisson et par douze villes d'Italie, et celui de Louis XV fait par lui-même, où, sans se nommer, il avait loué le monarque qui avait gagné deux batailles sans en tirer d'avantage. Voltaire, 'citoyen philosophe' qui avait fait l'éloge de Louis XV sans flatterie, mérite d'être imité par son correspondant fictif qui veut prononcer dans son académie le panégyrique de Catherine II. La deuxième moitié de la *Lettre* sera consacrée à donner les raisons qui justifient l'éloge de l'impératrice.

Pour Voltaire, Catherine accomplit l'exploit de joindre aux mérites de Pierre le Grand ceux de Louis XIV. Elle est la continuatrice de l'œuvre du grand tsar, et, en introduisant les beaux-arts dans son pays, elle est comparable au monarque français. Mais, surtout, l'impératrice sait faire preuve d'humanité: elle a secouru les Calas et les Sirven, et, à l'échelle de son immense empire, rassemble des députés qui devront mettre en œuvre les principes de Beccaria exposés dans le *Nakaz*, dont la première loi est la tolérance.

Ainsi, écrit Voltaire, 'si l'on peut dire que [Pierre le Grand] créa des hommes, on pourra dire que Catherine II a formé leurs âmes' (lignes 125-26). Belle formule. Catherine règne depuis cinq ans. On peut saluer la performance. Mais l'impératrice elle-même sent l'exagération. Elle écrit à Voltaire le 29 mai/9 juin 1767: 'Il vaut mieux faire un panégyrique des gens après leur mort, parce que tôt ou tard ils donnent un démenti. Ces lois dont on parle tant au bout du compte ne sont point faites encore' (D14219).

Voltaire en effet allait un peu vite en besogne. Il parlait improprement de 'code' à propos du *Nakaz*, qui n'était qu'une 'instruction' destinée à la commission législative réunie à partir de l'été 1767. Mais il savait fort bien que l'immense majorité de la nation russe n'était pas composée d'*âmes* formées par Catherine II. Sans doute avait-elle sécularisé les biens du clergé en 1764, et libéré ainsi près d'un million de serfs de l'Eglise. Mais, contrairement à ce que prétendait Voltaire, elle n'avait nullement affranchi les serfs de ses domaines. De toute façon, Voltaire était parfaitement conscient que les paysans des seigneurs russes vivaient dans l'esclavage, et il consacre une page éloquente à cette situation anachronique pour un pays qui se veut moderne. Il venait d'ailleurs de rédiger un texte sur le thème du servage pour le concours ouvert à la fin de 1766 par la Société libre d'économie de Saint-Pétersbourg. Le sujet en était le suivant: 'Est-il plus avantageux et plus utile au bien public que le paysan possède des terres en propre, ou seulement des biens mobiliers?' Le texte de Voltaire, intitulé *Discours sur le sujet proposé par la Société économique*, arriva l'un des premiers et fut enregistré dans le journal des séances de la Société libre d'économie le 7 mars 1767.[3] Il avait donc été rédigé peu de temps avant la *Lettre sur les panégyriques*, qui, rappelons-le, date du mois d'avril. Aussi était-il présent à l'esprit de Voltaire au moment où il écrivait la *Lettre*, comme le montrent certaines expressions que nous relevons dans les notes.

Le *Discours* et la *Lettre sur les panégyriques* sont proches l'un de l'autre également par l'éloge qu'y fait Voltaire du souverain éclairé. Au point qu'on peut voir une sorte de panégyrique indirect de Catherine II dans ce passage du *Discours*:

Qu'il se trouve une tête couronnée qui mette sa gloire à policer son peuple et à faire le bonheur des petits comme des grands, que cette personne auguste devance le jour pour travailler elle-même au bien de l'Etat; [...] qu'elle encourage tous les arts utiles et agréables, que chez elle l'éclat du trône n'ôte rien à sa solidité, que ses yeux soient incessamment

[3] Voir Vladimir Somov, 'Vol'ter na konkourse Vol'nogo ekonomitcheskogo obchtchestva' ('Voltaire au concours de la Société libre d'économie'), dans le recueil *Roussko-frantsouzkie koultournye sviazi v epokhou Prosvechtchenia* [*Les Relations culturelles franco-russes à l'époque des Lumières*], éd. S. Ja Karp et autres (Moscou, 2001), p.50. Le texte de Voltaire, repris partiellement dans l'article 'Propriété' des *Questions sur l'Encyclopédie*, a été retrouvé et publié dans sa version intégrale par Vladimir Somov à la suite de l'article cité, p.65-70. Voir Christiane Mervaud, 'Réemploi et réécriture dans les *Questions sur l'Encyclopédie*: l'article "Propriété"', *SVEC* 2003:01, p.3-26.

206

ouverts sur les terres et sur les mers de ses vastes Etats, qu'elle anime tout du feu de son génie, alors il est impossible que tous les cœurs ne soient soumis. Le dernier paysan de l'empire n'entend prononcer son nom qu'avec amour et respect; il admire, il chérit de loin ce qui de près n'étonne peut-être pas assez quelques courtisans. [4]

En citant dans sa *Lettre* des extraits de trois lettres de Catherine II, et, d'une manière générale, en faisant son panégyrique, Voltaire n'était pas que l'habile propagandiste de la politique de l'impératrice. Il se comportait comme Pline le Jeune, qui, 'en louant Trajan, d'avoir été laborieux, équitable, humain, bienfaisant, l'engageait à l'être toujours. Et Trajan justifia Pline le reste de sa vie' (lignes 16-18). La volonté 'pédagogique' est en effet bien présente dans cette *Lettre*. Mais Catherine ne sera pas aussi bonne élève que Trajan. On a vu ses réticences à accepter les éloges exagérés de Voltaire. Et l'on sait qu'à la fin de son règne elle avait 'formé' 800 000 serfs de plus qu'à son avènement.

Dans sa livraison du 15 juin 1767, la *Correspondance littéraire*, après avoir résumé sans commentaire la *Lettre sur les panégyriques*, terminait son bref compte rendu en suggérant à Voltaire de célébrer les 'bienfaits répandus au dehors' par Catherine II de la manière suivante: 'M. Irénée pourra citer à cette occasion un don de cinquante mille livres fait en cette année 1767 à M. Diderot, sans compter celui de l'année 1765. Les gazettes qui ont dit vingt-cinq mille livres n'ont rapporté que la moitié de la somme'. [5] Une copie pour Catherine II conservée à Moscou et publiée par Emile Lizé comporte cette intéressante addition:

Je supplie M. Irenée, comme son panégyrique doit être celui d'un homme libre et véridique, de gronder un peu sa majesté impériale d'avoir fait un don de cinquante mille livres à M. Diderot en cette année 1767 sans compter celui de l'année 1765. M. Irenée me dira qu'il est très noble, très grand, très généreux, très doux de faire ainsi en un clin d'œil le sort d'un

[4] *Discours sur le sujet proposé par la Société économique*, dans V. Somov, 'Vol'ter na konkourse', p.69-70.

[5] *Correspondance littéraire*, éd. Maurice Tourneux, 16 vol. (Paris, 1877-1882), t.7, p.345.

homme rare et de sa fille, mais je lui représenterai qu'il faut du moins laisser à cet homme le courage de lever les yeux jusqu'à sa bienfaitrice, et comment l'aurait-il?' [6]

Editions

67A

[*titre de départ*] [*filet maigre-gras-maigre*] / LETTRE / SUR / LES PANÉGIRIQUES, / *par* / *IRÉNÉE ALÉTHÈS*, / *Professeur en Droit dans le Canton* / *Suisse d'Uri.*

8°. sig. A⁸ [$4, chiffres romains]; pag. 15; réclame à la page 5.

Cette édition fut publiée par Cramer à Genève en 1767; c'est notre texte de base.

Bengesco 1740 (1), BnC 4107, Ferney 3103.

Paris, BnF: Rés. Z Bengesco 307, Rés. Z Beuchot 71 (3), 471 et 472. Il y a un exemplaire, Rés. Z Beuchot 470 (voir Bengesco 1740 (2), BnC 4108), qui 'ne diffère de [67A] que par le bandeau imprimé en tête du titre de départ' (BnC). Saint-Pétersbourg, Bibliothèque nationale de Russie: BV3668, cinq exemplaires (quatre exemplaires sur cinq sont dépourvus de signes, de notes marginales et de corrections. L'un de ces exemplaires comporte des notes marginales, *Pot-pourri* [*Diabolique*], p.910 et 984).

67B

LETTRE / SUR LES / PANEGIRIQUES. / PAR / IRENÉE ALÉTHÈS, / *Professeur en Droit dans le Canton Suisse* / *d'Uri.* / [*ornement*] / *A LA HAYE*, / Chez FREDERIC STAATMAN, / Libraire, sur le Kalvermarkt. / *M. D. CC. LXVII.*

8°. sig. A⁸ [$5, chiffres arabes]; pag. 15; réclames par page.

[1] titre; [2] bl.; [3]-15 texte.

Bengesco 1740 (3), BnC 4109, Ferney 3104.

Paris, BnF: Rés. X 2829. Voir aussi BV3668.

---

[6] Emile Lizé, *Voltaire, Grimm et la Correspondance littéraire*, *SVEC* 180 (1979), p.22.

67C

Pologne, 1767.

Dans une lettre à D'Alembert du 19 juin 1767 (D14230), Voltaire fait mention d'une 'édition magnifique' de la *Lettre sur les panégyriques* publiée par les 'dissidents de Pologne'.

EJ1 (1769)

L'Evangile du jour. Londres [Amsterdam, M.-M. Rey], 1769-1780. 18 vol. 8°.

Tome 3 (1769): 112-22 Lettre sur les panégiriques, Par Irenée Aléthès, professeur en droit dans le canton Suisse d'Uri.

Bengesco 292, Trapnell EJ, BnC 5234-5281.

Oxford, Taylor: V8 E8 1769. Paris, BnF: Rés. Z Beuchot 290.

NM (1770)

Nouveaux Mélanges philosophiques, historiques, critiques, &c. &c. [Genève, Cramer] 1765-1775. 19 vol. 8°.

Tome 9 (1770): 242-53 Lettre sur les panégiriques, Par Irenée Aléthès, professeur en droit dans le canton Suisse d'Uri.

Bengesco 2212, Trapnell NM, BnC 111-135.

Oxford, Taylor: VF.

W68 (1771)

Collection complette des œuvres de M. de Voltaire [Genève, Cramer; Paris, Panckoucke] 1768-1777. 30 [ou 45] vol. 4°.

Tome 17 (1771): 335-43 Lettre sur les panégyriques. Par Irenée Aléthès, professeur en droit dans le canton Suisse d'Uri.

Bengesco 2137, BnC 141-44, Trapnell 68.

Genève, ImV: A 1768/1. Oxford, Taylor: VF. Paris, BnF: Z4961; Rés. M Z587.

w71L (1773)

Collection complète des œuvres de M. de Voltaire. Genève [Liège, Plomteux], 1771-1777. 32 vol. 12°.

Tome 17 (1773): 386-95 Lettre sur les panégyriques. Par Irenée Aléthès, professeur en droit dans le canton Suisse d'Uri.

Bengesco 2139; Trapnell 71; BnC 151.

Genève, ImV: A 1771/1 (17). Oxford, Taylor: VF.

w75G

La Henriade, divers autres poèmes et toutes les pièces relatives à l'épopée. Genève [Cramer et Bardin], 1775. 37 [40] vol. 8°.

Tome 36: 373-82 Lettre sur les panégyriques. Par Irenée Aléthès, professeur en droit dans le canton Suisse d'Uri.

Edition encadrée. Le texte de la *Lettre sur les panégyriques* est défectueux dans cette édition, comme on verra dans les variantes.

Bengesco 2141, Trapnell 75G, BnC 158-61.

Genève, ImV: A 1775/2 (36). Oxford, Taylor: V1 1775 (36); VF. Paris, BnF: Z24839-24878.

EJ2 (1776)

L'Evangile du jour. [...] *Seconde édition augmentée.* Londres [Amsterdam, M.-M. Rey]. 8°.

Tome 3 (1776): 195-104 Lettre sur les panégiriques, Par Irenée Aléthès, professeur en droit dans le canton Suisse d'Uri.

Bengesco 292, Trapnell EJ, BnC 5234-5281.

Paris, BnF: Rés. Z Bengesco 378 (3).

K

Œuvres complètes de Voltaire. [Kehl] Société littéraire-typographique, 1784-1789. 70 vol. 8°.

Tome 49: 214-24 Sur les panégyriques. Par Irenée Alethès, Professeur en droit dans le canton suisse d'Uri. 1767.

Bengesco 2142, Trapnell κ, BnC 164-69.

Genève, ImV: A 1784/1. Oxford, Taylor: VF. Paris, BnF: Rés. P Z 2209.

Traductions

En russe

1785: *Pis'mo o slovakh pokhval'nykh* [*Lettre sur les panégyriques*] dans *Sobranie sotchinenii g. Vol'tera* [*Œuvres de M. Voltaire*], trad. Ivan Rakhmaninov, Saint-Pétersbourg, imprimerie Vilkovski et Galtchenkov, t.1.

1791: *Pis'mo o slovakh pokhval'nykh* dans *Polnoe sobranie vsekh do nyne perevedennykh na Rossiiskii jazyk i v petchat' izdannykh sotchinenii g. Vol'tera* [*Œuvres complètes de toutes les œuvres de M. Voltaire traduites en russe et éditées jusqu'à ce jour*], 2e éd. d'Ivan Rakhmaninov, corrigée et augmentée, t.1.

Principes de l'édition

L'édition choisie comme texte de base est l'édition originale, 67A. Les variantes figurant dans l'apparat critique proviennent des sources suivantes: 67B, EJI (1769), NM (1770), W68 (1771), W71L (1773), W75G et K.

Traitement du texte de base

Nous avons respecté la ponctuation du texte de base. Nous avons corrigé trois erreurs dans le texte de base, changeant 'chiens' en 'chien' (note *a*), 'supérieur' en 'supérieure' (ligne 102) et 'Roustou' en 'Rostou' (ligne 188). Le texte de base a fait l'objet d'une modernisation portant sur la graphie, l'accentuation et la grammaire. Les particularités du texte de base dans ces trois domaines étaient les suivantes:

I. *Particularités de la graphie*

1. Consonnes

– absence de la consonne *p* dans les mots: longtems, tems.
– absence de la consonne *t* dans: changemens, élémens, éloquens, fréquens, sentimens, souffrans.

— présence d'une seule consonne là où l'usage actuel prescrit son doublement: aporte, aproches.

2. Voyelles

— absence de la voyelle *e* dans: encor.
— emploi de *y* à la place de *i* dans: vrayes.
— emploi de *ï* à la place de *y* dans: Païs.
— emploi de *i* à la place de *y* dans: métaphisiques, sinode, tiranniques.

3. Divers

— utilisation systématique de l'esperluette sauf en tête de phrase.
— nous changeons 'Catherine seconde' en 'Catherine II'.

4. Graphies particulières

— l'orthographe moderne a été rétablie dans les mots suivants: Cartaginois, fonds (pour: fond), quarrées, sçais, sçait.

5. Abréviations

— madame devient Mme.

6. Le trait d'union

— il est absent dans l'expression: beaux arts.
— contrairement à l'usage actuel, il est présent dans les expressions: c'est-là, non-seulement, très-rarement.

7. Majuscules rétablies

— nous mettons la majuscule, conformément à l'usage moderne, à: l'inquisition.

8. Majuscules supprimées

— nous mettons la minuscule aux mots suivants qui portent une majuscule dans le texte de base: Académicien Français, Académie, Arts, Clergé, Code, Conseil, Cour, Courtiers Juifs, Dissidents, Empire, Evêque, Impératrice, Jurisconsultes, Jurisprudence, Législation, Loix, Médecin, Métropolitain, Musicien, Païs, Panégyrique, Prince, Roi, Seigneurs, Sinode, Société.

II. *Particularités d'accentuation*

L'accentuation a été rendue conforme aux usages modernes à partir des caractéristiques suivantes du texte de base:

INTRODUCTION

1. L'accent aigu

— il est employé au lieu de l'accent grave dans: aprés, entiére, grossiére, misére, pléniéres, premiére, protége.

2. L'accent circonflexe

— il est absent dans: ames, épitres, grace, reparait.

III. *Particularités grammaticales*

— emploi du pluriel en -x dans: Loix.

LETTRE SUR LES PANÉGYRIQUES,
PAR IRÉNÉE ALÉTHÈS,
PROFESSEUR EN DROIT DANS
LE CANTON SUISSE D'URI

Vous avez raison, Monsieur, de vous défier des panégyriques: ils sont presque tous composés par des sujets qui flattent un maître, ou ce qui est pis encore, par des petits qui présentent à un grand un encens prodigué avec bassesse et reçu avec dédain.

Je suis toujours étonné que le consul Pline[1] digne ami de Trajan   5
ait eu la patience de le louer pendant trois heures, et Trajan celle de l'entendre. On dit pour excuser l'un et l'autre, que Pline supprima, pour la commodité des auditeurs, une grande partie de son énorme discours; mais s'il en épargna la moitié à l'audience, il était encore trop long d'un quart.   10

Une seule chose me réconcilie avec ce panégyrique, c'est qu'étant prononcé devant le sénat, et devant les principaux chevaliers romains, en l'honneur d'un prince qui regardait leurs suffrages comme sa plus noble récompense, ce discours était devenu une espèce de traité entre la république et l'empereur;   15
Pline en louant Trajan, d'avoir été laborieux, équitable, humain, bienfaisant, l'engageait à l'être toujours. Et Trajan justifia Pline le reste de sa vie.

Eusèbe de Césarée,[2] voulut deux siècles après, faire dans une église en faveur de Constantin ce que Pline avait fait en faveur de   20
Trajan dans le Capitole: je ne sais si le héros d'Eusèbe est

---

[1] Pline le Jeune (62-v.114), auteur d'un *Panégyrique de Trajan*, le seul texte resté de son œuvre oratoire.

[2] Eusèbe de Césarée (v.265-v.340), auteur entre autres d'une *Chronique*, d'une *Préparation évangélique* et d'une *Histoire de l'Eglise* allant jusqu'à 323, incluant une *Vie de Constantin* et un *Panégyrique de Constantin*. Voltaire dénonce ordinairement la crédulité d'Eusèbe.

comparable en rien à celui de Pline; mais je sais que l'éloquence de l'évêque est un peu différente de celle du consul.

'Dieu, dit-il, a donné des qualités à la matière; d'abord il l'a embellie par le nombre de deux, ensuite il l'a perfectionnée par le nombre de trois, en lui donnant la longueur, la largeur et la profondeur; puis ayant doublé le nombre de deux, il s'en est formé les quatre éléments. Ce nombre de quatre a produit celui de dix; trois fois dix ont fait un mois, etc... la lune ainsi parée de trois fois dix unités qui font trente, reparaît toujours avec un éclat nouveau, il est donc évident que notre grand empereur Constantin est le digne favori de Dieu, puisqu'il a régné trente années.'[3]

C'est ainsi que raisonne l'évêque auteur de la Préparation évangélique, dans un discours pour le moins aussi long que celui de Pline le Jeune.[4]

33   w75G: que raison l'évêque [erreur]

[3] Voltaire résume deux passages de l'*Histoire de l'Eglise* d'Eusèbe de Césarée traduite par Louis Cousin (Paris, 1675, BV1250). Il s'agit de la 'Harangue à la louange de l'empereur Constantin prononcée la trentième année de son règne', qui constitue le vingt-septième et dernier chapitre du *Discours de l'empereur Constantin adressé à l'assemblée des fidèles*. Le premier passage cité est à la page 769. Dans le deuxième, très résumé par Voltaire, Eusèbe écrit: 'La lune emploie un mois composé de trente jours à parcourir l'espace qui s'étend depuis le point où elle se sépare du soleil jusque celui où elle s'y rejoint. Quand elle a fourni cette carrière, elle se lève comme de nouveau, et fait de nouveaux jours avec une nouvelle lumière. [...] Le règne de notre victorieux empereur jouit des mêmes avantages par la libéralité du souverain Seigneur de l'univers. Il refleurit en nos jours, et prend un nouveau commencement. Il a rempli les trente années, s'étendra au-delà, et servira d'assurance et de gage de la possession du bonheur qui est promis dans un autre siècle' (p.774). Voltaire a utilisé ce texte dans l'*Essai sur les mœurs* (éd. R. Pomeau, 2 vol., Paris, 1963, t.1, p.297). Il lui a inspiré dans la marge de son exemplaire ce bref commentaire: 'belle arithmétique' (*CN*, t.3, p.445).

[4] La *Préparation évangélique* comportait quinze livres. Il en reste dix, publiés en grec et en latin à Paris en 1628 (BV1251). Elle est destinée à convertir les païens. Eusèbe examine d'abord la théologie païenne pour en relever les absurdités. Puis il compare la législation de Moïse à celle des autres peuples et juge qu'elle leur est supérieure. Voir les notes marginales et les traces de lecture de Voltaire dans *CN*, t.3, p.449-51. Voltaire fera allusion à la *Préparation évangélique* en 1769 dans le chapitre 9 de *Dieu et les hommes* (*OCV*, t.69, p.315).

En général nous ne louons aujourd'hui les grands en face que très rarement; et encore ce n'est que dans des épîtres dédicatoires qui ne sont lues de personne, pas même de ceux à qui elles sont adressées.

La méthode des oraisons funèbres eut un grand cours dans le beau siècle de Louis XIV. Il s'éleva un homme éloquent né pour ce genre d'écrire, qui fit non seulement supporter ses déclamations, mais qui les fit admirer. Il avait l'art de peindre avec la parole. Il savait tirer de grandes beautés d'un sujet aride. Il imitait ce Simonide qui célébrait les dieux, quand il avait à louer des personnages médiocres. [5]

Il est vrai qu'on voit trop souvent un étrange contraste entre les couleurs vraies de l'histoire et le vernis brillant des oraisons funèbres. Lisez l'éloge de Michel Le Tellier chancelier de France [6] dans Bossuet: [7] c'est un sage, c'est un juste. Voyez ses actions dans les lettres de Mme de Sévigné; [8] c'est un courtisan intrigant et dur, qui trahit la cour dans le temps de la Fronde, et ensuite ses amis pour la cour, qui traita Fouquet dans sa prison avec la cruauté d'un geôlier, qui le jugea avec barbarie et qui mendia des voix pour le condamner à la mort. Il n'ouvrait jamais dans le conseil que des avis tyranniques. Le comte de Grammont, [9] en le voyant sortir du cabinet du roi, le comparait à une fouine qui sort d'une

[5] Simonide de Ceos (556-467 av. J.-C.), poète lyrique auteur d'odes, d'élégies et d'épigrammes. Ses éloges, célébrant des combats, vont à des groupes plutôt qu'à des particuliers. Il a toutefois loué Scopas dans des épinicies et des encomies, et le devin Megistias dans une épigramme sépulcrale.

[6] Michel Le Tellier (1603-1685), secrétaire d'Etat à la guerre, chancelier à partir de 1677, après avoir laissé le secrétariat d'Etat à son fils Louvois. Voltaire le mentionne dans *Le Siècle de Louis XIV* (*OH*, p.1127).

[7] Bossuet, oraison funèbre prononcée le 25 janvier 1686.

[8] Rien dans les *Lettres* de Mme de Sévigné ne confirme ce qu'écrit Voltaire. Peut-être a-t-il confondu avec les *Annales* de l'abbé de Saint-Pierre, auxquelles il fait allusion avec Bossuet et le comte de Grammont dans *Le Siècle de Louis XIV* (voir n.10).

[9] Philibert, comte de Grammont (1621-1707). Ses *Mémoires*, écrits par Antoine Hamilton, ont paru à Paris en 1749 (BV1592).

basse-cour en se léchant le museau teint du sang des animaux qu'elle a égorgés. [10]

Ce contraste a d'abord jeté quelque ridicule sur les oraisons 60 funèbres; ensuite la multiplicité de ces déclamations a fait naître le dégoût. On les a regardées comme de vaines cérémonies, comme la partie la plus ennuyeuse d'une pompe funéraire, comme un fatigant hommage qu'on rend à la place, et non au mérite.

Qui n'a rien fait doit être oublié. L'épouse de Louis XIV, n'était 65 que la fille d'un roi puissant, et la femme d'un grand homme. Son oraison funèbre est l'une des plus médiocres que Bossuet ait composées. Celles de Condé et de Turenne[11] ont immortalisé leurs auteurs. Mais qu'avait fait Anne de Gonzague, comtesse palatine du Rhin,[12] que Bossuet voulut aussi rendre immortelle?[13] 70 Retirée dans Paris elle eut des amants et des amis. Femme d'esprit, elle étala des sentiments hardis tant qu'elle jouit de la santé et de la beauté; vieille et infirme elle fut dévote. Il importe peut-être assez peu aux nations qu'Anne de Gonzague se soit convertie, pour avoir

[10] Dans une note du chapitre 36 du *Siècle de Louis XIV*, Voltaire cite un jugement presque identique du comte de Grammont sur Le Tellier, après avoir rapporté ceux de Bossuet et de l'abbé de Saint-Pierre (*OH*, p.1055).

[11] L'oraison funèbre de Turenne est d'Esprit Fléchier. Voltaire possédait un *Recueil des oraisons funèbres* de Fléchier (Paris, 1749, BV1347).

[12] Anne de Gonzague, princesse palatine (1616-1684). Dans les *Questions sur l'Encyclopédie*, à l'article 'Apparition', Voltaire rappellera les 'deux visions' de cette princesse (*OCV*, t.38, p.532-33).

[13] *Recueil des oraisons funèbres prononcées par messire Jacques-Bénigne Bossuet, évêque de Meaux* (Paris, 1749, BV486). A la page 310, Bossuet commence à conter la vision d'Anne de Gonzague, qui vit en songe un aveugle. Voltaire a fait une marque à cet endroit (*CN*, t.1, p.411). Il n'a ni marqué ni annoté le passage où il est question du chien et de la poule (p.319). Tout en déclarant que la *Lettre sur les panégyriques* lui a fait 'grand plaisir', Mme Du Deffand la critique aussitôt en écrivant: 'J'approuve fort le grand Bossuet de l'importance qu'il a mis au rêve de la palatine et de l'avoir célébrée en chaire. Je fais grand cas des rêves, je n'avais pas imaginé qu'ils pussent être utiles dans ces occasions, mais je suis convaincue aujourd'hui qu'ils doivent avoir toute préférence sur les raisonnements' (D14201).

vu un aveugle, une poule et un chien en songe (a), et qu'elle soit   75
morte entre les mains d'un directeur.

Louis XIV longtemps vainqueur et pacificateur, plus grand dans
les revers que modeste dans la prospérité, protecteur des rois
malheureux, bienfaiteur des arts, législateur, méritait sans doute
malgré ses grandes fautes que sa mémoire fût consacrée. Mais il ne   80
fut pas si heureusement loué après sa mort que de son vivant: soit
que les malheurs de la fin de son règne eussent glacé les orateurs, et
indisposé le public; soit que son panégyrique, prononcé en 1671

(a) *N.B.* Ce fut par cette vision qu'elle comprit, dit Bossuet, qu'il
manque un sens aux *incrédules*. Trois mois entiers furent employés à
repasser avec larmes ses ans écoulés dans les illusions, et à préparer sa
confession. Dans l'approche du jour désiré, où elle espérait de la faire, elle
tomba dans une syncope qui ne lui laissait ni couleur, ni pouls, ni   5
respiration. Revenue d'une si étrange défaillance, elle se vit replongée
dans un plus grand mal; et après les approches de la mort, elle ressentit
toutes les horreurs de l'enfer. Digne effet des sacrements de l'Eglise! etc.
Edition de 1749, pag. 315 et 316.

Elle vit aussi une poule qui arrachait un de ses poussins de la gueule   10
d'un chien, et elle entendit cette poule qui disait: Non je ne le rendrai
jamais. Voyez pag. 319 de la même édition.

C'est donc là ce que rapporte cet illustre Bossuet, qui s'élevait dans le
même temps avec un acharnement si impitoyable contre les visions de
l'élégant et sensible archevêque de Cambrai. O Démosthènes et   15
Sophocles! ô Cicérons et Virgiles! qu'eussiez-vous dit, si dans votre
temps, des hommes, d'ailleurs éloquents, avaient débité sérieusement de
pareilles pauvretés? [14]

n.*a*, 15-16   K: O Démosthènes et Sophocle! ô Cicéron et Virgile!

[14] Dans *Le Siècle de Louis XIV*, Voltaire rapporte longuement la polémique
entre Bossuet et Fénelon sur la question du quiétisme. Bossuet s'éleva contre les
Maximes des saints de Fénelon, et dénonça l'ouvrage au roi, qui le fit condamner par
le pape Innocent XII (*OH*, p.1090-96).

publiquement par Pélisson[15] à l'Académie, fût en effet plus
éloquent que toutes les oraisons composées après sa mort; soit   85
plutôt que dans les beaux jours de son règne, l'éclat de sa gloire se
répandît sur l'ouvrage de Pélisson même. Mais ce qui fut plus
honorable à Louis XIV, c'est que de son vivant on prononça douze
éloges de ce monarque dans douze villes d'Italie. Ils lui furent
envoyés par le marquis Zampieri dans une reliure d'or.[16] Cet   90
hommage singulier et unanime rendu par des étrangers, sans
crainte et sans espérance, était le prix de l'encouragement que
Louis XIV avait donné dans l'Europe aux beaux-arts, dont il était
alors l'unique protecteur.

Un académicien français fit en 1748 le panégyrique de Louis XV.   95
Cette pièce a cela de singulier, que l'on n'y voit aucune adulation,
pas une seule phrase qui sente le déclamateur ou le faiseur de
dédicace. L'auteur ne loue que par les faits.[17] Le roi de France
venait de finir une guerre dans laquelle il avait gagné deux batailles
en personne, et de conclure une paix, dans laquelle il ne voulut   100
jamais stipuler pour lui le moindre avantage. Cette conduite,

---

86   67B, W68, W71L, W75G, K: que les
87-88 EJ1, NM, W68, W75G, K: fut honorable

[15] Paul Pellisson-Fontanier (1624-1693), historiographe de Louis XIV, auteur
d'une *Histoire de l'Académie française* (1653). Voltaire possédait plusieurs de ses
ouvrages. Il lui a consacré une notice dans le 'Catalogue des écrivains' du *Siècle de
Louis XIV* (*OH*, p.1193).

[16] L'anecdote est rapportée dans le chapitre 25 du *Siècle de Louis XIV* (*OH*,
p.912).

[17] Dans la cinquième édition du *Panégyrique de Louis XV*, au verso du titre, et
dans l'édition encadrée (t.34, p.192), se trouve un extrait d'une lettre de 'M. le
président de ***' [Hénault] dont Voltaire semble s'être souvenu ici. Hénault écrit:
'Ce panégyrique [...] étant fondé uniquement sur les faits, est également glorieux
pour le roi et pour la nation. Je ne crois pas qu'on puisse lui comparer celui que
Pellisson composa pour Louis XIV: ce n'était qu'un discours vague, et celui-ci est
appuyé sur les événements les plus grands [...] c'est un ouvrage qui annonce à
chaque page un bon citoyen, c'est un éloge où il n'y a pas un mot qui sente la
flatterie' (*OCV*, t.30C, p.299, appendice 1). Cette lettre de Hénault n'est pas dans
l'édition Theodore Besterman de la *Correspondance* de Voltaire.

supérieure à la politique ordinaire, n'eût pas été célébrée par
Machiavel; mais elle le fut par un citoyen philosophe. Ce citoyen
étant sujet du monarque auquel il rendait justice, craignit que sa
qualité de sujet ne le fît passer pour flatteur, il ne se nomma pas; 105
l'ouvrage fut traduit en latin, en espagnol, en italien, en anglais. [18]
On ignora longtemps en quelle langue il avait été d'abord écrit;
l'auteur fut inconnu, et probablement le prince ignore encore quel
fut l'homme obscur qui fit cet éloge désintéressé.

Vous voulez, Monsieur, prononcer dans votre académie le 110
panégyrique de l'impératrice de Russie; vous le pouvez avec
d'autant plus de bienséance et de dignité, que n'étant point son
sujet, vous lui rendrez librement les mêmes honneurs que le
marquis Zampieri rendit à Louis XIV.

Elle se signale précisément comme ce monarque, par la 115
protection qu'elle donne aux arts, par les bienfaits qu'elle a
répandus, hors de son empire, et surtout par les nobles secours
dont elle a honoré l'innocence des Calas et des Sirven, [19] dans des
pays qui n'étaient pas connus de ses anciens prédécesseurs.

Je remplis mon devoir, Monsieur, en vous fournissant quelques 120
couleurs que vos pinceaux mettront en œuvre; et si c'est une
indiscrétion, je commets une faute dont l'impératrice seule pourra
me savoir mauvais gré, et dont l'Europe m'applaudira. Vous verrez
que si Pierre le Grand fut le vrai fondateur de son empire, s'il fit des
soldats et des matelots, si l'on peut dire qu'il créa des hommes, on 125
pourra dire que Catherine II a formé leurs âmes.

Elle a introduit dans sa cour les beaux-arts et le goût, ces
marques certaines de la splendeur d'un empire; elle en assure la
durée sur le fondement des lois. Elle est la seule de tous les
monarques du monde, qui ait rassemblé des députés de toutes les 130

---

[18] Le *Panégyrique de Louis XV* parut effectivement avec les traductions indiquées
dans sa sixième édition, 1749.

[19] Voltaire fait allusion à ce que Catherine a fait 'si généreusement' pour les Calas
dans sa lettre de novembre 1765 (D12973). Pour le secours accordé aux Sirven, voir
la lettre de Voltaire du 21 juin 1766 (D13364) et la réponse de Catherine du
9/20 juillet 1766 (D13433).

villes d'Europe et d'Asie, pour former avec elle un corps de jurisprudence universelle et uniforme. Justinien ne confia qu'à quelques jurisconsultes le soin de rédiger un code; elle confie ce grand intérêt de la nation à la nation même, jugeant avec autant d'équité que de grandeur, qu'on ne doit donner aux hommes que les lois qu'ils approuvent, et prévoyant qu'ils chériront à jamais un établissement qui sera leur ouvrage.   135

C'est dans ce code [20] qu'elle rappelle les hommes à la compassion, à l'humanité que la nature inspire, et que la tyrannie étouffe; c'est là qu'elle abolit ces supplices si cruels, si recherchés, si disproportionnés aux délits; c'est là qu'elle rend les peines des coupables utiles à la société; [21] c'est là qu'elle interdit l'affreux usage de la question, invention odieuse à toutes les âmes honnêtes, contraire à la raison humaine et à la miséricorde recommandée par Dieu même; barbarie inconnue aux Grecs, exercée par les Romains contre les seuls esclaves, en horreur aux braves Anglais, proscrite dans d'autres Etats, mitigée enfin quelquefois chez ces nations qui sont esclaves de leurs anciens préjugés, et qui reviennent toujours les dernières à la nature, et à la vérité en tout genre.   140   145

Souveraine absolue, elle gémit sur l'esclavage, et elle l'abhorre. Ses lumières lui font aisément discerner combien ces lois de servitude apportées autrefois du Nord dans une si grande partie de la terre, avilissent la nature humaine, dans quelle misère une nation croupit quand l'agriculture n'est que le partage des esclaves; à quel point les hommes ont été barbares quand le gouvernement des Huns, des Goths, des Vandales, des Francs, des Bourguignons a dégradé le genre humain. [22]   150   155

150-51   w68, w71L, w75G: l'abhorre. Les lumières

[20] Le *Nakaz* n'est pas un code. C'est une 'instruction' rédigée par Catherine II pour la commission législative, qui commença ses délibérations dans l'été 1767.

[21] Allusion à Beccaria. Voltaire avait rédigé en 1766 son *Commentaire sur le livre Des délits et des peines* (*M*, t.25, p.539 et suiv.).

[22] On retrouve les mêmes thèmes et les mêmes expressions dans le *Discours* envoyé par Voltaire au concours ouvert à la fin de 1766 par la Société libre

Elle a senti que le grand nombre qui ne travaille jamais pour lui-même, et qui se croit né pour servir le plus petit nombre, ne peut se tirer de cet abîme, si on ne lui tend une main favorable. Mille talents 160
périssent étouffés, nul art ne peut être exercé;[23] une immense multitude est inutile à elle-même et à ses maîtres. Les premiers de l'Etat, mal servis par des esclaves ineptes, sont eux-mêmes les esclaves de l'ignorance commune. Ils ne jouissent d'aucune consolation de la vie, ils sont sans secours au milieu de l'opulence. 165
Tels étaient autrefois les rois francs et tous ces vassaux grossiers de leur couronne, lorsqu'ils étaient obligés de faire venir un médecin, un astronome arabe, un musicien d'Italie, une horloge de Perse, et que des courtiers juifs fournissaient la grossière magnificence de leurs cours plénières. 170

L'âme de Catherine a conçu le dessein d'être la libératrice du genre humain dans l'espace de plus de onze cent mille de nos grandes lieues carrées. Elle n'entreprend point tout ce grand ouvrage par la force, mais par la seule raison. Elle invite les grands seigneurs de son empire à devenir plus grands en 175
commandant à des hommes libres: elle en donne l'exemple, elle affranchit des serfs de ses domaines, [24] elle arrache plus de cinq cent

---

169   K: que les courtiers

---

d'économie de Saint-Pétersbourg. Avant le seizième siècle, en Angleterre, l'Eglise et ses moines étaient 'devenus les maîtres des plus belles terres du royaume'. Ils traitaient 'les hommes leurs frères comme des animaux de service faits pour porter leurs fardeaux' et 'la grandeur de ce petit nombre de prêtres avilissait la nature humaine' (dans V. Somov, 'Voltaire au concours de la Société libre d'économie', p.67). Alors que, lorsque les cultivateurs se sont enrichis, 'dans les Etats autrichiens, en Angleterre, en France, vous voyez le prince emprunter facilement de ses sujets, cent fois plus qu'il n'en pouvait arracher par la force quand les peuples croupissaient dans la servitude' (p.68).

[23] Chappe d'Auteroche estimait aussi qu'en Russie le despotisme 'détruit l'esprit, le talent, et toute espèce de sentiment' (*Voyage en Sibérie*, éd. M. Mervaud, *SVEC* 2004:04, p.439). Il avait vu des artistes enchaînés à leur établi (p.440).

[24] Catherine n'a pas affranchi les serfs de ses domaines. Le prince Dmitri Alekséévitch Golitsyne, ambassadeur à Paris et à La Haye, ami de Diderot, lui avait proposé de donner l'exemple en accordant la propriété des terres aux paysans

223

mille esclaves à l'Eglise sans la faire murmurer, et en la dédommageant;[25] elle la rend respectable en la sauvant du reproche que la terre entière lui faisait, d'asservir les hommes qu'elle devait instruire et soulager.

'Les sujets de l'Eglise,[26] dit-elle dans une de ses lettres, souffrant des vexations souvent tyranniques, auxquelles les fréquents changements des maîtres contribuaient beaucoup, se révoltèrent vers la fin du règne de l'impératrice Elizabeth, et ils étaient à mon

180

185

---

de la Cour, dans l'espoir que les nobles propriétaires de serfs l'imiteraient. Catherine répliqua: 'Il est douteux que cet exemple soit suffisant pour émouvoir nos compatriotes [...]. Rares sont ceux qui consentiront à sacrifier des avantages substantiels aux nobles sentiments d'un cœur de patriote' (cité par Isabel de Madariaga, *La Russie au temps de la Grande Catherine*, Paris, 1987, p.155).

[25] En fait, près d'un million de serfs mâles du clergé furent libérés par un manifeste du 26 février 1764, par lequel les terres de l'Eglise étaient transférées au collège de l'Economie et allouées presque entièrement aux paysans qui les cultivaient. Toutefois, ces 'paysans de l'économie' ne pouvaient pas élire de représentants à la commission législative, comme les paysans de l'Etat.

[26] Voltaire a repris intégralement les lignes 182-245 dans l'article 'Puissance, les deux puissances' des *Questions sur l'Encyclopédie* (1771, *M*, t.20, p.302-303). Une autre version de la lettre de Catherine II, sans le début, se trouve dans *Les Choses utiles et agréables*, t.2 (1770), p.123-24, sous le titre *Extrait d'une lettre de l'impératrice de Russie du 22 auguste 1765*: 'Arsenie évêque de Rostou ayant envoyé à deux reprises des mémoires où il voulait établir le principe des deux puissances. On s'était contenté de lui imposer silence. Mais sa folie redoublant on le cita, et il fut jugé par ses confrères à la tête desquels était Démétri métropolitain de Novogorod. On le condamna comme fanatique imbu des principes romains, pernicieux et contraires à la foi orthodoxe, autant qu'au pouvoir souverain; par conséquent déchu de son évêché et de la prêtrise, et livré au bras séculier. Je n'acquiesçai à cette sentence qu'en confirmant le déchet des dignités de l'Eglise et il fut enfermé comme simple moine pour le reste de ses jours, dans un couvent, etc. Sa Majesté a permis qu'on publia cette lettre'. Un exemplaire de l'ouvrage *Les Choses utiles et agréables* est conservé dans la Bibliothèque de Voltaire (3 vol., Berlin [Genève, Cramer], 1769-1770, BV3507). Je remercie Mme N. Elaguina de m'avoir confirmé qu'il s'agit bien du même texte. Aucune des deux versions de cette lettre ne se trouve dans l'édition Besterman de la *Correspondance* de Voltaire. Le *post-scriptum* de la lettre de Catherine II à Voltaire du 22 août/2 septembre 1765 publiée dans la *Correspondance* (D12865) figure dans l'article 'Puissance, les deux puissances' juste avant la lettre reproduite par Voltaire dans la *Lettre sur les panégyriques*. Voir M. Mervaud, 'Une lettre oubliée de Catherine II à Voltaire', *Revue Voltaire* 4 (2004), p.293-97.

avènement plus de cent mille en armes. [27] C'est ce qui fit qu'en 1762 j'exécutai le projet de changer entièrement l'administration des biens du clergé, et de fixer ses revenus. Arsène, évêque de Rostou [28] s'y opposa, poussé par quelques-uns de ses confrères, qui ne trouvèrent pas à propos de se nommer. Il envoya deux mémoires où il voulait établir le principe absurde des deux puissances. [29] Il

190

188   β: Roustou [*erreur*]

[27] Les paysans des monastères s'étaient effectivement soulevés en 1760, mais ils n'étaient que quelques centaines ou quelques milliers. Catherine, dans un de ses écrits, dit qu'en 1762 les paysans insurgés des monastères *et des propriétaires fonciers* étaient à peu près 150 000 (S. M. Soloviov, *Istorija Rossii s drevneichikh vremion* [*Histoire de la Russie depuis les temps les plus anciens*], 2e éd., Saint-Pétersbourg [1897], t.21-25, livre 5, p.1178-82, 1384).

[28] Arsénii Matséévitch (1697-1772), archevêque de Rostov. Moine depuis 1716 après avoir fréquenté l'académie de Kiev, Alexandre (en religion Arsène) Matséévitch avait participé à l'expédition du Kamtchatka (1734-1737) et était devenu métropolite de Sibérie en 1741. Mais sa santé s'était dégradée à cause du climat et il avait demandé à venir à Rostov. Tout en étant membre du synode, il occupa pendant vingt ans (1742-1763) l'éparchie de Rostov. Sévère avec ses subordonnés, intransigeant sur la doctrine, il ne tarda pas à se trouver en opposition avec les autorités civiles. Le clergé, mécontent de la sécularisation de ses biens par Catherine II, considéra Arsène comme le seul capable d'entrer en lutte ouverte avec le pouvoir. En mai 1763, Arsène envoya deux rapports au synode, qui seront publiés en 1862. Dans son rapport à l'impératrice, le synode qualifia Arsène d'''offenseur de Sa Majesté' et Catherine le traduisit en justice devant le synode 'pour ses interprétations fausses et révoltantes de l'Ecriture sainte et pour avoir porté atteinte à la tranquillité des sujets'. Le procès dura sept ans. D'abord condamné et rétrogradé comme simple moine, Arsène fut enfermé dans un monastère. Puis, à la fin de 1767, déchu de sa qualité de moine et condamné à la réclusion à perpétuité, il fut détenu à la casemate de Revel, où il mourut.

[29] Contre les 'usurpations' de l'Eglise, Voltaire considère comme 'pernicieuse' l'idée des deux puissances et 'ne reconnaît qu'une seule puissance fondée sur les lois' (*Mandement du révérendissime père en Dieu Alexis*, 1765, *M*, t.25, p.347 et 350). Le thème des deux puissances est l'un des thèmes obsessionnels de Voltaire. Dans l'article 'Puissance, les deux puissances' des *Questions sur l'Encyclopédie*, il écrit notamment: 'L'impératrice de Russie est aussi maîtresse absolue de son clergé dans l'empire le plus vaste qui soit sur la terre. L'idée qu'il puisse exister deux puissances opposées l'une à l'autre dans un même Etat y est regardée par le clergé même comme une chimère aussi absurde que pernicieuse' (*M*, t.20, p.301).

avait déjà fait cette tentative du temps de l'impératrice Elizabeth; on s'était contenté de lui imposer silence, mais son insolence et sa folie redoublant, il fut jugé par le métropolitain de Novogorod, et par le synode entier, condamné comme fanatique, coupable d'une 195 entreprise contraire à la foi orthodoxe, autant qu'au pouvoir souverain; déchu de sa dignité et de la prêtrise, et livré au bras séculier. Je lui fis grâce, et je me contentai de le réduire à la condition de moine.'

Telles sont, Monsieur, ses propres paroles; il en résulte qu'elle 200 sait soutenir l'Eglise et la contenir; qu'elle respecte l'humanité autant que la religion; qu'elle protège le laboureur autant que le prêtre; que tous les ordres de l'Etat doivent la bénir.

J'aurai encore l'indiscrétion de transcrire ici un passage d'une de ses lettres.[30] 205

'La tolérance est établie chez nous, elle fait loi de l'Etat; il est défendu de persécuter.[31] Nous avons, il est vrai, des fanatiques, qui faute de persécution, se brûlent eux-mêmes;[32] mais si ceux des autres pays en faisaient autant; il n'y aurait pas grand mal, le monde en serait plus tranquille, et Calas n'aurait pas été roué.' 210

Ne croyez pas qu'elle écrive ainsi par un enthousiasme passager et vain qu'on désavoue ensuite dans la pratique, ni même par le désir louable d'obtenir dans l'Europe les suffrages des hommes qui pensent et qui enseignent à penser. Elle pose ces principes pour base de son gouvernement. Elle a écrit de sa main dans le conseil de 215

[30] Cette deuxième lettre de Catherine II est du 28 novembre/9 décembre 1765 (D13032). Voltaire en a modifié quelques termes: '*et* il est défendu de persécuter' (lignes 206-207); 'le monde *n'*en serait *que* plus tranquille' (lignes 209-10).

[31] C'est ce qu'écrivait Catherine à Voltaire le 28 novembre/9 décembre 1765: 'La tolérance est établie chez nous, elle fait loi de l'Etat, et il est défendu de persécuter' (D13032). Voltaire reprendra ce thème en 1768 dans son *Discours aux confédérés catholiques de Kaminieck en Pologne* (*M*, t.27, p.77) et en 1771 dans le *Sermon du papa Nicolas Charisteski* (*OCV*, t.73, p.311).

[32] Allusion aux vieux-croyants qui, contrairement à ce qu'affirme Catherine II, ont été persécutés, et dont certains se brûlaient, parfois par centaines. Entre 1672 et 1691, plus de 20 000 vieux-croyants s'étaient immolés par le feu, au cours de 37 autodafés collectifs.

législation, ces paroles qu'il faut graver aux portes de toutes les villes. [33]

'Dans un grand empire, qui étend sa domination sur autant de peuples divers qu'il y a de différentes croyances parmi les hommes, la faute la plus nuisible [34] serait l'intolérance.' Remarquez qu'elle n'hésite pas de mettre l'intolérance au rang des fautes, j'ai presque dit des délits. Ainsi une impératrice despotique détruit dans le fond du Nord la persécution et l'esclavage. Tandis que dans le Midi...

Jugez après cela, Monsieur, s'il se trouvera un honnête homme dans l'Europe qui ne sera pas prêt de signer le panégyrique que vous méditez. Non seulement cette princesse est tolérante, mais elle veut que ses voisins le soient. Voilà la première fois qu'on a déployé le pouvoir suprême pour établir la liberté de conscience. [35] C'est la plus grande époque que je connaisse dans l'histoire moderne.

C'est à peu près ainsi que les Persans défendirent aux Carthaginois d'immoler des hommes.

Plût à Dieu qu'au lieu des barbares qui fondirent autrefois des plaines de la Scithie et des montagnes de l'Immaüs [36] et du Caucase vers les Alpes et les Pirenées pour tout ravager, on vît descendre aujourd'hui des armées pour renverser le tribunal de l'Inquisition, tribunal plus horrible que les sacrifices de sang humain tant reprochés à nos pères!

Enfin, ce génie supérieur veut faire entendre à ses voisins ce que

220

225

230

235

225   K: prêt à signer
231   EJI, NM, W68, W71L, W75G: les anciens Persans
      K: les Syracusains défendirent

[33] Cette troisième lettre de Catherine II est du 9/20 juillet 1766 (D13433). L'impératrice, dans cette lettre, autorisait Voltaire à communiquer le mémoire sur l'évêque de Rostov (voir n.26). Le 22 décembre 1766 (D13756), Voltaire a demandé à Catherine II de lui permettre de publier le passage de sa lettre sur la tolérance.
[34] Voltaire a sauté 'au repos et à la tranquillité de ses citoyens'.
[35] Allusion à l'intervention armée russe en Pologne en faveur des 'dissidents', c'est-à-dire des non-catholiques (orthodoxes et protestants).
[36] Imaüs: chaîne de montagnes d'Asie, dont la principale est l'Himalaya.

l'on commence à comprendre en Europe, que des opinions   240
métaphysiques inintelligibles, qui sont les filles de l'absurdité,
sont les mères de la discorde, et que l'Eglise au lieu de dire, 'Je viens
apporter le glaive et non la paix,'[37] doit dire hautement, 'J'apporte
la paix et non le glaive.' Aussi l'impératrice ne veut-elle tirer l'épée
que contre ceux qui veulent opprimer les dissidents.[38]   245

J'ignore quelles suites aura la querelle qui divise la Pologne,
mais je n'ignore pas que tous les esprits doivent être un jour unis
dans l'amour de cette liberté précieuse qui enseigne aux hommes à
regarder Dieu comme leur père commun, et à le servir en paix sans
inquiéter, sans avilir, sans haïr ceux qui l'adorent avec des   250
cérémonies différentes des nôtres.

Je sais encore que le roi de Pologne est un prince philosophe,
digne d'être l'ami de l'impératrice de Russie, un prince fait pour
rendre les Polonais heureux, si jamais ils consentent à l'être. Je ne
me mêle point de politique; ma seule étude est celle du bonheur du   255
genre humain, etc., etc.

---

252   w75G: roi Pologne [*erreur*]

[37] Matthieu 10:34.
[38] Voir n.35.

Fragment des instructions pour le prince royal de ***

Edition critique

par

Helga Bergmann

TABLE DES MATIÈRES

INTRODUCTION

Le *Fragment des instructions pour le prince royal de* *** est paru entre fin mars et fin juin 1767. Le 21 mars est la date de l'édition princeps de l'*Anecdote sur Bélisaire* qui fut réimprimée dans la brochure du *Fragment* mentionnée par d'Alembert dans sa lettre à Voltaire du 4 juillet: 'J'ai reçu par M. le comte de Wargemont les brochures que vous m'avez envoyées; j'ai trouvé les instructions au Prince Royal de *** excellentes' (D14255). Dès le 1er juillet de la même année, Grimm informe les lecteurs de la *Correspondance littéraire* du fait que ce petit texte de Voltaire est paru:

La manufacture intarissable en productions pour le bien du genre humain, qui fleurit à Ferney, sous un chef dont le zèle est infatigable, vient de fournir sous le titre de Berlin et l'année 1766 un fragment des *Instructions pour le prince royal de* ***, écrit de quarante petites pages in-12 [...] La brochure dont il s'agit, et qui fait en tout soixante-dix-sept pages, contient, outre le fragment des *Instructions*, un chapitre sur le divorce, un autre sur la liberté de conscience; et on lit à la fin la première anecdote sur *Bélisaire*, ou la conversation de l'académicien avec frère Triboulet, que vous connaissez. [...] Je n'en connais qu'un seul exemplaire à Paris, que j'ai eu bien de la peine à me faire prêter pour un quart d'heure.[1]

Grimm a consacré plus de quatre pages à la petite brochure de Voltaire. Dans la plus grande partie de son texte il traite du *Fragment*, profitant de l'occasion pour exprimer ses propres idées sur l'éducation d'un prince. L'édition à laquelle Grimm se réfère est notre F167A qui porte la fausse date de '1766' (mais nous ne connaissons pas d'édition in-12). Grimm exagère certainement un peu en ce qui concerne la disponibilité des exemplaires à Paris, mais on sait bien pourquoi: il veut critiquer les lois qui empêchent 'l'importation et le débit des productions de cette fabrique

---

[1] *Correspondance littéraire*, éd. Maurice Tourneux, 16 vol. (Paris, 1877-1882), t.7, p.349.

précieuse [de Ferney]', en ce cas la production d'une brochure qui est peut-être parue en Suisse, portant Berlin comme lieu d'impression, et qui est parue une seconde fois en 1767 dans les Pays-Bas, portant Londres comme lieu d'impression.

Or d'abord se pose un autre problème: dans l'édition de Kehl, le *Fragment* figure sans date dans le tome 29, *Politique et législation*, entre *Le Tocsin des rois* et *Le Cri des nations*. Dans certaines éditions du dix-neuvième siècle, dont Moland, il est daté de 1752, avec la note suivante de Beuchot: 'Cette date a été mise par Voltaire, mais elle est supposée'.[2] Pourquoi Voltaire aurait-il ajouté cette date manifestement erronée, puisque, dans le deuxième paragraphe du texte, il est fait allusion à Frédéric II résistant aux maisons d'Autriche et de France pendant la guerre de Sept Ans (1756-1763)? S'agit-il simplement d'une fantaisie de Beuchot ou de Moland? Une telle erreur de l'un des deux semble peu vraisemblable. Voltaire, par contre, aimait jouer avec ses lecteurs, comme il l'a déjà fait en leur offrant un texte apparemment fragmentaire. On pourrait s'imaginer que, pour mystifier ses adversaires, il s'est résolu à laisser passer son *Fragment* pour un vieux manuscrit, publié en 1752, mais rédigé quelques années auparavant. En ce cas-là il aurait ajouté la date à un moment où tous les détails de son texte n'étaient pas présents à son esprit, ou bien il aurait choisi à dessein une date absurde.

En jetant un premier regard sur le contenu du *Fragment*, on se pose deux questions, à savoir: qui est le destinataire du texte? et: pourquoi fut-il publié sous cette forme fragmentaire?

Comme destinataire du *Fragment* s'offrent en premier lieu deux neveux du roi de Prusse: Gustave, prince royal de Suède, futur roi de Suède Gustave III, et Frédéric Guillaume, futur successeur de Frédéric II.

En 1767, Gustave est présent à l'esprit de Voltaire. Dans *La Défense de mon oncle*, rédigée vers le milieu de 1767, Voltaire flatte le prince royal, qui avait été éduqué à la française et qui s'intéressait

2 *M*, t.26, p.439, n.1.

vivement aux Lumières. En octobre 1767, Voltaire reçoit de Marmontel une lettre qui vante l'esprit éclairé du prince et incite Voltaire à écrire au prince pour l'affermir 'dans la voie de la justice et de la vérité' (D14471).

Contrairement à Gustave, Frédéric Guillaume n'était pas un personnage qui donnait lieu à des espoirs. Frédéric II ne s'est pas fait d'illusions sur son successeur,[3] et Voltaire n'ignorait pas cette situation. Peut-être essaya-t-il quand même de prendre influence sur le futur roi de Prusse, comme il avait essayé d'influencer Frédéric II, lorsque celui-ci était encore le prince héritier. Avenel, qui a publié de 1867 à 1870 une édition populaire des *Œuvres* de Voltaire, incline à cette opinion: 'Un prince, dans ce morceau, conseille un autre prince. Cet autre prince ne serait-il pas Frédéric Guillaume, prince royal de Prusse, alors âgé de vingt-trois ans?'[4] Grimm, d'autre part, colporte un avis contemporain qui favorise Gustave: 'l'on a prétendu que ce fragment était adressé au prince royal de Suède, au nom d'un prince royal de Prusse'.[5]

En étudiant le texte, on ne gagne pas plus de sûreté sur le destinataire du *Fragment*. On vient plutôt à la conclusion qu'il n'était pas destiné à tel ou tel prince, mais à un futur monarque de n'importe quel pays protestant d'Europe. Dans ce cas, ce ne furent pas des raisons tactiques qui auraient déterminé l'auteur à obscurcir le destinataire de son *Fragment*. Voltaire a plutôt choisi cet artifice, pour 'déférer, sous le titre de *Fragments d'instruction*, au tribunal de la raison universelle des usages aussi absurdes qu'anciens sur lesquels le gouvernement de la France a pris sa forme'.[6]

Comme nous l'avons déjà mentionné, Voltaire déclare que son texte n'est qu'un fragment. Un fragment publié du vivant de l'auteur? Il est plus probable que l'éditeur a reçu le manuscrit des

---

[3] Voir J. Kunisch, 'Friedrich der Große, Friedrich Wilhelm II. und das Problem der dynastischen Kontinuität im Hause Hohenzollern', *Persönlichkeiten im Umkreis Friedrichs des Grossen* (Cologne, Vienne, 1988).

[4] *M*, t.26, p.439.

[5] *Correspondance littéraire*, t.7, p.350.

[6] *Correspondance littéraire*, t.7, p.350.

mains de l'auteur, de sorte que le caractère fragmentaire que celui-ci donna à son texte était choisi à dessein. Le fragment comme forme littéraire commençait à être en vogue, et on connaît de Voltaire encore d'autres textes où le caractère fragmentaire est déjà souligné dans le titre. Ici ne seront mentionnés que quatre textes de 1773: les *Fragments historiques sur l'Inde*, le *Fragment sur la justice*, le *Fragment sur le procès criminel de Montbailli* et le *Fragment sur l'histoire générale*. Voltaire aimait les formes ouvertes, il aimait la raillerie. Il joua avec le lecteur en terminant son *Fragment* par les mots 'Le reste manque'. Et Grimm continua ce jeu: 'Je finirai cet article comme l'auteur du *Fragment des instructions*, en disant que le reste du manuscrit manque'.[7]

Les derniers mots de Voltaire insinuent que le catalogue des thèmes qu'il faudrait discuter avec n'importe quel futur souverain serait beaucoup plus vaste que celui-ci. La fin du texte est conforme à ce qui précède, dans la mesure où sa structure permet à l'auteur d'insister sur les questions qui lui sont importantes au moment de la rédaction et de répéter ses idées favorites sous une forme nouvelle en mettant çà et là des accents nouveaux. L'ouvrage est censé être composé par un prince protestant. Il est divisé en sept sections dont les trois premières sont consacrées aux questions relevant de la religion et de l'Eglise: la profession de déisme, la démystification de l'Ecriture sainte et de l'Eglise catholique, une attaque contre la prétention du catholicisme à l'universalité, un plaidoyer pour la tolérance, la supériorité des royaumes protestants, l'absurdité de la théorie des deux puissances. Les sections 4 à 7 traitent du gouvernement. L'auteur du *Commentaire sur le livre Des délits et des peines* (1766) prône une réforme de la justice, dénonce la vénalité des charges, suggère d'employer les soldats à des travaux d'intérêt public, fustige la mendicité.

Voltaire qui, sa vie durant, a accompagné la politique en Europe de ses commentaires (cachés ou non) et de ses idées, a formulé dans le *Fragment* presque un résumé de son programme. C'est pourquoi

---

[7] *Correspondance littéraire*, t.7, p.353.

cet opuscule trouve sa place dans maints écrits et maintes brochures définissant la 'politique de Voltaire'.

Editions

FI67A

[*encadrement*] FRAGMENT / DES / INSTRUCTIONS / POUR / LE PRINCE / ROYAL DE ***. / [*ornement typographique*] / A BERLIN, / [*filet gras-maigre, 61 mm*] / *MDCCLXVI*.

8°. sig. A-E⁸ (E8 blanc); pag. 77; \$4, chiffres romains (-A1); réclames par cahier et (pour les rubriques) aux pages 40 et 57.

[1] titre; [2] blanc; [3]-40 Fragment des instructions pour le prince royal de ***; 41-49 Du divorce; 49-57 De la liberté de conscience; 58-77 Anecdote sur Bélisaire.

C'est l'édition à laquelle Grimm fait allusion le 1ᵉʳ juillet 1767 dans la *Correspondance littéraire* (voir ci-dessus, p.231). La date de 1766 que porte cette édition est fausse, Voltaire n'ayant composé l'*Anecdote sur Bélisaire* qu'en mars 1767. Cette édition fut peut-être publiée par Grasset.

Bengesco 1744, BnC 4083n.

Austin, Harry Ransom Humanities Research Center: B 2173 F73 1767b. Bruxelles, Bibliothèque royale de Belgique: FS 241A. Oxford, Taylor: V8 F2 1766 (1/1).

FI67B

[*encadrement*] FRAGMENT / DES / INSTRUCTIONS / POUR / LE PRINCE / ROYAL DE ***. / [*ornement typographique*] / A BERLIN, / [*filet gras-maigre, 61 mm*] / *MDCCLXVII*.

8°. sig. A-D⁸ E⁸ (-E8); pag. 77; \$4, chiffres romains (-A1); réclames par cahier et (pour les rubriques) aux pages 40 et 57.

[1] titre; [2] blanc; [3]-40 Fragment des instructions pour le prince royal de ***; 41-49 Du divorce; 49-57 De la liberté de conscience; 58-77 Anecdote sur Bélisaire.

Bengesco 1744, BnC 4083.

Genève, ImV: Fragment 13/1767/2, D Fragment 13/1767/1 (cet exemplaire est identique au précédent, sauf qu'il porte la date de '*MDCCLXV.*' sur la page de titre). Paris, BnF: Mz 4237, 8° Y² 44803 (2), Rés. Z Bengesco 312.

FI67C

[*encadrement*] FRAGMENT / DES / INSTRUCTIONS / POUR / LE PRINCE / ROYAL DE ***. / [*ornement typographique*] / A BERLIN, / [*filet gras-maigre*, 61 *mm*] / *MDCCLXVII.*

8°. sig. A-C⁸ D⁴; pag. 56; $4, chiffres romains (-A1, -D4); réclames par cahier.

[1] titre; [2] blanc; [3]-40 Fragment des instructions pour le prince royal de ***; 41-49 Du divorce; 49-56 De la liberté de conscience.

L'*Anecdote sur Bélisaire* ne figure pas dans cette édition. A l'exception du dernier feuillet pour lequel on a employé des caractères plus petits, la présentation typographique des textes est identique à celle de FI67A et de FI67B.

Bengesco 1744, BnC 4084.

Berlin, Staatsbibliothek zu Berlin: Fa 7535 (cet exemplaire porte la date de '*MDCCLXV.*' sur la page de titre). Genève, ImV: D Fragment 13/1767/3. Paris: BnF: Mz 4164 et R 53729.

FI67D

FRAGMENT / DES / INSTRUCTIONS / POUR / LE PRINCE / ROYAL DE ***. / [*ornement typographique*] / *A LONDRES,* / [*filet gras-maigre*, 54 *mm*] / MDCCLXVII.

8°. sig. A-B⁸ (B8 blanc); pag. 30; $5, chiffres arabes (-A1); réclames par cahier.

Cette édition porte une virgule après 'cérémonies' (ligne 116), ce qui donne un meilleur sens; elle porte 'les citoyens romains n'y furent exposés' au lieu de 'les citoyens romains ne furent exposés' (ligne 212) et 'se conduisait' au lieu de 'se conduirait' (ligne 249).

A en juger par sa présentation typographique, cette édition fut imprimée par Marc-Michel Rey à Amsterdam.

[1] titre; [2] blanc; [3]-16 Fragment des instructions pour le prince royal de ***; 17-20 Du divorce; 20-23 De la liberté de conscience; 23-30 Anecdote sur Bélisaire.

Bengesco 1744, BnC 4085.

Oxford, Taylor: V5 87 1768 (3)/2. Paris, BnF: Rés. Z Beuchot 302.

FI68

[*encadrement*] / FRAGMENT / DES / INSTRUCTIONS / POUR / LE PRINCE / ROYAL DE ***. / [*ornement typographique similaire à* FI67A] / *A Berlin*, / [*filet gras-maigre, 62 mm*] / *MDCCLXVIII*.

8°. sig. A-D⁸; pag. 64; $4 signé, chiffres romains (-A1; A2 signé, chiffres arabes); réclames par cahier et par rubrique.

[1] titre; [2] blanc; [3]-26 Fragment des instructions pour le prince royal de ***; 26-31 Du divorce; 32-37 De la liberté de conscience; 37-49 Anecdote sur Bélisaire. A Paris, 20 mars 1767; 50-59 Seconde anecdote sur Bélisaire; 59-64 Lettre de l'archevêque de Cantorbéri à l'archevêque de Paris.

Bengesco 1744n., BnC 4087.

Oxford, Taylor: V5 P7 1768 (3). Paris, BnF: Rés. Z Beuchot 304.

NM (1770)

Nouveaux Mélanges philosophiques, historiques, critiques, etc. [Genève, Cramer], 1765-1775. 19 vol. 8°.

Tome 9 (1770): 202-16 Fragment des instructions pour le prince royal de ***.

Porte la virgule après 'cérémonies' (ligne 116), mais ne corrige pas 'par' en 'pas' (ligne 105).

Oxford, Taylor: VF. Paris, BnF: Rés. Z Beuchot 21.

W68 (1771)

Collection complette des œuvres de M. de Voltaire. [Genève, Cramer; Paris, Panckoucke], 1768-1777. 30 [ou 45] vol. 4°.

237

L'édition in-quarto, dont les vingt-quatre premiers volumes furent imprimés à Genève par Cramer.

Tome 17 (*Mélanges philosophiques, littéraires, historiques, etc.*, tome 4, 1771): 314-34 Fragment des instructions pour le prince royal de ***.

Porte la virgule après 'cérémonies' (ligne 116).

Bengesco 2137, BnC 141-44, Trapnell 68.

Genève, ImV: A 1768/1. Oxford, Taylor: VF. Paris, BnF: Z4961, Rés. M Z587.

w70L (1772)

Collection complette des œuvres de M. de Voltaire. [Lausanne, Grasset, Pott; Meschel, Bâle] 1770-1781. 57 vol. 8°.

Tome 30 (*Mélanges* [...], tome 9, 1772): 74-88 Fragment des instructions pour le prince royal de ***.

Porte la même virgule après 'cérémonies' (ligne 116), et 'de longues fatigues' au lieu de 'des longues fatigues' (ligne 118). D'après Trapnell, édition probablement publiée par Grasset et Pott à Lausanne, aidés par Meschel, Bâle, et peut-être encore par d'autres imprimeries.

Bengesco 2138, Trapnell 70L, BnC 149 (1-6, 14-21, 25).

Genève, ImV: A 1770/4. Leipzig, Universitätsbibliothek Leipzig: 62-5323, 29.30. Oxford, Taylor: V1 1770 L.

w71L (1773)

Collection complette des œuvres de M. de Voltaire. Genève [Liège, Plomteux], 1771-1777. 32 vol. 12°.

Tome 17 (*Mélanges philosophiques, littéraires, historiques, etc.*, tome 4, 1773): 362-73 Fragment des instructions pour le prince royal de ***.

Cette édition porte une virgule après 'conseiller du roi' (ligne 247).

Bengesco 2139; Trapnell 71; BnC 151.

Genève, ImV: A 1771/1. Oxford, Taylor: VF.

W75G

La Henriade, divers autres poèmes et toutes les pièces relatives à l'épopée.
Genève [Cramer et Bardin], 1775. 37 [ou 40] vol. 8°.

L'édition *encadrée.*

Tome 36 (*Mélanges de littérature, d'histoire et de philosophie*, tome 4): 348-
59 Fragment des instructions pour le prince royal de ***.

Bengesco 2141, Trapnell 75G, BnC 158-61.

Genève, ImV: A 1775/2 (36). Oxford, Taylor: V1 1775 (36); VF. Paris,
BnF: Z 24839-24878.

K

Œuvres complètes de Voltaire. [Kehl] Société littéraire-typographique,
1784-1789. 70 vol. 8°.

Tome 29 (*Politique et législation*, tome 1): 111-24 Fragment des
instructions pour le prince royal de ***.

Contient quelques légers changements dont nous ne connaissons pas la
provenance. Le plus important semble être venu de l'auteur lui-même,
car le texte gagne en agressivité: 'les mendiants publics' devient 'les
mendiants qui osent se faire craindre' (lignes 298-99). Il est difficile de
déterminer si l'omission de 'aux portes des villes; ils prêteraient un
prompt secours' (lignes 222-23) est un lapsus du compositeur ou bien une
omission intentionnelle de l'auteur. Les autres changements sont moins
importants; on y trouve trois corrections stylistiques: 'Soumettez-vous-y
vous-même le premier' devient 'Soumettez-vous-y le premier vous-
même' (ligne 171); 'ne furent exposés' (ligne 212) devient, comme dans
F167B, 'n'y furent exposés'; 'un jour de bataille' (ligne 267) devient 'au
jour de bataille'; 'et' est ajouté après 'perpétuelles' (ligne 236); la virgule
déjà employée dans d'autres éditions après 'cérémonies' (ligne 116) fut
ajoutée également ici.

Bengesco 2142, Trapnell K, BnC 164-69.

Genève, ImV: A 1784/1. Oxford, Taylor: VF. Paris, BnF: Rés. P Z2209.

Principes de l'édition

Comme texte de base nous avons choisi l'édition princeps FI67A. Les variantes figurant dans l'apparat critique proviennent de FI67B, FI67D, FI68, NM (1770), W68 (1771), W70L (1772), W71L (1773), W75G et K.

Traitement du texte de base

Nous avons conservé l'orthographe des noms propres de personnes et de lieux (à l'exception des accents dans: Baviére, Nôtre Dame). Nous avons également respecté les italiques du texte de base. Nous avons conservé la ponctuation, à trois exceptions: le point qui suit les chiffres romains a été supprimé dans les noms propres Henri IV, Grégoire VII, Louis XIV; nous avons remplacé la virgule par un point à la ligne 135, après 'religion' (ligne 112); nous avons inséré un trait d'union dans 'Nôtre Dame de Lorette'.

Nous avons corrigé tacitement les fautes d'impression suivantes, en tenant compte de l'édition FI67B: ligne 81: 'chaus sés' a été corrigé en 'chaussés'; ligne 96: 'Espague' en 'Espagne'; ligne 105: 'par' en 'pas'; ligne 196: 'il saut' en 'il faut'; ligne 259: 'gayeé' en 'gaieté'; et ligne 296: 'Dannemarck' en 'Dannemark'.

Le texte de base a fait l'objet d'une modernisation portant sur la graphie, l'accentuation et la grammaire. Les particularités du texte étaient les suivantes:

I. *Particularités de la graphie*

1. Consonnes
— absence de *p* dans: long-tems, promt.
— absence de *t* dans les finales en -*ans*: enfans.
— redoublement de consonnes contraire à l'usage actuel: imbécilles, s'appeller.
— présence d'une seule consonne là où l'usage actuel prescrit son doublement: apris, boureaux, culotes, nourit, opresseur, oprimé, sotise, suplices, suporter.

2. Voyelles
— absence de *e* dans: encor.

240

— emploi de *i* à la place de *y* dans: païs, païsan.
— emploi de *y* à la place de *i* dans: envoyent, gayeté.

3. Graphies particulières

— l'orthographe moderne a été rétablie dans: apocrifes, gasons, oeconomie, paitris, recepte, sçais, sçavez, terrein.

4. Majuscules rétablies

— nous employons la majuscule initiale aux titres d'ouvrages et aux noms propres: siècle de Louis XIV; nôtre Dame de Lorette, Asie mineure.

5. Majuscules supprimées

— nous employons la minuscule aux substantifs suivants qui portent une majuscule: Communion, Comte, Conseil (institution), Conseiller, Continent, Cousin, Empereur, Empire, Evêques, Iles, Juges, Manichéens, Pape(s), Pontife, Prince, Roi (et avec une minuscule), Royaume, Seigneur, Sibylles, Soleil, Souverains.
— nous employons la minuscule aux adjectifs qualificatifs suivants qui portent une majuscule: Juif, Romain.

6. Minuscules

— nous employons la majuscule dans les substantifs suivants qui portent en général une minuscule dans le texte de base: état (et avec une majuscule), être suprême, furies, inquisition.

II. *Particularités d'accentuation*

1. L'accent aigu

— il est présent dans: ensévelis.
— il est absent dans: deshonore.
— il est employé au lieu du grave dans: chérement, entiéres, frontiéres, pélerins, posséde, régnent, troisiéme.

2. L'accent grave

— il est présent dans: celà.
— il est absent dans: voila.

3. L'accent circonflexe

— il est présent dans les pronoms possessifs: nôtre, vôtre; ainsi que dans: mîtres, rîre.

– il est absent dans: ame, grace, hopital, hotel, reconnait-on, sureté, trones.

4. Le tréma

– il est présent dans: jouï, jouïsse.

III. *Particularités grammaticales*

– emploi du pluriel en -*x* dans: loix.

FRAGMENT DES INSTRUCTIONS
POUR LE PRINCE ROYAL DE ***[1]

I

Vous devez d'abord, mon cher cousin,[2] vous affermir dans la persuasion qu'il existe un Dieu tout-puissant qui punit le crime et qui récompense la vertu. Vous savez assez de physique pour voir que ces anciennes erreurs, qu'il faut que le grain pourrisse et meure en terre pour germer etc. détruiraient plutôt l'idée d'un Dieu formateur du monde qu'elles ne l'établiraient.[3] Vous avez appris assez d'astronomie pour être sûr qu'il n'y a ni premier, ni troisième ciel, ni région de feu auprès de la lune, ni firmament auquel les étoiles soient attachées etc. mais un nombre innombrable de globes disposés dans l'espace par la main de l'éternel géomètre.[4] On vous

5

10

---

[1] Quant au destinataire du *Fragment*, voir l'introduction.

[2] Voltaire feint qu'un membre d'une famille royale s'adresse à un autre membre, 'et l'on a prétendu, dit Grimm, que ce *Fragment* était adressé au prince royal de Suède, au nom d'un prince de la maison de Prusse' (*Correspondance littéraire*, t.7, p.349, 1er juillet 1767). Le prince royal de Suède, Gustave, était le fils d'Ulrique, sœur de Frédéric II, et le prince royal de Prusse, Frédéric Guillaume, était le fils d'Auguste-Guillaume, frère de Frédéric II.

[3] Après s'être référé à Jean 12:24, Voltaire fait allusion à la théorie de la génération spontanée de John Turberville Needham (1713-1781). Needham a cru pouvoir prouver, à l'aide du microscope, que dans la matière morte peuvent naître des 'animalcules', c'est-à-dire des êtres vivants. Diderot et d'Holbach voyaient dans la théorie de la génération spontanée un argument en faveur de l'athéisme, ce que Voltaire savait: 'Il arriva en effet que quelques philosophes, croyant à l'expérience de Needham sans l'avoir vue, prétendirent que la matière pouvait s'organiser d'elle-même; et le microscope de Needham passa pour être le laboratoire des athées' (*Questions sur les miracles*, M, t.25, p.394). Même si la théorie de la génération spontanée de Needham n'avait pas été une erreur, elle aurait détruit l'idée d'un Dieu créateur, parce que, selon cette théorie, la vie existe sans l'intervention de Dieu.

[4] Voltaire oppose ici la mécanique céleste moderne de Newton, qui dit: 'on voit que celui qui a arrangé cet univers, a mis les étoiles fixes à une distance immense les

243

a montré assez d'anatomie pour que vous ayez admiré par quels incompréhensibles ressorts vous vivez. [5] Vous n'êtes point ébranlé par les objections de quelques athées; vous pensez que Dieu a fait l'univers comme vous croyez (si j'ose me servir de cette faible comparaison) que le palais que vous habitez a été élevé par le roi votre grand-père. Vous laissez les taupes enterrées sous vos gazons, nier, si elles l'osent, l'existence du soleil.

Toute la nature vous a démontré l'existence du Dieu suprême; c'est à votre cœur à sentir l'existence du Dieu juste. Comment pourriez-vous être juste si Dieu ne l'était pas? et comment pourrait-il l'être s'il ne savait ni punir ni récompenser?

Je ne vous dirai pas quel sera le prix et quelle sera la peine. Je ne vous répéterai point, *Il y aura des pleurs et des grincements de dents*, [6] parce qu'il ne m'est pas démontré qu'après la mort nous ayons des yeux et des dents. Les Grecs et le Romains riaient de leurs Furies, les chrétiens se moquent ouvertement de leurs diables, et Belzébuth n'a pas plus de crédit que Tisiphone. [7] C'est une très grande sottise de joindre à la religion des chimères qui la rendent ridicule. On risque d'anéantir toute religion dans les esprits faibles et pervers, quand on déshonore celle qu'on leur annonce par des absurdités. Il y a une ineptie cent fois plus horrible, c'est d'attribuer à l'Etre suprême des injustices, des cruautés que nous punirions du dernier supplice dans les hommes.

Servez Dieu par vous-même, et non sur la foi des autres. Ne le blasphémez jamais ni en libertin ni en fanatique. Adorez l'Etre

---

unes des autres, de peur que ces globes ne tombent les uns sur les autres par la force de leur gravité' (*Principes mathématiques de la philosophie naturelle*, Paris, 1759, livre 3, t.2, p.175), à la Bible et son interprétation traditionnelle. Voir les *Eléments de la philosophie de Newton* sur les effets de l'attraction (*OCV*, t.15).

[5] Le livre classique qui a pour objet de dévoiler 'ces ressorts cachés sous des enveloppes qui dérobent à nos yeux tant de merveilles' est *L'Homme machine* (Leyde, 1748, p.7) de La Mettrie (*Œuvres philosophiques de Monsieur de La Mettrie*, Amsterdam, 1753, BV1893, t.1-2; ouvrage annoté par Voltaire, *CN*, t.5, p.165-67).

[6] Matthieu 8:12.

[7] D'après la mythologie grecque une des trois Erinyes. (Les Romains ont identifié les Erinyes avec les Furies.)

suprême en prince et non en moine. Soyez résigné comme Epictète, et bienfaisant comme Marc-Aurèle. [8]

II

Parmi la multitude des sectes qui partagent aujourd'hui le monde, il en est une qui domine dans cinq ou six provinces de l'Europe, et qui ose se dire universelle, parce qu'elle a envoyé des missionnaires en Amérique et en Asie. C'est comme si le roi de Dannemark s'intitulait seigneur du monde entier, parce qu'il possède un établissement sur la côte de Coromandel [9] et deux petites îles dans l'Amérique. [10]

Si cette Eglise s'en tenait à cette vanité de s'appeler universelle dans le coin du monde qu'elle occupe, ce ne serait qu'un ridicule; mais elle pousse la témérité, disons mieux, l'insolence, jusqu'à dévouer aux flammes éternelles, quiconque n'est pas dans son sein.

40

45

[8] Le choix de ces deux philosophes comme modèles d'une haute morale est une provocation pour les fanatiques qui considéraient les grands hommes de l'Antiquité comme incapables d'être vraiment vertueux.

[9] Partie de la côte orientale de la péninsule de l'Inde. Les Français, les Anglais, les Hollandais, mais aussi les Danois y avaient des possessions. Dans les *Fragments historiques sur l'Inde*, Voltaire donne une description sommaire de cette région: 'Vous remontez de la côte de Malabar [...] à celle de Coromandel et de Bengale, théâtres de guerres entre les princes du pays, et entre la France et l'Angleterre. [...] Cette côte de Coromandel est peuplée d'Européens comme celle de Malabar. Ce sont d'abord les Hollandais à Négapatam, qu'ils ont encore enlevé au Portugal, et dont ils ont fait, dit-on, une ville assez florissante. Plus haut c'est Tranquebar, petit terrain que les Danois ont acheté, et où ils ont fondé une ville plus belle que Négapatam. Près de Tranquebar, les Français avaient le comptoir et le fort de Karical. Les Anglais, au-dessus, celui de Goudelour et celui de Saint-David. Tout près du fort Saint-David, dans une plaine aride et sans port, les Français ayant, comme les autres, acheté du souba de la province de Décan un petit territoire où ils bâtirent une loge, ils firent, avec le temps, de cette loge une ville considérable: c'est Pondichéry' (*M*, t.29, p.120).

[10] C'étaient trois îles (Sainte-Croix, Saint-Thomas et Saint-Jean des Antilles) qui étaient des colonies danoises.

Elle ne prie pour aucun des princes de la terre qui sont d'une secte différente. C'est elle qui en forçant ces autres sociétés à l'imiter, a rompu tous les liens qui doivent unir les hommes. 50

Elle ose se dire chrétienne catholique, et elle n'est assurément ni l'une ni l'autre. Qu'y a-t-il en effet de moins chrétien que d'être en tout opposé au Christ? Le Christ et ses disciples ont été pauvres; ils ont fui les honneurs, ils ont chéri l'abaissement et les souf- 55 frances. Reconnaît-on à ces traits des moines, des évêques qui regorgent de trésors, qui ont usurpé dans plusieurs pays les droits régaliens,[11] un pontife qui règne dans la ville des Scipions et des Césars, et qui ne daigne jamais parler à un prince, si ce prince n'a pas auparavant baisé ses pieds? Ce contraste extravagant ne révolte 60 pas assez les hommes; on le souffre en riant dans la communion romaine, parce qu'il est établi dès longtemps;[12] s'il était nouveau, il exciterait l'indignation et l'horreur. Les hommes, tout éclairés qu'ils sont aujourd'hui, sont les esclaves de seize siècles d'igno- rance qui les ont précédés. 65

Conçoit-on rien de plus avilissant pour les souverains de la communion soi-disant catholique, que de reconnaître un maître étranger? car quoiqu'ils déguisent ce joug, ils le portent. L'auteur du Siècle de Louis XIV que vous lisez avec fruit, a beau dire que le pape est une idole dont on baise les pieds et dont on lie les mains,[13] 70 ces souverains envoient à cette pagode une ambassade d'obédience; ils ont à Rome un cardinal protecteur de leur

[11] Droits royaux de percevoir les revenus pendant la vacance d'un siège épiscopal. La régale a été souvent l'objet de querelles entre l'Eglise et la royauté. Voir, par exemple, *Le Siècle de Louis XIV*, ch.35 (*OH*, p.1035-36).

[12] L'aveugle vénération de ce qui est établi depuis longtemps empêche de surmonter des idées fausses et des situations absurdes. C'est un argument allégué souvent au dix-huitième siècle depuis Fontenelle qui dit, par exemple dans *De l'origine des fables*: 'Le second principe qui sert beaucoup à nos erreurs, est le respect aveugle de l'antiquité. Nos pères l'ont cru; prétendrions-nous être plus sage qu'eux?' (Fontenelle, *Œuvres*, nouv. éd., t.3, Paris, 1767, p.285-86)

[13] Dans *Le Siècle de Louis XIV*, ch.2, Voltaire dit: 'La maxime de la France est de le regarder comme une personne sacrée, mais entreprenante, à laquelle il faut baiser les pieds, et lier quelquefois les mains' (*OH*, p.626).

couronne, ils lui payent des tributs en annates,[14] en premiers fruits. Mille causes ecclésiastiques dans leurs Etats sont jugées par des commissaires que ce prêtre étranger délègue.

Enfin plus d'un roi souffre chez lui l'infâme tribunal de l'Inquisition[15] érigé par des papes, et rempli par des moines; il est mitigé, mais il subsiste à la honte du trône et de la nature humaine.

Vous ne pouvez sans un rire de pitié entendre parler de ces troupeaux de fainéants tondus, blancs, gris, noirs, chaussés, déchaux, en culottes ou sans culottes, pétris de crasse et d'arguments, dirigeant des dévotes imbéciles, mettant à contribution la populace, disant des messes pour faire retrouver les choses perdues, et faisant Dieu tous les matins pour quelques sous; tous étrangers, tous à charge à leur patrie, et tous sujets de Rome.

Il y a tel royaume qui nourrit cent mille de ces animaux paresseux et voraces, dont on aurait fait de bons matelots et de braves soldats.

Grâce au ciel et à la raison, les Etats sur lesquels vous devez régner un jour, sont préservés de ces fléaux et de cet opprobre. Remarquez qu'ils n'ont fleuri que depuis que vos étables d'Augias ont été nettoyés de ces immondices.

Voyez surtout l'Angleterre avilie autrefois jusqu'à être une province de Rome, province dépeuplée, pauvre, ignorante et turbulente. Maintenant elle partage l'Amérique avec l'Espagne; et elle en possède la partie réellement la meilleure; car si l'Espagne a les métaux, l'Angleterre a les moissons que ces métaux achètent.

[14] Redevances qu'avaient à payer au Saint-Siège ceux qui étaient nouvellement pourvus d'un bénéfice. En France, les bénéficiers ont souvent refusé de payer les annates, mais le concordat entre François Ier et Léon X assurait au Saint-Siège ce droit (1516). Dans *Le Cri des nations*, Voltaire s'exprimera de nouveau contre 'ce marché, qui offense la religion et la patrie' (*M*, t.27, p.566). Voir l'article 'Annates' des *Questions sur l'Encyclopédie* (*OCV*, t.38, p.390-96) qui fait l'historique des annates et défend une position gallicane.

[15] Voir l'article 'Inquisition' (publié en 1769) du *Dictionnaire philosophique* (*OCV*, t.36, p.234-39), le chapitre 149 de l'*Essai sur les mœurs* (éd. R. Pomeau, Paris, 1990, t.2, p.294-302) et l'article 'Inquisition' du fonds de Kehl (*M*, t.19, p.476-85).

Elle a dans ce continent les seules terres qui produisent les hommes robustes et courageux; et tandis que de misérables théologiens de la communion romaine disputent pour savoir si les Américains sont enfants de leur Adam, les Anglais s'occupent à fertiliser, à peupler et enrichir deux mille lieues de terrain, et à y faire un commerce de trente millions d'écus par année. Ils règnent sur la côte de Coromandel au bout de l'Asie; leurs flottes dominent sur les mers, et ne craindraient pas les flottes de l'Europe entière réunies. 100

Vous voyez clairement que toutes choses d'ailleurs égales, un royaume protestant doit l'emporter sur un royaume catholique, puisqu'il possède en matelots, en soldats, en cultivateurs, en manufactures, ce que l'autre possède en prêtres, en moines et en reliques; il doit avoir plus d'argent comptant, puisque son argent n'est point enterré dans des trésors de Notre-Dame de Lorette,[16] et qu'il sert au commerce au lieu de couvrir des os de morts qu'on appelle des corps saints; il doit avoir de plus riches moissons, puisqu'il a moins de jours d'oisiveté,[17] consacrés à de vaines cérémonies au cabaret et à la débauche. Enfin les soldats des pays protestants doivent être les meilleurs; car le Nord est plus fécond en hommes vigoureux, capables des longues fatigues et patients dans les travaux, que les peuples du midi occupés de processions, 105 110 115

---

116   F167D, F168, W68, NM, W70L, W71L, W75G, K: cérémonies, au cabaret
118   W70L: capables de longues

[16] Eglise à Lorette (Loreto) en Italie, où, selon la légende (ironisée par Voltaire dans la *Relation du bannissement des jésuites de la Chine*, *OCV*, t.67, p.105), la maison de la sainte famille aurait été transportée d'une manière miraculeuse. Dans *Le Dîner du comte de Boulainvilliers* se trouve un passage analogue: 'On accable de trésors une petite statue noire appelée la Madone de Lorette' (*OCV*, t.63A, p.404). Voir également le *Dictionnaire philosophique*, article 'Idole, idolâtre, idolâtrie', où on lit: 'Ne portons-nous pas plus d'offrandes à Notre-Dame de Lorette, qu'à Notre-Dame-des-Neiges?' (*OCV*, t.36, p.210-11).

[17] Voir N. H. Severin, 'Voltaire's campaign against saints' days', *SVEC* 171 (1977), p.55-69, où l'auteur décrit le combat mené par Voltaire de 1759 à 1775 contre les jours de fête de l'Eglise catholique, en soulignant les motifs qui ont déterminé Voltaire à publier articles (par exemple 'Fêtes' dans les *Questions sur l'Encyclopédie*), pamphlets satiriques, lettres et pétitions.

énervés par le luxe, et affaiblis par un mal honteux[18] qui a fait   120
dégénérer l'espèce si sensiblement, que dans mes voyages j'ai vu
deux cours brillantes[19] où il n'y avait pas dix hommes capables de
supporter les travaux militaires. Aussi, a-t-on vu un seul prince du
Nord[20] dont les Etats n'étaient pas comptés pour une puissance
dans le siècle passé, résister à tous les efforts des maisons   125
d'Autriche et de France.

III

Ne persécutez jamais personne pour ses sentiments sur la religion,
cela est horrible devant Dieu et devant les hommes. Jésus-Christ
loin d'être oppresseur a été opprimé. S'il y avait dans l'univers un
être puissant et méchant, ennemi de Dieu, comme l'ont prétendu   130
les manichéens,[21] son partage serait de persécuter les hommes. Il y
a trois religions établies de droit humain dans l'empire; je voudrais
qu'il y en eût cinquante dans vos Etats, ils en seraient plus riches, et
vous en seriez plus puissant. Rendez toute superstition ridicule et
odieuse, vous n'aurez jamais rien à craindre de la religion. Elle n'a   135
été terrible et sanguinaire, elle n'a renversé des trônes que lorsque
les fables ont été accréditées, et les erreurs réputées saintes. C'est
l'insolente absurdité des deux glaives,[22] c'est la prétendue donation

[18] La syphilis. Voir, par exemple, *De l'esprit des lois* (livre 24, ch.11), où
Montesquieu dit: 'On vit la plupart des plus grandes familles du midi de l'Europe
périr par un mal qui devint trop commun pour être honteux, et ne fut plus que
funeste' (*Œuvres complètes*, éd. Roger Caillois, t.2, Paris, 1951, p.485). Voltaire
possédait l'édition de Leyde de *De l'esprit des lois* (2 vol., 1749, BV2496).
[19] Sans doute allusion aux cours française et espagnole.
[20] Frédéric II pendant la guerre de Sept Ans (1756-1763).
[21] Adhérents de la religion fondée en Mésopotamie par Manès ou Mani (216-274/
277). Selon sa doctrine, le monde est le théâtre de luttes éternelles entre la lumière et
les ténèbres, c'est-à-dire entre les principes du bon et du mauvais. Dans le
Dictionnaire philosophique, Voltaire vient à parler des manichéens en discutant le
problème de la théodicée dans son article 'Tout est bien' (*OCV*, t.35, p.421-22).
[22] Théorie qui dit que les deux glaives, c'est-à-dire le pouvoir spirituel et le
pouvoir temporel, appartiennent au pape. La dénonciation de la théorie des deux
pouvoirs est un leitmotiv de Voltaire.

de Constantin,[23] c'est la ridicule opinion qu'un paysan juif de Galilée avait joui vingt-cinq ans à Rome des honneurs du souverain pontificat,[24] c'est la compilation des prétendues décrétales[25] faite par un faussaire; c'est une suite non interrompue pendant plusieurs siècles, de légendes mensongères, de miracles impertinents, de livres apocryphes, de prophéties attribuées à des sibylles;[26] c'est enfin ce ramas odieux d'impostures qui rendit les peuples furieux et qui fit trembler les rois. Voilà les armes dont on se servit pour déposer le grand empereur Henri IV, pour le faire prosterner aux pieds de Grégoire VII, pour le faire mourir dans la pauvreté et pour le priver de la sépulture.[27] C'est de cette source que sortirent toutes les infortunes des deux Frédérics;[28] c'est ce qui

[23] D'après un document falsifié, l'empereur Constantin (né entre 272 et 280; mort en 337) aurait accordé à l'évêque de Rome la possession de la ville et de toute l'Italie. L'Eglise catholique a dérivé de cette prétendue donation le pouvoir temporel de la papauté.

[24] Allusion à saint Pierre qui a vécu effectivement quelques années à Rome. De ce séjour dont on ne connaît pas les dates exactes, on ne peut quand même pas dériver l'institution de la papauté. Dans son article 'Pierre' du *Dictionnaire philosophique*, Voltaire traite ce sujet avec toute l'ironie dont il est capable, pour mettre en question l'institution de la papauté. Dans le *Saint-Fargeau notebook*, il remarque à ce sujet: 'Il n'est point du tout prouvé que saint Pierre ait été à Rome; Saumèse prouve même le contraire; mais le pape n'en est pas moins le patriarche œcuménique, puisqu'il est depuis si longtemps reconnu pour tel' (*OCV*, t.81, p.112). Le voyage de saint Pierre à Rome éveille toujours l'ironie de Voltaire.

[25] Recueil de lettres attribuées aux papes des six premiers siècles. L'Eglise l'a fait passer pour authentique, mais en réalité les lettres furent l'œuvre d'un faussaire du neuvième siècle. La compilation des décrétales réalisée par Raymond de Peñafort sur l'ordre du pape Grégoire IX forme la seconde partie du *Corpus juris canonici* (BV871, *CN*, t.2, p.756-58). Voltaire marque 'Décrétales' au dos de cet ouvrage.

[26] Dans *La Philosophie de l'histoire*, ch.32, Voltaire en donne des exemples (*OCV*, t.59, p.195-200).

[27] Dans l'*Essai sur les mœurs*, ch.46, Voltaire décrit les 'humiliations' et les 'infortunes' de Henri IV (1050-1106, roi de Germanie de 1056 à 1106, empereur germanique de 1084 à 1106) et 'l'audace' de son adversaire Grégoire VII (né entre 1015 et 1020; mort en 1085; pape de 1073 à 1085). Voir aussi l'article 'Henri IV' des *Annales de l'empire* (*M*, t.13, p.294-305).

[28] Frédéric Ier Barberousse (1122-1190), empereur germanique (1155-1190) et Frédéric II (1194-1250), roi de Sicile et empereur germanique (1220-1250). Les

a fait nager l'Europe dans le sang pendant des siècles. Quelle religion que celle qui ne s'est jamais soutenue depuis Constantin que par des troubles civils, ou par des bourreaux! Ces temps ne sont plus, mais gardons qu'ils ne reviennent. Cet arbre de mort tant élagué dans ses branches n'est point encore coupé dans sa racine, et 155
tant que la secte romaine aura des fortunes à distribuer, des mitres, des principautés, des tiares à donner, tout est à craindre pour la liberté et pour le repos du genre humain. La politique a établi une balance entre les puissances de l'Europe; il n'est pas moins nécessaire qu'elle en forme une entre les erreurs, afin que balancées 160
l'une par l'autre elles laissent le monde en paix.

On a dit souvent que la morale qui vient de Dieu réunit tous les esprits, et que le dogme qui vient des hommes, les divise. [29] Ces dogmes insensés, ces monstres, enfants de l'école, se combattent tous dans l'école, mais ils doivent être également méprisés des 165
hommes d'Etat; ils doivent tous être rendus impuissants par la sagesse de l'administration. Ce sont des poisons dont l'un sert de remède à l'autre; et l'antidote universel contre ces poisons de l'âme c'est le mépris.

IV

Soutenez la justice, sans laquelle tout est anarchie et brigandage. 170
Soumettez-vous-y vous-même le premier; mais que les juges ne soient que juges et non maîtres, qu'ils soient les premiers esclaves de la loi et non les arbitres. Ne souffrez jamais qu'on exécute à mort un citoyen, fût-il le dernier mendiant de vos Etats, sans

171   K: Soumettez-vous-y le premier vous-même; mais

---

chapitres 48 et 52 de l'*Essai sur les mœurs* traitent de leurs querelles avec les papes. Voir les articles 'Frédéric Ier Barberousse' et 'Frédéric II' des *Annales de l'empire* (*M*, t.13, p.315-32, 343-57).

[29] Les articles 'Religion' (surtout la cinquième question) et 'Morale' du *Dictionnaire philosophique* sont rédigés dans le même sens.

qu'on vous ait envoyé son procès, que vous ferez examiner par   175
votre conseil. Ce misérable est un homme; et vous devez compte
de son sang.[30]

Que les lois chez vous soient simples, uniformes, aisées à
entendre de tout le monde. Que ce qui est vrai et juste dans une
de vos villes, ne soit pas faux et injuste dans une autre. Cette   180
contradiction anarchique est intolérable. Si jamais vous avez
besoin d'argent par le malheur des temps, vendez vos bois, votre
vaisselle d'argent, vos diamants, mais jamais des offices de
judicature. Acheter le droit de décider de la vie et de la fortune
des hommes, c'est le plus scandaleux marché qu'on ait jamais fait.   185
On parle de simonie: y a-t-il une plus lâche simonie que de vendre
la magistrature? car y a-t-il rien de plus saint que les lois?

Que vos lois ne soient ni trop relâchées ni trop sévères. Point de
confiscation de biens à votre profit, c'est une tentation trop
dangereuse. Ces confiscations ne sont, après tout, qu'un vol fait   190
aux enfants d'un coupable. Si vous n'arrachez pas la vie à ces
enfants innocents, pourquoi leur arrachez-vous leur patrimoine?[31]
n'êtes-vous pas assez riche sans vous engraisser du sang de vos
sujets? Les bons empereurs dont nous tenons notre législation,[32]
n'ont jamais admis ces lois barbares.   195

Les supplices sont malheureusement nécessaires; il faut effrayer
le crime; mais rendez les supplices utiles; que ceux qui ont fait tort

[30] Ces lignes rappellent le passage suivant d'une lettre de Frédéric à Voltaire du
3 novembre 1766 (D13649): 'Il faut encore considérer, de plus, que plus un Etat est
vaste, plus il est exposé à ce que des subalternes abusent de leur autorité. Le seul
moyen de l'empêcher est d'obliger tous les tribunaux du royaume à ne mettre en
exécution les arrêts de mort qu'après qu'un conseil suprême ait revu les procédures
et confirmé leur sentence'.

[31] D'après le droit féodal, le seigneur pouvait confisquer les biens d'un vassal
félon ou coupable de désaveu. Depuis le *Commentaire sur le livre Des délits et des
peines* (1766) jusqu'au *Prix de la justice et de l'humanité* (1777), Voltaire se révolte
contre les confiscations. Voir particulièrement l'article 'Confiscation' des *Questions
sur l'Encyclopédie*.

[32] Justinien Ier (482-565) a fait classer (*Code Justinien*) les lois promulguées
depuis Hadrien (76-138) et a ordonné la rédaction du *Digeste* (ou *Pandectes*),
compilation du droit romain, source du droit français.

aux hommes servent les hommes. Deux souveraines du plus vaste empire du monde,[33] ont donné successivement ce grand exemple. Des pays affreux défrichés par des mains criminelles n'en ont pas moins été fertiles. Les grands chemins réparés par leurs travaux toujours renaissants, ont fait la sûreté et l'embellissement de l'empire.

Que l'usage affreux de la question ne revienne jamais dans vos provinces, excepté le cas où il s'agirait évidemment du salut de l'Etat.

La question, la torture, fut d'abord une invention des brigands, qui venant piller des maisons, faisaient souffrir des tourments aux maîtres et aux domestiques, jusqu'à ce qu'ils eussent découvert leur argent caché. Ensuite, les Romains adoptèrent cet horrible usage contre les esclaves qu'ils ne regardaient pas comme des hommes; mais jamais les citoyens romains ne furent exposés.[34]

Vous savez d'ailleurs que dans les pays où cette coutume horrible est abolie, on ne voit pas plus de crimes que dans les autres. On a tant dit que la question est un secret presque sûr pour sauver un coupable robuste, et pour condamner un innocent d'une constitution faible, que ce raisonnement a enfin persuadé des nations entières.[35]

200

205

210

215

212   FI67D, K: romains n'y furent

[33] Elisabeth (1709-1762, impératrice de Russie de 1741 à 1762), et Catherine II (1729-1796, impératrice de Russie de 1762 à 1796). L'abolition de la torture par Catherine II fut mentionnée plusieurs fois par Voltaire, entre autres dans la *Lettre sur les panégyriques* de 1767 (voir ci-dessus), et dans son article 'Torture' (publié en 1769) du *Dictionnaire philosophique*.

[34] Voir aussi l'article 'Torture' du *Dictionnaire philosophique*: 'Toutes les apparences sont que cette partie de notre législation, doit sa première origine à un voleur de grand chemin'; 'Les Romains n'infligèrent la torture qu'aux esclaves, mais les esclaves n'étaient pas comptés pour des hommes' (*OCV*, t.36, p.567, 570).

[35] Montaigne l'avait dit (*Essais*, livre 2, ch.5) bien avant Voltaire.

V

Les finances sont chez vous administrées avec une économie qui ne doit se déranger jamais. Conservez précieusement cette sage administration. La recette est aussi simple qu'elle puisse l'être. Les soldats qui ne servent à rien en temps de paix sont distribués aux portes des villes; ils prêteraient un prompt secours au receveur des tributs, qui est d'ordinaire un homme d'âge, seul et désarmé. Vous n'êtes point obligé d'entretenir une armée de commis contre vos sujets. L'argent de l'Etat ne passe point par trente mains différentes, qui toutes en retiennent une partie. On ne voit point de fortunes immenses élevées par la rapine à vos dépens, et aux dépens de la noblesse et du peuple. Chaque receveur porte tous les mois l'argent de sa recette à la chambre de vos finances. Le peuple n'est point foulé, et le prince n'est point volé. Vous n'avez point chez vous cette multitude de petites dignités bourgeoises, et d'emplois subalternes sans fonction, qu'on voit sortir de sous terre dans certains Etats où ils sont mis en vente par une administration obérée. Tous ces petits titres sont achetés chèrement par la vanité; ils produisent aux acheteurs des rentes perpétuelles, l'affaiblissement perpétuel de l'Etat.

On ne voit point chez vous cette foule de bourgeois inutiles, intitulés conseillers du prince, qui vivent dans l'oisiveté, et qui n'ont autre chose à faire qu'à dépenser à leurs plaisirs les revenus de ces charges frivoles que leurs pères ont acquises.

Chaque citoyen vit chez vous ou du revenu de sa terre, ou du fruit de son industrie, ou des appointements qu'il reçoit du prince. Le gouvernement n'est point endetté. Je n'ai jamais entendu crier ici dans les rues comme dans un pays où j'ai voyagé dans ma jeunesse,[36] *Nouvel édit d'une constitution de rentes, nouvel emprunt,*

220

225

230

235

240

245

222-23 K: distribués au receveur
236-37 K: perpétuelles, et l'affaiblissement

[36] En France, où la vénalité des charges ne fut abolie qu'en 1789.

charges de conseiller du roi mouleur de bois, mesureur de charbon. Vous
ne tomberez point dans cet avilissement aussi ruineux que ridicule.
On interdirait un comte de l'empire qui se conduirait ainsi dans sa
terre, on lui ôterait justement l'administration de son bien. Si les   250
Etats dont je parle sont destinés un jour à être nos ennemis,
puissent-ils se conduire selon des maximes si extravagantes.

VI

Faites travailler vos soldats à la perfection des chemins par lesquels
ils doivent marcher, à l'aplanissement des montagnes qu'ils doivent
gravir, aux ports où ils doivent s'embarquer, aux fortifications des   255
villes qu'ils doivent défendre. Ces travaux utiles les occuperont
pendant la paix, rendront leurs corps plus robustes et plus capables
de soutenir les fatigues de la guerre. Une légère augmentation de
paie suffira pour qu'ils courent au travail avec gaieté. Telle était la
méthode des Romains; les légions firent elles-mêmes ces chemins[37]   260
qu'ils traversèrent pour aller conquérir l'Asie Mineure et la Syrie.
Le soldat se courbe en remuant la terre, mais il se redresse en
marchant à l'ennemi. Un mois d'exercice rétablit ce petit avantage
extérieur que six mois de travail ont pu défigurer. La force,
l'adresse et le courage valent bien la grâce sous les armes. Les   265
Anglais et les Russes sont moins parfaits à la parade que les
Prussiens, et les égalent un jour de bataille.

247   W71L: *roi, mouleur*
249   F167D: se conduisait ainsi
267   K: égalent au jour

[37] Montesquieu, dans le chapitre 'De l'art de la guerre des Romains' des
Considérations sur les causes de la grandeur des Romains et de leur décadence, souligne
le même fait: 'La force de leurs exercices, les chemins admirables qu'ils avaient
construits, les mettaient en état de faire des marches longues et rapides' (*Œuvres
complètes,* t.2, p.78-79; Voltaire possédait l'édition de Lausanne des *Considérations,*
1750, BV2495). Voir aussi l'article 'Chemin' des *Questions sur l'Encyclopédie.*

On demande s'il est convenable que les soldats soient mariés? Je pense qu'il est bon qu'ils le soient; la désertion diminue, la population augmente. Je sais qu'un soldat marié sert moins volontiers loin des frontières, mais il en vaut mieux quand il combat dans le sein de la patrie. Vous ne prétendez pas porter la guerre loin de votre Etat, votre situation ne vous le permet pas; votre intérêt est que vos soldats peuplent vos provinces, au lieu d'aller ruiner celles des autres.

Que le militaire après avoir longtemps servi ait chez lui des secours assurés, qu'il y jouisse au moins de sa demi-paie comme en Angleterre. Un hôtel des invalides tel que Louis XIV en donna l'exemple dans sa capitale,[38] pouvait convenir à un riche et vaste royaume. Je crois plus avantageux pour vos Etats que chaque soldat à l'âge de cinquante ans au plus tard, rentre dans le sein de sa famille. Il peut encore labourer ou travailler d'un métier utile; il peut donner des enfants à la patrie. Un homme robuste peut à l'âge de cinquante ans être encore utile vingt années. Sa demi-paie est un argent qui bien que modique rentre dans la circulation au profit de la culture. Pour peu que ce soldat réformé défriche un quart d'arpent, il est plus utile à l'Etat qu'il ne l'a été à la parade.

VII

Ne souffrez pas chez vous la mendicité.[39] C'est une infamie qu'on n'a pu encore détruire en Angleterre, en France et dans une partie

[38] Dans *Le Siècle de Louis XIV*, Voltaire dit du roi que la fondation des Invalides et l'établissement de Saint-Cyr 'suffiraient seuls pour faire bénir sa mémoire'. Il souligne que ce sont 'quatre mille soldats et un grand nombre d'officiers, qui trouvent dans l'un de ces grands asiles une consolation dans leur vieillesse, et des secours pour leurs blessures et pour leurs besoins' (*OH*, p.971).

[39] Dans l'*Histoire de l'empire de Russie sous Pierre le Grand*, 2ᵉ partie, ch.11, Voltaire s'exprime d'une façon analogue sur la mendicité: 'la foule odieuse de ces mendiants, qui ne veulent avoir d'autre métier que celui d'importuner ceux qui en ont, et de traîner, aux dépens des autres hommes, une vie misérable et honteuse; abus trop souffert dans d'autres Etats' (*OCV*, t.47, p.868). La dénonciation de la mendicité est un leitmotiv de Voltaire.

de l'Allemagne. Je crois qu'il y a en Europe plus de quatre cent   290
mille malheureux indignes du nom d'hommes qui font un métier de
l'oisiveté et de la gueuserie. Quand une fois ils ont embrassé cet
abominable genre de vie, ils ne sont plus bons à rien. Ils ne méritent
pas même la terre où ils devraient être ensevelis. Je n'ai point vu cet
opprobre de la nature humaine toléré en Hollande, [40] en Suède, en   295
Dannemark; il ne l'est pas même en Pologne. [41] La Russie n'a
point de troupes de gueux établis sur les grands chemins pour
rançonner les passants. [42] Il faut punir sans pitié les mendiants
publics et secourir les pauvres avec la plus scrupuleuse attention.
Les hôpitaux de Lyon et d'Amsterdam sont des modèles; ceux de   300
Paris sont indignement administrés. Le gouvernement municipal
de chaque ville doit seul avoir le soin de ses pauvres et de ses
malades. C'est ainsi qu'on en use dans Lyon et dans Amsterdam.
Tous ceux que la nature afflige y sont secourus; tous ceux à qui elle
laisse la liberté des membres y sont forcés à un travail utile. Il faut   305
surtout commencer à Lyon par l'administration de l'hôpital pour
arriver aux honneurs municipaux de l'hôtel de ville. C'est là le
grand secret. L'hôtel de ville de Paris n'a pas des institutions si
sages, il s'en faut beaucoup; le corps de ville y est ruiné, il est sans
pouvoir et sans crédit.   310

Les hôpitaux de Rome sont riches, mais ils ne semblent destinés
que pour recevoir des pèlerins étrangers. C'est un charlatanisme
qui attire des gueux d'Espagne, de Bavière, d'Autriche, et qui ne

298-99   K: mendiants qui osent se faire craindre et

[40] Candide, déjà, fait l'expérience qu'en Hollande la mendicité n'est pas tolérée:
'Il demanda l'aumône à plusieurs graves personnages, qui lui répondirent tous que,
s'il continuait à faire ce métier, on l'enfermerait dans une maison de correction pour
lui apprendre à vivre' (OCV, t.48, p.127).

[41] 'Pas même' témoigne de la mauvaise opinion de Voltaire sur la Pologne. Mal
informé de ce pays, Voltaire est aussi influencé par Frédéric II qui méprisait la
Pologne. Voir Emanuel Rostworowski, 'Voltaire et la Pologne', SVEC 62 (1968),
p.101-21.

[42] En Russie, la mendicité fut abolie sous Pierre Ier, comme Voltaire le dit dans
l'Histoire de l'empire de Russie sous Pierre le Grand (OCV, t.47, p.868).

sert qu'à encourager le nombre prodigieux des mendiants d'Italie. [43] Tout respire à Rome l'ostentation et la pauvreté, la super-   315
stition et l'arlequinade.

N.B. Le reste manque.

[43] Voir l'article 'Charité' des *Questions sur l'Encyclopédie*. Dans *De l'esprit des lois*, Montesquieu a critiqué les hôpitaux de Rome d'une manière analogue (livre 23, ch.29): 'A Rome, les hôpitaux font que tout le monde est à son aise, excepté ceux qui travaillent' (*Œuvres complètes*, t.2, p.713).

258

Du divorce

Edition critique

par

Emile Lizé

et

Christiane Mervaud

TABLE DES MATIÈRES

INTRODUCTION

Je ne sais rien de si ridicule que d'être obligé de vivre avec une
femme avec laquelle on ne peut pas vivre.

(Voltaire à Francisco Albergati Capacelli, 15 avril 1760, D8854)

Intitulé *Du Divorce* et imprimé pour la première fois en 1767, à la
suite du *Fragment des instructions pour le prince royal de* ***,[1] ce
morceau a connu les avatars de la publication des petits textes
isolés. Réimprimé sous le même titre dans le tome 9 des *Nouveaux
Mélanges*, en 1770, il est inséré simultanément dans les *Questions
sur l'Encyclopédie*, à l'intérieur de l'article 'Adultère', sous le titre
'Mémoire d'un magistrat, écrit vers l'an 1764', avec l'annonce
suivante:

Il arrive quelquefois chez nous qu'un mari mécontent, ne voulant point
faire un procès criminel à sa femme pour cause d'adultère (ce qui ferait
crier à la barbarie), se contente de se faire séparer de corps et de biens.

C'est ici le lieu d'insérer le précis d'un mémoire composé par un
honnête homme qui se trouve dans cette situation; voici ses plaintes.
Sont-elles justes?[2]

Par souci de justice et d'équilibre, Voltaire fait suivre ici son factum
d'un *Mémoire pour les femmes* 'où il montre l'iniquité des lois
répressives de l'adultère dont la femme subit seule la sanction, et
non son mari, quelque déréglée que soit sa conduite'.[3] Cette
réorganisation tardive justifie abondamment la dénomination de
'chapitre' attribuée à ce morceau par Grimm,[4] lors de sa première

---

[1] Sur ce texte, voir ci-dessus, p.229-58.

[2] Voir *OCV*, t.38, p.107.

[3] Paul Hoffmann, *La Femme dans la pensée des Lumières* (Genève, Slatkine
reprints, 1995), p.283.

[4] *Correspondance littéraire*, éd. Maurice Tourneux, 16 vol. (Paris, 1877-1882), t.7,
p.349-50. Voir aussi Louis Petit de Bachaumont, *Mémoires secrets pour servir à
l'histoire de la république des lettres en France, depuis 1762 jusqu'à nos jours, ou journal*

publication, texte, on s'en souvient, greffé au *Fragment des instructions* et suivi de *De la liberté de la conscience* et de la première *Anecdote sur Bélisaire*. Ce doublon se retrouve selon une disposition identique dans l'édition *encadrée*. Pour leur part, les responsables de l'édition de Kehl en 70 volumes in-8° insérèrent ce morceau d'abord au tome 37 à l'intérieur de l'article 'Adultère' et, de nouveau, au tome 39 où il occupe la section 2 de l'article 'Divorce' des *Questions sur l'Encyclopédie*. Le double emploi sera éliminé dans l'édition in-12 en 92 volumes.[5]

1. *Source*

Mais qui était donc 'l'honnête homme' et son mémoire dont Voltaire n'hésita pas à faire un précis? Il s'agissait en fait de François Antoine Philbert, conseiller royal, préteur à Landau, petite ville d'Alsace dont Voltaire lut, en manuscrit, d'après le témoignage de Wagnière,[6] une brochure intitulée *Cri d'un honnête homme qui se croit fondé en droit naturel et divin à répudier sa femme; pour représenter à la législation française les motifs de justice tant ecclésiastique que civile, les vues d'utilité tant morale que politique, qui militeraient pour la dissolution du mariage dans de certaines circonstances données* (s.l., 1768).[7]

Paul Hoffmann a résumé le *Cri* de Philbert pour qui:

d'un observateur, 36 vol. (Londres, 1780-1789), t.3, p.247, 2 août 1767, qui ne cite, comme étant à la suite du *Fragment des instructions*, que les deux 'petits morceaux *sur le Divorce* et *sur la Liberté de conscience*'.

[5] Voir la section des 'Editions', ci-dessous.

[6] Jean-Louis Wagnière, 'Examen des mémoires secrets, dits de Bachaumont', dans *Mémoires sur Voltaire, et sur ses ouvrages*, 2 vol. (Paris, 1826), t.1, p.294.

[7] Voir A. A. Barbier, *Dictionnaire des ouvrages anonymes* (Paris, 1872), t.1, p.815, qui affirme que Voltaire a revu ce texte, et P. Damas, *Les Origines du divorce en France* (Bordeaux, 1897), p.52-54. Le *Cri* figure comme première partie de Cerfvol, *Législation du divorce* (Londres, 1769, BV683). Toutes nos références renvoient à cette édition.

le divorce s'impose au nom de la raison, dont la visée est le bonheur des individus autant que l'ordre de la société, entre lesquels d'ailleurs, il n'y a point d'incompatibilité. Il fait l'apologie des pays de Réforme, à forte densité de population, dans lesquels la liberté de divorce est la garantie du bonheur général. Les faits prouvent que l'indissolubilité détourne du mariage un grand nombre de célibataires qui hésitent à nouer un lien par quoi toute la vie est engagée. L'adultère est la conséquence quasi fatale d'une union que nul des deux époux ne peut espérer rompre. Les mœurs ont tout à gagner de l'institution du divorce. Il importe de rendre l'homme et la femme responsables de la durée dans leur union. La conscience d'être libres de l'interrompre les incitera à donner à leur affection mutuelle un sens plus grave. Le pire danger est cet 'indifférentisme folâtre et superficiel' qui naît lorsque se sont affadies les vertus nécessaires au bonheur conjugal et que l'institution a substitué le lien de la règle au consentement des cœurs. Et le cœur fera en quelque sorte effort afin de s'attacher spirituellement l'autre, sachant qu'il ne dépend que de lui de l'éloigner ou de le garder. C'est à cette condition-là seulement que le mariage cessera d'être un mensonge et une servitude. [8]

C'est tantôt avec des accents lyriques passionnés, tantôt avec une amère ironie imprégnée d'anticléricalisme que ce mari trompé raconte les aventures conjugales qui l'ont poussé à écrire ce manifeste pour le divorce. Nanti d'une charge de magistrat, il avait épousé une jeune personne 'trop aimable, née presque sans bien'. [9] Il ne tarda pas à découvrir qu'elle avait eu, 'étant encore fille, une habitude très intime, mais en même temps très cachée avec un des ecclésiastiques tels qu'il y en a beaucoup; suborneurs réduits à l'être par les besoins de la nature, qu'il n'appartient pas aux institutions humaines de *chasser à coups de fourche*'. [10]

Devenue grosse trois mois après son mariage, l'aimable personne se conduit comme une mégère acariâtre et se refuse au devoir conjugal. Le naïf époux découvre les raisons de son infortune: l'infidèle réserve ses faveurs à un militaire qui vit sous le toit

---

[8] Hoffmann, *La Femme dans la pensée des Lumières*, p.283.
[9] Philbert, *Cri d'un honnête homme*, p.xv.
[10] Philbert, *Cri d'un honnête homme*, p.xv-xvi.

conjugal, père putatif de l'enfant à naître. Le piège qu'il tend aux deux amants lui permet de faire avouer la coupable dont, sous le couvert de la magnanimité, mais en fait pour éviter la rumeur publique, il pardonne les incartades. Mais l'ingrate bientôt récidive et 's'accoutume par degrés à faire ouvertement métier d'une galanterie effrénée'.[11] Les amants se succèdent dans la maison et au terme d'une 'dernière avanie', le mari ordonne enfin à son inconstante épouse de quitter le toit conjugal. Non sans résister pendant plus d'un mois, elle finit par se réfugier dans sa famille compatissante alors que sa belle-mère se meurt de chagrin et de honte. L'enfant mourra également quelques années plus tard. Neuf années après cette tragi-comédie, l'officier de justice alsacien, alors âgé de 44 ans, exhibe son infortune de mari bafoué et de père frustré, victime d'une loi qui l'oblige au célibat ou au concubinage adultère.

C'est ce manifeste souvent verbeux et diffus que Voltaire a condensé avec cet ajout révélateur: lorsqu'il écrit, 'si moi Alsacien [...]', c'est bien de Philbert qu'il s'agit. Né à Saverne, magistrat soumis à la loi française sur le mariage-sacrement, Philbert est bien placé, comme alsacien et comme juriste, pour connaître les institutions plus libérales des pays germaniques. On ne dispose ni d'une correspondance entre Philbert et Voltaire, ni d'une allusion à ce texte dans une lettre d'un correspondant alsacien du patriarche de Ferney. On sait, d'après le témoignage du *Cri d'un honnête homme*, que ce mémoire circulait dans un cercle restreint:

J'ai montré mon manuscrit à quelques amis, que je croyais capables d'en juger: au seul titre, la plupart l'ont jugé digne du feu; mais tous m'ont absous, après m'avoir lu; j'ai même trouvé un théologien, doué en vérité des plus grandes lumières, mais assez franc et d'assez bonne foi pour m'assurer, après avoir vigoureusement disputé avec moi et longtemps, que je battais en ruine tous les arguments de l'Ecole et qu'il me rendait les armes.[12]

---

11 Philbert, *Cri d'un honnête homme*, p.xxiii.
12 Philbert, *Cri d'un honnête homme*, p.v.

A défaut d'autres preuves, la concordance irréfutable des textes confirme le témoignage de Wagnière: un texte manuscrit du *Cri* a été communiqué à Voltaire, mais on ignore par qui et on ne sait pas comment il fut alors présenté au patriarche de Ferney.

Plusieurs hypothèses sont envisageables. Il se pourrait que Voltaire ait pris connaissance du manuscrit du magistrat de Landau à l'insu de son auteur et qu'il en ait fait un 'précis' sans se soucier des projets de ce magistrat dont il date le mémoire de 1764. On s'expliquerait alors que Philbert, en 1768, tout juste un an après la parution de *Du divorce* à la suite du *Fragment des instructions*, ait éprouvé le besoin de publier son texte dans son intégralité. On s'expliquerait aussi que cette première édition du *Cri* ne figure pas dans le catalogue de la Bibliothèque de Voltaire. Celui-ci, le 7 mai 1770, alors qu'il travaille aux *Questions sur l'Encyclopédie*, demande à Elie Bertrand de lui procurer la *Législation du divorce* du juriste Cerfvol, sans doute l'édition de 1769 figurant dans sa bibliothèque (BV683), et qui reproduit le *Cri d'un honnête homme*. [13] Voltaire a donc pu lire le mémoire imprimé, ce qui ne l'a pas empêché de reproduire son 'précis', déjà paru, dans l'article 'Adultère' de son nouvel ouvrage. Ce scénario paraît plausible, mais on ne peut écarter, en l'absence de toute preuve, une autre hypothèse qui, pourtant, semble peu crédible. Il se pourrait aussi que Voltaire ait eu en mains le manuscrit du *Cri* avec l'accord de son auteur, mais on doute qu'il en ait usé avec son assentiment, car le texte original a été trahi: Philbert n'était pas d'humeur à rire ni à faire rire de ses ennuis conjugaux; or *Du divorce* se termine sur une plaisanterie, une comique requête adressée au Saint-Père: la seule solution laissée par l'Eglise catholique à un homme séparé de son épouse est de devenir castrat.

Bien des questions restent sans réponse. Quelles étaient les intentions de Philbert avant la parution du résumé de Voltaire? Quelles furent ses réactions après cette publication? Pourquoi, bravant le ridicule attaché au cocuage, fit-il état publiquement de

[13] Voir D16333.

ses mésaventures conjugales? L'écriture de ce mémoire, où il faisait preuve de sa culture, de sa hauteur de vues, de ses capacités d'argumentation, eut sans doute valeur cathartique pour lui. Mais que représentèrent, pour ce magistrat d'une petite ville de province où le scandale de la conduite de son épouse était sans doute notoire, les publications, sous forme intégrale, en tête de l'édition de 1769 de la *Législation du divorce* de Cerfvol [14] ou sous forme condensée dans les *Œuvres* de Voltaire, du *Cri d'un honnête homme?* Il est sûr que ce mémoire a joui d'une certaine notoriété et que ce fut, en partie, 'la faute à Voltaire'. Il faut, à cet égard, souligner la stratégie éditoriale de Voltaire qui, sur l'heure, fait feu de tout bois en insérant son 'précis' à la suite du *Fragment des instructions*, ouvrage qui, dans son article 2, attaque vivement l'Eglise catholique et dans son article 3 préconise des réformes urgentes en matière de justice. [15] *Du divorce*, tout comme *De la liberté de conscience*, complétait le message du *Fragment*. Tout en prenant sa source dans le *Cri d'un honnête homme*, *Du divorce* porte un cachet voltairien incontestable.

2. *Réécriture*

C'est peu de dire que le texte du magistrat a été considérablement réduit. Des 106 pages in-8° du *Cri d'un honnête homme* a été extraite la 'substantifique moelle' qui occupe trois pages dans les *Nouveaux Mélanges*, tome 9 (1770). Le canevas du récit a été respecté, les arguments du magistrat ont été retenus comme l'indiquera l'annotation de ce texte, [16] mais l'esprit du texte a été profondément modifié. Dès l'avertissement, le magistrat annonce qu'il ne fera pas grâce d'un seul détail en faveur de son plaidoyer, se rangeant résolument dans le camp de ceux qui croient convaincre par

[14] On remarque que l'édition de 1770 de la *Législation du divorce* ne reproduit pas le *Cri d'un honnête homme*. Philbert serait-il intervenu auprès de Cerfvol?

[15] Voir ci-dessus, p.245-51.

[16] Pour l'annotation, voir l'article 'Adultère' des *Questions sur l'Encyclopédie* (*OCV*, t.38, p.108-12).

l'accumulation: 'Je me suis appliqué à entasser preuves sur preuves, et raisons sur raisons'. [17] Il espère ainsi triompher d'un préjugé et promouvoir une réforme de 'lois gothiques, telles que les nôtres, qui changent d'une province à l'autre, qui ne conviennent plus ni à nos mœurs, ni à nos temps, la plupart sans liaison entre elles'. [18] Il fait précéder son récit d'une déclaration d'intention:

[il] agit moins en particulier qui se révolte contre son sort, quelque pardonnable que cela fût, qu'en homme qui envisage l'honneur de la raison humaine, qu'en citoyen touché de l'intérêt des mœurs et du bonheur de ses semblables, qu'en chrétien même qui respecte sincèrement sa religion, mais qui voudrait la retrouver plus respectable encore dans sa première simplicité, et dégagée de cette foule de cavillations sophistiques et de vaines subtilités sophistiques dont les idées ultramontaines l'ont défigurée. [19]

Puis il rapporte son 'affligeante histoire' aux risques de réjouir de 'bons plaisants' qui verront en lui 'un de ces patients de l'hymen' contre lesquels 'on est convenu d'aiguiser l'épigramme'. [20] Voltaire ne s'embarrasse d'aucune de ces considérations: les faits doivent parler d'eux-mêmes. La longue narration des malheurs conjugaux du magistrat, encombrée de détails, est réduite à l'essentiel. Ce faisant, Voltaire oblitère la patience dont fait preuve le mari trompé, son souci du qu'en dira-t-on, son pardon d'une première faute suivi d'une surveillance des faits et gestes de son épouse, sa révolte enfin lorsque le scandale est public. Il ne dit mot également des autres malheurs de ce magistrat: la perte de son fils unique qu'il adorait, puis celle de sa 'tendre et respectable' mère, morte de honte et de douleur.

Le plaidoyer du magistrat, dans le texte de Voltaire, s'organise autour de l'opposition du droit canon et du droit naturel. Le premier s'applique seulement au peuple catholique romain: c'est un

[17] Philbert, *Cri d'un honnête homme*, p.v.
[18] Philbert, *Cri d'un honnête homme*, p.ix.
[19] Philbert, *Cri d'un honnête homme*, p.xiii.
[20] Philbert, *Cri d'un honnête homme*, p.xiv.

droit local; le second a valeur universelle. La séparation de corps et de biens, admise par l'Eglise catholique, conduit à une impasse celui qui reste, selon l'expression de Philbert, non reprise par Voltaire, 'forçat éternel d'un sacrement'.[21] L'Eglise trahit le message du Christ selon l'Evangile de saint Matthieu, chapitre 19, verset 9; elle viole sa propre règle selon 'son bon plaisir' ou sur pression politique, ce que démontrent les divorces permis lorsque la royauté a besoin d'un héritier. Voltaire a repris les arguments de l'honnête homme: la citation du code justinien, le commentaire du verset de l'Evangile selon saint Matthieu dont l'Eglise catholique donne une tout autre interprétation, le renvoi à la décrétale de Grégoire IX, l'allusion aux répudiations des reines de la première race. Mais il omet d'indiquer les références que Philbert signalait.[22] De plus, il gauchit le message. Philbert a des mots très durs à l'égard du clergé catholique, de ces 'dispensateurs arbitraires des sacrements',[23] mais c'est Voltaire qui, de manière provocante, désigne l'Eglise par le terme de 'secte'. C'est également lui qui met l'accent sur la revendication sexuelle de cet homme de quarante ans, qu'il rajeunit de quelques années, qu'il présente de son propre chef comme 'vigoureux et d'une figure agréable', et ayant besoin d'une femme. La question était évoquée par Philbert, mais ce dernier exploitait plutôt le registre de la victime jeté dans 'un précipice, un abîme, dont elles [les lois] ferment l'entrée sur [sa] tête, dont elles gardent toutes les issues, et où elles se plaisent à [le] voir enseveli tout vivant'.[24] Voltaire enrichit l'argumentation historique du magistrat limitée au temps mérovingien, il fait état des divorces de Louis VII et de Henri IV dont Philbert ne disait mot. Comme on ne peut dissoudre un mariage, on en est réduit, en terre catholique, à chercher des causes de nullité et Voltaire met en

21 Philbert, *Cri d'un honnête homme*, p.xxxvii.
22 Celle du code justinien (*Cri d'un honnête homme*, p.xxxi) et celle de la décrétale de Grégoire IX (p.xliv). Voltaire donne pour unique référence celle de l'Evangile selon saint Matthieu.
23 Philbert, *Cri d'un honnête homme*, p.xlvii.
24 Philbert, *Cri d'un honnête homme*, p.xxxvii.

pleine lumière les mensonges auxquels ont été contraints des rois de France. Enfin le dernier paragraphe du *Divorce*: attaques contre les moines, référence aux apôtres qui étaient mariés, ne doit rien au *Cri d'un honnête homme*. Il suffit de mettre en parallèle la conclusion des deux textes pour prendre conscience de la transformation que Voltaire impose à sa source. Celle du *Cri d'un honnête homme* est digne et moralisante:

Je les supporte [mes disgrâces] depuis près de neuf ans avec cette fermeté tranquille et décente qui sied à un homme d'honneur qui se respecte. Mais encore un coup, que nos lois se corrigent, et que ma patrie en profite, je bénirai le ciel de m'avoir rendu malheureux à ce prix. [25]

Celle du *Divorce*, verse dans la bouffonnerie:

Si moi Alsacien je dépends d'un prêtre qui demeure à Rome, si ce prêtre a la barbare puissance de me priver d'une femme, qu'il me fasse eunuque pour chanter des *miserere* dans sa chapelle. [26]

Les castrats hantent l'œuvre de Voltaire de *Candide* au *Commentaire sur le livre Des délits et des peines*:

Aujourd'hui, à Rome, l'usage est qu'on châtre les enfants pour les rendre dignes d'être musiciens du pape, de sorte que *castrato* et *musico del papa* sont devenus synonymes. Il n'y a pas longtemps qu'on voyait à Naples en gros caractères, au-dessus de la porte de certains barbiers: *Qui si castrano maravigliosamente i putti.* [27]

3. *Voltaire et la question du divorce*

La question de l'indissolubilité du mariage figure en bonne place parmi les points litigieux qui furent le plus ardemment discutés jusqu'à ce que la loi du 20 septembre 1792 établisse le divorce en France. Partisans et adversaires s'affrontèrent en maintes

[25] Philbert, *Cri d'un honnête homme*, p.cvi.
[26] Lignes 69-72.
[27] *Commentaire sur le livre Des délits et des peines*, M, t.25, p.569-70.

circonstances et de Montaigne[28] ou Charron[29] à l'abbé Barruel,[30] la liste serait longue des auteurs qui prirent parti sur le sujet.[31] Parce qu'il était exclu de la législation française en vertu d'un principe propre à la religion catholique romaine, le divorce bénéficia des attaques des philosophes contre l'Eglise. Le factum de Voltaire s'inscrit ainsi aisément dans la lignée des objections du persan Usbeck contre le mariage chrétien,[32] des visées utilitaristes de l'*Esprit des lois*,[33] des hardiesses de Toussaint,[34] des justifications juridiques et politiques irréfutables du président Lavie,[35] des réflexions de Linguet dans sa *Théorie des lois civiles*,[36] mais aussi ultérieurement des considérations de Diderot,[37] d'Helvétius ou de d'Holbach.[38] Ces discussions sur le fond donnèrent le signal, à partir de 1768, d'une véritable campagne pour la dissolubilité du mariage orchestrée par la parution d'une pléthore d'écrits aujourd'hui tombés dans l'oubli.

Une mention particulière doit être faite de ceux du juriste Cerfvol dont la *Législation du divorce*, précédée par le *Cri d'un*

[28] Montaigne, *Essais*, livre 2, ch.15.

[29] Charron, *De la sagesse*, livre 1, ch.6.

[30] Augustin Barruel, *Lettres sur le divorce* (Paris, 1789).

[31] Voir Damas, *Les Origines du divorce en France*, passim.

[32] Montesquieu, *Lettres persanes*, lettre 116, Usbeck à Rhédi.

[33] Montesquieu, *De l'esprit des lois*, livre 23, ch.2, p.10; livre 26, ch.13.

[34] François Vincent Toussaint, *Les Mœurs* (Amsterdam, 1749; réimpression, Westmead, 1972), p.237-38. Voltaire possède l'édition de 1752 (BV3323).

[35] Jean-Charles Lavie, *Des corps politiques et de leurs gouvernements* (Lyon, 1764), ch.8.

[36] Simon-Nicolas-Henri Linguet, *Théorie des lois civiles, ou principes fondamentaux de la société*, 2 vol. (Londres [Paris], 1767, BV2136); voir aussi *CN*, t.5, p.415-23.

[37] 'Du Divorce', dans *Mémoires pour Catherine II*, éd. P. Vernière (Paris, 1966), p.204-205; article 119 des *Observations sur le Nakaz*; article 'Indissoluble' de l'*Encyclopédie*.

[38] Voir Hoffmann, *La Femme dans la pensée des Lumières*, p.484-85. On note chez Helvétius des formules semblables à celles de ce 'Mémoire d'un magistrat': 'La volonté de l'homme est ambulatoire, disent les lois; et les lois ordonnent l'indissolubilité du mariage: quelle contradiction! Que s'ensuit-il? Le malheur d'une infinité d'époux' (cité par Hoffmann, *La Femme dans la pensée des Lumières*, p.466).

honnête homme, se trouve dans la Bibliothèque de Voltaire, mais il ne l'a pas annotée. Il s'est procuré aussi un autre ouvrage de Cerfvol, qui adoptait la forme épistolaire, le *Cri d'une honnête femme qui réclame le divorce, conformément aux lois de la primitive Eglise, à l'usage actuel du royaume catholique de Pologne, et à celui de tous les peuples de la terre qui existent ou qui on [sic] existé, excepté nous* (Londres [Paris], 1770, BV682) dont l'épigraphe renvoyait au texte de Voltaire *Du divorce*.[39] Cerfvol est un militant du divorce, auteur également d'un ouvrage dialogué mettant en scène deux femmes victimes de maris indignes, la comtesse de R et la marquise de L, *Le Parloir de l'abbaye de *** ou entretiens sur le divorce par M. de V*** suivi de son utilité civile et politique* (Genève, 1770).

Que le texte intitulé *Du divorce* dérive du *Cri d'un honnête homme* ne paraît pas contestable, mais Voltaire n'a pas attendu de lire Philbert ni Cerfvol pour plaider en faveur de la non-ingérence du religieux dans la législation matrimoniale, comme en témoigne l'article 'Lois civiles et ecclésiastiques' du *Dictionnaire philosophique* (1764): 'Que tout ce qui concerne les mariages dépende uniquement du magistrat, et que les prêtres s'en tiennent à l'auguste fonction de les bénir'.[40] Avec la publication du *Divorce*, Voltaire se situe dans la lignée des jurisconsultes du droit naturel. Dans sa bibliothèque figure l'ouvrage de Pufendorf, *Le Droit de la nature et des gens, ou système général des principes les plus importants de la morale, de la jurisprudence et de la politique*,[41] dans lequel on peut lire: 'Ce n'est pas en vertu d'une loi divine purement positive que l'adultère et la désertion malicieuses rompent un mariage, mais parce que telle est la nature de toutes les conventions que quand l'une des parties ne tient pas ses engagements, l'autre est entièrement quitte des siens'.[42] La notion de contrat dans l'ordre civil doit

---

[39] L'épigraphe cite, en le féminisant, le texte du *Divorce*: 'Un autre homme est nécessaire à la consolation de ma vie, à ma vertu même'. Voltaire avait écrit, au nom du magistrat: 'une autre femme [...]' (lignes 10-11).

[40] *OCV*, t.36, p.321.

[41] Traduit du latin par Jean Barbeyrac, Amsterdam, 1712, BV2827.

[42] Cité par Hoffman, *La Femme dans la pensée des Lumières*, p.276.

être distinguée de celle de sacrement. Pufendorf s'oppose à la *Somme théologique* de saint Thomas pour qui le mariage manifeste l'unité originelle de l'homme et de la femme.

A la suite de Philbert, Voltaire fait l'apologie des pays protestants soulignant que le catholicisme reste bloqué par les règlements du concile de Trente qui fut une reprise en mains après la Réforme. Il confiera l'article 'Droit canonique' des *Questions sur l'Encyclopédie* au pasteur Elie Bertrand. Peut-être l'a-t-il retouché.[43] La section 'Inspection des magistrats sur l'administration des sacrements' proclame la prééminence de la loi civile,[44] invite à distinguer 'le contrat civil ou l'engagement naturel, et le sacrement ou la cérémonie sacrée', affirme que cet engagement doit demeurer toujours soumis à l'autorité du magistrat. Voltaire a répondu aussi à l'article 'Divorce' de l'*Encyclopédie* par Boucher d'Argis dans son propre article 'Divorce' des *Questions sur l'Encyclopédie*[45] et revient encore sur la question dans l'article 12, 'De la bigamie et de l'adultère', du *Prix de la justice et de l'humanité* en 1777 où il dénonce violemment ces royaumes où 'l'ancienne jurisprudence ecclésiastique est mêlée à la loi de l'Etat', où des 'paroles inintelligibles empêchent un homme séparé légalement de sa femme d'en avoir légalement une autre, quoiqu'elle lui soit nécessaire' et où il appelle à une réforme radicale: 'anéantir à jamais un code réputé sacré, qui est en effet la honte des lois et la subversion des Etats'.[46]

---

[43] Voir D16242: Voltaire accuse réception du manuscrit d'Elie Bertrand et évoque une éventualité, celle d'"élaguer' le texte envoyé par son collaborateur.

[44] Voir *M*, t.18, p.442.

[45] *M*, t.18, p.409-11.

[46] *M*, t.30, p.563-65.

4. *Editions*

FI67A

[*encadrement*] FRAGMENT / DES / INSTRUCTIONS / POUR / LE
PRINCE / ROYAL DE ***. / [*ornement typographique*] / A BERLIN, /
[*filet gras-maigre, 61 mm*] / *MDCCLXVI.*

8°. sig. A-E⁸ (E8 blanc); pag. 77; $4 signé, chiffres romains (-A1);
réclames par cahier et (pour les rubriques) aux pages 40 et 57.

[1] titre; [2] blanc; [3]-40 Fragment des instructions pour le prince royal
de ***; 41-49 Du divorce; 49-57 De la liberté de conscience; 58-77
Anecdote sur Bélisaire.

C'est l'édition à laquelle Grimm fait allusion le 1ᵉʳ juillet 1767 dans la
Correspondance littéraire (voir ci-dessus, p.231). La date de 1766 qu'elle
porte est évidemment fausse, Voltaire n'ayant composé l'*Anecdote sur
Bélisaire* qu'en mars 1767. Cette édition fut peut-être publiée par Grasset.

Bengesco 1744, BnC 4083n.

Austin, Harry Ransom Humanities Research Center: B 2173 F73 1767b.
Bruxelles, Bibliothèque royale de Belgique: FS 241A. Oxford, Taylor:
V8 F2 1766 (1/1).

FI67B

[*encadrement*] FRAGMENT / DES / INSTRUCTIONS / POUR / LE
PRINCE / ROYAL DE ***. / [*ornement typographique*] / A BERLIN, /
[*filet gras-maigre, 61 mm*] / *MDCCLXVII.*

8°. sig. A-E⁸ (E8 blanc); pag. 77; $4 signé, chiffres romains (-A1);
réclames par cahier et (pour les rubriques) aux pages 40 et 57.

[1] titre; [2] blanc; [3]-40 Fragment des instructions pour le prince royal
de ***; 41-49 Du divorce; 49-57 De la liberté de conscience; 58-77
Anecdote sur Bélisaire.

Bengesco 1744, BnC 4083.

Genève, ImV: Fragment 13/1767/2, D Fragment 13/1767/1 (cet
exemplaire est identique au précédent, sauf qu'il porte la date, évidem-

ment fausse, de '*MDCCLXV.*' sur la page de titre). Paris, BnF: Mz 4237, 8° Y² 44803 (2), Res. Z Bengesco 312.

[*encadrement*] FRAGMENT / DES / INSTRUCTIONS / POUR / LE PRINCE / ROYAL DE ***. / [*ornement typographique*] / A BERLIN, / [*filet gras-maigre, 61 mm*] / *MDCCLXVII.*

8°. sig. A-C⁸ D⁴; pag. 56; $4 signé, chiffres romains (-A1, -D4); réclames par cahier.

[1] titre; [2] blanc; [3]-40 Fragment des instructions pour le prince royal de ***; 41-49 Du divorce; 49-56 De la liberté de conscience.

L'*Anecdote sur Bélisaire* ne figure pas dans cette édition. A l'exception du dernier feuillet pour lequel on a employé des caractères plus petits, la présentation typographique des textes est identique à celle de FI67A et de FI67B.

Bengesco 1744, BnC 4084.

Berlin, Staatsbibliothek zu Berlin: Fa 7535 (cet exemplaire porte la date, évidemment fausse, de '*MDCCLXV.*' sur la page de titre). Genève, ImV: D Fragment 13/1767/3. Paris: BnF: Mz 4164 et R 53729.

FRAGMENT / DES / INSTRUCTIONS / POUR / LE PRINCE / ROYAL DE ***. / [*ornement typographique*] / *A LONDRES,* / [*filet gras-maigre, 54 mm*] / MDCCLXVII.

8°. sig. A-B⁸ (B8 blanc); pag. 30; $5 signé, chiffres arabes (-A1); réclames par cahier.

[1] titre; [2] blanc; [3]-16 Fragment des instructions pour le prince royal de ***; 17-20 Du divorce; 20-23 De la liberté de conscience; 23-30 Anecdote sur Bélisaire.

A en juger par sa présentation typographique, cette édition fut probablement imprimée par Marc-Michel Rey à Amsterdam.

Bengesco 1744, BnC 4085.

Oxford, Taylor: V5 87 1768 (3)/2. Paris, BnF: Rés. Z Beuchot 302.

FI68

[*encadrement*] / FRAGMENT / DES / INSTRUCTIONS / POUR / LE PRINCE / ROYAL DE ***. / [*ornement typographique*] / A Berlin, / [*filet gras-maigre, 62 mm*] / *MDCCLXVIII.*

8°. sig. A-D⁸; pag. 64; $4 signé, chiffres romains (-A1; A2 signé avec des chiffres arabes); réclames par cahier et par rubrique.

[1] titre; [2] blanc; [3]-26 Fragment des instructions pour le prince royal de ***; 26-31 Du divorce; 32-37 De la liberté de conscience; 37-49 Anecdote sur Bélisaire. A Paris, 20 mars 1767; 50-59 Seconde anecdote sur Bélisaire; 59-64 Lettre de l'archevêque de Cantorbéri à l'archevêque de Paris.

Bengesco 1744n., BnC 4087.

Oxford, Taylor: V5 P7 1768 (3). Paris, BnF: Rés. Z Beuchot 304.

NM (1770)

Nouveaux Mélanges philosophiques, historiques, critiques, &c. &c. [Genève, Cramer] 1765-1775. 19 vol. 8°.

Tome 9 (1770): 216-19 Du divorce.

C'est le texte reproduit ici, préférable à l'édition précédente publiée anonymement.

Oxford, Taylor: VF. Paris, BnF: Rés. Z Beuchot 21.

QE70 (1770)

Questions sur l'Encyclopédie, par des amateurs. [Genève, Cramer] 1770-1772. 9 vol. 8°.

L'édition originale des *Questions sur l'Encyclopédie.*

Tome 1: 81-84 Mémoire d'un magistrat, écrit vers l'an 1764 [dans l'article 'Adultère'].

Bengesco 1408, BnC 3597.

Edimbourg, National Library of Scotland: BCL.B7183-7189. Londres, British Library: 1158 K10-14. Neuchâtel, Bibliothèque publique et universitaire: NUM 150.7.1. Oxford, Taylor: V8 D6 1770, V1 1770 G/ 1 (38-43); VF. Paris, Arsenal: 8° B 34128; BnF: Z 24726-24734. Saint-Pétersbourg, Bibliothèque nationale de Russie: BV3737.

W68 (1771 et 1774)

Collection complette des œuvres de Mr. de ***. Genève [Cramer; Paris, Panckoucke], 1768-1777. 30 vol. 4°.

Tome 17 (*Mélanges philosophiques, littéraires, historiques, etc.*, tome 4, 1771): 324-26 Du divorce.

Tome 21 (*Questions sur l'Encyclopédie, par des amateurs*, tome 1, 1774): 51-53 Mémoire d'un magistrat, écrit vers l'an 1764 [dans l'article 'Adultère'].

Bengesco 2137, BnC 141-44, Trapnell 68.

Genève, ImV: A 1768/1. Oxford, Taylor: VF. Paris, BnF: Z4961; Rés. M Z587.

QE71N (1771)

Questions sur l'Encyclopédie, par des amateurs. Nouvelle édition, soigneusement revue, corrigée et augmentée. [Neuchâtel, Société typographique] 1771-1772. 9 vol. 8°.

Tome 1: 81-84 Mémoire d'un magistrat, écrit vers l'an 1764 [dans l'article 'Adultère'].

Bengesco 1409, BnC 3603.

Londres, University of London Library: G.L. 1771. Neuchâtel, Bibliothèque publique et universitaire: QPZ 127. Paris, BnF: Rés. Z Bengesco 225. Saint-Pétersbourg, Bibliothèque nationale de Russie: BV3738.

QE71A (1771)

Questions sur l'Encyclopédie, distribuées en forme de dictionnaire. Par des amateurs. Londres [Amsterdam, Rey], 1771-1772. 9 vol. 8°.

Tome 1: 73-76 Mémoire d'un magistrat, écrit vers l'an 1764 [dans l'article 'Adultère'].

Bengesco 1410, BnC 3604.

Genève, ImV: D Questions 5/1771/3. Oxford, Taylor: V1 1770 G/1 (35-37); VF. Paris, BnF: Rés. Z Beuchot 731.

w70l (1772)

Collection complette des œuvres de M. de Voltaire. [Lausanne, Grasset, Pott; Bâle, Meschel] 1770-1781. 57 vol. 8°.

Tome 30 (*Mélanges de philosophie, de morale, et de politique*, tome 9, 1772): 89-92 Du divorce.

L'éditeur omet le texte de *Du divorce* dans l'article 'Adultère' des *Questions sur l'Encyclopédie*, fournissant cette explication à la page 78 du tome 40: 'Ce serait ici le lieu d'insérer le précis d'un mémoire composé par un honnête homme qui se trouve dans cette situation, mais il est déjà placé dans cette collection, tome 30, page 89. Nous nous bornerons à donner celui composé pour les *femmes*'.

Bengesco 2138, Trapnell 70L, BnC 149 (1-6, 14-21, 25).

Geneva, ImV: A 1770/4. Oxford, Taylor: V1 1770 L.

w71l (1773 et 1775)

Collection complette des œuvres de M. de Voltaire. Genève [Liège, Plomteux], 1771-1777. 32 vol. 12°.

Tome 17 (*Mélanges philosophiques, littéraires, historiques, etc.*, tome 4, 1773): 373-75 Du divorce.

Tome 21 (*Questions sur l'Encyclopédie, par des amateurs*, tome 1, 1775): 58-61 Mémoire d'un magistrat, écrit vers l'an 1764 [dans l'article 'Adultère'].

Bengesco 2139, Trapnell 71, BnC 151.

Geneva, ImV: A 1771/1. Oxford, Taylor: VF.

W75G

La Henriade, divers autres poèmes et toutes les pièces relatives à l'épopée.
Genève [Cramer et Bardin], 1775. 37 [ou 40] vol. 8°.

L'édition *encadrée.*

Tome 25 (*Questions sur l'Encyclopédie, par des amateurs*, tome 1): 64-76
Mémoire d'un magistrat, écrit vers l'an 1764 [dans l'article 'Adultère'].

Tome 36 (*Mélanges de littérature, d'histoire et de philosophie*, tome 4): 359-62 Du divorce.

Bengesco 2141, Trapnell 75G, BnC 158-61.

Genève, ImV: A 1775/2. Oxford, Taylor: V1 1775; VF. Paris, BnF:
Z24822-24868, Z Beuchot 32.

W72P (1777)

Œuvres de M. de V.... Neuchâtel [Paris, Panckoucke], 1772-1777. 34 [ou
40] vol. 8° et 12°.

Tome 27 (*Questions sur l'Encyclopédie, par des amateurs*, tome 1, 1777):
62-65 Mémoire d'un magistrat, écrit vers l'an 1764 [dans l'article
'Adultère'].

Bengesco 2140; Trapnell 72P; BnC 153-57.

Paris, Arsenal: Rf. 14095.

K84

Œuvres complètes de Voltaire. [Kehl] Société littéraire-typographique,
1784-1789. 70 vol. 8°.

Tome 37 (*Dictionnaire philosophique*, tome 1): 95-98 Mémoire d'un
magistrat, écrit vers l'an 1764 [dans l'article 'Adultère'].

Tome 39 (*Dictionnaire philosophique*, tome 3): 369-72 Divorce /
Section 2.

Bengesco 2142, Trapnell K, BnC 164-69.

Genève, ImV: A 1784/1. Oxford, Taylor: VF. Paris, BnF: Rés. P Z 2209.

K12

Œuvres complètes de Voltaire. [Kehl] Société littéraire-typographique, 1785-1789. 92 vol. 12°.

Tome 47 (*Dictionnaire philosophique*, tome 1): 123-27 Mémoire d'un magistrat, écrit vers l'an 1764 [dans l'article 'Adultère'].

Bengesco 2142, Trapnell K, BnC 189.

Genève, ImV: A 1785/4. Oxford, VF. Paris, BnF: Z 24990-25116.

5. *Principes de l'édition*

L'édition choisie comme texte de base est NM. Les variantes figurant dans l'apparat critique proviennent des sources suivantes: F167A-F168, QE70-QE71A, W75G, K84 et K12.

Traitement du texte de base

Nous avons respecté la ponctuation du texte de base; la coquille suivante a été corrigée: 'de priver' a été changé en 'de me priver' (ligne 68). Le texte de base a fait l'objet d'une modernisation portant sur la graphie, l'accentuation et la grammaire. Les particularités du texte de base dans ces trois domaines étaient les suivantes:

I. *Particularités de la graphie*

1. Consonnes
— absence de la consonne *t* dans: dédomagemens, vivans.
— présence d'une seule consonne là où l'usage actuel prescrit son doublement: falut.

2. Voyelles
— absence de la voyelle *e* dans: encor.
— emploi de *y* à la place de *i* dans: ayent.

3. Divers
— utilisation systématique de l'esperluette sauf en tête de phrase.

4. Graphies particulières
— l'orthographe moderne a été rétablie dans le mot suivant: Alzacien.

5. Majuscules rétablies

— nous mettons la majuscule, conformément à l'usage moderne, à: église, état.

6. Majuscules supprimées

— nous mettons la minuscule à l'adjectif suivant qui porte une majuscule dans le texte de base: Romain.

II. *Particularités d'accentuation*

L'accentuation a été rendue conforme aux usages modernes à partir des caractéristiques suivantes du texte de base:

1. L'accent aigu

— il est absent dans: reprouve.

— il est employé au lieu de l'accent grave dans: péche.

III. *Particularités grammaticales*

— emploi du pluriel en -*x* dans: loix.

DU DIVORCE[1]

Un principal magistrat d'une ville de France, a le malheur d'avoir
une femme qui a été débauchée par un prêtre avant son mariage, et
qui depuis s'est couverte d'opprobres par des scandales publics: il a
eu la modération de se séparer d'elle sans éclat. Cet homme âgé de
quarante ans, vigoureux et d'une figure agréable, a besoin d'une   5
femme; il est trop scrupuleux pour chercher à séduire l'épouse d'un
autre, il craint même le commerce d'une fille, ou d'une veuve qui
lui servirait de concubine. Dans cet état inquiétant et douloureux,
voici le précis des plaintes qu'il adresse à son Eglise.

Mon épouse est criminelle, et c'est moi qu'on punit. Une autre   10
femme est nécessaire à la consolation de ma vie, à ma vertu même;
et la secte dont je suis me la refuse; elle me défend de me marier
avec une fille honnête. Les lois civiles d'aujourd'hui, malheureusement fondées sur le droit canon, me privent des droits de
l'humanité. L'Eglise me réduit à chercher ou des plaisirs qu'elle   15
réprouve ou des dédommagements honteux qu'elle condamne,
elle veut me forcer d'être criminel.

Je jette les yeux sur tous les peuples de la terre, il n'y en a pas un
seul, excepté le peuple catholique romain, chez qui le divorce et un
nouveau mariage ne soient de droit naturel.   20

Quel renversement de l'ordre a donc fait chez les catholiques
une vertu de souffrir l'adultère et un devoir de manquer de femme
quand on a été indignement outragé par la sienne?

Pourquoi un lien pourri est-il indissoluble malgré la grande loi
adoptée par le code *quidquid ligatur dissolubile est*? On me permet   25
la séparation de corps et de biens, et on ne me permet pas le divorce.

---

3   K84, K12: d'opprobre par

[1] Pour l'annotation de ce texte, voir la section 'Mémoire d'un magistrat, écrit vers
l'an 1764' de l'article 'Adultère', *Questions sur l'Encyclopédie*, *OCV*, t.38, p.108-12.

La loi peut m'ôter ma femme, et elle me laisse un nom qu'on appelle *sacrement*! je ne jouis plus du mariage, et je suis marié! Quelle contradiction! quel esclavage! et sous quelles lois avons-nous reçu la naissance!

Ce qui est bien plus étrange, c'est que cette loi de mon Eglise est directement contraire aux paroles que cette Eglise elle-même croit avoir été prononcées par Jésus-Christ: (*a*) *Quiconque a renvoyé sa femme (excepté pour adultère) pèche s'il en prend une autre.*

Je n'examine point si les pontifes de Rome ont été en droit de violer à leur plaisir la loi de celui qu'ils regardent comme leur maître; si lorsqu'un Etat a besoin d'un héritier, il est permis de répudier celle qui ne peut en donner. Je ne recherche point si une femme turbulente attaquée de démence, ou homicide, ou empoisonneuse, ne doit pas être répudiée aussi bien qu'une adultère; je m'en tiens au triste état qui me concerne, Dieu me permet de me remarier, et l'évêque de Rome ne me le permet pas!

Le divorce a été en usage chez les catholiques sous tous les empereurs; il l'a été dans tous les Etats démembrés de l'empire romain. Les rois de France qu'on appelle *de la première race*, ont presque tous répudié leurs femmes pour en prendre de nouvelles. Enfin il vint un Grégoire IX ennemi des empereurs et des rois, qui par un décret fit du mariage un joug insecouable; sa décrétale devint la loi de l'Europe. Quand les rois voulurent répudier une femme adultère selon la loi de Jésus-Christ, ils ne purent en venir à bout; il fallut chercher des prétextes ridicules. Louis le Jeune fut obligé, pour faire son malheureux divorce avec Eléonor de Guienne, d'alléguer une parenté qui n'existait pas. Le roi Henri IV, pour répudier Marguerite de Valois, prétexta une cause encore plus fausse, un défaut de consentement. Il fallut mentir pour faire un divorce légitimement.

Quoi! un souverain peut abdiquer sa couronne, et sans la

(*a*) Matthieu, ch.19.

38   K12: Je ne cherche point

permission du pape il ne pourra abdiquer sa femme! Est-il possible que des hommes d'ailleurs éclairés aient croupi si longtemps dans cette absurde servitude!

Que nos prêtres, que nos moines renoncent aux femmes, j'y consens; c'est un attentat contre la population, c'est un malheur pour eux, mais ils méritent ce malheur qu'ils se sont fait eux-mêmes. Ils ont été les victimes des papes qui ont voulu avoir en eux des esclaves, des soldats sans familles et sans patrie, vivant uniquement pour l'Eglise: mais moi magistrat qui sers l'Etat toute la journée, j'ai besoin le soir d'une femme; et l'Eglise n'a pas le droit de me priver d'un bien que Dieu m'accorde. Les apôtres étaient mariés, Joseph était marié, et je veux l'être. Si moi Alsacien je dépends d'un prêtre qui demeure à Rome, si ce prêtre a la barbare puissance de me priver d'une femme, qu'il me fasse eunuque pour chanter des *miserere* dans sa chapelle. [2]

60

65

70

65   w68, w75G, K84, K12: soldats sans famille et
68   β, w68, w70L, w75G: droit de priver

[2] Note de Kehl: 'L'empereur Joseph II vient de donner à ses peuples une nouvelle législation sur les mariages. Par cette législation le mariage devient ce qu'il doit être: un simple contrat civil. Il a également autorisé le divorce, sans exiger d'autre motif que la volonté constante des deux époux. Sur ces deux objets plus importants qu'on ne croit pour la morale et la prospérité des Etats, il a donné un grand exemple qui sera suivi par les autres nations de l'Europe, quand elles commenceront à sentir qu'il n'est pas plus raisonnable de consulter sur la législation les théologiens que les danseurs de corde'.

De la liberté de conscience

Edition critique

par

François Bessire

TABLE DES MATIÈRES

INTRODUCTION

Ce bref dialogue entre un aumônier jésuite et un manufacturier anabaptiste dans les 'petits états' d'un prince allemand a paru en 1767 dans une brochure intitulée *Fragment des instructions pour le prince royal de* ***. Le titre général correspond au plus important texte de la brochure (environ 40 pages), qui contient aussi *Du divorce*, *Anecdote sur Bélisaire* et *De la liberté de conscience*, auxquels viendront s'ajouter en 1768 une *Seconde anecdote sur Bélisaire* et une *Lettre de l'archevêque de Cantorberi à l'archevêque de Paris*. Si *De la liberté de conscience*, comme les autres textes brefs, est indépendant du *Fragment* (et en est d'ailleurs séparé en 1771 pour devenir la 'Section quatrième' de l'article 'Conscience' des *Questions sur l'Encyclopédie*), il n'en entretient pas moins avec ce bref traité de politique éclairée des relations étroites: ils ont en commun notamment un cadre (l'Allemagne) et une thématique (les abus du catholicisme, la nécessité de la tolérance ou l'apologie de l'activité économique et marchande).

De la liberté de conscience n'est pas un de ces dialogues de type platonicien où la vérité naît de la confrontation des points de vue. Les deux personnages restent ce qu'ils sont et ce qu'ils représentent: d'un côté (celui du 'gros manufacturier') la modernité, l'amélioration de la condition des hommes par le travail, de l'autre (celui de l''aumônier du prince') la violence fanatique, le dogme comme règle de vie et la soumission à l'autorité. Aucune réflexion abstraite sur la liberté de conscience, celle dont l'aumônier menace de priver l'anabaptiste: elle est simplement du côté de l'humanité, de l'intelligence et du bien-être.

Dépouillées de leurs atours verbaux, les querelles théologiques se vident de leur sens. Mieux: vues de l'extérieur, elles apparaissent comme 'diaboliques', c'est-à-dire animées par des valeurs contraires à celles qu'elles revendiquent. La révolte de l'anabaptiste est dirigée contre tous les abus, abus de termes autant que de pouvoir.

Editions

De la liberté de conscience paraît d'abord dans les éditions de 1767 et 1768 du recueil intitulé *Fragment des instructions pour le prince royal de* ***. En 1770, le texte est inséré pour la première fois dans une édition collective des œuvres de Voltaire – les *Nouveaux Mélanges*. L'année suivante, Voltaire insère le texte, avec un paragraphe d'introduction et d'autres modifications, dans les *Questions sur l'Encyclopédie* comme la section 4 de l'article 'Conscience'. A partir de l'édition w68 (1771 et 1774), un nombre des éditions collectives publiées du vivant de Voltaire font double emploi du texte – dans la série des *Mélanges* comme dans celle des *Questions sur l'Encyclopédie*. Dans k84, le texte figure deux fois dans l'amalgame des ouvrages alphabétiques édité sous le titre de *Dictionnaire philosophique* (dans les articles 'Conscience' et 'Liberté de conscience'); dans k12, les éditeurs évitent ce redoublement en omettant la section 4 de l'article 'Conscience'.

F167A

[*encadrement*] FRAGMENT / DES / INSTRUCTIONS / POUR / LE PRINCE / ROYAL DE ***. / [*ornement typographique*] / A BERLIN, / [*filet gras-maigre, 61 mm*] / *MDCCLXVI*.

8°. sig. A-E⁸ (E8 bl.); pag. 77; $4 signé, chiffres romains (-A1); réclames par cahier et (pour les rubriques) aux pages 40 et 57.

[1] titre; [2] bl.; [3]-40 Fragment des instructions pour le prince royal de ***; 41-49 Du divorce; 49-57 De la liberté de conscience; 58-77 Anecdote sur Bélisaire.

C'est l'édition à laquelle Grimm fait allusion le 1ᵉʳ juillet 1767 dans la *Correspondance littéraire* (voir ci-dessus, p.231). La date de 1766 qu'elle porte est évidemment fausse, Voltaire n'ayant composé l'*Anecdote sur Bélisaire* qu'en mars 1767. Cette édition fut peut-être publiée par Grasset.

Bengesco 1744, BnC 4083n.

Austin, Harry Ransom Humanities Research Center: B 2173 F73 1767b. Bruxelles, Bibliothèque royale de Belgique: FS 241A. Oxford, Taylor: V8 F2 1766 (1/1).

FI67B

[*encadrement*] FRAGMENT / DES / INSTRUCTIONS / POUR / LE PRINCE / ROYAL DE ***. / [*ornement typographique*] / A BERLIN, / [*filet gras-maigre, 61 mm*] / *MDCCLXVII.*

8°. sig. A-E⁸ (E8 bl.); pag. 77; $4 signé, chiffres romains (-A1); réclames par cahier et (pour les rubriques) aux pages 40 et 57.

[1] titre; [2] bl.; [3]-40 Fragment des instructions pour le prince royal de ***; 41-49 Du divorce; 49-57 De la liberté de conscience; 58-77 Anecdote sur Bélisaire.

Bengesco 1744, BnC 4083.

Genève, ImV: Fragment 13/1767/2, D Fragment 13/1767/1 (cet exemplaire est identique au précédent, sauf qu'il porte la date, évidemment fausse, de '*MDCCLXV.*' sur la page de titre). Paris, BnF: Mz 4237, 8° Y² 44803 (2), Res. Z Bengesco 312.

FI67C

[*encadrement*] FRAGMENT / DES / INSTRUCTIONS / POUR / LE PRINCE / ROYAL DE ***. / [*ornement typographique*] / A BERLIN, / [*filet gras-maigre, 61 mm*] / *MDCCLXVII.*

8°. sig. A-C⁸ D⁴; pag. 56; $4 signé, chiffres romains (-A1, -D4); réclames par cahier.

[1] titre; [2] bl.; [3]-40 Fragment des instructions pour le prince royal de ***; 41-49 Du divorce; 49-56 De la liberté de conscience.

L'*Anecdote sur Bélisaire* ne figure pas dans cette édition. A l'exception du dernier feuillet pour lequel on a employé des caractères plus petits, la présentation typographique des textes est identique à celle de FI67A et de FI67B.

Bengesco 1744, BnC 4084.

Berlin, Staatsbibliothek zu Berlin: Fa 7535 (cet exemplaire porte la date, évidemment fausse, de '*MDCCLXV.*' sur la page de titre). Genève, ImV: D Fragment 13/1767/3. Paris: BnF: Mz 4164 et R 53729.

F167D

**FRAGMENT / DES / INSTRUCTIONS / POUR / LE PRINCE /
ROYAL DE ***.** / [*ornement typographique*] / *A LONDRES,* / [*filet
gras-maigre, 54 mm*] / MDCCLXVII.

8°. sig. A-B⁸ (B8 bl.); pag. 30; $5 signé, chiffres arabes (-A1); réclames
par cahier.

[1] titre; [2] bl.; [3]-16 Fragment des instructions pour le prince royal de
***; 17-20 Du divorce; 20-23 De la liberté de conscience; 23-30 Anecdote
sur Bélisaire.

A en juger par sa présentation typographique, cette édition fut probablement imprimée par Marc-Michel Rey à Amsterdam.

Bengesco 1744, BnC 4085.

Oxford, Taylor: V5 P7 1768 (3)/2. Paris, BnF: Rés. Z Beuchot 302.

F168

[*encadrement*] / **FRAGMENT / DES / INSTRUCTIONS / POUR /
LE PRINCE / ROYAL DE ***.** / [*ornement typographique*] / *A Berlin,* /
[*filet gras-maigre, 62 mm*] / *MDCCLXVIII.*

8°. sig. A-D⁸; pag. 64; $4 signé, chiffres romains (-A1; A2 signé avec des
chiffres arabes); réclames par cahier et par rubrique.

[1] titre; [2] bl.; [3]-26 Fragment des instructions pour le prince royal de
***; 26-31 Du divorce; 32-37 De la liberté de conscience; 37-49 Anecdote
sur Bélisaire; 50-59 Seconde anecdote sur Bélisaire; 59-64 Lettre de
l'archevêque de Cantorbéri à l'archevêque de Paris.

Bengesco 1744n., BnC 4087.

Paris, BnF: Rés. Z Beuchot 304.

NM (1770)

Nouveaux Mélanges philosophiques, historiques, critiques, &tc. &tc.
[Genève, Cramer] 1765-1775. 19 vol. 8°.

Tome 9 (1770): 202-16 Fragment des instructions pour le prince royal de
***; 216-19 Du divorce; 220-23 De la liberté de conscience; 223-30
Anecdote sur Bélisaire.

Bengesco 2212, Trapnell NM, BnC 111-35.

Oxford, Taylor: VF. Paris, BnF: Rés. Z Beuchot 21.

QE70 (1771)

Questions sur l'Encyclopédie, par des amateurs. [Genève, Cramer] 1770-1772. 9 vol. 8°.

L'édition originale des *Questions sur l'Encyclopédie*.

Tome 4 (1771): 78-80 Conscience / Section quatrième / Conscience: liberté de conscience. / traduit de l'allemand.

Bengesco 1408, BnC 3597.

Edimbourg, National Library of Scotland: BCL.B7183-7189. Londres, British Library: 1158 K10-14. Neuchâtel, Bibliothèque publique et universitaire: NUM 150.7.1. Oxford, Taylor: V8 D6 1770, V1 1770 G/1 (38-43); VF. Paris, Arsenal: 8° B 34128; BnF: Z 24726-24734. Saint-Pétersbourg, Bibliothèque nationale de Russie: BV3737.

QE71N (1771)

Questions sur l'Encyclopédie, par des amateurs. Nouvelle édition, soigneusement revue, corrigée et augmentée. [Neuchâtel, Société typographique] 1771-1772. 9 vol. 8°.

Tome 4 (1771): 78-80 Conscience / Section quatrième / Conscience: liberté de conscience. / traduit de l'allemand.

Bengesco 1409, BnC 3603.

Londres, University of London Library: G.L. 1771. Neuchâtel, Bibliothèque publique et universitaire: QPZ 127. Paris, BnF: Rés. Z Bengesco 225. Saint-Pétersbourg, Bibliothèque nationale de Russie: BV3738.

QE71A (1771)

Questions sur l'Encyclopédie, distribuées en forme de dictionnaire. Par des amateurs. Londres [Amsterdam, Rey], 1771-1772. 9 vol. 8°.

Tome 4 (1771): 67-69 Conscience / Section quatrième / Conscience: Liberté de conscience. / traduit de l'allemand.

Bengesco 1410, BnC 3604.

Genève, ImV: D Questions 5/1771/3. Oxford, Taylor: V1 1770 G/1 (35-37); VF. Paris, BnF: Rés. Z Beuchot 731.

w68 (1771 et 1774)

Collection complette des œuvres de Mr. de ***. Genève [Cramer; Paris, Panckoucke], 1768-1777. 30 vol. 4°.

Tome 17 (*Mélanges philosophiques, littéraires, historiques, etc.*, tome 4, 1771): 326-28 De la liberté de conscience.

Tome 22 (*Questions sur l'Encyclopédie, par des amateurs*, tome 2, 1774): 225-26 Conscience / Section quatrième / Conscience: liberté de conscience. / traduit de l'allemand.

Bengesco 2137, BnC 141-44, Trapnell 68.

Genève, ImV: A 1768/1. Oxford, Taylor: VF. Paris, BnF: Z4961; Rés. M Z587.

w70L (1772)

Collection complette des œuvres de M. de Voltaire. [Lausanne, Grasset, Pott; Bâle, Meschel] 1770-1781. 57 vol. 8°.

Tome 30 (*Mélanges de philosophie, de morale, et de politique*, tome 9, 1772): 92-95 De la liberté de conscience.

La tome 42 porte la note suivante à la fin de la section 3 de l'article 'Conscience' des *Questions sur l'Encyclopédie*: 'Voyez la section quatrième sur la même matière au tome 30, page 92 et suivantes' (p.219).

Bengesco 2138, Trapnell 70L, BnC 149 (1-6, 14-21, 25).

Genève, ImV: A 1770/4. Oxford, Taylor: V1 1770 L.

w71L (1773 et 1774)

Collection complette des œuvres de M. de Voltaire. Genève [Liège, Plomteux], 1771-1777. 32 vol. 12°.

Tome 17 (*Mélanges philosophiques, littéraires, historiques, etc.*, tome 4, 1773): 375-78 De la liberté de conscience.

Tome 22 (*Questions sur l'Encyclopédie, par des amateurs*, tome 2, 1774): 255-57 Conscience / Section quatrième / Conscience: Liberté de conscience. / traduit de l'allemand.

Bengesco 2139, Trapnell 71, BnC 151.

Genève, ImV: A 1771/1. Oxford, Taylor: VF.

W75G

La Henriade, divers autres poèmes et toutes les pièces relatives à l'épopée. Genève [Cramer et Bardin], 1775. 37 [ou 40] vol. 8°.

L'édition *encadrée*.

Tome 27 (*Questions sur l'Encyclopédie, par des amateurs*, tome 3): 136-38 Conscience / Section quatrième / Conscience: Liberté de conscience. / traduit de l'allemand.

Tome 36 (*Mélanges de littérature, d'histoire et de philosophie*, tome 4): 362-64 De la liberté de conscience.

Bengesco 2141, Trapnell 75G, BnC 158-61.

Genève, ImV: A 1775/2. Oxford, Taylor: V1 1775; VF. Paris, BnF: Z24822-24868, Z Beuchot 32.

W72P (1777)

Œuvres de M. de V.... Neuchâtel [Paris, Panckoucke], 1772-1777. 34 [ou 40] vol. 8° and 12°.

Tome 29 (*Questions sur l'Encyclopédie, par des amateurs*, tome 3, 1777): 133-35 Conscience / Section quatrième / Conscience: Liberté de conscience. / traduit de l'allemand.

Bengesco 2140, Trapnell 72P, BnC 153-57.

Paris, Arsenal: Rf. 14095.

K84

Œuvres complètes de Voltaire. [Kehl] Société littéraire-typographique, 1784-1789. 70 vol. 8°.

Tome 39 (*Dictionnaire philosophique*, tome 3): 94-96 Conscience / Section IV / Liberté de conscience. / Traduit de l'allemand.

Tome 41 (*Dictionnaire philosophique*, tome 5): 419-21 Liberté de conscience.

Bengesco 2142, Trapnell κ, BnC 164-69.

Genève, ImV: A 1784/1. Oxford, Taylor: VF. Paris, BnF: Rés. P Z 2209.

κ12

Œuvres complètes de Voltaire. [Kehl] Société littéraire-typographique, 1785-1789. 92 vol. 12°.

Tome 53 (*Dictionnaire philosophique*, tome 7): 213-16 Liberté de conscience.

Le texte ne paraît dans cette édition qu'une seule fois. Contrairement aux éditions précédentes, l'article 'Conscience' ne contient que trois sections.

Bengesco 2142, Trapnell κ, BnC 189.

Genève, ImV: A 1785/4. Oxford, VF. Paris, BnF: Z 24990-25116.

Principes de l'édition

Le texte de base est celui du tome 17 de w68 (*Mélanges philosophiques, littéraires, historiques, etc.*, tome 4, 1771). Les variantes significatives qui ont été retenues proviennent des sources suivantes: FI67A, FI67B, FI67D, FI68, NM, QE70, W75G (t.26 et 36), K84 (t.39 et 41) et K12.

Traitement du texte de base

Le texte de base a été scrupuleusement respecté: disposition, ponctuation, majuscules, orthographe des noms propres et des noms de lieux, etc. Nous avons corrigé une coquille à la ligne 40, changeant 'serait' en 'ferait'. La graphie et l'accentuation ont été toutefois légèrement modifiées, pour qu'elles soient conforme à l'usage contemporain. Les particularités du texte de base dans ces deux domaines sont les suivantes:

INTRODUCTION

I. *Particularités de la graphie*

1. Voyelles

— emploi de *y* à la place de *i* dans: aye, croyent, employe.

2. Graphies particulières

— emploi d'une orthographe contraire à l'usage actuel: anabatiste, échaffauts.
— emploi de la majuscule dans l'adjectif suivant: Chinois.

II. *Particularités d'accentuation*

1. L'accent circonflexe

— il est absent dans: ame, buchers.

2. Le tréma

— il est présent dans: jouïssez.

III. *Divers*

— l'esperluette est utilisée partout.
— l'adjectif numéral ne prend pas *s* pluriel dans: deux cent ouvriers.

DE LA LIBERTÉ DE CONSCIENCE

L'aumônier du prince de ... lequel prince est catholique romain,
menaçait un anabaptiste[1] de le chasser des petits états du prince; il
lui disait qu'il n'y a que trois sectes autorisées dans l'empire,[2] celle
qui mange Jésus-Christ Dieu par la foi seule dans un morceau de
pain en buvant un coup, celle qui mange Jésus-Christ Dieu avec du
pain, et celle qui mange Jésus-Christ Dieu en corps et en âme sans
pain ni vin:[3] que pour lui anabaptiste qui ne mange Dieu en aucune

5

a   QE70, W75G (t.27), K84 (t.39): Conscience / Section 4 / Conscience: liberté
de conscience / traduit de l'allemand. / (*Nous n'adoptons pas tout ce paragraphe; mais
comme il y a quelques vérités, nous n'avons pas cru devoir l'omettre, et nous ne nous
chargeons pas de justifier ce qui peut s'y trouver de peu mesuré et de trop dur.*)
        K84 (t.41), K12: Liberté de conscience
3-8   QE70, W75G (t.27), K84 (t.39): l'empire; que pour lui anabaptiste qui était
d'une quatrième, il

[1] L'anabaptiste est pour Voltaire, comme le Quaker, l'exemple de l'adepte d'une
religion épurée: exempt de tout fanatisme, par sa simplicité et sa bonté de mœurs il
travaille au bien de l'homme dans ce monde. On se souvient du 'bon anabaptiste,
nommé *Jacques*' de *Candide* (ch.3) qui non seulement secourt Candide, mais veut 'lui
apprendre à travailler dans ses manufactures'. Voltaire consacre aux anabaptistes deux
chapitres de l'*Essai sur les mœurs* (ch.131 et 132), expliquant leur origine au seizième
siècle ('Ce sont les premiers enthousiastes dont on ait ouï parler dans ces temps-là: ils
voulaient qu'on rebaptisât les enfants, parce que le Christ avait été baptisé étant adulte;
c'est ce qui leur procura le nom d'*anabaptistes*') et leur évolution positive ensuite.
[2] 'Empire, se dit encore plus particulièrement et absolument de l'Empire
d'Allemagne' (*Dictionnaire de l'Académie*, 1762). Voltaire associe dans le *Traité
sur la tolérance* Allemagne et liberté de conscience: 'L'Allemagne serait un désert
couvert des ossements des catholiques, évangéliques, réformés, anabaptistes,
égorgés les uns par les autres, si la paix de Vestphalie n'avait pas procuré enfin la
liberté de conscience' (*OCV*, t.56c, p.154).
[3] On reconnaît successivement derrière ces périphrases désacralisantes: les
calvinistes (consubstantiation), les luthériens et les catholiques (transsubstantiation). Voltaire a traité de ces controverses sur l'eucharistie dans les chapitres de
l'*Essai* consacrés à la Réforme (128 à 133); il les résume dans l'article 'Transsubstantiation' du *Dictionnaire philosophique* (*OCV*, t.36, p.574-78).

façon, il n'était pas digne de vivre dans les terres de monseigneur; et enfin la conversation s'échauffant, l'aumônier menaça l'anabaptiste de le faire pendre.

Ma foi tant pis pour son altesse, répondit l'anabaptiste; je suis un gros manufacturier, j'emploie deux cents ouvriers, je fais entrer deux cent mille écus par an dans ses états, ma famille s'établira ailleurs, monseigneur y perdra plus que moi.[4]

Et si monseigneur fait pendre tes deux cents ouvriers et ta famille! reprit l'aumônier; et s'il donne ta manufacture à de bons catholiques!

Je l'en défie, dit le vieillard: on ne donne pas une manufacture comme une métairie, parce qu'on ne donne pas l'industrie.[5] Cela serait beaucoup plus fou que s'il faisait tuer tous ses veaux qui ne communient pas plus que moi.

L'intérêt de monseigneur n'est pas que je mange Dieu; il est que je procure à ses sujets de quoi manger, et que j'augmente ses revenus par mon travail. Je suis honnête homme; et quand j'aurais le malheur de n'être pas né tel, ma profession me forcerait à le devenir; car dans les entreprises de négoce, ce n'est pas comme dans celles de cour; point de succès sans probité.[6] Que t'importe

10-11   QE70, W75G (t.27), K84 (t.39): pendre. Tant pis
13-14   QE70, W75G (t.27), K84 (t.39): famille ira s'établir ailleurs
14-15   QE70, W75G (t.27), K84 (t.39): perdra. ¶Et
20   FI67A-FI68: ses chevaux qui
20-22   QE70, W75G (t.27), K84 (t.39): ses chevaux, parce que l'un d'eux t'aura jeté par terre, et que tu es mauvais écuyer. ¶L'intérêt
22   QE70, W75G (t.27), K84 (t.39): mange du pain sans levain ou levé. Il est
27   QE70, W75G (t.27), K84 (t.39): cour et dans les tiennes: point

[4] L'argument économique en faveur de la tolérance est souvent avancé par Voltaire: la tolérance est 'de l'intérêt des nations' (*Traité sur la tolérance*, *OCV*, t.56C, p.152).

[5] 'Adresse de faire réussir quelque chose, quelque dessein, quelque travail' (Furetière).

[6] Cette réhabilitation du commerce, à la fois échange de biens et occasion de rencontres, contre les préjugés nobiliaires, est présente dans l'œuvre de Voltaire dès la sixième des *Lettres philosophiques*: 'Entrez dans la bourse de Londres, cette place

que j'aie été baptisé dans l'âge qu'on appelle *de raison*, tandis que tu l'as été sans le savoir? Que t'importe que j'adore Dieu sans le manger, tandis que tu le fais, que tu le manges et que tu le digères? Si tu suivais tes belles maximes, et si tu avais la force en main, tu irais donc d'un bout de l'univers à l'autre, faisant pendre à ton plaisir le Grec qui ne croit pas que l'Esprit procède du Père et du Fils; tous les Anglais, tous les Hollandais, Danois, Suédois, Prussiens, Hanovriens, Saxons, Hessois, Bernois, qui ne croient pas le pape infaillible: tous les musulmans qui croient un seul Dieu et qui ne lui donnent ni père ni mère, et les Indiens dont la religion est plus ancienne que la juive, et les lettrés chinois qui depuis cinq mille ans servent un Dieu unique sans superstition et sans fanatisme. Voilà donc ce que tu ferais si tu étais le maître? Assurément, dit le prêtre, car je suis dévoré du zèle de la maison de Dieu. *Zelus domus tuae comedit me.* [7]

Etrange secte, ou plutôt infernale horreur! s'écria le bon père de famille: quelle religion que celle qui ne se soutiendrait que par des

29-31   QE70, W75G (t.27), K84 (t.39): Dieu à la manière de mes pères? Si
30   F168G: tandis que tu le manges
34-35   QE70, W75G (t.27), K84 (t.39): Suédois, Islandais, Prussiens, Hanovriens, Saxons, Holstenois, Hessois, Virtembergeois, Bernois, Hambourgeois, Cosaques, Valaques, Grecs, Russes, qui
36-37   QE70, W75G (t.27), K84 (t.39): Dieu; et les Indiens
38   QE70, W75G (t.27), K84 (t.39): depuis quatre mille
41   QE70, W75G (t.27), K84 (t.39): maison du Seigneur. *Zelus*
41-42   QE70, W75G (t.27), K84 (t.39): *domus suae comedit*
42-50   QE70, W75G (t.27), K84 (t.39): *me.* ¶Ça

plus respectable que bien des cours, vous y voyez rassemblés les députés de toutes les nations pour l'utilité des hommes. Là le juif, le mahométan, et le chrétien traitent l'un avec l'autre comme s'ils étaient de la même religion, et ne donnent le nom d'infidèles qu'à ceux qui font banqueroute; là le presbytérien se fie à l'anabaptiste, et l'anglican reçoit la promesse du quaker.'

[7] Verset extrait de la plainte du juste persécuté à cause du Dieu même qu'il professe (Psaumes 68:12), invoqué dans l'évangile de Jean pour justifier l'expulsion des marchands du temple (Jean 2:17).

bourreaux,[8] et qui ferait à Dieu l'outrage de lui dire, Tu n'es pas   45
assez puissant pour soutenir par toi-même ce que nous appelons
ton véritable culte, il faut que nous t'aidions; tu ne peux rien sans
nous, et nous ne pouvons rien sans tortures, sans échafauds et sans
bûchers!

Çà, dis-moi un peu, sanguinaire aumônier, es-tu dominicain ou   50
jésuite ou diable? Je suis jésuite, dit l'autre. Eh mon ami, si tu n'es
pas diable, pourquoi dis-tu des choses si diaboliques?

C'est que le révérend père recteur m'a ordonné de les dire.

Et qui a ordonné cette abomination au révérend père recteur?

C'est le provincial.   55

De qui le provincial a-t-il reçu cet ordre?

De notre général; et le tout pour plaire au pape.

Le pauvre anabaptiste s'écria; Sacrés papes qui êtes à Rome sur
le trône des Césars, archevêques, évêques, abbés devenus souverains, je vous respecte et je vous fuis. Mais si dans le fond du cœur   60
vous avouez que vos richesses et votre puissance ne sont fondées
que sur l'ignorance et la bêtise de nos pères, jouissez-en du moins
avec modération. Nous ne voulons pas vous détrôner, mais ne nous
écrasez pas. Jouissez et laissez-nous paisibles. Sinon craignez qu'à
la fin la patience n'échappe aux peuples, et qu'on ne vous réduise   65
pour le bien de vos âmes à la condition des apôtres dont vous
prétendez être les successeurs.[9]

57-70   QE70, W75G (t.27), K84 (t.39): plaire à un plus grand seigneur que lui.
¶Dieux de la terre qui avec trois doigts avez trouvé le secret de vous rendre maîtres
d'une grande partie du genre humain; si dans le fond du cœur vous avouez que vos
richesses et votre puissance ne sont point essentielles à votre salut et au nôtre,
jouissez-en avec modération. Nous ne voulons pas vous démîtrer, vous détiarer:
mais ne nous écrasez pas. Jouissez et laissez-nous paisibles; démêlez vos intérêts avec
les rois; et laissez-nous nos manufactures.//

[8] Même expression ('soutenir par des bourreaux la religion') dans le *Traité sur la
tolérance*, *OCV*, t.56C, p.186.
[9] Passage très proche, à la fois dans l'argumentaire et dans le ton, de la fin de
l'article 'Abbé' du *Dictionnaire philosophique*, *OCV*, t.35, p.288.

Ah misérable! tu voudrais que le pape et l'évêque de Vurtz-
bourg[10] gagnassent le ciel par la pauvreté évangélique!
Ah mon révérend père! tu voudrais me faire pendre!

70

68   F168: Eh misérable!

[10] Duché-évêché fondé en 750 (*Annales de l'Empire*, *M*, t.13, p.226). Exemple
invoqué à plusieurs reprises par Voltaire pour dénoncer l'usurpation par les prêtres
de la 'puissance séculière' (*Essai sur les mœurs*, ch.30, t.1, p.410-14): voir la dixième
des *Remarques pour servir de supplément à l'Essai sur les mœurs* (t.2, p.921) et le début
de l'article 'Pierre' du *Dictionnaire philosophique* (*OCV*, t.36, p.447).

Lettre d'un membre du conseil de Zurich, à Monsieur D***, avocat à Besançon

Edition critique

par

Olivier Ferret

TABLE DES MATIÈRES

INTRODUCTION

Les démêlés de Pierre-Etienne Fantet, libraire à Besançon, avec la justice constituent une histoire à rebondissements qui s'étend sur près de deux ans, par là même assez complexe. Quoique suffisamment retentissant pour figurer, par exemple, parmi les 'causes célèbres', [1] ce procès n'a guère retenu l'attention des chercheurs et des érudits, [2] à l'exception d'Aristide Déy, qui lui consacre une communication lors de la séance du 9 mai 1885 de la Société d'émulation du Doubs. [3] Le procès a toutefois donné lieu à la rédaction de diverses pièces, dont la plupart sont conservées dans le fonds ancien de la bibliothèque municipale de Besançon. [4] Ses répercussions sur l'œuvre de Voltaire sont, il est vrai, minimes; il est toutefois utile de rappeler le contexte et le déroulement de cette affaire afin de préciser la date de composition de la *Lettre d'un membre du conseil de Zurich*, et de tenter d'appréhender les raisons qui ont pu motiver l'intervention de Voltaire, sous la forme de cette courte lettre fictive.

1. *L'affaire Fantet*

L'affaire, qui ne trouve son dénouement qu'en février 1768 et dont les répercussions se font encore sentir en septembre 1768, débute en

---

[1] Voir Des Essarts, *Choix des nouvelles causes célèbres* (Paris, Moutard, 1785), p.163-210.

[2] Il n'en est question ni dans *Voltaire en son temps* (2ᵉ éd., Oxford, 1995), ni dans l'*Inventaire Voltaire* (Paris, 1995), ni dans le *Dictionnaire général de Voltaire* (Paris, 2003).

[3] Voir A. Déy, 'Le libraire Fantet et le parlement de Besançon', *Mémoires de la Société d'émulation du Doubs*, séance du 9 mai 1885 (Besançon, 1886), p.73-112.

[4] Toutes les pièces citées se trouvent dans un recueil factice, sous la cote 226800. Je remercie très chaleureusement pour leur accueil et leur aide les membres du personnel de la Bibliothèque de Besançon et tout particulièrement Mme Marie-Claire Waille, responsable du fonds ancien.

juillet 1766. Elle éclate dans un contexte qu'il n'est pas inutile de prendre en compte. A. Déy rappelle en effet que, tant d'un point de vue militaire que financier, la situation de la France vers 1765 est 'encore déplorable'. Les querelles religieuses sont en outre loin d'être apaisées par l'expulsion des jésuites dont la 'puissance occulte subsistait'. Cette année 1765, marquée par la publication des derniers volumes de textes de l'*Encyclopédie*, voit encore se poursuivre la 'guerre' menée par le 'trône' et de l''autel' contre les 'livres des philosophes'.[5] Ces tensions persistantes permettent ainsi de comprendre la portée du réquisitoire prononcé par le procureur général du parlement de Besançon à l'encontre du marchand libraire, tel que le rapporte la première pièce en date rédigée pour la défense de Fantet:

Le vendredi 18 juillet 1766 M. le procureur général a présenté un réquisitoire contenant, *que depuis quelques années il se répand dans le public des livres pernicieux qui sont faits pour souiller l'imagination de la jeunesse, séduire le cœur et corrompre les mœurs; qu'au moyen de ces ouvrages, écrits avec tout l'artifice dont une plume légère est capable,* les jeunes gens *cherchent à se persuader que le sentiment de la tolérance est fondé sur la raison, que les peines ne sont pas éternelles, que le culte chrétien est imaginaire, et que toutes les obligations se réduisent à celles qu'impose la loi naturelle; que le matérialisme, cette opinion si bizarre et si humiliante pour la condition de l'homme, ne s'est accrédité depuis quelque temps que par la distribution des ouvrages qui en font l'apologie,* tels que le livre des *Mœurs,* celui de *l'Esprit,* et le *Dictionnaire philosophique; qu'il a éprouvé les plus grandes difficultés pour obtenir des preuves contre ceux qui ont débité ces ouvrages dans la province; mais qu'enfin il vient de réussir à acquérir de fortes preuves, tant par titres que par témoins, et qu'un billet,* joint au réquisitoire, *au bas duquel le nommé Fantet, marchand libraire en cette ville, a écrit de sa main, en présence de témoins, le prix qu'il demandait du livre des Mœurs, de l'Esprit des lois et du Dictionnaire philosophique, est une preuve suffisante pour le convaincre.*[6]

---

[5] A. Déy, 'Le libraire Fantet', p.73-74.
[6] *Mémoire justificatif pour Pierre-Etienne Fantet, libraire à Besançon, et citoyen de la même ville, actuellement détenu dans les conciergeries du palais à la poursuite de M. le procureur général* (s.l., s.d.), p.1-2.

L'accusation, qui fait du libraire le propagateur d'ouvrages contraires aux bonnes mœurs et à la religion, tombe en effet sous le coup des ordonnances:[7] le même jour, la grand'chambre du parlement accorde le décret de prise de corps préalable, et Fantet est incarcéré. Il fait aussi l'objet de deux interrogatoires, le 19 juillet et le 6 août; des perquisitions ont lieu à son domicile. Le *Mémoire justificatif*, signé Fantet mais rédigé par François-Louis-Henri Leriche, évoque, à la première personne, le résultat de l'investigation (p.3):

On trouva dans une petite armoire grillée de la chambre où je couchais, à l'étage supérieur de ma boutique, quelques volumes séquestrés sous la clé: c'étaient trois exemplaires du *Dictionnaire philosophique*, deux de *l'Esprit*, deux exemplaires de différentes éditions du poème de la *Pucelle* de Voltaire, les *Mœurs*, la *Philosophie de l'histoire*, la *Tragédie de Saül*, *Emile*, *Margot la Ravaudeuse*, et un autre roman libre, de même genre.

Une seconde perquisition permet de retrouver dans les papiers du libraire le 'billet [...] écrit de sa main' qu'évoque le réquisitoire, et semble renforcer les chefs d'accusation ainsi résumés dans le *Mémoire justificatif* (p.7):

On m'accuse d'avoir *répandu dans le public des livres pernicieux; d'être prévenu de la distribution de mauvais livres, tant par la notoriété publique, que par un billet écrit de ma main; d'être dans l'habitude de vendre et débiter des livres contre les mœurs et la religion; de débiter des livres mauvais, imprimés hors du royaume sans permission ni approbation; de distribuer et louer, tant à Besançon que dans la province, des livres imprimés sans permission, la plupart défendus; d'avoir fourni à différents libraires, à des fils de famille, même à des religieux, des livres qui tendent à détruire la religion et corrompre les mœurs.*

La défense, on l'imagine, cherche à réfuter point par point ces accusations: elle souligne d'abord que le fonds du libraire, évalué à 'environ quatre-vingts ou cent mille francs', comporte 'quinze ou seize mille volumes' disponibles dans sa 'boutique', 'et un plus

[7] Voir Jean-Pierre Belin, *Le Commerce des livres prohibés à Paris de 1750 à 1789* (Paris, 1913), p.12-14.

grand nombre peut-être' dans ses 'magasins', ouvrages qui, faut-il le rappeler, correspondent à 'tout ce que la littérature a produit de meilleur et de plus utile' (p.15). Les livres qualifiés de '*suspects*', qui valent 'environ cent écus', forment 'une quantité d'ouvrages [...] si petite, qu'elle est absorbée dans l'immensité de [s]on commerce' (p.16-17). Ces 'brochures' ont par ailleurs été 'séquestrées' dans une pièce à l'écart du domaine public d'exercice de ses activités, et sont destinées à être soumises à l'expertise de ceux qui sont compétents pour juger de leur contenu: aucune, du reste, n'a été condamnée 'par les arrêts du parlement de Franche-Comté' (p.17). Quant à la qualification de 'notoriété publique', le nombre des témoins produits par l'accusation suffit à en montrer la fragilité.

Au cours du mois d'août, on procède en effet à l'audition des témoins, et le *Mémoire justificatif* détaille l'examen des dépositions, insistant en particulier sur celle du 'nommé Baillard', 'jadis novice chez les capucins, qui l'ont expulsé, chassé depuis de chez différents procureurs pour friponneries et mauvaise conduite': c'est un personnage aussi recommandable qui est 'devenu l'agent principal de la fraude ourdie contre moi', le dénonciateur qui, entre autres, 'a faussement avancé que je lui avais vendu *Les Mœurs* et le *Dictionnaire philosophique*' (p.31). Après un premier refus signifié le 13 août, Fantet se voit accorder, le 1er septembre, la 'demande en élargissement provisionnel' qu'il formule, arguant notamment qu''une tante âgée de quatre-vingts ans, une sœur et un neveu, qui est encore en bas âge, ne subsistent et ne peuvent subsister que du travail du suppliant'.[8]

Dans un *Second Mémoire*,[9] postérieur à l'élargissement de Fantet, la défense, à nouveau par la plume de Leriche, reprend et approfondit l'analyse de l'affaire en l'orientant explicitement selon

---

[8] *A nosseigneurs du Parlement* (s.l., s.d.), p.8. Voir aussi l'annotation du texte, n.3.

[9] *Second Mémoire pour le sieur Pierre-Etienne Fantet, citoyen et libraire de Besançon, accusé et défenseur. M. le procureur général, demandeur et accusateur*, publié sous le titre: *Question intéressante, sur la nature et l'étendue du commerce des livres. Examen des lois qui règlent ce commerce. Réflexions impartiales sur la protection due aux citoyens qui occupent cette branche importante* (s.l., s.d., BV1294).

une logique de complot: le libraire a été 'dégagé de ses fers', et l'on veut croire que le procureur général, qui a été abusé, 'deviendra le premier vengeur de l'innocence, trop longtemps courbée sous l'énorme colosse du fanatisme réduit en système, et de la malignité la plus réfléchie'.[10] Il s'agit donc d'exposer la 'complication de fourberies' (p.11) mise en œuvre pour compromettre Fantet. On imagine 'l'étonnement' du procureur général lorsque 'les dénonciateurs' se sont avérés dans l'impossibilité de lui administrer la foule de témoins que suppose 'un délit notoirement public' (p.27):

En vain des circulaires ont-elles porté dans toutes les parties de la province les sollicitations et les instances; en vain a-t-on mis en usage tous les ressorts de l'intrigue: personne ne se montrait, parce que personne n'avait rien à dire. Il a fallu saisir les lueurs les plus incertaines; et dans l'intervalle de sept mois, on est parvenu à se procurer dix-neuf témoins.

Le *Second Mémoire* revient alors sur l'audition des témoins et fait état de la confrontation qui, en janvier 1767, 'a répandu un nouveau jour' sur l'affaire (p.29). Elle permet notamment d'établir que non seulement Baillard a 'servi de secrétaire à M. le procureur général pour écrire le réquisitoire donné le 18 juillet' de l'année précédente (p.47), mais qu'il existe une étroite collusion entre Baillard et un certain Courtot, missionnaire à Beaupré.[11] Une 'trame odieuse' a donc été 'ourdie' contre Fantet: 'Le fanatisme en a conçu le projet; la haine et l'envie en ont préparé l'exécution' (p.52). C'est encore ce 'complot' ou cette 'cabale' qui expliquent que, le 6 février, le procureur général demande permission d'obtenir un monitoire (p.84):

Cependant un nouveau réquisitoire de M. le procureur général *annonce que les puissants protecteurs que Fantet a dans le public, et principalement ceux à qui il a gâté le cœur par la distribution des mauvais livres, ont cherché à détourner les témoins, par des voies qui méritent punition.* M. le procureur

---

[10] *Question intéressante*, p.2-3.

[11] A. Déy explique qu'il s'agit d'une 'communauté de prêtres fondée en 1676, établie à Beaupré, à une lieue de Besançon, et dont la destination est de faire des missions dans les différentes paroisses du diocèse' ('Le libraire Fantet', p.81, n.1).

général a demandé la permission d'obtenir monitoire, *pour acquérir la preuve des faits contenus dans son réquisitoire*, et notamment d'une distribution de livres *contre les mœurs, la religion et l'Etat.*

Le parlement de Besançon rejette la demande,[12] mais, soupçonné de faire preuve de 'faveur' pour l'accusé, il ne tarde pas à être dessaisi de l'affaire: un arrêt du conseil du 28 février transfère le procès au parlement de Dijon. Dans une lettre du 14 mars à Charles-Frédéric-Gabriel Christin, avocat à Saint-Claude (D14034), Voltaire, qui comme on le verra a suivi l'affaire depuis le début, commente cette décision: 'Je trouve qu'on a fait beaucoup d'honneur au parlement de Besançon, en avouant qu'il n'est pas persécuteur; mais je crois qu'on se trompe en regardant comme tel le parlement de Dijon. J'espère que Fantet y sera traité aussi favorablement qu'il l'aurait été dans votre province'. Un tel désaveu n'est pas sans susciter des plaintes de la part du parlement de Besançon qui adresse, le 3 avril, de *Très humbles et très respectueuses remontrances au roi*: 'Sire, la grand'chambre de votre parlement n'a d'autres reproches à se faire que d'avoir différé trop longtemps à rappeler votre procureur général à son devoir et à le forcer de se conformer aux ordonnances'.[13] Le *Second Mémoire* s'arrête alors que le procès entre dans une nouvelle phase: 'Au moment où l'impression de ce mémoire s'achève, on apprend qu'il a plu au roi de renvoyer au parlement de Bourgogne la connaissance du procès de Fantet'.[14]

D'autres pièces permettent de suivre les développements

---

[12] Voir l'annotation du texte, n.6.

[13] Cité par A. Déy, 'Le libraire Fantet', p.86. Voir aussi l'annotation du texte, n.9.

[14] *Question intéressante*, p.85. Selon A. Déy, ce texte prend cette forme de mémoire juridique à la suite d'un remaniement effectué au moment du renvoi de l'affaire devant le parlement de Dijon. Il s'était jusque-là constitué par l'adjonction de cahiers manuscrits successifs et circulait sous l'aspect d'une gazette à la main qui en est venue à former un ouvrage de 198 pages, sous le titre: *Affaire importante sur la question de savoir: 1° jusqu'à quel point le commerce des livres étrangers peut être toléré et permis; 2° ce qu'on doit entendre précisément sous la dénomination de mauvais livres; 3° que peut imprimer cette qualification à un ouvrage: de l'opinion des particuliers, ou de la décision formelle de la loi* (Besançon, 1767).

ultérieurs de l'affaire. Alors que Fantet s'emploie, à Dijon, à se présenter à ses nouveaux juges, un écrit, prétendument publié 'avec permission', commence à circuler à Besançon, sous le titre: *Discussion des mémoires pour le sieur Fantet, libraire à Besançon, adressée à lui-même*. L'ouvrage ne manque pas de soulever des protestations de la part de la défense qui, dans un *Mémoire à consulter* daté du 20 mai 1767, dénonce les 'nouveaux traits' de la 'calomnie' que renferme un tel 'libelle'. [15] Le 20 juin, à la suite d'un nouveau rebondissement, l'affaire est à présent confiée au parlement de Douai, ce qui suscite encore les commentaires acides de Voltaire dans une lettre à Christin du 19 août (D14383):

Votre pauvre Fantet sera donc obligé de faire le voyage de Douai; cela est assurément contre toutes les règles, mais je ne suis pas étonné que dans une affaire aussi importante et qui concerne le salut de l'Etat on s'élève au-dessus des lois. Il s'agit même de plus que le salut de l'Etat, il est question de celui des âmes, et il est clair qu'on ne peut acquérir la vie éternelle qu'en faisant condamner un Franc-Comtois au parlement de Douai.

Cette dernière phase du procès est marquée par la rédaction d'un *Examen fidèle de l'affaire du sieur Fantet*, qui prend la forme d'une 'Lettre d'un avocat de Besançon, à M. D*** avocat au parlement de Flandres', datée du 20 décembre. C'est l'occasion de reprendre, de manière synthétique, les données de ce que la défense présente plus que jamais comme un 'complot':

Vous connaissez, comme moi, les excès dont le fanatisme est capable; et si nous avions l'un et l'autre quelque chose à apprendre sur cet article, l'aventure du malheureux Fantet serait pour nous une belle leçon. Jamais on ne fit d'abus plus criant de ce qu'il y a de plus sacré pour les hommes. Je crois avoir pris une idée juste de cette affaire, je n'y aperçois que trois personnages principaux, 1° un séducteur couvert du manteau de la religion, et armé du flambeau des furies: c'est le missionnaire Courtot. 2° Un misérable sans principes, qui après avoir joué les rôles peu assortis

---

[15] *Mémoire à consulter pour Pierre-Etienne Fantet, citoyen et libraire de Besançon* (s.l., 1767), p.2.

de délateur et de secrétaire de l'homme public [le procureur général], a été corrompu pour devenir faussaire, et a certainement été payé plus qu'il ne valait: c'est Baillard. 3° Un autre faussaire, convaincu par trois témoignages uniformes; une espèce, dont le moindre des attentats est d'avoir voulu plaire à des subalternes [*sic*: supérieurs?] par des complaisances criminelles, et se faire, au prix de son honneur, un moyen de parvenir: c'est Grelier, prêtre, co-curé à Lons-le-Saunier.

De dix-neuf témoins entendus dans l'information, quatorze n'ont rien dit qui pût charger l'accusé, et les cinq autres ont été confondus dans les confrontations. Voilà, Monsieur, à quoi se trouve réduit, après dix-huit mois de recherches et de discussions, ce fantôme de notoriété qui a été présenté par les délateurs, avec une audace sans pareille, aux ministres de la justice![16]

C'est aussi l'occasion de rappeler ce qui, depuis le premier *Mémoire justificatif*, constitue la ligne générale de la défense (p.12):

Fantet a soutenu constamment dans les interrogatoires qu'il a subis, et dans les différents ouvrages qui ont été publiés pour sa défense. 1° Qu'on ne prouverait par aucune lettre ni facture, que depuis qu'il fait le commerce de la librairie, il eût demandé à ses correspondants des envois de livres suspects. 2° Que s'il en avait reçu quelques-uns en différents temps, son attention principale avait été de les éloigner non seulement de sa boutique, mais encore de ses magasins, et de les tenir sous la clé dans l'appartement le plus retiré de sa maison. 3° Que ne connaissant pas et ne pouvant connaître plusieurs de ces livres, il avait pris la sage précaution de consulter des hommes éclairés. 4° Que s'il en avait conservé quelques exemplaires, il les destinait à des personnes faites pour les lire; et qu'il avait cru pouvoir tenir cette conduite, parce qu'aucun de ces ouvrages n'étaient défendus par arrêt du parlement de Franche-Comté.

Au terme d'un an et demi de procédure, le procureur général du parlement de Douai parvient, selon l'expression d'A. Déy, 'à dicter les conditions d'une paix honorable', qu'expriment les termes de l'arrêt du 13 février 1768:

La cour déclare Pierre-Etienne Fantet dûment atteint et convaincu d'avoir tenu dans sa maison, et notamment dans sa chambre et dans un

---

[16] *Exposé fidèle de l'affaire du sieur Fantet, libraire à Besançon* (s.l., 1767), p.5-6.

cabinet fermé à secret, plusieurs exemplaires de livres contraires à la religion et aux bonnes mœurs, pour en faire commerce, et d'en avoir en effet vendu à des ecclésiastiques, gens de lettres et à quelques autres personnes en place; pour réparation de quoi, lui enjoint d'être plus circonspect à l'avenir dans son commerce de librairie, le condamne à aumôner la somme de trois livres au pain des prisonniers de la conciergerie du palais, et aux dépens du procès; ordonne en outre que tous les livres produits au procès seront mis au pilon. [17]

L'affaire n'en reste pas là puisque Fantet entend obtenir réparation pour le 'libelle' publié contre lui lors de son départ pour Dijon. Un *Second Mémoire à consulter*, daté du 1ᵉʳ septembre 1768, fournit ainsi quelques détails sur les circonstances de la rédaction et de la diffusion de la *Discussion des mémoires pour le sieur Fantet*: c'est l'abbé Fauchet, ecclésiastique demeurant à Besançon, qui s'est chargé de la 'composition'; l'abbé Bossu s'est occupé de l'''impression' et l'abbé Guilgaud s'est employé à la 'distribuer'. [18] Par son titre, une des sections de ce dernier mémoire insiste une nouvelle fois sur l'argument principal de la défense: cette *Discussion*, qui présente 'tous les caractères de la préméditation' (p.3), prouve bien que le libraire a été la victime d'un 'complot'. On apprend que le parlement de Flandres a prononcé des décrets contre l'imprimeur Charmet et le libraire Chaboz (p.2), mais les poursuites n'iront, semble-t-il, pas plus loin. Peut-être faut-il y voir la conséquence d'un compromis, d'autant que certains témoignages permettent d'établir un lien entre l'auteur de la *Discussion* et le cardinal de Choiseul, ce qui laisserait présumer que la polémique contre Fantet s'est déroulée avec la protection, voire à l'instigation de l'archevêque de Besançon. [19]

---

[17] Cité par A. Déy, 'Le libraire Fantet', p.101.

[18] *Second Mémoire à consulter, pour le sieur Pierre-Etienne Fantet, libraire à Besançon* (s.l., 1768), p.2.

[19] A. Déy affirme avoir vu, sur un exemplaire de la *Discussion*, une note manuscrite attribuant la paternité du texte à 'un ex-jésuite attaché alors à M. le cardinal de Choiseul, archevêque de Besançon' ('Le libraire Fantet', p.89). Pour le témoignage de Voltaire, voir plus loin, et D15094.

2. *Voltaire et Fantet*

L'affaire Fantet constitue ainsi un épisode, peut-être marginal et à certains égards exceptionnel, de l'histoire complexe de la librairie dans la seconde moitié du dix-huitième siècle. Elle n'en a pas moins connu une certaine publicité.[20] La procédure, qui va occuper successivement trois parlements pendant deux ans, repose, on l'a vu, sur des griefs assez minces. Il n'est certes pas rare que des poursuites soient engagées à l'encontre de libraires: le 2 février 1767 (D13910), Voltaire écrit à Damilaville que 'ce monstre d'Hémery [inspecteur général de la librairie] est venu enlever à Nancy un libraire nommé Leclerc accusé par les jésuites', ce qui confirme que 'les temps' ne sont 'pas favorables'. L'*Exposé fidèle* opère un autre rapprochement entre l'affaire Fantet et l'affaire qui, au même moment, met en cause le libraire lyonnais Reguilliat.[21] Mais c'est précisément pour affirmer que le 'cas' de Reguilliat 'ne peut souffrir aucune comparaison avec celui de Fantet', et que 'la différence est toute à l'avantage du dernier'.[22] Dans un contexte où la circulation des imprimés, en particulier dans la capitale, s'effectue avec une relative tolérance, elle illustre ces phénomènes de raidissement qui affectent ponctuellement les provinces. Des circonstances locales ont sans doute joué un rôle même si la lecture des pièces du procès permet difficilement d'identifier les causes de 'la haine' et de 'l'envie' invoquées par la défense. Sans aller peut-être, comme A. Déy, jusqu'à faire de Fantet un 'martyr de la philosophie',[23] il faut certainement prendre en considération la situation du libraire dans la ville de Besançon et, à partir de

---

[20] Fantet, qui s'exprime à la première personne dans le premier *Mémoire à consulter*, mentionne 'l'intérêt que le public a paru prendre à mon sort' (p.2); l'*Exposé fidèle* évoque 'la célébrité qu'on a tenté de donner à cette affaire' et le 'procès fameux' qui en résulte (p.1).

[21] Voir Dominique Varry, 'Jean-Baptiste Reguilliat, imprimeur-libraire lyonnais destitué en 1767', *La Lettre clandestine* 12 (2003), p.201-18.

[22] *Exposé fidèle*, p.15.

[23] A. Déy, 'Le libraire Fantet', p.106.

l'examen de ses rapports avec Voltaire, tenter de comprendre non seulement les raisons qui ont pu amener le patriarche à prendre la plume, mais aussi la manière dont s'effectue son intervention, dans une lettre prétendument adressée par 'un membre du conseil de Zurich' à un 'avocat à Besançon'.

Outre l'ampleur, déjà signalée, du commerce de Fantet, le lecteur du premier *Mémoire justificatif* prend conscience de l'étendue du réseau dont bénéficie le libraire.[24] En quelques pages, de nombreux noms sont donnés, qui illustrent la diversité et la qualité de ses clients: M. de Byans d'Uzier; Boyer, 'grand prévôt du comté de Bourgogne', qui achète *De l'esprit* d'Helvétius; Monnot, 'avocat', qui achète l'*Essai sur l'histoire universelle*; le marquis de Gages, 'chambellan de l'empereur'; Roulet, 'ministre à la Brevine'; Sandré 'de Plombières'.[25] On apprend aussi que Fantet dispose de correspondants à l'étranger comme le sieur Haag, 'libraire à Bâle' (p.29). Il faudrait ajouter le nom de Gabriel Cramer, auquel Voltaire écrit, vers le 5 août 1766 (D13474): 'Savez-vous que votre correspondant Fantet est en prison à Besançon?' Voltaire fait du reste aussi partie de la clientèle de Fantet: en envoyant ses vœux à l'avocat Christin, le 31 décembre 1766 (D13781), il l'invite à se rendre à Ferney 'pour une affaire bien importante': 'il doit vous arriver de la part de Fantet une caisse de livres, je vous prie de la garder jusqu'à ce que j'aie eu la satisfaction de vous entretenir'. On n'en saura pas davantage, sinon que, le 23 janvier 1767 (D13876), le 'cher avocat philosophe' est censé avoir 'reçu [...] un gros paquet de livres d'envoi de ce pauvre Fantet': 'Je vous supplie de l'ouvrir, et de lui renvoyer sa matière médicale en dix volumes dont je n'ai que faire'. Le commerce avec Fantet ne se borne d'ailleurs pas à l'achat de livre: on a déjà vu que

[24] Sur Fantet, voir Françoise Weil, 'Les libraires de Franche-Comté et les livres interdits à la fin du dix-huitième siècle', *Mémoires de l'Académie des sciences, arts et belles-lettres de Dijon*, t.132 (1991-1992), p.395-405.

[25] *Mémoire justificatif*, p.24-29. On apprend aussi incidemment que 'deux religieux' ont fait l'acquisition du *Sopha* de Crébillon et de *La Pucelle* de Voltaire (p.28).

315

Fantet vend l'*Essai sur l'histoire universelle*; on sait aussi que, en 1765 notamment, les pages de titre de certaines éditions de *Zaïre* ou encore de *L'Ecossaise* signalent que ces ouvrages se trouvent 'A Besançon, chez Fantet, libraire, plus haut que la Place Saint-Pierre'. [26] De tels ouvrages sont certes anodins (Fantet prendrait-il le risque de laisser figurer son adresse sur des livres plus 'suspects'?), mais ces éditions suffisent à confirmer l'existence de relations probablement suivies entre Voltaire et le libraire bisontin. Ce n'est peut-être pas l'unique raison qui expliquerait l'intervention du patriarche.

D'après A. Déy, Fantet est considéré à Besançon comme un voltairien. Si le maire lui refuse l'autorisation d'ouvrir un salon de lecture, il n'en est pas moins de notoriété publique que le libraire 'reçoit chaque soir, dans son arrière-boutique, des voltairiens qui s'y donnent rendez-vous pour lire les gazettes, les livres nouveaux et discuter comme s'ils avaient la mission de réformer les mœurs et les lois'. [27] On se souvient aussi que, dans le réquisitoire prononcé le 18 juillet 1766 par le procureur général du parlement de Besançon, le *Dictionnaire philosophique* est cité à deux reprises, et parmi les 'livres pernicieux' qu'il condamne, et parmi les ouvrages qui figurent sur le 'billet' dont Fantet a 'de sa main' écrit le 'prix' qu'il en demande. Certes, dès le *Mémoire justificatif*, une note précise que 'ce Dictionnaire philosophique a paru en 1751, et vient d'être réimprimé en 1764 avec approbation et privilège', donc qu''il est bien différent de celui qu'on attribue à M. de Voltaire, qui n'est connu que depuis dix-huit mois'. [28] Certes, Fantet a beau arguer que 'la proximité de la frontière, la facilité des correspondances, des colporteurs roulant habituellement dans cette province', bref, 'mille occasions' ont dû 'procurer' des livres dangereux 'aux curieux sans que j'y sois intervenu' et invoquer, en note, une preuve 'entre mille' 'qui annonce bien positivement que je n'avais

[26] Voir *OCV*, t.8, p.362; *OCV*, t.50, p.313.
[27] A. Déy, 'Le libraire Fantet', p.76.
[28] *Mémoire justificatif*, p.4, n.1.

pas le *Dictionnaire philosophique*' – celui de Voltaire – 'tandis qu'il se trouvait facilement ailleurs' (p.18 et n.1):

M. Bergier, alors curé de Flangebouche, m'écrivait dans une lettre jointe à la procédure: 'J'ai bien grondé notre ami le curé d'O***, qui pouvait me le procurer (le *Dictionnaire philosophique*) pour un écu, et qui n'a pas jugé à propos de me faire cette emplette dans son dernier voyage à Besançon; faites donc en sorte de me le faire avoir à quel prix que ce soit.'

Quel que soit le degré de conviction que l'on accorde à une telle justification, il n'en reste pas moins que Voltaire est indirectement impliqué dans l'affaire: par l'intermédiaire de son ouvrage le plus retentissant du moment, il est implicitement associé à la condamnation qui frappe le libraire. Une lettre adressée à Mme Denis le 24 juin 1768 (D15094) montre que Voltaire est conscient d'être, même de loin, associé à cette affaire:

Damilaville vous aura peut-être dit que le cardinal de Choiseul, archevêque de Besançon, a oublié son nom pour se souvenir seulement qu'il est cardinal et que c'est lui qui a persécuté Fantet, l'avocat général de la chambre des comptes, et Leriche. Il a même, le croirez-vous? écrit aux fermiers généraux pour faire révoquer Leriche qui est inspecteur des domaines en Franche-Comté. Il leur a mandé qu'il remplissait la Franche-Comté de mes livres prétendus.

Il ajoute: 'Comme Dieu merci je n'ai fait aucun ouvrage que le clergé puisse me reprocher, je n'ai pas voulu être la victime de la calomnie'.

Le témoignage est certes assez tardif, et probablement nettement postérieur à la date de composition de la *Lettre d'un membre du conseil de Zurich*. La lecture croisée du texte, de la correspondance et des pièces évoquées plus haut permet en effet de préciser quelque peu la chronologie. La première mention de l'affaire Fantet dans la correspondance intervient dans une lettre à Damilaville du 4 août 1766 (D13469), qui évoque le durcissement de la police de la librairie dans les provinces: 'On dit qu'on fait des recherches chez tous les libraires dans les provinces de France. On a déjà mis en prison à Besançon un libraire nommé Fantet'. Voltaire précise toutefois: 'Nous ne savons pas encore de quoi il est question'. On a vu que, par la suite, Voltaire semble au courant des développements complexes du procès, en particulier de son renvoi d'abord devant le parlement de Bourgogne, puis devant le parlement de Flandres. C'est au moment où le cas de Fantet doit être plaidé à Dijon que Voltaire offre ses services, dans la lettre à Christin du 14 mars 1767 (D14034): 'J'écrirai à des amis qui prendront sa défense. Avertissez-moi quand Fantet sera à Dijon et quand il faudra agir. J'y mettrai tout mon savoir-faire'. Le même jour, il promet à Leriche de faire tous ses 'faibles efforts' pour agir en faveur du libraire: 'M. l'avocat Arnould est l'homme le plus propre à bien servir Fantet. Il faut qu'il s'adresse à cet avocat, à qui j'écrirai dès que j'aurai appris que Fantet est à Dijon. Je vais écrire à quelques amis que j'ai dans ce pays-là, et même à M. le premier président [Fyot de La Marche]'. Jusque-là, il n'est question que de lettres privées, à adresser à des hommes qui ont du 'crédit [...] dans le parlement'. Dans les lettres actuellement conservées, il n'est plus question de Fantet jusqu'au 12 août (D14354), lorsque Voltaire déclare à Christin ignorer 'où en est l'affaire de Fantet': 'Si j'étais plus jeune, si je pouvais agir, je ne laisserais pas accabler ainsi un infortuné. Je fais de loin ce que je puis, et c'est fort peu de chose'.

L'examen du texte invite à penser qu'à cette date, la *Lettre d'un membre du conseil de Zurich* est déjà composée. Dans un effet de dramatisation, l'auteur prétend avoir 'interrompu' la rédaction de sa lettre 'pour lire en public' les remontrances adressées par le parlement de Besançon au roi (lignes 55-56): après l'évocation du rejet, par le même parlement (le 6 février), de la demande de monitoire (ligne 50), cette mention des remontrances (du 3 avril) constitue l'allusion la plus tardive que contient le texte. Il n'est pas fait allusion à des événements postérieurs, notamment à la publication de la *Discussion des mémoires pour le sieur Fantet* portée à la connaissance du public par le *Mémoire à consulter* daté du 20 mai, dont on ne trouve pas non plus de trace dans la correspondance, *a fortiori* du renvoi du procès devant le parlement de Douai, évoqué le 19 août (D14383): un silence ne vaut

naturellement pas preuve, mais l'absence de ces éléments susceptibles d'être exploités inciterait à penser que le texte a dû être
composé au mois d'avril 1767. Reste le problème soulevé par le
post-scriptum, qui fait état du 'factum en faveur de Fantet'
(ligne 66). La seule mention, dans la correspondance, d'un
'mémoire en faveur du sieur Fantet' se trouve dans une lettre à
Leriche du 5 septembre 1766 (D13536) qui, par la date de la lettre et
par des allusions qu'elle contient,[29] ne peut s'appliquer qu'au
Mémoire justificatif rédigé par le correspondant de Voltaire. Cet
ouvrage ne figure pourtant pas dans la Bibliothèque de Voltaire,
qui comporte cependant le *Second Mémoire*, publié au moment du
renvoi de l'affaire devant le parlement de Dijon sous le titre de
Question intéressante.[30] On ignore ce qu'il a pu advenir du premier
mémoire[31] mais, quoique les informations données dans les deux
mémoires soient souvent redondantes, seul le *Second Mémoire*, en
raison de sa date de publication, fait référence au monitoire dont il
est abondamment question dans la *Lettre*.[32] On ne s'étonnera pas
que soit mentionné, dans un *post-scriptum*, un ouvrage qui a été
exploité dans l'ensemble du texte qui précède: il s'agit à l'évidence
d'un effet de mise en scène. On remarquera du reste que
l'identification de cette source ne remet pas en cause la datation
proposée de la *Lettre*.

La lecture croisée des textes soulève en revanche une autre
question, plus complexe et décisive en ce qu'elle engage l'interprétation des enjeux pragmatiques de la *Lettre*: celle du ton adopté

[29] Voltaire fait allusion aux 'quinze ou vingt mille volumes' que possède Fantet,
au nombre desquels il s'en trouve 'une trentaine sur la philosophie': cf. *Mémoire
justificatif*, p.15.

[30] Voir ci-dessus, n.9 et 14. Le seul indice, dans la correspondance, relatif à ce
Second Mémoire pourrait se trouver dans cette phrase extraite de la lettre adressée à
Christin le 2 mars (D14006): 'On poursuit Fantet [...]. M. Leriche se signale en
faveur de Fantet; j'espère qu'il viendra à bout de mettre un frein à la persécution'.

[31] Il s'agit de l'une des lacunes mal expliquées de la Bibliothèque de Voltaire
actuellement conservée à Saint-Pétersbourg.

[32] Pour toutes ces raisons, on a privilégié la mise en rapport des allusions
contenues dans la *Lettre* avec ce *Second Mémoire*: voir l'annotation du texte.

par Voltaire. Le recours à un régime d'énonciation fictif ne doit pas
ici être mis en relation avec une éventuelle entrée dans l'univers de
la facétie ou avec l'adoption d'une perspective ouvertement
polémique. La correspondance rédigée à propos de l'affaire
Fantet fait pourtant entendre l'un et l'autre ton. D'une part, la
lettre à Leriche du 5 septembre 1766 (D13536), qui vaut d'être citée
dans son intégralité, est entièrement dominée par la figure de
l'antiphrase:

La personne, Monsieur, à qui vous avez bien voulu envoyer votre
mémoire en faveur du sieur Fantet, vous remercie très sensiblement de
votre attention. Votre ouvrage est très bien fait, et il serait admirable s'il
plaidait en faveur de l'innocence. Mais le moyen de ne pas condamner un
scélérat qui parmi quinze ou vingt mille volumes en a chez lui une
trentaine sur la philosophie? Non seulement il est juste de le ruiner, mais
j'espère qu'il sera brûlé, ou au moins pendu pour l'édification des âmes
dévotes et compatissantes. On est sans doute trop éclairé et trop sage à
Besançon pour ne pas punir du dernier supplice tout homme qui débite
des ouvrages de raisonnements. Il est vrai que sous Louis XIV on a
imprimé *ad usum delphini* le poème de Lucrèce contre toutes les religions,
et les œuvres d'Apulée. M. l'abbé d'Olivet, quoique franc-comtois, a
dédié au roi les *Tusculanes* de Cicéron et le *De natura deorum*, livres
infiniment plus hardis que tout ce qu'on a écrit dans notre siècle. Mais cela
ne doit pas sauver le sieur Fantet de la corde. Je crois même qu'on devrait
pendre sa femme et ses enfants pour l'exemple.

J'ai en main un arrêt d'un tribunal de la Franche-Comté par lequel un
pauvre gentilhomme qui mourait de faim fut condamné à perdre la tête
pour avoir mangé, un vendredi, un morceau de cheval qu'on avait jeté
près de sa maison. C'est ainsi qu'on doit servir la religion, et qu'on doit
faire justice.

On pourrait bien aussi, Monsieur, vous condamner pour avoir pris le
parti d'un infortuné. Il est certain que vous méprisez l'Eglise, puisque
vous parlez en faveur de quelques livres nouveaux. Vous êtes inspecteur
des domaines, par conséquent vous devez être regardé comme un païen:
sicut ethnicus et publicanus.

Je me recommande aux prières des saintes femmes qui ne manqueront
pas de vous dénoncer: on dit qu'elles ont toutes beaucoup d'esprit et
qu'elles sont fort instruites. Vous ne sauriez croire combien je suis

enchanté de voir tant de raison et tant de tolérance dans ce siècle. Il faut avouer qu'aujourd'hui aucune nation n'approche de la nôtre, soit dans les vertus pacifiques, soit dans la conduite à la guerre. Comme je suis extrêmement modeste, je ne mettrai point mon nom au bas des justes éloges que méritent vos compatriotes. Je vous supplie de vouloir bien me faire part du dispositif de l'arrêt lorsqu'il sera rendu.

Tout, dans cette lettre, signale la facétie: anonymat revendiqué; dénonciation du destinataire, peu habituelle lorsqu'on s'adresse à un correspondant; feinte dénonciation, donc, bien en accord avec la stricte inversion des blâmes (qui s'abattent sur le correspondant mais aussi sur l'"infortuné' Fantet, digne de la corde ainsi que sa famille entière) et des éloges (des 'saintes femmes' délatrices, des 'compatriotes' de Leriche, d'un 'siècle' de 'raison' et de 'tolérance') qui encode l'antiphrase. Les enjeux n'en sont pas moins sérieux puisque, derrière une apparence souriante, sont soulevées les questions de ce qu'exigent le service de la 'religion' et l'exercice de la 'justice', et d'abord celle de leur problématique articulation.

D'autre part, conformément à la ligne directrice du *Second Mémoire*, la correspondance fait entendre, de manière plus directe, la dénonciation d'un 'complot' dont les responsables sont ouvertement désignés. Le 2 février 1767, dans une autre lettre à Leriche (D13912), Voltaire met en relation l'affaire Fantet avec l'"aventure' arrivée au libraire de Nancy Leclerc, déjà évoquée, et conclut: 'Faut-il donc que les jésuites aient encore le pouvoir de nuire, et qu'il reste du venin mortel dans les tronçons de cette vipère écrasée?' A Gabriel Cramer, il répète, en février/mars (D14003): 'Croiriez-vous bien que c'est le parti jésuitique qui poursuit encore avec fureur Fantet à Besançon, et qui a fait mettre Leclerc au cachot?' Le 2 mars, dans la lettre à Christin (D14006), le mot 'fanatisme' est lâché: 'tandis que la raison parle' par la bouche de Catherine II, 'le fanatisme hurle. On poursuit Fantet, on en poursuit bien d'autres'.

Comparée à cet ensemble de lettres réelles, la lettre (fictive) du 'membre du conseil de Zurich' apparaîtra à la fois sérieuse et prudente. La défense de Fantet se fonde sur l'éloge de la 'probité' de l'homme et de 'l'utilité de sa profession' (lignes 11-12). Il est certes question d'une 'cabale jalouse' (ligne 15), de 'cabales pernicieuses' (ligne 69), mais ses auteurs ne sont pas désignés, pas davantage que n'est livrée l'identité de celui qui réclame 'des monitoires' (lignes 23-24): il faut lire les pièces rédigées par la défense ou la correspondance pour comprendre que derrière le 'on' qui figure dans le texte se dissimule une attaque contre ce que Voltaire désigne, dans la lettre à Leriche du 14 mars (D14037), comme 'les manœuvres du procureur général', dignes d'une juste indignation. Le propos du texte, qui se polarise sur la question du monitoire, semble vouloir se cantonner strictement au domaine juridique. Certes, cette question est éminemment sensible, en ce qu'elle soulève le problème de l'alliance du religieux et du juridique [33] qui est une forme de dévoiement de l'un et de l'autre, et la critique virulente de cette 'procédure extraordinaire' (ligne 26), assimilée à une 'inquisition réelle' (ligne 30), fournit l'occasion de faire l'éloge de l''équité' et de l''impartialité' du parlement de Besançon (ligne 25) qui a rejeté 'une voie si odieuse' (ligne 50), parlement dont les 'remontrances [...] au roi' sont présentées comme 'un monument d'équité et de sagesse' (lignes 55-57). Le discours est sensiblement différent de celui que Voltaire tient à Christin au même moment (D14034): 'on fait beaucoup d'honneur au parlement de Besançon, en avouant qu'il n'est pas persécuteur'. Faut-il voir dans de tels ménagements l'expression d'une précaution élémentaire, alors que le procès de Sirven n'est pas encore jugé et que, comme l'écrit Voltaire à Christin le 14 mars 1767 (D14034), cette 'affaire prend le train le plus favorable', que 'quoi qu'on en dise, et quoi qu'on fasse la raison et l'humanité l'emportent sur le fanatisme'?

L'insistance sur le monitoire permet en effet d'opérer un

---

[33] On rappelle que, selon la définition du *Dictionnaire de l'Académie* (1762), un monitoire désigne des 'lettres d'un official de l'évêque, ou autre prélat ayant juridiction, pour obliger par censures ecclésiastiques, tous ceux qui ont quelque connaissance d'un crime, ou de quelque autre fait dont on cherche l'éclaircissement, de venir à révélation'.

rapprochement avec l'affaire Calas et l'affaire Sirven:[34] 'Voyez quel effet horrible ont produit les monitoires contre les Calas et les Sirven!' (lignes 47-49), rapprochement que renforce le *post-scriptum*, dans lequel l'éloge des avocats de Fantet amène celui d'Elie de Beaumont qui 'défend à Paris l'innocence des Sirven, après avoir si glorieusement combattu pour les Calas' (lignes 71-73). En même temps que le propos évite d'impliquer des personnes directement en cause dans l'affaire Fantet, il se fait plus abstrait et s'élargit à d'autres affaires dans lesquelles Voltaire est ou a été partie prenante. Subsiste, malgré tout, un point obscur. En prenant connaissance de l'accusation et de la procédure dont Fantet fait l'objet, on ne peut s'empêcher d'effectuer un autre rapprochement: dans l'actualité récente, un autre personnage a été la victime de l'emballement de la justice; on a aussi trouvé chez lui des ouvrages contraires aux bonnes mœurs et à la religion, au nombre desquels le *Dictionnaire philosophique*; il peut encore être regardé comme l'exemple emblématique des égarements des 'jeunes gens' que stigmatise le réquisitoire du procureur général du parlement de Besançon. Le nom du chevalier de La Barre, à propos duquel trois monitoires ont aussi été fulminés,[35] serait attendu aux côtés de ceux de Calas et de Sirven, d'autant plus que la dénonciation d'une 'voie' juridique 'si odieuse' n'a d'équivalent, dans l'œuvre de Voltaire, que ce qu'on lit à ce sujet dans la *Relation de la mort du chevalier de La Barre*:

Il faut avouer, Monsieur, que s'il y a quelques cas où un monitoire est nécessaire, il y en a beaucoup d'autres où il est très dangereux. [...] C'est alors un ordre intimé par l'Eglise de faire le métier infâme de délateur. Vous êtes menacés de l'enfer, si vous ne mettez pas votre prochain en péril de sa vie.
 Il n'y a peut-être rien de plus illégal dans les tribunaux de l'Inquisition et une grande preuve de l'illégalité de ces monitoires, c'est qu'ils n'émanent point directement des magistrats, c'est le pouvoir ecclésias-

---

[34] Voir l'annotation du texte, n.8.
[35] Sur les détails de l'affaire, voir *VST*, t.2, p.241-48.

tique qui les décerne. Chose étrange qu'un ecclésiastique qui ne peut juger à mort, mette ainsi dans la main des juges le glaive qu'il lui est défendu de porter.[36]

'Il y a dans les provinces une faction furieuse comme à Paris; l'affaire Fantet [...] en est une bonne preuve', écrit Voltaire à Mme Denis le 27 mai 1768 (D15040), dans une lettre qui évoque ces résurgences du fanatisme:

L'effet de cet acharnement peut aller très loin. J'ai toujours pensé que les jansénistes étaient encore plus dangereux et plus méchants que les jésuites. Les fanatiques seront toujours à craindre [...]. Les anti-fanatiques écrivent de tous côtés; ils ont pour eux les honnêtes gens, mais ces honnêtes gens ne combattront point en leur faveur; les philosophes ou ceux qui se disent tels, écrivent d'assez bonnes choses; mais ils se cachent, ils mettent tout sur mon compte, et en voulant que je leur serve de bouclier ils m'exposent à tous les traits des ennemis.

Pour preuve? 'On a la cruauté de m'imputer la *Relation de la mort du chevalier de La Barre* dont on fait deux éditions. Il serait aisé de confondre cette calomnie auprès des gens raisonnables, car comment pourrais-je être instruit des pièces de ce procès? Il est évident que c'est un homme du barreau qui a fait cet ouvrage'. Le 'membre du conseil de Zurich', auteur présumé de la lettre à un 'avocat de Besançon', est aussi de la basoche, et d'autant plus à distance que c'est depuis la Suisse qu'il porte un jugement sur le fonctionnement de la justice en France. C'est aussi un homme prudent qui, pour une fois, ne mêle pas les personnes à son discours juridique. Fantet est-il, comme l'affirme A. Déy, un 'martyr de la philosophie'? A la suite de ses défenseurs, Voltaire en fait en tout cas la victime d'une 'cabale'. Mais c'est aussi un Voltaire qui écrit, dans la lettre à Mme Denis: 'Je ne veux pas augmenter le nombre des martyrs'.

---

[36] Voir ci-dessous, *Relation de la mort du chevalier de La Barre*, lignes 192-204.

3. *Editions*

Classé à tort, par les éditeurs de Kehl, dans la correspondance, sous le titre de 'Lettre [LXXX], à M.***, avocat à Besançon. Ecrite sous le nom d'un membre du Conseil de Zurich en Suisse' (t.60, p.131), le texte de cette lettre fictive a été publié dans les deux éditions suivantes:

67

[*page de titre*] LETTRE / *D'UN MEMBRE* / DU CONSEIL / *DE ZURICH*, / A MONSIEUR D***, / AVOCAT A BEZANÇON.

[*titre de départ*] [*bandeau*] LETTRE / D'un Membre du Conseil de Zurich / à Mr. D*** Avocat à Bezançon.

8°. sig. A⁴; pag. 8; $3 signé, chiffres romains, pas de réclames.

[1] page de titre; [2] bl.; 3-6 Lettre d'un membre du conseil de Zurich, à M. D*** avocat à Besançon; 7 Postscriptum; [8] bl.

Paris, BnF: Z Beuchot 455. Saint-Pétersbourg, Bibliothèque nationale de Russie: BV 11-129; 11-133; 11-135; 11-169; 11-178.

EJ1

L'Evangile du jour. Londres [Amsterdam, M.-M. Rey], 1769-1780. 8°. 18 vol.

Tome 3 (1769): 51-54 Lettre d'un membre du conseil de Zurich, à Monsieur D*** avocat à Besançon.

Bengesco 292, Trapnell EJ, BnC 5234-5281.

Oxford, Taylor: V8 E8 1769. Paris, BnF: Rés. Z Beuchot 290.

4. *Principes de l'édition*

Aucune variante notable n'étant à relever entre les deux éditions, l'édition retenue comme texte de base est 67.

Traitement du texte de base

On a respecté l'orthographe des noms propres de personnes et de lieux ainsi que la ponctuation. Par ailleurs, le texte de 67 a fait l'objet d'une modernisation portant sur la graphie, l'accentuation et la grammaire. Les particularités du texte de base dans ces trois domaines étaient les suivantes:

I. *Particularités de la graphie*

1. Consonnes

— redoublement de consonnes contraire à l'usage actuel: allarme, appellez, jetter, rejettant.

2. Voyelles

— emploi de *y* à la place de *i* dans: voye.

3. Divers

— orthographe 'étymologique': sçais.
— utilisation systématique de l'esperluette.

4. Graphies particulières

— l'orthographe moderne a été rétablie dans: avanture, encor (mais aussi: encore), postscriptum.

5. Abréviations

— Mr. devient: M.
— Sr. devient: sieur.

6. Le trait d'union

— il a été rétabli dans: deux cent (Conseil des).

7. Les majuscules ont été supprimées

— dans les noms suivants: Avocats, Chancelier, Loix, Magistrats, Parlement, Président, Provinces, Roi, Souverains.

8. Les majuscules ont été ajoutées

— dans les titres d'ouvrages.

II. *Particularités d'accentuation*

1. L'accent aigu

— il est absent dans: deshonorer.

2. L'accent circonflexe

- il est employé dans les déterminants possessifs: nôtre République (mais aussi: votre patrie).
- il est absent dans: connait, sureté.

III. *Particularités grammaticales*

- l'accord des déterminants numéraux cardinaux 'cent' et 'vingt' n'est pas réalisé: deux cent.
- emploi du pluriel en -*x* dans: loix.

LETTRE D'UN MEMBRE DU CONSEIL DE ZURICH, À MONSIEUR D***, AVOCAT À BEZANÇON

Nous nous intéressons beaucoup, Monsieur, dans notre république, à la triste aventure du sieur Fantet. Il était presque le seul dont nous tirassions les livres qui ont illustré votre patrie, et qui forment l'esprit et les mœurs de notre jeunesse.[1] Nous devons à Fantet les œuvres du chancelier d'Aguesseau et du président de Thou; c'est lui seul qui nous a fait connaître les *Essais de morale* de Nicole, les oraisons funèbres de Bossuet, les sermons de Massillon et ceux de Bourdaloue, ouvrages propres à toutes les religions. Nous lui devons *l'Esprit des lois*,[2] qui est encore un de ces livres qui peuvent instruire toutes les nations de l'Europe.

Je sais en mon particulier que le sieur Fantet joint à l'utilité de sa profession une probité qui doit le rendre cher à tous les honnêtes gens, et qu'il a employé au soulagement de ses parents le peu qu'il a pu gagner par une louable industrie.[3]

Je ne suis point surpris qu'une cabale jalouse ait voulu le perdre.[4] Je vois que votre parlement ne connaît que la justice, qu'il n'a acception de personne,[5] et que dans toute cette affaire il

[1] Dans son réquisitoire du 18 juillet 1766, le procureur général de Besançon stigmatise les 'livres pernicieux qui sont faits pour souiller l'imagination de la jeunesse, séduire le cœur, corrompre les mœurs' (*Question intéressante, sur la nature et l'étendue du commerce des livres*, s.l., s.d., BV1294, p.4).

[2] L'ouvrage de Montesquieu figure, avec *Les Mœurs* de Toussaint et le *Dictionnaire philosophique*, parmi les livres dont Fantet a indiqué le prix sur le billet retrouvé lors des perquisitions: le procureur général en fait 'une preuve suffisante' pour 'convaincre' le libraire (*Question intéressante*, p.5).

[3] Voir *Question intéressante*, p.83-84: 'On sait aussi que c'est par ses soins, qu'une tante, âgée de quatre-vingts ans, une sœur et un neveu peuvent subsister'.

[4] L'argumentation de la défense vise à établir que Fantet a été la victime d'un 'complot' ou d'une 'cabale': voir, par exemple, *Question intéressante*, p.84.

[5] Selon le *Dictionnaire de l'Académie* (1762), l'expression 'signifie un certain égard que l'on a pour des personnes plutôt que pour d'autres'. Les remontrances adressées par le parlement de Besançon au roi le 3 avril 1767 soulignent que la 'faveur', la 'partialité', l''acception des personnes', 'excluant toute idée de justice', sont

n'a consulté que la raison et la loi. Il a voulu, et il a dû examiner par lui-même, si dans la multitude des livres dont Fantet fait commerce, il ne s'en trouverait pas quelques-uns de dangereux, et qu'on ne doit pas mettre entre les mains de la jeunesse. C'est une affaire de police, une précaution très sage des magistrats.

Quand on leur a proposé de jeter ce que vous appelez des monitoires, nous voyons qu'ils se sont conduits avec la même équité et la même impartialité, en refusant d'accorder cette procédure extraordinaire.[6] Elle n'est faite que pour les grands crimes; elle est inconnue chez tous les peuples qui concilient la sévérité des lois avec la liberté du citoyen. Elle ne sert qu'à répandre le trouble dans les consciences et l'alarme dans les familles. C'est une inquisition réelle, qui invite tous les citoyens à faire le métier infâme de délateurs; c'est une arme sacrée qu'on met entre les mains de l'envie et de la calomnie pour frapper l'innocent en sûreté de conscience. Elle expose toutes les personnes faibles à se déshonorer sous prétexte d'un motif de religion. Elle est en cette occasion contraire à toutes les lois, puisqu'elle a pour but la réparation d'un délit, et que l'objet de ce monitoire serait d'établir un délit lorsqu'il n'y en a point.

Un monitoire, en ce cas, serait un ordre de chercher au nom de Dieu à perdre un citoyen; ce serait insulter à la fois la loi et la religion, et les rendre toutes deux complices d'un crime infiniment plus grand que celui qu'on impute au sieur Fantet. Un monitoire, en un mot, est une espèce de proscription. Cette manière de

---

'incompatibles avec les premiers devoirs des magistrats' (cité par A. Déy, 'Le libraire Fantet et le parlement de Besançon', *Mémoires de la Société d'émulation du Doubs*, séance du 9 mai 1885, Besançon, 1886, p.86).

[6] Voir *Question intéressante*, p.84: le 6 février 1767, dans un 'nouveau réquisitoire', le procureur général demande 'la permission d'obtenir monitoire, pour acquérir la preuve [...] notamment d'une distribution de livres *contre les mœurs, la religion et l'Etat*'. L'auteur ajoute que 'cette demande ne pouvait être accueillie puisqu'elle ne tendait à rien moins qu'à établir en Franche-Comté une inquisition dangereuse, et à inculper le public entier'. Le parlement de Besançon rejette cette demande par un arrêt du même jour: voir A. Déy, 'Le libraire Fantet', p.84-85. Sur le sens du mot 'monitoire', voir l'introduction, n.33.

procéder serait ici d'autant plus injuste, que de vos prêtres qui avaient accusé Fantet, les uns ont été confondus à la confrontation, les autres se sont rétractés. [7] Un monitoire alors n'eût été qu'une permission accordée aux calomniateurs de chercher à calomnier encore et d'employer la confession pour se venger. Voyez quel effet horrible ont produit les monitoires contre les Calas et les Sirven! [8]

Votre parlement en rejetant une voie si odieuse, et en procédant contre Fantet avec toute la sévérité de la loi, a rempli tous les devoirs de la justice, qui doit rechercher les coupables, et ne pas souhaiter qu'il y ait des coupables. Cette conduite lui attire les bénédictions de toutes les provinces voisines.

J'ai interrompu cette lettre, Monsieur, pour lire en public les remontrances que votre parlement fait au roi sur cette affaire. [9] Nous les regardons comme un monument d'équité et de sagesse, dignes du corps qui les a rédigées, et du roi à qui elles sont adressées. Il nous semble que votre patrie sera toujours heureuse quand vos souverains continueront de prêter une oreille attentive à ceux qui en parlant pour le bien public ne peuvent avoir d'autre intérêt que ce bien public même dont ils sont les ministres. [10]

J'ai l'honneur d'être bien respectueusement, Monsieur, votre très humble et très obéissant serviteur, *Desn... du Conseil des deux-cents.*

---

[7] Après avoir signalé que 'la confrontation a répandu un nouveau jour' sur l'affaire (p.29), l'auteur de la *Question intéressante* expose successivement les dépositions 'du sieur Mareschal, curé de Saint-Jean' (p.30-32), de 'Bailly, théologal' (p.32-37), de 'l'abbé Grélier, et de son frère' (p.37-45), de 'Jourdain', clerc chez le procureur Blanc (p.45-46), enfin de Baillard (p.46-53). Seul Baillard, présenté comme la cheville ouvrière du 'complot', est dit 'confondu à la confrontation' (p.47).

[8] Voir le *Mémoire de Donat Calas*, OCV, t.56B, p.307-309.

[9] A la suite du transfert de l'affaire au parlement de Dijon, par un arrêt du conseil du 28 février 1767, le parlement de Besançon adresse, le 3 avril, une plainte sous la forme de *Très humbles et très respectueuses remontrances au roi, son très honoré et souverain seigneur*: voir A. Déy, 'Le libraire Fantet', p.85.

[10] Discours topique que l'on retrouve dans les mémoires en faveur de Fantet: le 'bien public' est 'la base de toutes les lois' (*Question intéressante*, p.65).

Post-scriptum

Nous avons admiré le factum en faveur de Fantet.[11] *Voilà, Monsieur, le triomphe des avocats. Faire servir l'éloquence à protéger sans intérêt l'innocent, couvrir de honte les délateurs, inspirer une juste horreur de ces cabales pernicieuses, qui n'ont de religion que pour haïr et pour nuire, qui font des choses sacrées l'instrument de leurs passions, c'est là sans doute le plus beau des ministères. C'est ainsi que M. de Beaumont défend à Paris l'innocence des Sirven, après avoir si glorieusement combattu pour les Calas.*[12] *De tels avocats méritent les couronnes qu'on donnait à ceux qui avaient sauvé des citoyens dans les batailles. Mais que méritent ceux qui les oppriment?*

70

75

[11] L'avocat Leriche est l'auteur de plusieurs mémoires: un premier *Mémoire justificatif pour Pierre-Etienne Fantet, libraire à Besançon, et citoyen de la même ville, actuellement détenu dans les conciergeries du palais à la poursuite de M. le procureur général* (s.l., s.d.), 45 p., puis un *Second Mémoire pour le sieur Pierre-Etienne Fantet, citoyen et libraire de Besançon, accusé et défenseur. M. le procureur général, demandeur et accusateur* (s.l., s.d.), 85 p. Voltaire fait ici probablement allusion à ce second mémoire, donné sous le titre de *Question intéressante*, qui figure dans la bibliothèque de Ferney.

[12] Elie de Beaumont, auteur du *Mémoire à consulter et consultation pour la dame Anne-Rose Cabibel, veuve Calas, et pour ses enfants* (Paris, Le Breton, 1762), fait paraître, après quelques difficultés, un *Mémoire à consulter, et consultation pour Pierre-Paul Sirven* [...] *accusé d'avoir fait mourir sa seconde fille, pour l'empêcher de se faire catholique; et pour ses deux filles* (Paris, L. Cellot, 1767, BV1208), dont Voltaire accuse réception le 4 mars (D14015). Sur Beaumont et Voltaire, voir la *Lettre de Monsieur de Voltaire à Monsieur Elie de Beaumont*, ci-dessus, p.175-99; sur l'affaire Sirven, voir Elie Galland, *L'Affaire Sirven, étude historique d'après les documents originaux* (Mazamet, 1911).

Lettre d'un avocat
au nommé Nonnotte ex-jésuite

Edition critique

par

Olivier Ferret

TABLE DES MATIÈRES

INTRODUCTION

La *Lettre d'un avocat* prend place au sein de la querelle entre Voltaire et Claude-François Nonnotte:[1] l'ex-jésuite répond aux *Honnêtetés littéraires* par une *Lettre d'un ami à un ami*;[2] Voltaire riposte par cette autre lettre fictive. Beuchot rapporte que Nonnotte qui, d'après une note manuscrite de Chaudon, 'avait l'air un peu suffisant' et qui 'était très prévenu en faveur de son mérite',[3] aurait été ulcéré par le portrait, certes au vitriol, que livrent *Les Honnêtetés littéraires*, dont il est l'une des cibles privilégiées.[4] La lecture de ce texte et de la présente réponse convaincra que la réaction de Voltaire n'est pas moins vive. Au-delà de ces considérations, qui ont trait à la sensibilité légendaire de l'homme de lettres, c'est surtout le processus d'engendrement de la polémique que cette série de textes révèle: l'échange épistolaire, fictif et fortement dramatisé, est caractéristique à outrance des échanges pamphlétaires au cours desquels les adversaires se renvoient mutuellement des amabilités. Si ces ripostes ont quelque chose de mécanique, Voltaire reste fidèle à sa tactique: il ne faut pas laisser sans réponse ce qu'il présente comme un tissu de calomnies; mais de même que c'est par 'quelques fleurs' que, dans *Les Honnêtetés littéraires*,[5] Voltaire réplique 'en passant' aux deux gros volumes des *Erreurs de Voltaire*,[6] de même quelques pages

---

[1] Au dix-huitième siècle ce nom fut orthographié également 'Nonotte' et 'Nonnote'; dans les citations, nous retenons l'orthographe qui figure dans la source consultée.

[2] C.-F. Nonnotte, *Lettre d'un ami à un ami sur les Honnêtetés littéraires, ou supplément aux Erreurs de Voltaire* (Avignon, 1767).

[3] *Lettre d'un avocat*, M, t.26, p.569.

[4] Voir, ci-dessus, l'édition de ce texte, p.1-174.

[5] Vingt-deuxième honnêteté, ligne 940 (p.125).

[6] On se souvient que Nonnotte fait paraître, en 1766, une nouvelle édition des *Erreurs de Voltaire* (Amsterdam [Paris], 1766, BV2579) en deux tomes, respectivement consacrés aux 'erreurs historiques' et aux 'erreurs dogmatiques'.

suffisent pour répliquer aux cent vingt pages du nouveau 'libelle'. L'enjeu est probablement d'avoir le dernier mot.

1. *Réplique de Nonnotte*

Son titre l'indique, la *Lettre d'un ami à un ami* s'inscrit doublement dans la querelle qui oppose Nonnotte à Voltaire: l'objet même de la lettre porte explicitement sur 'les *Honnêtetés littéraires*', publiées en février 1767; l'ouvrage se donne en outre comme un 'supplément aux *Erreurs de Voltaire*' qui, lors de leur première édition en 1762 puis de leurs rééditions en 1766-1767, ont déclenché les hostilités. L'auteur de la *Lettre d'un ami* rappelle en effet que 'parmi les personnages qui paraissent sur la scène des *Honnêtetés littéraires*, celui à qui on a donné le rôle principal, c'est M. l'abbé Nonotte, auteur de l'ouvrage qui a pour titre, *Les Erreurs de Voltaire*'; il convoque aussi le témoignage d'une autre victime de Voltaire: 'M. L[a] B[eaumelle] dit [...] que ce qui pourrait piquer davantage l'auteur censuré, c'est le ton d'honnêteté, de décence et de modération du censeur'.[7] Trois qualités qui, comme le met ostensiblement en scène l'entrée en matière du texte, ne sauraient s'appliquer à l'auteur des *Honnêtetés littéraires*, définies comme 'un certain libelle, le plus grossier des libelles qu'on ait encore vu; qui n'est qu'un ramas informe d'injures, de calomnies et d'absurdités, et où l'honnêteté et la décence sont blessées à un point que les honnêtes gens ne peuvent pas en lire une page sans indignation'.[8]

Une telle accumulation de noirceurs conduit à s'interroger: Voltaire peut-il être l'auteur des *Honnêtetés littéraires*, 'qu'on devrait bien plutôt appeler les brutalités littéraires'?[9] Reconnaîtrait-on au 'beau style' qu'il emploie un 'membre de l'Académie française'?[10] Un 'homme de cour' s'emporterait-il avec indécence

---

[7] *Lettre d'un ami*, p.19-20.
[8] *Lettre d'un ami*, p.3-4.
[9] *Lettre d'un ami*, p.7.
[10] *Lettre d'un ami*, p.10 et 8.

contre 'ce qu'il y a de plus respectable dans le clergé'? [11] En tutoyant Nonnotte, l'auteur prend certes 'le beau langage du *quaker*', mais l'oubli de 'tout ce qui s'appelle décence, honnêteté, bienséance' est-il d'un 'homme de goût'? [12] De 'deux choses' l'une, si M. de Voltaire est l''auteur de ce libelle', c'est 'ou que la passion et la fureur l'ont entièrement aveuglé et mis hors de lui-même; ou que la décrépitude de l'âge entraînant celle du génie, il ne reste plus du grand Voltaire que son ombre': 'Et alors quelle tache à son nom, et quel indigne personnage pour lui!' [13] Dans la péroraison, l'auteur lance un appel 'au public' qui va dans le même sens: 'Prononcera-t-il que cet écrit est digne d'un honnête homme; ou bien déclarera-t-il que c'est un libelle infâme, un ouvrage de la passion et de la fureur, un ramas d'atrocités, de calomnies et de mensonges; une rapsodie extravagante, l'opprobre de son auteur, le digne objet de l'indignation universelle?' Question rhétorique qui en amène une autre: 'Peut-on hésiter sur le jugement que le public doit en porter?' [14]

Entre-temps s'est développée la défense de Nonnotte, au moyen d'une sorte de jeu de rôles fondé sur l'examen d'extraits des *Honnêtetés littéraires*: 'prenons quelques textes au hasard [...]; supposons ensuite que ce soit M. de Voltaire qui parle, et que ce soit son censeur, ou quelqu'un faisant le personnage de son censeur qui lui répond; et jugeons si le personnage qu'on fait jouer ici à M. de Voltaire est bien avantageux, bien honorable et bien digne de lui'. Il revient évidemment à l'auteur de la *Lettre d'un ami* d'endosser le rôle dévolu à l'autre 'personnage': 'Comme je suis très au fait des ouvrages de Voltaire et du livre des *Erreurs*, je veux bien me charger moi-même de répondre comme le ferait M. l'abbé Nonotte'. [15] Si, comme on l'a vu, l'auteur évoquait la 'scène des *Honnêtetés littéraires*' sur laquelle 'paraissent' des 'personnages', le

---

[11] *Lettre d'un ami*, p.10.
[12] *Lettre d'un ami*, p.11.
[13] *Lettre d'un ami*, p.13-14.
[14] *Lettre d'un ami*, p.119-20.
[15] *Lettre d'un ami*, p.24-25.

'rôle principal' étant tenu par 'M. l'abbé Nonotte',[16] c'est bien une autre 'scène' qu'organise la *Lettre d'un ami* autour d'un face à face entre l'auteur du libelle (M. de Voltaire) et son censeur ('un ami' de Nonnotte) qui dramatise la critique et fait comparaître l''auteur censuré' devant le tribunal d'un 'public' dont on sollicite le 'jugement'. Dans sa réponse, Voltaire adopte un dispositif comparable, tout en dénonçant l'artifice du procédé.

2. *Réplique de Voltaire*

La *Lettre d'un avocat* fait explicitement référence à la *Lettre d'un ami à un ami*, décrite comme 'un nouveau libelle' de Nonnotte. Mais Voltaire, en arrachant le masque, exhibe en même temps la mise en scène à laquelle recourt son adversaire: 'Quel titre romanesque! Nonnote avoir un ami! Peut-on écrire de pareilles chimères!' (lignes 37-38) Concluant que 'c'est bien là un mensonge imprimé', il relance cependant le jeu, selon un mode de fonctionnement proche de la double énonciation: il appartient au lecteur de reconnaître là le titre d'une brochure de Voltaire stigmatisant de semblables fraudes éditoriales,[17] et d'apprécier un tel propos qui, dans la logique de l'énoncé, est censé émaner de l''avocat', auteur prétendu du texte. C'est donc 'au nommé Nonnote ex-jésuite' – et non à son supposé 'ami' – que, dans cette lettre, s'adresse ouvertement l''avocat' qui, à l'instar de l'auteur de la *Lettre d'un ami*, peut, en toute connaissance de cause, se 'charger' de 'répondre comme ferait' M. de Voltaire. On voit dès lors que le dispositif reste le même, mais que Voltaire opère ici une stricte inversion des rôles. Par sa forme comme par son contenu, la *Lettre d'un avocat* met ainsi en place les conditions d'une nouvelle riposte.

D'un point de vue formel, c'est par une lettre (fictive) que Voltaire répond à la lettre (fictive) de Nonnotte. Quelques

---

[16] *Lettre d'un ami*, p.19-20.
[17] *Des mensonges imprimés*, éd. M. Waddicor, *OCV*, t.31B.

notations permettent de construire l'identité du locuteur-personnage. Le titre du texte livre son état ('avocat') et la première ligne
insiste sur sa familiarité avec 'M. de V.' qu'il a 'eu l'honneur
d'instruire'. Le contexte général de la querelle ferait d'abord
songer au locuteur-personnage des *Honnêtetés littéraires* qui se
pose, en effet, en avocat de 'ce pauvre vieillard qui est hors d'état de
[...] répondre' aux 'Nonottes, Patouillets, Guions etc.' et déclare:
'Je prends toujours son parti comme je le dois'.[18] La teneur même
du texte invite toutefois à établir un rapprochement plus précis. A
deux reprises, il est question de 'notre ville' (lignes 2-3 et 53), seul
point commun peut-être entre l'auteur de la lettre et son
destinataire, dont on rappelle les origines bisontines (lignes 13-
14). La nature des 'instructions' données à Voltaire, quant à
l''extraction' de Nonnotte, confirme que le locuteur-personnage
pourrait bien être le même que cet 'homme en place' – on ne précise
pas, alors, qu'il est avocat – qui serait l'auteur de 'la lettre [...] écrite
de Besançon le 9 janvier 1767' citée dans la Vingt-deuxième
honnêteté parce qu''elle peut instruire'.[19] Le recours à l'énonciation déléguée se justifie ainsi par une double stratégie. D'une part,
c'est précisément contre ce passage des *Honnêtetés littéraires* que se
concentrent les attaques portées dans la *Lettre d'un ami* à laquelle
répond la *Lettre d'un avocat*: les allégations concernant Nonnotte
étant prises en charge fictivement par cet 'homme en place', il est
logique que ce soit l'intéressé qui réponde et se défende.[20] Dans
Les Honnêtetés littéraires, il n'était pas anodin que de telles
'personnalités' émanent non pas de Voltaire, qui met en scène,
on le sait, un locuteur qui prend 'son parti', non pas même de ce
locuteur, mais d'une troisième instance, supposée plus au fait, par
sa proximité géographique, des faits rapportés: en multipliant les
intermédiaires, le texte creuse la distance entre Voltaire et des
attaques *ad hominem* dont il ne peut assumer la responsabilité. En

[18] Vingt-sixième honnêteté, lignes 1695-97 (p.160).
[19] Vingt-deuxième honnêteté, lignes 1310-35 (p.141-42).
[20] Pour les rapprochements ponctuels entre les trois textes, voir l'annotation de la
présente lettre.

conférant un surcroît de consistance à l'auteur de la lettre du 9 janvier 1767, la *Lettre d'un avocat* renforce ainsi, d'autre part, la cohérence du dispositif polémique mis en œuvre dans ce passage des *Honnêtetés littéraires* qui fait l'objet de la controverse.

Le rapprochement des textes amène à percevoir des effets de brouillage plus complexes: si, comme on l'a vu, les identités des locuteurs-personnages respectifs des *Honnêtetés littéraires* et de la *Lettre d'un avocat* sont nettement distinguées, l'examen de la manière dont ils s'expriment à propos de Nonnotte révèle une troublante proximité. Dans la *Lettre d'un avocat*, Nonnotte est pris à partie à la deuxième personne: certes, l'adresse directe au destinataire fait partie intégrante des codes génériques de la lettre; on observera cependant que la nature de l'interpellation dont il fait l'objet participe de la mise en œuvre d'une rhétorique de l'invective. D'abord, cette deuxième personne est celle du tutoiement, que la *Lettre d'un ami* relevait dans *Les Honnêtetés littéraires* et désignait ironiquement comme 'le beau langage du *quaker*'. Ensuite, Nonnotte se voit adresser une suite d'apostrophes, les unes ironiques ('mon cher ami', ligne 14 – car on apprend, plus loin, que Nonnotte ne peut 'avoir un ami'), d'autres condescendantes ('pauvre ex-jésuite Nonnote', ligne 1; 'mon pauvre Nonnote', ligne 33) voire franchement insultantes ('pauvre fou', ligne 52; 'misérable écrivain', ligne 70). On reconnaît ici encore le style de l'auteur des *Honnêtetés littéraires*: 'mon très cher Nonotte, et ex-compagnon de Jésus'; 'ex-jésuite Nonotte'; 'calomniateur Nonotte'; 'impie Nonotte! blasphémateur Nonotte!'; 'pauvres gens'...[21] Dans *Les Honnêtetés littéraires*, l'interpellation de l'adversaire constituait un écart par rapport à la norme d'un texte dans lequel les adversaires successifs sont évoqués à la troisième personne. Dans la *Lettre d'un avocat*, on observe une fois le même phénomène, qui marque cette fois-ci une entorse par rapport au dispositif énonciatif de la lettre: Nonnotte est majoritairement celui auquel s'adresse l''avocat'; dès lors qu'il ironise sur

[21] Vingt-deuxième honnêteté, lignes 782, 906 et 1212 (p.116, 124 et 136); 'Petite Digression', ligne 1380 (p.145); 'Réflexion morale', lignes 1531-32 (p.153).

340

les 'armoiries' dont 'se vante Nonnote' (lignes 24-25), le destinataire présumé de la lettre devient celui dont parle la lettre.

La prise à partie de l'adversaire, par l'interpellation directe et par
l'apostrophe, apparente donc d'un point de vue rhétorique le texte
à une réponse. Le contenu de la *Lettre d'un avocat* le confirme.
'Incorrigible Nonnote', s'exclame l''avocat', qui déclarait auparavant: 'tu es incorrigible dans tes fautes' (lignes 64-65 et 44).
L'auteur des *Honnêtetés littéraires* s'affirmait obligé de devoir
'répéter' ce qu'on a pu lire ailleurs – dans les *Eclaircissements
historiques*, notamment – parce que, dans la nouvelle édition des
Erreurs de Voltaire, Nonnotte en croyant répondre à son adversaire
a commis de nouvelles bévues.[22] Puisque la *Lettre d'un ami* les
réitère, puisque Nonnotte s'obstine en 'petit opiniâtre' (ligne 48), il
faut donc que la *Lettre d'un avocat* y revienne: il est donc à nouveau
question de la polygamie des rois francs (lignes 44-48), du
centurion Marcel (lignes 49-55), de la 'prétendue légion thébaine'
(lignes 56-63), de la ville de Livron (lignes 64-71). Quoique la
troisième mouture soit ici plus condensée, on n'en sera pas moins
sensible à l'effet de répétition. Il en va de même de l''infamie' des
'procédés' de Nonnotte, qu'il faut bien rappeler puisque Nonnotte
les renouvelle: on relira donc, pour mémoire, les manœuvres de
l'auteur des *Erreurs de Voltaire* avec le libraire Fez, évoquées à
deux reprises dans *Les Honnêtetés littéraires*.[23]

Si *Les Honnêtetés littéraires* pouvaient être présentées comme un
'*compendium*',[24] la *Lettre d'un avocat* fait figure de *compendium* de
compendium. Le texte s'ouvre sur la reprise de l'évocation des
origines familiales de Nonnotte (son 'cher père était crocheteur'),
assortie de la même plaisanterie ('ton style prouve si évidemment la
profession de ton cher père', lignes 4-6);[25] l'orgueil avec lequel,

[22] Voir l'introduction des *Honnêtetés littéraires*, p.8-9.

[23] Dans la Vingt et unième honnêteté et dans la 'lettre d'un homme en place', citée
dans la Vingt-deuxième honnêteté, lignes 1319-21 (p.142).

[24] Voir l'introduction des *Honnêtetés littéraires*, ci-dessus, p.15-31.

[25] Cf. Vingt-deuxième honnêteté, lignes 1310-12 (p.141): 'Jaques Nonotte [...] est
né à Besançon d'un pauvre homme qui était fendeur de bois et crocheteur. Il paraît à
son style et à ses injures qu'il n'a pas dégénéré'.

dans la *Lettre d'un ami*, Nonnotte évoque ses 'armoiries' suscite une sortie sur son 'humilité chrétienne' (lignes 13-32), lorsque, dans *Les Honnêtetés littéraires*, Voltaire faisait ses choux gras de 'l'ignorance chrétienne de Nonotte'.[26] La conclusion est accablante, et méprisante: ni 'savant', ni 'honnête', ni 'humble', Nonnotte est un impénitent qui ne 'mérite' même pas une 'pension' (lignes 85-87). Seul élément nouveau: Nonnotte se voit ouvertement menacer d'un 'procès criminel', car 'les libelles diffamatoires sont quelquefois punis par les galères' (lignes 79-81). La remarque peut laisser rêveur, dans un texte qui accumule les attaques personnelles. Il est vrai que l'enfilade des délégations de parole fait que Voltaire ne saurait en être l'auteur. L'allusion à un procès doit-elle être prise au sérieux? On sait que Voltaire, notamment au cours de sa querelle avec Desfontaines, envisageait d'intenter une action en justice,[27] et que, au moment où paraît la *Lettre d'un avocat*, il s'agite pour obtenir des sanctions contre La Beaumelle, qu'il accuse de lui avoir envoyé 95 lettres anonymes.[28] Le texte semble toutefois orchestrer un procès jugé d'avance, s'agissant en tout cas des 'bévues', des 'sottises' et des 'impostures atroces' dont Nonnotte a 'été convaincu' (lignes 40-41). La profession attribuée au locuteur-personnage prend ici toute sa portée: 'que veux-tu que je réponde?', 'Comment puis-je te défendre?', 'Puis-je honnêtement prendre ton parti?' (lignes 45, 49 et 56), demande l'"avocat" pour introduire l'évocation de chacune des 'fautes' de Nonnotte. Il faut se rendre à l'évidence: Nonnotte est un cas indéfendable.

---

[26] Vingt-deuxième honnêteté, lignes 808-25 (p.117-18).

[27] Voir le *Mémoire du sieur de Voltaire*, éd. O. Ferret, *OCV*, t.20A, introduction, p.22-29.

[28] Si l'identité du présumé coupable ne semble pas encore fixée au moment de la rédaction des *Honnêtetés littéraires* (voir p.113-14, n.167), les plaintes s'accumulent contre La Beaumelle dans la correspondance à partir de juin 1767. En témoignent encore la *Lettre de Monsieur de Voltaire* datée du 24 avril 1767 (*M*, t.26, p.191-93) et le *Mémoire pour être mis à la tête de la nouvelle édition qu'on prépare du Siècle de Louis XIV* (*M*, t.26, p.355-65): voir les éditions, à paraître, de Claude Lauriol.

3. *Editions*

Deux mentions, dans la correspondance de Voltaire, font allusion à la *Lettre d'un avocat*. Voltaire l'envoie à Frédéric-Gabriel Christin, le 16 octobre 1767 (D14591): 'Un avocat votre confrère a envoyé cette petite réponse à Nonotte, pour vous, pour lui et pour ses amis'. L'avocat Christin est aussi invité à 'les en régaler'. Le 16 janvier 1768 (D14682), c'est au tour de l'avocat bisontin Leriche: 'Je me flatte que vous aurez fait parvenir à l'ami Nonotte la lettre d'un avocat qui ne vous vaut pas'. Ce correspondant, avec lequel Voltaire est en commerce épistolaire à propos de l'affaire Fantet,[29] sait ce qu'il en est des 'affaires' que l'on cherche à accommoder 'avec des fanatiques': 'La ville de Besançon est pleine de ces monstres', conclut-il. Ces témoignages corroborent la note manuscrite de Chaudon, exploitée par Beuchot, selon laquelle cette lettre aurait été imprimée en 1767, in-8°, ce que confirme la présence de trois exemplaires dans la Bibliothèque de Voltaire conservée à Saint-Pétersbourg.

67

[*titre de départ*] [*bandeau*] / LETTRE / D'UN AVOCAT / *Au nommé Nonnote Ex-Jésuite.*

8°. sig. A³. $1; pag. 6.

Cette édition date de 1767. Il n'y a pas de page de titre. Voir BV3657.

Saint-Pétersbourg, Bibliothèque nationale de Russie: BV9-53; 11-127; 11-178.

EJ1 (1769)

L'Evangile du jour. Londres [Amsterdam, M.-M. Rey], 1769-1780. 8°. 18 vol.

Tome 3 (1769): 108-11 Lettre d'un avocat au nommé Nonnote ex-jésuite.

Bengesco 292, Trapnell EJ, BnC 5234-5281.

Oxford, Taylor: V8 E8 1769. Paris, BnF: Rés. Z Beuchot 290.

---

[29] Sur cette affaire, voir la *Lettre d'un membre du conseil de Zurich*, ci-dessus.

K

Œuvres complètes de Voltaire. [Kehl] Société littéraire-typographique, 1784-1789. 70 vol. 8°.

Tome 49: 225-28 Lettre d'un avocat de Besançon au nommé Nonotte, ex-jésuite. 1768.

Cette édition porte une erreur à la ligne 18, où l'on met 'du moins' au lieu de 'du monde'.

Bengesco 2142, Trapnell K, BnC 164-169.

Oxford, Taylor: V1 1785/2; VF. Paris, BnF: Rés. P Z 2209.

4. *Principes de l'édition*

L'édition retenue comme texte de base est 67, édition originale inconnue de Bengesco,[30] qui ne présente d'ailleurs aucune variante significative dans EJ1. Même si la ponctuation peut sembler plus correcte dans K, cette dernière version présente quelques variantes dont une (ligne 18) qui trahit manifestement le sens du texte.

Traitement du texte de base

On a respecté l'orthographe des noms propres de personnes et de lieux ainsi que la ponctuation. On a en outre corrigé trois erreurs: on a changé 'papeina' en 'tapeina' (ligne 16), 'illustrés' en 'illustres' (ligne 24) et 'eut' en 'eu' (ligne 46). Par ailleurs, le texte de 67 a fait l'objet d'une modernisation portant sur la graphie, l'accentuation et la grammaire. Les particularités du texte de base dans ces trois domaines étaient les suivantes:

I. *Particularités de la graphie*

1. Consonnes

– redoublement de consonnes contraire à l'usage actuel: jetter, renouvellé.

---

[30] Bengesco signale qu'il n'en a 'rencontré aucune édition séparée' (t.2, p.219, n° 1754).

- présence d'une seule consonne là où l'usage actuel prescrit son doublement: aprends.

2. Voyelles

- emploi de *i* à la place de *y* dans: dinastie.
- emploi de *i* à la place de *y* dans les mots dérivés du grec (et où cet *y* est ordinairement la transcription de l'upsilon que comporte la forme grecque originelle): anonime, martirisée, stile.
- emploi de *y* à la place de *i* dans: aye, envoye.

3. Divers

- utilisation systématique de l'esperluette.
- l'orthographe moderne a été rétablie dans: encor.
- Mr., Monsieur deviennent: M.
- St. devient: saint.

4. Le trait d'union

- il a été rétabli dans les expressions suivantes: au dessus, lui même, peut être, puis je.

5. Les majuscules ont été supprimées

- dans les noms suivants: Apôtres, Centurion, Commandant, Docteur, Empereur, Evêque, (Ex-) Jésuite (mais aussi: ex-jésuite), Légion, Libraire, Marquis, Officier, Ouvrages, Roi(s), Royaume, Sermons, Société.
- dans la particule du nom propre: Mr. De V. (mais aussi: M. de V.).
- dans l'adjectif suivant: Thébaine.

II. *Particularités d'accentuation*

1. L'accent aigu

- il est employé au lieu du grave dans la forme verbale: pére (mais aussi: père), premiére, siége.
- il est employé contrairement à l'usage actuel dans: appésanti.

2. L'accent circonflexe

- il est employé au lieu de l'aigu dans: chrêtien(ne).
- il est employé dans les déterminants possessifs: nôtre ville.
- il est présent dans la forme de participe passé: vû.
- il est absent dans: buches, chateau, opiniatre.

III. *Particularités grammaticales*

1. Absence de la désinence -*s* dans les verbes à l'impératif présent (2e personne du singulier): Souvien-toi, Voi.

2. Emploi du pluriel en -*x* dans: loix.

LETTRE D'UN AVOCAT

au nommé Nonnote ex-jésuite

Il est vrai, pauvre ex-jésuite Nonnote, que j'ai eu l'honneur d'instruire M. de V. de ton extraction aussi connue dans notre ville que ton érudition et ta modestie.[1] Comment peux-tu te plaindre que j'aie révélé que ton cher père était crocheteur,[2] quand ton style prouve si évidemment la profession de ton cher père? *Loquela tua manifestum te facit.*[3] Je n'ai point voulu t'outrager en disant que toute ma famille a vu ton père scier du bois à la porte des jésuites; c'est un métier très honnête et plus utile au public que le tien, surtout en hiver où il faut se chauffer. Tu me diras peut-être qu'on se chauffe aussi avec tes ouvrages: mais il y a bien de la différence; deux ou trois bonnes bûches font un meilleur feu que tous tes écrits.

Tu nous étales quelques quartiers de terre que tes parents ont possédés auprès de Besançon.[4] Ah! mon cher ami, où est l'humilité

---

a-b   K: Lettre d'un avocat de Besançon au nommé Nonotte, ex-jésuite. 1768
6   K: *facit.* ¶Je

[1] Le locuteur semble être l'auteur de la lettre (vraisemblablement fictive) citée dans *Les Honnêtetés littéraires*, Vingt-deuxième honnêteté, lignes 1310-35, évoquée dans la *Lettre d'un ami à un ami sur les Honnêtetés littéraires, ou supplément aux Erreurs de Voltaire* (Avignon, 1767), p.106-107: voir *Les Honnêtetés littéraires*, p.141, n.269.

[2] L'auteur de la *Lettre d'un ami* déclare que, dans cette 'lettre fabriquée pour offenser' Nonnotte, on fait de celui-ci le 'fils d'un scieur de bois, scieur de bois lui-même avec son père'. L'évocation de la carrière de l'abbé Nonnotte amène cette question ironique: 'Ce scieur de bois n'est-il pas bien imaginé?' (p.109-10). Dans la même *Lettre*, ce sont 'des écrivains universellement estimés' qui reçoivent le titre de 'crocheteurs' (p.11).

[3] Matthieu 26:73. Traduction Lemaître de Sacy: '[ton] langage [te] fait assez connaître'.

[4] Dans une lettre prétendument attribuée à l'un des frères de Nonnotte, citée dans

347

chrétienne? l'humilité, cette vertu si nécessaire aux douceurs de la 1
société? L'humilité que Platon et Epictète appellent *tapeina*,[5] et
qu'ils recommandent si souvent aux sages? Tu tiens toujours aux
grandeurs du monde en qualité de jésuite; mais en cela tu n'es pas
chrétien. Songe que saint Pierre (qui par parenthèse n'alla jamais à
Rome où le roi d'Espagne envoie aujourd'hui les jésuites[6]) était un 2
pêcheur de Galilée, ce qui n'est pas une dignité fort au-dessus de
celle dont tu rougis. Saint Matthieu fut commis aux portes, emploi
maudit par Dieu même.[7] Les autres apôtres n'étaient guère plus
illustres; ils ne se vantaient pas d'avoir des armoiries, comme s'en
vante Nonnote. 2

Tu apprends à l'univers que tu loges au second étage dans une

16   67, EJ1, K: appellent *papeina*, et [*erreur*]
18   K: grandeurs, du moins en qualité

---

le texte, se trouvent détaillées les propriétés, les armoiries et la généalogie censées
convaincre que la famille Nonnotte 'peut prouver plus de quatre siècles d'ancienneté'
(*Lettre d'un ami*, p.112-13).

[5] Si toutes les éditions portent *papeina* (voir les variantes), c'est *tapeina* qui est la
forme de neutre pluriel désignant, en grec, non la vertu d'humilité mais,
littéralement, les 'choses basses, humbles', en bonne et mauvaise part. Le terme
est très courant dans le Nouveau Testament. Je remercie Pascale Brillet de m'avoir
communiqué ces informations. Dans la préface de sa traduction du *Manuel
d'Epictète* (2 vol., Paris, 1715, BV1225), André Dacier renvoie à son édition de
Platon et déclare, à propos de l'humilité, que 'non seulement [Platon] a connu cette
vertu, mais qu'il l'a même désignée par le même terme dont les écrivains sacrés se
sont servis' (t.1, p.xii). Dans l'exemplaire de Voltaire, le passage est repéré par un
signet portant les mots 'papeina / humilitas' (*CN*, t.3, p.426-27). Voir aussi l'article
'Humilité' (1771) des *Questions sur l'Encyclopédie* (*M*, t.19, p.391).

[6] L'évocation du voyage de saint Pierre à Rome est une scie voltairienne: voir
l'article 'Christianisme' du *Dictionnaire philosophique* (*OCV*, t.35, p.560 et n.51).
Première allusion à l'expulsion des jésuites.

[7] Matthieu fait partie de la classe des agents du trésor public, appelés 'publicains',
titre également donné à leurs agents subalternes, appelés *portitores* à Rome. Ils sont
méprisés à l'égal des pécheurs publics: voir, par exemple, Matthieu 9:10, 11:19. Voir
L'Examen important de milord Bolingbroke: 'il serait assez comique que Matthieu, qui
avait été publicain, comparât les païens aux publicains [Matthieu 18:17]' (*OCV*, t.62,
p.232).

belle maison nouvellement bâtie;[8] quel excès d'orgueil! Souviens-toi que les apôtres logeaient dans des galetas.

Il y a trois sortes d'orgueil, Messieurs, disait le docteur Suift dans un de ses sermons; *l'orgueil de la naissance, celui des richesses, celui de l'esprit; je ne vous parlerai pas du dernier, il n'y a personne parmi vous qui ait à se reprocher un vice si condamnable.*[9]

Je ne te le reprocherai pas non plus, mon pauvre Nonnote; mais je prierai Dieu qu'il te rende plus savant, plus honnête et plus humble. Je suis fâché de te voir si ignorant et si impudent. Tu viens de faire imprimer sous le nom d'Avignon, un nouveau libelle de ta façon intitulé: *Lettre d'un ami à un ami*. Quel titre romanesque! Nonnote avoir un ami! Peut-on écrire de pareilles chimères! C'est bien là un mensonge imprimé.

Dans ce libelle tu glisses sur toutes les bévues, les sottises, les impostures atroces dont tu as été convaincu. Tu cours sur ces endroits comme les filles qui passent par les verges, et qui vont le plus vite qu'elles peuvent pour être moins fessées.

Mais je vois avec douleur que tu es incorrigible dans tes fautes; que veux-tu que je réponde quand on t'a fait voir combien de rois de France de la première dynastie ont eu plusieurs femmes à la fois,[10] quand ton jésuite Daniel lui-même l'avoue; quand l'ayant nié en ignorant, tu le nies encore en petit opiniâtre?

Comment puis-je te défendre quand tu t'obstines à justifier l'insolente indiscrétion du centurion Marcel, qui commença par jeter son bâton de commandant et sa ceinture, en disant qu'il ne

41   κ: impostures dont

[8] Voir la *Lettre d'un ami*, p.109: 'On le relègue à Besançon à un troisième étage; et il est logé dans une belle maison, rue des Chambrettes, et cette maison n'est bâtie qu'à un étage: il n'y a qu'un corps de logis sur le parterre où il y ait deux étages, et nulle part il n'y en a un troisième'.

[9] Voir les *Carnets*, *OCV*, t.82, p.522.

[10] Voir *Les Honnêtetés littéraires*, Vingt-deuxième honnêteté, lignes 907-21 et n.216 (ci-dessus, p.124-25). Dans la *Lettre d'un ami* (p.68-74), Nonnotte répète notamment qu'il faut distinguer la bigamie de l'adultère, selon que le couple est ou non marié.

voulait pas servir l'empereur.[11] Ne sens-tu pas, pauvre fou, que dans une ville comme la nôtre où il y a toujours une grosse garnison tu prêches la révolte, et que M. le commandant peut te faire passer par les baguettes? 55

Puis-je honnêtement prendre ton parti quand tu reviens toujours à ta prétendue légion thébaine martyrisée à Saint-Maurice?[12] Ne suis-je pas forcé d'avouer que l'original de cette fable se trouve dans un livre faussement attribué à Eucher évêque de Lyon mort en 454. Fable dans laquelle il est parlé de Sigismond de Bourgogne mort en 60 523.[13] Ce misérable conte aussi bafoué aujourd'hui que tant d'autres contes est toujours renouvelé par toi, afin que tu ne puisses pas te reprocher d'avoir dit un seul mot de vérité.

Par quel excès d'impertinence reviens-tu trois fois, incorrigible Nonnote, à la ville de Livron que tu traitais de village? On avait 65 daigné t'apprendre que cette ville autrefois fortifiée avait été assiégée par le marquis de Bellegarde et défendue par Roes.[14] Rien n'est plus vrai; et tu défends ta sotte critique en avouant que Roes fut tué à ce siège.[15] Vois quel est ton sens commun. Que t'importe, misérable écrivain, que Livron soit une ville ou un 70 village?

Considère un peu, Nonnote, quelle est l'infamie de tes procédés. Tu fais d'abord un gros libelle anonyme contre M. de V. que tu ne connais pas, qui ne t'a jamais offensé; tu le fais imprimer à Avignon clandestinement chez le libraire Fez, contre les lois du royaume. Tu 75 offres ensuite de le vendre à M. de V. lui-même pour mille écus;[16]

[11] Voir *Les Honnêtetés littéraires*, Vingt-deuxième honnêteté, lignes 826-30 et n.190 (ci-dessus, p.118-19), et la *Lettre d'un ami*, p.65-67.

[12] Voir *Les Honnêtetés littéraires*, Vingt-deuxième honnêteté, lignes 841-48 et n.195 (ci-dessus, p.119-20), et la *Lettre d'un ami*, p.35-37.

[13] Idée déjà avancée dans les *Eclaircissements historiques à l'occasion d'un libelle calomnieux contre l'Essai sur les mœurs et l'esprit des nations* (*M*, t.24, p.487).

[14] Voir *Les Honnêtetés littéraires*, Vingt-deuxième honnêteté, lignes 980-94 et n.231 (ci-dessus, p. 127-28), et la *Lettre d'un ami*, p.79-80.

[15] Voir la *Lettre d'un ami*, p.79.

[16] Voir *Les Honnêtetés littéraires*, Vingt et unième honnêteté, lignes 745-81 et n.171 (ci-dessus, p.114-16), et la *Lettre d'un ami*, p.31-35.

et quand ta lâche turpitude est découverte, tu oses dire dans un autre libelle que le libraire Fez est un coquin. [17] Que diras-tu si on te fait un procès criminel? quel sera alors le coquin du libraire Fez ou de toi? Ignores-tu que les libelles diffamatoires sont quelquefois punis par les galères? Il t'appartient bien, à toi ex-jésuite, de calomnier un officier de la chambre du roi qui a la bonté de garder dans son château un jésuite, [18] depuis que le bras de la justice s'est appesanti sur eux! il te sied bien de prononcer le nom du libraire Jore, [19] à qui M. de V. daigne faire une pension? Si tu avais été repentant et sage, peut-être aurais-tu pu obtenir aussi une pension de lui; mais ce n'est pas là ce que tu mérites.

80

85

78   K: coquin. ¶Que
85   K: pension! ¶Si

[17] L'auteur de la *Lettre d'un ami* explique que 'l'abbé N. livra *gratis* le manuscrit', que Fez 'qui avait écrit secrètement à M. de Voltaire' écrivit, 'sous le pli' du 'savant auteur du *Dictionnaire de physique*', à Nonnotte pour lui demander la préférence pour une nouvelle édition, l'année même que la première fut achevée': il conclut que 'cet habile physicien' peut 'attester que ce ne fut qu'en 1765 que M. Nonotte lui écrivit, pour savoir s'il était vrai que Fez eût fait son trait de coquin' (p.33-34).
[18] Même allusion au père Adam dans *Les Honnêtetés littéraires*, Vingt-deuxième honnêteté, lignes 1279-80 (voir ci-dessus, p.139).
[19] Voir la *Lettre d'un ami*, p.31: 'M. l'auteur des *Honnêtetés*, personne n'ignore que le désintéressement fut toujours la vertu favorite de M. de Voltaire, et le libraire Jorre est prêt à l'attester par serment, et à lui en délivrer un certificat des plus authentiques'.

351

*Lettres à Son Altesse
Monseigneur le prince de ***.
Sur Rabelais, et sur d'autres auteurs
accusés d'avoir mal parlé de la
religion chrétienne*

Edition critique

par

François Bessire

TABLE DES MATIÈRES

INTRODUCTION

1. *Un 'petit ouvrage' nouveau*

Les *Lettres à Son Altesse Monseigneur le prince de* *** sont à Paris en novembre 1767. C'est la date à laquelle la *Correspondance littéraire* les mentionne:

> Nous venons de recevoir de la manufacture de Ferney une brochure intitulée *Lettres à Son Altesse Monseigneur le prince de* *** *sur Rabelais et sur d'autres auteurs accusés d'avoir mal parlé de la religion chrétienne*. Ecrit de cent quarante pages in-8°. Je crois que Mgr le prince de *** est un prince en l'air. Quant au patriarche, il fait dans cette brochure le bon chrétien. Il déplore amèrement les progrès du théisme, qui gagne insensiblement, ou plutôt très sensiblement toute l'Europe; mais comme il se pique de justice, il convient en même temps que le théisme, qui perd aujourd'hui tant d'âmes, ne peut jamais nuire à la paix des Etats, ni à la douceur de la société; qu'il damne sûrement son homme, mais qu'en attendant il le rend paisible; que s'il est détestable pour l'autre vie, il est excellent pour celle-ci. Il convient aussi que si Jacques Clément, Ravaillac et Damiens avaient été des théistes, il y aurait eu moins de princes assassinés; mais il est très éloigné de préférer le théisme à la sainte religion des Damiens et des Malagrida. Il croit seulement qu'il est plus agréable de vivre avec des théistes qu'avec des Ravaillac et des Brinvilliers, qui vont à confesse... *Signor patriarca mio, voi siete un gran pantalone...* Au reste, le seigneur patriarche tient toujours à son rémunérateur; mais quand le rémunérateur ne donnera plus ni grosses abbayes, ni riches évêchés, je crains que ses actions ne baissent considérablement, et qu'il ne soit à la longue lui-même réformé à la suite de ses rémunérés. La lettre sur les Juifs m'a paru assez curieuse; mais dans les autres on ne trouve guère que des redites, et en général ces lettres sont écrites avec une hâte extrême et beaucoup de négligence. Elles forment une brochure qui vaut bien à la rigueur 24 sols, mais que nous avons eu l'avantage de payer 9, 12, et même 15 francs.[1]

[1] F. M. Grimm, *Correspondance littéraire*, éd. Maurice Tourneux, 16 vol. (Paris, 1877-1882), t.3, p.489.

Les *Mémoires secrets* les recensent précisément au 19 de ce mois:

*Lettre à Son Altesse Monseigneur le prince de *** sur Rabelais et sur d'autres auteurs, accusés d'avoir mal parlé de la religion chrétienne, brochure in-8° de 134 pages.* On ne pourrait qu'applaudir au but de l'auteur, si dans le précis des ouvrages qu'il présente, il s'était occupé sérieusement à les combattre; mais on ne voit que trop que son objet est moins de les réfuter que de remettre sous les yeux du lecteur les opinions dangereuses des Porphyre, des Celse et des Julien, adoptées et rajeunies par les auteurs de la ligue morne conjurée pour saper et renverser le christianisme jusque dans ses fondements. Cet ouvrage, pour tout dire, est de M. de Voltaire. Il contient des faits curieux et intéressants. La partie historique en est très bien faite.[2]

Le modeste accueil qui leur est fait dans les périodiques (les *Mémoires secrets* et la *Correspondance littéraire* sont à notre connaissance les seuls à en conserver mention) signale que les *Lettres* n'ont sans doute pas eu au moment de leur parution une audience considérable. Il est pourtant difficilement imaginable que les lecteurs avertis n'en aient pas reconnu l'auteur: la mention du destinataire pouvait être un signe (bien que pour Grimm 'Monseigneur le prince de ***' soit 'un prince en l'air'); les envolées déistes en particulier étaient reconnaissables. L'abondance des productions voltairiennes en cette année 1767 (c'est la douzième nouveauté depuis le mois de mars[3]) y est peut-être pour quelque chose; le sentiment exprimé par Grimm d'avoir affaire à des 'redites' aussi. Les *Lettres*, soumises aux aléas du livre clandestin, ont pu pâtir encore de leur prix élevé, notamment par rapport à leur nombre de pages, comme le signale Grimm dans la *Correspondance littéraire*.

La parution des *Lettres* à Paris paraît assez facile à dater; on dispose en revanche de peu d'indices au sujet de leur rédaction. Si

---

[2] Louis Petit de Bachaumont, *Mémoires secrets pour servir à l'histoire de la république des lettres en France, depuis 1762 jusqu'à nos jours*, 16 vol. (Londres, 1780-1789), t.3, p.256.

[3] Selon le décompte de René Pomeau, *La Religion de Voltaire* (Paris, 1994), p.354.

l'on suit Theodore Besterman et que l'on estime que 'le manuscrit admirable contre le fanatisme, fait par un provincial' de la lettre du 4 octobre 1767 (la mention est bien vague, mais la date est vraisemblable), jour de la fête donnée par Mme Denis pour la Saint-François, est bien celui des *Lettres*, la rédaction aurait été achevée quelques jours auparavant, vers la fin de septembre. Les *Lettres* pourraient avoir été écrites ou mises au point pendant le mois précédent, que Voltaire déclare avoir passé dans son lit:[4] la compilation des données a dû être assez rapide et la forme épistolaire choisie ne demandait pas un travail de composition complexe. L'affirmation de Grimm selon laquelle 'ces lettres sont écrites avec une hâte extrême et beaucoup de négligence' peut avoir pour origine non seulement une impression de lecture, mais une information.

On sait que Voltaire accompagne depuis Ferney la publication de ses livres d'une escorte épistolaire, véritable paratexte destiné à en organiser la réception. Autour du *Traité sur la tolérance* par exemple, quelques années auparavant, le phénomène est particulièrement visible. Les enjeux des *Lettres* ne sont pas comparables à ceux du *Traité* et on ne connaît que fort peu de missives où il soit question de celles-ci. Il nous en est cependant resté deux, très caractéristiques des tactiques de Voltaire. Ce sont deux démentis, tous deux à double sens et destinés à d'utiles relais. Le premier est adressé à François-Louis-Claude Marin, alors secrétaire général de la Librairie après avoir été censeur; c'est un confrère bien placé susceptible d'être utile aux philosophes, mais auquel sa position impose la prudence. La lettre, qui attire l'attention sur l'ouvrage et sur son intérêt (des 'choses curieuses' sont des choses 'rares, nouvelles extraordinaires, excellentes dans leur genre'[5]), est à la fois un aveu et un désaveu: 'J'ai lu les *Lettres sur Rabelais* et autres grands personnages. Ce petit ouvrage n'est pas assurément fait à

---

[4] D14475 (les 'bagatelles ci-jointes' étant plus vraisemblablement les vers écrits à l'occasion de la fête que les *Lettres*).

[5] *Dictionnaire de l'Académie* (1762).

Genève [...] il a été imprimé à Bâle, et non point chez Marc-Michel Rey, comme le titre le porte. Il y a, en effet, des choses assez curieuses; mais je voudrais que l'auteur ne fût point tombé quelquefois dans le défaut qu'il semble reprocher aux auteurs hardis dont il parle'.[6] L'autre lettre, adressée à Etienne-Noël Damilaville, le premier des 'frères', celui qui diffuse avec zèle la parole voltairienne, n'est pas très différente. Les mots de Voltaire sont destinés à être répétés et répandus, avec les mêmes finalités: signaler l'intérêt du texte, éventuellement donner une clé d'attribution (en résolvant l'anonymat du titre) et nier formellement en être l'auteur: 'On parle de quelques autres ouvrages nouveaux, entre autres de quelques lettres écrites au prince de Brunswick sur Rabelais et sur tous les auteurs italiens, français, anglais, allemands, accusés d'avoir écrit contre notre sainte religion. On dit que ces lettres sont curieuses. Je tâcherai d'en avoir un exemplaire et de vous l'envoyer, supposé qu'on puisse vous le faire tenir par la poste'.[7]

Les premières semaines passées, les *Lettres* sont abandonnées aux aléas d'une vie éditoriale compliquée: une nouvelle édition avec un second titre plus explicite (*Catalogue raisonné des esprits forts, depuis le curé Rabelais, jusqu'au curé Jean Meslier*) en 1768, la réimpression dans des volumes de mélanges et enfin le démembrement et le réemploi dans les *Questions sur l'Encyclopédie* (voir 'Editions', ci-dessous). La forme épistolaire est décidément bien pratique, qui permet la composition en unités brèves, elles-mêmes librement subdivisées, aussi facilement réunies que dispersées.

2. *'Monseigneur'*

Lettres, les *Lettres à Son Altesse Monseigneur le prince de *** le sont en effet, au même titre ou peut-être un peu plus que les *Lettres philosophiques*. Si leur régime est aussi celui d'une épistolarité

---

[6] D14554, 27 novembre 1767.
[7] D14568, 4 décembre 1767.

restreinte (un 'vous', un 'je', des séquences de texte distinctes qui, malgré leur qualification de lettres, sont précédées d'un titre ou comportent des titres intermédiaires indiquant les sujets traités), les *Lettres à Son Altesse*, à la différence de celles qui les ont précédées, sont adressées à un destinataire précis, présent dans le titre du recueil et au début et à la fin de presque toutes les lettres, et représenté dans celles-ci. Le texte lui prête quelques caractéristiques identifiantes: il est prince; il est allemand;[8] il est avide de savoir: chacune des lettres, à la seule exception de la neuvième, est censée répondre à une demande d'éclaircissements ou d'informations de sa part;[9] il est 'également éloigné' de l'athéisme et du fanatisme, mais orthodoxe; cependant son âme 'noble' le rend capable de raisonner librement.[10]

Les étoiles qui remplacent son nom dans le titre, marque habituelle de la fiction, cachent ici, sous un anonymat fragile, un homme illustre, qui sert à Voltaire de caution et d'allié. On sait que dans sa lettre du 4 décembre 1767 à Damilaville déjà citée, Voltaire ne fait pas mystère du nom du destinataire. Charles-Guillaume-Ferdinand, prince de Brunswick-Lunebourg, est d'ailleurs cité dans les *Lettres* elles-mêmes, comme dédicataire du *Discours de l'empereur Julien* publié par Voltaire, dans une mise en abyme qui n'échappe pas au lecteur attentif et fidèle du patriarche. L'auteur de la lettre y présente ironiquement le *Discours* comme un ouvrage 'funeste' pour la religion, mais dont le danger est écarté grâce à une préface 'sage et instructive' et des 'remarques savantes':[11] c'est décrire précisément le mode d'écriture des *Lettres*, où le précis d'œuvres fort peu orthodoxes est suivi de protestations de soumission à la religion. 'Prince victorieux et aimable', le prince

---

[8] 'Votre Allemagne a eu aussi beaucoup de grands seigneurs et de philosophes accusés d'irréligion', lui écrit le destinateur au début de la lettre 6 (lignes 1-2).

[9] 'J'ai répondu à toutes vos questions', récapitule le destinateur à la fin de la lettre 10 (lignes 141-142).

[10] Lettre 10, lignes 139 et 155.

[11] Lettre 6, lignes 101, 103 et 102.

de Brunswick a l'avantage d'être en outre 'philosophe'.[12] Doublement emblématique de la modernité, il combine les traits du
'militaire philosophe', hardi et sans préjugés, avec ceux du
prince éclairé, ennemi des 'robes noires'.[13] Objet d'une large
publicité, sa réception à Ferney en juillet 1766 a été l'occasion de
diffuser un portrait élogieux du prince et de l'associer à la cause
philosophique. 'Il me paraît fait pour la guerre, pour les lettres,
pour la philosophie et pour l'amour',[14] écrit Voltaire, qui déclare
d'autre part son hôte 'outré d'indignation, de colère et de pitié'[15]
par la condamnation du chevalier de La Barre.

Destinataire fictif des *Lettres*, le prince héréditaire de Brunswick, jeune homme destiné à de hautes fonctions, homme du
monde généreux, sensible et courageux,[16] curieux de savoir,
attaché à ses croyances mais dépourvu de préjugés, est un symbole
autant qu'un personnage réel. Il est le garant, pour le destinataire
véritable – le lecteur, dont il donne une image valorisante – de
l'intérêt et de la modernité des *Lettres*. Sa caution doit aussi
prévenir les accusations d'impiété et enlever à l'œuvre son
caractère scandaleux.

3. Un 'catalogue des esprits forts'

Les réponses données en dix lettres au prince éclairé ont en effet de
quoi effrayer. Elles sont constituées d'une série de notices, classées
le plus souvent par nation, présentant de façon globalement
chronologique, à partir de la Renaissance, des auteurs qui ont
tous en commun de s'en prendre, à des degrés divers, à la religion
dominante et d'entrer dans la catégorie des 'esprits forts', c'est-à-
dire de 'ceux qui par une folle présomption veulent se mettre au-
dessus des opinions et des maximes reçues, surtout en matière de

[12] D13399, 8 juillet 1766.
[13] D13422, 16 juillet 1766.
[14] D13448, 25 juillet 1766.
[15] D13428, 18 juillet 1766.
[16] C'est ainsi que le présente le chapitre 33 du *Précis du siècle de Louis XV*.

religion'. [17] Le syntagme, présent dans le second titre de 1768 (voir 'Editions', ci-dessous), est courant depuis le siècle précédent et utilisé sans qu'il soit besoin de l'expliquer: l'*Encyclopédie* elle-même, qui ne le définit jamais, en compte plusieurs dizaines d'occurrences. La quarantaine de notices développées, auxquelles s'ajoutent les innombrables mentions et allusions, constitue ainsi une liste de noms d'auteurs, de titres d'œuvres et d'arguments, agrémentée parfois d'anecdotes biographiques et de citations, qui donne accès de façon directe et attrayante à des auteurs qui ont souvent été l'objet de poursuites et de condamnations, dont les œuvres, vivement attaquées par les autorités religieuses, n'ont circulé, souvent sous forme manuscrite, que dans des cercles restreints, et que continuent de combattre les apologistes chrétiens.

Les *Lettres* s'inscrivent dans le mouvement général de divulgation d'une culture longtemps clandestine, qui s'opère notamment par la révélation et l'impression de textes restés manuscrits. [18] Elles font partie de la grande vague de publications des années 1760-1770 qui marque la fin de la diffusion clandestine. Voltaire en a été un acteur majeur: il a publié par exemple en 1762 une version abrégée du manuscrit du curé Meslier, donnant ainsi à cette dénonciation radicale de la fausseté du christianisme une diffusion qu'elle n'avait jamais eue. Les *Lettres* ne révèlent certes pas des textes restés jusque-là inconnus ou inédits. Tous ceux auxquels il y est fait référence sont imprimés; les grandes sommes alphabétiques du siècle leur ont souvent déjà fait une place, parfois importante: le *Dictionnaire historique et critique*, lu en France depuis la Régence, ou l'*Encyclopédie*, qui consacre des articles importants au déisme, à la liberté de pensée, à Giordano Bruno, à Vanini ou à Spinoza; bon nombre d'entre eux sont présents dans les œuvres antérieures de Voltaire lui-même. Mais en réunissant en un petit volume ces informations éparpillées, en

---

[17] *Dictionnaire de l'Académie* (1762).

[18] Voir, pour ne citer, parmi les très nombreux travaux consacrés à la philosophie clandestine initiés par Ira O. Wade, qu'une synthèse toute récente: Gianni Paganini, *Les Philosophies clandestines à l'âge classique* (Paris, 2005).

leur donnant une cohérence, en les insérant dans une histoire, en les rendant lisibles (brièveté des notices, clarté et simplicité des développements, présence d'anecdotes, de citations, scansion par les marques de l'épistolarité), Voltaire assure leur diffusion à une échelle encore inconnue.

Les *Lettres* sont proches des 'bibliothèques' de la tradition clandestine, qui sont des listes manuscrites commentées de textes philosophiques. Les apologistes les ont reconstituées pour mieux les dénoncer: Garasse, dans sa *Doctrine curieuse des beaux esprits de ce temps*, décrit une 'bibliothèque des libertins', où figurent en bonne place Rabelais, Vanini ou Pomponace.[19] Ces catalogues manuscrits commencent à connaître la publicité de l'imprimerie. La 'Notice des écrits les plus célèbres, tant imprimés que manuscrits, qui favorisent l'incrédulité, ou dont la lecture est dangereuse aux esprits foibles', par exemple, est imprimée en 1754 dans un volume de mélanges satiriques.[20] Bien que cette 'Notice' comprenne en abondance des auteurs antiques, près de la moitié des noms sont communs avec la liste de Voltaire.

Les *Lettres* se distinguent toutefois des 'bibliothèques' antérieures par leur caractère moderne et européen. Aucun auteur cité n'est antérieur au seizième siècle; les grands Anciens chers aux libertins sont absents. Les esprits forts de Voltaire participent des progrès récents dans l'histoire de l'esprit humain. Leur temps est celui du 'grand ouvrage' commencé 'il y a près de deux cent cinquante années', qui consiste, dans un même mouvement, à bannir l'ignorance par la découverte progressive des lois de la nature et à 'épurer la religion'.[21] La place singulière faite aux

---

[19] *La Doctrine curieuse des beaux esprits de ce temps, ou prétendus tels: contenant plusieurs maximes pernicieuses à la religion, à l'Etat et aux bonnes mœurs, combattue et renversée par le P. François Garassus* (Paris, S. Chappelet, 1623), livre 8, p.1012-17.

[20] La liste se trouve dans les manuscrits de Thomas Pichon et est imprimée aux pages 329-55 du pot-pourri attribué à André-Joseph Panckoucke et intitulé *L'Art de desoppiler la rate, sive De modo c. prudenter...*, A Gallipoli de Calabre, l'an des folies 175884 [1754]. Voir l'édition qu'en propose Geneviève Artigas-Menant dans 'Questions sur la *Notice des écrits*', *La Lettre clandestine* 2 (1993), p.167-92.

[21] Lettre 4, 'De Bolingbroke', lignes 203-204.

Anglais renforce ce caractère de modernité. Une bonne partie des auteurs anglais cités dans les *Lettres* n'est présente ni dans l'*Encyclopédie* ni dans la 'Notice' déjà citée par exemple. Cette présence des Anglais concourt aussi à donner au catalogue de Voltaire, adressé à un prince allemand, une dimension européenne, accentuée par le découpage souvent national des lettres, et par la mention fréquente de pays et d'origines: c'est dans toute l'Europe éclairée, en France, en Angleterre, en Allemagne, et même en Italie que s'élaborent des réflexions convergentes dénonçant les incohérences et les intolérances du christianisme. C'est aussi de toutes les confessions que viennent les esprits libres: catholiques, bien sûr, mais aussi anglicans comme Swift, réformés, luthériens comme Mélanchthon ou calvinistes comme Barbeyrac, voire Juifs, comme Spinoza. Quelle que soit la religion dans laquelle ils sont nés, tous, d'un bout de l'Europe à l'autre, cherchent à en briser le carcan et en appellent de leurs vœux une nouvelle, qui soit pure et universelle.

4. *'Liberté de penser'*

Non seulement les *Lettres* font une large place à l'Angleterre et à l'Europe en général, mais elles ne se limitent pas à la compilation et à la diffusion de noms et de références. Elles comprennent en outre des développements de longueur variable décrivant en quelques traits la vie et la personnalité des auteurs. Ces notices sont souvent proches, forme mise à part, de l'éloge, notamment tel que le pratique Fontenelle à l'occasion de la disparition des membres de l'Académie des sciences. On sait que ces vies successives de savants finissent par composer une sorte d'archétype séduisant, qui contribue à magnifier la science elle-même. De même dans les *Lettres*, les anecdotes biographiques révélatrices se renforcent mutuellement d'une vie à l'autre et construisent des figures positives, très différentes des épouvantails présentés par la tradition apologétique. Loin du suicide, de l'effroi, de la relégation ou de la repentance, les 'prétendus esprits forts' comme les appellent leurs adversaires,[22] meurent en paix, entourés de leurs amis. Leurs dernières paroles, rapportées à plusieurs reprises par Voltaire, disent leur sagesse, leur acceptation tranquille du destin et la constance de leurs vues. Ces hommes aux mœurs douces et simples, qui se sont consacrés à la recherche de la vérité, ont une vie et une mort de philosophes. A ces grands hommes, dignes comme La Mettrie de l'éloge des rois éclairés,[23] souvent honorés, s'opposent leurs adversaires, de sanguinaires persécuteurs, des bourreaux, dont la liste des victimes s'égrène dans les lettres, des prêtres, des fanatiques, chrétiens, catholiques surtout, même si la synagogue ou le temple ont aussi les leurs. Dans les *Lettres* les qualités morales sont résolument du côté des esprits libres.

On le comprend, le 'catalogue' est plus qu'une liste de noms, c'est un véritable plaidoyer pour la 'liberté de penser'.[24] La notion a été introduite en France par le *Discours sur la liberté de penser* de Collins (traduit par Jean Rousset de Missy) dès 1714 et a suscité immédiatement un vif débat. Depuis, les termes de celui-ci sont restés à peu de chose près les mêmes, comme en témoigne l'article 'Liberté de penser'[25] de l'*Encyclopédie*: d'un côté les partisans d'une liberté absolue d'exercer son jugement sur 'quelque proposition que ce puisse être'[26] et de l'autre ceux pour qui des limites doivent être posées à la liberté de penser en matière religieuse, pour éviter qu'elle n'aboutisse à l'incroyance. Dans les *Lettres*, Voltaire défend précisément la liberté de penser en matière de religion, celle des '*free thinkers*' rencontrés en Angleterre. 'C'est un pays où on pense librement et noblement sans être retenu par aucune crainte servile', écrivait-il dès 1726.[27] L'idéal des *Lettres* est déjà là.

[22] Le terme est encore employé par l'abbé Mallet dans l'*Encyclopédie*.
[23] Lettre 7.
[24] L'expression se trouve dans la lettre 6, ligne 81.
[25] Par l'abbé Mallet.
[26] *Discours sur la liberté de penser. Ecrit à l'occasion d'une nouvelle secte d'esprits forts, ou de gens qui pensent librement* (Londres, 1714), 'Section 1', p.5.
[27] D299, 12 août, à Thiriot.

5. *'Une religion sans enthousiasme'*

Le plaidoyer pour la liberté de penser en matière de religion est une charge contre le christianisme, comme la plupart des productions voltairiennes de l'année 1767. Contre ses fondements d'abord: pour Voltaire, un des meilleurs arguments contre la religion chrétienne reste la dénonciation de la Bible, de ses archaïsmes et de ses incohérences. Comme beaucoup d'autres œuvres de la même époque, comme le *Traité sur la tolérance* ou le *Dictionnaire philosophique*, les *Lettres* sont, entre autres choses, un catalogue des passages de la Bible les plus controversés, une sorte d'anthologie des acquis de la critique rationaliste, que Voltaire a grandement contribué à diffuser. Tous ses grands thèmes et les principaux passages dont elle se sert y sont, depuis Moïse jusqu'aux apôtres, en passant par la question de l'immortalité de l'âme, de la généalogie de Jésus-Christ ou de ses miracles. Rien d'entièrement nouveau sans doute, mais des arguments particulièrement développés, par exemple ceux des polémistes juifs, ces 'curieux alliés',[28] dont Voltaire a relu pour l'occasion les controverses, et qu'il expose ici plus longuement qu'il ne l'a jamais fait. Les auteurs choisis (Ulrich von Hutten, Rabelais, Swift, etc.) permettent aussi d'introduire de la satire, contre le pape ou les mœurs ecclésiastiques. Les dogmes, et notamment celui du péché originel, ne sont pas épargnés non plus. Mais l'argument majeur contre le christianisme, c'est son intolérance. Les persécutions sont la toile de fond sur laquelle s'esquissent les destinées des auteurs qui ont 'mal parlé de la religion chrétienne'. Une toile de fond sombre et terrible, emportée par un imaginaire fantastique, qui entraîne les *Lettres* loin des 'bibliothèques érudites': les chrétiens s'y '[égorgent] les uns les autres', '[dévorent] les entrailles de leurs frères assassinés pour des arguments'.[29]

---

[28] Pour reprendre l'expression d'Arnold Ages ('Voltaire and the rabbis: the curious allies', *Romanische Forschungen* 79, 1967, p.333-44).

[29] Lettre 7, lignes 521-23.

Ce christianisme historique discrédité par ses obscurités et ses victimes, les esprits modernes et éclairés, ceux qui pensent librement, le rejettent. Ils ne sont pas athées pour autant. Ceux qui ont été accusés d'athéisme, montre Voltaire, Des Périers, Théophile, Des Barreaux, La Mothe le Vayer, l'abbé de Saint-Pierre, Barbeyrac, Fréret ou Boulanger[30] l'ont été à tort. Le *Tractatus* de Spinoza n'est pas athée. Il y a bien de l'athéisme dans le manuscrit du curé Meslier, mais son intérêt n'est pas là, et d'ailleurs l'abrégé qui en a été publié l'en a heureusement expurgé. Alors que l'athéisme est à chercher 'dans les anciens philosophes',[31] le savoir moderne sur le monde mène au théisme: la 'vraie science prosterne l'homme devant la Divinité';[32] 'plus on connaît la nature, plus on adore son auteur'.[33] La libre pensée dont Voltaire écrit l'histoire dans les *Lettres* ne mène pas à l'athéisme, mais au théisme, religion de la modernité. L'athéisme, 'presque aussi dangereux que le fanatisme', 'ne peut faire aucun bien à la morale'.[34] Le théisme introduit au contraire 'le frein d'une religion [...] nécessaire à ces grands criminels';[35] mais, à la différence des religions instituées, celle-ci est pure, dégagée de tous les mystères, de toutes les superstitions et de tous les enthousiasmes. 'Simple adorateur' de l'être suprême 'rémunérateur de la vertu et vengeur du crime', sous l'autorité des lois et du magistrat, le théiste est paisible et 'rend paisible', il ne trouble pas 'la paix des Etats' ni 'la douceur de la société', il est charitable, il est sage. Le théiste a tous les traits du philosophe défini par Dumarsais (dans un texte précisément resté longtemps manuscrit, puis publié dans un recueil anonyme et enfin dans l'*Encyclopédie*): il use de sa raison pour

[30] Tous ceux dont les notices sont déplacées en 1775 des *Lettres* à l'article 'Athéisme' des *Questions sur l'Encyclopédie*, pour les justifier de l'accusation d'athéisme.
[31] Lettre 10, ligne 88.
[32] Lettre 4, ligne 229.
[33] Lettre 10, lignes 135-36.
[34] Lettre 10, lignes 137-38.
[35] Lettre 2, lignes 156-58.

comprendre le monde et travaille à l'amélioration du sort de ses semblables. C'est une des thèses des *Lettres*: l'athéisme, qui ne garantit pas la morale, ne peut pas être l'héritier légitime de la libre pensée.

Réhabiliter des auteurs condamnés et tenus dans l'ombre, en montrant leur proximité avec d'autres à qui n'est pas attachée la même réputation (Rabelais, Montesquieu, les auteurs de l'*Encyclopédie*, etc.) et en insistant sur leurs qualités morales, c'est donner à la libre pensée ses lettres de noblesse en la faisant descendre d'une lignée abondante et honorable: elle aussi a sa tradition et ses grands hommes, dont l'intrépidité intellectuelle n'a d'égale que la sagesse. Les notices contenues dans les lettres sont d'autre part une occasion de réactiver la pensée critique des 'esprits forts', dont les arguments bien choisis n'ont pas perdu de leur efficacité, contre l'archaïsme et l'irrationalité de la Bible ou contre l'obscurantisme et l'intolérance du christianisme. Parées du prestige de la clandestinité dont elles conservent certaines marques, les *Lettres* sont pourtant conçues pour un public plus large, celui des lecteurs éclairés et curieux auxquels elles offrent une masse exceptionnelle d'informations sous une forme accessible. Une des fonctions de la démarcation formelle d'avec l'athéisme est sans doute dans ce contexte de contribuer à donner à la libre pensée, dont la 'philosophie' et le théisme sont issus, une image rassurante.

6. *Editions*

67

LETTRES / A SON / ALTESSE / *MONSEIGNEUR* / LE PRINCE DE ****. / *Sur Rabelais & sur d'autres auteurs* / *accusés d'avoir mal parlé de la* / *Religion Chrétienne.* / [*fleuron*] / *A AMSTERDAM.* / [*filet gras-maigre*] / Chez MARC MICHEL REY. / 1767.

8°. sig. A-I⁸ [$4, chiffres romains; A chiffres arabes (-4)]; pag. [4] 144.

[i] faux titre; [ii] bl.; [iii] titre; [iv] bl.; [1]-14 Lettre sur Rabelais; 15-25 Seconde lettre. Sur les Prédécesseurs de Rabelais, en Allemagne, & en

Italie, & d'abord du Livre intitulé litterae virorum obscurorum; 26-35 Troisième lettre. Sur Vanini; 36-52 Quatrième lettre. Des Auteurs Anglais qui ont eu le malheur d'écrire contre la Religion; & particulièrement de Warburton; 53-57 Cinquième lettre. Sur Swift; 58-64 Sixième lettre. Des Allemands; 65-106 Septième lettre. Sur les Français; 107-112 Huitième lettre. Sur l'Enciclopédie; 113-30 Neuvième lettre. Sur les Juifs; 131-41 Dixième lettre. Sur Spinosa; 142 Errata; 143-44 Table.

Cette édition fut peut-être publiée par Cramer à Genève: voir D14554.

Bengesco 1747, BnC 4133.

Paris, BnF: Rés. Z Beuchot 1473 et cinq autres exemplaires.

68

[*page de titre*] LETTRES / A SON / ALTESSE / *MONSEIGNEUR* / LE PRINCE DE **** / *Sur Rabelais et sur d'autres auteurs* / *accusés d'avoir mal parlé de la* / *Religion Chrétienne.* / [*groupe d'ornements typographiques*] / *A LONDRES* / M DCC LXVIII.

[*seconde page de titre*[36]] CATALOGUE / RAISONNÉ / DES / ESPRITS FORTS, / DEPUIS LE CURÉ RABELAIS, / JUSQU'AU CURÉ / JEAN MESLIER. / *Dressé par M. P. V. Professeur en Théologie* / [*fleuron*] / *A BERLIN*, / Chez *I. PAULI* / M DCC LXVIII.

12°. sig. A-D¹² E⁶ [$7, chiffres arabes]; pag.[ii] 114 (les pages 109-114, bien que de la même police, ont une présentation légèrement différente).

[sans numéro de page] Table Des Pièces contenues dans ce Volume; [1]-11 Première lettre. Sur Rabelais; 12-20 Seconde lettre. Sur les Prédécesseurs de Rabelais en Allemagne, & en Italie, & d'abord du Livre intitulé: Litterae virorum obscurorum; 21-28 Troisième lettre. Sur Vanini; 29-41 Quatrième lettre. Des Auteurs Anglais qui ont eu le malheur d'écrire contre la Religion; & particulièrement de Warburton; 42-45 Cinquième lettre. Sur Swift; 46-51 Sixième lettre. Des Allemands; 52-83 Septième lettre. Sur les Français; 84-87 Huitième lettre. Sur l'Enciclopédie. 88-100 Neuvième lettre. Sur les Juifs; 101-108 Dixième

---

[36] Placée en tête du volume, après ou avant la première, sur d'autres exemplaires (BnF: Z 15439; Z Beuchot 74 (2)).

lettre. Sur Spinosa; 109-14 Projet secret présenté à l'empereur ottoman Mustapha III. Par Ali ben Abdallah Pacha du Caire. De l'imprimerie nouvellement établie au Caire. Traduit du turc.

Cette édition fut publiée à Amsterdam par Marc-Michel Rey.

Bengesco 1747 note; BnC 4135.

Paris, BnF: Rés. Z Beuchot 488; Z Beuchot 74 (2); Z 15439.

NM (1768)

Nouveaux Mélanges philosophiques, historiques, critiques, etc. [Genève, Cramer] 1765-1775. 19 vol. 8°.

Tome 7 (1768): 233-327 Lettres à Son Altesse Monseigneur le prince de *** / Sur Rabelais, et sur d'autres auteurs accusés d'avoir mal parlé de la religion chrétienne.

Bengesco 2212, Trapnell NM, BnC 111-135.

Oxford, Taylor: VF. Paris, BnF: Z Bengesco 487, Rés. Z Beuchot 28.

EJ1 (1769)

L'Evangile du jour. Londres [Amsterdam, M.-M. Rey], 1769-1780. 18 vol. 8°.

Tome 3 (1769): 123-207 Lettres à Son Altesse Monseigneur le prince de *** / Sur Rabelais, et sur d'autres auteurs accusés d'avoir mal parlé de la religion chrétienne.

Bengesco 292, Trapnell EJ, BnC 5234-5281.

Oxford, Taylor: V8 E8 1769. Paris, BnF: D² 5300 (3), Rés. Z Beuchot 290 (3).

QE70 (1771)

Questions sur l'Encyclopédie, par des amateurs. [Genève, Cramer] 1770-1772. 9 vol. 8°.

Tome 2 (1771): 306-27 Athéisme / Section quatrième [306-308 De Bonaventure Des-Périers, accusé d'athéisme; 309-12 De Théophile; 312-13 De Des-Barreaux; 314 De La Motte le Vayer; 314-16 De Saint-

Evremont; 316-18 De Fontenelle; 318 De l'abbé de Saint-Pierre; 318-20 De Barbeirac; 320-26 De Fréret; 326-27 De Boulanger].

Tome 6 (1771): 193-99 François Rabelais / Section seconde [193-96 Des prédecesseurs de Rabelais en Allemagne, et en Italie, et d'abord du livre intitulé Litterae virorum obscurorum; 196-99 Des anciennes facéties italiennes qui précédèrent Rabelais].

L'édition originale des *Questions sur l'Encyclopédie*.

Bengesco 1408, BnC 3597.

Edimbourg, National Library of Scotland: BCL.B7183-7189. Londres, British Library: 1158 K10-14. Neuchâtel, Bibliothèque publique et universitaire: NUM 150.7.1. Oxford, Taylor: V8 D6 1770, V1 1770 G/ 1 (38-43); VF. Paris, Arsenal: 8° B 34128; BnF: Z 24726-24734. Saint-Pétersbourg, Bibliothèque nationale de Russie: BV3737.

QE71N (1771)

Questions sur l'Encyclopédie, par des amateurs. Nouvelle édition, soigneusement revue, corrigée et augmentée. [Neuchâtel, Société typographique] 1771-1772. 9 vol. 8°.

Tome 2 (1771): 306-27 Athéisme / Section quatrième.

Tome 6 (1771): 193-99 François Rabelais / Section seconde.

Bengesco 1409, BnC 3603.

Londres, University of London Library: G.L. 1771. Neuchâtel, Bibliothèque publique et universitaire: QPZ 127. Paris, BnF: Rés. Z Bengesco 225. Saint-Pétersbourg, Bibliothèque nationale de Russie: BV3738.

QE71A (1771 et 1772)

Questions sur l'Encyclopédie, distribuées en forme de dictionnaire. Par des amateurs. Londres [Amsterdam, Rey], 1771-1772. 9 vol. 8°.

Tome 2 (1771): 262-80 Athéisme / Section quatrième.

Tome 6 (1772) 163-69 François Rabelais / Section seconde.

Bengesco 1410, BnC 3604.

Genève, ImV: D Questions 5/1771/3. Oxford, Taylor: V1 1770 G/1 (35-37); VF. Paris, BnF: Rés. Z Beuchot 731.

w68 (1771 et 1774)

*Collection complette des œuvres de Mr. de ***.* Genève [Cramer; Paris, Panckoucke], 1768-1777. 30 vol. 4°.

Tome 16 (*Mélanges philosophiques, littéraires, historiques, etc.,* tome 3, 1771): 289-353 Lettres à Son Altesse Monseigneur le prince de *** / Sur Rabelais, et sur d'autres auteurs accusés d'avoir mal parlé de la religion chrétienne.

Tome 21 (*Questions sur l'Encyclopédie, par des amateurs,* tome 1, 1774): 430-43 Athéisme / Section quatrième.

Tome 23 (*Questions sur l'Encyclopédie, par des amateurs,* tome 3, 1774): 268-72 François Rabelais / Section seconde.

Le tome 16 de cette édition fournit notre texte de base.

Bengesco 2137, BnC 141-44, Trapnell 68.

Genève, ImV: A 1768/1. Oxford, Taylor: VF. Paris, BnF: Z4961; Rés. M Z587.

w70L (1773)

Collection complette des œuvres de M. de Voltaire. [Lausanne, Grasset, Pott; Bâle, Meschel] 1770-1781. 57 vol. 8°.

Tome 32 (*Mélanges de littérature,* tome 32, 1773): 251-349 Lettres à Son Altesse Monseigneur le prince de *** / Sur Rabelais, et sur d'autres auteurs accusés d'avoir mal parlé de la religion chrétienne.

A la différence de w68, cette édition ne fait pas double emploi du texte des *Lettres*; sous les rubriques 'Athéisme, Section troisième' et 'François Rabelais' dans les *Questions sur l'Encyclopédie* on donne simplement des renvois aux *Lettres* qui paraissent dans le tome 32.

Bengesco 2138, Trapnell 70L, BnC 149 (1-6, 14-21, 25).

Genève, ImV: A 1770/4. Oxford, Taylor: V1 1770 L.

W71L (1773 et 1775)

Collection complette des œuvres de M. de Voltaire. Genève [Liège, Plomteux], 1771-1777. 32 vol. 12°.

Tome 16 (*Mélanges philosophiques, littéraires, historiques, etc.*, tome 3, 1773): 329-401 Lettres à Son Altesse Monseigneur le prince de *** / Sur Rabelais, et sur d'autres auteurs accusés d'avoir mal parlé de la religion chrétienne.

Tome 21 (*Questions sur l'Encyclopédie, par des amateurs*, tome 1, 1775): 489-504 Athéisme / Section quatrième.

Tome 23 (*Questions sur l'Encyclopédie, par des amateurs*, tome 3, 1775): 297-302 François Rabelais / Section seconde.

Bengesco 2139, Trapnell 71, BnC 151.

Genève, ImV: A 1771/1. Oxford, Taylor: VF.

W75G

La Henriade, divers autres poèmes et toutes les pièces relatives à l'épopée. Genève [Cramer et Bardin], 1775. 37 (ou 40) vol. 8°.

Tome 26 (*Questions sur l'Encyclopédie, par des amateurs*, tome 2): 126-41 Athéisme / Section quatrième [126-28 De Bonaventure Des-Périers, accusé d'athéisme; 128-30 De Théophile; 131-32 De Des-Barreaux; 132 De La Motte le Vayer; 132-33 De Saint-Evremont; 133-35 De Fontenelle; 135 De l'abbé de Saint-Pierre; 135-36 De Barbeirac; 136-40 De Fréret; 140-41 De Boulanger].

Tome 28 (*Questions sur l'Encyclopédie, par des amateurs*, tome 4): 413-18 François Rabelais / Section seconde [413-15 Des prédécesseurs de Rabelais en Allemagne, et en Italie, et d'abord du livre intitulé Litterae virorum obscurorum; 415-18 Des anciennes facéties italiennes qui précédèrent Rabelais].

Tome 35 (*Mélanges de littérature, d'histoire et de philosophie*, tome 3): 136-81 Fragment à Son Altesse Monseigneur le prince de ***, sur quelques auteurs accusés d'avoir mal parlé de la religion chrétienne [137-39 Au même / Sur Vanini; 139-54 Des auteurs anglais; et particulièrement de Warburton [140-41 De Toland; 141-42 De Locke; 142 De l'évêque Tailor et de Tindal; 143 De Collins; 143-44 De Wolston; 144-46 De Warburton;

146-47 De Bolingbroke; 148 De Thomas Chubb; 148-50 Sur Swift]; 151-54 Des Allemands; 154-62 Sur les Français [155-57 De Bayle; 157-59 De Mademoiselle Huber; 159 De Montesquieu; 159-60 De La Métrie; 160-62 Du curé Meslier]; 162-65 Sur l'Encyclopédie; 165-75 Sur les Juifs [171-74 D'Orobio; 174-75 D'Uriel Acosta]; 175-81 Sur Spinosa.

L'édition encadrée. Dans cette édition le texte est partagé entre les *Questions sur l'Encyclopédie* et un *Fragment à Son Altesse Monseigneur le prince de ****.

Bengesco 2141, Trapnell 75G, BnC 158-61.

Genève, ImV: A 1775/2. Oxford, Taylor: V1 1775; VF. Paris, BnF: Z24822-24868, Z Beuchot 32.

K

Œuvres complètes de Voltaire. [Kehl] Société littéraire-typographique, 1784-1789. 70 vol. 8°.

Tome 47 (*Mélanges littéraires*): 325-412 Lettres à Son Altesse Monseigneur le prince de ***, Sur Rabelais, et sur d'autres accusés d'avoir mal parlé de la religion chrétienne.

A l'encontre de w75G, cette édition présente le texte des *Lettres* en son entier; mais elle intègre en même temps plusieurs petites leçons figurant dans le texte de w75G. Le recueil des ouvrages alphabétiques intitulé *Dictionnaire philosophique* ne comporte ni de 'Section 4' dans l'article 'Athéisme' ni d'article 'François Rabelais'.

Bengesco 2142, Trapnell K, BnC 164-69.

Genève, ImV: A 1784/1. Oxford, Taylor: VF. Paris, BnF: Rés. P Z 2209.

7. *Principes de l'édition*

L'édition choisie comme texte de base est w68 (tome 16, 1771). C'est la dernière parution du texte intégral dans une édition à laquelle Voltaire a participé. La même année, Voltaire a intégré la lettre 1 ('Sur Rabelais'), une partie de la lettre 2 ('Sur les prédécesseurs de Rabelais') et une partie de la lettre 7 ('Sur les Français') dans l'édition originale des *Questions sur l'Encyclopédie*, aux articles 'Athéisme' et 'François Rabelais'. Dans l'édition encadrée de 1775 (w75G), ces extraits des *Lettres* figurent toujours dans les articles 'Athéisme' et 'François Rabelais' des *Questions sur l'Encyclopédie*, le reste du texte des *Lettres* paraissant dans un *Fragment à Son Altesse Monseigneur le prince de ***.*

Les variantes significatives qui ont été retenues (il n'a pas été tenu compte des variations graphiques, notamment sur les noms propres, ni de ce qui apparaissait comme de simples fautes) proviennent des deux premières éditions séparées (67 et 68), de l'édition encadrée (w75G), ainsi que de l'édition de Kehl (k).

Traitement du texte de base

On a respecté l'orthographe des noms de personnes et de lieux et la ponctuation du texte de base, à l'exception de plusieurs coquilles (par exemple, lettre 2, ligne 29: 'Accius' a été corrigé en 'Acacius'). La graphie et l'accentuation ont été toutefois légèrement modifiées, pour qu'elles soient conforme à l'usage contemporain. Les particularités du texte de base dans ces deux domaines sont les suivantes:

I. *Particularités de la graphie*

1. Consonnes

– absence de la consonne *p* dans: longtems, tems.
– absence de la consonne *t* dans les finales en -*ans*: assistans, communians, enfans, étonnans, extravagans, fuyans, habitans, ignorans, méchans, mécréans, mendians, méprisans, pédans, plaisans, protestans, puans, puissans, savans, suivans; et en -*ens*: agrémens, argumens, commandemens, différens, égaremens, empoisonnemens, événemens, évidens, fondemens, habillemens, instrumens, jugemens, parlemens, sentimens, violens.
– redoublement d'une consonne contraire à l'usage actuel: allarme, appaise, appellait, appercevrait, jetté, laitté.
– emploi d'une seule consonne là où l'usage actuel la redouble: convulsioniste, falait, falu, nonain, rabins, sapez, sotises, soufle.

2. Voyelles

– emploi de *y* à la place de *i* dans: ayent, chymie, chymistes, croyent, déploye, satyre, yvre(s).

— emploi de *y* à la place de *i* dans: ayeux
— emploi de *i* à la place de *y* dans: aboièrent, ennuieux, monosillabes, stile, stilet.
— absence de la voyelle *e* dans: encor (mais aussi: encore).

3. Graphies particulières

— emploi d'une orthographe contraire à l'usage actuel: anabatistes, cahos, cu (aussi: cul), échafaut, entr'autres, étendart, fouasses, grand'messe, guères, hazarde, indiscrette, isle, jurisdiction, just'au-corps, laïques (pour: laïcs), licentiés, loix, nourri (pour: nourris), pren (pour: prends), puériles, rebatiserait, sabbath, secrettes, solemnisé.

4. Divers

— emploi du trait d'union ne correspondant pas à l'usage moderne: à-peu-près, aussi-bien, bon-homme, de-là, genre-humain, grands-hommes, lieutenant-général, maître-ès-arts, mal-à-propos, officiers-généraux, sur le champ, tour-à-tour.
— puis que devient: puisque.
— Mr., Monsieur deviennent 'M.'; Messieurs devient 'MM.'; Mademoi-selle devient 'Mlle'.
— 17ᵉ devient 'dix-septième'; 'XV, XVI et XVIIᵉ' devient 'quinzième, seizième et dix-septième'.
— St. devient 'saint'.

5. Les majuscules ont été supprimées

— dans les adjectifs suivants: Arabes, Espagnols, Romain(e).

6. Les majuscules ont été ajoutées

— dans les titres d'ouvrages.
— dans les noms suivants, conformément à l'usage moderne: académie (des sciences), ancien (Testament), écritures, église, état, inquisition, nord (de l'Europe), nouveau (Testament), père(s) (de l'Eglise), sainte (Ecriture).

II. *Particularités d'accentuation*

1. L'accent aigu

— il est présent dans: rélation.
— il est absent dans: deshonorèrent, plethore, possedés, reconforter, refutée.

– il est employé au lieu du grave dans: -éme (dans les numéros ordinaux), grossiéreté, pélerins, piéces, siécle.

2. L'accent grave

– il est absent dans: déja.

3. L'accent circonflexe

– il est présent dans des mots qui ne le comportent pas selon l'usage actuel: atôme, rassûrer, tîtres, toûjours, vîte.
– il est absent dans: ame, Benoit, buchers, chaine, chainon, connait, déchaine, dégoutantes, épitre, eut (l'imparfait du subjonctif), infames, plait.
– il est employé au lieu du grave dans: anathême, blasphême, emblêmes, prophête(s), système.
– il est employé au lieu de l'aigu dans: fêtu.

4. Le tréma

– il est présent dans des mots qui ne le comportent pas selon l'usage actuel: athéïsme, athéïste(s), avouër, fouët, ïota, jouïssait, jouïssance, moëlle, obéïs, théïsme, théïste.
– il est employé au lieu du grave dans: poëme, poëtes.
– il est employé au lieu de l'aigu dans: Israëlite(s), poëtiques.

III. *Particularités grammaticales*

– l'esperluette est utilisée partout.
– le pluriel torches-cul devient: torche-culs.
– l'adjectif numéral cardinal 'cent' demeure invariable.

LETTRES
À SON ALTESSE
MONSEIGNEUR LE PRINCE DE ***

*Sur Rabelais, et sur d'autres auteurs accusés d'avoir mal parlé
de la religion chrétienne*

SUR RABELAIS

Monseigneur,

Puisque votre altesse veut connaître à fond Rabelais, je commencerai par vous dire, que sa vie, qui est imprimée au commencement de son *Gargantua*, est aussi fausse et aussi absurde que l'histoire de *Gargantua* même;[1] on y trouve que le cardinal de Belley l'ayant mené à Rome, et ce cardinal ayant baisé le pied droit du pape, et ensuite la bouche, Rabelais dit, qu'il lui voulait baiser le derrière, et qu'il fallait que le Saint-Père commençât par le laver.[2] Il y a des choses que le respect du lieu, de la bienséance et de la personne rend impossibles. Cette historiette ne peut avoir été imaginée que par des gens de la lie du peuple dans un cabaret.

Sa prétendue requête au pape[3] est du même genre: On suppose qu'il pria le pape de l'excommunier, afin qu'il ne fût pas brûlé; parce que, disait-il, son hôtesse ayant voulu faire brûler un fagot, et n'en

a   67: *Lettre sur Rabelais*
     68: *Première Lettre / Sur Rabelais*
     K: *Lettre première / Sur François Rabelais*
a-4 W75G (t.28): [*début de l'article 'François Rabelais' des Questions sur l'Encyclopédie*] *François Rabelais / La Vie* de Rabelais imprimée au devant de son
2-3 K: je commence

[1] Voltaire se réfère aux 'Particularités de la vie et mœurs de M. François Rabelais', p.xxvii et suivantes du premier volume des *Œuvres de maître François Rabelais*, publiées sous le titre de *Faits et dits du géant Gargantua et de son fils Pantagruel*, avec [...] *des remarques historiques et critiques de Monsieur Le Duchat, sur tout l'ouvrage. Nouv. éd., augm. de quelques remarques nouvelles*, 5 vol. ([Paris, Prault] 1732). Cette édition abondamment annotée est considérée alors comme 'la meilleure édition de Rabelais' (*Encyclopédie*, article 'Metz (Géogr.)'). Voltaire, qui la possède (BV2851), la suit de très près dans toute cette lettre. La graphie des textes de Rabelais n'est toutefois pas celle de Le Duchat. Nous ne signalons ci-après que les omissions ou les fautes et non les variantes graphiques.
[2] *Œuvres*, t.1, p.xxix.
[3] *Œuvres*, t.1, p.xxix et xxx.

pouvant venir à bout, avait dit que ce fagot était excommunié de la 15
gueule du pape.

L'aventure qu'on lui suppose à Lyon est aussi fausse et aussi peu
vraisemblable: on prétend que n'ayant ni de quoi payer son
auberge, ni de quoi faire le voyage de Paris, il fit écrire par le fils
de l'hôtesse ces étiquettes sur des petits sachets: *Poison pour faire* 20
mourir le roi, poison pour faire mourir la reine, etc. Il usa, dit-on, de ce
stratagème pour être conduit et nourri jusqu'à Paris, sans qu'il lui
en coûtât rien, et pour faire rire le roi: on ajoute que c'était dans le
temps même que le roi et toute la France pleuraient le dauphin
François en 1536, qu'on avait cru empoisonné, et lorsqu'on venait 25
d'écarteler Montécuculi soupçonné de cet empoisonnement. [4] Les
auteurs de cette plate historiette n'ont pas fait réflexion que sur une
demi-preuve aussi terrible, on aurait jeté Rabelais dans un cachot,
qu'il aurait été chargé de fers, qu'il aurait subi probablement la
question ordinaire et extraordinaire, et que dans des circonstances 30
aussi funestes, et dans une accusation aussi grave, une mauvaise
plaisanterie n'aurait pas servi à sa justification. Presque toutes les
vies des hommes célèbres ont été défigurées par des contes qui ne
méritent pas plus de croyance.

Son livre à la vérité est un ramas des plus impertinentes et des 35
plus grossières ordures qu'un moine ivre puisse vomir; [5] mais aussi
il faut avouer que c'est une satire très curieuse du pape, de l'Eglise,

23-25   W75G (t.28), K: c'était en 1536, dans le temps même que le roi, et toute la
France pleuraient le dauphin *François* qu'on avait
37   W75G (t.28), K: satire sanglante du

[4] *Œuvres*, t.1, p.xxx-xxxiii. Le nom du dauphin, la date et la mention de
Montécuculli ne se trouvent pas dans l'anecdote rapportée par Le Duchat. Voltaire
a raconté cette même histoire dans ses *Annales de l'Empire*, 'Charles Quint,
quarante-unième empereur' (1754).

[5] Appréciation très proche de celle que porte Voltaire dans les *Lettres
philosophiques*. Il consacre dans la lettre 22 'Sur M. Pope et quelques autres poètes
fameux' un paragraphe à celui qu'il appelle 'le premier des bouffons'. Voltaire
emploie les termes d'"impertinence' et d''ordures'; 'c'est, conclut-il, un philosophe
ivre qui n'a écrit que dans le temps de son ivresse' (*Lettres philosophiques*, éd.
G. Lanson, rév. A. M. Rousseau, 2 vol., Paris, 1964, t.2, p.135).

et de tous les événements de son temps. Il voulut se mettre à couvert sous le masque de la folie;[6] il le fait assez entendre lui-même dans son prologue: *Posez*[7] *le cas*, dit-il, *qu'au sens littéral vous trouvez matières assez joyeuses et bien correspondantes au nom, toutefois pas demeurer là ne faut, comme au chant des sirènes, ains à plus haut sens interpréter ce que par avanture cuidiez dit en gayeté de cœur.*[8] *Veites-vous*[9] *oncques chien, rencontrant quelque os médullaire? c'est comme dit Platon lib.* II *de Rep. la bête du monde plus philosophe, si vous l'avez, vous avez pu noter de quelle dévotion il le guette, de quel soing il le garde, de quelle ferveur il le tient, de quelle prudence il l'entomme, de quelle affection il le brise, et de quelle diligence il le sugce. Qui l'induict à ce faire? quel est l'espoir de son étude? quel bien prétend-il? rien plus qu'ung peu de moüelle.*

Mais qu'arrive-t-il? très peu de lecteurs ressemblèrent au chien qui suce la moelle. On ne s'attacha qu'aux os, c'est-à-dire, aux bouffonneries absurdes, aux obscénités affreuses dont le livre est plein. Si malheureusement pour Rabelais on avait trop pénétré le sens du livre, si on l'avait jugé sérieusement, il est à croire qu'il lui en aurait coûté la vie, comme à tous ceux qui dans ce temps-là écrivaient contre l'Eglise romaine.

Il est clair que Gargantua est François Ier, Louis XII est grand Gousier, quoiqu'il ne fût pas le père de François, et Henri II est Pantagruel: l'éducation de Gargantua, et le chapitre des *torche-culs*,

---

[6] La correspondance porte la trace de la réappréciation par Voltaire de l'œuvre de Rabelais. Il écrit le 13 octobre 1759 à Mme Du Deffand (D8533): 'j'avais un souverain mépris pour Rabelais; je l'ai relu depuis; et comme j'ai plus approfondi toutes les choses dont il se moque, j'avoue qu'aux bassesses près, dont il est trop rempli, une bonne partie de son livre m'a fait un plaisir extrême'. Dans la *Conversation de Lucien, Erasme, et Rabelais dans les Champs-Elysées*, Rabelais déclare avoir '[tourné] en ridicule toutes les superstitions, toutes les cérémonies, tout ce qu'on révérait dans [son] pays'. Il explique ensuite à Lucien l'impunité dont il a bénéficié: 'Je pris mes compatriotes à leur faible; je parlai de boire, je dis des ordures, et avec ce secret tout me fut permis' (*M*, t.25, p.342-43).

[7] 'Posé', *Œuvres*, t.1, p.xl.

[8] Voltaire saute une phrase et le 'mais' avant 'veistes' (*Œuvres*, t.1, p.xl).

[9] Le texte original porte 'veu' (*Œuvres*, t.1, p.xl).

sont une satire de l'éducation qu'on donnait alors aux princes: les couleurs blanc et bleu désignent évidemment la livrée des rois de France.[10]

La guerre pour une charrette de fouaces, est la guerre entre Charles V et François Ier, qui commença pour une querelle très 65 légère entre la maison de Bouillon la Marck et celle de Chimay; et cela est si vrai que Rabelais appelle Marckuet[11] le conducteur des fouaces par qui commença la noise.

Les moines de ce temps-là sont peints très naïvement sous le nom de frère Jean des Entomures: Il n'est pas possible de 70 méconnaître Charles Quint dans le portrait de Picrocole.

A l'égard de l'Eglise, il ne l'épargne pas. Dès le premier livre au chapitre XXXIX, voici comme il s'exprime: 'Que Dieu est bon qui nous donne ce bon piot! j'advoue Dieu que si j'eusse esté au temps de Jésus-Christ, j'eusse bien engardé que les Juifs ne l'eussent 75 preins au jardin d'Olivet. Ensemble le diable me faille si j'eusse failli à couper les jarrets à messieurs les apôtres qui fuirent tant lâchement après qu'ils eurent bien soupé, et laissèrent leur bon maître au besoing. Je hais plus que poison un homme qui fuit quand il faut jouer des couteaux. Hon, que je ne suis roi de France, pour 80 quatre-vingts ou cent ans! par Dieu, je vous acoutrerais en chiens courtaults les fuyards de Pavie.'

On ne peut se méprendre à la généalogie de Gargantua, c'est une parodie très scandaleuse de la généalogie la plus respectable; *de ceux-là*, dit-il, *sont venus les géans, et par eux Pantagruel; le premier* 85 *fut Calbrot, qui engendra Sarabroth,*
    Qui engendra Faribroth.

---

[10] Venant après bien d'autres (dont Basnage en 1667 dans sa *Dissertation sur Rabelais*), Le Duchat fournit toutes sortes de clefs. Les propos de Grandgousier sont par exemple commentés ainsi: 'Portrait du bon roi Louis XII' (t.1, livre 1, ch.28, n.5, p.229). Sur les couleurs, voir ch.8 et 10.

[11] Orthographié 'Marquet' dans Le Duchat, qui explique autrement le nom: 'Marquet un petit Mars qui ne respire que la guerre' (*Œuvres*, t.1, p.206, n.22). Sur cet épisode, voir les *Annales de l'Empire* (*M*, t.13, p.485).

Qui engendra Hurtaly, qui fut beau mangeur de soupe, et qui régna
du tems du déluge. [12]

Qui engendra Happe-Mouche, qui le premier inventa de fumer les 90
langues de bœuf; [13]

Qui engendra F... ânon,

Qui engendra V... de grain,

Qui engendra Grand Gousier,

Qui engendra Gargantua, 95

Qui engendra le noble Pantagruel mon maître.

On ne s'est jamais tant moqué de tous nos livres de théologie
que dans le catalogue des livres que trouva *Pantagruel* dans la
bibliothèque de Saint-Victor, [14] c'est *biga salutis, braguetta juris,*
pantoufla decretorum, la c... barine des preux, le décret de 100
l'université de Paris, sur la gorge des filles; l'apparition de
Gertrude à une nonnain en mal d'enfant; le moutardier de
pénitence, *Tartareus de modo cacandi,* l'invention de Sainte-
Croix par les clercs de finesse, le couillage des promoteurs, la
cornemuse des prélats, la profiterole des indulgences, *Utrum* 105
chimera in vacuo bombinans possit comedere secundas intentiones;
quaestio debatuta per decem hebdomadas in concilio Constantiensi; les
brimborions des célestins, la ratoire des théologiens, *Chacouillonis*
de Magistro, les aises de la vie monacale, la patenôtre du singe, les
grésillons de dévotion, le viedase des abbés etc. 110

Lorsque Panurge demande conseil à frère Jean des Entomures
pour savoir s'il se mariera et s'il sera cocu, frère Jean récite ses
litanies. Ce ne sont pas les litanies de la Vierge, ce sont les litanies

92   67, 68, w75g (t.28), k: *engendra Fout ânon*
93   67, 68, w75g (t.28), k: *engendra Vit-de-grain*
100   67, 68, w75g (t.28), k: la couille-barrine

[12] Voltaire omet les 34 noms qui suivent (*Œuvres*, t.2, livre 2, ch.1, p.11).

[13] Omission de: 'à la cheminée, car auparavant le monde les saloit comme on faict
les jambons' (*Œuvres*, t.2, livre 2, ch.1, p.16). Manquent ensuite encore 16 noms dans
la généalogie.

[14] Voltaire ne cite, imparfaitement, qu'une petite partie du 'répertoire' (*Œuvres*,
t.2, livre 2, ch.7, p.57 et suiv.).

du c. c. mignon, co. moignon, c. patté, co. laité etc. [15] Cette plate profanation n'eût pas été pardonnable à un laïc: mais dans un prêtre!

Après cela Panurge va consulter le théologal Hipotadée, qui lui dit qu'il sera cocu, s'il plaît à Dieu. Pantagruel va dans l'île des Lanternois; ces Lanternois sont les ergoteurs théologiques qui commencèrent sous le règne de Henri II ces horribles disputes dont naquirent tant de guerres civiles.

L'île de Tohu Bohu, c'est-à-dire de la confusion, est l'Angleterre, qui changea quatre fois de religion depuis Henri VIII.

On sait assez que l'île de Papefiguière désigne les hérétiques. [16] On connaît les papimanes; ils donnent le nom de Dieu au pape. On demande à Panurge s'il est assez heureux pour avoir vu le Saint-Père? Panurge répond qu'il en a vu trois, et qu'il n'y a guère profité. [17] La loi de Moïse est comparée à celle de Cibèle, de Diane, de Numa; [18] les Décrétales sont appelées *Décrotoires*. Panurge assure que s'étant torché le cul avec un feuillet des Décrétales appelées Clémentines, il en eut des hémorroïdes longues d'un demi-pied. [19]

On se moque des basses messes qu'on appelle *messes sèches*, et Panurge dit qu'il en voudrait une mouillée, pourvu que ce fût de bon vin. [20] La confession y est tournée en ridicule. Pantagruel va consulter l'oracle de la Dive Bouteille, pour savoir s'il faut communier sous les deux espèces et boire de bon vin après avoir mangé le pain sacré. Epistémon s'écrie en chemin, *Vivat, fifat, pipat, bibat, c'est le secret de l'Apocalypse.* [21] Frère Jean des Entomures demande une charretée de filles pour se réconforter en cas qu'on lui refuse la communion sous les deux espèces. [22] On

---

[15] *Œuvres*, t.3, livre 3, ch.26, p.172.
[16] Les trois îles dans *Œuvres*, t.5, livre 5, ch.33, p.200 et suiv.
[17] *Œuvres*, t.5, livre 5, ch.48, p.248.
[18] *Œuvres*, t.5, livre 5, ch.49, p.253-54.
[19] Il s'agit en fait de frère Jean (*Œuvres*, t.5, livre 5, ch.52, p.268-69).
[20] *Œuvres*, t.5, livre 5, ch.49, p.256.
[21] *Œuvres*, t.5, livre 5, ch.53, p.283.
[22] *Œuvres*, t.5, livre 5, ch.54, p.287.

rencontre des gastrolacs, c'est-à-dire, des possédés. Gaster invente le moyen de n'être pas blessé par le canon;[23] c'est une raillerie contre tous les miracles.

Avant de trouver l'île où est l'oracle de la Dive Bouteille, ils abordent à l'île sonnante, où sont cagots, clergots, monagots, prêtregots, abbégots, évêgots, cardingots et enfin le papegot, qui est unique dans son espèce. Les cagots avaient conchié toute l'île sonnante. Les capucingots étaient les animaux les plus puants et les plus maniaques de toute l'île.[24]

La fable de l'âne et du cheval, la défense faite aux ânes de baudouiner dans l'écurie, et la liberté que se donnent les ânes de baudouiner pendant le temps de la foire,[25] sont des emblèmes assez intelligibles du célibat des prêtres, et des débauches qu'on leur imputait.

Les voyageurs *sont admis devant le papegot*. Panurge veut jeter *une pierre à un évêque* qui ronflait à la grand-messe, *maître éditue* (c'est-à-dire maître sacristain) l'en empêche en lui disant, *Homme de bien, frappe, ferris, tue et meurtris tous rois, princes du monde en trahison, par venin ou autrement quand tu voudras, déniche des cieux les anges, de tout auras pardon du papegot: ces sacrés oiseaux ne touches.*[26]

De l'île sonnante on va au royaume de Quintessence, ou Entelléchie; or Entelléchie c'est l'âme. Ce personnage inconnu, et dont on parle depuis qu'il y a des hommes, n'y est pas moins tourné en ridicule que le pape; mais les doutes sur l'existence de l'âme sont beaucoup plus enveloppés que les railleries sur la cour de Rome.

Les ordres mendiants habitent l'île des frères Fredons. Ils

145

150

155

160

165

154-55 w75G (t.28): imputait alors. Les
156   w75G (t.28), K: un évégo qui

[23] *Œuvres*, t.5, livre 5, ch.52, p.325.
[24] *Œuvres*, t.5, livre 5, ch.2, p.7-14.
[25] *Œuvres*, t.5, livre 5, ch.7, p.30 et suiv.
[26] *Œuvres*, t.5, livre 5, ch.8, p.40-46.

387

paraissent d'abord en procession. L'un d'eux ne répond qu'en monosyllabes à toutes les questions que Panurge fait sur leurs garces. Combien sont-elles? *Vingt*. Combien en voudriez-vous? *Cent*.

Le remuement des fesses, quel est-il? *dru*.

Que disent-elles en culetant? *mot*.

Vos instruments quels sont-ils? *grands*.

Quantesfois de bon compte le faites-vous par jour? *Six*. Et de nuit? *Dix*. [27]

Enfin l'on arrive à l'oracle de la Dive Bouteille. La coutume alors dans l'Eglise était de présenter de l'eau aux communiants laïques pour faire passer l'hostie; et c'est encore l'usage en Allemagne. Les réformateurs voulaient absolument du vin pour figurer le sang de Jésus-Christ. L'Eglise romaine soutenait que le sang était dans le pain aussi bien que les os et la chair. Cependant les prêtres catholiques buvaient du vin, et ne voulaient pas que les séculiers en bussent. Il y avait dans l'île de l'oracle de la Dive Bouteille une belle fontaine d'eau claire. Le grand pontife Bacbuc en donna à boire aux pèlerins en leur disant ces mots: 'Jadis ung capitaine Juif, docte et chevaleureux, conduisant son peuple par les déserts en extrême famine, impétra des cieux la manne, laquelle leur était de goût tel par imagination que paravant leur étaient réellement les viandes. Ici de même beuvants de cette liqueur mirifique sentirez goût de tel vin comme l'aurez imaginé. Or *imaginez*, et *beuvez*: ce que nous feimes; puis s'écria Panurge, disant; Par Dieu, c'est ici vin de Baune, meilleur que oncques jamais je beus, ou je me donne à nonante et seize diables.' [28]

170-71   K: leurs g... Combien sont-elles?
173   w75G (t.28): Le remuement des ..., quel
174   w75G (t.28): en ...? *mot*.
175   w75G (t.28): Vos ... quels
       K: Vos cas quels
176   K: Quantesfois par

[27] *Œuvres*, t.5, livre 5, ch.27, p.161 et suiv., et ch.28, p.167-73.
[28] *Œuvres*, t.5, livre 5, ch.42, p.250-51.

Le fameux doyen d'Irlande Swift a copié ce trait dans son *Conte du tonneau*, ainsi que plusieurs autres: Mylord Pierre donne à Martin et à Jean ses frères un morceau de pain sec pour leur dîner, et veut leur faire accroire que ce pain contient de bon bœuf, des perdrix, des chapons, avec d'excellent vin de Bourgogne. [29]

Vous remarquerez, Monseigneur, que Rabelais dédia la partie de son livre qui contient cette sanglante satire de l'Eglise romaine, au cardinal Odet de Châtillon, qui n'avait pas encore levé le masque, et ne s'était pas déclaré pour la religion protestante. [30] Son livre fut imprimé avec privilège; et le privilège pour cette satire de la religion catholique fut accordé en faveur des ordures, dont on faisait en ce temps-là beaucoup plus de cas que des papegots, et des cardingots. Jamais ce livre n'a été défendu en France; parce que tout y est caché sous un tas d'extravagances qui n'ont jamais laissé le loisir de démêler le véritable but de l'auteur.

Croiriez-vous bien que le bouffon qui riait si hautement de l'Ancien et du Nouveau Testament ait été curé? Comment mourut-il? en disant, *Je vais chercher un grand peut-être.* [31]

Le Duchat a chargé de notes les ouvrages de Rabelais, et selon la

201 W75G (t.28), K: Vous remarquerez que Rabelais
211 W75G (t.28), K: On a peine à croire que
212 W75G (t.28), K: Testament était curé
214-17 W75G (t.28), K: L'illustre M. le Duchat a chargé de notes pédantesques cet étrange ouvrage dont il s'est fait quarante éditions. Observez que Rabelais vécut et mourut chéri, fêté, honoré; et qu'on fit mourir dans les plus affreux supplices, ceux qui prêchaient la morale la plus pure.

[29] 'C'est du Rabelais perfectionné', écrit Voltaire au chapitre 34 du *Siècle de Louis XIV* à propos du 'doyen Swift' (*OH*, p.1023). Allusion ici à la section 4 du conte; voir aussi ci-dessous lettre 5.

[30] C'est en fait le *Quart livre* qui commence par une longue dédicace 'A tres illustre prince, et reverendissime Monseigneur Odet, cardinal de Chastillon', datée du 28 janvier 1552 (*Œuvres*, t.4, livre 4, p.i-ix).

[31] Extrait des dernières paroles prêtées à Rabelais (on les trouve par exemple dans la *Dissertation* de Basnage), dont Voltaire use lui-même. Il écrit au comte Lorenzi le 15 avril 1760 (D8856): 'J'attends le peut-être de Rabelais le plus doucement que je peux'.

digne coutume des commentateurs, il n'explique presque rien de ce 215
que le lecteur voudrait entendre; mais il nous apprend ce que l'on
ne se soucie guère de savoir.

SECONDE LETTRE

Sur les prédécesseurs de Rabelais en Allemagne, et en Italie, et d'abord du livre intitulé Litterae virorum obscurorum

Monseigneur,

Votre altesse me demande si avant Rabelais quelqu'un avait écrit dans ce goût; je vous répondrai que probablement son modèle a été le recueil des lettres des *gens obscurs*, qui parut en Allemagne au commencement du seizième siècle:[1] ce recueil est en latin; mais il est écrit avec autant de naïveté, et de hardiesse que Rabelais. Voici une ancienne traduction d'un passage de la 28e lettre.[2]

Il y a concordance entre les sacrés cahiers, et les fables poétiques, comme le pourrez noter, du serpent Python, occis par Apollon

a-b   w75G (t.28): *Section seconde / Des prédécesseurs de*
1-3   w75G (t.28): On demande si avant Rabelais on avait écrit avec autant de licence. Nous répondons que
2-3   K: Rabelais on avait écrit avec autant de licence. Nous répondons que

---

[1] Vers 1515. Voltaire possède une édition latine récente de ce fameux pamphlet satirique sous forme épistolaire qui prend la défense de Reuchlin contre le catholicisme romain et dont l'un des plus célèbres auteurs est Ulrich von Hutten (1488-1523), poète et humaniste allemand partisan de la Réforme: *Epistolarum obscurorum virorum ad Dom. M. Ortuinum Gratium, volumina II* [...] (Londini, impensis Hen. Clements, 1742, BV916). Voltaire n'en apprécie la portée qu'après avoir revu ses préjugés sur Rabelais. Il écrit à Elie Bertrand le 22 janvier 1760 (D8720): 'A propos je me suis mis à lire *Litteras obscurorum virorum* que je n'avais daigné jamais regarder par préjugé contre le siècle de barbarie où elles furent faites. Je suis émerveillé. Cela vaut mieux que Rabelais. C'est dommage que notre sainte église romaine y soit tournée en ridicule, mais quelle naïveté! quelle bonne plaisanterie! Je pouffe de rire'.

[2] Lettre de 'Frère Conrad Dollenkopsius à maître Ortuinus Gratius'. L'auteur de la lettre rend compte, depuis Heidelberg où il étudie la théologie, 'd'un ouvrage composé par un Anglais, maître de notre ordre, Thomas de Walleys': '[il] établit la concordance qui existe entre l'Ecriture sainte et les fables poétiques' (voir *Epîtres des hommes obscurs du chevalier Ulric von Hutten*, trad. Laurent Tailhade, Paris, 1924, p.175).

comme le dit le psalmiste. *Ce dragon qu'avez formé pour vous en* 10
gausser.[3] Saturne vieux père des Dieux qui mange ses enfants est en
Ezéchiel, lequel dit, *Vos pères mangeront leurs enfants.*[4] Diane se
pourmenant avec force vierges est la bienheureuse Vierge Marie,
selon le psalmiste, lequel dit, *Vierges viendront après elle.*[5] Calisto
déflorée par Jupiter et retournant au ciel, est en Matthieu 15
chap. XII. *Je reviendrai dans la maison dont je suis sortie.*[6] Aglaure
transmuée en pierre[7] se trouve en Job chap. XLII *son cœur*
s'endurcira comme pierre. Europe engrossée par Jupiter est en
Salomon; *écoute, fille, voi, et incline ton oreille, car le roi t'a*
concupiscée.[8] Ezéchiel a prophétisé d'Actéon qui vit la nudité de 20
Diane; *tu étais nue, j'ai passé par là, et je t'ai vue.*[9] Les poètes ont
écrit que Bacchus est né deux fois, ce qui signifie le Christ, né *avant*
les siècles et dans le siècle.[10] Sémélé qui nourrit Bacchus est le

[3] Ovide, *Métamorphoses*, livre 1, vers 417-51, et Psaumes 103:26. Le texte continue avec une autre citation des Psaumes (90:13): 'ou bien encore: *Vous marcherez sur l'aspic et sur le basilic*' (*Epîtres des hommes obscurs*, p.176).

[4] Ezéchiel 5:10. Voltaire cite ce même passage dans l'article 'Anthropophages' des *Questions sur l'Encyclopédie* (*OCV*, t.38, p.432, n.*g*).

[5] Ovide, *Métamorphoses*, livre 2, vers 441 et suiv., ou livre 3, vers 163 et suiv., par exemple, et Psaumes 44:14-16. La lettre continue en citant le Cantique des cantiques (1:3): 'et ailleurs: *Entraîne-moi; nous courrons à l'odeur de tes parfums*'.

[6] Ovide, *Métamorphoses*, livre 2, vers 401-530, et Matthieu 12:44 (la formule est au masculin dans l'évangile: c'est 'l'esprit impur').

[7] Ovide, *Métamorphoses*, livre 2, vers 708-832, et Job 41:15 (le verset décrit le Léviathan).

[8] Ovide, *Métamorphoses*, livre 2, vers 834-75, et Psaumes 44:12-13 (psaume à la louange de Salomon où la tradition catholique a vu l'annonce de l'alliance de Jésus et de son Eglise et qui est aussi utilisé dans la liturgie pour célébrer Marie). La lettre continue avec un autre exemple, omis par Voltaire: '*Item*, Cadmus, courant après sa sœur, figure la personne de Christus en quête pareille de sa sœur qui est l'Ame humaine et fondant une cité qui est l'Eglise' (*Epîtres des hommes obscurs*, p.176-77).

[9] Ovide, *Métamorphoses*, livre 3, vers 138-252, et Ezéchiel 16:7-8 (il s'agit de prophéties concernant Jérusalem).

[10] Ovide, *Métamorphoses*, livre 3, vers 310-12, et une formule de style néo-testamentaire. Le texte latin des *Epistolarum...* ('Christus, qui etiam est bis genitus, uno modo ante secula, et alia vice humaniter et carnaliter') ne contient pas la notion de 'siècle' au singulier, familière il est vrai du Nouveau Testament (voir Hébreux 5:5-6 par exemple).

prototype de la bienheureuse Vierge; car il est dit en Exode, *prends cet enfant,* nourris le moi, *et tu auras salaire.* [11]

Ces impiétés sont encore moins voilées que celles de Rabelais.

C'est beaucoup que dans ce temps-là on commençât en Allemagne à se moquer de la magie. On trouve dans la lettre à maître Acacius Lampirius une raillerie assez forte sur la conjuration qu'on employait pour se faire aimer des filles. Le secret consistait à prendre un cheveu de la fille: on le plaçait d'abord dans son haut-de-chausse: on faisait une confession générale, et l'on faisait dire trois messes, pendant lesquelles on mettait le cheveu autour de son cou, on allumait un cierge béni au dernier Evangile, et on prononçait cette formule: *O cierge! je te conjure par la vertu du Dieu tout-puissant, par les neuf chœurs des anges, par la vertu gosdrienne, amène-moi icelle fille en chair et en os, afin que je la saboule à mon plaisir, etc.* [12]

Le latin macaronique dans lequel ces lettres sont écrites, porte avec lui un ridicule qu'il est impossible de rendre en français; il y a surtout une lettre de Pierre de La Charité, messager de Grammaire à Ortoouin, dont on ne peut traduire en français les équivoques latines: il s'agit de savoir si le pape peut rendre physiquement légitime un enfant bâtard: il y en a une autre de Jean de Schwinfordt maître ès arts, où l'on soutient que Jésus-Christ a été moine, saint Pierre prieur du couvent, Judas Iscariote maître d'hôtel, et l'apôtre Philippe portier. [13]

Jean Schelontzique raconte dans la lettre [14] qui est sous son nom, qu'il avait trouvé à Florence Jacques de Hoestrat (grande rue), ci-

[11] Ovide, *Métamorphoses,* livre 3, vers 310-15 (Bacchus confié aux nymphes de Nysa), et Exode 2:9 (paroles de la fille du pharaon à la 'femme des Hébreux' à qui elle confie le futur Moïse).

[12] Voltaire simplifie le récit de la lettre de 'Magister Achatius Lampirius'. Le texte de la formule y est à la fois plus développé et plus allusif (*Epistolarum,* p.223-24).

[13] 'Petrus Charitatis Cursor in Grammatica, et Professor in Loyca, salutem dicit plurimam M. Ortuino Gratio' et 'Joannes de Schwinfordia septenarum artium liberalium Magister, scientifico et mirabiliter docto, atque illuminato viro Ortuino Gratio' (*Epistolarum,* p.263-66 et 272).

[14] 'Joannes Schluntzig, M. Ortuino Gratio' (*Epistolarum,* p.247-48).

devant inquisiteur: Je lui fis la révérence, dit-il, en lui ôtant mon 50
chapeau, et je lui dis, Père, êtes-vous révérend ou n'êtes-vous pas
révérend? il me répondit: *Je suis celui qui suis*;[15] je lui dis alors,
Vous êtes maître Jacques de Grande rue; Sacré char d'Elie,[16] dis-je,
comment diable êtes-vous à pied? c'est un scandale, *celui qui est* ne
doit pas se promener avec ses pieds en fange et en merde.[17] Il me 55
répondit, *Ils sont venus en chariots et sur chevaux, mais nous venons au
nom du Seigneur.*[18] Je lui dis, par le seigneur il est grande pluie, et
grand froid: il leva les mains au ciel en disant, *Rosée du ciel, tombez
d'en haut, et que les nuées du ciel pleuvent le juste.*[19]

Il faut avouer que voilà précisément le style de Rabelais, et je ne 60
doute pas qu'il n'ait eu sous les yeux ces lettres des gens obscurs
lorsqu'il écrivit son *Gargantua* et son *Pantagruel*.

Le conte de la femme qui ayant ouï dire que tous les bâtards
étaient de grands hommes, alla vite sonner à la porte des cordeliers
pour se faire faire un bâtard, est absolument dans le goût de notre 65
maître François.[20]

Les mêmes obscénités, et les mêmes scandales fourmillent dans
ces deux singuliers livres.

DES ANCIENNES FACÉTIES ITALIENNES

L'Italie, dès le quatorzième siècle avait produit plus d'un exemple
de cette licence. Voyez seulement dans Bocace la confession de Ser 70

68a   w75G (t.28), K: Des anciennes fantaisies italiennes qui précédèrent Rabelais

[15] C'est ainsi que Dieu se nomme à Moïse (Exode 3:14).

[16] Même si le rappel de l'enlèvement d'Elie au ciel sur un char de feu (4 Rois 2:11)
tombe bien, le texte original se contente d'une interjection plus banale: 'O Deus'
(*Epistolarum*, p.248).

[17] Traduction littérale: 'Est scandalum, quod talis vir debet pedibus suis ambulare
per merdam et per lutum' (*Epistolarum*, p.268).

[18] Psaume 19:8.

[19] Début du *Rorate caeli*, célèbre chant du rituel romain pour le temps de l'Avent.

[20] Les turpitudes des moines sont très fréquentes dans les *Epistolarum*, mais les
indications de Voltaire ne permettent pas d'identifier une lettre en particulier.

Ciapelleto à l'article de la mort; son confesseur l'interroge; il lui demande s'il n'est jamais tombé dans le péché d'orgueil; Ah! mon père, dit le coquin; j'ai bien peur de m'être damné par un petit mouvement de complaisance en moi-même, en réfléchissant que j'ai gardé ma virginité toute ma vie. Avez-vous été gourmand? 75 Hélas oui, mon père, car outre les autres jours de jeûne ordonnés, j'ai toujours jeûné au pain et à l'eau trois fois par semaine; mais j'ai mangé mon pain quelquefois avec tant d'appétit et de délice, que ma gourmandise a sans doute déplu à Dieu. Et l'avarice, mon fils? Hélas, mon père, je suis coupable du péché d'avarice, pour avoir 80 quelquefois fait le commerce, afin de donner tout mon gain aux pauvres. Vous êtes-vous mis quelquefois en colère? Oh tant! quand je voyais le service divin si négligé et les pécheurs ne pas observer les commandements de Dieu comme je me mettais en colère!

Ensuite Ser Ciapelleto s'accuse d'avoir fait balayer sa chambre 85 un jour de dimanche; le confesseur le rassure et lui dit que Dieu lui pardonnera; le pénitent fond en larmes, et lui dit que Dieu ne lui pardonnera jamais; qu'il se souvient qu'à l'âge de deux ans il s'était dépité contre sa mère, que c'était un crime irrémissible; ma pauvre mère, dit-il, qui m'a porté neuf mois dans son ventre le jour et la 90 nuit, et qui me portait dans ses bras quand j'étais petit! Non, Dieu ne me pardonnera jamais d'avoir été un si méchant enfant!

Enfin, cette confession étant devenue publique, on fait un saint de Ciapelleto, qui avait été le plus grand fripon de son temps. [21]

Le chanoine Luigi Pulci est beaucoup plus licencieux dans son 95 poème du *Morgante*. [22] Il commence ce poème par tourner en ridicule les premiers versets de l'Evangile de saint Jean.

[21] *Le Décaméron de M. Jean Bocace florentin, traduict d'italien en françoys par maistre Antoine le Maçon* (Lyon, 1558; traduction encore rééditée en 1757), 1re journée, nouvelle 1re, 'Messire Chappelet du Prat trompa par une sienne fausse confession un saint homme religieux, et puis mourut; et ayant été durant sa vie un très méchant homme, à sa mort fut réputé pour saint, et appelé saint Chappelet'.

[22] Ce passage sur Pulci diffère très peu des lignes qui lui sont consacrées dans la préface de l'édition de *La Pucelle* de 1762: mêmes observations sur le début et la fin du poème, mêmes vers cités. Sous prétexte de montrer que le poème satirique de Voltaire contient 'bien moins de choses hardies et libres que dans tous les grands

> In principio era il Verbo appresso a Dio,
> Ed era Iddio il Verbo, e el Verbo lui,
> Questo era il principio al parer mio etc. [23]

100

J'ignore après tout, si c'est par naïveté, ou par impiété que le Pulci ayant mis l'Evangile à la tête de son poème le finit par le *Salve Regina*; mais soit puérilité, soit audace, cette liberté ne serait pas soufferte aujourd'hui: on condamnerait plus encore la réponse de Morgante à Margutte: ce Margutte demande à Morgante s'il est chrétien ou musulman.

105

> E se gli crede in Cristo o in Maometto.
> Respose allor Margutte, per dir tel tosto,
> I non credo più al nero che al azzuro;
> Ma nel Cappone o lesso o voglia arrosto.

110

> ...
> Ma sopra tutto nel bon vino ho fede.

> ...
> Or queste son'tre virtù cardinale!
> La gola, il dado, el culo como io t'ho detto. [24]

115

Une chose bien étrange, c'est que presque tous les écrivains italiens des quatorzième, quinzième et seizième siècles ont très peu respecté cette même religion dont leur patrie était le centre: plus ils voyaient de près les augustes cérémonies de ce culte, et les premiers pontifes, plus ils s'abandonnaient à une licence que la cour de Rome semblait alors autoriser par son exemple. On pouvait leur appliquer ces vers du *Pastor fido*.

120

---

108   K: *dir te l'tosto*
114   67, 68, W75G, K: *son' tre virtu*
115   67, 68, W75G: *el culo come*
      K: *e'l culo come*

---

hommes d'Italie qui ont écrit dans ce goût', la préface le situe dans la tradition de la libre pensée (*OCV*, t.7, p.254).

[23] Chant 1, vers 1-3.

[24] Voltaire cite approximativement quelques vers des strophes 114, 115 (parodie du *Credo*) et 132 du *Cantare decimottavo*.

Il lungo conversar genera noia,
E la noia il fastidio, e l'odio al fine. [25]

Les libertés qu'ont prises Machiavel, l'Arioste, l'Aretin, l'archevêque de Bénévent la Casa, [26] Pomponace, [27] Cardan, [28] et tant
d'autres savants, sont assez connues; les papes n'y faisaient nulle
attention; et pourvu qu'on achetât des indulgences et qu'on ne se
mêlât point du gouvernement, il était permis de tout dire. Les
Italiens alors ressemblaient aux anciens Romains qui se moquaient

125

130

126 W75G (t.28), K84: la Casa, le cardinal Bembo, Pomponace

[25] Voltaire en possède deux éditions qui portent toutes deux d'abondantes
marques de lecture, notamment sur le passage cité: *Il Pastor fido. Tragicommedia
pastorale del cavalier Guarini. Ed. nuova, riveduta, e corr. per l'abatte Antonini* (Parigi,
1729, BV696) et *Il Pastor fido. Tragicommedia pastorale del signor cavalier Guarini.
Ed. nuova, arrichita di utilissime annotazioni, e riveduta, e corretta da O. P. A.*
(Amsterdamo, 1736, BV697). Les deux vers de la scène 3 de l'acte 1 (monologue de
Corusca) sont exactement: 'Che'l lungo conversar genera noia / E la noia disprezzo,
e odio al fine'. Il s'agit d'un art d'aimer qui préconise de changer régulièrement
d'amant comme de vêtement. L'abbé de Torche les traduit ainsi: 'Quand on se hante
trop, on a bien de la peine / De s'empêcher de voir le faible des esprits, / On passe
du dégoût aisément au mépris, / Et du mépris enfin on en vient à la haine' (*Le Berger
fidelle, traduit de l'italien, de Guarini en vers français*, Paris, 1687, p.65-67).
[26] Giovanni della Casa (1503-1556), le fameux auteur du *Capitolo del forno*, que
Voltaire donne, dans l'article 'Bouffon, burlesque' des *Questions sur l'Encyclopédie*,
comme exemple du burlesque des Italiens, où 'la décence [...] est souvent sacrifiée à
la plaisanterie' (*M*, t.18, p.27).
[27] Pietro Pomponazzi dit Pomponace (1462-1525): 'nous avons de lui un petit
traité latin de l'immortalité de l'âme dans les principes d'Averroës' (*Notice des écrits
les plus célèbres, tant imprimés que manuscrits, qui favorisent l'incrédulité et dont la
lecture est dangereuse aux esprits faibles* d'André Joseph Panckoucke, éd. Geneviève
Artigas-Menant, *La Lettre clandestine* 2, 1993, p.178-92).
[28] Gerolamo Cardano (1501-1576); il voisine avec Pomponace dans la notice de
Panckoucke: 'Jérôme Cardan de Naples, dans son traité de l'immortalité de l'âme
[...] combat ce dogme'. Dans la première lettre des *Questions sur les miracles* figurent
déjà côte à côte, dans la longue liste de ceux qui pensent que les 'fondements' du
christianisme sont 'l'enthousiasme, la fraude et l'argent', Pomponace, Cardan et
Machiavel (*M*, t.25, p.361).

impunément de leurs Dieux; mais qui ne troublèrent jamais le culte reçu.

Il n'y eut que Giordano Bruno qui ayant bravé l'inquisiteur à Venise, et, s'étant fait un ennemi irréconciliable d'un homme si puissant et si dangereux, fut recherché pour son livre *della bestia triumphante*; on le fit périr par le supplice du feu, supplice inventé parmi les chrétiens contre les hérétiques. Ce livre très rare est pis qu'hérétique; l'auteur n'admet que la loi des patriarches, la loi naturelle; il fut composé, et imprimé à Londres chez le lord Philippe Sidney,[29] l'un des plus grands hommes d'Angleterre, favori de la reine Elizabeth.

Parmi les incrédules on range communément tous les princes et les politiques d'Italie du quatorzième, quinzième et seizième siècles. On prétend que si le pape Sixte IV avait eu de la religion, il n'aurait pas trempé dans la conjuration des Pazzi, pour laquelle on pendit l'archevêque de Florence en habits pontificaux aux fenêtres de l'hôtel de ville. Les assassins des Médicis qui exécutèrent leur parricide dans la cathédrale au moment que le prêtre montrait l'eucharistie[30] au peuple, ne pouvaient, dit-on,

---

132-33 w75G (t.28): reçu. Nous citons tous ces scandales en les détestant; et nous espérons faire passer dans l'esprit du lecteur judicieux les sentiments qui nous animent. [*fin de l'article 'François Rabelais' des Questions sur l'Encyclopédie*]
   k: reçu. [*avec note*: Nous citons tous ces scandales en les détestant; et nous espérons faire passer dans l'esprit du lecteur judicieux les sentiments qui nous animent.] Il
133 w75G (t.35): [*début du Fragment à Son Altesse Monseigneur le prince de ***]
145 w75G (t.35): la conspiration des

---

[29] *L'Expulsion de la bête triomphante proposée par Jupiter, effectuée par le conseil, révélée par Mercure, récitée par Sophie, entendue par Saulino, enregistrée par le Nolain; divisée en trois dialogues, subdivisée en trois parties; dédiée au très illustre et excellent chevalier Sir Philip Sidney* (1584; trad. Bertrand Levergeois, Paris, 1992). L'ouvrage est dédié au poète anglais (1554-1586) dont l'épître dédicatoire salue 'l'esprit', 'la civilité' et 'les mérites' (p.3).
[30] Evénements rapportés dans l'*Essai sur les mœurs*, ch.105, 'Suite de l'état de l'Europe au quinzième siècle. De l'Italie. De l'assassinat de Galéas Sforce dans une église. De l'assassinat des Médicis dans une église; de la part que Sixte IV eut à cette

croire à l'eucharistie: il paraît impossible qu'il y eût le moindre 150
instinct de religion dans le cœur d'un Alexandre VI, qui faisait périr
par le stylet, par la corde, ou par le poison tous les petits princes
dont il ravissait les Etats, et qui leur accordait des indulgences *in
articulo mortis* dans le temps qu'ils rendaient les derniers soupirs.[31]

On ne tarit point sur ces affreux exemples. Hélas! Monseigneur, 155
que prouvent-ils? Que le frein d'une religion pure, dégagée de
toutes les superstitions qui la déshonorent et qui peuvent la rendre
incroyable, était absolument nécessaire à ces grands criminels. Si la
religion avait été épurée, il y aurait eu moins d'incrédulité, et moins
de forfaits. Quiconque croit fermement un Dieu rémunérateur de 160
la vertu, et vengeur du crime, tremblera sur le point d'assassiner un
homme innocent, et le poignard lui tombera des mains; mais les
Italiens alors ne connaissant le christianisme que par des légendes
ridicules, par les sottises et les fourberies des moines, s'imaginaient
qu'il n'est aucune religion, parce que leur religion ainsi déshonorée 165
leur paraissait absurde. De ce que Savonarole[32] avait été un faux
prophète, ils concluaient qu'il n'y a point de Dieu; ce qui est un fort
mauvais argument. L'abominable politique de ces temps affreux
leur fit commettre mille crimes: leur philosophie non moins
affreuse étouffa leurs remords; ils voulurent anéantir le Dieu qui 170
pouvait les punir.

---

conjuration'. Voltaire les y commente ainsi: 'Quand on voit un pape, un archevêque,
un prêtre, méditer un tel crime, et choisir pour l'exécution le moment où leur Dieu se
montre dans le temple, on ne peut douter de l'athéisme qui régnait alors. Certainement
s'ils avaient cru que leur Créateur leur apparaissait sous le pain sacré, ils n'auraient osé
lui insulter à ce point. Le peuple adorait ce mystère; les grands et les hommes d'Etat
s'en moquaient, toute l'histoire de ces temps-là le démontre' (t.2, p.71).

[31] Sur les crimes d'Alexandre VI, voir notamment le chapitre 111 de l'*Essai sur les
mœurs*. Dès 1738, dans une lettre à Frédéric, Voltaire cite la conduite d'Alexandre VI
comme exemple des 'vices' et des 'fureurs' dont l'histoire est pleine (D1426). On le
retrouve à propos des abus de la papauté avant la Réforme dans le *Traité sur la
tolérance*, ch.3. L''honnête homme' du *Catéchisme de l'honnête homme ou dialogue
entre un caloyer et un homme de bien* (1763) donne l'exemple du 'vicaire de Dieu,
Alexandre VI, souillé de meurtres et d'empoisonnements' dans une diatribe contre
les crimes des chrétiens (*M*, t.24, p.536).

[32] Le chapitre 108 de l'*Essai sur les mœurs* lui est consacré.

TROISIÈME LETTRE

Sur Vanini

MONSEIGNEUR,
Vous me demandez des mémoires sur Vanini; je ne puis mieux faire
que de transcrire ici ce qui en est rapporté dans la sixième édition
d'un petit ouvrage composé par une société de gens de lettres,
attribué très mal à propos à un homme célèbre[1] (page 41).   5

Franchissons tout l'espace des temps entre la république
romaine et nous. Les Romains bien plus sages que les Grecs,
n'ont jamais persécuté aucun philosophe pour ses opinions. Il n'en
est pas ainsi chez les peuples barbares qui ont succédé à l'empire
romain. Dès que l'empereur Frédéric II a des querelles avec les   10
papes, on l'accuse d'être athée, et d'être l'auteur du livre des *trois
Imposteurs*, conjointement avec son chancelier de Vineis.

Notre grand chancelier de l'Hôpital se déclare-t-il contre les
persécutions; on l'accuse aussitôt d'athéisme (*a*): *homo doctus, sed
verus atheos*. Un jésuite autant au-dessous d'Aristophane, qu'Ari-   15
stophane est au-dessous d'Homère; un malheureux dont le nom est
devenu ridicule parmi les fanatiques mêmes, le jésuite Garasse, en
un mot, trouve partout des athéistes: c'est ainsi qu'il nomme tous

(*a*) *Commentarium rerum Gallicarum*, lib. 28.

a   w75G (t.35): *Au même*
3-100   w75G (t.35): de vous renvoyer à la section troisième, article 'Athéisme'
de l'ouvrage que je viens de citer: j'ajouterai aux sages réflexions que vous y
trouverez qu'on imprima
            K: de vous renvoyer à la section troisième du *Dictionnaire philosophique*:
j'ajouterai aux sages réflexions que vous y trouverez qu'on imprima

[1] Le *Dictionnaire philosophique* de Voltaire, article 'Athée, athéisme', section
première (*OCV*, t.35, p.378-85, lignes 36-133).

ceux contre lesquels il se déchaîne. Il appelle Théodore de Bèze athéiste; c'est lui qui a induit le public en erreur sur Vanini.   20

La fin malheureuse de Vanini ne nous émeut point d'indignation et de pitié comme celle de Socrate, parce que Vanini n'était qu'un pédant étranger sans mérite; mais enfin Vanini n'était point athée comme on l'a prétendu, il était précisément tout le contraire.

C'était un pauvre prêtre Napolitain, prédicateur et théologien   25
de son métier; disputeur à outrance sur les quiddités, et sur les universaux; *et utrum chimera bombinans in vacuo possit comedere secundas intentiones.* Mais d'ailleurs, il n'y avait veine en lui qui tendît à l'athéisme. Sa notion de Dieu est de la théologie la plus saine, et la plus approuvée. *Dieu est son principe et sa fin, père de l'un*   30
et de l'autre, et n'ayant besoin ni de l'une ni de l'autre; éternel sans être dans le temps; présent partout sans être en aucun lieu. Il n'y a pour lui ni passé ni futur; il est partout et hors de tout; gouvernant tout et ayant tout créé; immuable, infini sans parties; son pouvoir est sa volonté, etc. Vanini se piquait de renouveler ce beau sentiment de Platon,   35
embrassé par Averroës, que Dieu avait créé une chaîne d'êtres depuis le plus petit jusqu'au plus grand, dont le dernier chaînon est attaché à son trône éternel; idée à la vérité plus sublime que vraie, mais qui est aussi éloignée de l'athéisme que l'être du néant.

Il voyagea pour faire fortune et pour disputer; mais malheu-   40
reusement la dispute est le chemin opposé à la fortune; on se fait autant d'ennemis irréconciliables qu'on trouve de savants ou de pédants, contre lesquels on argumente. Il n'y eut point d'autre source du malheur de Vanini; sa chaleur et sa grossièreté dans la dispute lui valurent la haine de quelques théologiens; et ayant eu   45
une querelle avec un nommé Francon ou Franconi, ce Francon ami de ses ennemis, ne manqua pas de l'accuser d'être athée enseignant l'athéisme.

Ce Francon, ou Franconi, aidé de quelques témoins, eut la barbarie de soutenir à la confrontation, ce qu'il avait avancé.   50
Vanini sur la sellette, interrogé sur ce qu'il pensait de l'existence de Dieu, répondit qu'il adorait avec l'Eglise un Dieu en trois personnes. Ayant pris à terre une paille, il suffit de ce fétu, dit-il,

401

pour prouver qu'il y a un créateur. Alors il prononça un très beau discours sur la végétation et le mouvement, et sur la nécessité d'un 55 Etre suprême, sans lequel il n'y aurait ni mouvement ni végétation.

Le président Grammont qui était alors à Toulouse, rapporte ce discours dans son *Histoire de France*, aujourd'hui si oubliée; et ce même Grammont, par un préjugé inconcevable, prétend, *que Vanini disait tout cela par vanité, ou par crainte, plutôt que par une* 60 *persuasion intérieure.*

Sur quoi peut être fondé ce jugement téméraire et atroce du président Grammont? Il est évident que sur la réponse de Vanini, on devait l'absoudre de l'accusation d'athéisme. Mais qu'arriva-t-il? ce malheureux prêtre étranger se mêlait aussi de médecine; on 65 trouva un gros crapaud vivant qu'il conservait chez lui dans un vase plein d'eau; on ne manqua pas de l'accuser d'être sorcier; on soutint que ce crapaud était le dieu qu'il adorait; on donna un sens impie à plusieurs passages de ses livres, ce qui est très aisé et très commun, en prenant les objections pour les réponses, en inter- 70 prétant avec malignité quelque phrase louche, en empoisonnant une expression innocente. Enfin, la faction qui l'opprimait arracha des juges l'arrêt qui condamna ce malheureux à la mort.

Pour justifier cette mort il fallait bien accuser cet infortuné de ce qu'il y avait de plus affreux. Le minime, et très minime Mersenne a 75 poussé la démence jusqu'à imprimer que Vanini était parti de Naples avec douze de ses apôtres, pour aller convertir toutes les nations à l'athéisme. Quelle pitié! Comment un pauvre prêtre aurait-il pu avoir douze hommes à ses gages? Comment aurait-il pu persuader douze Napolitains de voyager à grands frais pour 80 répandre partout cette abominable et révoltante doctrine au péril de leur vie? Un roi serait-il assez puissant pour payer douze prédicateurs d'athéisme? Personne avant le père Mersenne n'avait avancé une si énorme absurdité. Mais après lui on l'a répétée, on en a infecté les journaux, les dictionnaires historiques; et le monde qui 85 aime l'extraordinaire, a cru sans examen cette fable.

Bayle lui-même, dans ses pensées diverses, parle de Vanini comme d'un athée: il se sert de cet exemple pour appuyer son paradoxe, *qu'une société d'athées peut subsister*; il assure que Vanini était un homme de mœurs très réglées, et qu'il fut le martyr de son opinion philosophique. Il se trompe également sur ces deux points; le prêtre Vanini nous apprend dans ses dialogues faits à l'imitation d'Erasme, qu'il avait eu une maîtresse nommée Isabelle. Il était libre dans ses écrits comme dans sa conduite, mais il n'était point athée.

Un siècle après sa mort, le savant La Croze, et celui qui a pris le nom de Philalète, ont voulu le justifier; mais comme personne ne s'intéresse à la mémoire d'un malheureux Napolitain, très mauvais auteur, presque personne ne lit ses apologies. [2]

J'ajouterai à ces sages réflexions, qu'on imprima une vie de Vanini à Londres en 1717. Elle est dédiée à mylord North and Grei. C'est un Français réfugié son chapelain qui en est l'auteur. [3] C'est assez de dire pour faire connaître le personnage, qu'il s'appuie dans son histoire sur le témoignage du jésuite Garasse, le plus absurde et le plus insolent calomniateur, et en même temps le plus ridicule écrivain qui jamais ait été chez les jésuites. Voici les paroles de Garasse, citées par le chapelain, et qui se trouvent en effet dans la doctrine curieuse de ce jésuite, page 144.

'Pour Lucile Vanin, il était Napolitain, homme de néant, qui avait rôdé toute l'Italie en chercheur de repues franches, et une

90

95

100

105

110

---

100   W75G (t.35), K: aux sages réflexions que vous y trouverez une

[2] Fin de la citation du *Dictionnaire philosophique*.
[3] *La Vie et les sentimens de Lucilio Vanini* [par David Durand, ministre], à Rotterdam, aux depens de Gaspar Fritsch, 1717 (BV1182). L'opinion de Voltaire est arrêtée dès janvier 1736: 'J'ai reçu hier la *Vie de Vanini*, je l'ai lue. Ce n'était pas la peine de faire un livre. Je suis fâché qu'on ait cuit ce pauvre Napolitain mais je brûlerai volontiers ses ennuyeux ouvrages, et encore plus l'histoire de sa vie' (lettre du 6 janvier 1736, D980). Durand cite en effet en note des passages de Garasse jugés 'réjouissants' et il refuse de suivre Bayle, qui selon lui 'a érigé [...] Vanini en honnête homme et en vrai martyr de l'athéisme'; sa *Vie*, fidèle à la méthode 'historique et critique', a pourtant contribué à faire mieux connaître la vie et les idées de Vanini (voir *La Vie et les sentimens de Lucilio Vanini par David Durand*, éd. Didier Foucault, Paris, 2001). C'est dans les Provinces-Unies qu'il a rencontré le comte William de North, qu'il a suivi ensuite à Amsterdam, puis à Londres.

bonne partie de la France en qualité de pédant. Ce méchant bélistre étant venu en Gascogne en 1617, faisait état d'y semer avantageusement son yvroie, et faire riche moisson d'impiétés, cuidant avoir trouvé des esprits susceptibles de ses propositions. Il se glissait dans les noblesses effrontément pour y piquer l'escabelle aussi franchement que s'il eût été domestique, et apprivoisé de tout tems à l'humeur du pays; mais il rencontra des esprits plus forts et résolus à la défense de la vérité qu'il ne s'était imaginé.'[4]

Que pouvez-vous penser, Monseigneur, d'une vie écrite sur de pareils mémoires? Ce qui vous surprendra davantage, c'est que lorsque ce malheureux Vanini fut condamné,[5] on ne lui représenta aucun de ses livres dans lesquels on a imaginé qu'était contenu le prétendu athéisme pour lequel il fut condamné. Tous les livres de ce pauvre Napolitain étaient des livres de théologie et de philosophie, imprimés avec privilège et approuvés par des docteurs de la faculté de Paris.[6] Ses dialogues même qu'on lui reproche aujourd'hui, et qu'on ne peut guère condamner que comme un ouvrage très ennuyeux, furent honorés des plus grands éloges en français, en latin, et même en grec. On voit surtout parmi ces éloges ces vers d'un fameux docteur de Paris.

Vaninus, vir mente potens sophiaeque magister
Maximus, Italiae decus et nova gloria gentis.

---

[4] *La Doctrine curieuse des beaux esprits de ce temps, ou prétendus tels, contenant plusieurs maximes pernicieuses à la religion, à l'Etat, et aux bonnes mœurs, combattue et renversée par le P. François Garassus, de la Compagnie de Jésus* (Paris, 1624), livre 2, section 6, 4, p.144-45. Dans son exemplaire (BV1429), Voltaire a marqué d'un point le passage cité (*CN*, t.4, p.66). Il figure dans les notes de l'Avertissement de Durand (p.xv-xvi).

[5] Dès 1735, Voltaire demande à l'abbé d'Olivet des indications sur 'le livre pour lequel le pauvre Vanini fut brulé'. Ce ne peut être en effet 'cet ennuyeux *Amphitheatrum*', 'ouvrage d'un pauvre religieux orthodoxe'; 'je soupçonne, conclut Voltaire, qu'il n'y a eu nul athéisme dans son fait' (lettre du 4 octobre, D923).

[6] Durand rapporte que l'*Amphitheatrum* est 'approuvé par quatre docteurs' (§22, p.73). Plus loin il cite le texte d'approbation des *Dialogues* (§34, p.111-12).

Ces deux vers furent imités depuis en français:

Honneur de l'Italie, émule de la Grèce,
Vanini fait connaître et chérir la sagesse. [7]

135

Mais tous ces éloges ont été oubliés: et on se souvient seulement qu'il a été brûlé vif. Il faut avouer qu'on brûle quelquefois les gens un peu légèrement; témoin Jean Hus, Jérôme de Prague, [8] le conseiller Anne Dubourg, [9] Servet, [10] Antoine, [11] Urbain Grandier, [12] la

[7] Voir Durand: 'L'avertissement, qui suit la dédicace des *Dialogues*, nous annonce le livre comme un chef d'œuvre que deux disciples ont copié avidement des leçons de l'auteur [...]. Outre cela on le loue en vers grecs et latins. Un George Certain, médecin de Paris, ne fait point difficulté de lui donner un grand sens, une capacité supérieure de raisonnement, et la palme sur tous les écrivains d'Italie [suivent les deux vers latins cités par Voltaire]' (§35, p.116-17).

[8] Voltaire consacre aux deux réformateurs le chapitre 43 ('De Jean Hus, et de Jérôme de Prague') de l'*Essai sur les mœurs*.

[9] La fin du chapitre 138 de l'*Essai sur les mœurs* est consacrée à l'arrestation et au supplice de ce conseiller au parlement de Paris. Jean Hus, Jérôme de Prague et Anne Dubourg sont rapprochés comme victimes de crimes religieux dans les *Conseils raisonnables à M. Bergier, pour la défense du christianisme, par une société de bacheliers en théologie*, §2 et 4.

[10] Voir le chapitre 134 de l'*Essai sur les mœurs*, 'De Calvin et de Servet'. 'Je passe tout aux hommes, pourvu qu'ils ne soient pas persécuteurs; j'aimerais Calvin, s'il n'avait pas fait brûler Servet', écrit Voltaire dès 1733 (lettre à Jean-Jacob Vernet du 14 septembre, D653).

[11] Le chapitre 7 ('Du crime de la prédication et d'Antoine') du *Commentaire sur le livre Des délits et des peines* (1766) contient l'histoire de Nicolas Antoine, rapprochée de celles de Dubourg et de Servet. Dans une diatribe contre les crimes de la religion adressée à Théodore Tronchin en 1758, Voltaire cite 'les assassinats de Jean Hus, de Dubourg, de Servet, d'Antoine...' (lettre du 15 janvier, D7584). Voir aussi, sur Antoine, ci-dessous, lettre 9.

[12] Les vers 178 à 182 du chant 3 de *La Pucelle* sont consacrés au curé de Loudun condamné en 1634: 'Murs de Loudun, quel nouveau feu s'allume? / C'est un curé que le bûcher consume: / Douze faquins ont déclaré sorcier / Et fait griller messire Urbain Grandier' (*OCV*, t.7, p.306-307).

maréchale d'Ancre,[13] Morin[14] et Jean Calas; témoin enfin cette   140
foule innombrable d'infortunés que presque toutes les sectes
chrétiennes ont fait périr tour à tour dans les flammes, horreur
inconnue aux Persans, aux Turcs, aux Tartares, aux Indiens, aux
Chinois, à la république romaine, et à tous les peuples de
l'antiquité; horreur à peine abolie parmi nous, et qui fera rougir   145
nos enfants d'être sortis d'aïeux si abominables.

[13] Immédiatement après Urbain Grandier, *La Pucelle* évoque le sort de Leonora
Dori, dite Galigaï, maréchale d'Ancre: 'Galigaï, ma chère maréchale, / Ah! qu'aux
savants notre France est fatale! / Car on te chauffe en feu brillant et clair / Pour
avoir fait pacte avec Lucifer' (*OCV*, t.7, p.307, vers 183-86). Voir le chapitre 175 de
l'*Essai sur les mœurs*, 'De la France sous Louis XIII, jusqu'au ministère du cardinal
de Richelieu. [...] Le maréchal d'Ancre assassiné; sa femme condamnée à être
brûlée'.

[14] Le 'Catalogue de la plupart des écrivains français qui ont paru dans le siècle de
Louis XIV, pour servir à l'histoire littéraire de ce temps' du *Siècle de Louis XIV*
comporte un article consacré à 'Morin (Simon), né en Normandie en 1623' et 'brûlé
vif en 1663, avant que la philosophie eût fait assez de progrès pour empêcher les
savants de dogmatiser, et les juges d'être si cruels'. Voir aussi le chapitre 8 du
Commentaire sur le livre Des délits et des peines, 'Histoire de Simon Morin'.

QUATRIÈME LETTRE

Des auteurs anglais qui ont eu le malheur d'écrire contre la religion; et particulièrement de Warburton

Votre altesse demande qui sont ceux qui ont eu l'audace de s'élever, non seulement contre l'Eglise romaine, mais contre l'Eglise chrétienne; le nombre en est prodigieux, surtout en Angleterre. [1] Un des premiers est le lord Herbert de Cherburi, mort en 1648, connu par ses traités de la religion des laïcs, et de celle des gentils. [2]

Hobbes ne reconnut d'autre religion que celle à qui le gouvernement donnait sa sanction. Il ne voulait point deux maîtres. Le vrai pontife est le magistrat; cette doctrine souleva tout le clergé. On cria au scandale, à la nouveauté. Pour du scandale, c'est-à-dire de ce qui fait tomber, [3] il y en avait; mais de la nouveauté, non; car en Angleterre le roi était dès longtemps le chef de l'Eglise. L'impératrice de Russie en est le chef dans un pays plus vaste que l'empire romain. Le sénat dans la république était le chef de la religion, et tout empereur romain était souverain pontife. [4]

a-c w75G (t.35): *Des auteurs anglais; et particulièrement de Warburton*

[1] On sait que Voltaire les fréquente depuis longtemps et que ses *Lettres philosophiques* ont largement contribué à leur diffusion en France. Dans la treizième lettre se trouvent déjà réunis Locke, Hobbes, Shaftesbury, Collins et Toland.

[2] Edward Herbert, lord of Cherbury, dont le *De religione laïci* est publié en 1645 et le *De religione Gentilium* paraît en 1663, 'ouvre la voie à une religion rationnelle' (Jacqueline Lagrée, *Le Salut du laïc. Sur Herbert de Cherbury, étude et traduction du De religione laïci*, Paris, 1989, p.10).

[3] Sens étymologique du 'skandalon' grec, tel qu'il est utilisé dans le Nouveau Testament.

[4] Voltaire consacre en 1766 un paragraphe du *Philosophe ignorant* au 'profond et bizarre philosophe' Hobbes (*OCV*, t.62, p.87). C'est vraisemblablement alors qu'il lit le 'bon article de Hobbes dans l'*Encyclopédie*', qu'il signale à D'Alembert (lettre du 5 avril 1766, D13235). Dans cet article 'Hobbisme ou philosophie de Hobbes',

Le lord Shaftersburi surpassa de bien loin Herbert et Hobbes pour l'audace et pour le style. Son mépris pour la religion chrétienne éclate trop ouvertement. [5]

La religion naturelle de Woolaston [6] est écrite avec plus de ménagement; mais n'ayant pas les agréments de mylord Shaftersburi, ce livre n'a été guère lu que des philosophes. 20

DE TOLAND

Toland a porté des coups beaucoup plus violents. C'était une âme fière et indépendante; né dans la pauvreté il pouvait s'élever à la fortune s'il avait été plus modéré. La persécution l'irrita; il écrivit contre la religion chrétienne par haine et par vengeance. 25

Dans son premier livre intitulé, *la Religion chrétienne sans mystères*, il avait écrit lui-même un peu mystérieusement, et sa

16   68: surpasse

Diderot présente, après une longue notice biographique, où il est notamment question du 'scandale' suscité par les thèses de Hobbes, les 'principes élémentaires et généraux' de sa philosophie, sous forme d'assertions empruntées à ses différents ouvrages. On y trouve notamment celles-ci: 'la religion est une affaire de législation [...]. C'est à celui qui gouverne à décider de ce qui convient ou non dans cette branche de l'administration ainsi que dans toute autre' (Diderot, *Œuvres*, éd. Laurent Versini, t.1, Paris, 1994, p.454). Figurent dans la Bibliothèque de Voltaire les *Elementa philosophica de cive*, auctore Thom. Hobbes Malmesburiensi, Amsterodami, apud Henr. et viduam Th. Boom, 1696 (BV1647).

5 'Je vous ai envoyé mon Bolingbroke; je vous enverrai mon Shaftesbury par la première occasion; je les ai lus, je les ai extraits, cela me suffit, ce sont des remèdes dont j'ai usé', écrit Voltaire le 15 avril 1760 à Albergati Capacelli (D8854). Un passage de l'*Essai sur les mœurs* (ch.182, 'De l'Angleterre sous Charles II') est consacré au 'théisme' de 'l'un des plus hardis philosophes d'Angleterre' (*Homélies prononcées à Londres*, première homélie, *OCV*, t.62, p.432). Cet 'ennemi des prêtres' (lettre du 2 janvier 1759 au baron de Montricher, D8022) est au nombre des saints patrons de la philosophie que Voltaire invoque, avec Confucius, Platon, Julien, etc., dans sa correspondance des années 1760 (D8536, D10315, D11873).

6 William Wollaston, *The Religion of nature delineated* (London, 1725), traduit en français sous le titre *Ebauche de la religon naturelle* (La Haye, 1726). Voltaire cite Wollaston dans l'article 'Pierre' du *Dictionnaire philosophique* (*OCV*, t.36, p.451).

hardiesse était couverte d'un voile. On le condamna, on le poursuivit en Irlande: le voile fut bientôt déchiré.[7] Ses *Origines judaïques*, son *Nazaréen*, son *Pantéisticon* furent autant de combats qu'il livra ouvertement au christianisme.[8] Ce qui est étrange, c'est qu'ayant été opprimé en Irlande pour le plus circonspect de ses ouvrages, il ne fut jamais troublé en Angleterre pour les livres les plus audacieux.

On l'accusa d'avoir fini son *Pantéisticon* par cette prière blasphématoire qui se trouve en effet dans quelques éditions. *Omnipotens et sempiterne Bacche, qui hominum corda donis tuis recreas, concede propitius ut qui hesternis poculis aegroti facti sunt, hodiernis curentur, per pocula poculorum, Amen!*

Mais comme cette profanation était une parodie d'une prière de l'Eglise romaine, les Anglais n'en furent point choqués. Au reste, il est démontré que cette prière profane n'est point de Toland; elle avait été faite deux cents ans auparavant en France par une société de buveurs,[9] on la trouve dans le *Carême allégorisé*, imprimé en

---

[7] A l'article 'Toland (Jean)' du dictionnaire de Moréri (1759), la hardiesse qui mène Toland à de 'nouveaux excès' est à l'inverse le défaut de condamnation de son *Christianity not mysterious, or a Treatise shewing that there is nothing in the Gospel contrary the reason, nor above it; and that no christian doctrine can be properly call'd a mystery* (London, 1696).

[8] *Origines judaicae*, dans *Adeisidaemon: sive Titus Livius a superstitione vindicatus* (Hagae-Comitis, apud T. Johnson, 1709); *Nazarenus: or Jewish, Gentile, and Mahometan Christianity* (London, 1718); *Pantheisticon, sive formula celebrandae sodalitatis Socraticae* (Cosmopoli, 1720). A la date de rédaction de ces lettres (les adaptations françaises par d'Holbach sont toutes postérieures à 1767), la bibliothèque de Voltaire ne contient que *The Miscellaneous Works of Mr John Toland, now first published from his original manuscripts... To the whole is prefixed a copious account of Mr Toland's life and writings, by Mr. de Maizeaux*, vol. 2 (London, print. for J. Whiston, S. Backer and J. Robinson, 1747, BV3314). Les documents réunis et commentés au début du premier tome font état de la précocité de Toland et de l'hostilité rencontrée dans son Irlande natale; on y trouve aussi mention de son courage devant la maladie, ses dernières paroles et les poèmes à sa mémoire.

[9] Chaque partie du *Pantheisticon* se termine cependant par un appel à des libations.

1563. Ce fou de jésuite Garasse en parle dans sa *Doctrine curieuse* 45
livre II, page 201.[10]

Toland mourut avec un grand courage en 1721. Ses dernières
paroles furent *je vais dormir*. Il y a encore quelques pièces de vers à
l'honneur de sa mémoire; ils ne sont pas faits par des prêtres de
l'Eglise anglicane. 50

DE LOCKE

C'est à tort qu'on a compté le grand philosophe Locke parmi les
ennemis de la religion chrétienne. Il est vrai que son livre *du
Christianisme raisonnable*[11] s'écarte assez de la foi ordinaire; mais la
religion des primitifs appelés *Trembleurs*, qui fait une si grande
figure en Pensilvanie, est encore plus éloignée du christianisme 55
ordinaire; et cependant ils sont réputés chrétiens.[12]

On lui a imputé de ne point croire l'immortalité de l'âme, parce
qu'il était persuadé que Dieu le maître absolu de tout, pouvait

58-59   67, W75G (t.35): pouvait donner (s'il voulait) sentiment à la pensée et à la
matière [*Dans 67, copie Z Beuchot 1473 de la BnF, une main inconnue a changé le
premier 'à' en 'et' et a gratté le 'et' qui suit 'pensée'.*]

[10] Un signet marque les pages 200 et 201 de l'exemplaire de la Bibliothèque de
Voltaire (*CN*, t.4, p.67). On lit p.200 (livre 2, section 15, 'Profanations notables de
l'Ecriture sainte, faites par les beaux esprits prétendus', §III): 'Au même temps que
Luther et Calvin commencèrent d'éclore leur malice, il y eut quelques méchants
esprits qui firent voir à quel but tendait leur doctrine, d'autant que sur l'an 1563 sortit
au jour un livre très profane et plein d'impiétés, qui s'appelait *Le Carême allégorisé*,
auquel ce méchant athéiste traduit en gausserie toutes les observations de l'Eglise, et
les rend profanes par les paroles mêmes de l'Ecriture: comme quand il dit qu'on ne
peut pas faire la collation du soir sans hypocras, qui est un fort bon ingrédient pour
faire passer plus doucement les jeûnes'.

[11] Deux éditions de la traduction de *The Reasonableness of christianity, as delivered
in the Scriptures* par Pierre Coste intitulée *Le Christianisme raisonnable, tel qu'il nous
est représenté dans l'Ecriture sainte* (2 vol., Amsterdam, 1731 et 1740) figurent dans la
Bibliothèque de Voltaire (BV2147 et 2148).

[12] Dans le *Traité sur la tolérance* (ch. 4), Voltaire rapproche déjà Locke, législateur
de la Caroline en 1669, des 'primitifs que l'on a nommés *quakers* par dérision' (*OCV*,
t.56C, p.152).

donner (s'il voulait) le sentiment et la pensée à la matière. M. de
Voltaire l'a bien vengé de ce reproche. [13] Il a prouvé que Dieu peut   60
conserver éternellement l'atome, la monade qu'il aura daigné
favoriser du don de la pensée. C'était le sentiment du célèbre et
saint prêtre Gassendi, pieux défenseur de ce que la doctrine
d'Epicure peut avoir de bon. Voyez sa fameuse lettre à Descartes.

'D'où vous vient cette notion? Si elle procède du corps, il faut   65
que vous ne soyez pas sans extension. Apprenez-nous comment il
se peut faire que l'espèce ou l'idée du corps, qui est étendu, puisse
être reçue dans vous, c'est-à-dire dans une substance non
étendue... Il est vrai que vous connaissez que vous pensez, mais
vous ignorez quelle espèce de substance vous êtes, vous qui pensez,   70
quoique l'opération de la pensée vous soit connue. Le principal de
votre essence vous est caché, et vous ne savez point quelle est la
nature de cette substance, dont l'une des opérations est de penser
etc.' [14]

Locke mourut en paix, disant à Mme Masham et à ses amis qui   75
l'entouraient, *La vie est une pure vanité.* [15]

[13] Dans la treizième des *Lettres philosophiques*. Voltaire y est revenu tout
récemment dans le chapitre 29 du *Philosophe ignorant* (1766), après la longue note
du *Poème sur la loi naturelle* de 1756.

[14] En octobre 1752, Voltaire trouve dans la 'Lettre neuvième' (p.320 et suiv.) du
troisième tome des *Mémoires secrets de la république des lettres*, des extraits en français
de la *Disquisitio metaphysica, seu Dubitationes et instantiae adversus Renati Cartesii
metaphysicam et responsa* de Pierre Gassendi. Il écrit aussitôt un billet au rédacteur
des *Mémoires*, d'Argens, qui se trouve alors avec lui à Potsdam: 'Votre extrait de
Gassendi est digne de Bayle. Je ne savais pas que Gassendi eût été le précurseur de
Locke, dans le doute modeste et éclairé si la matière peut penser' (D5219; pour la
date, voir Voltaire, *Correspondance*, Paris, Bibliothèque de la Pléiade, 1993, t.13,
p.518). Les deux passages cités ici en proviennent; ce sont deux passages proches
tirés du 'quatrième doute' ('De l'impossibilité qui apparaît, de faire entrer dans un
esprit incorporel l'espèce sensible d'une chose corporelle; et de l'esprit, qui, s'il
coexiste avec un corps, ou une chose étendue, ne semble pas pouvoir être inétendu')
du chapitre 'Contre la sixième méditation, qui porte sur l'existence des choses
matérielles et la distinction réelle qui existe entre l'esprit et le corps' (trad. Bernard
Rochot, Paris, 1962, p.584-85).

[15] Locke passa les dernières années de sa vie auprès de lady Damaris Masham,
elle-même femme de lettres et philosophe. Sa mort est toujours présentée comme

DE L'ÉVÊQUE TAILOR ET DE TINDAL

On a mis peut-être avec autant d'injustice, Tailor évêque de Cannor parmi les mécréants, à cause de son livre du *Guide des douteurs*.[16]

Mais pour le docteur Tindal auteur du *Christianisme aussi ancien que le monde*,[17] il a été constamment le plus intrépide soutien de la 80 religion naturelle, ainsi que de la maison royale de Hanovre. C'était un des plus savants hommes d'Angleterre dans l'histoire. Il fut honoré jusqu'à sa mort d'une pension de deux cents livres sterling.[18] Comme il ne goûtait pas les livres de Pope, qu'il le trouvait absolument sans génie et sans imagination, et ne lui 85 accordait que le talent de versifier, et de mettre en œuvre l'esprit des autres, Pope fut son implacable ennemi. Tindal de plus était un wig ardent, et Pope un jacobite. Il n'est pas étonnant que Pope l'ait déchiré dans sa *Dunciade*, ouvrage imité de Driden, et trop rempli de bassesses et d'images dégoûtantes. 90

---

paisible; on lit par exemple dans l'*Encyclopédie*, article 'Locke (philosophie de)': 'Locke mourut en 1704, le 8 novembre, dans son fauteuil, maître de ses pensées, comme un homme qui s'éveille et qui s'assoupit par intervalles jusqu'au moment où il cesse de se réveiller, c'est-à-dire que son dernier jour fut l'image de toute notre vie'. Les derniers mots qui lui sont prêtés sont plus divers: selon Pierre Coste, son traducteur, il exhorte lady Masham à lire la Sainte Ecriture et à accomplir tous ses devoirs, pour trouver le bonheur dans ce monde et une félicité éternelle dans l'autre ('The character of Mr Locke by Mr Peter Coste', en tête de *A collection of several pieces of Mr John Locke, never before printed*, London, Bettenham et Francklin, 1720, p.xxii).

16 Jeremy Taylor, *Ductor dubitantium, or the rule of conscience in all her general measures, serving as a great instrument for the determination of cases of conscience* (London, R. Royston, 1676).

17 Matthew Tindal, *Christianity as old as the creation, or the Gospel, a republication of the religion of nature* (London, 1730), vol.1 (BV3302). Voltaire a laissé notes et marques de lecture dans son exemplaire.

18 'Tindall publia un grand nombre d'ouvrages en faveur du gouvernement; ce qui lui procura une pension de 200 livres sterling' (Jean-Baptiste Ladvocat, *Dictionnaire historique-portatif*, Paris, Didot, 1760, t.2, p.846).

DE COLLINS

Un des plus terribles ennemis de la religion chrétienne a été Antoine Collins grand trésorier de la comté d'Essex, bon métaphysicien, et d'une grande érudition. Il est triste qu'il n'ait fait usage de sa profonde dialectique que contre le christianisme. Le docteur Clarke, célèbre socinien, auteur d'un très bon livre où il démontre l'existence de Dieu, n'a jamais pu répondre aux livres de Collins d'une manière satisfaisante, et a été réduit aux injures. [19]

Ses *Recherches philosophiques* sur la liberté de l'homme, [20] sur les fondements de la religion chrétienne, [21] sur les prophéties litté-

95

[19] Voltaire a eu en 1726 'plusieurs conférences' avec Samuel Clarke (*Eléments de la philosophie de Newton*, ch.1, *OCV*, t.15, p.195): 'Je me souviens que je ne laissais pas en Angleterre d'embarrasser un peu le fameux docteur Clarke, quand je lui disais [...]' (D1320, à Frédéric II, vers le 25 avril 1737). La correspondance témoigne de lectures partagées des prédications de Clarke à Cirey (voir par exemple D901, D985). De l'ouvrage cité (*A discourse concerning the being and attributes of God, the obligations of natural religion and the truth and certainty of the Christian revelation*, London, 1725), ne figure dans la Bibliothèque de Voltaire que la traduction française de M. Ricotier, très annotée et de façon toujours négative: *Traités de l'existence et des attributs de Dieu: des devoirs de la religion naturelle, et de la vérité de la religion chrétienne* (3 vol., Amsterdam, 1727-1728, BV785; *CN*, t.2, p.637-58). Dès ses *Eléments de la philosophie de Newton* en 1732, Voltaire écrivait: 'De tous les philosophes qui ont écrit hardiment contre la liberté, celui qui sans contredit l'a fait avec plus de force, c'est Collins, magistrat de Londres, auteur du livre *de la Liberté de penser*. Clarke, qui était entièrement dans le sentiment de Neuton sur la liberté, et qui d'ailleurs en soutenait les droits autant en théologien d'une secte singulière, qu'en philosophe, répondit vivement à Collins, et mêla tant d'aigreur à ses raisons, qu'il fit croire qu'au moins il sentait toute la force de son ennemi' (première partie, ch.4, 'De la liberté dans l'homme', *OCV*, t.15, p.213-14). Ces propos sont repris dans *Le Philosophe ignorant* (1766), §23, 'Suis-je libre?'

[20] Anthony Collins, *A philosophical inquiry concerning human liberty* (London, 1717). Voltaire en possède une traduction française sous le titre *Recherches philosophiques sur la liberté de l'homme*, dans le *Recueil de diverses pièces sur la philosophie*, éd. Pierre Des Maizeaux (Amsterdam, 1720, BV2889).

[21] Voltaire possède une édition de Londres de 1737 de *A discourse of the grounds and reasons of the Christian religion* (BV818).

rales,[22] sur la liberté de penser,[23] sont malheureusement demeur-   100
ées des ouvrages victorieux.

DE WOLSTON

Le trop fameux Thomas Wolston, maître ès arts de Cambridge, se
distingua vers l'an 1726 par ses discours contre les miracles de
Jésus-Christ,[24] et leva l'étendard si hautement qu'il faisait vendre à
Londres son ouvrage dans sa propre maison. On en fit trois   105
éditions coup sur coup de dix mille exemplaires chacune.[25]

Personne n'avait encore porté si loin la témérité et le scandale. Il
traite de contes puérils et extravagants les miracles et la résurrec-
tion de notre Sauveur.[26] Il dit que quand Jésus-Christ changea
l'eau en vin pour des convives qui étaient déjà ivres, c'est   110
qu'apparemment il fit du punch.[27] Dieu emporté par le diable

[22] *The Scheme of literal prophecy considered* (London, 1727, BV821). L'exemplaire
de Voltaire comporte des signets (*CN*, t.2, p.695).

[23] *A discourse of free-thinking, occasion'd by the rise and growth of a sect call'd free-
thinkers* (London, 1713). Voltaire possède la traduction de J.-P. de Crousaz, *Discours
sur la liberté de penser. Traduit de l'anglais et augmenté d'une lettre d'un médecin arabe,
avec l'examen de ces deux ouvrages* (Londres, 1766, BV816).

[24] Voltaire possède des éditions séparées des six discours: *A [second-sixth]
discourse on the miracles of our Saviour, in view of the present controversy between
infidels and apostates*, by Thomas Woolston (London, printed for the author, 1727,
etc., BV3845-BV3850); ainsi que *Mr Woolston's defence of his discourses on the
miracles of our Saviour, against the bishops of St David's and London, and his other
adversaries* (2 vol., London, 1729-1730, BV3851).

[25] 'J'ai vu Woolston à Londres vendre chez lui vingt mille exemplaires de son
livre contre les miracles', se souvient Voltaire dans une lettre à Damilaville du
10 octobre 1762 (D10755).

[26] La 'Première lettre' des *Questions sur les miracles* comporte sous le titre 'Des
miracles typiques' un développement très voisin de celui-ci: 'Le docteur Woolston
traite avec une indécence révoltante les miracles du figuier séché parce qu'il ne
portait pas de figues [...]; des diables envoyés dans un troupeau de deux mille
cochons dans un pays où il n'y avait pas de cochons; de l'enlèvement de Jésus par le
diable sur une montagne, dont on découvre tous les royaumes de la terre; de la
transfiguration sur le Thabor, etc.' (*M*, t.25, p.364)

[27] Allusion au célèbre récit des noces de Cana dans l'évangile de Jean (2:1-11).

sur le pinacle du temple et sur une montagne dont on voyait tous les royaumes de la terre, lui paraît un blasphème monstrueux.[28] Le diable envoyé dans un troupeau de deux mille cochons,[29] le figuier séché pour n'avoir pas porté de figues[30] quand ce n'était pas le temps des figues, la transfiguration de Jésus, ses habits devenus tout blancs, sa conversation avec Moïse et Elie,[31] enfin toute son histoire sacrée est travestie en roman ridicule. Wolston n'épargne pas les termes les plus injurieux et les plus méprisants. Il appelle souvent notre Seigneur Jésus-Christ *the fellow*, ce compagnon, ce garnement, *a wanderer*, un vagabond, *a mendicant friar*, un frère coupe-chou mendiant.[32]

Il se sauve pourtant à la faveur du sens mystique en disant que ces miracles sont de pieuses allégories. Tous les bons chrétiens n'en ont pas moins eu son livre en horreur.

Il y eut un jour une dévote qui en le voyant passer dans la rue lui cracha au visage. Il s'essuya tranquillement et lui dit, *C'est ainsi que les Juifs ont traité votre Dieu.* Il mourut en paix, en disant, *'Tis a pass every man must come to*, c'est un terme où tout homme doit

---

'Déjà ivres' traduit le 'inebriati' du verset 10 de la Vulgate. C'est précisément ce mot que Voltaire note en face de ce passage dans les marges du *Commentaire littéral sur tous les livres de l'Ancien et du Nouveau Testament* de Dom Calmet (*CN*, t.2, p.198).

[28] Il s'agit de l'épisode de la tentation de Jésus, dans Matthieu 4:1-11 et Luc 4:1-13.

[29] Episode des démons chassés par Jésus: Matthieu, 8:28-32; Marc 5:1-20; Luc 8:26-39. C'est seulement le verset 13 de Marc qui donne le chiffre de deux mille.

[30] Matthieu 21:18-22; Marc 11:12-14, 20-26. Voltaire signale le passage de Matthieu en notant dans la marge du *Commentaire* de Calmet (*CN*, t.2, p.132): 'figuier'. Il s'en sert plaisamment dans la correspondance pour dire l'impossible: 'me demander que je songe à présent au *Duc de Foix* et à *Rome sauvée* c'est demander à un figuier qu'il porte des figues en janvier, *car ce n'était pas le temps des figues*' (lettre du 3 octobre 1752 à d'Argental, D5029).

[31] Matthieu 17:1-10; Marc 9:1-7; Luc 9:28-36. Voltaire a relevé le passage dans le *Commentaire* de Calmet par une note: 'transfigur' (*CN*, t.2, p.120).

[32] Ces termes sont utilisés dans le troisième discours (p.8). Le propos de Woolston est de démontrer que les récits des miracles de Jésus ne peuvent pas être lus littéralement, mais seulement comme des prophéties ou des paraboles. Pour montrer l'incohérence du sens littéral, il les récrit avec le plus grand réalisme: les termes employés ici doivent rendre compte du statut social réel de Jésus.

arriver.[33] Vous trouverez dans le *Dictionnaire historique portatif* de 130
l'abbé l'Avocat et dans un nouveau dictionnaire portatif où les
mêmes erreurs sont copiées, que Wolston est mort en prison en
1733.[34] Rien n'est plus faux, plusieurs de mes amis l'ont vu dans sa
maison; il est mort libre chez lui.

DE WARBURTON

On a regardé Warburton évêque de Glocester comme un des plus 135
hardis infidèles qui aient jamais écrit, parce qu'après avoir
commenté Shakespear, dont les comédies, et même quelquefois
les tragédies fourmillent de quolibets licencieux, il a soutenu dans
sa légation de Moïse que Dieu n'a point enseigné à son peuple chéri
l'immortalité de l'âme.[35] Il se peut qu'on ait jugé cet évêque trop 140

[33] La *Bibliothèque britannique ou histoire des ouvrages des savants de la Grande-Bretagne pour les mois de avril, mai, juin 1733*, tome 1, première partie (La Haye, Pierre de Hondt, 1733), comporte le compte rendu d'une histoire de la vie et des ouvrages de Woolston faite par 'un de ses amis', dans lequel sont notamment traduites les dernières paroles rapportées par Voltaire (p.247).

[34] On lit par exemple dans le *Dictionnaire historique-portatif* de l'abbé Ladvocat l'affirmation suivante, reprise dans le *Nouveau dictionnaire historique portatif* de Louis Mayeul Chaudon (Amsterdam [Avignon], 1766): 'Il demeura en prison jusqu'à sa mort, arrivée à Londres le 17 janvier 1733' (t.2, p.975). L'affirmation se trouve déjà dans l'*Encyclopédie*, article 'Northampton (Géogr.)': 'Etant en prison, il y mourut en 1733.'

[35] Voltaire possède la seconde édition en trois volumes: *The Divine Legation of Moses demonstrated on the principles of a religious deist, from the omission of the doctrine of a future state of reward and punishment in the Jewish dispensation*, in 6 books (London, F. Gyles, 1738-1742, BV3825), ainsi que deux volumes de deux autres éditions postérieures (BV3826 et 3827). Il réclame ce livre à Cramer au début de l'année 1756 (D6712) et l'a lu en octobre 1757: 'Il y a environ un mois qu'un Anglais ou Ecossais dont le nom finit en *ie*, passa à ma porte à Lausanne, et y laissa le livre où Warburton prouve si bien pour la plus grande gloire de Dieu et l'édification du prochain, que ni Moïse ni les prophètes ne connurent jamais rien de l'immortalité de l'âme, ni du paradis, ni de l'enfer jusqu'au temps des Macchabées' (lettre à George Keate, 26 octobre 1757, D7432). Au printemps 1760 il demande à compléter son Warburton dont il n'a que les 'deux premiers tomes' (D8858), chose faite en août (D9132): voir à ce sujet *OCV*, t.35, p.37 et 385n.

durement, et que l'orgueil et l'esprit satirique qu'on lui reprocha aient soulevé toute la nation. On a beaucoup écrit contre lui. [36] Les deux premiers volumes de son ouvrage n'ont paru qu'un vain fatras d'érudition erronée, dans lesquels il ne traite pas même son sujet, et qui de plus sont contraires à son sujet, puisqu'ils ne tendent qu'à prouver que tous les législateurs ont établi pour principe de leurs religions, l'immortalité de l'âme; en quoi même Warburton se trompe: car ni Sanchoniathon le Phénicien, [37] ni le livre des *cinq Kings* chinois, [38] ni Confucius n'admettent ce principe.

Mais jamais Warburton dans tous ses faux-fuyants n'a pu répondre aux grands arguments personnels dont on l'a accablé. Vous prétendez que tous les sages ont posé pour fondement de la religion l'immortalité de l'âme, les peines et les récompenses après la mort; or Moïse n'en parle ni dans son Décalogue, ni dans aucune de ses lois; donc Moïse, de votre aveu, n'était pas un sage. [39]

Ou il était instruit de ce grand dogme, ou il l'ignorait. S'il en était instruit, il est coupable de ne l'avoir pas enseigné. S'il l'ignorait, il était indigne d'être législateur.

Ou Dieu inspirait Moïse, ou ce n'était qu'un charlatan. Si Dieu inspirait Moïse, il ne pouvait lui cacher l'immortalité de l'âme; et s'il ne lui a pas appris ce que tous les Egyptiens savaient, Dieu l'a trompé et a trompé tout son peuple. Si Moïse n'était qu'un charlatan, vous détruisez toute la loi mosaïque, et par conséquent

[36] La Bibliothèque de Voltaire comporte aussi des réfutations de Warburton: voir *OCV*, t.36, p.469n.

[37] Voltaire s'est beaucoup servi de l'historien phénicien cité dans la *Praeparatio evangelica* d'Eusèbe de Césarée pour relativiser l'ancienneté et l'originalité des Hébreux et remettre en question l'existence de Moïse comme législateur et auteur du Pentateuque: voir les articles 'Genèse', 'Idole, idolâtre, idolâtrie', 'Job' et 'Moïse' du *Dictionnaire philosophique* (*OCV*, t.36, p.145, 217, 250, 394) et le chapitre 13 de *La Philosophie de l'histoire* ('Des Phéniciens et de Sanchoniathon'). Il possédait la *Sanchoniatho's Phenician History* de Richard Cumberland (London, 1720, BV921).

[38] Les cinq livres canoniques des Confucéens, déjà rapprochés du Pentateuque dans l'article 'Catéchisme chinois' du *Dictionnaire philosophique* (*OCV*, t.35, p.455).

[39] Tout le développement qui suit sur l'ignorance de l'immortalité de l'âme par Moïse se trouve déjà dans les articles 'Enfer' et 'Religion' du *Dictionnaire philosophique* (*OCV*, t.36, p.52 et 471). Voir aussi l'article 'Ame'.

vous sapez par le fondement la religion chrétienne bâtie sur la loi mosaïque. Enfin, si Dieu a trompé Moïse, vous faites de l'Etre 165 infiniment parfait un séducteur et un fripon. De quelque côté que vous vous tourniez, vous blasphémez.

Vous croyez vous tirer d'affaire en disant que Dieu payait son peuple comptant, en le punissant temporellement de ses transgressions, et en le récompensant par les biens de la terre quand il était 170 fidèle. Cette évasion est pitoyable; car combien de transgresseurs ont passé leurs jours dans les délices! témoin Salomon. Ne faut-il pas avoir perdu le bon sens ou la pudeur, pour dire que chez les Juifs aucun scélérat n'échappait à la punition temporelle? N'est-il pas parlé cent fois du bonheur des méchants dans l'Ecriture? 175

Nous savions avant vous que ni le Décalogue ni le Lévitique ne font mention de l'immortalité de l'âme, ni de sa spiritualité, ni des peines et des récompenses dans une autre vie: mais ce n'était pas à vous à le dire. Ce qui est pardonnable à un laïc ne l'est pas à un prêtre; et surtout, vous ne devez pas le dire dans quatre volumes 180 ennuyeux.

Voilà ce que l'on objecte à Warburton; il a répondu par des injures atroces, et il a cru enfin qu'il avait raison, parce que son évêché lui vaut deux mille cinq cents guinées de rentes. Toute l'Angleterre s'est déclarée contre lui malgré ses guinées. Il s'est 185 rendu odieux par la virulence de son insolent caractère beaucoup plus que par l'absurdité de son système.

DE BOLINGBROKE

Mylord Bolingbroke a été plus audacieux que Warburton et de meilleure foi. [40] Il ne cesse de dire dans ses *Œuvres philosophiques*

---

183   67: qu'il a raison

[40] Voltaire a noué dès 1722 une amitié avec Henry Saint-John Bolingbroke. Il lui a attribué en 1766 un de ses plus violents textes antichrétiens, son *Examen important de Milord Bolingbroke*.

que les athées sont beaucoup moins dangereux que les théologiens; 190
il raisonnait en ministre d'Etat qui savait combien de sang les
querelles théologiques ont coûté à l'Angleterre; mais il devait s'en
tenir à proscrire la théologie et non la religion chrétienne, dont tout
homme d'Etat peut tirer de très grands avantages pour le genre
humain, en la resserrant dans ses bornes si elle les a franchies. On a 195
publié après la mort du lord Bolingbroke quelques-uns de ses
ouvrages plus violents encore que son *Recueil philosophique*;[41] il y
déploie une éloquence funeste. Personne n'a jamais écrit rien de
plus fort; on voit qu'il avait la religion chrétienne en horreur. Il est
triste qu'un si sublime génie ait voulu couper par la racine un arbre 200
qu'il pouvait rendre très utile en élaguant les branches, et en
nettoyant sa mousse.[42]

On peut épurer la religion. On commença ce grand ouvrage il y
a près de deux cent cinquante années; mais les hommes ne
s'éclairent que par degrés. Qui aurait prévu alors qu'on analyserait 205
les rayons du soleil, qu'on électriserait le tonnerre, et qu'on
découvrirait la loi de la gravitation universelle, loi qui préside à
l'univers? Il est temps, selon Bolingbroke, qu'on bannisse la
théologie comme on a banni l'astrologie judiciaire, la sorcellerie,
la possession du diable, la baguette divinatoire, la panacée 210
universelle et les jésuites. La théologie n'a jamais servi qu'à
renverser les lois et qu'à corrompre les cœurs; elle seule fait les
athées; car le grand nombre des théologiens qui est assez sensé pour
voir le ridicule de cette science chimérique, n'en sait pas assez pour
lui substituer une saine philosophie. La théologie, disent-ils, est 215
selon la signification du mot, la science de Dieu. Or les polissons
qui ont profané cette science ont donné de Dieu des idées absurdes;

---

[41] Henry Saint-John, 1st viscount Bolingbroke, *The Philosophical Works*, publ. by
David Mallet, Esq. (London, 1754), 5 vol. L'exemplaire de Voltaire comporte
quelques notes en anglais et de nombreuses marques de lecture, mais aucun passage
relevé n'a la généralité de ce qui est 'résumé' ici (BV457; *CN*, t.1, p.206).

[42] Voltaire s'est déjà servi de cette métaphore de l'arbre pour désigner la religion
chrétienne dans la correspondance (voir D10930, D13641). Son origine est
évangélique: l'arbre reconnu à ses fruits (Matthieu 3:10 et 6:19; Luc 3:9).

et de là ils concluent que la Divinité est une chimère, parce que la théologie est chimérique. C'est précisément dire qu'il ne faut ni prendre du quinquina pour la fièvre, ni faire diète dans la pléthore, [43] ni être saigné dans l'apoplexie, parce qu'il y a eu de mauvais médecins; c'est nier la connaissance du cours des astres, parce qu'il y a eu des astrologues; c'est nier les effets évidents de la chimie, parce que des chimistes charlatans ont prétendu faire de l'or. Les gens du monde encore plus ignorants que ces petits théologiens, disent, Voilà des bacheliers et des licenciés qui ne croient pas en Dieu; pourquoi y croirions-nous? Voilà quelle est la suite funeste de l'esprit théologique. Une fausse science fait les athées, une vraie science prosterne l'homme devant la Divinité: elle rend juste et sage celui que l'abus de la théologie a rendu inique et insensé.

DE THOMAS CHUBB

Thomas Chubb est un philosophe formé par la nature. La subtilité de son génie dont il abusa, lui fit embrasser non seulement le parti des sociniens, qui ne regardent Jésus-Christ que comme un homme, mais enfin celui des théistes rigides, qui reconnaissent un Dieu, et n'admettent aucun mystère. Ses égarements sont méthodiques: il voudrait réunir tous les hommes dans une religion qu'il croit épurée parce qu'elle est simple. Le mot de *christianisme* est à chaque page dans ses divers ouvrages, mais la chose ne s'y trouve pas. [44] Il ose penser que Jésus-Christ a été de la religion de Thomas Chubb; mais il n'est pas de la religion de Jésus-Christ. Un

[43] Terme de médecine. Abondance de sang et d'humeurs (*Dictionnaire de l'Académie*, 1762).

[44] Voltaire a lu 'le déiste Chubb' en anglais en 1736, comme en témoigne sa correspondance (D1141, D1152, D1168), mais c'est une traduction française qui se trouve dans sa bibliothèque: *Nouveaux essais sur la bonté de Dieu, la liberté de l'homme, et l'origine du mal*, trad. de l'angl. de Mr Chubb (Amsterdam, chez F. Changuion, 1732, BV769).

abus perpétuel des mots est le fondement de sa persuasion. Jésus-Christ a dit, Aimez Dieu et votre prochain, voilà toute la loi, voilà tout l'homme. Chubb s'en tient à ces paroles; il écarte tout le reste. Notre Sauveur lui paraît un philosophe comme Socrate, qui fut mis à mort comme lui pour avoir combattu les superstitions et les prêtres de son pays.[45] D'ailleurs il a écrit avec retenue, il s'est toujours couvert d'un voile. Les obscurités dans lesquelles il s'enveloppe lui ont donné plus de réputation que de lecteurs.

245

---

[45] Voltaire reprendra avec éclat ce parallèle dans la *Profession de foi des théistes* (1768).

CINQUIÈME LETTRE

Sur Swift

Il est vrai, Monseigneur, que je ne vous ai point parlé de Swift;[1] il mérite un article à part; c'est le seul écrivain anglais de ce genre qui ait été plaisant.[2] C'est une chose bien étrange que les deux hommes à qui on doit le plus reprocher d'avoir osé tourner la religion chrétienne en ridicule, aient été deux prêtres ayant charge d'âmes. Rabelais fut curé de Meudon, et Swift fut doyen de la cathédrale de Dublin; tous deux lancèrent plus de sarcasmes contre le christianisme que Molière n'en a prodigué contre la médecine; et tous deux vécurent et moururent paisibles, tandis que d'autres hommes ont été persécutés, poursuivis, mis à mort pour quelques paroles équivoques.[3]

> Mais souvent l'un se perd où l'autre s'est sauvé,
> Et par où l'un périt un autre est conservé.[4]

Le *Conte du tonneau*[5] du doyen Swift est une imitation des *Trois anneaux*. La fable de ces trois anneaux est fort ancienne; elle est du temps des croisades. C'est un vieillard qui laissa en mourant une bague à chacun de ses trois enfants; ils se battirent à qui aurait la

a   w75G (t.35): [*titre absent*]

[1] Voltaire a rencontré Jonathan Swift à Londres en 1727, puis correspondu avec lui. Il lui consacre un développement dans la vingt-deuxième des *Lettres philosophiques*.

[2] 'C'est un tissu de plaisanteries dont il n'y a point d'idées ailleurs', écrit Voltaire à Mme Du Deffand à laquelle il conseille la lecture du *Conte du tonneau*, le 13 octobre 1759 (D8533).

[3] Le rapprochement avec Rabelais apparaît très tôt. 'C'est le Rabelais d'Angleterre', écrit Voltaire à Thiriot le 13 février 1727 (D308). Même affirmation dans les *Lettres philosophiques*.

[4] Adaptation de deux vers de Corneille, *Cinna*, acte 2, scène 1: 'Quelquefois l'un se brise où l'autre s'est sauvé, / Et par où l'un périt, un autre est conservé'.

[5] Voltaire possède une édition anglaise de *The Tale of a tub* (BV3230).

422

plus belle; on reconnut enfin après de longs débats que les trois bagues étaient parfaitement semblables. Le bon vieillard est le théisme, les trois enfants sont la religion juive, la chrétienne, et la musulmane.

L'auteur oublia les religions des mages et des brahmanes, et beaucoup d'autres; mais c'était un Arabe qui ne connaissait que ces trois sectes. Cette fable conduit à cette indifférence qu'on reprocha tant à l'empereur Frédéric II et à son chancelier de Vineis, qu'on accuse d'avoir composé le livre *De tribus impostoribus*, qui, comme vous savez, n'a jamais existé. [6]

Le conte des *Trois anneaux* se trouve dans quelques anciens recueils: le docteur Swift lui a substitué trois justaucorps: l'introduction à cette raillerie impie est digne de l'ouvrage; c'est une estampe où sont représentées trois manières de parler en public; la première est le théâtre d'Arlequin et de Gilles; la seconde est un prédicateur dont la chaire est la moitié d'une futaille; la troisième est l'échelle du haut de laquelle un homme qu'on va pendre, harangue le peuple.

Un prédicateur entre Gilles et un pendu ne fait pas une belle

20

25

30

35

27-28   68: existé. [*avec note*: On ne comprend pas pourquoi l'auteur nie l'existence du livre des *Trois imposteurs*, on sait qu'il a été imprimé il y a trente ans, et depuis peu réimprimé.] ¶ Le

---

[6] Plus couramment appelé Des Vignes. Voltaire écrit dans les *Annales de l'Empire* (1753): 'C'est de cette querelle que naquit ce préjugé, qui dure encore, que Frédéric composa ou fit composer en latin le livre des *Trois imposteurs*: on n'avait pas alors assez de science et de critique pour faire un tel ouvrage. Nous avons, depuis peu, quelques mauvaises brochures sur le même sujet; mais personne n'a été assez sot pour les imputer à Frédéric II, ni à son chancelier Des Vignes' (*M*, t.13, p.351). Frédéric II de Hohenstaufen est le premier de la longue liste de ceux à qui a été attribué ce traité manuscrit caractéristique du premier matérialisme des Lumières appelé aussi *L'Esprit de Spinosa*, publié pour la première fois en 1721 et resté rarissime jusqu'à ce que d'Holbach le diffuse en 1768. Voltaire y répond par son *Epître à l'auteur du livre des Trois imposteurs*, dans laquelle il qualifie l'ouvrage de 'très mauvais [...], plein d'un athéisme grossier, sans esprit et sans philosophie' (*M*, t.10, p.402).

figure. Le corps du livre est une histoire allégorique des trois principales sectes qui divisent l'Europe méridionale, la romaine, la luthérienne, et la calviniste; car il ne parle pas de l'Eglise grecque qui possède six fois plus de terrain qu'aucune des trois autres, et il laisse là le mahométisme bien plus étendu que l'Eglise grecque. 40

Les trois frères à qui leur vieux bonhomme de père a légué trois justaucorps tout unis, et de la même couleur, sont Pierre, Martin, et Jean, c'est-à-dire, le pape, Luther et Calvin. L'auteur fait faire plus d'extravagances à ses trois héros que Cervantes n'en attribue à son Don Quichotte, et l'Arioste à son Roland; mais mylord Pierre est le plus maltraité des trois frères. Le livre est très mal traduit en français;[7] il n'était pas possible de rendre le comique dont il est assaisonné; ce comique tombe souvent sur des querelles entre l'Eglise anglicane et la presbytérienne, sur des usages, sur des aventures que l'on ignore en France, et sur des jeux de mots particuliers à la langue anglaise. Par exemple, le mot qui signifie *une bulle du pape* en français, signifie aussi en anglais *un bœuf*. C'est une source d'équivoques et de plaisanteries entièrement perdues pour un lecteur français. 55

Swift était bien moins savant que Rabelais, mais son esprit est plus fin et plus délié; c'est le Rabelais de la bonne compagnie. Les lords Oxford et Bolingbroke firent donner le meilleur bénéfice d'Irlande après l'archevêché de Dublin, à celui qui avait couvert la religion chrétienne de ridicule;[8] et Abadie qui avait écrit en faveur de cette religion un livre auquel on prodiguait les éloges, n'eut 60

---

[7] Il a cependant été traduit par Justus Van Effen, sous le titre *Le Conte du tonneau, contenant tout ce que les arts et les sciences ont de plus sublime et de plus mystérieux, avec plusieurs autres pièces très curieuses, par le fameux Dr Swift* (La Haye, Henri Scheurleer, 1721).

[8] Le dictionnaire de Moréri, à l'article 'Swift (Jonathan)', mentionne longuement ses 'liaisons intimes avec les plus grands ministres', le 'comte d'Oxford, grand trésorier' et 'le vicomte de Bolingbroock', par le crédit desquels 'il obtint le doyenné de St Patrick'.

qu'un malheureux petit bénéfice de village. Mais il est à remarquer que tous deux sont morts fous.[9]

[9] Voltaire s'en prend souvent à l'apologiste Jacques Abbadie, placé par lui au nombre des fanatiques (voir par exemple sa lettre à Damilaville du 19 novembre 1765, D12989). Il a abondamment annoté son exemplaire du *Traité de la vérité de la religion chrétienne, où l'on établit la religion chrétienne par ses propres caractères* (3 vol., La Haye, 1750, BV6; *CN*, t.1, p.59 et suiv.). La mention de la folie d'Abbadie, qui semble n'avoir pas de réalité historique, apparaît dans la *Défense de Milord Bolingbroke* (1752); Voltaire y revient en 1767 dans *L'Examen important de Milord Bolingbroke*, où il introduit précisément le parallèle avec Swift: 'Abbadie courait les rues de Dublin avec tous les petits gueux de son quartier. C'est une des raisons qui ont engagé notre pauvre doyen Swift à faire une fondation pour les fous' ('Traduction d'une lettre de Milord Bolingbroke à milord Cornsbury', *OCV*, t.62, p.355).

SIXIÈME LETTRE

Des Allemands

MONSEIGNEUR,

Votre Allemagne a eu aussi beaucoup de grands seigneurs et de philosophes accusés d'irréligion. Votre célèbre Corneille Agrippa[1] au quinzième siècle, fut regardé non seulement comme un sorcier, mais comme un incrédule;[2] cela est contradictoire; car un sorcier croit en Dieu, puisqu'il ose mêler le nom de Dieu dans toutes ses conjurations. Un sorcier croit au diable puisqu'il se donne au diable. Chargé de ces deux calomnies comme Apulée, Agrippa fut bienheureux de n'être qu'en prison, et de ne mourir qu'à l'hôpital. Ce fut lui qui le premier débita que le fruit défendu dont avaient mangé Adam et Eve, était la jouissance de l'amour à laquelle ils s'étaient abandonnés avant d'avoir reçu de Dieu la bénédiction nuptiale.[3] Ce fut encore lui qui après avoir cultivé les sciences écrivit le premier contre elles. Il décria le lait dont il avait été nourri, parce qu'il l'avait très mal digéré.[4] Il mourut dans l'hôpital de Grenoble en 1535.

Je ne connais votre fameux docteur Faustus que par la comédie

a   W75G (t.35): [*titre absent*]

[1] Les principaux éléments de la notice de Voltaire se trouvent dans l'article 'Agrippa' du *Dictionnaire* de Bayle, qui mentionne notamment un séjour en prison à Bruxelles en 1531 et laisse un doute sur le lieu de sa mort: 'quelques-uns, y lit-on, disent qu'il mourut à l'hôpital.'

[2] 'Agrippa dit, que la théologie et l'alchimie sont Sœurs, et toutes deux également remplies de fables, de visions et d'impostures', lit-on dans la *Notice des écrits les plus célèbres*.

[3] On lit aussi dans le même article: 'Il a fait [...] une *Dissertation sur l'origine du péché*, où il établit que la chute de nos pères vint de ce qu'ils s'aimèrent impudiquement'.

[4] Allusion au *De incertitudine et vanitate scientiarum declamatio invectiva, ex postrema autoris recognitione* (Lugduni, 1564), ouvrage que Voltaire a commandé à Jacques Lacombe le 17 juillet 1767 (D14283) et qui figure dans sa bibliothèque (BV20).

426

dont il est le héros, et qu'on joue dans toutes vos provinces de l'empire.[5] Votre docteur Faustus y est dans un commerce suivi avec le diable. Il lui écrit des lettres qui cheminent par l'air au moyen d'une ficelle. Il en reçoit des réponses. On voit des miracles à chaque acte, et le diable emporte Faustus à la fin de la pièce. On dit qu'il était né en Suabe, et qu'il vivait sous Maximilien Ier. Je ne crois pas qu'il ait fait plus de fortune auprès de Maximilien qu'auprès du diable son autre maître.

Le célèbre Erasme fut également soupçonné d'irréligion par les catholiques et par les protestants, parce qu'il se moquait des excès où les uns et les autres tombèrent. Quand deux partis ont tort, celui qui se tient neutre, et qui par conséquent a raison, est vexé par l'un et par l'autre.[6] La statue qu'on lui a dressée dans la place de Roterdam sa patrie, l'a vengé de Luther et de l'Inquisition.[7]

Mélanchthon, *terre noire*,[8] fut à peu près dans le cas d'Erasme.

[5] Les éléments principaux de la prétendue biographie du docteur Johannes Faustus, personnage légendaire, sont fixés dans l'anonyme *Historia von D. Johannes Faustus...* en 1587. C'est à partir de la pièce de Marlowe, *Tragical History of the life and death of Doctor Faustus* (1594), que l'histoire rentre dans le répertoire du théâtre populaire en Allemagne au milieu du dix-septième siècle.

[6] 'Parce qu'Erasme n'embrassa point la réformation de Luther, et qu'il condamna cependant beaucoup de choses qui se pratiquaient dans le papisme, il s'est attiré mille injures, tant de la part des catholiques que de la part des protestants', écrit Bayle à l'article 'Erasme' de son *Dictionnaire*, que Voltaire a marqué d'un signet dans son exemplaire (*CN*, t.1, p.234). Voltaire reprend cette affirmation dans une lettre de 1729: 'That great injured name, was the glory of priesthood because he shook off the ridiculous yoke of priestly learning, and he was their shame because he was injured' (D367). La mention qui est faite d'Erasme dans l'*Essai sur les mœurs* est dans le même esprit: 'Erasme, quoique longtemps moine, ou plutôt parce qu'il l'avait été, jeta sur les moines, dans la plupart de ses écrits, un ridicule dont ils ne se relevèrent pas' (ch.127, t.2, p.214). Voltaire cite encore Erasme dans les articles 'Folie' et 'Pierre' du *Dictionnaire philosophique* (*OCV*, t.36, p.129 et 452). Au moment de la rédaction de ces *Lettres*, il vient de faire du 'moine hollandais' un dénonciateur des folies du christianisme dans son dialogue des morts philosophique intitulé *Conversation entre Lucien, Erasme et Rabelais dans les Champs Elysées* (1766).

[7] Bayle mentionne dans la note A de l'article précité la statue de Rotterdam.

[8] '[Son père] changea son nom de *Schwartserdt*, qui en allemand signifie *Terre noire*, en celui de Melanchthon, qui signifie la même chose en grec', écrit Ladvocat dans son *Dictionnaire*, t.2, p.226.

427

On prétend qu'il changea quatorze fois de sentiment sur le péché originel et sur la prédestination. On l'appelait, dit-on, le Prothée d'Allemagne.[9] Il aurait voulu en être le Neptune qui retient la fougue des vents.   35

> *Jam coelum terramque meo sine numine venti*
> *Miscere et tantas audetis tollere moles!*[10]

Il était modéré et tolérant. Il passa pour indifférent. Etant devenu protestant il conseilla à sa mère de rester catholique. De là on jugea qu'il n'était ni l'un ni l'autre.[11]   40

J'omettrai, si vous le permettez, la foule des sectaires à qui l'on a reproché d'embrasser des factions plutôt que d'adhérer à des opinions, et de croire à l'ambition ou à la cupidité bien plutôt qu'à Luther et au pape. Je ne parlerai pas des philosophes accusés   45
de n'avoir eu d'autre évangile que la nature.

Je viens à votre illustre Leibnitz. Fontenelle en faisant son éloge à Paris en pleine académie, s'exprime sur sa religion en ces termes: *On l'accuse de n'avoir été qu'un grand et rigide observateur du droit naturel: ses pasteurs lui en ont fait des réprimandes publiques et*   50
inutiles.[12]

Vous verrez bientôt, Monseigneur, que Fontenelle qui parlait ainsi, avait essuyé des imputations non moins graves.

Volf le disciple de Leibnitz a été exposé à un plus grand danger: il enseignait les mathématiques dans l'université de Hall avec un   55
succès prodigieux. Le professeur théologien Lange, qui gelait de

---

[9] 'L'on prétend qu'il changea 14 fois de sentiments sur la justification: ce qui le fit appeler *le Brodequin* [*sic*] *d'Allemagne*' (Ladvocat, p.228; même expression dans le dictionnaire de Moréri).

[10] 'Voilà que sans mon aveu, vous osez, vents, mêler le ciel et la terre, soulever ces masses énormes?': Virgile, *Enéide*, livre 1, vers 133-34, trad. Jacques Perret (Paris, 1977), p.10.

[11] 'Sa mère le supplia un jour de lui dire ingénument quelle était la meilleure religion, et [...] Melanchthon lui répondit que la nouvelle était la plus plausible, mais que l'ancienne était la plus sûre' (Moréri, *Le Grand Dictionnaire historique*, 1759, article 'Melanchthon, Philippe').

[12] Fontenelle, *Œuvres* (Paris, Brunet, 1742), t.5, p.555.

froid dans la solitude de son école tandis que Volf avait cinq cents auditeurs, s'en vengea en dénonçant Volf comme un athée. Le feu roi de Prusse Frédéric-Guillaume, qui s'entendait mieux à exercer ses troupes qu'aux disputes des savants, crut Lange trop aisément; il donna le choix à Volf de sortir de ses Etats dans vingt-quatre heures ou d'être pendu: le philosophe résolut sur-le-champ le problème en se retirant à Marbourg où ses écoliers le suivirent, et où sa gloire et sa fortune augmentèrent. La ville de Hall perdit alors plus de quatre cent mille florins par an que Volf lui valait par l'affluence de ses disciples; le revenu du roi en souffrit, et l'injustice faite au philosophe ne retomba que sur le monarque. [13] Vous savez, Monseigneur, avec quelle équité et quelle grandeur d'âme le successeur de ce prince répara l'erreur dans laquelle on avait entraîné son père. [14]

Il est dit à l'article Volf dans un dictionnaire que Charles-Frédéric philosophe couronné, ami de Volf, l'éleva à la dignité de vice-chancelier de l'université de l'électeur de Bavière, et de baron de l'empire. Le roi dont il est parlé dans cet article est en effet un philosophe, un savant, un très grand génie, ainsi qu'un très grand capitaine sur le trône, mais il ne s'appelle point Charles; il n'y a point dans ses Etats d'université appartenante à l'électeur de Bavière; l'empereur seul fait des barons de l'empire. Ces petites fautes qui sont trop fréquentes dans tous les dictionnaires, peuvent être aisément corrigées. [15]

71 68: dictionnaire [*avec note:* Le Dictionnaire historique, chez Marc-Michel Rey.] que

[13] L'anecdote se trouve déjà dans l'article 'De la Chine' du *Dictionnaire philosophique* (1764), racontée en termes très semblables. A disparu toutefois ici l'origine de la cabale contre Wolff: son éloge de la Chine et de ses philosophes (*OCV*, t.35, p.530-34).
[14] 'J'apprends que V[otre] A[ltesse] R[oyale] vient de faire rendre justice à M. Wolf. Vous immortalisez votre nom; vous le rendez cher à tous les siècles en protégeant le philosophe éclairé contre le théologien absurde et intrigant', écrit Voltaire à Frédéric le 30 mars 1737 (D1307).
[15] Ces erreurs apparaissent dans le *Dictionnaire historique-portatif* de l'abbé Ladvocat (Paris, Didot, 1752), t.2, p.971.

Depuis ce temps la liberté de penser a fait des progrès étonnants dans tout le nord de l'Allemagne. Cette liberté même a été portée à un tel excès, qu'on a imprimé en 1766 un *Abrégé de l'histoire ecclésiastique de Fleuri* avec une préface d'un style éloquent, qui commence par ces paroles.

'L'établissement de la religion chrétienne a eu comme tous les empires de faibles commencements. Un Juif de la lie du peuple, dont la naissance est douteuse, qui mêle aux absurdités des anciennes prophéties des préceptes de morale, auquel on attribue des miracles, est le héros de cette secte: douze fanatiques se répandent d'Orient en Italie etc.' [16]

Il est triste que l'auteur de ce morceau, d'ailleurs profond et sublime, se soit laissé emporter à une hardiesse si fatale à notre sainte religion. Rien n'est plus pernicieux. Cependant, cette licence prodigieuse n'a presque point excité de rumeurs. Il est bien à souhaiter que ce livre soit peu répandu. On n'en a tiré, à ce que je présume, qu'un petit nombre d'exemplaires.

Le discours de l'empereur [17] Julien contre le christianisme,

---

[16] La préface de l'*Abrégé de l'Histoire ecclésiastique de Fleury* (trad. de l'angl., Berne [Berlin, Voss], 1766, BV1388) est de Frédéric II; Voltaire la signale à ses correspondants dès juin 1766 en la qualifiant de 'terrible' (D13495) et s'efforce lui-même de la diffuser (D13564).

[17] Dans une de ces lettres où Voltaire vante la préface du roi de Prusse, il le rapproche déjà de Julien: 'Connaissez-vous, Madame, un petit abrégé de l'histoire de l'Eglise orné d'une préface du roi de Prusse? Il parle en homme qui est à la tête de cent quarante mille vainqueurs, et s'exprime avec plus de fierté et de mépris que l'empereur Julien' (à Mme Du Deffand, D13684). Le texte de Julien est redevenu d'actualité en 1764 quand d'Argens publie la *Défense du paganisme par l'empereur Julien, en grec et en françois; avec des dissertations et des notes pour servir d'éclaircissement au texte et pour en réfuter les erreurs* (Berlin, Voss). Voltaire, qui en rend aussitôt compte dans la *Gazette littéraire de l'Europe*, juge déjà que 'M. le marquis d'Argens [...] après avoir donné ses soins à ce que le texte parût dans toute sa pureté, [...] l'a accompagné d'une bonne traduction et d'une quantité considérable de remarques presque uniquement employées à combattre Julien et à défendre la religion chrétienne' (*M*, t.25, p.178). On sait qu'il republiera lui-même en 1768 sous le titre *Discours de l'empereur Julien contre les chrétiens* la traduction de d'Argens, mais en modifiant profondément le paratexte pour lui donner un tour clairement anti-chrétien (*OCV*, t.71B, p.141-480).

traduit à Berlin par le marquis d'Argens chambellan du roi de
Prusse, et dédié au prince Ferdinand de Brunswick, serait un coup   100
non moins funeste porté à notre religion, si l'auteur n'avait pas eu le
soin de rassurer par des remarques savantes les esprits effarouchés.
L'ouvrage est précédé d'une préface sage et instructive, dans
laquelle il rend justice (il est vrai) aux grandes qualités et aux
vertus de Julien; mais dans laquelle aussi il avoue les erreurs   105
funestes de cet empereur. Je pense, Monseigneur, que ce livre ne
vous est pas inconnu, et que votre christianisme n'en a pas été
ébranlé.

108   68: ébranlé. [*avec note*: Il me semble que notre élégant et religieux Auteur, a
fort peu connu les Auteurs Allemands, qui ont eu le malheur, comme il dit, d'écrire
contre la Religion. On pense que c'est la raison qu'il n'a pas fait mention dans ce
Catalogue raisonné, des Knutzens, des Koerbach, des Thomasius, des Laus, des
Dippels, connu sous le nom de Democritus, des Bekkers, des Edelmanns et bien
d'autres, dont les écrits ont fait assez de bruit dans leur temps.] 18//

18 Bayle consacre un bref article à Matthias Knuzen. Il 'se porta, écrit-il, à un tel
degré d'extravagance, qu'il soutint l'athéisme publiquement'. La seule date fournie
par Bayle est 1673, date du début de la 'secte'. Adriaen Koerbagh (1633-1669) est un
des premiers disciples de Spinoza. Christian Thomasius (1655-1728) est avec Wolff
et Pufendorff un des premiers théoriciens du droit naturel. Voltaire le cite dans
l'article 'Pierre' du *Dictionnaire philosophique*. Voir *OCV*, t.36, p.448 et la note. Jean
Conrad Dippel (1672-1754), qui a signé ses écrits du nom de Christianus
Democritus, est fameux, selon Moréri, 'par ses sentiments particuliers en fait de
religion'. Il a notamment attaqué la religion réformée dans son *Papismus
protestantium vapulans*, s'est adonné à l'alchimie et est devenu médecin à Leyde.
Balthasar Becker ou Bekker (1634-1698) est suspendu de ses fonctions de ministre à
cause de son *Monde enchanté*, qui nie l'existence du diable et des possédés. Voltaire
le cite dans la treizième des *Lettres philosophiques*.

SEPTIÈME LETTRE

Sur les Français

Vous avez, je crois, très bien deviné, monseigneur, qu'en France il y a plus d'hommes accusés d'impiété que de véritables impies; de même qu'on y a vu beaucoup plus de soupçons d'empoisonnements que d'empoisonneurs. La vivacité peu réfléchie qu'on reproche à cette nation la porte à tous les jugements téméraires; cette pétulance inquiète a fait que plusieurs auteurs ont écrit avec liberté, et ont été jugés avec cruauté. L'extrême délicatesse des théologiens et des moines leur a toujours fait craindre la diminution de leur crédit; ils sont comme des sentinelles qui crient toujours qui vive, et qui pensent que l'ennemi est aux portes: pour peu qu'ils soupçonnent qu'on leur en veut dans un livre, ils sonnent l'alarme.

a-12 w75G (t.26): [*début de la Section quatrième de l'article 'Athéisme' des Questions sur l'Encyclopédie*] Section quatrième / De Bonaventure Des-Périers, *accusé d'athéisme* / L'inquiétude, la vivacité, la loquacité, la pétulance française, supposa toujours plus de crimes qu'elle n'en commit. C'est pourquoi il meurt rarement un prince chez Mézerai sans qu'on lui ait donné le boucon. Le jésuite Garasse, et le jésuite Hardouin trouvent partout des athées. Force moines, ou gens pires que moines, craignant la diminution de leur crédit, ont été des sentinelles, criant toujours qui vive, l'ennemi est aux portes, grâces soient rendues à Dieu de ce que nous avons bien moins de gens niant Dieu qu'on ne l'a dit. ¶Un

3-4 67: soupçons que
4-11a K: d'empoisonneurs. ¶L'inquiétude, la vivacité, [*insère le paragraphe figurant dans la variante aux lignes a-12*] qu'on ne l'a dit. / De Bonaventure Desperriers
11-242a w75G (t.35): l'alarme. ¶Consultez encore les *Questions sur l'Encyclopédie*: lisez ce qui est écrit article 'Athéisme', section quatrième, sur Bonaventure Des-Périers, Théophile, Des-Barreaux, La Motte le Vayer, Saint-Evremont, Fontenelle, l'abbé de Saint-Pierre, Barbeyrac, Fréret, Boulanger, etc. / De Bayle [*Sur la répartition du texte de la présente lettre dans les tomes 26 (Questions sur l'Encyclopédie) et 35 (Fragment) de* w75G, *voir ci-dessus, 'Editions'.*]

DE BONAVENTURE DES-PÉRIERS

Un des premiers exemples en France de la persécution fondée sur des terreurs paniques, fut le vacarme étrange qui dura si longtemps au sujet du *Cimbalum mundi*, petit livret d'une cinquantaine de pages tout au plus.[1] Il est d'un nommé Bonaventure Des-Périers, qui vivait au commencement du seizième siècle. Ce Des-Périers était domestique de Marguerite de Valois sœur de François Ier. Les lettres commençaient alors à renaître. Des-Périers voulut faire en latin quelques dialogues dans le goût de Lucien: il composa quatre dialogues très insipides sur les prédictions, sur la pierre philosophale, sur un cheval qui parle, sur les chiens d'Actéon. Il n'y a pas assurément dans tout ce fatras de plat écolier, un seul mot qui ait le moindre et le plus éloigné rapport aux choses que nous devons révérer.[2]

On persuada à quelques docteurs qu'ils étaient désignés par les chiens et par les chevaux. Pour les chevaux ils n'étaient pas accoutumés à cet honneur. Les docteurs aboyèrent; aussitôt l'ouvrage fut recherché, traduit en langue vulgaire et imprimé: et chaque fainéant d'y trouver des allusions, et les docteurs de crier à l'hérétique, à l'impie, à l'athée. Le livret fut déféré aux magistrats, le libraire Morin mis en prison, et l'auteur en de grandes angoisses.

L'injustice de la persécution frappa si fortement le cerveau de

29   68: fainéant crut d'y

[1] *Le Cymbalum mundi, en français, contenant quatre dialogues poétiques, fort antiques, joyeux, et facétieux* a connu seulement deux éditions au seizième siècle, en 1537 et 1538. Il circule sous forme manuscrite jusqu'à l'édition de 1711, suivie d'un petit nombre d'autres, avant celle de Voltaire lui-même, qui en publie en 1770 une nouvelle, intitulée *Le Cymbalum mundi en français, contenant quatre dialogues, enrichi de notes intéressantes*, dans le troisième volume des *Choses utiles et agréables* (voir *OCV*, t.71A, p.1-83, et Nicholas Cronk, 'The 1770 reprinting of Des Périers's *Cymbalum mundi*', *Revue Voltaire* 4, 2004, p.177-96).
[2] Voltaire trouve ses informations dans l'article 'Périers (Bonaventure des)' du *Dictionnaire* de Bayle. Pour la signification de ces quatre dialogues voir l'introduction de Max Gauna à son édition du *Cymbalum Mundi* (Paris, 2000), p.7-52.

Bonaventure, qu'il se tua de son épée dans le palais de Marguerite. Toutes les langues des prédicateurs, toutes les plumes des théologiens s'exercèrent sur cette mort funeste. Il s'est défait lui-même, donc il était coupable, donc il ne croyait point en Dieu, donc son petit livre, que personne n'avait pourtant la patience de lire, était le catéchisme des athées;[3] chacun le dit, chacun le crut: *Credidi propter quod locutus sum, J'ai cru parce que j'ai parlé*, est la devise des hommes.[4] On répète une sottise, et à force de la redire on en est persuadé.

Le livre devint d'une rareté extrême; nouvelle raison pour le croire infernal. Tous les auteurs d'anecdotes littéraires, et des dictionnaires, n'ont pas manqué d'affirmer que le *Cimbalum mundi* est le précurseur de Spinosa.

Nous avons encore un ouvrage d'un conseiller de Bourges, nommé Catherinot, très digne des armes de Bourges: ce grand juge dit, Nous avons deux livres impies que je n'ai jamais vus, l'un *De tribus impostoribus*, l'autre le *Cimbalum mundi*. Eh mon ami, si tu ne les as pas vus, pourquoi en parles-tu?[5]

[3] Le récit édifiant de la mort de Bonaventure des Périers vient d'Henri Estienne: 'l'auteur du détestable livre intitulé *Cymbalum Mundi*, [...] nonobstant la peine qu'on prenait à le garder (à cause qu'on le voyait être désespéré, et en délibération de se défaire), fut trouvé s'étant tellement enferré de son épée, sur laquelle il s'était jeté, l'ayant appuyée le pommeau contre terre, que la pointe entrée par l'estomac sortait par l'échine' (*L'Introduction au traité des merveilles anciennes avec les modernes, ou traité préparatif à l'Apologie pour Hérodote*, Genève, 1566, cité dans l'édition du *Cymbalum Mundi* procurée par Yves Delègue, Paris, 1995, p.115-16).

[4] Psaumes 115:10, dans les Septante et la Vulgate, cité dans la deuxième épître de Paul aux Corinthiens (4:13), au sens de 'J'ai cru, donc j'ai parlé' (Lemaître de Sacy), sens bien différent de celui que Voltaire donne ici à l'expression.

[5] L''ouvrage' est une petite brochure intitulée *L'Art d'imprimer*, 'par le sieur Catherinot' (Nicolas Catherinot, 1628-1688), compilation de données sur l'histoire de l'imprimerie, où on peut lire notamment: 'Mais les abus de l'imprimerie sont grands, les uns dans la matière et les autres dans la manière. Dans la matière quand on imprime des ouvrages contre l'Eglise, l'Etat ou les bonnes mœurs. Contre l'Eglise comme ces deux livres impies que je n'ai jamais vus et que je ne désire point voir, l'un *De tribus impostoribus*, et l'autre *Cimbalum mundi*' (p.7 et 8 de la brochure, insérée dans un recueil factice partiellement manuscrit intitulé *Les Opuscules latines et françaises de droit et d'histoire de Nicolas Catherinot, écuyer, S. de Coulons, avocat du*

Le minime Mersenne, ce facteur de Descartes, le même qui donne douze apôtres à Vanini, dit de Bonaventure Des-Périers, *C'est un monstre et un fripon, d'une impiété achevée.* [6] Vous remarquerez qu'il n'avait pas lu son livre. Il n'en restait plus que deux exemplaires dans l'Europe quand Prosper Marchand le réimprima à Amsterdam en 1711. Alors le voile fut tiré, on ne cria plus à l'impiété, à l'athéisme: on cria à l'ennui, et on n'en parla plus.

DE THÉOPHILE

Il en a été de même de Théophile, très célèbre dans son temps; c'était un jeune homme de bonne compagnie, faisant très facilement des vers médiocres, mais qui eurent de la réputation; très instruit dans les belles-lettres, écrivant purement en latin, homme de table autant que de cabinet, bienvenu chez les jeunes seigneurs qui se piquaient d'esprit, et surtout chez cet illustre et malheureux duc de Montmorenci qui après avoir gagné des batailles mourut sur un échafaud. [7]

S'étant trouvé un jour avec deux jésuites, et la conversation étant tombée sur quelques points de la malheureuse philosophie de son temps, la dispute s'aigrit. Les jésuites substituèrent les injures aux raisons. Théophile était poète et Gascon, *genus irritabile*

55

60

65

70

---

roy et son conseiller au présidial et autres juridictions royales de Bourges (s.l.n.d.). Les armes de Bourges comportent trois moutons.

[6] Voltaire cite non pas directement le père Mersenne, mais le résumé qu'en fait Bayle, qui écrit: 'Il dit que c'était un fripon d'une impiété achevée, *impiissimum nebulonem*; et que bien des gens l'ont cru athée'. Les termes de Mersenne sont les suivants: 'Longtemps avant, il y eut le Cymbalum Mundi que Bonaventure des Pérez [*sic*], le plus impie des vauriens traduisit en français: il ne fallait pas que la France manquât d'un monstre. Presque tout le monde affirme qu'il fut athée' (*Quaestiones in Genesim*, 1623, p.669, cité dans le dossier préparé par Yves Delègue, p.117).

[7] Voltaire a raconté l'histoire et la 'triste fin' du protecteur de Théophile au chapitre 176 de l'*Essai sur les mœurs*.

vatum[8] *et Vasconum.* Il fit une petite pièce de vers où les jésuites n'étaient pas trop bien traités; en voici trois qui coururent toute la France:

> Cette grande et noire machine
> Dont le souple et le vaste corps
> Etend ses bras jusqu'à la Chine.

75

Théophile même les rappelle dans une épître en vers écrite de sa prison au roi Louis XIII.[9] Tous les jésuites se déchaînèrent contre lui. Les deux plus furieux, Garasse et Guerin, déshonorèrent la chaire et violèrent les lois en le nommant dans leurs sermons, en le traitant d'athée et d'homme abominable, en excitant contre lui toutes leurs dévotes. Un jésuite plus dangereux, nommé Voisin, qui n'écrivait ni ne prêchait, mais qui avait un grand crédit auprès du cardinal de la Rochefoucault, intenta un procès criminel à Théophile, et suborna contre lui un jeune débauché nommé Sajeot qui avait été son écolier, et qui passait pour avoir servi à ses plaisirs infâmes, ce que l'accusé lui reprocha à la confrontation. Enfin, le jésuite Voisin obtint par la faveur du jésuite Caussin confesseur du roi, un décret de prise de corps contre Théophile, sur l'accusation d'impiété et d'athéisme. Le malheureux prit la fuite, on lui fit son procès par coutumace, il fut brûlé en effigie en 1621. Qui croirait que la rage des jésuites ne fut pas encore assouvie! Voisin paya un lieutenant de la connétablie nommé Le Blanc pour l'arrêter dans le lieu de sa retraite en Picardie. On l'enferma chargé de fers dans un cachot aux acclamations de la populace, à qui Le Blanc criait, C'est un athée que nous allons brûler. De là on le mena à Paris à la Conciergerie, où il fut mis dans le cachot de Ravaillac. Il y resta une

80

85

90

95

---

8 Horace, *Epîtres*, livre 2, épître 2, vers 102: 'la race irritable des poètes'. Voltaire cite volontiers Horace; ce vers en particulier se trouve dans l'article 'Critique' du *Dictionnaire philosophique* (*OCV*, t.35, p.665 et note).

9 *Les Œuvres du sieur Théophile divisées en trois parties* (Lyon, Jean Michon, 1630), troisième partie, 'Requête de Théophile au roi', p.7 (le premier vers est exactement: 'De la noire et forte machine'). Voltaire possède une édition très semblable à celle-ci, mais datée de Rouen, 1643 (BV3272).

année entière, pendant laquelle les jésuites prolongèrent son procès pour chercher contre lui des preuves. [10]

Pendant qu'il était dans les fers, Garasse publiait sa *Doctrine curieuse*, [11] dans laquelle il dit que Pasquier, le cardinal Volsey, Scaliger, Luther, Calvin, Bèze, le roi d'Angleterre, le landgrave de Hesse et Théophile sont des *bélistres d'athéistes et de carpocratiens*. [12] Ce Garasse écrivait dans son temps comme le misérable ex-jésuite Nonotte [13] a écrit dans le sien: la différence est que l'insolence de Garasse était fondée sur le crédit qu'avaient alors les jésuites, et que la fureur de l'absurde Nonotte est le fruit de l'horreur et du mépris où les jésuites sont tombés dans l'Europe; c'est le serpent qui veut mordre encore quand il a été coupé en tronçons. Théophile fut surtout interrogé sur le *Parnasse satyrique*, [14] recueil d'impudicités dans

---

[10] Après avoir cité ce passage, Charles Alleaume de Cugnon, biographe et éditeur de Théophile de Viau, conclut: 'Voltaire a recueilli [...] une tradition conforme aux pièces du temps' (*Œuvres complètes de Théophile*, Paris, Jannet, 1861, p.xxxviii). La condamnation et l'exécution le même jour par 'figure et représentation' ont eu lieu le 19 août 1623.

[11] Le livre de Garasse (voir ci-dessus, lettre 3, n.4), qui attaque vivement les hérétiques de toutes sortes, s'en prend spécialement et sans réserve à Théophile.

[12] Ces trois termes font partie du vocabulaire favori de Garasse pour désigner les 'beaux esprits prétendus' qu'il combat. Il désigne Carpocras comme 'le plus infâme vilain qui fut en l'Eglise naissante, et qui composa la plus sale religion, et avec les plus détestables ordures qui furent jamais' (*Doctrine curieuse*, p.1019). Si on ne trouve pas de landgrave de Hesse parmi les cibles du jésuite, les autres noms cités et au premier chef celui d'Estienne Pasquier, qualifié de 'sot' et de 'bavard' (p.850), en font bien partie.

[13] Le 'faquin d'ex-jésuite' (D13714) Claude François Nonnotte, auteur des *Erreurs de Voltaire*, dont la première version, de 1762, fut suivie de plusieurs autres, toujours augmentées. Voltaire a répondu aux 'sottises' de Nonnotte dans ses *Eclaircissements historiques à l'occasion d'un libelle calomnieux contre l'Essai sur les mœurs et l'esprit des nations* (1763). Le 'calomniateur' Nonnotte est de nouveau en 1767 la cible des 21e, 22e et 26e *Honnêtetés littéraires* (voir ci-dessus).

[14] 'Depuis trois ou quatre mois est sorti au jour un livre en deux parties sous le nom de *Parnasse satyrique* [...], le plus horrible que les siècles les plus païens et les plus débordés enfantèrent jamais: les principaux auteurs qui s'y nomment, sont Théophile, Frenide et Colletet. Pour moi je pense avec raison pouvoir défier les diables de luxure, de fornication, de sodomie et de brutalité, de faire pis qu'ont fait ces trois gosiers de Cerbère' (Garasse, *Doctrine curieuse*, p.781).

le goût[15] de Pétrone,[16] de Martial, de Catulle, d'Ausone, de l'archevêque de Bénévent la Casa,[17] de l'évêque d'Angoulême Octavien de Saint-Gelais, et de Mélin de Saint-Gelais son fils, de l'Aretin, de Chorier,[18] de Marot, de Verville,[19] des épigrammes de Rousseau, et de cent autres sottises licencieuses. Cet ouvrage n'était pas de Théophile. Le libraire avait rassemblé tout ce qu'il avait pu de Menard,[20] de Colletet,[21] d'un nommé Frenide[22] et de quelques seigneurs de la cour. Il fut avéré que Théophile n'avait point de part à cette édition, contre laquelle lui-même avait présenté requête. Enfin les jésuites, quelque puissants qu'ils fussent alors, ne purent avoir la consolation de le faire brûler, et ils eurent même beaucoup de peine à obtenir qu'il fût banni de Paris. Il y revint malgré eux, protégé par le duc de Montmorenci, qui le logea dans son hôtel où il mourut en 1626 du chagrin auquel une si cruelle persécution le fit enfin succomber.

118 K: Colletet, de Frénicle magistrat, et depuis de l'Académie des sciences, et

[15] L'énumération qui suit réunit des auteurs satiriques, à la plupart desquels une réputation de licence a valu des persécutions.

[16] 'La satire de Pétrone est un mélange de bon et de mauvais, de moralités et d'ordures', écrira en 1769 Voltaire au chapitre 9 du *Pyrrhonisme de l'histoire*, consacré précisément à Pétrone qu'il a auparavant souvent cité et même traduit (*OCV*, t.67, p.292).

[17] Voir lettre 2, n.26.

[18] Nicolas Chorier (1612-1692), moins l'historien du Dauphiné que l'auteur de l'*Aloisiae Sigeae Toletanae. Satyra sotadica de arcanis amoris et veneris*.

[19] François Béroalde de Verville (1556-1629), connu notamment comme traducteur du *Songe de Polyphile*.

[20] Voltaire consacre une notice à François Maynard (1582-1646) dans le 'Catalogue des écrivains': 'on peut le compter parmi ceux qui ont annoncé le siècle de Louis XIV' (*OH*, p.1184), y lit-on notamment.

[21] Le poète Guillaume Colletet (1598-1650).

[22] Voltaire reprend le nom tel qu'il est imprimé faussement dans Garasse (voir ci-dessus, n.14). Dès l'édition de Kehl, l'erreur est corrigée: il s'agit en effet de Nicolas Frénicle (1600-1661).

438

DE DES-BARREAUX

Le conseiller au parlement Des-Barreaux[23] qui dans sa jeunesse avait été ami de Théophile et qui ne l'avait pas abandonné dans sa disgrâce, passa constamment pour un athée: et sur quoi? sur un conte qu'on fait de lui sur l'aventure de l'omelette au lard. Un jeune homme à saillies libertines peut très bien dans un cabaret avoir mangé gras un samedi, et pendant un orage mêlé de tonnerres avoir jeté le plat par la fenêtre, en disant, *Voilà bien du bruit pour une omelette au lard*, sans pour cela mériter l'affreuse accusation d'athéisme.[24] C'est sans doute une très grande irrévérence, c'est insulter l'Eglise dans laquelle il était né; c'est se moquer de l'institution des jours maigres, mais ce n'est pas nier l'existence de Dieu. Ce qui lui donna cette réputation, ce fut principalement l'indiscrète témérité de Boileau, qui dans sa *Satire des femmes*, laquelle n'est pas sa meilleure, parle de plus d'une capanée.[25]

> Du tonnerre dans l'air bravant les vains carreaux,
> Et nous parlant de Dieu du ton de Des-Barreaux.

131-32 w75g (t.26), k: cabaret manger gras
132-33 w75g (t.26), k: de tonnerre jeter le plat

[23] Voltaire lui consacre une notice dans le 'Catalogue des écrivains', qui commence ainsi: 'Des Barreaux (Jacques de La Vallée, seigneur), est connu des gens de lettres et de goût par plusieurs petites pièces de vers agréables, dans le goût de Sarasin et de Chapelle. Il était conseiller au parlement. On sait qu'ennuyé d'un procès dont il était rapporteur, il paya de son argent ce que le demandeur exigeait, jeta le procès au feu, et se démit de sa charge. Ses petites pièces de poésie sont encore entre les mains des curieux; elles sont toutes assez hardies' (*OH*, p.1156). L'anecdote des parties remboursées est dans Bayle (remarque C).

[24] L'anecdote est rapportée par Bayle, qui cite les *Menagiana* et commente ainsi: 'je ne pense pas qu'on [y] doive ajouter foi, car c'est un conte qui se dit partout, et qui est attribué à mille sortes de gens' (remarque H). Voltaire y fait déjà allusion dans une lettre à d'Argental du 4 novembre 1743 (D2875).

[25] '[Capanée] fut tué [au siège de Thèbes] d'un coup de foudre par Jupiter irrité du mépris qu'il affectait d'avoir pour les dieux' (Chompré, *Dictionnaire abrégé de la fable*, Toul, Joseph Carez, 1787).

Jamais ce magistrat n'écrivit rien contre la Divinité. Il n'est pas permis de flétrir du nom d'*athée* un homme de mérite contre lequel on n'a aucune preuve; cela est indigne.[26] On a imputé à Des-Barreaux le fameux sonnet qui finit ainsi.

> Tonne, frappe, il est temps, ren-moi guerre pour guerre;
> J'adore en périssant la raison qui t'aigrit:
> Mais dessus quel endroit tombera ton tonnerre,
> Qui ne soit tout couvert du sang de Jésus-Christ?[27]

Ce sonnet ne vaut rien du tout. *Jésus-Christ* en vers n'est pas tolérable; *ren-moi guerre*, n'est pas français; *guerre pour guerre* est très plat; et *dessus quel endroit*, est détestable. Ces vers sont de l'abbé de Lavau; et Des-Barreaux fut toujours très fâché qu'on les lui attribuât.[28]

DE LA MOTTE LE VAYER[29]

Le sage La Motte le Vayer, conseiller d'Etat, précepteur de Monsieur frère de Louis XIV, et qui le fut même de Louis XIV

155 w75G (t.26), κ: attribuât. C'est ce même abbé de Lavau qui fit cette abominable épigramme sur le mausolée élevé dans Saint-Eustache à l'honneur de Lulli. / ... / Laissez tomber, sans plus attendre, / Sur ce buste honteux votre fatal rideau; / Et ne montrez que le flambeau / Qui devrait avoir mis l'original en cendre. //

[26] Voltaire fait pourtant à deux reprises de Des Barreaux l'exemple de l'athée vertueux: dès 1732 dans l'*Ode sur le fanatisme*, puis l'année même des *Lettres* dans la première des *Homélies prononcées à Londres en 1765, dans une assemblée particulière*. Il écrit à la fin de celle-ci: 'Ainsi donc un athée de mœurs douces et agréables [...] peut très bien mener une vie innocente, heureuse, honorée. On en a vu des exemples de siècle en siècle, depuis le célèbre Atticus, également ami de César et de Cicéron, jusqu'au fameux magistrat Des Barreaux' (*OCV*, t.62, p.445).

[27] Voltaire s'est souvenu de la fin du sonnet de Des Barreaux dans son *Ode sur le vrai Dieu* (1715), notamment dans les vers suivants: 'La terre, en abîmes ouverte, / Avec regret se voit couverte / Du sang d'un Dieu qui la forma' (*M*, t.8, p.415).

[28] Depuis 'On a imputé...' jusqu'à la fin du paragraphe, Voltaire suit de très près la fin de la notice du *Siècle de Louis XIV*, où sont cités les mêmes vers avec la même attribution, qui paraît sans fondement. Louis Irland de Lavau, devenu académicien en 1679, est mort en 1694.

[29] Voltaire lui consacre dans le 'Catalogue des écrivains' une notice qui

près d'une année, n'essuya pas moins de soupçons que le voluptueux Des-Barreaux. Il y avait encore peu de philosophie en France. Le traité de *la Vertu des païens*, et les dialogues d'*Orazius Tubero*, lui firent des ennemis. [30] Les jansénistes surtout qui ne regardaient après saint Augustin les vertus des grands hommes de l'antiquité, que comme des *péchés splendides*, [31] se déchaînèrent contre lui. Le comble de l'insolence fanatique est de dire, *Nul n'aura de vertu que nous et nos amis;* [32] *Socrate, Confucius, Marc-Aurèle, Epictète, ont été des scélérats, puisqu'ils n'étaient pas de notre communion.* On est revenu aujourd'hui de cette extravagance, mais alors elle dominait. On a rapporté dans un ouvrage très curieux, qu'un jour un de ces énergumènes voyant passer La Motte le Vayer dans la galerie du Louvre, dit tout haut, Voilà un homme sans religion. Le Vayer, au lieu de le faire punir, se retourna vers cet homme et lui dit, *Mon ami, j'ai tant de religion que je ne suis pas de ta religion.*

160

165

170

---

commence ainsi: 'La Mothe Le Vayer (François de), né à Paris, en 1588. Précepteur de Monsieur, frère de Louis XIV, et qui enseigna le roi un an; historiographe de France, conseiller d'Etat, grand pyrrhonien, et connu pour tel. Son pyrrhonisme n'empêcha pas qu'on ne lui confiât une éducation si précieuse. On trouve beaucoup de science et de raison dans ses ouvrages trop diffus. Il combattit le premier avec succès cette opinion, qui nous sied si mal, que notre morale vaut mieux que celle de l'antiquité' (*OH*, p.1173). Il lui attribue ses *Idées de La Mothe Le Vayer*, publiées dans le *Recueil nécessaire*, daté de 1765, qui opposent à 'la religion dangereuse', le christianisme, à celle 'qui peut faire du bien sans pouvoir faire du mal', 'l'adoration de l'Etre suprême' (*M*, t.23, p.489-90).

[30] *De la vertu des païens* (Paris, A. Courbé, 1647); *Cinq dialogues faits à l'imitation des Anciens*, par Oratius Tubero (Mons, Paul de La Flèche, 1671). Voltaire possède les *Œuvres de François de La Mothe Le Vayer, conseiller d'Etat ordinaire, 3e éd. corr. et augm.* (Paris, Corbé, 1662), t.1 et 2 (BV1900); les volumes comportent des marques de lecture.

[31] Voltaire, après La Mothe Le Vayer, a souvent dénoncé cette notion augustinienne: voir *Dictionnaire philosophique*, 'Catéchisme chinois', *OCV*, t.35, p.469, n.79.

[32] Dans l'article 'Fausseté des vertus humaines' du *Dictionnaire philosophique* (*OCV*, t.36, p.114 et note), Voltaire a déjà adapté de la même façon le célèbre vers des *Femmes savantes* (acte 3, scène 2).

DE SAINT-EVREMONT

On a donné quelques ouvrages contre le christianisme sous le nom de Saint-Evremont, mais aucun n'est de lui.[33] On crut après sa mort faire passer ces dangereux livres à l'abri de sa réputation; et parce qu'en effet on trouve dans ses véritables ouvrages plusieurs traits qui annoncent un esprit dégagé des préjugés de l'enfance.[34] D'ailleurs sa vie épicurienne, et sa mort toute philosophique servirent de prétexte à tous ceux qui voulaient accréditer de son nom leurs sentiments pernicieux.

Nous avons surtout une *Analyse de la religion chrétienne* qui lui est attribuée.[35] C'est un ouvrage qui tend à renverser toute la

17?

18c

176 W75G (t.26), K: réputation, parce

[33] 'Saint-Evremond (Charles de Saint Denys, de) né en Normandie, en 1613. [...] On connaît son exil, sa philosophie et ses ouvrages. Quand on lui demanda, à sa mort, s'il voulait se *réconcilier*, il répondit: "Je voudrais me réconcilier avec l'appétit". Il est enterré à Westminster, avec les rois et les hommes illustres d'Angleterre. Mort en 1703', 'Catalogue des écrivains' (*OH*, p.1202-1203). Quelques paragraphes du chapitre 25 du *Siècle de Louis XIV* sont consacrés à sa disgrâce et à son exil (*OH*, p.902-903). Voltaire possède des *Œuvres mêlées* de 1689 chez Barbin (BV3062) et les dix volumes des *Œuvres* [...]. *Avec la vie de l'auteur par M. Des Maizeaux* ([Paris], 1740, BV3061).

[34] *La Notice des écrits les plus célèbres*, place, au nombre des ouvrages 'qui, sans établir directement des principes aussi hardis que ceux-là [qu'il a cités auparavant], partent à peu près du même fond, et de cet esprit philosophique redoutable à toutes les religions', les œuvres de Saint-Evremond, 'dont la manière de penser sent le terroir du pays libre dans lequel il a écrit'.

[35] *Examen de la religion dont on cherche l'éclaircissement de bonne foi. Attribué à M. de Saint-Evremond, traduit de l'anglais de Gilbert Burnet* (Londres, 1761). Voltaire a noté sur la page de titre d'un de ses exemplaires, en face du nom de Saint-Evremond: 'Il lui est très faussement attribué. Ce n'est point là son style, j'en ignore l'auteur' (BV1937). 'Saint-Evremond d'ailleurs n'était pas assez savant pour composer un tel ouvrage. Il est de Du Marsais', précise-t-il dans une lettre à Damilaville (D11535), affirmation abondamment reprise ensuite dans les lettres de l'année 1764, et confirmée par la critique contemporaine (voir Gianluca Mori, 'Du Marsais philosophe clandestin: textes et attributions', *La Philosophie clandestine à l'âge classique*, éd. Antony McKenna et Alain Mothu, Paris et Oxford, 1997, p.169-92). Dès qu'il en a connaissance, il écrit à Gabriel Cramer: 'c'est le livre le plus

442

chronologie et presque tous les faits de la Sainte Ecriture. Nul n'a
plus approfondi que l'auteur l'opinion où sont quelques théolo-   185
giens que l'astronome Phlégon avait parlé des ténèbres qui
couvrirent toute la terre à la mort de notre Seigneur Jésus-
Christ.[36] J'avoue que l'auteur a pleinement raison contre ceux
qui ont voulu s'appuyer du témoignage de cet astronome; mais il a
grand tort de vouloir combattre tout le système chrétien sous   190
prétexte qu'il a été mal défendu.

Au reste, Saint-Evremont était incapable de ces recherches
savantes. C'était un esprit agréable et juste; mais il avait peu de
science, nul génie, et son goût était peu sûr: ses discours sur les
Romains lui firent une réputation dont il abusa pour faire les plus   195
plates comédies, et les plus mauvais vers dont on ait jamais fatigué
les lecteurs, qui n'en sont plus fatigués aujourd'hui puisqu'ils ne les
lisent plus. On peut le mettre au rang des hommes aimables et
pleins d'esprit qui ont fleuri dans le temps brillant de Louis XIV,
mais non pas au rang des hommes supérieurs.[37]   200

DE FONTENELLE

Bernard de Fontenelle, depuis secrétaire de l'Académie des
sciences, eut une secousse plus vive à soutenir.[38] Il fit insérer en

193   W75G (t.26), K: et assez juste
200   W75G (t.26), K: supérieurs. Au reste ceux qui l'ont appelé *athéiste*, sont
d'infâmes calomniateurs.//

---

pulvérisant qu'on n'ait jamais écrit sur cette matière' (30 décembre 1761, D10239). Il
le republie lui-même dans le recueil anonyme intitulé *Evangile de la raison. Ouvrage
posthume de M. D. M...y* (s.l., 1764).
[36] Voir l'article 'Histoire du christianisme' du *Dictionnaire philosophique* (*OCV*,
t.35, p.547 et note).
[37] Dès *Le Temple du goût*, 'l'inégal Saint-Evremont' est qualifié de 'mauvais
poète' (*OCV*, t.9, p.158). 'Un homme bien médiocre', renchérit Voltaire dans une
lettre à Thiriot (D584).
[38] Le paragraphe consacré ici à Fontenelle est presque entièrement contenu dans
la très longue notice que Voltaire lui consacre dans le 'Catalogue des écrivains':

1686 dans la *République des lettres* de Bayle, une relation de l'île de Borneo fort ingénieuse; c'était une allégorie sur Rome et Genève; elles étaient désignées sous le nom de deux sœurs, Mero et Enegu. Mero était une magicienne tyrannique; elle exigeait que ses sujets vinssent lui déclarer leurs plus secrètes pensées, et qu'ensuite ils lui apportassent tout leur argent. Il fallait avant de venir lui baiser les pieds, adorer des os de morts, et souvent quand on voulait déjeuner, elle faisait disparaître le pain. Enfin ses sortilèges et ses fureurs soulevèrent un grand parti contre elle; et sa sœur Enegu lui enleva la moitié de son royaume. [39]

Bayle n'entendit pas d'abord la plaisanterie; mais l'abbé Terson l'ayant commentée, elle fit beaucoup de bruit. [40] C'était dans le temps de la révocation de l'édit de Nantes. Fontenelle courait risque d'être enfermé à la Bastille. Il eut la bassesse de faire d'assez mauvais vers à l'honneur de cette révocation, et à celui des jésuites; on les inséra dans un mauvais recueil intitulé *le Triomphe de la religion sous Louis le Grand*, imprimé à Paris chez l'Anglois en 1687. [41]

20

21(

21(

'Fontenelle (Bernard Le Bovier de), né à Rouen le 11 février 1657. [...] Mort le 9 janvier 1757, âgé de cent ans moins un mois et deux jours.'

[39] Le résumé de Voltaire est conforme à l'esprit de la *Relation*, même s'il ne l'est pas toujours au détail de sa lettre. Une première analyse du récit allégorique de Fontenelle se trouve dans un paragraphe ajouté à la vingt-deuxième des *Lettres philosophiques* dans les *Mélanges* de 1756 (voir *Lettres philosophiques*, éd. Gustave Lanson, revue par André-Marie Rousseau, Paris, 1964, t.2, p.136).

[40] 'J'ignorais absolument le *sens caché* de la *Lettre écrite de Bornéo*, que j'insérai dans ma *République des lettres*, et personne, non pas même M. Jurieu, ni sa femme, ni ne devina en ce pays-ci ce que cela voulait dire. Nous ne le sûmes, que lorsque M. Basnage, et d'autres personnes de Rouen, se furent réfugiées, et nous apprirent la chose. [...] Ce que l'abbé Terson [Jean Terson, calviniste converti et ancien correspondant de Bayle et non l'abbé Terrasson selon une correction erronée de Kehl, répétée ensuite] a fait là-dessus [un libelle dévoilant anagrammes et allégories] est une pièce de controverse' ('Lettre 222 à M. Des-Maiseaux, à Rotterdam, le 17 d'octobre 1704', *Lettres choisies de M. Bayle, avec des remarques*, Rotterdam, Fritsch et Böhm, 1714, t.1, p.858). Voir aussi *La Relation de la mort du chevalier de La Barre*, p.557 et n.70.

[41] Gabriel François Le Jay, *Le Triomphe de la religion sous Louis le Grand, représenté par des inscriptions et des devises, avec une explication en vers latins et français* (Paris, G. Martin, 1687). L'avertissement indique que la traduction des vers latins est de 'l'auteur du Dialogue des morts'.

Mais ayant depuis rédigé en français avec un grand succès la   220
savante *Histoire des oracles* de Vandale,[42] les jésuites le persécu-
tèrent.[43] Le Tellier confesseur de Louis XIV, rappelant l'allégorie
de Mero et d'Enegu, aurait voulu le traiter comme le jésuite Voisin
avait traité Théophile. Il sollicita une lettre de cachet contre lui. Le
célèbre garde des sceaux d'Argenson alors lieutenant de police,   225
sauva Fontenelle de la fureur de Le Tellier.[44]

Cette anecdote est plus importante que toutes les bagatelles
littéraires dont l'abbé Trublet a fait un gros volume concernant
Fontenelle.[45] Elle apprend combien la philosophie est dangereuse

226-27   W75G (t.26), K: Le Tellier. S'il avait fallu choisir un *athéiste* entre
Fontenelle et Le Tellier, c'était sur le calomniateur Le Tellier que devait tomber le
soupçon. ¶Cette

[42] *Histoire des oracles* (Paris, de Luynes, Blageart et Girard, 1686), sans nom
d'auteur. Voltaire possède le *De Oraculis ethnicorum* de Van Dale (Amsterdam,
1683, BV2891).

[43] 'En 1686, il fit l'allégorie de Mero et d'Enégu; c'est Rome et Genève. Cette
plaisanterie si connue, jointe à l'Histoire des oracles, excita depuis contre lui une
persécution. [...] Son Histoire des oracles, qui n'est qu'un abrégé très sage et très
modéré de la grande histoire de Van Dale, lui fit une querelle assez violente avec
quelques jésuites compilateurs de la Vie des saints, qui avaient précisément l'esprit
des compilateurs. Ils écrivirent à leur manière contre le sentiment raisonnable de
Van Dale et de Fontenelle' ('Catalogue des écrivains', *OH*, p.1162-63). Dans une
lettre de peu antérieure à ces pages, Voltaire est plus critique envers Fontenelle et lui
reproche d'"avoir mutilé en douceur le savant traité des oracles de Van Dale' (à
d'Argental, 15 juin 1766, D13355).

[44] 'Plusieurs années après, le jésuite Le Tellier, confesseur de Louis XIV, ce
malheureux auteur de toutes les querelles qui ont produit tant de mal et tant de
ridicule en France, déféra Fontenelle à Louis XIV, comme un athée, et rappela
l'allégorie de Méro et d'Enégu. Marc-René de Paulmy, marquis d'Argenson, alors
lieutenant de police, et depuis garde des sceaux, écarta la persécution qui allait
éclater contre Fontenelle, et ce philosophe le fit assez entendre dans l'éloge du
garde des sceaux d'Argenson, prononcé dans l'Académie des sciences' ('Catalogue
des écrivains', *OH*, p.1163-64). Dans l'article 'Philosophe' (1765) du *Dictionnaire
philosophique*, Voltaire date l'anecdote de 1713 (*OCV*, t.36, p.444).

[45] N. C. J. Trublet, *Mémoires pour servir à l'histoire de la vie et des ouvrages de M.
Fontenelle et de la Motte* (Amsterdam, Marc-Michel Rey, 1761, BV3370).

quand un fanatique ou un fripon, ou un moine qui est l'un et l'autre, 23⁰
a malheureusement l'oreille du prince. C'est un danger, Monseigneur, auquel on ne sera jamais exposé auprès de vous.

DE L'ABBÉ DE SAINT-PIERRE [46]

L'*Allégorie du mahométisme* par l'abbé de Saint-Pierre, fut beaucoup plus frappante que celle de Mero. Tous les ouvrages de cet
abbé, dont plusieurs passent pour des rêveries, sont d'un homme de 23⁰
bien et d'un citoyen zélé; [47] mais tout s'y ressent d'un pur théisme. [48]
Cependant, il ne fut point persécuté, c'est qu'il écrivait d'une
manière à ne rendre personne jaloux: son style n'a aucun agrément;

231-32   w75G (t.26):   danger auquel bien des gens de mérite ont été exposés.//

[46] Une très longue notice est consacrée dans le 'Catalogue des écrivains' à 'Saint-
Pierre (Charles-Irénée Castel, abbé de), né en 1658, gentilhomme de Normandie.'
On y lit notamment ceci: 'Le traité le plus singulier qu'on trouve dans ses ouvrages
est l'anéantissement futur du mahométisme. Il assure qu'un temps viendra où la
raison remportera chez les hommes sur la superstition. Les hommes comprendront,
dit-il, qu'il suffit de la patience, de la politesse, et de la bienfaisance, pour plaire à
Dieu. Il est impossible, dit-il encore, qu'un livre où l'on trouve des propositions
fausses données comme vraies, des choses absurdes opposées au sens commun, des
louanges données à des actions injustes, ait été révélé par un être parfait. Il prétend
que dans cinq cent ans tous les esprits, jusqu'aux plus grossiers, seront éclairés sur
ce livre: que le grand muphti même et les cadis verront qu'il est de leur intérêt de
détromper la multitude, et de se rendre plus nécessaires et plus respectés en rendant
la religion plus simple. Ce traité est curieux' (*OH*, p.1204). Dans la Bibliothèque de
Voltaire, un signet désigne la page 406 du tome 13 des *Ouvrages de politique*
(Rotterdam, 1733-1741) de l'abbé de Saint-Pierre, qui contient le titre suivant:
'Anéantissement futur du Mahométisme et des autres Religions humaines par le
progrès continuel de la Raison humaine universelle' (*CN*, t.2, p.406).
[47] 'La meilleure définition qu'on ait faite en général de ses ouvrages, est ce qu'en
disait le cardinal Dubois, que c'étaient les rêves d'un bon citoyen' (*OH*, p.1203).
Dans une lettre de 1739, Voltaire le surnomme 'Publicola de Saint-Pierre' (D2111).
[48] Voltaire attribue à l'abbé de Saint-Pierre un 'Credo' déiste, qui serait resté
manuscrit (voir *Dictionnaire philosophique*, article 'Credo', *OCV*, t.35, p.654-55) et
des 'Pensées détachées' de même inspiration, placées à la suite du *Dîner du comte de
Boulainvillers*.

446

il était peu lu, il ne prétendait à rien: ceux qui le lisaient se
moquaient de lui, et le traitaient de bonhomme. S'il eût écrit   240
comme Fontenelle, il était perdu, surtout quand les jésuites
régnaient encore.

DE BAYLE

Cependant s'élevait alors, et depuis plusieurs années, l'immortel
Bayle, [49] le premier des dialecticiens et des philosophes sceptiques.
Il avait déjà donné ses *Pensées sur la comète*, [50] ses *Réponses aux*   245
questions d'un provincial, [51] et enfin son *Dictionnaire de raisonne-*
ment. [52] Ses plus grands ennemis sont forcés d'avouer qu'il n'y a pas
une seule ligne dans ses ouvrages qui soit un blasphème évident
contre la religion chrétienne; mais ses plus grands défenseurs
avouent que dans les articles de controverse il n'y a pas une seule   250
page qui ne conduise le lecteur au doute, et souvent à l'incrédulité.

[49] 'Bayle (Pierre), né au Carlat dans le comté de Foix, en 1647; retiré en Hollande
plutôt comme philosophe que comme calviniste; persécuté pendant sa vie par Jurieu,
et après sa mort par les ennemis de la philosophie. [...] Mort en 1706', lit-on dans le
'Catalogue des écrivains' (*OH*, p.1137). Voltaire y qualifie déjà Bayle de
'dialecticien admirable', et signale son scepticisme: 'En plus d'un endroit le sceptique
Bayle n'est pas encore assez sceptique.' C'est Voltaire qui a assuré une fortune
durable à Bayle en en faisant un grand nom de la 'philosophie', un de ses 'saints'
(D11881), un 'apôtre de la raison' (D12529), un 'père de l'église des sages' (D6853)
et en imposant l'image d'un Bayle sarcastique, sceptique et incrédule. Voir Haydn
T. Mason, *Pierre Bayle and Voltaire* (Oxford, 1963), et Pierre Rétat, *Le Dictionnaire
de Bayle et la lutte philosophique au XVIIIe siècle* (Paris, 1971).

[50] Voltaire a annoté les *Pensées diverses sur la comète* (*CN*, t.1, p.229-35). Elles
inspirent notamment l'article 'Athée, athéisme' du *Dictionnaire philosophique* (*OCV*,
t.35, p.375 et suiv.).

[51] Voltaire cite la *Réponse aux questions d'un provincial* dès *La Ligue* (1723, *OCV*,
t.2, p.277): c'est sa première référence explicite à Bayle.

[52] Son fameux *Dictionnaire historique et critique*, bien sûr entre les mains de
Voltaire qui y puise abondamment. Dès *Le Temple du goût*, Voltaire exprime l'idée
qu'il faut y retrancher. Il écrit encore dans le 'Catalogue des écrivains': 'S'il avait
prévu combien son *Dictionnaire* serait recherché, il l'aurait rendu encore plus utile,
en en retranchant les noms obscurs, et en y ajoutant plus de noms illustres' (*OH*,
p.1137). On sait ce que le *Dictionnaire philosophique* par exemple lui doit.

On ne pouvait le convaincre d'être impie, mais il faisait des impies, en mettant les objections contre nos dogmes dans un jour si lumineux, qu'il n'était pas possible à une foi médiocre de n'être pas ébranlée: et malheureusement la plus grande partie des lecteurs n'a qu'une foi très médiocre.

Il est rapporté dans un de ces dictionnaires historiques où la vérité est si souvent mêlée avec le mensonge, que le cardinal de Polignac en passant par Roterdam, demanda à Bayle s'il était anglican, ou luthérien, ou calviniste, et qu'il répondit, *Je suis protestant, car je proteste contre toutes les religions.* En premier lieu, le cardinal de Polignac ne passa jamais par Roterdam que lorsqu'il alla conclure la paix d'Utrecht en 1713, après la mort de Bayle.

Secondement, ce savant prélat n'ignorait pas que Bayle né calviniste au pays de Foix, et n'ayant jamais été en Angleterre, ni en Allemagne, n'était ni anglican, ni luthérien.

Troisièmement, il était trop poli pour aller demander à un homme de quelle religion il était. Il est vrai que Bayle avait dit quelquefois ce qu'on lui fait dire; il ajoutait qu'il était comme Jupiter assemble-nuages d'Homère. C'était d'ailleurs un homme de mœurs réglées et simples; un vrai philosophe dans toute l'étendue de ce mot. Il mourut subitement après avoir écrit ces mots, *Voilà ce que c'est que la vérité.* [53]

Il l'avait cherchée toute sa vie, et n'avait trouvé partout que des erreurs.

Après lui on a été beaucoup plus loin. Les Maillet, les Boulainvilliers, les Boulanger, les Meslier, le savant Fréret, le dialecticien du Marsai, l'intempérant la Métrie, [54] et bien d'autres,

[53] Les Vies de Bayle le font mourir seul. Des Maizeaux cite une lettre du 18 janvier 1707: 'M. Bayle est mort fort tranquillement et sans qu'il eût personne auprès de lui' (*Vie de M. Bayle*, La Haye, Gosse et Néaulme, 1732, t.2, p.320).

[54] Voltaire consacre une division des présentes *Lettres* à Boulanger, à Meslier et à La Mettrie. On sait aussi qu'il a fait de Boulainvilliers, de Fréret et de Dumarsais – dont il a lui-même publié l'*Examen de la religion* dans le recueil intitulé *L'Evangile de la raison* – les personnages du *Dîner du comte de Boulaivilliers* paru un mois après les *Lettres*.

ont attaqué la religion chrétienne avec autant d'acharnement que
les Porphyre, les Celse, et les Julien.

J'ai souvent recherché ce qui pouvait déterminer tant d'écrivains modernes à déployer cette haine contre le christianisme.
Quelques-uns m'ont répondu que les écrits des nouveaux apologistes de notre religion les avaient indignés. Que si ces
apologistes avaient écrit avec la modération que leur cause
devait leur inspirer, on n'aurait pas pensé à s'élever contre eux;
mais que leur bile donnait de la bile; que leur colère faisait naître la
colère; que le mépris qu'ils affectaient pour les philosophes excitait
le mépris: de sorte qu'enfin il est arrivé entre les défenseurs et les
ennemis du christianisme, ce qu'on avait vu entre toutes les
communions; on a écrit de part et d'autre avec emportement; on
a mêlé les outrages aux arguments.

DE BARBEIRAC [55]

Barbeirac est le seul commentateur dont on fasse plus de cas que de
son auteur. Il traduisit et commenta le fatras de Puffendorf; mais il
l'enrichit d'une préface qui fit seule débiter le livre. Il remonte dans
cette préface aux sources de la morale, et il a la candeur hardie de
faire voir que les Pères de l'Eglise n'ont pas toujours connu cette
morale pure, qu'ils l'ont défigurée par d'étranges allégories, [56]

280

285

290

295

292-292a   K: [*insère entre ces lignes la section intitulée 'De Mademoiselle Huber'*
(*voir ci-dessous, lignes 328a-386*)]

[55] Barbeyrac est 'né à Béziers en 1674; calviniste, professeur en droit et en histoire à
Lausanne, traducteur et commentateur de Puffendorf et de Grotius. [...] Sa préface de
Puffendorf mérite d'être lue: il y prouve que la morale des Pères est fort inférieure à
celle des philosophes modernes. Mort en 1729' ('Catalogue des écrivains', *OH*,
p.1136). Voltaire possède et a annoté *Le Droit de la nature et des gens ou système général
des principes les plus importants de la morale, de la jurisprudence et de la politique, traduit
du latin de feu M. le baron de Pufendorf par Jean Barbeyrac* (Amsterdam, P. de Coup,
1712; BV2827).
[56] C'est bien le sens de la démonstration de Barbeyrac, qui écrit par exemple (*Le
Droit de la nature*, t.1, p.xxiii): 'La plupart des moralités qu'ils semaient dans leurs
ouvrages, ils les tiraient à force de machines et d'allégories outrées, de mille endroits
de l'Ecriture, où il s'agit de tout autre chose'. Mais tous les exemples sont de Voltaire.

comme lorsqu'ils disent que le lambeau de drap rouge exposé à la
fenêtre par la cabaretière Rahab,[57] est visiblement le sang de Jésus-   30
Christ; que Moïse étendant les bras pendant la bataille contre les
Amalécites[58] est la croix sur laquelle Jésus expire; que les baisers de
la Sunamite sont le mariage de Jésus-Christ avec son Eglise;[59] que
la grande porte de l'arche de Noé désigne le corps humain, et la
petite porte désigne l'anus.[60]   30

Barbeirac ne peut souffrir en fait de morale qu'Augustin
devienne persécuteur après avoir prêché la tolérance.[61] Il con-

---

304-305   w75G (t.26), K: humain, [w75G (t.26): et] la petite porte désigne l'anus
etc. etc.

[57] Rahab, qui a caché les espions de Josué dans Jéricho, est invitée par eux à
placer à sa fenêtre un 'cordon d'écarlate' (Josué 2, 18, traduction Lemaître de Sacy)
qui la fera échapper au massacre général des habitants quand la ville tombera.
L'épisode a suscité l'ironie de Voltaire. Voir par exemple la note (*g*) du chapitre 12
du *Traité sur la tolérance* (*OCV*, t.56c, p.196) ou le chapitre 41 de *La Philosophie de
l'histoire* de 1765: 'A l'égard de cette femme que la *Vulgate* appelle *meretrix*,
apparemment elle mena depuis une vie plus honnête, puisqu'elle fut aïeule de David,
et même du Sauveur du monde. Tous ces événements sont des figures, des
prophéties qui annoncent de loin la loi de grâce. Ce sont, encore une fois des
mystères auxquels nous ne touchons pas' (*OCV*, t.59, p.228).

[58] Dans Exode 17:9-13.

[59] Dans le Cantique des cantiques, dont on sait que Voltaire a donné en 1759 une
paraphrase en vers sous le nom de *Précis du Cantique des cantiques*. Il écrit
notamment dans l'avertissement: 'On s'est abstenu surtout scrupuleusement de
toucher aux sublimes et respectables allégories que les plus graves docteurs ont
tirées de cet ancien poème, et on s'en est tenu à la simplicité non moins respectable
du texte' (*M*, t.9, p.496). L'allégorie est si généralement admise que le titre du
chapitre 1 du Cantique inséré dans la traduction de Lemaître de Sacy est ainsi rédigé:
'L'époux de ce divin cantique est Jésus-Christ même: l'Eglise est son épouse'.

[60] 'Saint Ambroise, dans son livre septième *de Arca*, dit que la petite porte de
dégagement, pratiquée dans l'arche, signifie l'ouverture par laquelle l'homme jette la
partie grossière des aliments', *Homélies prononcées à Londres en 1765 dans une
assemblée particulière*, 'Troisième homélie sur l'interprétation de l'Ancien Testament' (*OCV*, t.62, p.473).

[61] Barbeyrac cite une phrase du ministre Jean Claude stigmatisant l'évolution
d'Augustin, de 'sentiments de douceur et de charité' à la persécution envers les
hérétiques (*Le Droit de la nature*, p.xxix) qui se trouve déjà dans Bayle (article
'Augustin' du *Dictionnaire* de Bayle, remarque H). L'interprétation augustinienne

damne hautement les injures grossières que Jérôme vomit contre
ses adversaires, et surtout contre Rufin et contre Vigilantius. Il
relève les contradictions qu'il remarque dans la morale des Pères,   310
et il s'indigne qu'ils aient quelquefois inspiré la haine de la patrie,
comme Tertullien qui défend positivement aux chrétiens de porter
les armes pour le salut de l'empire. [62]

Barbeirac eut de violents adversaires qui l'accusèrent de vouloir
détruire la religion chrétienne, en rendant ridicules ceux qui   315
l'avaient soutenue par des travaux infatigables. Il se défendit: [63]
mais il laissa paraître dans sa défense un si profond mépris pour les
Pères de l'Eglise; il témoigne tant de dédain pour leur fausse
éloquence et pour leur dialectique; il leur préfère si hautement
Confucius, Socrate, Zaleucus, Cicéron, l'empereur Antonin,   320
Epictète, qu'on voit bien que Barbeirac est plutôt le zélé partisan
de la justice éternelle et de la loi naturelle donnée de Dieu aux
hommes, que l'adorateur des saints mystères du christianisme. S'il
s'est trompé en pensant que Dieu est le père de tous les hommes, s'il
a eu le malheur de ne pas voir que Dieu ne peut aimer que les   325
chrétiens soumis de cœur et d'esprit, son erreur est du moins d'une
belle âme; et puisqu'il aimait les hommes, ce n'est pas aux hommes
à l'insulter; c'est à Dieu de le juger.

317   K: il laisse paraître
328-86a   w75g (t.26), K: juger. Certainement il ne doit pas être mis au nombre
des athéistes. / *De Fréret*

---

de la parabole du banquet légitimant le recours à la contrainte est au cœur du débat
sur la tolérance; c'est elle que Bayle combat dans son *Commentaire philosophique* de
1686. Voltaire s'en est déjà souvenu dans le chapitre 24 du *Traité sur la tolérance*.

[62] Barbeyrac critique la 'mauvaise foi' avec laquelle Jérôme 'se déchaîna avec
force contre Vigilance' (*Le Droit de la nature*, p.xxviii). L'expression 'porter les
armes contre l'empire', citation de Tertullien, se trouve p.xxiv.

[63] Notamment dans son *Traité de la morale des Pères de l'Eglise, où en défendant
un article de la préface sur Puffendorf, contre l'Apologie de la morale des Pères du
P. Ceillier, ... on fait diverses réflexions sur plusieurs matières importantes* (Amsterdam,
1728, BV178; *CN*, t.1, p.110).

DE MADEMOISELLE HUBER

Mlle Huber était une femme de beaucoup d'esprit, et sœur de l'abbé Huber, très connu de monseigneur votre père. Elle s'associa avec un grand métaphysicien pour écrire vers l'an 1740 le livre intitulé *La religion essentielle à l'homme*. [64] Il faut convenir que malheureusement cette religion essentielle est le pur théisme tel que les Noachides [65] le pratiquèrent, avant que Dieu eût daigné se faire un peuple chéri dans les déserts de Sinaï et d'Oreb, et lui donner des lois particulières. Selon Mlle Huber et son ami, la religion essentielle à l'homme doit être de tous les temps, de tous les lieux, et de tous les esprits. [66] Tout ce qui est mystère est au-dessus de l'homme, et n'est pas fait pour lui; la pratique des vertus ne peut avoir aucun rapport avec le dogme. La religion essentielle à l'homme est dans ce qu'on doit faire, et non dans ce qu'on ne peut comprendre. [67] L'intolérance est à la religion essentielle ce que la barbarie est à l'humanité, la cruauté à la douceur. Voilà le précis de tout le livre. L'auteur est très abstrait: c'est une suite de lemmes et de théorèmes qui répandent quelquefois plus d'obscurité que de lumières. On a peine à suivre cette marche. Il est étonnant qu'une femme ait écrit en géomètre sur une matière si intéressante: peut-être a-t-elle voulu rebuter des lecteurs qui l'auraient persécutée,

330

335

340

345

328a   67: Hubert [*passim*]

[64] [Marie Huber], *Lettres sur la religion essentielle à l'homme, distinguée de ce qui n'en est que l'accessoire* (2 vol., Londres [Amsterdam], 1739, BV1685; *CN*, t.4, p.516-38).

[65] Les descendants de Noé, dont les sept lois primitives sont antérieures aux dix commandements (voir *Traité sur la tolérance*, ch.4). Voltaire se désigne lui-même comme 'noachide' dans une lettre de 1762 (D10652).

[66] Formule très voisine de celle de la prière du *Traité sur la tolérance*, qui s'adresse au 'Dieu de tous les êtres, de tous les mondes et de tous les temps' (*OCV*, t.56c, p.251).

[67] Dans l'exemplaire de sa bibliothèque, Voltaire a signalé de plusieurs traits dans la marge la phrase suivante (p.12): 'La *religion Essentielle* à l'*Homme* doit être *simple*, *évidente*, *exempte* de toute *contradiction*; [...] elle doit exclure le *faux* et l'*imaginaire*; [...] elle ne peut exiger de l'Homme nul *effort* qui tienne de l'*impossible*, moins encore du *contradictoire*' (*CN*, t.4, p.517).

s'ils l'avaient entendue, et s'ils avaient eu du plaisir en la lisant. Comme elle était protestante, elle n'a guère été lue que par des protestants. Un prédicant[68] nommé Deroches l'a réfutée, et même 350 assez poliment pour un prédicant. Les ministres protestants, Monseigneur, devraient, ce me semble, être plus modérés avec les théistes, que les évêques catholiques et les cardinaux; car supposé un moment, ce qu'à Dieu ne plaise, que le théisme 355 prévalût, qu'il n'y eût qu'un culte simple sous l'autorité des lois et des magistrats, que tout fût réduit à l'adoration de l'Etre suprême rémunérateur et vengeur, les pasteurs protestants n'y perdront rien; ils resteront chargés de présider aux prières publiques faites à l'Etre suprême, et seront toujours des maîtres de morale; on leur 360 conservera leurs pensions, ou s'ils les perdent, cette perte sera bien modique. Leurs antagonistes, au contraire, ont de riches prélatures, ils sont comtes, ducs, princes; ils ont des souverainetés; et quoique tant de grandeurs et de richesses conviennent mal peut-être aux successeurs des apôtres, ils ne souffriront jamais qu'on les 365 en dépouille: les droits temporels même qu'ils ont acquis sont tellement liés aujourd'hui à la constitution des Etats catholiques, qu'on ne peut les en priver que par des secousses violentes.

Or le théisme est une religion sans enthousiasme, qui par elle-même ne causera jamais de révolution. Elle est erronée, mais elle 370 est paisible. Tout ce qui est à craindre, c'est que le théisme si universellement répandu, ne dispose insensiblement tous les esprits à mépriser le joug des pontifes, et qu'à la première occasion la magistrature ne les réduise à la fonction de prier Dieu pour le peuple; mais tant qu'ils seront modérés, ils seront respectés: il n'y a 375 jamais que l'abus du pouvoir qui puisse énerver le pouvoir. Remarquons en effet, Monseigneur, que deux ou trois cents volumes de théisme n'ont jamais diminué d'un écu le revenu des pontifes catholiques romains, et que deux ou trois écrits de Luther et de Calvin leur ont enlevé environ cinquante millions de rente. 380

[68] François de Roches, *Défense du christianisme, ou préservatif contre un ouvrage intitulé Lettres sur la religion essentielle à l'homme* (2 vol., Lausanne et Genève, Bousquet, 1740).

Une querelle de théologie pouvait il y a deux cents ans bouleverser l'Europe: le théisme n'attroupera jamais quatre personnes. On peut même dire que cette religion en trompant les esprits, les adoucit, et qu'elle apaise les querelles que la vérité mal entendue a fait naître. Quoi qu'il en soit, je me borne à rendre à V. A. un compte fidèle. 385 C'est à vous qu'il appartient de juger.

DE FRÉRET [69]

L'illustre et profond Fréret était secrétaire perpétuel de l'Académie des belles-lettres de Paris. Il avait fait dans les langues orientales, et dans les ténèbres de l'antiquité, autant de progrès qu'on en peut faire. En rendant justice à son immense érudition, et à sa probité, je 390 suis bien loin d'excuser son hétérodoxie. Non seulement il était persuadé avec saint Irénée que Jésus était âgé de plus de cinquante ans, quand il souffrit le dernier supplice; mais il croyait avec le Targum qu'il n'était point né du temps d'Hérode, et qu'il faut rapporter sa naissance au temps du petit roi Jannée fils d'Hircan. 395 Les Juifs sont les seuls qui aient eu cette opinion singulière; M. Fréret tâchait de l'appuyer, en prétendant que nos Evangiles

---

382   K: théisme n'attroupa jamais
390-91   K: je ne prétends point excuser
394   K: que Jésus n'était

---

[69] En tant qu'auteur supposé de l'*Examen critique des apologistes de la religion chrétienne* (s.l., 1766). Voltaire a réclamé le livre dès sa parution (voir D13268, D13271, D13302). Quand il le reçoit en juin 1766, il en fait circuler des appréciations élogieuses: 'Je ne suis pas bien sûr que Fréret en soit l'auteur; mais je suis sûr que c'est le meilleur livre qu'on ait encore écrit sur ces matières', déclare-t-il par exemple aux d'Argental le 22 juin (D13369). Dans l'exemplaire de sa bibliothèque (BV2546), il a porté la mention suivante: 'Je ne crois pas que cet Examen soit de Fréret. Il est très dangereux pour la foi' (BV, p.645). Voltaire s'est servi de l'*Examen critique* en 1767 pour l'article 'Evangile' du *Dictionnaire philosophique* (*OCV*, t.36, p.79) et attribue la version augmentée de l'article 'Abraham' (*OCV*, t.35, p.299) à Fréret, qui est aussi un personnage du *Dîner du comte de Boulainvilliers*.

n'ont été écrits que plus de quarante ans après l'année où nous plaçons la mort de Jésus, qu'ils n'ont été faits qu'en des langues étrangères et dans des villes très éloignées de Jérusalem, comme Alexandrie, Corinthe, Ephèse, Antioche, Ancyre, Thessalonique, toutes villes d'un grand commerce, remplies de thérapeutes, de disciples de Jean, de judaïtes, de Galiléens divisés en plusieurs sectes. De là vient, dit-il, qu'il y eut un très grand nombre d'évangiles tout différents les uns des autres, chaque société particulière et cachée voulant avoir le sien. Fréret prétend que les quatre qui sont restés canoniques ont été écrits les derniers. Il croit en apporter des preuves incontestables; c'est que les premiers Pères de l'Eglise citent très souvent des paroles qui ne se trouvent que dans l'Evangile des Egyptiens, ou dans celui des Nazaréens, ou dans celui de saint Jacques, et que Justin est le premier qui cite expressément les Evangiles reçus. [70]

Si ce dangereux système était accrédité, il s'ensuivrait évidemment que les livres intitulés de Matthieu, de Jean, de Marc, et de Luc, n'ont été écrits que vers le temps de l'enfance de Justin, environ cent ans après notre ère vulgaire. Cela seul renverserait de fond en comble notre religion. Les mahométans qui virent leur faux prophète débiter les feuilles de son Koran, et qui les virent après sa mort rédigées solennellement par le calife Abubeker, [71] triompheraient de nous; ils nous diraient: *Nous n'avons qu'un Alcoran, et vous avez eu cinquante Evangiles: nous avons précieusement conservé l'original, et vous avez choisi au bout de quelques siècles quatre Evangiles dont vous n'avez jamais connu les dates. Vous avez fait votre religion pièce à pièce, la nôtre a été faite d'un seul trait, comme la création. Vous avez cent fois varié, et nous n'avons changé jamais.*

400

405

410

415

420

425

---

408   W75G (t.26), K: en rapporter des

[70] Voltaire suit de près l'*Examen* (p.9-13) où se trouvent tous les noms et tous les arguments. Semblables affirmations au début de l'article 'Evangile' déjà cité.
[71] Voir le chapitre 6 de l'*Essai sur les mœurs*.

Grâces au ciel, nous ne sommes pas réduits à ces termes funestes. Où en serions-nous, si ce que Fréret avance était vrai? Nous avons assez de preuves de l'antiquité des quatre Evangiles: saint Irénée dit expressément qu'il n'en faut que quatre.   430

J'avoue que Fréret réduit en poudre les pitoyables raisonnements d'Abadie. Cet Abadie prétend que les premiers chrétiens mouraient pour les Evangiles, et qu'on ne meurt que pour la vérité. Mais cet Abadie reconnaît que les premiers chrétiens avaient fabriqué de faux Evangiles. Donc, selon Abadie même, les premiers   435
chrétiens mouraient pour le mensonge. Abadie devait considérer deux choses essentielles; premièrement qu'il n'est écrit nulle part que les premiers martyrs aient été interrogés par les magistrats sur les Evangiles; secondement qu'il y a des martyrs dans toutes les communions. [72] Mais si Fréret terrasse Abadie, il est renversé lui-   440
même par les miracles que nos quatre saints Evangiles véritables ont opérés. Il nie les miracles, mais on lui oppose une nuée de témoins; il nie les témoins, et alors il ne faut que le plaindre.

Je conviens avec lui qu'on s'est servi souvent de fraudes pieuses; je conviens qu'il est dit, dans l'appendix du premier concile de   445
Nicée, que pour distinguer tous les livres canoniques des faux, on les mit pêle-mêle sur une grande table, qu'on pria le Saint-Esprit de faire tomber à bas tous les apocryphes; aussitôt ils tombèrent, et il ne resta que les véritables. J'avoue enfin que l'Eglise a été inondée de fausses légendes. Mais de ce qu'il y a eu des mensonges et de la   450
mauvaise foi, s'ensuit-il qu'il n'y ait eu ni vérité ni candeur? Certainement Fréret va trop loin; il renverse tout l'édifice au lieu de le réparer; il conduit comme tant d'autres le lecteur à l'adoration d'un seul Dieu, sans la médiation du Christ. Mais du moins son livre respire une modération qui lui ferait presque pardonner ses   455
erreurs; il ne prêche que l'indulgence et la tolérance; il ne dit point d'injures cruelles aux chrétiens comme mylord Bolingbroke; il ne se moque point d'eux comme le curé Rabelais, et le curé Swift. C'est un philosophe d'autant plus dangereux qu'il est très instruit,

[72] Résumé des pages 21 à 24 de l'*Examen:* Fréret y cite abondamment 'Abadie' et le réfute. Sur Jacques Abbadie, voir ci-dessus, lettre 5, n.9.

très conséquent, et très modeste. Il faut espérer qu'il se trouvera des   460
savants qui le réfuteront mieux qu'on n'a fait jusqu'à présent.

Son plus terrible argument est que si Dieu avait daigné se faire
homme et Juif, et mourir en Palestine par un supplice infâme pour
expier les crimes du genre humain, et pour bannir le péché de la
terre, il ne devait plus y avoir ni péché ni crime: cependant, dit-il,   465
les chrétiens ont été des monstres cent fois plus abominables que
tous les sectateurs des autres religions ensemble. [73] Il en apporte
pour preuve évidente les massacres, les roues, les gibets, et les
bûchers des Cévennes, et près de cent mille âmes péries dans cette
province sous nos yeux; [74] les massacres des vallées de Piémont, [75]   470
les massacres de la Valteline du temps de Charles Borromée, [76] les

469   K: mille hommes égorgés dans

[73] Le chapitre 10 de l'*Examen* est consacré à la question suivante: 'Les hommes
sont-ils plus parfaits depuis l'avènement de Jésus-Christ?' La réponse est l'occasion
d'évoquer les crimes du christianisme. Si on y trouve bien mention du Piémont, de
l'Irlande, de l'Inquisition et du témoignage de Las Casas sur le Nouveau Monde, la
présente énumération est bien voltairienne, nourrie du travail de l'historien comme
le *Traité sur la tolérance* qu'elle rappelle et dont elle reprend la thèse principale:
'depuis que les chrétiens disputent sur le dogme; le sang a coulé, soit sur les
échafauds, soit dans les batailles, dès le quatrième siècle jusqu'à nos jours' (*OCV*,
t.56C, p.140). En 1766, dans *Des conspirations contre les peuples ou des proscriptions*,
Voltaire établit une liste comparable, qui va des 'massacres dans le Nouveau Monde'
à ceux 'des Cévennes et du Vivarais' en passant par la Saint-Barthélemy, la
'conspiration d'Irlande' et celle des 'vallées du Piémont' (*M*, t.24, p.1-15).
[74] 'Qui durèrent pendant dix ans au commencement de ce siècle', complète
Voltaire dans *Des conspirations*, p.13.
[75] En 1655: voir *Des conspirations*, p.11.
[76] Voltaire y fait allusion dans l'*Avis au public sur les parricides imputés aux Calas
et aux Sirven* (1766): 'L'auteur du *Traité de la Tolérance* [...] a passé sous silence le
massacre de six cents habitants de la Valteline, hommes, femmes, enfants, que les
catholiques égorgèrent un dimanche, au mois de septembre 1620. Je ne dirai pas que
ce fut avec l'aveu et avec le secours de l'archevêque de Milan, Charles Borromée,
dont on a fait un saint' (*M*, t.25, p.525). Il s'agit d'une confusion entre deux
événements: le massacre de 1620, épisode de la guerre de Valteline, et une
persécution antérieure, effectivement menée par Charles Borromée (mort en
1586) et qui fit onze victimes parmi les 'hérétiques'. La vallée suisse de la Valteline
est un lieu de confrontation entre catholicisme et Réforme.

massacres des anabaptistes massacreurs et massacrés en Alle-magne, [77] les massacres des luthériens et des papistes depuis le Rhin jusqu'au fond du Nord, les massacres d'Irlande, d'Angleterre et d'Ecosse du temps de Charles Ier massacré lui-même; [78] les massacres ordonnés par Marie, et par Henri VIII son père, [79] les massacres de la Saint-Barthelemi en France, et quarante ans d'autres massacres depuis François II jusqu'à l'entrée de Henri IV dans Paris; les massacres de l'Inquisition peut-être plus abominables encore parce qu'ils se font juridiquement; enfin les massacres de douze millions d'habitants du nouveau monde exécutés le crucifix à la main: sans compter tous les massacres faits précédemment au nom de Jésus-Christ depuis Constantin, et sans compter encore plus de vingt schismes, et de vingt guerres de papes contre papes, et d'évêques contre évêques, les empoisonnements, les assassinats, les rapines des papes Jean XI, Jean XII, des Jean XVIII, des Gré-goire VII, des Boniface VIII, des Alexandre VI, et de tant d'autres papes qui passèrent de si loin en scélératesse les Néron, et les Caligula. Enfin il remarque que cette épouvantable chaîne presque perpétuelle de guerres de religion pendant quatorze cents années n'a jamais subsisté que chez les chrétiens, et qu'aucun peuple hors eux n'a fait couler une goutte de sang pour des arguments de théologie. On est forcé d'accorder à M. Fréret que tout cela est vrai; mais en faisant le dénombrement des crimes qui ont éclaté, il oublie les vertus qui se sont cachées; il oublie surtout que les horreurs infernales dont il fait un si prodigieux étalage sont l'abus de la religion chrétienne, et n'en sont pas l'esprit. Si Jésus-Christ n'a pas détruit le péché sur la terre, qu'est-ce que cela prouve? On en pourrait inférer tout au plus avec les jansénistes que Jésus-Christ

475

480

485

490

495

487-88   W75G (t.26), K: de quelques autres papes

[77] Voltaire leur consacre le chapitre 131 de l'*Essai sur les mœurs*.
[78] 'La conjuration des Irlandais catholiques contre les protestants, sous Charles Ier, en 1641, est une fidèle imitation de la Saint-Barthélemy' (*Des conspirations*, p.11). Voir aussi *Essai sur les mœurs*, ch.180.
[79] Voir les chapitres 135 et 136 de l'*Essai sur les mœurs*.

n'est pas venu pour tous, mais pour plusieurs, *pro vobis et pro multis*:   500
mais sans comprendre les hauts mystères, contentons-nous,
Monseigneur, de les adorer.

DE BOULANGER

Le *Christianisme dévoilé* du sieur Boulanger, [80] n'est pas écrit avec la
méthode et la profondeur d'érudition et de critique qui caractérisent le savant Fréret. Boulanger est un philosophe audacieux qui   505
remonte aux sources sans daigner sonder les ruisseaux. Ce
philosophe est aussi chagrin qu'intrépide. Les horreurs dont tant
d'Eglises chrétiennes se sont souillées depuis leur naissance; les
lâches barbaries des magistrats qui ont immolé tant d'honnêtes
citoyens aux prêtres; les princes qui pour leur plaire ont été   510
d'infâmes persécuteurs; tant de folies dans les querelles ecclésiastiques, tant d'abominations dans ces querelles, les peuples égorgés
ou ruinés, les trônes de tant de prêtres composés des dépouilles et
cimentés du sang des hommes; ces guerres affreuses de religion
dont le christianisme seul a inondé la terre; ce chaos énorme   515

501-502   W75G (t.26), K: contentons-nous de les adorer, et surtout n'accusons
pas cet homme illustre d'avoir été athéiste.//
503   W75G (t.26), K: Nous aurions plus de peine à justifier le sieur Boulanger,
directeur des ponts et chaussées. Son *Christianisme dévoilé* n'est

[80] *Le Christianisme dévoilé, ou examen des principes et des effets de la religion
chrétienne, par feu M. Boulanger* (Londres [Nancy, Leclerc], 1756 [1761]). La
Bibliothèque de Voltaire ne contient pas moins de quatre exemplaires de l'ouvrage.
Le premier, relié séparément, comporte d'abondantes notes, qui témoignent d'une
lecture attentive; Voltaire y distribue à la fois critiques ('bavarderie', 'trop vague',
'mauvais raisonnement') et louanges ('neuf et fort', 'très vrai selon le texte',
'bravo'). Les trois autres exemplaires (édition de Londres [Nancy], 1767) sont
reliés avec d'autres volumes (l'un, BV1650, avec BV2549; les deux autres avec
BV2547). Ces trois derniers exemplaires portent chacun une attribution manuscrite:
à 'Boulanger et Thrasibule' (BV1650) et à 'Fréret et Boulanger' (BV2547). Sur la
page de titre de BV1650 figure la mention: 'livre dangereux'. On sait que Voltaire
attribue lui-même à 'feu M. Boulanger' les articles 'Julien le philosophe' et 'Péché
originel' ainsi qu'une addition à l'article 'Baptême' du *Dictionnaire philosophique*.

d'absurdités et de crimes, remue l'imagination du sieur Boulanger avec une telle puissance qu'il va dans quelques endroits de son livre jusqu'à douter de la providence divine. Fatale erreur que les bûchers de l'Inquisition, et nos guerres religieuses excuseraient peut-être si elle pouvait être excusable. Mais nul prétexte ne peut justifier l'athéisme. Quand tous les chrétiens se seraient égorgés les uns les autres, quand ils auraient dévoré les entrailles de leurs frères assassinés pour des arguments, quand il ne resterait qu'un seul chrétien sur la terre, il faudrait qu'en regardant le soleil il reconnût et il adorât l'Etre éternel; il pourrait dire dans sa douleur, Mes pères et mes frères ont été des monstres, mais Dieu est Dieu.[81]

DE MONTESQUIEU

Le plus modéré et le plus fin des philosophes a été le président de Montesquieu. Il ne fut que plaisant dans ses *Lettres persanes*, il fut délié et profond dans son *Esprit des lois*.[82] Cet ouvrage rempli

526   w75G (t.26): mais Dieu est Dieu. [*fin de l'article 'Athéisme' des Questions sur l'Encyclopédie*]

[81] Le jugement de Voltaire sur *Le Christianisme dévoilé* est déjà exprimé avec force dans une lettre à Mme de Saint-Julien du 15 décembre 1766 (D13737): 'J'avoue avec vous qu'il y a de la clarté, de la chaleur, et quelque fois de l'éloquence, mais il est plein de répétitions, de négligences, de fautes contre la langue [...]. Il est entièrement opposé à mes principes. Ce livre conduit à l'athéisme que je déteste. J'ai toujours regardé l'athéisme comme le plus grand égarement de la raison'.

[82] Dans le 'Catalogue des écrivains', Voltaire écrit déjà: 'les *Lettres persanes*, ouvrage de plaisanterie, plein de traits qui annoncent un esprit plus solide que son livre'. Puis, plus loin: 'on lit *L'Esprit des lois* autant pour son plaisir que pour son instruction. Ce livre est écrit avec autant de liberté que les *Lettres persanes*, et cette liberté n'a pas peu servi au succès: elle lui attira des ennemis, qui augmentèrent sa réputation par la haine qu'ils inspiraient contre eux: ce sont ces hommes nourris dans les factions obscures des querelles ecclésiastiques, qui regardent leurs opinions comme sacrées, et ceux qui les méprisent comme sacrilèges. Ils écrivirent violemment contre le président de Montesquieu; ils engagèrent la Sorbonne à examiner son livre, mais le mépris dont ils furent couverts arrêta la Sorbonne' (*OH*, p.1187, 1188). On sait que Voltaire a défendu Montesquieu en 1750 dans son *Remerciement sincère à un homme charitable*, en réponse à une critique parue dans les *Nouvelles ecclésiastiques*.

d'ailleurs de choses excellentes, et de fautes, semble fondé sur la loi   530
naturelle et sur l'indifférence des religions: c'est là surtout ce qui lui
fit tant de partisans et tant d'ennemis. Mais les ennemis cette fois
furent vaincus par les philosophes. Un cri longtemps retenu s'éleva
de tous côtés. On vit enfin à découvert les progrès du théisme qui
jetait depuis longtemps de profondes racines. La Sorbonne voulut   535
censurer l'*Esprit des lois*; mais elle sentit qu'elle serait censurée par
le public, elle garda le silence. Il n'y eut que quelques misérables
écrivains obscurs, comme un abbé Guion et un jésuite, qui dirent
des injures au président de Montesquieu, et ils en devinrent plus
obscurs encore, malgré la célébrité de l'homme qu'ils atta-   540
quaient.[83] Ils auraient rendu plus de service à notre religion, s'ils
avaient combattu avec des raisons; mais ils ont été de mauvais
avocats d'une bonne cause.

DE LA MÉTRIE

Depuis ce temps, ce fut un déluge d'écrits contre le christianisme.
Le médecin La Métrie, le meilleur commentateur de Boerhaave,[84]   545
abandonna la médecine du corps, pour se donner, disait-il, à la
médecine de l'âme. Mais son *Homme machine*[85] fit voir aux
théologiens qu'il ne donnait que du poison. Il était lecteur du roi
de Prusse, et membre de son académie de Berlin.[86] Le monarque
content de ses mœurs et de ses services, ne daigna pas songer si La   550

[83] L'abbé Claude-Marie Guyon, auteur en 1759 de *L'Oracle des nouveaux philosophes*, complété l'année suivante, l'un des apologistes qui prennent pour cible les philosophes, et l'abbé Joseph de La Porte, auteur des *Observations sur l'Esprit des loix, ou l'art de lire ce livre, de l'entendre et d'en juger* (Amsterdam, Pierre Mortier, 1751).

[84] Voltaire possède et a lu les *Institutions de médecine* d'Herman Bœrhaave, traduits et commentés par La Mettrie (BV434, BV435).

[85] *L'Homme machine* (Leyde, Elie Luzac fils, 1748). Voltaire a annoté le volume inséré dans le premier tome des *Œuvres philosophiques de M. de La Mettrie* (Amsterdam, 1753, BV1893).

[86] C'est en arrivant à Berlin en 1750 que Voltaire fait la connaissance de Julien Offroy de La Mettrie.

Métrie avait eu des opinions erronées en théologie, il ne pensa qu'au physicien, à l'académicien; et en cette qualité La Métrie eut l'honneur que ce héros philosophe daignât faire son éloge funéraire. Cet éloge fut lu à l'académie par un secrétaire de ses commandements. [87] Un roi gouverné par un jésuite eût pu proscrire La Métrie et sa mémoire; un roi qui n'était gouverné que par la raison, sépara le philosophe de l'impie; et laissant à Dieu le soin de punir l'impiété, protégea et loua le mérite.

555

DU CURÉ MESLIER

Le curé Meslier est le plus singulier phénomène qu'on ait vu parmi tous ces météores funestes à la religion chrétienne. Il était curé du village d'Etrepigni en Champagne près de Rocroy, et desservait aussi une petite paroisse annexe nommée But. Son père était un ouvrier en serge du village de Mazerni dépendant du duché de Rethel. Cet homme de mœurs irréprochables et assidu à tous ses devoirs, donnait tous les ans aux pauvres de ses paroisses ce qui lui restait de son revenu. Il mourut en 1733, âgé de cinquante-cinq ans. On fut bien surpris de trouver chez lui trois gros manuscrits de trois cent soixante et six feuillets chacun, tous trois de sa main, et signés de lui, intitulés, *Mon Testament*. [88] Il avait écrit sur un papier gris qui enveloppait un des trois exemplaires adressés à ses paroissiens, ces paroles remarquables:

560

565

570

'J'ai vu et reconnu les erreurs, les abus, les vanités, les folies, les méchancetés des hommes. Je les hais et déteste; je n'ai osé le dire pendant ma vie, mais je le dirai au moins en mourant; et c'est afin qu'on le sache que j'écris ce présent mémoire, afin qu'il puisse

575

[87] Et publié à La Haye en 1752.

[88] Exactement *Mémoire des pensées et des sentiments de J... M... pré[tre] cu[ré] d'Etrep[igny] et de Bal[aives]*. C'est Voltaire qui nomme *Testament* ce manuscrit clandestin qu'il est le premier à publier en 1762, précédé d'un 'Abrégé de la vie de l'auteur', sous le titre suivant: *Extrait des sentiments de Jean Meslier adressés à ses paroissiens, sur une partie des abus et des erreurs en général et en particulier* (voir *OCV*, t.56A, p.1-234). Mort en juillet 1729, Jean Meslier était né en 1664.

servir de témoignage à la vérité à tous ceux qui le verront et qui le liront, si bon leur semble.'[89]

Le corps de l'ouvrage est une réfutation naïve et grossière de tous nos dogmes sans en excepter un seul. Le style est très rebutant, tel qu'on devait l'attendre d'un curé de village. Il n'avait eu d'autre secours pour composer cet étrange écrit contre la Bible et contre l'Eglise que la Bible elle-même et quelques pères. Des trois exemplaires il y en eut un que le grand vicaire de Reims retint: un autre fut envoyé à M. le garde des sceaux Chauvelin; le troisième resta au greffe de la justice du lieu. Le comte de Cailus eut quelque temps entre les mains une de ces trois copies; et bientôt après il y en eut plus de cent dans Paris que l'on vendait dix louis la pièce. Plusieurs curieux conservent encore ce triste et dangereux monument.[90] Un prêtre qui s'accuse en mourant d'avoir professé et enseigné la religion chrétienne, fit une impression plus forte sur les esprits que les *Pensées de Pascal*.

On devait plutôt, ce me semble, réfléchir sur le travers d'esprit de ce mélancolique prêtre, qui voulait délivrer ses paroissiens du joug d'une religion prêchée vingt ans par lui-même. Pourquoi adresser ce testament à des hommes agrestes qui ne savaient pas lire? Et s'ils avaient pu lire, pourquoi leur ôter un joug salutaire, une crainte nécessaire qui seule peut prévenir les crimes secrets? La croyance des peines et des récompenses après la mort est un frein dont le peuple a besoin. La religion bien épurée serait le premier lien de la société.

Ce curé voulait anéantir toute religion, et même la naturelle. Si son livre avait été bien fait, le caractère dont l'auteur était revêtu en aurait trop imposé aux lecteurs. On en a fait plusieurs petits abrégés, dont quelques-uns ont été imprimés; ils sont heureusement purgés du poison de l'athéisme.

[89] Toutes ces informations ainsi que le résumé de l'argumentation de l'avant-propos du manuscrit, se trouve dans l'‘Abrégé de la vie de l'auteur’ (*OCV*, t.56A, p.87).

[90] Sur la circulation manuscrite du *Mémoire* de Meslier, voir l'introduction de Roland Desné (*OCV*, t.56A, p.13-25).

Ce qui est encore plus surprenant, c'est que dans le même temps il y eut un curé de Bonne-Nouvelle auprès de Paris, qui osa de son vivant écrire contre la religion qu'il était chargé d'enseigner: il fut exilé sans bruit par le gouvernement. Son manuscrit est d'une rareté extrême.

Longtemps avant ce temps-là l'évêque du Mans Lavardin[91] avait donné en mourant un exemple non moins singulier; il ne laissa pas à la vérité de testament contre la religion qui lui avait procuré un évêché; mais il déclara qu'il la détestait; il refusa les sacrements de l'Eglise, et jura qu'il n'avait jamais consacré le pain et le vin en disant la messe, ni eu aucune intention de baptiser les enfants et de donner les ordres quand il avait baptisé des chrétiens et ordonné des diacres et des prêtres. Cet évêque se faisait un plaisir malin d'embarrasser tous ceux qui auraient reçu de lui les sacrements de l'Eglise: il riait en mourant des scrupules qu'ils auraient, et il jouissait de leurs inquiétudes: on décida qu'on ne rebaptiserait et qu'on ne réordonnerait personne; mais quelques prêtres scrupuleux se firent ordonner une seconde fois: du moins l'évêque Lavardin ne laissa point après lui de monument contre la religion chrétienne: c'était un voluptueux qui riait de tout, au lieu que le curé Meslier était un homme sombre et un enthousiaste; d'une vertu rigide, il est vrai, mais plus dangereux par cette vertu même.

610

615

620

625

---

[91] Hildebert de Lavardin (1056-c.1133). Bayle, à l'article 'Hildebert', ne mentionne qu'une 'vie déréglée' et signale que Mathias Flacius Illyricus le place dans son *Catalogus testium veritatis qui [...] pontifici romano ejusque erroribus* (Bâle, 1562).

464

HUITIÈME LETTRE

Sur l'Encyclopédie

MONSEIGNEUR,

Votre altesse demande quelques détails sur l'*Encyclopédie*; j'obéis à vos ordres.[1] Cet immense projet fut conçu par MM. Diderot et D'Alembert, deux philosophes qui font honneur à la France; l'un a été distingué par les générosités de l'impératrice de Russie, et l'autre par le refus d'une fortune éclatante offerte par cette impératrice, mais que sa philosophie même ne lui a pas permis d'accepter. M. le chevalier de Jaucourt, d'une ancienne maison qu'il illustre par ses vastes connaissances comme par ses vertus, se joignit à ces deux savants, et se signala par un travail infatigable.

Ils furent aidés par M. le comte d'Hérouville, lieutenant général des armées du roi, profondément instruit dans tous les arts qui peuvent tenir à votre grand art de la guerre;[2] par M. le comte de Tressan, aussi lieutenant général, dont les différents mérites sont universellement reconnus;[3] par M. de Saint-Lambert, ancien officier, qui, en faisant des vers mieux que Chapelle, n'en a pas

---

a w75G (t.35): [*titre absent*]

---

[1] Voltaire, qui a rédigé pour l'*Encyclopédie* 45 articles, n'a pas ménagé ses critiques envers les longueurs de celle-ci et les compromis que sa publication a nécessités. Il n'est pas moins resté un des plus fervents défenseurs de ce 'célèbre dépôt des connaissances humaines' et lui a rendu un fervent hommage dans son *Précis du siècle de Louis XV*, ch.43, 'Des progrès de l'esprit humain dans le siècle de Louis XV' (*M*, t.15, p.430 et suiv.).

[2] Le comte d'Hérouville est nommé en bonne place dans le 'Discours préliminaire des éditeurs' (t.1, p.44). Voltaire mentionne, dans le *Précis du siècle de Louis XV* (ch.16), son action au siège d'Ostende.

[3] Louis Elisabeth de La Vergne, comte puis marquis de Tressan, est l'auteur de quatre articles, dont 'Guerre'.

moins approfondi ce qui regarde les armes.[4] Plusieurs autres officiers généraux ont donné d'excellents mémoires de tactique.

D'habiles ingénieurs ont enrichi ce dictionnaire de tout ce qui concerne l'attaque et la défense des places. Des présidents et des conseillers des parlements ont fourni plusieurs articles sur la jurisprudence. Enfin, il n'y a point de science, d'art, de profession, dont les plus grands maîtres n'aient à l'envi enrichi ce dictionnaire. C'est le premier exemple et le dernier peut-être sur la terre, qu'une foule d'hommes supérieurs se soient empressés sans aucun intérêt, sans aucune vue particulière, sans même celle de la gloire, (puisque quelques-uns se sont cachés) à former ce dépôt immortel des connaissances de l'esprit humain.[5]

Cet ouvrage fut entrepris sous les auspices et sous les yeux du comte d'Argenson, ministre d'Etat capable de l'entendre et digne de le protéger.[6] Le vestibule de ce prodigieux édifice est un discours préliminaire composé par M. D'Alembert. J'ose dire hardiment que ce discours, applaudi de toute l'Europe, parut supérieur à la méthode de Descartes, et égal à tout ce que l'illustre chancelier Bacon avait écrit de mieux.[7] S'il y a dans le corps de l'ouvrage des articles frivoles, et d'autres qui sentent plutôt le déclamateur que le philosophe, ce défaut est bien réparé par la quantité prodigieuse d'articles profonds et utiles. Les éditeurs ne

[4] Jean-François de Saint-Lambert est l'auteur de seize articles, pour l'essentiel sur des sujets qui n'ont pas trait aux armes.

[5] 'C'est une gloire éternelle pour la nation que des officiers de guerre sur terre et sur mer, d'anciens magistrats, des médecins qui connaissent la nature, de vrais doctes quoique docteurs, des hommes de lettres, dont le goût a épuré les connaissances, des géomètres, des physiciens, aient tous concouru à ce travail aussi utile que pénible, sans aucune vue d'intérêt, sans même rechercher la gloire, puisque plusieurs cachaient leurs noms; enfin sans être ensemble d'intelligence, et par conséquent exempts de l'esprit de parti' (*Précis du siècle de Louis XV*, M, t.15, p.431-32).

[6] Il est le destinataire de la dédicace solennelle placée en tête du premier volume.

[7] Dès le 'Discours préliminaire', l'*Encyclopédie* est placée sous le signe de Bacon, placé au sommet de la lignée des grands hommes qui 'préparaient de loin dans l'ombre et le silence la lumière dont le monde devait être éclairé peu à peu' (t.1, p.xxiv). On sait qu'elle est aussi close par une citation du philosophe anglais (article 'Zzuéné ou Zzeuene', t.17, p.750).

466

purent refuser quelques jeunes gens qui voulurent dans cette
collection mettre leurs essais à côté des chefs-d'œuvre des maîtres: 40
on laissa gâter ce grand ouvrage par politesse; c'est le salon
d'Apollon[8] où des peintres médiocres ont quelquefois mêlé leurs
tableaux à ceux des Vanlo et des Lemoine.[9] Mais votre altesse a
bien dû s'apercevoir en parcourant l'*Encyclopédie*, que cet ouvrage
est précisément le contraire des autres collections, c'est-à-dire que   45
le bon l'emporte de beaucoup sur le mauvais.[10]

Vous sentez bien que dans une ville telle que Paris, plus remplie
de gens de lettres que ne le furent jamais Athènes et Rome, ceux qui
ne furent pas admis à cette entreprise importante s'élevèrent contre
elle.[11] Les jésuites commencèrent; ils avaient voulu travailler aux   50
articles de théologie, et ils avaient été refusés. Il n'en fallait pas plus
pour accuser les encyclopédistes d'irréligion, c'est la marche
ordinaire. Les jansénistes voyant que leurs rivaux sonnaient
l'alarme ne restèrent pas tranquilles. Il fallait bien montrer plus
de zèle que ceux auxquels ils avaient tant reproché une morale   55
commode.

Si les jésuites crièrent à l'impiété, les jansénistes hurlèrent. Il se
trouva un convulsionnaire ou convulsionniste nommé Abraham
Chaumeix, qui présenta à des magistrats une accusation en forme,
intitulée *Préjugés légitimes contre l'Encyclopédie*, dont le premier   60

[8] L'exposition annuelle de l'Académie royale de peinture et de sculpture, appelée
ainsi du nom du lieu où elle se tenait.

[9] On peut penser, dans les dynasties d'artistes qui portent ces noms, à François
Lemoyne (1688-1737) et à Carle Vanloo (1705-1765), qui ont été tous deux premiers
peintres du roi.

[10] 'Mais ce qui est encore plus honorable pour la patrie, c'est que, dans ce recueil
immense, le bon l'emporte sur le mauvais: ce qui n'était pas encore arrivé' (*Précis du
siècle de Louis XV*, M, t.15, p.432).

[11] 'Les persécutions qu'il [le recueil, c'est-à-dire l'*Encyclopédie*] a essuyées ne
sont pas si honorables pour la France. Ce même malheureux esprit de formes, mêlé
d'orgueil, d'envie et d'ignorance, qui fit proscrire l'imprimerie du temps de
Louis XI, les spectacles sous le grand Henri IV, les commencements de la saine
philosophie sous Louis XIII, enfin l'émétique et l'inoculation; ce même esprit, dis-je,
ennemi de tout ce qui instruit et de tout ce qui s'élève, porta des coups presque
mortels à cette mémorable entreprise' (*Précis du siècle de Louis XV*, M, t.15, p.432).

tome paraissait à peine; c'était un étrange assemblage que ces mots de *préjugé*, qui signifie proprement illusion, et *légitime* qui ne convient qu'à ce qui est raisonnable. Il poussa ses préjugés très illégitimes jusqu'à dire que si le venin ne paraissait pas dans le premier volume, on l'apercevrait sans doute dans les suivants. Il rendait les encyclopédistes coupables, non pas de ce qu'ils avaient dit, mais de ce qu'ils diraient.[12]

Comme il faut des témoins dans un procès criminel, il produisait saint Augustin et Cicéron; et ces témoins étaient d'autant plus irréprochables qu'on ne pouvait convaincre Abraham Chaumeix d'avoir eu avec eux le moindre commerce. Les cris de quelques énergumènes joints à ceux de cet insensé, excitèrent une assez longue persécution; mais qu'est-il arrivé? la même chose qu'à la saine philosophie, à l'émétique, à la circulation du sang, à l'inoculation: tout cela fut proscrit pendant quelque temps, et a triomphé enfin de l'ignorance, de la bêtise, et de l'envie; le *Dictionnaire encyclopédique*, malgré ses défauts, a subsisté; et Abraham Chaumeix est allé cacher sa honte à Moscou.[13] On dit que l'impératrice l'a forcé à être sage; c'est un des prodiges de son règne.[14]

65

70

75

80

[12] La critique d'Abraham Chaumeix (*Préjugés légitimes contre l'Encyclopédie et essai de réfutation de ce dictionnaire*, 8 vol., Bruxelles, Paris, Hérissant, 1758-1759), qui dénonce, au-delà de l'entreprise elle-même, les philosophes et leurs attaques insidieuses contre le christianisme, a en effet servi de justification à l'arrêt du 6 février 1759 suspendant le privilège de l'*Encyclopédie*.

[13] Fuyant les libellistes qui le poursuivent, et en particulier le premier d'entre eux, Voltaire, il devient précepteur en Russie: 'Le délateur couvert de honte est allé à Moscou exercer son métier de maître d'école', écrit Voltaire dans l''Introduction' aux *Questions sur l'Encyclopédie* (*OCV*, t.38, p.4).

[14] C'est encore Voltaire qui, informé par Catherine II que Chaumeix avait rédigé un factum en faveur d'un Français privé de sépulture, diffuse l'information du 'miracle' de sa conversion à la tolérance (voir D12865, D12973).

NEUVIÈME LETTRE

Sur les Juifs

De tous ceux qui ont attaqué la religion chrétienne dans leurs écrits, les Juifs seraient peut-être les plus à craindre;[1] et si on ne leur opposait pas les miracles de notre Seigneur Jésus-Christ, il serait fort difficile à un savant médiocre de leur tenir tête. Ils se regardent comme les fils aînés de la maison, qui en perdant leur héritage ont conservé leurs titres. Ils ont employé une sagacité profonde à expliquer toutes les prophéties à leur avantage. Ils prétendent que la loi de Moïse leur a été donnée pour être éternelle, qu'il est impossible que Dieu ait changé, et qu'il se soit parjuré; que notre Sauveur lui-même en est convenu. Ils nous objectent que selon Jésus-Christ aucun point, aucun iota de la loi ne doit être transgressé; que Jésus était venu pour accomplir la loi, et non pour l'abolir;[2] qu'il en a observé tous les commandements; qu'il a été circoncis;[3] qu'il a gardé le sabbat,[4] solennisé toutes les fêtes; qu'il est né Juif, qu'il a vécu Juif, qu'il est mort Juif; qu'il n'a jamais institué une religion nouvelle; que nous n'avons pas une seule ligne

---

a   w75G (t.35): [titre absent]

[1] Voltaire puise dans la polémique rabbinique des arguments contre le christianisme. S'il les a déjà rencontrés dans Dom Calmet, Richard Simon ou Jacques Abbadie, il trouve l'essentiel de la matière de cette lettre dans les *Tela ignea Satanae, hoc est Arcani et horribiles Judaeorum adversus Christum Deum et christianam religionem libri Anekdotoi* de l'érudit allemand Johann Christoph Wagenseil (2 vol., Altdorfii Noricorum, J. H. Schönnerstaedt, 1681, BV3820; les deux volumes portent des notes et des marques de lecture) et dans la grande *Histoire des Juifs, depuis Jésus-Christ jusqu'à présent*, par Jacques Basnage, sieur de Beauval, revue par Louis Ellies Dupin (7 vol., Paris, Louis Roulland, 1710, BV282).

[2] Ce sont les propres paroles de Jésus dans le fameux 'sermon sur la montagne' (Matthieu 5:17, 18; voir aussi Luc 16:17).

[3] Voir Luc 2:21.

[4] Mention en est expressément faite dans les évangiles: voir Marc 1:21, Luc 4:16.

de lui; que c'est nous, et non pas lui qui avons fait la religion chrétienne. [5]

Il ne faut pas qu'un chrétien hasarde de disputer contre un Juif, à moins qu'il ne sache la langue hébraïque comme sa langue maternelle: ce qui seul peut le mettre en état d'entendre les prophéties, et de répondre aux rabbins. Voici comme s'exprime Joseph Scaliger dans ses *Excerpta*. 'Les Juifs sont subtils; que Justin a écrit misérablement contre *Triphon*! et *Tertullien* plus mal encore! Qui veut réfuter les Juifs doit connaître à fond le judaïsme. Quelle honte! Les chrétiens écrivent contre les chrétiens, et n'osent écrire contre les Juifs.' [6]

Le *Toldos Jeschut* est le plus ancien écrit juif qui nous ait été transmis contre notre religion. [7] C'est une vie de Jésus-Christ toute contraire à nos saints Evangiles; elle paraît être du premier siècle, et même écrite avant les Evangiles; car l'auteur ne parle pas d'eux, et probablement il aurait tâché de les réfuter s'il les avait connus. [8] Il fait Jésus fils adultérin de Miriah ou Mariah et d'un soldat nommé Joseph Pander; il raconte que lui et Judas voulurent chacun se faire

[5] La judaïté de Jésus n'est pas un thème de la polémique rabbinique, mais Voltaire a pu le trouver dans le *Nazarenus* de Toland par exemple.

[6] Voltaire traduit du latin en la resserrant une citation de Scaliger trouvée dans la préface des *Tela ignea Satanae*, t.1, p.89.

[7] Voltaire connaît depuis longtemps cet ouvrage, une satire tardive des évangiles inspirée par la tradition juive, qu'il a vu cité tant dans le dictionnaire de Bayle (article 'Schomberg (Charles de)') que dans Dom Calmet (qui le cite notamment dans un passage annoté par Voltaire de sa 'Dissertation sur les évangiles apocryphes'; *CN*, t.2, p.92) ou dans l'article 'Evangile' de l'*Encyclopédie* et qu'il a lu et annoté dans les *Tela ignea Satanae*. Il y fait allusion dès l'*Epître sur la calomnie* de 1733 (*OCV*, t.9, p.296-97). Le développement le plus complet que Voltaire consacre au *Toldos Jeschut* se trouve dans *L'Examen important de Milord Bolingbroke* (*OCV*, t.62, p.213-14). Voir aussi l'article 'Messie' du *Dictionnaire philosophique* et les notes (*OCV*, t.36, p.360-62).

[8] Voltaire notait déjà dans ses *Carnets*: 'L'histoire de Pantaire est beaucoup plus ancienne qu'on ne le dit. Celse en parle comme d'une chose de notoriété publique' (*OCV*, t.81, p.81). On en trouve en effet mention dans le *Traité d'Origène contre Celse ou défense de la religion chrétienne contre les accusations des païens*, traduit du grec par Elie Bouhéreau (Amsterdam, Henri Desbordes, 1700, BV1219), p.19.

chef de secte; que tous deux semblaient opérer des prodiges par la
vertu du nom de Jéhova qu'ils avaient appris à prononcer comme il
le faut pour faire les conjurations.[9] C'est un ramas de rêveries
rabbiniques fort au-dessous des *Mille et une nuit*. Origène le réfuta,
et c'était le seul qui le pouvait faire; car il fut presque le seul Père
grec savant dans la langue hébraïque.[10]

Les Juifs théologiens n'écrivirent guère plus raisonnablement
jusqu'au onzième siècle; alors éclairés par les Arabes devenus la
seule nation savante, ils mirent plus de jugement dans leurs
ouvrages;[11] ceux du rabbin Aben-Esra furent très estimés: il fut
chez les Juifs le fondateur de la raison autant qu'on la peut admettre
dans les disputes de ce genre. Spinosa s'est beaucoup servi de ses
ouvrages.

Longtemps après Aben-Esra vint Maimonides au treizième
siècle: il eut encore plus de réputation.[12] Depuis ce temps-là
jusqu'au seizième, les Juifs eurent des livres intelligibles, et par
conséquent dangereux; ils en imprimèrent quelques-uns dès la fin
du siècle quinzième.[13] Le nombre de leurs manuscrits était
considérable. Les théologiens chrétiens craignirent la séduction;

35

40

45

50

---

[9] Voltaire suit de très près le texte latin qui se trouve dans le tome 2, troisième
partie, p.3-7 des *Tela:* 'Josephus Pandera' et 'Mirjam' y sont en effet les parents de
'Jehoschua', appelé par tous 'Jeschu'; lui et Judas s'inventent des origines divines et
pratiquent la magie.

[10] Le *Toldos* est suivi dans le volume des *Tela* d'une réfutation où Origène,
notamment son *Contre Celse*, est abondamment cité.

[11] 'Le rabbin Aben-Esra fut [...] le premier qui osa prétendre que le Pentateuque
avait été rédigé longtemps avant Moïse', écrit par exemple Voltaire dans le *Traité sur
la tolérance*, ch.12, note (*g*) (*OCV*, t.56c, p.197; voir aussi p.195). Il a notamment
rencontré Abraham ben Méïr Ibn Ezra (1092-1167), poète, grammairien et exégète,
dans le *Commentaire littéral* de Dom Calmet et dans le *Tractatus theologico-politicus*
de Spinoza, qui le cite.

[12] Voltaire cite ensemble Ibn Ezra et Maïmonide (Moïse ben Maïmon, 1135-1204)
parmi les 'illustres savants' qui 'prétendent que ni Moïse ni Josué ne purent écrire les
livres qui leur sont attribués' dans le chapitre 40 de *La Philosophie de l'histoire*
(*OCV*, t.59, p.226). Il n'y a pourtant pas de critique biblique dans l'œuvre de
Maïmonide et Ibn Ezra n'a rien écrit sur le livre de Josué.

[13] L'imprimerie hébraïque débute à Rome vers 1470.

ils firent brûler les livres juifs sur lesquels ils purent mettre la main; mais ils ne purent ni trouver tous les livres, ni convertir jamais un seul homme de cette religion. On a vu, il est vrai, quelques Juifs feindre d'abjurer, tantôt par avarice, tantôt par terreur; mais aucun n'a jamais embrassé le christianisme de bonne foi: un Carthaginois aurait plutôt pris le parti de Rome qu'un Juif ne se serait fait chrétien. Orobio parle de quelques rabbins espagnols et arabes qui abjurèrent et devinrent évêques en Espagne; mais il se garde bien de dire qu'ils eussent renoncé de bonne foi à leur religion.

Les Juifs n'ont point écrit contre le mahométisme; ils ne l'ont pas à beaucoup près dans la même horreur que notre doctrine; la raison en est évidente; les musulmans ne font point un Dieu de Jésus-Christ. [14]

Par une fatalité qu'on ne peut assez déplorer, plusieurs savants chrétiens ont quitté leur religion pour le judaïsme. Rittangel professeur des langues orientales à Kœnigsberg, dans le dix-septième siècle, embrassa la loi mosaïque. [15] Antoine, ministre à Genève, fut brûlé pour avoir abjuré le christianisme en faveur du judaïsme en 1632. Les Juifs le comptent parmi les martyrs qui leur font le plus d'honneur. Il fallait que sa malheureuse persuasion fût bien forte, puisqu'il aima mieux souffrir le plus affreux supplice que se rétracter. [16]

[14] Si le judaïsme est en effet plus tolérant envers l'Islam qu'envers le christianisme, il existe cependant des écrits rabbiniques médiévaux attaquant la religion de Mahomet.

[15] Voltaire a pu trouver ces informations sur Rittangel (1606-1652) dans l'article 'Rittangelius (Jean Etienne), juif converti [...] professeur aux langues orientales dans l'académie de Kœnigsberg' du *Dictionnaire* de Bayle. Une bonne partie de l'article consiste en interrogations sur les religions successives embrassées par celui qui 'avait toutes les manières et tout l'air d'un vrai rabbin': juif de naissance ou catholique converti au judaïsme? puis du judaïsme au protestantisme? Les *Tela* contiennent une *Ritangelii cum Judaeo Altercatio* (t.1, p.328-73).

[16] Voltaire consacre à Nicolas Antoine le chapitre 7 ('Du crime de la prédication, et d'Antoine') de son *Commentaire sur le livre des Délits et des peines, par un avocat de province* (1766). Il s'y étend notamment sur sa conversion au judaïsme, à Venise (*M*, t.25, p.551). Antoine est souvent associé dans l'œuvre de Voltaire à Servet comme victime exemplaire de l'intolérance calviniste.

On lit dans le *Nissachon Vetus*, c'est-à-dire, le livre de l'ancienne victoire, un trait concernant la supériorité de la loi mosaïque sur la chrétienne et sur la persane, qui est bien dans le goût oriental. Un roi ordonne à un Juif, à un Galiléen et à un mahométan de quitter chacun sa religion, et leur laisse la liberté de choisir une des deux autres; mais s'ils ne changent pas, le bourreau est là qui va leur trancher la tête. Le chrétien dit, Puisqu'il faut mourir ou changer, j'aime mieux être de la religion de Moïse que de celle de Mahomet, car les chrétiens sont plus anciens que les musulmans, et les Juifs plus anciens que Jésus; je me fais donc juif.[17] Le mahométan dit, Je ne puis me faire chien de chrétien, j'aime encore mieux me faire chien de juif, puisque ces Juifs ont le droit de primauté. Sire, dit le Juif, Votre majesté voit bien que je ne puis embrasser ni la loi du chrétien, ni celle du mahométan, puisque tous deux ont donné la préférence à la mienne. Le roi fut touché de cette raison, renvoya son bourreau, et se fit juif. Tout ce qu'on peut inférer de cette historiette, c'est que les princes ne doivent pas avoir des bourreaux pour apôtres.

Cependant, les Juifs ont eu des docteurs rigides et scrupuleux, qui ont craint que leurs compatriotes ne se laissassent subjuguer par les chrétiens. Il y a eu entre autres un rabbin nommé Beccai,[18] dont voici les paroles: *Les sages défendent de prêter de l'argent à un chrétien, de peur que le créancier ne soit corrompu par le débiteur. Mais un Juif peut emprunter d'un chrétien sans crainte d'être séduit par lui, car le débiteur évite toujours son créancier.*

Malgré ce beau conseil, les Juifs ont toujours prêté à une grosse usure aux chrétiens, et n'en ont pas été plus convertis.

[17] Voltaire traduit du latin et résume le conte tiré du *Liber Niẓẓachon vetus* (anonyme allemand du quatorzième siècle) situé aux pages 142-46 du tome 2 des *Tela*. Dans la version originale, c'est d'abord au juif que la proposition est faite: il refuse, se réclamant du verset 23 du psaume 44 et préférant le sacrifice de sa vie à l'apostasie. Chacun des autres vient ensuite à son tour faire l'éloge du judaïsme.

[18] Le rabbin Beccai ou Bechai (Bahya ben Joseph Ibn Paqûda), théologien espagnol de la fin du onzième siècle, auteur d'un traité mystique traduit en français sous le titre *Les Devoirs du cœur* (Paris, 1972). On n'y trouve pas la phrase citée par Voltaire.

Après le fameux *Nissachon Vetus*, nous avons la relation de la dispute du rabbin Zéchiel, et du dominicain frère Paul dit Ciriaque. C'est une conférence tenue entre ces deux savants hommes en 1263 [105] en présence de Don Jacques roi d'Arragon et de la reine sa femme.[19] Cette conférence est très mémorable. Les deux athlètes étaient savants dans l'hébreu et dans l'antiquité. Le *Talmud*, le *Targum*, les archives du sanhédrin étaient sur la table.[20] On expliquait en espagnol les endroits contestés. Zéchiel soutenait que Jésus avait [110] été condamné sous le roi Alexandre Jannée, et non sous Hérode le tétrarque, conformément à ce qui est rapporté dans le *Toldos Jeschut* et dans le *Talmud*. Vos Evangiles, disait-il, n'ont été écrits que vers le commencement de votre second siècle, et ne sont point authentiques comme notre *Talmud*. Nous n'avons pu crucifier [115] celui dont vous nous parlez du temps d'Hérode le tétrarque, puisque nous n'avions pas alors le droit du glaive: nous ne pouvons l'avoir crucifié, puisque ce supplice n'était point en usage parmi nous. Notre *Talmud* porte que celui qui périt du temps de Jannée fut condamné à être lapidé. Nous ne pouvons pas plus croire vos [120] Evangiles que les lettres prétendues de Pilate que vous avez supposées.[21] Il était aisé de renverser cette vaine érudition rabbinique. La reine finit la dispute en demandant aux Juifs pourquoi ils puaient?[22]

[19] Voltaire continue à suivre l'ordre du volume de Wagenseil; il fond en un seul le texte de deux controverses: la *Disputatio R. Zechielis* [Rabbi Yehiel] *cum quodam Nicolao*, qui a eu lieu Paris en 1240 devant la reine, et la *Disputatio R. Mosis Nachmanidis cum fratre Paulo*, qui s'est déroulée à Barcelone en 1263. Les disputes sont cependant loin de s'en tenir dans le texte original à la question de la chronologie.

[20] Il n'existe pas à proprement parler d'"archives du sanhédrin'. L'indication de Voltaire s'explique vraisemblablement par la présence dans la marge des textes de références figurant sous la forme: 'Cap. x. Sanhedrin.'

[21] Voltaire les publie peu après, à partir de Fabricius, dans sa *Collection d'anciens évangiles* (*OCV*, t.69, p.218-20).

[22] Voltaire ne suit pas le déroulement du débat et lui substitue des arguments dont il a déjà abondamment usé et qu'il reprendra notamment dans sa *Collection d'anciens évangiles* (*OCV*, t.69). Dans le texte original, il est question de deux Jésus homonymes. C'est l'évocation de la pendaison de l'un d'entre eux qui suscite la

Ce même Zéchiel eut encore plusieurs autres conférences dont un de ses disciples nous rend compte. Chaque parti s'attribua la victoire, quoiqu'elle ne pût être que du côté de la vérité. 125

Le *Rempart de la foi*, écrit par un Juif nommé Isaac, trouvé en Afrique, est bien supérieur à la relation de Zéchiel, qui est très confuse, et remplie de puérilités. Isaac est méthodique et très bon dialecticien: jamais l'erreur n'eut peut-être un plus grand appui. Il a rassemblé sous cent propositions toutes les difficultés que les incrédules ont prodiguées depuis. [23] 130

C'est là qu'on voit les objections contre les deux généalogies de Jésus-Christ qui sont différentes l'une de l'autre. 135

Contre toutes les citations des passages des prophètes qui ne se trouvent point dans les livres juifs.

Contre la divinité de Jésus-Christ, qui n'est pas expressément annoncée dans les Evangiles, mais qui n'en est pas moins prouvée par les saints conciles. 140

Contre l'opinion que Jésus n'avait point de frères ni de sœurs.

Contre les différentes relations des évangélistes que l'on a cependant conciliées.

Contre l'histoire du Lazare.

136   K: Contre les citations

---

fureur de la reine, qui demande au rabbin de se taire, dans des termes inspirés de Matthieu 15:11 ('c'est ce qui sort de la bouche de l'homme qui le souille'): '*Mox regina* [...] *ait*: "*Quare vos ipsi odorem vestrum foetidum reddere studetis?*" ' (fin de la première dispute, p.22). La traduction de Voltaire laisse entendre que la reine reprend le thème du *foetor judaicus*.

[23] Voltaire suit toujours l'ordre du volume de Wagenseil, où vient après la *Disputatio* le *Liber munimen fidei autore Isaaco filio Abrahami*. L'ouvrage d'Isaac ben Abraham de Troki (seconde moitié du seizième siècle) est divisé en deux parties, elles-mêmes subdivisées en multiples paragraphes. La deuxième, composée de cent subdivisions, est tout entière consacrée à la démonstration de la fausseté des principales croyances des chrétiens. Le précis des arguments du *Rempart de la foi* donné par Voltaire ne suit pas l'ordre du texte et ne tient pas compte de leur fréquence. Mais les assertions retenues sont toutes bien présentes, une ou plusieurs fois, dans celui-ci.

Contre les prétendues falsifications des anciens livres ca-   145
noniques.

Enfin les incrédules les plus déterminés n'ont presque rien
allégué qui ne soit dans ce *Rempart de la foi* du rabbin Isaac. On
ne peut faire un crime aux Juifs d'avoir essayé de soutenir leur
antique religion aux dépens de la nôtre: on ne peut que les plaindre;   150
mais quels reproches ne doit-on pas faire à ceux qui ont profité des
disputes des chrétiens et des Juifs pour combattre l'une et l'autre
religion! Plaignons ceux qui effrayés de dix-sept siècles de contradictions, et lassés de tant de disputes, se sont jetés dans le théisme,
et n'ont voulu admettre qu'un Dieu avec une morale pure. S'ils ont   155
conservé la charité, ils ont abandonné la foi; ils ont cru être hommes
au lieu d'être chrétiens. Ils devaient être soumis, et ils n'ont aspiré
qu'à être sages! Mais combien la folie de la croix est-elle supérieure
à cette sagesse! comme dit l'apôtre Paul.[24]

D'OROBIO

Orobio était un rabbin si savant qu'il n'avait donné dans aucune   160
des rêveries qu'on reproche à tant d'autres rabbins; profond sans
être obscur, possédant les belles-lettres, homme d'un esprit agréable, et d'une extrême politesse. Philippe Limborch théologien
du parti des arminiens dans Amsterdam, fit connaissance avec lui
vers l'an 1685: ils disputèrent longtemps ensemble, mais sans   165
aucune aigreur, et comme deux amis qui veulent s'éclairer. Les
conversations éclaircissent bien rarement les sujets qu'on traite; il
est difficile de suivre toujours le même objet et de ne pas s'égarer;
une question en amène une autre. On est tout étonné au bout d'un
quart d'heure de se trouver hors de sa route. Ils prirent le parti de   170
mettre par écrit les objections et les réponses, qu'ils firent ensuite
imprimer tous deux en 1687.[25] C'est peut-être la première dispute

---

[24] Dans la première épître aux Corinthiens 1:18.
[25] Voltaire possède non l'édition de 1687, mais celle de 1740, très semblable:
Philippi a Limborch de Veritate religionis christianae amica collatio cum erudito Judaeo

entre deux théologiens dans laquelle on ne se soit pas dit des injures; au contraire, les deux adversaires se traitent l'un et l'autre avec respect.[26]

Limborch réfute les sentiments du très savant et très illustre Juif, qui réfute avec les mêmes formules les opinions du très savant et très illustre chrétien. Orobio même ne parle jamais de Jésus-Christ qu'avec la plus grande circonspection. Voici le précis de la dispute.

Orobio soutient d'abord que jamais il n'a été ordonné aux Juifs par leur loi de croire à un messie.

Qu'il n'y a aucun passage dans l'Ancien Testament qui fasse dépendre le salut d'Israël de la foi au messie.

Qu'on ne trouve nulle part qu'Israël ait été menacé de n'être plus le peuple choisi s'il ne croyait pas au futur messie.

Que dans aucun endroit il n'est dit que la loi judaïque soit l'ombre et la figure d'une autre loi; qu'au contraire il est dit partout que la loi de Moïse doit être éternelle.

Que tout prophète même qui ferait des miracles pour changer quelque chose à la loi mosaïque, devait être puni de mort.[27]

Qu'à la vérité quelques prophètes ont prédit aux Juifs dans leurs calamités, qu'ils auraient un jour un libérateur; mais que ce libérateur serait le soutien de la loi mosaïque au lieu d'en être le destructeur.

(Basileae, apud Joh. Rudolph Im-Hoff, 1740, BV2118). Les arguments d'Orobio y occupent, en très petits caractères, les p.1-2, 9-26 et 94-244, alors que les réfutations s'étendent sur les p.3-8, 27-93 et 245-650. L'œuvre d'Isaac Orobio de Castro circule au dix-huitième siècle sous forme manuscrite. Trois de ces manuscrits seront publiés en 1770 par Naigeon et d'Holbach sous le titre *Israël vengé* (selon Yosef Kaplan, *From Christianity to Judaism. The Story of Isaac Orobio de Castro*, Oxford, 1989).

[26] Voltaire propose le sommaire des arguments d'Orobio, dans un ordre qui lui est propre, celui de l'ouvrage, complexe et répétitif, ne pouvant pas être suivi. Si la plupart des assertions figurent bien dans le livre de controverse, et souvent à plusieurs endroits de celui-ci, il faut constater que Voltaire en modifie parfois la rédaction ou ajoute de nouveaux arguments, introduisant dans son compte rendu sa propre pensée, déjà exposée antérieurement, notamment, en suivant Polier de Bottens, dans l'article 'Messie' du *Dictionnaire philosophique* (*OCV*, t.36, p.350-69).

[27] Passage du Deutéronome (13:1-5), commenté par Orobio dans le volume de controverse, p.187.

Que les Juifs attendent toujours un messie, lequel sera un roi   195
puissant et juste.

Qu'une preuve de l'immutabilité éternelle de la religion
mosaïque est que les Juifs dispersés sur toute la terre n'ont
jamais cependant changé une seule virgule à leur loi et que les
Israélites de Rome, d'Angleterre, de Hollande, d'Allemagne, de   200
Pologne, de Turquie, de Perse, ont constamment tenu la même
doctrine depuis la prise de Jérusalem par Titus, sans que jamais il se
soit élevé parmi eux la plus petite secte qui se soit écartée d'une
seule observance, et d'une seule opinion de la nation israélite. [28]

Qu'au contraire, les chrétiens ont été divisés entre eux dès la   205
naissance de leur religion.

Qu'ils sont encore partagés en beaucoup plus de sectes qu'ils
n'ont d'Etats, et qu'ils se sont poursuivis à feu et à sang les uns les
autres pendant plus de douze siècles entiers; que si l'apôtre Paul
trouva bon que les Juifs continuassent à observer tous les préceptes   210
de leur loi, les chrétiens d'aujourd'hui ne devaient pas leur
reprocher de faire ce que l'apôtre Paul leur a permis. [29]

Que ce n'est point par haine et par malice qu'Israël n'a point
reconnu Jésus; que ce n'est point par des vues basses et charnelles
que les Juifs sont attachés à leur loi ancienne; qu'au contraire ce   215
n'est que dans l'espoir des biens célestes qu'ils lui sont fidèles,
malgré les persécutions des Babiloniens, des Syriens, des Romains,
malgré leur dispersion et leur opprobre, malgré la haine de tant de

---

195   K: lequel serait un

[28] Exemple de transformation imposée par Voltaire au document. Quand
Orobio, qui s'en tient au monde antique, déclare que la perpétuation du peuple
juif prouve la vérité de sa religion, Voltaire parle d'"immutabilité' et étend la
réflexion à l'époque moderne. L'argument suivant sur la division des chrétiens est
polémique et absent du document cité.

[29] Si le début du paragraphe sur les disputes sanglantes des sectes chrétiennes fait
partie de l'arsenal voltairien, la suite, comportant une allusion aux Actes des apôtres
21:21-26 (passage que Voltaire a relevé d'une note dans le *Commentaire littéral* de
Dom Calmet), vient bien d'Orobio.

nations, et que l'on ne doit point appeler *charnel* un peuple entier qui est le martyr de Dieu depuis près de quarante siècles. 220

Que ce sont les chrétiens qui ont attendu des biens charnels, témoin presque tous les premiers Pères de l'Eglise qui ont espéré de vivre mille ans dans une nouvelle Jérusalem au milieu de l'abondance et de toutes les délices du corps. [30]

Qu'il est impossible que les Juifs aient crucifié le vrai messie, 225 attendu que les prophètes disent expressément que le messie viendra purger Israël de tout péché, qu'il ne laissera pas une seule souillure en Israël; que ce serait le plus horrible péché et la plus abominable souillure, ainsi que la contradiction la plus palpable, que Dieu envoyât son messie pour être crucifié. 230

Que les préceptes du Décalogue étant parfaits, toute nouvelle mission était entièrement inutile.

Que la loi mosaïque n'a jamais eu aucun sens mystique.

Que ce serait tromper les hommes de leur dire des choses que l'on devrait entendre dans un sens différent de celui dans lequel 235 elles ont été dites.

Que les apôtres chrétiens n'ont jamais égalé les miracles de Moïse.

Que les évangélistes et les apôtres n'étaient point des hommes simples, puisque Luc était médecin, que Paul avait étudié sous 240 Gamaliel, dont les Juifs ont conservé les écrits. [31]

Qu'il n'y avait point du tout de simplicité et d'idiotisme à se faire apporter tout l'argent de leurs néophytes; [32] que Paul loin d'être un homme simple, usa du plus grand artifice en venant sacrifier dans le temple, [33] et jurant devant Festus Agrippa qu'il n'avait rien fait 245 contre la circoncision, et contre la loi du judaïsme. [34]

[30] Argument déduit *a contrario* du précédent, mais absent d'Orobio.

[31] Tiré d'Orobio, y compris la citation des Actes des apôtres 22:3 et la mention de la conservation des écrits de Gamaliel (p.221).

[32] Allusion à l'histoire d'Ananie et de Saphire, Actes 5:1-10.

[33] Pour montrer par cette mise en scène qu'il continuait à 'garder la loi': Actes 21:24.

[34] Actes 25:8. Dans le récit néotestamentaire le procurateur Festus et le roi Agrippa sont bien distincts.

Qu'enfin les contradictions qui se trouvent dans les Evangiles prouvent que ces livres n'ont pu être inspirés de Dieu.

Limborch répond à toutes ces assertions par les arguments les plus forts que l'on puisse employer. Il eut tant de confiance dans la bonté de sa cause qu'il ne balança pas à faire imprimer cette célèbre dispute; mais comme il était du parti des arminiens, celui des gomaristes le persécuta: on lui reprocha d'avoir exposé les vérités de la religion chrétienne à un combat dont ses ennemis pourraient triompher. Orobio ne fut point persécuté dans la synagogue.

D'URIEL ACOSTA

Il arriva à Uriel Acosta[35] dans Amsterdam à peu près la même chose qu'à Spinosa: il quitta dans Amsterdam le judaïsme pour la philosophie.[36] Un Espagnol et un Anglais s'étant adressés à lui pour se faire juifs, il les détourna de ce dessein, et leur parla contre la religion des Hébreux: il fut condamné à recevoir trente-neuf coups de fouet à la colonne, et à se prosterner ensuite sur le seuil de la porte; tous les assistants passèrent sur son corps.[37]

Il fit imprimer cette aventure dans un petit livre que nous avons encore, et c'est là qu'il professe n'être ni juif, ni chrétien, ni mahométan, mais adorateur d'un Dieu.[38] Son petit livre est

[35] Bayle consacre un très long article à 'Acosta (Uriel)'. Voltaire disposait d'autre part du récit autobiographique de ce dernier, l'*Exemplar humanae vitae*, imprimé à la fin du volume de controverse entre Limborch et Orobio cité ci-dessus, sous le faux titre 'Urielis Acosta Exemplar humanae vitae. Addita est Brevis Refutatio argumentatorum quibus Acosta omnem religionem revelatam impugnat, per Philippum à Limborch', p.651-92. On peut se reporter à la traduction française abondamment annotée figurant dans Jean-Pierre Osier, *D'Uriel da Costa à Spinoza* (Paris, 1983), p.139-53.

[36] Né vers 1583, il avait d'abord quitté le Portugal et le christianisme auquel sa famille avait été convertie de force.

[37] La cérémonie d'expiation qui permet la levée de l'excommunication est longuement décrite p.144-46 de la traduction citée. Bayle lui donne aussi une grande place.

[38] Aux lois des trois religions monothéistes il oppose la 'loi naturelle' (p.149).

intitulé: *Exemplaire de la vie humaine*. Le même Limborch réfuta Uriel Acosta, comme il avait réfuté Orobio; et le magistrat d'Amsterdam ne se mêla en aucune manière de ces querelles.

DIXIÈME LETTRE

Sur Spinosa

MONSEIGNEUR,

Il me semble qu'on a souvent aussi mal jugé la personne de Spinosa que ses ouvrages. Voici ce qu'on dit de lui dans deux dictionnaires historiques;

'Spinosa avait un tel désir de s'immortaliser, qu'il eût sacrifié vo- 5
lontiers à cette gloire la vie présente, eût-il fallu être mis en pièces par un peuple mutiné: les absurdités du spinosisme ont été parfaitement réfutées par Jean Bredembourg bourgeois de Roterdam.'[1]

Autant de mots, autant de faussetés. Spinosa était précisément le contraire du portrait qu'on trace de lui. On doit détester son 10
athéisme, mais on ne doit pas mentir sur sa personne. Jamais homme ne fut plus éloigné en tout sens de la vaine gloire,[2] il le faut avouer; ne le calomnions pas en le condamnant. Le ministre Colerus qui habita longtemps la propre chambre où Spinosa mourut, avoue avec tous ses contemporains, que Spinosa vécut 15
toujours dans une profonde retraite, cherchant à se dérober au

---

a   W75G (t.35): [*titre absent*]

[1] Voltaire cite, en modifiant l'ordre des propositions et en supprimant la liste des réfutateurs, l'article 'Spinosa (Benoît de)' du *Dictionnaire historique-portatif* de l'abbé Ladvocat (Paris, Didot, 1760, t.2, p.781). L'article correspondant du *Dictionnaire historique, littéraire et critique, contenant une idée abrégée de la vie et des ouvrages des hommes illustres en tout genre, de tout temps et de tout pays* (Avignon, [s.n.], 1758-1759, BV269), rédigé notamment par les oratoriens Pierre Barral et Eustache Guibaud, est dans le même esprit et dénonce aussi la 'vanité dangereuse' de 'cet impie'.

[2] 'La vie de Spinosa écrite par M. Jean Colerus, ministre de l'église luthérienne de La Haye, augmentée de beaucoup de particularités tirées d'une vie manuscrite de ce philosophe, faite par un de ses amis', se trouve dans un volume composite intitulé *Réfutation des erreurs de Benoît de Spinosa, par M. de Fénelon* [...], *par le P. Lami* [...]. *et par M. le Cte de Boullainvilliers* (Bruxelles, F. Foppens, 1731, BV1326). De nombreuses pages y sont consacrées à sa sobriété et à la modestie de son habillement (p.56-60).

monde, ennemi de toute superfluité, modeste dans la conversation, négligé dans ses habillements, travaillant de ses mains, ne mettant jamais son nom à aucun de ses ouvrages: ce n'est pas là le caractère d'un ambitieux de gloire.

A l'égard de Bredembourg, loin de le réfuter parfaitement bien, j'ose croire qu'il le réfuta parfaitement mal: j'ai lu cet ouvrage, et j'en laisse le jugement à quiconque comme moi aura la patience de le lire. Bredembourg fut si loin de confondre nettement Spinosa, que lui-même effrayé de la faiblesse de ses réponses, devint malgré lui le disciple de celui qu'il avait attaqué: grand exemple de la misère et de l'inconstance de l'esprit humain. [3]

La vie de Spinosa est écrite assez en détail, et assez connue pour que je n'en rapporte rien ici. Que votre altesse me permette seulement de faire avec elle une réflexion sur la manière dont ce Juif jeune encore fut traité par la synagogue. Accusé par deux jeunes gens de son âge de ne pas croire à Moïse, on commença pour le remettre dans le bon chemin, par l'assassiner d'un coup de couteau au sortir de la comédie; [4] quelques-uns disent au sortir de la synagogue, ce qui est plus vraisemblable. [5]

Après avoir manqué son corps, on ne voulut pas manquer son âme; il fut procédé à l'excommunication majeure, au grand anathème, au chammata. [6] Spinosa prétendit que les Juifs n'étaient

[3] Une discussion de la réfutation de Bredenbourg (*Joannis Bredenburgii Enervatio Tractatus theologico-politici, una cum demonstratione, geometrico ordine disposita: naturam non esse Deum, cujus effati contrario praedictus tractatus unice immititur*, Roterodami, apud I. Naeranum, 1675), notamment par Orobio, est incluse à la fin du volume paru à Bruxelles en 1731. C'est dans le long et célèbre article 'Spinosa (Benoît de)' du *Dictionnaire* de Bayle (remarque M) que Voltaire a trouvé mention du trouble de Bredenbourg, incapable de trouver un 'défaut' à la démonstration qu'il avait entreprise lui-même des principes de Spinoza.

[4] C'est la version donnée dans le *Dictionnaire* de Bayle.

[5] 'L'hôte de Spinosa, aussi bien que sa femme qui tous deux vivent encore, m'ont rapporté ce fait tout autrement. Ils le tiennent de la bouche de Spinosa même, qui leur a souvent raconté qu'un jour sortant de la vieille synagogue portugaise, il vit quelqu'un auprès de lui le poignard à la main' ('La vie de Spinosa écrite par M. Jean Colerus', p.25-26).

[6] Voltaire a pu trouver le terme, qui ne figure pas dans la Vie de Colérus, dans l'*Histoire des Juifs*, qui comporte un développement sur l'excommunication (t.5, p.363).

pas en droit d'exercer cette espèce de juridiction dans Amsterdam. Le conseil de ville renvoya la décision de cette affaire au consistoire des pasteurs; ceux-ci conclurent que si la synagogue avait ce droit, le consistoire en jouirait à plus forte raison: le consistoire donna gain de cause à la synagogue.

Spinosa fut donc proscrit par les Juifs avec la grande cérémonie: le chantre juif entonna les paroles d'exécration; on sonna du cor, on renversa goutte à goutte des bougies noires dans une cuve pleine de sang; on dévoua Benoît Spinosa à Belzébuth, à Sathan, et à Astaroth, et toute la synagogue cria Amen![7]

Il est étrange qu'on ait permis un tel acte de juridiction qui ressemble plutôt à un sabbat de sorciers qu'à un jugement intègre. On peut croire que sans le coup de couteau et sans les bougies noires éteintes dans le sang, Spinosa n'eût jamais écrit contre Moïse et contre Dieu. La persécution irrite; elle enhardit quiconque se sent du génie; elle rend irréconciliable celui que l'indulgence aurait retenu.[8]

Spinosa renonça au judaïsme, mais sans se faire jamais chrétien. Il ne publia son traité des cérémonies superstitieuses, autrement *Tractatus Theologico-politicus*, qu'en 1670, environ huit ans après son excommunication. On a prétendu trouver dans ce livre les semences de son athéisme, par la même raison qu'on trouve toujours la physionomie mauvaise à un homme qui a fait une méchante action.[9] Ce livre est si loin de l'athéisme, qu'il y est souvent parlé de Jésus-Christ comme de l'envoyé de Dieu.[10] Cet ouvrage est très profond, et le meilleur qu'il ait fait; j'en condamne sans doute les sentiments, mais je ne puis m'empêcher d'en estimer

40

45

50

55

60

65

---

[7] Les détails de la cérémonie se trouvent dans 'La vie de Spinosa' déjà citée (p.27-28), à l'exception des trois noms du diable, addition de Voltaire.

[8] Bayle fait déjà le lien entre l'agression dont Spinoza a été victime et sa rupture avec le judaïsme.

[9] On sait qu'à partir de 1765 les références à Spinoza abondent dans l'œuvre de Voltaire. Débarrassé de sa réputation d'athéisme, Spinoza est d'abord un allié de Voltaire dans sa réfutation de l'autorité de l'Ecriture.

[10] Voir les chapitres 1 et 4 du *Tractatus*. Pour Spinoza, 'le Christ fut non un Prophète, mais la bouche de Dieu' (éd. Charles Appuhn, Paris, 1965, p.92).

l'érudition. C'est lui, ce me semble, qui a remarqué le premier que le mot hébreu *Ruhag*, que nous traduisons par *âme*, signifiait chez les Juifs le vent, le souffle, dans son sens naturel; que tout ce qui est grand portait le non de divin; les cèdres de Dieu; les vents de Dieu; la mélancolie de Saül mauvais esprit de Dieu; les hommes vertueux enfants de Dieu. [11]   70

C'est lui qui le premier a développé le dangereux système d'Aben-Esra, que le Pentateuque n'a point été écrit par Moïse, ni le livre de Josué par Josué: ce n'est que d'après lui que Le Clerc, [12] plusieurs théologiens de Hollande, et le célèbre Newton, ont embrassé ce sentiment.   75

Newton diffère de lui seulement en ce qu'il attribue à Samuel les livres de Moïse, au lieu que Spinosa en fait Esdras auteur. On peut voir toutes les raisons que Spinosa donne de son système dans son VIII, IX et X⁰ chapitre; on y trouve beaucoup d'exactitude dans la chronologie; une grande science de l'histoire, du langage et des mœurs de son ancienne patrie; plus de méthode et de raisonnement que dans tous les rabbins ensemble. Il me semble que peu d'écrivains avant lui avaient prouvé nettement que les Juifs reconnaissaient des prophètes chez les gentils: [13] en un mot, il a fait un usage coupable de ses lumières, mais il en avait de très grandes.   85

Il faut chercher l'athéisme dans les anciens philosophes; on ne le trouve à découvert que dans les œuvres posthumes de Spinosa. Son traité de l'athéisme n'étant point sous ce titre, et étant écrit dans un   90

77-78   K: Samuel le livre de
80   K: X⁰ chapitres; on

[11] Voltaire résume la longue démonstration du chapitre 1 du *Tractatus* qui s'étend sur plusieurs pages et comporte des dizaines de citations et de références (p.38-43).
[12] Jean Le Clerc traite de la question dans ses *Sentiments de quelques théologiens de Hollande sur l'Histoire critique du Vieux Testament, composée par M. Simon prêtre* (Amsterdam, Pierre Mortier, 1711), notamment dans la lettre 6.
[13] Au chapitre 3, Spinoza démontre qu''il n'est pas douteux que toutes les nations n'aient eu des prophètes et que le don prophétique n'ait pas été particulier aux Hébreux' (p.76).

latin obscur, et d'un style très sec, M. le comte de Boulainvilliers l'a réduit en français sous le titre de *Réfutation de Spinosa*:[14] nous n'avons que le poison, Boulainvilliers n'eut pas le temps apparemment de donner l'antidote.

Peu de gens ont remarqué que Spinosa, dans son funeste livre, parle toujours d'un être infini et suprême; il annonce Dieu en voulant le détruire.[15] Les arguments dont Bayle l'accable, me paraîtraient sans réplique, si en effet Spinosa admettait un Dieu; car ce Dieu n'étant que l'immensité des choses, ce Dieu étant à la fois la matière et la pensée, il est absurde, comme Bayle l'a très bien prouvé, de supposer que Dieu soit à la fois agent et patient, cause et sujet, faisant le mal et le souffrant; s'aimant, se haïssant lui-même; se tuant, se mangeant. Un bon esprit, ajoute Bayle, aimerait mieux cultiver la terre avec les dents et les ongles, que de cultiver une hypothèse aussi choquante et aussi absurde; car, selon Spinosa, ceux qui disent, Les Allemands ont tué dix mille

[14] Le recueil déjà cité, qui est d'origine clandestine, a été composé par Lenglet Dufresnoy. Malgré son titre il est essentiellement composé d'un précis de Spinosa par Boulainvilliers qui a circulé avant son impression sous le nom d'*Essai de métaphysique*.

[15] Le Spinoza de Voltaire n'est athée que par 'abus' de 'métaphysique'; à cet 'entêtement' près, il est proche du théisme. Dans le chapitre qu'il consacre à Spinosa dans *Le Philosophe ignorant* (1766), Voltaire le décrit comme celui qui 'établit d'abord une vérité incontestable et lumineuse: Il y a quelque chose, donc il existe éternellement un être nécessaire' (*OCV*, t.62, p.58). Dans les *Questions sur les miracles*, Spinoza est explicitement placé, à côté de nombre d'auteurs cités dans ces *Lettres*, au nombre des déistes qui refusent de croire aux miracles de Jésus: 'C'est ainsi que raisonnent les nombreux partisans de Celse, de Porphyre, d'Apollonius, de Symmaque, de Libanius, de l'empereur Julien, de tous les philosophes, jusqu'au temps des Pomponace, des Cardan, des Machiavel, des Socin, de milord Herbert, de Montaigne, de Charron, de Bacon, du chevalier Temple, de Locke, de milord Shaftesbury, de Bayle, de Wollaston, de Toland, de Tindal, de Collins, de Woolston, de milord Bolingbroke, de Middleton, de Spinosa, du consul Maillet, de Boulainvilliers, du savant Fréret, de Dumarsais, de Meslier, de La Métrie, et d'une foule prodigieuse de déistes répandus aujourd'hui dans toute l'Europe, qui, comme les musulmans, les Chinois, et les anciens Parsis, croiraient insulter Dieu s'ils lui supposaient un fils qui ait fait des miracles dans la Galilée' (*M*, t.25, p.364).

Turcs, [16] parlent mal et faussement; ils doivent dire, Dieu modifié en dix mille Allemands a tué Dieu modifié en dix mille Turcs.

Bayle a très grande raison si Spinosa reconnaît un Dieu; mais le fait est qu'il n'en reconnaît point du tout, et qu'il ne s'est servi de ce mot sacré que pour ne pas trop effaroucher les hommes.

Entêté de Descartes, il abuse de ce mot également célèbre et insensé de Descartes, *Donnez-moi du mouvement et de la matière, et je vais former un monde.* [17]

Entêté encore de l'idée incompréhensible, et antiphysique, que tout est plein, il s'est imaginé qu'il ne peut exister qu'une seule substance, un seul pouvoir qui raisonne dans les hommes, sent et se souvient dans les animaux, étincelle dans le feu, coule dans les eaux, roule dans les vents, gronde dans le tonnerre, végète sur la terre, est étendu dans tout l'espace.

Selon lui, tout est nécessaire, tout est éternel; la création est impossible; point de dessein dans la structure de l'univers, dans la permanence des espèces, et dans la succession des individus. Les oreilles ne sont plus faites pour entendre, les yeux pour voir, le cœur pour recevoir et chasser le sang, l'estomac pour digérer, la cervelle pour penser, les organes de la génération pour donner la vie: et des desseins divins ne sont que les effets d'une nécessité aveugle.

Voilà au juste le système de Spinosa. Voilà, je crois, les côtés par lesquels il faut attaquer sa citadelle, citadelle bâtie (si je ne me trompe) sur l'ignorance de la physique, et sur l'abus le plus monstrueux de la métaphysique.

Il semble, et on doit s'en flatter, qu'il y ait aujourd'hui peu d'athées. L'auteur de la *Henriade* a dit, *Un catéchiste annonce Dieu*

[16] Voltaire suit de très près, jusque dans la formulation même, la quatrième partie de la remarque N de l'article de Bayle.

[17] Dans l'édition de 1740 des *Eléments de la philosophie de Newton*, Voltaire écrit: 'je dis que le système cartésien a produit celui de Spinosa; je dis que j'ai connu beaucoup de personnes que le cartésianisme a conduites à n'admettre d'autre Dieu que l'immensité des choses'. L'assertion est supprimée ensuite (*OCV*, t.15, p.196, variantes).

487

aux enfants, et Newton le démontre aux sages. [18] Plus on connaît la   135
nature, plus on adore son auteur.

L'athéisme ne peut faire aucun bien à la morale, et peut lui faire
beaucoup de mal. Il est presque aussi dangereux que le fanatisme.
Vous êtes, Monseigneur, également éloigné de l'un et de l'autre, et
c'est ce qui autorise la liberté que j'ai prise de mettre la vérité sous   140
vos yeux sans aucun déguisement. J'ai répondu à toutes vos
questions, depuis ce bouffon savant de Rabelais jusqu'au téméraire
métaphysicien Spinosa.

J'aurais pu joindre à cette liste une foule de petits livres qui ne
sont guère connus que des bibliothécaires; mais j'ai craint qu'en   145
multipliant le nombre des coupables, je ne parusse diminuer
l'iniquité. J'espère que le peu que j'ai dit affermira votre altesse
dans ses sentiments pour nos dogmes et pour nos Ecritures, quand
elle verra qu'elles n'ont été combattues que par des stoïciens
entêtés, par des savants enflés de leur science, par des gens du   150
monde qui ne connaissent que leur vaine raison, par des plaisants
qui prennent des bons mots pour des arguments, par des
théologiens enfin qui au lieu de marcher dans les voies de Dieu
se sont égarés dans leurs propres voies.

Encore une fois, ce qui doit consoler une âme aussi noble que   155
la vôtre, c'est que le théisme qui perd aujourd'hui tant d'âmes, ne
peut jamais nuire ni à la paix des Etats, ni à la douceur de la
société. La controverse a fait couler partout le sang, et le théisme
l'a étanché. C'est un mauvais remède, je l'avoue, mais il a guéri
les plus cruelles blessures. Il est excellent pour cette vie, s'il est   160
détestable pour l'autre. Il damne sûrement son homme, mais il le
rend paisible.

Votre pays a été autrefois en feu pour des arguments, le théisme
y a porté la concorde. Il est clair que si Poltrot, Jacques Clément,

---

[18] La formule, souvent reprise, apparaît pour la première fois en 1742 dans *Du
déisme*, qui deviendra l'article 'Théisme' des *Questions sur l'Encyclopédie*. Dans
l'édition Moland, le texte est: 'un catéchiste annonce Dieu *à des* enfants' (*M*, t.20,
p.506).

Jaurigni, Balthazar Gerard, Jean Châtel, Damiens,[19] le jésuite   165
Malagrida[20] etc. etc. etc., avaient été des théistes, il y aurait eu
moins de princes assassinés.

A Dieu ne plaise que je veuille préférer le théisme à la sainte
religion des Ravaillac, des Damiens, des Malagrida qu'ils ont
méconnue et outragée! Je dis seulement qu'il est plus agréable de   170
vivre avec des théistes qu'avec des Ravaillac et des Brinvilliers[21]
qui vont à confesse; et si votre altesse n'est pas de mon avis, j'ai tort.

[19] Voltaire cite fréquemment ces fanatiques assassins et régicides. On trouve
leurs noms dans ses carnets, dans ses œuvres historiques, dans *Candide* même
(ch.22) et depuis les années 1760 dans les textes militants dénonçant le fanatisme
(voir la note sur l'article 'Fanatisme' du *Dictionnaire philosophique*, *OCV*, t.36, p.107,
à propos de Poltrot, Jacques Clément, Balthazar Gérard et Ravaillac). 'Jaurigni'
(Jean Jauréguy, selon l'usage historiographique) et Jean Châtel ont précédé
Balthazar Gérard et Ravaillac en tentant d'assassiner respectivement Guillaume le
Taciturne et Henri IV.

[20] Dans le *Précis du siècle de Louis XV* (ch.38), Voltaire place le jésuite Malagrida
au nombre 'des casuistes et des confesseurs' qui encouragent 'ceux qui méditent un
grand attentat' (*OH*, p.1532). C'est le 21 septembre 1761 que Gabriel Malagrida,
accusé notamment d'avoir été le complice d'un attentat contre le roi du Portugal,
périt dans un *auto-da-fé*. Voltaire lui consacre peu après une partie du *Sermon du
rabbin Akib* (*M*, t.24, p.277-84).

[21] '[...] la Brinvilliers, dévote avec tendresse, / Empoisonne son père en courant à
confesse', écrit déjà Voltaire dans le *Poème sur la loi naturelle* (*OCV*, t.32B, p.60). La
célèbre empoisonneuse apparaît aussi dans l'article 'Confession' du *Dictionnaire
philosophique* (*OCV*, t.35, p.635 et note).

489

Relation de la mort du chevalier de La Barre

Edition critique

par

Robert Granderoute

TABLE DES MATIÈRES

INTRODUCTION

1. *Le drame d'Abbeville*

Dans la nuit du 8 au 9 août 1765, un crucifix de bois, peint en blanc, dressé sur le parapet du Pont-Neuf d'Abbeville, objet de la vénération des habitants de la ville, est mutilé. Le lendemain, 10 août, à 11 heures, Nicolas-Pierre Duval de Soicourt, assesseur du lieutenant criminel dont il remplit l'office (il est maïeur en exercice), assisté du procureur en la sénéchaussée, Antoine Marcotte faisant fonction de greffier, se rendent sur place et, le même jour, le procureur du roi, Jean-Clément Hecquet de Roquemont, porte plainte contre les auteurs inconnus de la mutilation. Le 13 août, l'information commence. Des dépositions sont faites relatives à diverses impiétés commises, mais sans rapport direct avec la mutilation. C'est que, deux mois auparavant, le 6 juin 1765, jour de la Fête-Dieu, trois jeunes gens liés à des notables d'Abbeville, Jacques-Marie-Bertrand d'Etallonde, dont le père, L. J. Gaillard de Boëncourt, est second président au présidial d'Abbeville, Jean-François Lefebvre, chevalier de La Barre, né le 12 septembre 1745, recueilli en septembre 1762, à la suite de la mort de son père,[1] par sa cousine germaine, Anne-Marguerite Feydeau, abbesse de Willancourt[2], et Charles-François Moisnel, jeune orphelin élevé chez un parent éloigné, Belleval, lieutenant en l'élection de Ponthieu et président de fait,[3] ne se sont ni découverts ni agenouillés devant une procession du saint sacrement. A l'occasion des interrogatoires menés, l'inconvenance des jeunes gens est rappelée ainsi que d'autres marques d'impiété,[4] et cela à

---

[1] La mère est décédée précédemment en 1754.

[2] Abbaye royale de l'ordre de Citeaux.

[3] La présidence est à vendre.

[4] Ils ont, par exemple, chanté des chansons de corps de garde irréligieuses et blasphématoires.

l'instigation de Belleval, guidé par un esprit de vengeance personnelle. Galant un peu suranné, Belleval était, en effet, un familier de l'abbesse de Willancourt; or, voici qu'après l'arrivée du chevalier, l'abbesse, qui se plaît à recevoir les amis de son jeune cousin, tend à négliger le lieutenant en l'élection; celui-ci, très amer, s'en irrite, s'en plaint, notamment dans une lettre interceptée par La Barre, qui, lors d'une vive altercation, demande – en vain – réparation. Dans l'affaire soulevée par la profanation de la croix, Belleval, courroucé, voit une occasion de se venger de son jeune rival, qui, soulignons-le d'emblée, tout en étant conscient de sa naissance et de son rang, n'a guère reçu d'éducation (il a retenu peu de choses des leçons de catéchisme que lui a dispensées le curé de son village) et s'est lié à Abbeville à une jeunesse oisive, polissonne, étourdie, indiscrète, imprudente, prompte par ses plaisanteries et ses obscénités à scandaliser le bourgeois. Sous l'effet de son ressentiment et de son animosité, Belleval, qui se voit désormais interdit tout accès au couvent, n'hésite pas à inciter une foule de petites gens à déposer. Ainsi, dès le 13 août, Etienne Naturé, maître en fait d'armes, chez qui le chevalier va régulière-ment tirer, prétend, après avoir affirmé qu'il ne sait 'rien du contenu en la plainte', que La Barre, d'Etallonde et Moisnel se sont glorifiés dans sa salle de leur inconduite lors de la procession. [5] Le 17 août, Beauvarlet, ancien marchand, qui, ayant fait de mauvaises affaires, est nourri et logé à l'abbaye, déclare que La Barre est venu dans sa chambre, un mois environ auparavant, avec un de ses amis qui voulait acheter un christ en plâtre qui s'y trouvait pour le briser. On pourrait poursuivre la liste de ce genre de dépositions, suscitées ou inspirées par Belleval, reposant sur de simples rumeurs ou de vagues soupçons, et que Duval de Soicourt enregistre minutieusement, peut-être par désir de détourner l'attention de l'objet principal de l'accusation qui risquait de compromettre le fils du président Gaillard de Boëncourt, car

[5] En fait, s'il arrive à Moisnel d'aller dans la salle d'armes, d'Etallonde ne s'y est jamais rendu.

494

certains indices concordants faisaient état de jeunes gens aperçus sur le pont dans la nuit du 8 août au nombre desquels devait vraisemblablement figurer d'Etallonde, habitué, comme il aimait à s'en vanter auprès de ses camarades, à donner, le soir, quand il rentrait chez lui, des coups de canne au crucifix.[6] Tandis que le procès s'instruit, l'évêque d'Amiens, L. G. d'Orléans de La Motte, sur la demande des autorités d'Abbeville soucieuses de contenter une population dévote, se déplace, le 8 septembre, fête de la Nativité de la Vierge, pour faire amende honorable. Evoquant les auteurs de l'outrage porté au crucifix, le prélat reconnaît qu'ils se sont 'rendus dignes des derniers supplices en ce monde et des peines éternelles en l'autre'; mais, ajoute-t-il, 'parce que nul péché n'est irrémissible auprès de votre miséricorde, ô mon Dieu, quand elle est sollicitée par les mérites infinis de N. S. Jésus-Christ, nous réclamons cette même miséricorde et ces mêmes mérites pour obtenir la conversion de ceux qui ont commis une si grande impiété'.[7] C'est également à la demande des autorités laïques que le clergé a lancé des monitoires, fulminés les dimanches 18 août, 25 août et 1er septembre.

Comme les dépositions reçues, auxquelles s'ajoute celle de Belleval lui-même, entendu le 12 septembre,[8] font allusion à des discours et à des actes irrévérencieux étrangers à la mutilation, une seconde plainte est formée à plus d'un mois d'intervalle, le 13 septembre, concernant les 'impiétés et blasphèmes commis

[6] Il est établi que La Barre, lui, n'a pas participé à la mutilation: il était dans sa chambre la nuit du 8 août.

[7] Voir L. A. Devérité, *Recueil intéressant, sur l'affaire de la mutilation du crucifix d'Abbeville, arrivée le 9 août 1765, et sur la mort du chevalier de La Barre pour servir de supplément aux causes célèbres* (Londres, 1776), p.43 (originaire d'Abbeville, l'auteur – 1746-1818 – qui a écrit des ouvrages historiques, rapporte, outre les plaintes, la liste des témoins, les dépositions et les sentences, divers textes dont la *Relation* de Voltaire et sa Requête de 1775 en faveur de d'Etallonde). Le prélat se rend aussi au cimetière de l'église Sainte-Catherine dont le crucifix a été souillé d'immondices. Le 4 octobre, un nouveau crucifix est placé sur le pont.

[8] Il a rédigé une liste où il recense tous les propos et gestes imprudents qui accablent le chevalier et il en répand la teneur par toute la ville.

495

dans la ville' et qui vise essentiellement La Barre. Sans que soient apportés des faits nouveaux au cours de l'instruction où défilent des témoins toujours dépêchés par Belleval, un décret de prise de corps est lancé le 27 septembre contre les 'jeunes insolents' de la procession du 6 juin, d'Etallonde, le chevalier et Moisnel. Le premier s'étant très tôt prudemment enfui avec l'assentiment de son père, les deux autres sont respectivement arrêtés les 1er et 2 octobre. Dès le lendemain de son arrestation, La Barre subit son premier interrogatoire où il se montre maladroit, embarrassé, fuyant, tout en accusant d'Etallonde d'avoir frappé le crucifix. Le 3 octobre, Moisnel est à son tour interrogé: il nie tout avec assurance. Mais Belleval furieux, fermement décidé à perdre La Barre, se rend à la prison, sermonne le jeune homme qui, dans un second interrogatoire en date du 7 octobre, avoue maintes inconvenances et impiétés auxquelles il a participé ou dont surtout il a été le témoin et en vient à nommer, outre Douville de Maillefeu, fils d'un conseiller au Présidial, Dumaisniel de Saveuse, le dernier fils de Belleval. Voici Belleval, l'accusateur, devenu le père de l'un des accusés! Sans tarder, il change alors d'attitude; mais Duval de Soicourt prend, si l'on ose dire, le relais, soit qu'il se laisse guider par sa conscience professionnelle, soit qu'il saisisse l'occasion de régler ses comptes avec l'abbesse de Willancourt qui avait reçu dans son couvent une jeune pupille de l'assesseur au moment où celle-ci avait décidé de rompre son mariage projeté avec le fils de son tuteur. [9]

Parce que les interrogatoires liés à chacune des deux plaintes reposent sur les mêmes témoins et mettent en cause les mêmes prévenus, une jonction des deux procès est prononcée le 8 octobre. Cette jonction, inaccoutumée en matière criminelle, du moins avant le récolement des témoins, et qui sera ultérieurement dénoncée comme un 'vice de forme', ne sera pas sans lourdes conséquences sur l'issue de l'affaire.

[9] Riche, la pupille, Marguerite Becquin devait épouser Pierre-Nicolas Duval de Soicourt, mousquetaire noir, mais elle donna la préférence au fils aîné de Belleval. Les rapports de Duval de Soicourt et de Belleval restent mal éclaircis.

Cependant l'abbesse n'est pas restée inactive. Par prudence, elle a fait brûler les livres placés sur la tablette de la chambre du chevalier et qui risquaient de le compromettre à cause de leur caractère érotique, libertin ou même pornographique, de sorte que la justice, quand elle vient, le 10 octobre, saisir les ouvrages que La Barre a avoué posséder, elle ne trouve que ceux qui étaient dissimulés dans une armoire masquée par une tenture – dont le *Dictionnaire philosophique portatif*, ce qui a pour effet d'impliquer Voltaire dans l'affaire, même s'il est probable que ce n'était pas là une lecture familière au chevalier si peu instruit. Surtout, parce qu'elle est apparentée aux Marville et aux de Brou, Mme Feydeau entend faire jouer ses relations et multiplie les démarches. Dès la fin du mois de septembre, elle est intervenue auprès de son cousin, le Président d'Ormesson, qui, tout en la rassurant, est lui-même intervenu auprès du Procureur Général, Guillaume-François Joly de Fleury; à celui-ci d'ailleurs, Hecquet en avait référé le 17 août. Le 17 octobre, elle écrit directement à Joly de Fleury et joint à sa lettre, où elle reproche à Duval de Soicourt des excès dans la manière dont il conduit l'instruction, un Mémoire et un Précis [10] qui soulignent en particulier que les propos et les actions inconsidérés, reprochés au chevalier, n'ont pas porté atteinte à l'ordre public.

Le 30 octobre, des décrets de prise de corps sont pris à l'encontre de Douville de Maillefeu et de Dumaisniel de Saveuse. Mais ceux-ci sont absents. Le 28 novembre, la contumace est déclarée 'bien instruite'. Commence alors le récolement des témoins qui durera jusqu'au-delà de la mi-janvier 1766.

Non contente d'envoyer lettre sur lettre, l'abbesse, sans doute en janvier 1766, se rend elle-même à Paris. D'Ormesson se montre toujours rassurant et confiant et fait savoir que l'affaire relève plus de l'ordre de la correction familiale que de l'application de la loi au nom de la société. Cependant il n'est pas interdit de penser que des instructions contraires aux assurances de d'Ormesson ont été

---

[10] BnF, ms. Joly de Fleury, vol.418, dossier 4817, f.47, 48. Autres manuscrits consultés: AN, ms. X² B 1392-3, X² B 1035, X² A 1129, X² A 832; Oxford, Th. D. N. B. ms. 55.

adressées discrètement à Abbeville et que Duval de Soicourt, en poursuivant l'instruction, a suivi, comme il le dira plus tard pour sa justification, des ordres supérieurs: désormais le sort du procès se joue, semble-t-il, non plus à Abbeville, mais à Paris où, du reste, tout le dossier a été envoyé.

Le 26 février 1766, le procureur du roi dépose ses conclusions: il réclame pour les deux principaux accusés des peines sévères: la mort pour d'Etallonde et les galères à perpétuité pour La Barre. Les livres qui avaient été saisis dans la chambre du chevalier et déposés au greffe seront lacérés et brûlés, mais aucune mention spéciale n'est faite du *Dictionnaire philosophique*.

Le jugement est, lui, rendu le surlendemain, 28 février 1766, par Duval de Soicourt assisté de Lefebvre de Villers et de Broutelle, [11] après un dernier interrogatoire, le 27, de La Barre et de Moisnel. Il ne fait pas allusion à la mutilation du crucifix (sans doute pour réserver à d'Etallonde la possibilité d'intenter ultérieurement un recours en grâce, car, redisons-le, Duval de Soicourt a, dès le début, ménagé le fils de son chef hiérarchique). Comme La Barre, d'Etallonde est chargé d'impiétés et de blasphèmes; [12] mais, étant donné que l'origine de l'affaire réside dans un sacrilège – dont pourtant il n'est dit mot! –, c'est la peine attachée à ce crime, autrement dit, la peine capitale, qui est retenue. [13] En ce qui concerne Moisnel et les deux autres accusés contumax, un 'sursis à faire droit' est prononcé. Privée de base légale, puisque la déclaration du 30 juillet 1666 relative au blasphème ne prévoit pas la mort, la sentence, propre à satisfaire l'opinion publique d'Abbeville indignée, s'achève sur la condamnation au feu du *Dictionnaire philosophique* nommément désigné, ce qui incite à faire

[11] Lorsque Douville de Maillefeu et Dumaisniel de Saveuse ont été impliqués, les deux premiers assesseurs, Lefebvre du Grosriez et Blondin, se sont désistés en raison de leur parenté avec les deux nouveaux accusés.

[12] A propos de d'Etallonde, une simple et discrète allusion est faite *in fine* à des coups de canne donnés un jour de l'été passé au crucifix.

[13] En outre, La Barre, avant d'être exécuté, sera soumis à la question 'pour avoir par sa bouche la vérité d'aucuns faits du procès et révélations de ses complices'.

498

croire que les impiétés reprochées sont un effet de l'esprit philosophique du siècle et que Voltaire corrompt l'âme de la jeunesse.

La Barre interjette appel auprès du Parlement de Paris dans le ressort duquel se trouve le présidial d'Abbeville. Lui et Moisnel sont transférés à Paris, à la prison de la Conciergerie, où ils sont enfermés le 14 mars. Redoublant de crainte, l'abbesse recommence à solliciter ses parents parisiens et, à la demande de d'Ormesson, qui n'a rien perdu de sa sérénité, elle choisit un rapporteur: Claude Pellot, conseiller de la Grand-Chambre depuis 1720, qui intervient alors dans le procès du comte de Lally. Mais, en dépit de la confiance obstinée de d'Ormesson, le Parlement de Paris, que préside Maupeou [14] et qui statue le 4 juin 1766, trois semaines après avoir condamné Lally-Tollendal, confirme, au terme d'une brève séance, [15] la décision des magistrats d'Abbeville. L'intervention de Denis-Louis Pasquier qui vilipende la philosophie nouvelle passe pour avoir été décisive dans le vote final. Sans doute le Parlement, qui, poussé par son esprit janséniste, ne cesse de poursuivre les évêques dans l'affaire des refus de sacrements, s'empresse-t-il de saisir l'occasion d'afficher son zèle pour la religion. [16]

Reste la voie du recours auprès du Roi. [17] Les membres du Parlement que n'a pas convaincus le réquisitoire de Pasquier font appel à la clémence du souverain. Interviennent également d'Ormesson et les hautes relations de l'abbesse. L'évêque d'Amiens, qui n'est pas sans crédit à la cour, adresse, le 26 juin 1766, une lettre à Joly de Fleury où il lui demande de suspendre l'exécution du jugement: 'Nous travaillons', écrit-il, 'à obtenir du

[14] Il est en mésintelligence avec d'Ormesson.

[15] L'ordre du jour était très chargé.

[16] En ce qui concerne Moisnel, le jugement déclare: 'Faisant droit sur l'appel interjeté par ledit Moisnel de la même sentence, [la Grand-Chambre] a mis et met l'appellation au néant: ordonne que ladite sentence sortira son plein et entier effet à l'égard dudit Moisnel, le condamne à l'amende ordinaire.'

[17] L'arrêt est signé le jour même par Maupeou et Pellot, mais il n'est pas immédiatement exécuté: pendant les trois semaines qui suivent, diverses sollicitations sont entreprises pour obtenir la grâce royale.

Roi que la peine soit changée en prison perpétuelle.' L'Assemblée du clergé, qui est alors réunie et qui a pourtant dénoncé les hardiesses de la philosophie moderne, intercède elle aussi. En vain: Louis XV reste inexorable.

Les deux prisonniers quittent Paris dans la nuit du 26 au 27 juin et arrivent à Abbeville le 28. L'exécution du chevalier a lieu le 1er juillet 1766. Partiellement soumis aux épreuves de la torture dès 5 heures du matin, La Barre est décapité en fin d'après-midi, puis jeté au feu avec le *Dictionnaire philosophique*. Il montre tout au long de la journée une froide maîtrise. La sentence relative à d'Etallonde est exécutée en effigie.

L'injustice de la condamnation et l'atrocité du supplice firent une telle impression sur les Abbevillois, qui pourtant avaient été déçus le jour de l'exécution par la fierté et le courage du condamné qu'ils auraient aimé voir humble et repentant, que les juges n'osèrent pas poursuivre le procès. Dès le 27 juin, l'avocat Linguet, ancien précepteur du jeune Douville et qui avait préparé un factum en faveur de La Barre,[18] fait paraître un *Mémoire* où il prend la défense des autres accusés[19] et qui est suivi d'une Consultation signée de huit avocats. Par-delà le sort réservé à ce *Mémoire* dont on s'efforce d'empêcher la diffusion (il souligne l'illégalité des procédures et met directement en cause Duval de Soicourt qui est obligé de se désister), le tribunal composé de Lefebvre de Villiers, président, et de deux nouveaux assesseurs, Paul-Henri Crignon et Lefebvre de Branlicourt, fait comparaître, le 10 septembre 1766, Moisnel qui est 'admonesté' et renvoie Saveuse et Maillefeu 'quittes et absous'. Huit jours plus tard, Lefebvre de Villiers accorde aux trois jeunes acquittés l'autorisation de publier la sentence d'absolution.[20]

[18] Il reçoit l'avis de l'interrompre (voir J. Cruppi, *Un avocat journaliste au XVIIIe siècle, Linguet*, Paris, 1895, p.127).

[19] *Mémoire à consulter et Consultation pour les sieurs Moynel, Dumesniel de Saveuse et Douville de Maillefeu, injustement impliqués dans l'affaire de la mutilation d'un crucifix, arrivée à Abbeville le 9 août 1765* (*Mémoire*, p.1-19; *Consultation*, p.19-26).

[20] Sur l'affaire La Barre, voir notamment R. Pomeau et autres, *Voltaire en son temps*, 2e éd., 2 vol. (Paris et Oxford, 1995), t.2, p.241-51.

Quant à d'Etallonde qui s'est enfui, il s'engage, sous le nom de Morival, dans l'armée prussienne et sert comme cadet dans un régiment de Wesel. Il tentera plus tard, en 1774, d'obtenir des lettres de grâce en vue de recouvrer la capacité de succéder à son père alors âgé; Voltaire n'abandonnera pas le compagnon du chevalier de La Barre et ne manquera pas de mettre sa plume à son service: à cet effet, il publiera, au début de juillet 1775, *Le Cri du sang innocent au Roi très chrétien en son conseil.*[21]

2. *Genèse et sources*

L'affaire d'Abbeville, dont les nouvelles publiques se font largement l'écho au lendemain de l'arrêt confirmatif du 4 juin 1766,[22] suscite chez Voltaire une vive réaction avant même que ne soit exécuté, le 1er juillet, le chevalier de La Barre. 'Je vous ai vu', écrit Pierre Michel Hennin à Voltaire le 21 juin 1766, 'si touché du sort des jeunes gens d'Abbeville que je crois devoir vous faire part d'une circonstance que vous ignorez.' Et Hennin annonce qu'a été suspendue la signature de l'arrêt 'pour donner aux parents le temps de recourir au roi qu'on espère qui commuera leur peine' (D13368). Souhaitant ardemment que la nouvelle soit vraie,[23] Voltaire est prêt à reconnaître là un 'fruit' de 'l'excellent livre *des Délits et des peines*' (à Damilaville, D13371), et, tandis que, dans une lettre à D'Alembert du 26 juin, il constate, poussé par un élan d'optimisme, les progrès de 'l'église de la sagesse', il ajoute: 'il y a beaucoup de confesseurs, et j'espère qu'il n'y aura point de martyrs' (D13374). Le 1er juillet, ignorant la sinistre scène qui se déroule sur la place du marché d'Abbeville, il se montre encore confiant: 'Non seulement l'arrêt n'a pas été exécuté, mais il n'a pas été signé [...]. La peine n'aurait pas été proportionnée au délit' (à

---

[21] Voir notre édition, *OCV*, t.77.

[22] Voir, par exemple, *Journal politique*, Bouillon, juin 1766, première quinzaine, p.46, deuxième quinzaine, p.55; juillet 1766, deuxième quinzaine, p.60-61.

[23] L'information est inexacte (voir ci-dessus, n.17).

d'Argence, D13383). Mais, le 7 juillet, voici qu'il apprend l'exécution de La Barre; il écrit aussitôt à Damilaville: 'Mon cœur est flétri; je suis atterré' (D13394). Cette expression de la sensibilité meurtrie court à travers maintes lettres des jours qui suivent. Voltaire ne cesse de dire qu'il a 'le cœur navré' (D13404), 'déchiré' (D13441), qu'il est 'saisi d'horreur' (D13410) et aussi de 'colère' (D13420), de rage, d'indignation, de pitié. Sans se lasser, il répète que l'aventure le pénètre, l'afflige, l'attriste, jette dans son âme amertume et noirceur. Il se dit 'incapable de prendre aucun plaisir' (D13405). 'On ne digère rien après de pareilles aventures', confie-t-il aux d'Argental (D13410). La correspondance retentit ainsi de ces témoignages lancinants ('Cette barbarie m'occupe nuit et jour', D13441) d'un être blessé à vif. Voltaire le reconnaît lui-même: 'Je suis honteux d'être si sensible et si vif à mon âge. [...] Je pleure les gens dont on arrache la langue' (à D'Alembert, D13460).

Mais, si le philosophe s'élève avec tant de vigueur contre ce qu'il appelle une 'catastrophe épouvantable' (D13429), 'funeste' (D13405), 'affreuse' (D13501), une 'tragédie' (D13444), une 'boucherie' (D13470), ce n'est pas seulement par l'effet d'un cœur indigné devant une telle inhumanité, c'est aussi qu'il se sent personnellement concerné, plus, menacé. Il a en effet tôt appris que les condamnés, qui ne sont à ses yeux que de jeunes insensés, auraient déclaré avoir été guidés par 'la lecture des livres des Encyclopédistes' (D13382). Certes il a peine à le croire: 'Les fous ne lisent point' – ce qu'il redit le même jour dans une autre lettre: 'De jeunes étourdis que la démence et la débauche ont entraînés jusqu'à des profanations publiques ne sont pas gens à lire des livres de philosophie' (D13383). Néanmoins il s'empresse de demander à D'Alembert et à Damilaville 'd'approfondir un bruit si odieux et si ridicule' fabriqué sans doute par 'les ennemis de la raison' (D13384). Comme le montre sa lettre à Morellet du 7 juillet (D13397), il n'ignore pas que le conseiller Denis-Louis Pasquier a dit 'en plein parlement' que les jeunes gens d'Abbeville 'avaient puisé leur impiété dans l'école et dans les ouvrages des philosophes modernes'. 'Ils ont été nommés par leur nom', précise Voltaire, 'c'est une dénonciation dans toutes les formes'. Il a beau déclarer qu'il n'y a 'rien de plus méchant et de plus absurde' (D13397), prétendre qu'il brave les 'beuglements' de cette 'tête de bœuf' (il s'agit de Pasquier) qui, dit-on, 'mugit beaucoup' contre lui (D13511), il s'inquiète et d'autant plus vivement que le *Dictionnaire philosophique* a été brûlé en même temps que le corps du chevalier. Oui, ainsi qu'il l'écrit au duc de Richelieu le 19 août, il est, dans cette affaire, lui-même 'intéressé' (D13502). Bien sûr, il a beau jeu de rejeter une nouvelle fois la paternité d'une œuvre qu'on lui aurait faussement attribuée (D13502). D'ailleurs, il laisse entendre que le chevalier ne possédait pas le *Dictionnaire philosophique*, qu'il avait seulement le *Portier des chartreux*, et qu'à cause du 'ridicule' de ce livre on a substitué le *Dictionnaire* (D13500, D13502). 'Pourquoi me persécuterait-on?' 'Pourquoi me condamnerait-on?': en dépit de ces formules qui se voudraient rassurantes, les craintes de Voltaire sont réelles et, dès le 14 juillet, il est à Rolle en Suisse où il prend les eaux. Secoué par la frayeur à laquelle aident son imagination et ses nerfs, il en vient à élaborer, avec l'accord de Frédéric II, le projet d'établissement à Clèves d'une sorte de 'petite colonie de gens savants et sages' (D14087) où se retrouveraient Diderot, D'Alembert, Grimm, Damilaville. Mais, on le sait, ce projet ne restera qu'un 'beau rêve' (D13449), 'un beau roman' (D13483). Dans une lettre non datée que Besterman place en septembre 1766, Cramer, écrivant à Johann Rudolf Sinner, rend bien compte de ce climat d'extrême inquiétude dans lequel vit alors Voltaire et qu'entretiennent mille rumeurs alarmantes: il rapporte qu'en mourant le chevalier aurait dit 'qu'il fallait déifier le *Dictionnaire philosophique* et brûler la Bible'. 'Ce blasphème vomi par le désespoir', poursuit Cramer, 'a fait croire que l'on allait sur le champ s'assurer de l'homme que l'on suppose l'auteur du *Dictionnaire*; on a accrédité ce bruit autant que l'on l'a pu; on a même poussé le ridicule jusqu'à assurer qu'on avait vu rôder une brigade de la Maréchaussée autour de Fernex'. 'Et tout cela est faux', ajoute Cramer qui confie: 'Quand je vois le patriarche, je ne cesse de lui dire, et quand je ne le vois pas, je ne cesse de lui écrire, qu'il n'a autre chose à faire qu'à jouir de son bien-être, et laisser le monde tel qu'il est; mais, c'est battre l'eau avec un bâton, il faut qu'il se mêle de tout, et qu'il passe sa vie à être téméraire et à mourir de peur' (D13538). C'est ainsi que, malgré l'effroi de qui se sent traqué, Voltaire se lance dans une campagne de défense de la mémoire du chevalier. Le 15 juillet 1766, la *Correspondance littéraire*, après avoir résumé l'affaire d'Abbeville et souligné la consternation de 'toutes les âmes sensibles', observe: 'L'humanité attend un vengeur public, un homme éloquent et courageux qui transmette au tribunal du public et à la flétrissure de la postérité cette cruauté sans objet comme sans exemple. Ce serait sans doute une tâche digne de M. de Voltaire, s'il n'avait pas personnellement des ménagements à garder dans cette occasion.'[24] En fait, Voltaire dépasse tôt ces 'ménagements'. 'Je me tais, j'ai trop à dire', avoue-t-il, le 7 juillet, à Damilaville (D13394). 'Se taire et attendre', c'est, selon sa lettre à Morellet du même jour, l'attitude des 'sages' dans 'des circonstances si funestes' (D13397). Par la suite, il peut encore invoquer ce silence, assurer qu'il dévore en secret ses sentiments d'humanité' (D13475), reconnaître qu'il est bien triste de ne pouvoir mettre sur le papier tous les sentiments de son cœur' (D13476): il ne s'est pas moins déjà engagé dans la voie du combat. Le 12 juillet, il prie Damilaville de parler à M. de Beaumont, qui est chargé de l'affaire Sirven, de celle d'Abbeville (D13405). Le 16, il espère obtenir du même Damilaville certains renseignements 'afin', dit-il, 'que nous puissions nous conduire avec plus de sûreté dans la révision de cette affaire' (D13421). Et c'est encore à ce correspondant qu'il déclare trois jours plus tard que le drame du chevalier de La Barre est l'un des 'deux pôles' de ses préoccupations (le second est le procès Sirven). C'est, il est vrai, 'après la mort le médecin, mais cela peut du moins sauver la vie à d'autres' (D13431). Voici Voltaire devenu, pour reprendre l'expression imagée de sa lettre du

---

[24] *Correspondance littéraire, philosophique et critique par Grimm, Diderot, Raynal, Meister etc.*, éd. Maurice Tourneux (Paris, 1877-1882), t.7, p.74-79.

30 août 1769 (D15855) le 'don Quichotte' du décapité d'Abbeville.[25]

Cependant, le 14 juillet 1766, Voltaire écrit à Damilaville: 'Vous
allez être bien étonné, vous allez frémir, mon cher frère, quand
vous lirez la relation que je vous envoie' (D13409). Cette 'relation'
dont Voltaire demande à Damilaville de transmettre une copie à
M. de Beaumont ne saurait être de toute évidence la *Relation de la
mort du chevalier de La Barre*: Voltaire n'a pu à cette date réunir la
documentation nécessaire. Très vraisemblablement, elle représente le premier des trois extraits de cette lettre d'Abbeville du
7 juillet 1766[26] que nous publions à la suite de la *Relation*. Voltaire,
qui l'envoie également aux d'Argental (D13410), à Rochefort
d'Ally (D13422), au duc de Richelieu (D13429), à J. F. Dufour
(D13430), parle d'ailleurs parfois de 'lettre'. 'Etrange lettre,' écrit-
il aux d'Argental, 'que j'ai reçue d'un château près d'Abbeville.'
Plus explicite que les formules générales où fleurit l'indéfini
('relation qu'on m'envoie', 'qu'on m'a envoyée'), l'indication est
éclairée et précisée par la lettre à Thiriot: 'Ne dites ni n'écrivez que
cette relation vient de M. de Florian et de moi' (D13455). Le
philosophe désigne ici son neveu dont la terre d'Hornoi était 'à cinq
lieues d'Abbeville' (D13561). En fait, il est admis que la lettre du
7 juillet est l'œuvre même de Voltaire qui a dû la composer à partir
de l'information fournie par Florian.

D'après la lettre à D'Alembert du 23 juillet (D13440), cette
'relation' a été suivie d'une seconde: 'L'extrait de la première
relation est d'une vérité reconnue; je ne suis pas sûr de tous les faits
contenus dans la seconde', 'mais', souligne Voltaire, 'je sais bien
qu'en effet il y a une consultation d'avocats'. Cette précision
permet, semble-t-il, d'identifier la deuxième 'relation' au second
Extrait de la lettre du 7 juillet. Quant au troisième Extrait, nous en
trouvons la trace dans la lettre à Damilaville du 25 juillet: 'Voici',

[25] Dans cette lettre au comte d'Argental, Voltaire se défend de pouvoir être 'le
Donquichotte de tous les roués et de tous les pendus'.
[26] D.app.279.

écrit Voltaire, 'l'extrait d'une lettre que je viens de recevoir: Le chevalier de La Barre a soutenu les tourments et la mort...' (D13449). C'est sans doute ce même 'petit extrait des dernières nouvelles d'Abbeville' que Voltaire adresse aux d'Argental le 26 juillet (D13453). Nous sommes tenté de voir là les 'trois lettres manuscrites' dont font état les *Mémoires secrets* le 6 août 1766[27] – lettres prétendument 'datées du 6 juillet', attribuées à Voltaire et jugées dignes de lui 'par ce cri de l'humanité qu'il fait entendre partout et par ce sarcasme fin dont il assaisonne tout ce qu'il dit'; l'allusion finale à l'anecdote rapportée du cardinal Le Camus[28] tend à confirmer l'identification.

A ces trois extraits que doit contenir la 'relation' envoyée le 25 juillet à Constant Rebecque (D13448), la *Relation de la mort du chevalier de La Barre* est assurément postérieure. Mais est-ce à dire pour autant qu'elle a été composée beaucoup plus tard, à la veille de sa parution, laquelle a lieu au début de l'année 1768, soit plus de dix-huit mois après l'exécution du chevalier? Il ne le semble pas.

Certes, pour fixer le temps de composition de la *Relation*, on ne saurait s'appuyer sur l'indication chronologique qui figure en tête de la première édition: '15 juillet 1766': le 15, pas plus que le 7, Voltaire n'a pu encore recueillir tous les éléments qu'il met en œuvre dans son texte. Remarquons d'ailleurs que, par la suite, la *Relation* est simplement présentée comme 'écrite en 1766'.

Mais qu'elle ait été effectivement composée au cours de l'année 1766 et, plus précisément, au cours de l'été 1766, l'étude de la correspondance, dont on sait combien elle reflète l'activité intellectuelle du philosophe, nous invite à le penser.

Les lettres des mois de juillet, août et septembre 1766 sont en effet riches de considérations relatives à l'affaire d'Abbeville. Et Voltaire ne dit pas seulement sa réaction sensible et apeurée, il multiplie les questions, les demandes d'information dans la

---

[27] *Mémoires secrets pour servir à l'histoire de la République des lettres en France* (Londres, 1784), t.3, p.61. 'Le parlement est furieux contre ces lettres', est-il précisé.
[28] Voir troisième Extrait, ci-dessous.

perspective de la 'révision' dont il parle le 16 juillet à Damilaville. Dès le 1er juillet, il interroge D'Alembert: 'Etes-vous homme à vous informer de ce jeune fou nommé M. de La Barre et de son camarade?' (D13382). A partir de la mi-juillet, il prie ses divers correspondants de lui transmettre tous les renseignements susceptibles de l'éclairer. 'Je vous demande en grâce', écrit-il aux d'Argental, 'de m'apprendre s'il n'y a rien de nouveau [...]. Mes anges, je vous conjure encore une fois, de me dire tout ce que vous savez' (D13420). A D'Alembert, il rappelle le 30 juillet: 'Si vous savez quelque chose sur Polyeucte et Néarque [il désigne par là La Barre et d'Etallonde], daignez m'en écrire un petit mot aux eaux de Rolle' (D13460). Une exigence d'information précise traverse ainsi la correspondance. Voltaire n'hésite pas à se tourner vers le spécialiste. Parce qu'il ne connaît pas de loi 'qui ordonne la torture et la mort pour des extravagances qui n'annoncent qu'un cerveau troublé' (D13405), il s'adresse le 25 juillet à M. de Beaumont: 'Je vous conjure de me dire s'il est vrai qu'il y ait une loi de 1681 par laquelle on puisse condamner à la mort ceux qui sont coupables de quelques indécences impies. J'ai cherché cette loi dans le recueil des ordonnances et je ne l'ai point trouvée' (D13450).

Plus que d'autres, les d'Hornoy sont évidemment sollicités. A peine Voltaire connaît-il l'exécution du chevalier qu'il écrit à la marquise de Florian: 'Nous sommes curieux; nous vous croyons instruits des nouvelles d'Abbeville; nous vous prions instamment de nous conter dans le dernier détail l'étonnante aventure de ces jeunes gens' (D13396). Et il accumule les interrogations: 'Dites-nous leurs noms, leur âge, leurs emplois. Avaient-ils eu auparavant quelques accès de folie? jusqu'où ont-ils poussé leurs extravagances? étaient-ils ivres? est-il vrai que l'un d'eux était neveu d'une abbesse que l'on a exilée? est-il vrai qu'ils ont répondu dans leurs interrogatoires qu'ils étaient devenus fous pour avoir lu des livres de philosophie?' Le 28 juillet, il revient à la charge: 'Si les Seigneurs d'Hornoy ont appris quelque chose qui puisse éclaircir cette horrible affaire, nous leur serons bien obligés de nous en faire part' (D13457). Le 11 août, il se flatte qu'une lettre lui parviendra où, dit-il à Florian, 'vous m'instruirez de tout ce que vous savez de la terrible aventure. Car on peut tout dire, on peut conter tous les événements sans se compromettre, il n'y a point de loi qui défende de mander des nouvelles à ses amis' (D13488).

En même temps, il se met en quête des pièces du procès. A Damilaville, il réclame, le 16 juillet, 'les conclusions du procureur général', 'l'avis du rapporteur', demande 'les noms des juges qui ont opiné pour et ceux des juges qui ont opiné contre' (D13421). Le 16 août, il a 'entre les mains l'interrogatoire' (D13502); il a reçu 'le bel arrêt' de condamnation (D13424) et n'a de cesse qu'il n'ait obtenu le *Mémoire à consulter* et la *Consultation* des huit avocats parus le 27 juin chez Cellot en faveur des trois accusés non encore jugés, mais dont la distribution a été arrêtée par la police sur ordre de Joly de Fleury.[29] Durant la seconde quinzaine de juillet, il lance de divers côtés le même appel (D13431, D13434, D13443) au sujet de cette pièce dont il espère 'tirer un grand parti' (D13421). 'Je vous supplie', écrit-il, par exemple, aux d'Argental le 16 juillet, 'de me faire avoir la consultation des avocats; c'est un monument de générosité, de fermeté et de sagesse dont j'ai d'ailleurs un très grand besoin'. 'Si vous n'avez qu'un exemplaire,' ajoute-t-il, 'et que vous ne vouliez pas le perdre, je le ferai transcrire, et je vous le renverrai aussitôt' (D13420). Le 23 juillet, il laisse entendre à D'Alembert qu'il pourrait se procurer la pièce auprès de l'abbé Morellet ou de Turgot et la lui transmettre par les soins de Damilaville qui la cherche de son côté (D13440). Il se fait impatient: 'Je ne dormirai point jusqu'à ce que j'aie la consultation' (D13441). 'Je sèche en attendant la consultation' (D13449). Il la reçoit enfin et se hâte de l'annoncer à Damilaville le 28 juillet: 'J'ai dévoré le Mémoire' (D13456).

On le voit, en ces semaines de l'été 1766, Voltaire non sans zèle s'enquiert, s'informe, se documente. Avec les d'Hornoy, il dispose

---

[29] Paris, BnF: fonds Joly de Fleury, vol.418, dossier 4817, f.117 (lettre de Joly de Fleury à Sartines du 1er juillet): 'Il a été ce matin fait un arresté à la Grand-Chambre qui porte qu'un *Mémoire à consulter* [...] sera remis entre les mains des gens du roi'.

d'une source précieuse et comme directe, et il le reconnaît: 'Une de mes nièces a une terre auprès d'Abbeville; j'ai su l'origine et tous les détails de cette détestable catastrophe' (D13570). 'Ma nièce de Florian [...] est bien instruite de toutes ces horreurs' (D13586). Par eux, il a été mis au courant des rapports de l'abbesse et de Belleval, de la rivalité amoureuse entre le vieux conseiller et le jeune cousin, des ressorts que le 'scélérat jaloux' (D13570) a fait jouer; par eux, il a su les réactions et l'émotion populaires. En dehors de ces éléments puisés sur les lieux mêmes, il s'efforce d'avoir connaissance de certaines pièces, même si ne lui a pas encore été remis l'énorme dossier réuni et préparé par les soins de d'Hornoy. [30] Comment n'aurait-il pas aussitôt exploité les informations ainsi recueillies? Il est d'autant plus vraisemblable de le supposer que, fait significatif, les allusions à l'affaire d'Abbeville s'estompent dans les lettres des trois derniers mois de 1766.

Tout en marquant une certaine distanciation par rapport à la Lettre du 7 juillet puisqu'elle dépasse le niveau de la simple narration et s'assortit de réflexions, de considérations générales, de rapprochements et de comparaisons historiques pour lesquels d'ailleurs le philosophe profite de l'immense culture brassée par *Le Siècle de Louis XIV* ou le *Dictionnaire philosophique*, la *Relation de la mort du chevalier de La Barre* témoigne d'un tour d'émotion qui laisse penser qu'elle a dû être rédigée à un temps relativement proche du drame – et ce même si, comme il se plaît à le répéter, Voltaire continue longtemps, et jusqu'à la fin de sa vie, à être soulevé d'indignation par une affaire jugée plus affreuse que celle des Calas.

Il est vrai que tel passage de la *Relation* nous reporte nécessairement en 1767. Ainsi ce qui est dit de d'Etallonde devenu officier du roi de Prusse (lignes 394-400): Voltaire n'entre en rapport avec le jeune fugitif que le 13 janvier 1767 (D13836) et c'est seulement en avril que, sur sa propre intervention, Frédéric nomme Morival enseigne (D14121, D14197). Mais le paragraphe a pu être ajouté à un texte déjà élaboré.

[30] Th. D. N. B. ms. 55 (voir *Le Cri du sang innocent*).

Si donc, comme il est légitime de le penser, la *Relation* a été composée dès le troisième trimestre de 1766 – et l'adresse à Beccaria pourrait être un indice en ce sens puisque paraît alors le *Commentaire sur le livre 'Des délits et des peines'* –, Voltaire a pu juger bon d'en reporter la publication pour des raisons peut-être de sécurité personnelle. Ce report lui a du reste permis la fiction de l'attribution à M. Cassen. Car une telle fiction n'a pu être imaginée qu'après la mort de l'avocat auquel avait été confiée l'affaire Sirven, c'est-à-dire après le 23 décembre 1767, peu avant que la *Relation* ne soit lancée dans le public.

3. *Publication et accueil*

Dans une lettre non datée mais qui, selon Besterman, doit remonter à la mi-janvier 1768, Voltaire écrit à Gabriel Cramer: 'Je veux crier la vérité à plein gosier; je veux faire retentir le nom du chevalier de La Barre à Paris et à Moscou; je veux ramener les hommes à l'amour de l'humanité par l'horreur de la barbarie' (D14678). D'évidence, Voltaire parle ici à mots couverts de la *Relation* dont, le 27 janvier, il fait directement état à Damilaville: 'On dit qu'il y a en Hollande une relation du procès et de la mort du chevalier de La Barre, avec le précis de toutes les pièces adressée au marquis de Beccaria' (D14700). Voici annoncée l'édition de la *Relation* composée de vingt-quatre pages in-8°, parue sans lieu ni date, mais en fait, on le sait, imprimée à Amsterdam chez Marc-Michel Rey.[31]

De cette édition, les *Mémoires secrets* font mention le 10 mars 1768: 'Toute cette histoire tragique est contée avec une oration bien propre à inspirer l'horreur la plus forte contre les auteurs du

---

[31] Par l'intermédiaire de Rieu, Voltaire souhaite obtenir de 'Marc-Michel' 'quelques exemplaires du *Chevalier de La Barre*': 'Je voudrais avoir 12 *Labarre*' (D14953, *c*.avril 1768). Cette édition est reproduite dans un recueil s.l.n.d. (p.29-46) entre le *Catéchumène* (p.1-28) et la *Relation du bannissement des jésuites de la Chine* (p.41-70). Voir 'Editions', ci-dessous.

jugement.'[32] Le 15 mars, la *Correspondance littéraire*[33] signale à son tour la parution en précisant qu'il s'agit d''une feuille de vingt-quatre pages'.

A d'Argental, Voltaire confie le 1er avril: 'J'ai lu la relation dont vous me parlez. Elle n'est point du tout sage, et modérée comme on vous l'a dit. Elle me paraît très outrageante pour les juges' (D14904).[34] Pourtant, le 16 avril, il déclare au même correspondant: 'Je ne sais rien du malheureux chevalier, et je n'en saurai rien que quand des paquets de Hollande, qui sont toujours trois mois en chemin seront arrivés, alors je vous en rendrai un compte fidèle' (D14954). Le 13 mai, il joue le même jeu à l'adresse de D'Alembert et s'en tient à des 'on-dit': 'Il faut attendre trois mois pour avoir des livres de Hollande. On dit [...] qu'on y trouve un précis de l'interrogatoire. Si cela est, la pièce est très curieuse' (D15014). C'est également à Moultou qu'il assure: 'Je ne l'ai point encore lu. Je l'attends avec impatience' (D15113).

S'il soutient ainsi qu'il n'a pas pris connaissance de la *Relation*, c'est que bien sûr il n'en saurait être l'auteur. Voltaire ne cesse de nier la paternité de l'œuvre. Dès le 27 janvier, il annonce à Damilaville à propos de la *Relation*: 'On prétend qu'elle est faite par un avocat du conseil'. 'Mais', ajoute-t-il comme pour prévenir l'attribution qui ne manquera pas de lui être faite, 'on attribue souvent de pareilles pièces à des gens qui n'y ont pas la moindre part. Cela est horrible. Les gens de lettres se trahissent tous les uns les autres par légèreté. Dès qu'il paraît un ouvrage, ils crient tous: *C'est de lui, c'est de lui*; ils devraient crier au contraire: *Ce n'est pas de lui, ce n'est pas de lui*' (D14700). Mais Voltaire a beau crier que la *Relation* n'est pas de lui, qu'elle est d''un homme du barreau' (D15040) (car 'comment pourrais-je être instruit des pièces de ce procès?'), qu'elle est de 'feu M. Cassin avocat au conseil' (D15113), tous les lecteurs ont la 'cruauté' (D15040) de la lui imputer. La *Correspondance littéraire* démasque la supposition: 'Vous vous

---

[32] *Mémoires secrets*, t.3, p.314-15.

[33] *Correspondance littéraire*, t.8, p.47-48.

[34] Lettre reproduite dans *Correspondance littéraire*, 1er mai 1768, t.8, p.64-65.

apercevrez aisément,' écrit le nouvelliste à ses correspondants, 'qu'elle a été écrite et publiée par l'avocat général du genre humain résidant à Ferney.' Il n'empêche: Voltaire s'obstine à nier, s'élève contre ce qu'il appelle une calomnie, et laisse entendre qu'il lui est 'physiquement impossible' de composer toutes les brochures qu'on lui attribue (D14904).

Sans doute est-il en cela fidèle à une habitude qui lui est familière. Mais il y a autre chose dans ce déni de paternité: Voltaire éprouve un sentiment réel d'insécurité. Désigné, reconnu comme l'auteur de la *Relation* et d'autres opuscules, tel le *Catéchumène*, il voit redoubler ses inquiétudes sur son propre sort. 'Calomnié continuellement, pouvant être condamné sans être entendu, je passe mes derniers jours dans une crainte trop fondée', écrit-il le 1er avril au comte d'Argental (D14904). En ce début d'avril, il se fait l'écho du bruit selon lequel, à la suite de la parution du *Catéchumène*, le roi l'aurait banni du royaume (D14915). En mai, il confie à Rochefort d'Ally: 'Les assassins du chevalier de La Barre, voudraient une seconde victime; vous ne sauriez croire jusqu'où va la fureur de ces ennemis de l'humanité' (D15022). Ce qu'il redit à Mme d'Epinay le 30 mai: 'Les énergumènes soupirent après une seconde représentation de la tragédie du chevalier de La Barre' (D15045), ou encore à Mme Denis le 31 mai: 'Le sang du chevalier de La Barre est encore tout frais, et quoique l'Europe ait été indignée de ce sacrifice, on en ferait volontiers un second' (D15048).

Cependant, tandis que Voltaire redoute de voir s'élever 'une espèce d'Inquisition en France' (D15022) (le 2 novembre 1768, il suggère non sans humour 'une St Barthélemy de tous les philosophes', D15286), une deuxième édition de la *Relation* est proposée au public. Le 13 mai, Voltaire indique à D'Alembert: 'Il paraît deux éditions de la mort du chevalier de La Barre' (D15014).[35] Publiée sous l'adresse fictive d'Amsterdam, la nouvelle édition, faite à Genève, est présentée comme 'très exacte' par le faux titre. Précisons que Voltaire signale à Moultou qu'il pourra 'trouver

[35] Voir également D15040.

chez Grasset les feuilles de la nouvelle édition' réalisée 'd'après celle de Hollande' (D15113).

Parue quelques mois à peine après la première, la seconde édition le prouve: la *Relation*, conformément au vœu de Voltaire qui jugeait important qu'elle fût répandue (D15113), a été lue, recherchée, bien que la presse semble à son propos observer le silence. Dans une lettre du 18 avril adressée à Mme Du Deffand, Voltaire souligne l'attention que suscite l'opuscule: 'On parle beaucoup [...] de la lettre d'un avocat sur la mort du chevalier de La Barre' (D14964). Mme Du Deffand mentionne d'ailleurs l'ouvrage, le 23 août 1768, parmi les livres dont elle recommande la lecture à H. Walpole. [36] Le 16 août, Seigneux de Correvon confie à Voltaire son sentiment. A l'exemple de tant d'autres, il s'est 'hâté' de lire la *Relation*: 'Tout ce que vous dites [...] sur le délit local et sur l'application des lois pénales aux égarements de la jeunesse est extrêmement judicieux' (D15174). Déjà, le 26 mai, D'Alembert avait exprimé son intérêt pour le 'franc-parler' de l'auteur dénonçant 'les atrocités du tigre aux yeux de veau' (D15037). [37]

De ce retentissement, les réimpressions qui sont faites en 1769 à la suite de *La Canonisation de saint Cucufin capucin d'Ascoli* et dans le tome 1 des *Choses utiles et agréables*, en 1771 dans la septième partie des *Questions sur l'Encyclopédie*, en 1777 dans le chapitre 69 de *l'Histoire du Parlement de Paris* (voir *Editions*), [38] assurent le prolongement. Signalons que Voltaire a songé à reproduire la *Relation* dans le cadre de l'article 'Criminel' de cette 'très honnête encyclopédie' dont il annonce les débuts d'impression à Christin le 5 janvier 1770. 'On ne sait encore', écrit-il, 'si on réimprimera cette pièce sous le nom du chevalier de La Barre ou sous un nom supposé' (D16076). En fait, la *Relation* ne figure pas dans cet

---

[36] *Correspondance complète de la marquise Du Deffand avec ses amis...*, éd. Lescure (Paris, 1865), t.1, p.500.

[37] L'expression métaphorique désigne Pasquier.

[38] La *Relation* est réimprimée par L. A. Devérité dans son *Recueil intéressant, sur l'affaire de la mutilation du crucifix d'Abbeville, arrivée le 9 août 1765, et sur la mort du chevalier de La Barre pour servir de supplément aux causes célèbres* (Londres, 1776).

article, mais elle prendra place, sous le titre 'Lettre de Mr Cass... à Mr Beccaria', dans l'article 'Justice' des *Questions sur l'Encyclopédie* (1771) comme illustration d'une justice 'très injuste' – 'celle des tyrans, et surtout des fanatiques, qui deviennent toujours tyrans dès qu'ils ont la puissance de mal faire'. [39]

4. *Portée philosophique et force émotive*

On est tenté d'abord de relever la valeur significative de la fiction qui accompagne le titre. Plus que le masque choisi par l'auteur – Cassen, l'avocat de Sirven – selon un procédé qui lui est familier, mais qui s'impose en la circonstance puisque le *Dictionnaire philosophique* a été condamné au feu, c'est le symbolisme attaché à la figure du destinataire qui retient surtout. Alors que la traduction française du *Traité des délits et des peines* par les soins de l'abbé Morellet a paru l'année même de l'exécution du chevalier, que le *Commentaire* de Voltaire date de septembre 1766, [40] et que le livre du juriste italien ne cesse d'être porté aux nues par les philosophes, le seul nom du marquis de Beccaria place d'emblée la *Relation* sous le signe manifeste de la revendication d'une justice plus rationnelle et plus humaine. De ce destinataire, Voltaire a d'ailleurs l'habileté d'assurer la présence tout au long de son texte; l'apostrophe qui ouvre la *Relation* est en effet reprise à chaque temps fort du récit: à la suite de l'évocation de la mutilation du crucifix, au début et en conclusion de l'exposé des charges, à l'occasion de la fulmination des monitoires, etc., l'interpellation se faisant plus pressante et plus frémissante à mesure que la narration avance et en vient à rapporter la teneur du jugement et la scène de l'exécution. L'opuscule est ainsi ponctué d'appels à celui qui passe alors pour le plus illustre interprète d'une réforme indispensable de la justice. Loin d'être un simple artifice rhétorique, l'apostrophe est comme l'ouverture naturelle d'un mouvement réflexif qui a le

---

[39] *Questions sur l'Encyclopédie, par des amateurs*, septième partie, 1771, p.278-98.

[40] *Commentaire sur le livre Des délits et des peines, par un avocat de province* (Genève, Cramer, 1766).

mérite d'élargir et d'approfondir le récit de structure linéaire. Prenant du recul par rapport aux faits, Voltaire engage alors un véritable dialogue avec l'auteur du *Traité des délits et des peines* et dénonce à son tour certains usages, certaines formes et procédures, tout en suggérant différents moyens de remédier aux défauts de l'institution judiciaire. Il met ainsi l'accent sur le recours au monitoire et sur ses effets désastreux; car cet ordre intimé par l'Eglise et appuyé sur la menace d'excommunication pousse les gens, et notamment les plus humbles et les plus fragiles parce que les plus crédules et les plus craintifs, à toutes sortes de dénonciations, souvent fondées sur les ouï-dire ou même sur la calomnie. Déjà, dans le cadre de l'affaire Calas, Voltaire avait stigmatisé cet appel ecclésiastique à révélation; opérant l'inévitable rapprochement avec le précédent toulousain, il déplore et satirise de nouveau les conséquences d'un tel usage.

Tandis qu'à l'occasion de la jonction des deux procès – sacrilège et impiétés – il relève et blâme sévèrement le désordre de la législation criminelle en France, il s'insurge, à la lumière du jugement rendu, contre l'énorme disproportion entre la peine retenue et les griefs énumérés. La *Relation* montre avec insistance et colère à quel point la sanction est sans commune mesure avec les fautes reconnues. Voici la peine capitale prononcée et appliquée alors que le condamné est déclaré coupable d'impiétés qui ne sont au fond que des étourderies d'une jeunesse mal élevée! La discordance est scandaleuse et intolérable. Voltaire demande une nécessaire proportion entre la peine et le délit ou le crime. Dans le cas du chevalier, l'absence de rapport est d'autant plus choquante que les impiétés dont il lui est fait grief relèvent de la seule sphère privée et n'ont pas nui à l'ordre établi. Belle occasion pour Voltaire de rappeler ce point fondamental de tout code criminel, à savoir que l'on ne doit punir que ce qui trouble et menace l'organisation de l'Etat et de la société. Réfléchissant sur la peine de mort, Voltaire s'indigne d'ailleurs qu'une simple majorité des voix suffise; à ses yeux, c'est l'unanimité qui devrait être la règle. Car on ne se joue pas inconsidérément de la vie d'un homme.

Une autre dénonciation qui ne surprend pas est celle de la torture. Voltaire y voit un supplice aussi inadmissible qu'inutile. Après en avoir donné une définition d'une extrême expressivité – c'est, dit-il, 'mille morts au lieu d'une' –, il en souligne la vaine cruauté à travers une description froide et minutieuse dont le détail solennellement annoncé est propre à révolter et indigner.

Car, en faisant passer son message philosophique, Voltaire ne cesse de solliciter, en même temps que la raison du lecteur et son pouvoir de réflexion, sa sensibilité. Lui-même n'est-il pas, devant ce qu'il appelle une 'catastrophe', où il se sent personnellement intéressé, soulevé d'une émotion dont la *Correspondance*, nous l'avons vu, se fait immédiatement l'écho et qui mêle l'étonnement, la répulsion, la rage? Comme la *Correspondance*, la *Relation* frappe par l'énergie du registre lexical dès lors qu'il s'agit de désigner l'affaire dans son ensemble ou d'évoquer tel moment particulier du procès ou de l'exécution. Voltaire rapporte une 'horrible aventure', une 'funeste histoire', un 'événement affreux'. Tout est marqué au coin de la 'fureur', de 'l'horreur', de la 'barbarie' ou même, avec l'appui du qualificatif porté au degré superlatif, de 'la plus détestable barbarie'. Qu'est-ce que le jugement des magistrats d'Abbeville confirmé par le Parlement de Paris, sinon 'un crime horrible', Voltaire reportant sur les juges le vocabulaire propre au condamné? Qu'est-ce que l'exécution du 1er juillet 1766 sinon un 'spectacle terrible'? La *Relation* déroule ainsi, sur un mode récurrent, une terminologie vigoureusement dénonciatrice de l'odieuse atrocité qui caractérise l'affaire de sa naissance à sa conclusion. A cette impression entretenue d'une horreur insoutenable, concourent certains procédés efficaces, tels que la comparaison (avec l'Inquisition, par exemple), l'antithèse (au tragique de la situation qu'a connue la petite cité de France et à l'impitoyable verdict s'oppose la réputation d'amabilité et de douceur des Français) ou encore le jeu de l'énumération lorsque sont rapportées les différentes phases du supplice, de la question à la décapitation et au bûcher dressé.

Sous l'effet de l'émotion qui l'emporte, Voltaire peut parfois infléchir sa relation et le lecteur sent alors son indignation croître. Face aux bourreaux que sont les juges, traités sans ménagement et taxés d'ignorance, de sottise et de cruauté, Voltaire tend à embellir la figure de la victime. Sans doute le jeune homme qui se sait gentilhomme n'est-il pas dépourvu de qualités traditionnellement attachées à une naissance noble et notamment de courage. Mais Voltaire n'hésite pas à grandir le personnage: voici, à en croire la *Relation*, La Barre, dont on sait combien l'éducation a été négligée, qui 'étudiait la guerre par principes' et annotait des ouvrages militaires de Frédéric II et du maréchal de Saxe! Disons plutôt que les promesses d'avenir du chevalier (car il aurait pu ultérieurement s'instruire) ont été injustement fauchées. Quand il en vient à rappeler les interrogatoires des deux inculpés emprisonnés, Voltaire se plaît à opposer à la faiblesse de Moisnel la fermeté de La Barre qu'il attribue à son instruction, à sa raison et à sa belle âme. La réalité est autre: Moisnel ne fera sa confession générale qu'au cours de son second interrogatoire; dans le premier, que la *Relation* passe sous silence, il s'est montré net et ferme, alors que le chevalier a multiplié les signes de maladresse et d'embarras. Remarquons encore que certains faits sont légèrement modifiés, tus ou même parfois inventés. A propos de la mutilation de la croix du pont d'Abbeville, Voltaire laisse entendre que, devant l'absence d'indice, la population a fini par 'croire' que l'accident avait pu être causé par 'quelque charrette chargée de bois': un démenti formel est apporté sur ce point par L. A. Devérité dans son *Recueil*. [41] D'autre part, Voltaire omet de préciser que le dernier coin de la question ordinaire et l'épreuve de la question extraordinaire n'ont pas été appliqués. Il déclare que le chevalier est condamné à avoir la langue et le poing coupés, alors qu'il n'est question à son sujet que de la langue (c'est d'Etallonde qui est soumis au double supplice); et il fait preuve, en ce qui concerne l'exécution même, d'une habile réserve qui permet d'éviter une fausse affirmation tout en laissant planer le doute: il prétend ne pas pouvoir dire si l'amputation de la

---

[41] *Recueil intéressant*, p.103.

langue (et de la main droite) a été opérée, alors qu'on sait qu'elle n'a été que simulée. [42]

Il n'empêche que, par-delà ces quelques infléchissements, la *Relation*, toute parcourue d'émotion, frappe par sa générale véracité, tant le drame rapporté contient par lui-même d'horreur. Il suffit au narrateur d'en reprendre les éléments essentiels. Voltaire note la lourde responsabilité de Belleval, souligne son désir de vengeance, décrit ses menaces et ses intimidations, propres à susciter une foule de dépositions à charge telles qu'il les souhaite: sans ses interventions et ses efforts obstinés, le procès aurait vraisemblablement tourné court. [43] La *Relation* démonte les vices de la procédure et, qu'il s'agisse des charges retranscrites ou de l'énoncé du jugement, Voltaire se montre fidèle à l'information et à la documentation qu'il a réunies [44], quoique encore incomplètes.

Si, lorsqu'il mentionne le partage des voix au Parlement de Paris, il se refuse à expliciter 'les circonstances singulières' qui ont entraîné une majorité favorable à la peine de mort, c'est par prudence: il se garde de faire ouvertement allusion à l'intervention du conseiller Pasquier et à son réquisitoire prononcé contre la philosophie du siècle et où il se sait directement visé. Il n'en suggère pas moins l'affrontement qui, derrière l'affaire soulevée, se joue entre la pensée moderne et la religion traditionnelle. Tout au long de la *Relation*, le motif religieux est inévitablement présent et Voltaire ne se prive pas de mettre en cause les usages et les interventions de l'Eglise et d'en relever les funestes conséquences: multiplication des crucifix et des statuettes dans les rues des villes appelés à être facilement endommagés, cérémonie expiatoire de l'évêque d'Amiens propre à échauffer les esprits et à perturber les consciences, fulmination de monitoires entraînant sous l'effet de la

---

[42] Voltaire, il est vrai, a cru d'abord à la mutilation (voir D13448, 25 juillet [1766]).

[43] *Le Cri du sang innocent* reportera la responsabilité de Belleval sur Duval de Soicourt et donnera ainsi une explication différente, imposée par les circonstances (voir l'introduction de notre édition, *OCV*, t.77).

[44] Ce que prouvent, par exemple, nos notes relatives aux charges.

peur d'innombrables dépositions sans lien avec le sujet initial... Et comment Voltaire ne pourrait-il pas déplorer et condamner au niveau de la foule, de la 'populace', selon le vocabulaire péjoratif utilisé, la crédulité et le fanatisme qui résultent de ces immixtions répétées de l'Eglise? A vrai dire, la présentation n'est pas toujours exempte de quelque partialité: l'amende honorable de Mgr La Motte d'Orléans n'est pas célébrée à son initiative, comme le suggère la *Relation*, mais à la requête des autorités civiles d'Abbeville; les monitoires, s'ils sont effectivement accordés par le pouvoir ecclésiastique – et encore avec réticence – ne le sont qu'à la sollicitation des tribunaux, ce que masque l'adroite formule de la *Relation* ('Ils n'émanent pas directement des magistrats'), et, en l'espèce, ils n'ont pas été la source de révélations nouvelles et essentielles par rapport aux dépositions faites antérieurement, du 13 au 17 août 1765. [45] On pourrait peut-être ajouter que Voltaire ne signale pas l'appel ultime de l'évêque d'Amiens en faveur de La Barre et le soutien apporté alors par l'Assemblée du Clergé. Il n'en demeure pas moins que l'affaire, du sacrilège de la nuit du 8 août 1765 aux impiétés invoquées, ne cesse de brasser le thème de la religion et que Voltaire trouve là une occasion de reprendre son combat habituel. Comme il s'empresse de se saisir des propos reprochés au chevalier qui aurait qualifié l'hostie consacrée de 'dieu de pâte' pour opposer, à la lumière d'exemples historiques et de citations littéraires, le catholicisme au protestantisme et relativiser l'impiété incriminée, la réduisant à un simple délit local [46] – si même il y a lieu de parler de délit pour un propos tenu en privé! Il est piquant d'observer que Voltaire a l'habileté de conclure sa *Relation* sur une remarque de 'bon apôtre'. On a dit que le Parlement de Paris a très probablement cherché, en confirmant le jugement d'Abbeville, à faire oublier ses attaques répétées contre les évêques et à témoigner de son attachement à la religion

---

[45] Le premier monitoire date, on l'a dit, du 18 août.

[46] Voir l'article 'Délits locaux (Des)' ajouté en 1767 au *Dictionnaire philosophique portatif*.

519

maltraitée par l'esprit philosophique. Voltaire, qui, peu auparavant, a rappelé non sans dessein le sentiment indulgent du nonce à
Paris, s'attache à montrer combien la sévérité meurtrière déployée
nuit en réalité à la religion et, rendant compte des réactions hostiles
et indignées de l'étranger et de certains Français, il feint de
s'alarmer des manifestations de haine et de mépris auxquelles le
catholicisme se trouve ainsi exposé!

On voit comment la *Relation* prend place dans l'œuvre
polémique de Voltaire. L'auteur pourfend les vices d'une justice
désordonnée et barbare, les excès d'une religion qui rend fanatique,
deux motifs clés que l'affaire Calas lui a déjà permis d'aborder et de
dénoncer. A partir d'un récit qui accumule les traits d'horreur et
excelle, sans affectation ni emphase, à mettre en relief le scandale
opéré, la *Relation* fait entendre la voix supérieure de la raison, de
l'équité et de l'humanité. Par sa force intense d'émotion, par son
pouvoir de conviction, elle a elle-même contribué à donner au
drame d'Abbeville le retentissement dont elle fait état aux
dimensions de la France et de l'Europe. [47]

5. *Le rappel de l'affaire dans l'œuvre voltairienne des dernières années*

Comme l'affaire Calas et sans doute davantage encore, l'affaire
d'Abbeville a hanté Voltaire jusqu'à la fin de sa vie et est devenue
pour lui une véritable obsession. Nous avons montré, à l'occasion de
la série des opuscules relatifs au drame de Toulouse, comment, dans
la *Correspondance*, elle s'associe au souvenir lancinant du supplice
de Jean Calas et des autres victimes de la justice de l'époque et
comment elle ne cesse d'être rappelée dans le mouvement d'une
sorte de litanie. [48] Nous voudrions ici citer les textes qui, au

[47] Comme le reconnaît Voltaire dans sa lettre du 16 juillet 1766 à Rochefort
d'Ally, l''horrible aventure' n'a d'abord 'presque point fait de sensation dans Paris'
(D13422).

[48] Voir *OCV*, t.56B, Introduction générale, p.90-93.

sein même de l'œuvre de l'écrivain, et en dehors du *Cri du sang
innocent* ouvertement composé en faveur de Gaillard d'Etallonde,
reviennent, de 1766 à 1778, sur le triste sort du chevalier.

L'année même où paraît la *Relation*, *L'Homme aux quarante écus*
consacre un paragraphe au supplice et à sa cause (*M*, t.21, p.348).
Lorsqu'en 1769 Voltaire publie l'article 'Torture' dans sa nouvelle
édition du *Dictionnaire philosophique portatif*, il est pour ainsi dire
inévitablement conduit à mentionner l'épreuve que La Barre subit
au petit matin du 1er juillet 1766. Les *Questions sur l'Encyclopédie* lui
permettent, avec les articles 'Blasphème', 'Crimes' et 'Supplices',
de rappeler l'épouvantable catastrophe. La tragédie des *Lois de
Minos*,[49] imprimée en 1773, est accompagnée d'une note où
l'auteur profite de l'évocation du drame d'Anne Dubourg pour
faire une allusion à celui du chevalier. En 1776, le *Commentaire
historique*, écrit sous sa dictée, retrace, à propos de l'intervention du
philosophe en 1774 en vue d'une réhabilitation de d'Etallonde, les
grandes lignes de l'affaire, cependant que l'article 'Du sacrilège' du
Prix de la justice et de l'humanité (1777) est essentiellement consacré
à une nouvelle narration de la tragique histoire, qui, il est vrai, par
le jeu des circonstances de composition de l'ouvrage,[50] tire parti,
selon un procédé cher au dix-huitième siècle philosophique, du
regard de l'étranger, c'est-à-dire, ici, du regard étonné du Suisse et
du protestant.[51] Ainsi, pendant près de douze ans, le drame
d'Abbeville se présente comme un motif privilégié dans le cadre
de l'inlassable dénonciation des cruautés liées, sur fond de

[49] *Les Loix de Minos, tragédie, avec les notes de M. de Morza et plusieurs pièces
curieuses détachées* (Genève, Cramer, 1773).

[50] Le 13 janvier 1777, la Société économique de Berne lance un concours destiné à
récompenser d'un prix de cinquante louis d'or le meilleur mémoire de législation
criminelle. Bien qu'il n'ait aucunement l'intention de concourir, Voltaire, qui
d'ailleurs offre une participation financière, compose le *Prix de la justice et de
l'humanité* (voir l'Introduction de notre édition, *OCV*, t.80).

[51] D'où la façon piquante dont sont présentés, conformément à l'ignorance
supposée, la croix mutilée, les moines, leur physique et leur costume ou encore la
procession du saint sacrement.

fanatisme, à l'état chaotique de la législation et au mauvais fonctionnement de la justice criminelle. [52]

Il va sans dire que, dans ces textes de longueur et de tonalité diverses, bien des traits et des réflexions renvoient à la *Relation* et en quelque sorte la prolongent. De l'incompétence des juges à la disproportion existant entre la futilité des motifs d'accusation et l'énormité de la peine, du problème des voix exigées pour décider de la mort de l'inculpé à l'usage de la torture, les principales critiques et dénonciations sont reprises en écho, de même que les revendications essentielles, telle la nécessité de ne recourir au châtiment suprême que si le bien de la société l'exige de façon indispensable. Simplement, Voltaire procède souvent par variation: on a relevé dans la *Relation* l'opposition qu'il établit entre l'atrocité de la peine prononcée par les tribunaux français et la renommée de douceur et de politesse de la France; l'opposition, dans le *Commentaire historique*, est faite avec le climat de luxe et de dissolution qui caractérise le dix-huitième siècle, tandis que l'article 'Torture' se rehausse de l'antithèse entre une barbarie qui semble remonter aux temps ténébreux du Moyen Age et les Lumières contemporaines. Voltaire joue également du procédé de l'accentuation: ce qui, selon la *Relation*, pouvait être réparé par 'une année de prison' aurait pu l'être, selon le *Commentaire historique*, par 'huit jours' seulement, ou même par une simple 'correction paternelle' (*Lois de Minos*). Si, dans la *Relation*, Voltaire reconnaît seulement qu'il existe encore en France des esprits attardés et marqués de l'ancienne barbarie, il n'hésite pas, dans l'article 'Torture', à généraliser et à conclure qu'il n'y a pas de 'nation plus cruelle' que la nation française. A cette mise en relief, peut aider la vigueur d'un contraste ou la force expressive d'une comparaison ou d'un rapprochement: la mort qui frappe le chevalier de La Barre pour des étourderies de jeunesse est celle-là même qui a frappé les régicides Ravaillac ou Damiens!

---

[52] On pourrait aussi mentionner les allusions fugitives à l'affaire, telle celle qui clôt l'article 'Impie' des *Questions sur l'Encyclopédie*.

Cependant il arrive que, par-delà ces échos, Voltaire complète la *Relation*. Grâce à la documentation ultérieurement recueillie, il précise le profil des juges d'Abbeville et s'attarde notamment sur Broutelle, ce 'praticien marchand de cochons' qu'il n'épargne pas (*Commentaire historique*).[53] Il aborde le problème de la preuve, insiste sur la nécessité de s'appuyer sur une démonstration sûre, quasi géométrique, et observe qu'une seule probabilité en faveur de l'innocence de l'accusé doit l'emporter sur cent mille probabilités contraires ('Crimes').[54] Dans la note des *Lois de Minos*, il peint l'attitude des magistrats au lendemain de l'exécution et imagine un retour de ceux-ci sur eux-mêmes et un mouvement de remords (un peu à la manière de la note (*l*) de la *Lettre de Donat Calas* ou de la fin de l'*Histoire d'Elisabeth Canning*),[55] tout en soulignant le sentiment d'horreur qu'ils peuvent légitimement soulever.

Par ailleurs, il se laisse volontiers entraîner à quelque déformation efficace sur le plan de la polémique soulevée et susceptible de renforcer la réaction indignée du public. Dans l'article 'Crimes' des *Questions sur l'Encyclopédie*, il joue du mode de la transposition et les effets de liberté et d'invention qui en résultent le conduisent à composer un récit tendancieux. La scène est censée se dérouler à Notre-Dame de Lorette (le choix n'est pas le fruit du hasard!) et les impiétés commises ont trait au miracle de 'la translation de la *santa casa*'. A la faveur de ce décor italien, le rôle moteur dans l'orientation du procès revient non plus à un amoureux éconduit et jaloux, mais à un 'fanatique', et tout le récit s'ordonne autour du thème exclusif de la religion: la chanson scandaleuse a été composée par un huguenot, le conflit entre le Parlement et le clergé devient un conflit entre deux Eglises rivales... Comme échauffé par sa fiction, Voltaire en vient à modifier l'ordre des

[53] Ce juge est particulièrement malmené dans *Le Cri du sang innocent*.
[54] On pense aux opuscules écrits à l'occasion de l'affaire du comte de Morangiès: *Essai sur les probabilités en fait de justice* et *Nouvelles probabilités en fait de justice* (1772), *OCV*, t.74A, p.243-414.
[55] Voir *OCV*, t.56B, p.174, 367-68.

différentes phases du supplice, reportant la torture après la mutilation de la langue de sorte que le condamné, soumis à la question, ne peut plus répondre que par 'signes'! Et alors que la torture est, on le sait, destinée à la révélation des complices, elle est, en la circonstance, appliquée pour que la justice apprenne le nombre de couplets de la chanson incriminée![56] Profitant d'un élargissement final d'ordre réflexif, Voltaire va jusqu'à accuser les juges de sadisme et reprocher aux bourreaux un entrain joyeux dans l'accomplissement de leur fonction.[57]

Ajoutons que l'arme de l'ironie, absente de la *Relation*, peut, à l'occasion, être employée. Les juges, dont Voltaire ne cache pas plus que dans la *Relation* l'ignorance, la sottise et la faiblesse, sont, par le biais de l'antiphrase, travestis en Solons et en Lycurgues ('Supplices'), en sénateurs romains ('Torture') ou en Rhadamantes (*Prix de l'humanité et de la justice*). Par l'effet du même procédé, la sentence de mort se trouve pleinement justifiée: dans l'article 'Crimes', Voltaire feint, par la bouche d'un des juges mis en scène, de minimiser les actes tels que le viol, l'assassinat, l'anthropophagie, et de grossir à l'extrême la gravité de l'irrévérence commise; les premiers ne concernent-ils pas en effet seulement les rapports entre les hommes tandis que la seconde met en jeu la relation avec Dieu?

6. *L'affaire La Barre de la Révolution à nos jours*

En dépit des efforts entrepris par Voltaire à partir de 1774 pour aider d'Etallonde à obtenir des lettres de grâce qui auraient permis à l'officier prussien de redevenir capable d'hériter, ce n'est qu'en octobre 1788 que seront données à Versailles, en faveur du compagnon du chevalier, des lettres d'abolition et d'extinction,

[56] Dans l'article 'Torture', il s'agit de savoir le nombre de chansons et celui des processions.

[57] Un effet de travestissement est également opéré dans *L'Homme aux quarante écus* (transposition orientale: il s'agit d'une 'procession de lamas') ou dans l'article 'Blasphème' des *Questions sur l'Encyclopédie* (la scène est censée se dérouler dans la ville phénicienne de Tyr).

entérinées par la Grand-Chambre le 2 décembre suivant. Après avoir rempli les formalités d'usage, en particulier l'agenouillement devant 'Messieurs', d'Etallonde rentrera en France et s'établira à Amiens.

Quant à la réhabilitation des deux condamnés d'Abbeville, elle ne sera prononcée que sous la Révolution. [58] Le 25 brumaire An II, la Convention adopte en effet à l'unanimité le décret suivant:

Art. 1er. Le jugement prononcé par le ci-devant parlement de Paris le [4] juin 1766 contre la Barre et d'Etallonde, dit de Morival, est anéanti.

Art. 2. La mémoire de La Barre et d'Etallonde, dit de Morival, victimes de la superstition et de l'ignorance, est réhabilitée.

Art. 3. Les héritiers de La Barre et d'Etallonde, dit de Morival, sont autorisés à se mettre en possession des biens qui appartenaient à ces infortunés.

Art. 4. En cas de vente, une somme égale à celle du produit sera comptée sans délai auxdits héritiers par la trésorerie publique.

On retiendra l'expression 'victimes de la superstition et de l'ignorance', car telle est bien la signification que la postérité a retenue de l'aventure. Même si nous ne devons pas oublier que certains éléments extérieurs à l'œuvre directe de la religion ont joué dans l'issue dramatique de l'affaire, du rôle déterminant de Belleval, poussé par des motifs personnels, à l'opportunisme politique du Parlement de Paris désireux de se dédouaner du soupçon de sacrifier la religion à sa haine contre les évêques en passant par les préventions et les maladresses des juges, il faut reconnaître que l'exécution du chevalier est restée comme le témoignage des méfaits horribles et aveugles de la superstition précisément combattue par la philosophie du siècle. Le sort du *Dictionnaire philosophique portatif* condamné à être brûlé avec le corps du chevalier y a évidemment aidé ainsi que la campagne de Voltaire illustrée par la *Relation* et aussi par la Requête au Roi de 1775. Les vices de la

---

[58] En 1789, la noblesse de Paris demanda dans ses cahiers la réhabilitation du chevalier de La Barre.

procédure, la légèreté des motifs du jugement et, en regard, l'atrocité de la peine prononcée par des magistrats subalternes et confirmée par l'instance supérieure, l'attitude courageuse de La Barre encore si jeune au moment du supplice ont tendu à faire du chevalier le type de la victime dans le cadre général de la lutte contemporaine des Lumières philosophiques contre les forces conservatrices inspirées par les croyances traditionnelles.

On ne s'étonne pas qu'au début du vingtième siècle, à une période marquée par une vive réaction contre l'Eglise, on ait songé à rappeler le souvenir de celui qui, condamné pour impiétés, souffrit une mort cruelle et ignominieuse qu'il n'avait pas méritée. Le 3 septembre 1905, une statue est érigée, à l'initiative d'un groupe de libres-penseurs, sur la colline de Montmartre en l'honneur du chevalier. Elevée face à la Basilique du Sacré Cœur, portant l'inscription 'Supplicié le 1er juillet 1766 pour n'avoir pas salué une procession', elle est, en 1926, transférée dans un square voisin. Fondue pendant la deuxième guerre mondiale en 1941, elle a été remplacée, le 24 février 2001, par une nouvelle statue, qui représente non plus, comme précédemment, La Barre supplicié avec le *Dictionnaire philosophique*, mais un jeune homme souriant, mains dans les poches et coiffé d'un chapeau – rappel de l'attitude de défi et de provocation le jour de la procession de la Fête-Dieu de juin 1765.

Signalons aussi qu'en 1907, un monument fut construit à Abbeville avec ces termes gravés: 'Monument élevé par le Prolétariat à l'émancipation intégrale de la pensée humaine'; la formule peut quelque peu surprendre, mais elle témoigne du symbolisme attaché, grâce à Voltaire notamment, à la catastrophe de 1765-1766: la leçon à tirer de la triste et scandaleuse aventure reste celle d'un appel toujours actuel à la raison et à l'humanité.

7. *Choix du texte*

Notre choix du texte de base ne saurait s'opérer qu'entre les deux éditions de 1768: celle d'Amsterdam et celle de Genève.

En présence d'une œuvre de combat suscitée par l'événement, il est souvent intéressant de retenir la première édition qui permet de saisir la parole voltairienne comme dans son jaillissement. Mais, ne l'oublions pas, la première édition de la *Relation* paraît plus de dix-huit mois après les faits rapportés et commentés, et, même si Voltaire est alors aussi passionné qu'il l'était aux premiers jours, il n'en reste pas moins que le texte de l'édition de Hollande n'a ni l'intérêt ni la portée qu'il aurait eus s'il avait été répandu au lendemain même du 5 juin 1766.

Dite 'nouvelle édition', qualifiée de 'très exacte', l'édition de Genève présente avec celle d'Amsterdam des différences non négligeables et qui semblent bien tenir compte des modifications apportées par l'auteur: désir d'un perfectionnement de l'écriture (platitudes, redoublements d'expressions, répétitions évitées), souci de l'exactitude des témoignages retranscrits, volonté d'atté-nuation des griefs lancés contre les jeunes gens (les chansons ne sont plus 'impies', elles sont seulement 'libertines'), accentuation de la dénonciation sur le plan judiciaire et religieux (effet 'meurtrier' de la pratique honnie du monitoire, satire antimona-cale). C'est pourquoi nous choisissons cette 'nouvelle édition' comme texte de base. Précisons d'ailleurs que, si la *Relation* insérée à la suite du *Catéchumène* (s.l.n.d.) reproduit l'édition d'Amster-dam, c'est l'édition de Genève qui est à la source des réimpressions ultérieures. On la retrouve dans le volume qu'ouvre *La Canonisa-tion de saint Cucufin* (Amsterdam, 1769), dans le recueil des *Choses utiles et agréables* (t.1, Berlin, 1769), comme dans le tome 30 de l'édition de Kehl. Les modifications qu'elle contient sont égale-ment retenues par les *Questions sur l'Encyclopédie* (septième partie, 1771) ou encore par l'*Histoire du Parlement de Paris* (1777), bien qu'un certain nombre de différences puissent, dans ces deux ouvrages, être relevées par ailleurs.

Les variantes que nous mentionnons sont empruntées à l'en-semble de ces textes. Nous ne nous référons pas au *Recueil intéressant sur l'affaire de la mutilation du crucifix d'Abbeville*, publié en 1776 par L. A. Devérité. L'édition Moland, il est vrai, fait état de certaines variantes tirées de ce *Recueil*. Mais, de toute façon, le final de la *Relation* tel que le présentent les *Questions sur l'Encyclopédie* est le même que celui que retient L. A. Devérité.

8. *Editions*

68A

RELATION / *De la mort du Chevalier* / DE LA BARRE / *par Mr.* CASS*** *Avocat au* / *Conseil du Roi,* / à Mr. le Marquis DE BECCARIA. / [*filet maigre-gras-maigre,* 65 *mm*] / Le 15. Juillet 1766.

8°. sig. A⁸ B⁴ [$5, en chiffres arabes, -B4], pag. 24, réclames par page.

Cette édition fut publiée par Marc-Michel Rey à Amsterdam en 1768.

L'exemplaire de *La Relation* que nous avons consulté fait partie d'un recueil factice. Une page a été insérée avant *La Relation*: au recto sont écrits à la plume les titres des pièces contenues dans le recueil; le verso est blanc. Les pièces qui suivent *La Relation* sont paginées chacune séparément.

Bengesco 1722, BnC 4195.

Paris, BnF: Rés. Z Beuchot 70 (1), Rés. Z Beuchot 75 bis (4).

CAT68

LE / CATHÉCUMÈNE. [*sic*]

8°. sig. A-E⁸ F⁴ [$5, en chiffres arabes], pag. 87, réclames par cahier.

1-28 Le Catéchumène; 29-46 Relation de la mort du chevalier de La Barre; 47-70 Relation du bannissement des jésuites de la Chine; 71-87 Sermon prêché à Basle, le premier jour de l'an 1768, par Josias Rossette, ministre du St. Evangile.

[*titre de départ*] RELATION / *De la mort du Chevalier* / DE LA BARRE / *par Mr.* CASS** *Avocat au Conseil du Roi,* / à Mr. le Marquis DE BECCARIA./ [*filet,* 71 *mm*] / Le 15. Juillet 1766.

Edition publiée en 1768 par Marc-Michel Rey à Amsterdam. Le texte de *La Relation de la mort du chevalier de La Barre* est identique à celui de

68A, à deux petites différences près: ligne 178 de notre édition: 'accumula' au lieu de 'cumula'; ligne 350: 'entre les ais' au lieu de 'entre des ais'.

Reliés avec *Le Catéchumène* et la *Relation* dans le volume que nous avons consulté sont deux textes, chacun à pagination distincte: [1]-30 Fragment des instructions pour le prince royal de ***; [1]-48 Etrennes aux désœuvrés.

Bengesco 2409n, BnC 2877.

Paris, BnF: Rés. Z Beuchot 303 (3).

68G

[*faux titre*] RÉLATION / DE LA MORT / *DU CHEVALIER* / DE LA BARRE. / [*filet, 69 mm*] / *NOUVELLE EDITION*, / TRÈS EXACTE.

[*page de titre*] RÈLATION / DE LA MORT / *DU CHEVALIER* / DE LA BARRE, / Par MONSIEUR CASS*** / *Avocat au Conseil du* ROI, *à* Mr. / *le Marquis* DE BECCARIA, / *écrite en* 1766. / NOUVELLE EDITION. / [*ornement typographique*] / A AMSTERDAM, / [*filet gras-maigre, 70 et 66 mm*] / 1768.

[*titre de départ*] [*ornement typographique rectangulaire, 75 x 23 mm*] / RÉLATION / DE LA MORT / *DU CHEVALIER* / DE LA BARRE, / *Par* MONSIEUR CASS*** *Avocat* / *au Conseil du* ROI, *à* *Monsieur* / *le Marquis* DE BECCARIA, / *écrite en* 1766. / [*filet ornementé, 61 mm*]

8°. sig. A⁸ B⁶ (+χ1) [$4, en chiffres romains]; pag. 30.

[1] faux titre; [2] bl.; [3] titre; [4] bl.; [5]-30 Relation de la mort du chevalier de La Barre.

Edition faite par Grasset à Genève, d'après celle de Marc-Michel Rey (voir D15113). Cette édition est choisie comme texte de base.

Bengesco 1722, BnC 4196.

Paris, BnF: Rés. Z Beuchot 753-755, 8° Ln²⁷ 10619.

CAN69

LA CANONISATION / DE SAINT CUCUFIN / CAPUCIN D'ASCOLI / PAR LE PAPE CLEMENT XIII. / *Et son Apparition au Sr. Avelin,* [*sic*] *Bourgeois de Troyes,* / *mise en lumière par le Sr. Aveline lui-même.* / ET / RÉLATION / DE LA MORT/ *DU CHEVALIER* / DE LA BARRE, / PAR MONSIEUR DE VOL*** / A Mr. le Marquis DE BECCARIA. / [*filets, 38 et 23 mm*] / *A AMSTERDAM,* / [*filet gras-maigre, 84 mm*] / 1769.

[*titre de départ*] [*filet maigre-gras-maigre, 84 mm*] / RELATION / DE LA MORT / *DU CHEVALIER* / DE LA BARRE, / *Par* MONSIEUR CASS*** *Avocat au Conseil du* ROI, / *à Monsieur le Marquis* DE BECCARIA.

8°. sig. π A⁸ B⁸ (+χι, 2) [$4, en chiffres arabes, -B4, +B5], pag. 36, réclames par page.

[i] titre; [ii] bl.; 1-17 La Canonisation de saint Cucufin; 18-36 Relation de la mort du chevalier de La Barre.

Bengesco 1774, BnC 4204.

Paris, BnF: Rés. Z Beuchot 137.

cu69

LES / CHOSES / UTILES / ET AGRÉABLES. / *TOME PREMIER.* / [*ornement typographique*] / *BERLIN,* / [*filet gras-maigre, 68 et 64 mm*] / 1769.

[*faux titre*] LES / *CHOSES* / UTILES / ET AGRÉABLES. / *TOME PREMIER.* /

8° sig. π⁴ A-Y⁸ Z⁴ [$4, en chiffres arabes], pag. '538' [*sic pour 358*].

[i] faux titre; [ii] bl.; [iii] titre; [iv] bl.; [v]-vii Table des pièces contenues dans ce volume; [1]-265 autres textes; [267] faux titre du Relation de la mort du chevalier de La Barre; [268] bl.; [269]-294 Relation de la mort du chevalier de La Barre; [295]-358 autres textes.

[*faux titre*] RÉLATION / DE LA MORT / *DU CHEVALIER* / DE LA BARRE. / [*filet gras, 70 mm*] / *NOUVELLE EDITION,* / TRÉS EXACTE

[*titre de départ*] [*ornement typographique rectangulaire, 75 x 23 mm*] / RÉLATION / DE LA MORT / *DU CHEVALIER* / DE LA BARRE. / Par MONSIEUR CASS*** *Avocat* / *au Conseil du* ROI, *à*

Monsieur le / Marquis DE BECCARIA, *écrite / en* 1766. / [*filet gras-maigre, 60 et 54 mm*]

Bengesco 1902 et 2221.

Paris, BnF: Rés. Z Beuchot 157 (1), Rés. Z Beuchot 157 bis, Rés. D² 5302 (1).

QE70 (1771)

Questions sur l'Encyclopédie, par des amateurs. [Genève, Cramer] 1770-1772. 9 vol. 8°.

Tome 7 (1771): 279-98 Lettre de Mr. Cass.... à Mr. Beccaria [dans l'article 'Justice'].

L'édition originale des *Questions sur l'Encyclopédie*. Le texte de la *Relation* figure dans l'article 'Justice', sous le titre de 'Lettre de Mr. Cass.... à Mr. Beccaria'. La 'Lettre' est précédée de quelques lignes qui ouvrent l'article (p.278-79), comme suit:

Ce n'est pas d'aujourd'hui que l'on dit que la justice est bien souvent très injuste: *Summum jus summa injuria*, est un des plus anciens proverbes. Il y a plusieurs manières affreuses d'être injuste; par exemple, celle de rouer l'innocent Calas sur des indices équivoques, et de se rendre coupable du sang innocent pour avoir trop cru des vaines présomptions.

Une autre manière d'être injuste, est de condamner au dernier supplice, un homme qui mériterait tout au plus trois mois de prison. Cette espèce d'injustice est celle des tyrans, et surtout des fanatiques, qui deviennent toujours tyrans dès qu'ils ont la puissance de mal faire.

Nous ne pouvons mieux démontrer cette vérité que par la lettre qu'un célèbre avocat au conseil écrivit en 1766 à Mr. le marquis de Beccaria, l'un des plus célèbres professeurs de jurisprudence qui soient en Europe.

Bengesco 1408, BnC 3597.

Paris, BnF: Z24732.

RI76

RECUEIL INTÉRESSANT, / Sur l'affaire de la mutilation du / CRUCIFIX D'ABBEVILLE, / arrivée le 9 Août 1765, & sur la / mort du Chevalier DE LA BARRE / POUR SERVIR DE

SUPPLEMENT / AUX CAUSES CELEBRES. / A LONDRES
[Abbeville?] / 1776.

12°. pag. [2]-xvi-197 p.

Le texte paraît sous le titre:

LETTRE / De Monsieur CASSEN, Avocat au / Conseil du Roi, à
Monsieur le / Marquis de BECCARIA. / Le 15 Juillet 1766.

Ce volume contient aussi *Le Cri du sang innocent. Au Roi très chrestien en
son Conseil.*

Paris, BnF: Z Beuchot 1704.

w68 (1777)[59]

Collection complette des œuvres de M. de Voltaire. [Genève, Cramer; Paris,
Panckoucke] 1768-1777. 30 (ou 45) vol. 4°.

Tome 27 (*Mélanges philosophiques, littéraires, historiques, etc.*, tome 5,
1777): 1-318 Histoire du parlement de Paris.

La *Relation* est insérée dans le chapitre 69 de l'*Histoire du Parlement de
Paris* intitulé 'Le parlement mécontente le roi et une partie de la nation,
Son arrêt contre le chevalier de la Barre et contre le général Lalli'. Elle
correspond aux pages 299-314. Le chapitre s'ouvre sur ces deux
paragraphes:

Qui pouvait croire alors que dans peu de temps le parlement éprouverait
le même sort que les jésuites? Il fatiguait depuis plusieurs années la
patience du roi, et il ne se concilia pas la bienveillance du public par le
supplice du chevalier de la Barre, et par celui du général Lalli.

On ne peut mieux faire, pour l'instruction du genre humain, que de
rapporter ici la lettre d'un vertueux avocat du conseil à monsieur de
Beccaria, le plus célèbre jurisconsulte d'Italie.

Bengesco 2137, Trapnell 68, BnC 141-44.

Paris, BnF: Rés. m Z 587 (27).

[59] Sur les éditions collectives des œuvres de Voltaire, voir William G. Trapnell,
'Survey and analysis of Voltaire's collective editions, 1728-1789', *SVEC* 77 (1970),
p.103-99.

K

Œuvres complètes de Voltaire. [Kehl] Société littéraire-typographique, 1784-1789. 70 vol. 8°.

Tome 30 (*Politique et législation*, tome 2): [309: *page de titre*] Relation de la mort du chevalier de La Barre. 1766.; [310]-314 Avertissement des éditeurs sur les deux ouvrages suivants; [315]-332 Relation de la mort du chevalier de La Barre, Par M. Cassen, avocat au conseil du roi, à M. le marquis de Beccaria, écrite en 1766.

Voici l'"Avertissement des éditeurs' relatif à la *Relation* et aussi au *Cri du sang innocent* qui suit celle-ci:

Nous nous permettrons quelques réflexions sur l'horrible événement d'Abbeville, qui, sans les courageuses réclamations de M. de Voltaire et de quelques hommes de lettres, eût couvert d'opprobre la nation française aux yeux de tous ceux des peuples de l'Europe qui ont secoué le joug des superstitions monacales.

Il n'existe point en France de loi qui prononce la peine de mort contre aucune des actions imputées au chevalier de La Barre.

L'édit de Louis XIV contre les blasphémateurs ne décerne la peine d'avoir la langue coupée qu'après un nombre de récidives qui est presque moralement impossible: il ajoute que *quant aux blasphèmes énormes qui, selon la théologie, appartiennent au genre de l'infidélité*, les juges pourront punir même de mort.

1° Cette permission de tuer un homme n'en donne pas le droit; et un juge qui, autorisé par la loi à punir d'une moindre peine, prononce la peine de mort, est un assassin et un barbare.

2° C'est un principe de toutes les législations qu'un délit doit être constaté: or il n'est point constaté au procès qu'aucun des prétendus blasphèmes du chevalier de La Barre appartienne, *suivant la théologie, au genre de l'infidélité*. Il fallait une décision de la Sorbonne, puisqu'il est question dans l'édit de prononcer *suivant la théologie*, comme il faut un procès-verbal de médecins dans les circonstances où il faut prononcer *suivant la médecine*.

Quant au *bris d'images*, en supposant que le chevalier de La Barre en fût convaincu, il ne devait pas être puni de mort. Une seule loi prononce cette peine: c'est un édit de pacification donné par le chancelier de L'Hospital sous Charles IX, et révoqué bientôt après. En jugeant de l'esprit de cette loi par les circonstances où elle a été faite, par l'esprit qui l'a dictée, par les intentions bien connues du magistrat humain et éclairé qui l'a rédigée, on voit que son unique but était de prévenir les querelles sanglantes que le zèle imprudent de quelque protestant aurait pu allumer entre son parti et celui des partisans de l'Eglise romaine. La durée de cette loi devait-elle s'étendre au delà des troubles qui pouvaient en excuser la dureté et l'injustice? C'est à peu près comme si on punissait de mort un homme qui est sorti d'une ville sans permission, parce que cette ville étant assiégée il y a deux cents ans, on a défendu d'en sortir sous peine de mort, et que la loi n'a point été abrogée.

D'ailleurs la loi porte, *et autres actes scandaleux et séditieux*, et non pas scandaleux *ou* séditieux: donc pour qu'un homme soit dans le cas de la loi, il faut que le scandale qu'il donne soit aggravé par un acte séditieux qui est un véritable crime. Ce n'est pas le scandale que le vertueux L'Hospital punit par cette loi, c'est un acte séditieux qui était alors une suite nécessaire de ce scandale. Ainsi, lorsque l'on punit dans un temps de guerre une action très légitime en elle-même, ce n'est pas cette action qu'on punit, mais la trahison qui dans ce moment est inséparable de cette action.

Il est donc trop vrai que le chevalier de La Barre a péri sur un échafaud, parce que les juges n'ont pas entendu la différence d'une particule disjonctive à une particule conjonctive.

La maxime de Zoroastre, *dans le doute abstiens-toi*, doit être la loi de tous les juges; ils doivent, pour condamner, exiger que la loi qui prononce la peine, soit d'une évidence qui ne permette pas le doute; comme ils ne doivent prononcer sur le fait qu'après des preuves claires et concluantes.

Le dernier délit imputé au chevalier de La Barre, celui de *bris d'images*, n'était pas prouvé: l'arrêt prononce *véhémentement suspecté*. Mais si on entend ces mots dans leur sens naturel, tout arrêt qui les renferme ordonne un véritable assassinat; ce ne sont pas les gens *soupçonnés* d'un crime, mais ceux qui en sont *convaincus*, que la société a droit de punir. Dira-t-on que ces mots *véhémentement suspecté* indiquent une véritable preuve, mais moindre que celle qui fait prononcer que l'acccusé est *atteint et convaincu*? Cette explication indiquerait un système de jurisprudence bien barbare; et si on ajoutait qu'on punit un homme, moitié pour une action dont il est convaincu, moitié pour celle dont on dit qu'il est véhémentement suspecté, ce serait une confusion d'idées bien plus barbares encore.

Observons de plus que dans ce procès criminel non seulement les juges ont interprété la loi, usage qui peut être regardé comme dangereux, mais qu'ils ont donné à cette interprétation secrète un effet rétroactif, en l'appliquant à un crime commis antérieurement, ce qui est contraire à tous les principes du droit public; que la question de l'interprétation de la loi n'a pas été jugée séparément de la question, sur le fait; qu'enfin cette interprétation d'une loi, dans le sens de la rigueur, pouvait, suivant cette manière de procéder, être décidée par une pluralité de deux voix, et l'a été réellement d'un cinquième. Et l'on s'étonnerait encore qu'indépendamment de toute idée de tolérance, de philosophie, d'humanité, de droit naturel, un tel jugement ait soulevé tous les hommes éclairés d'un bout de l'Europe à l'autre!

Bengesco 2142, Trapnell K, BnC 164-169.

Paris, BnF: Rés. p Z 2209 (30).

9. *Principes de l'édition*

L'édition retenue comme texte de base est, nous l'avons dit, l'édition séparée 68G qui présente des corrections dues, selon toute vraisemblance, à Voltaire. Les variantes sont empruntées à la première édition (68A) et aux éditions CAN69, CU69, QE70, W68 et K, qui ne sont pas sans présenter un intérêt du point de vue textuel. Elles ne portent pas sur les différences de ponctuation ni d'orthographe des noms propres. Nous respectons dans le texte de base l'orthographe des noms de lieux et de personnes. Nous respectons fidèlement la ponctuation originale. La seule modification apportée concerne la suppression du point qui peut suivre un chiffre.

Les aspects suivants de l'orthographe et de la grammaire ont été modifiés selon l'usage moderne.

1. Consonnes

— La consonne *m* était employée dans: solemnelle.
— La consonne *p* n'était pas employée dans: tems (mais aussi: temps).
— La double consonne *ph* était employée dans: prophanateur.
— La consonne *s* était employée dans: exclus (singulier), guères (adverbe).

— La consonne *t* n'était pas employée dans les syllabes finales -*ans* et -*ens*: agrémens, commandemens (mais aussi: commandements), empoisonnemens, enfans (mais aussi: enfants), intelligens, raisonnemens. Elle était employée au lieu de *d* dans: échafaut.
— La consonne *z* était employée au lieu de *s* dans: baze, hazard.
— La double consonne était employée dans: apperçut, imbécille, jetta, jettait, jetté, Persanne, rappeller, rappellèrent, renouvella, secrettes, tourriére (mais aussi: touriére).
— Une seule consonne était employée dans: agravantes, charette, échapé(s), raport, suplice (mais aussi: supplice), suplie.

2. Voyelles
— *a* employé au lieu de *e* dans: avanture.
— *e* final absent dans: encor.
— *i* employé au lieu de *y* dans: tirannique.
— *y* employé au lieu de *i* dans: ayent, yvre(s), yvrognes.

3. Accents
Accent aigu:
— absent dans: célebrité, Carmelites, deshonoré, designe, recolement, recuser.
— présent dans: écclésiastique, Rélation.
— employé au lieu de l'accent grave dans: entiére, entiérement, légérement, légéreté(s), maniére, premiére, réguliéres, secrétement, singuliéres, sixiéme, touriére.

Accent grave:
— absent dans: a diner, secrettes.

Accent circonflexe:
— absent dans: ame, brulé, diner, eutes-vous, idolatrie.
— présent dans: crû, nôtre (adj.), pû, trâme, vôtre (adj.), vû.
— employé au lieu de l'accent aigu dans: chrêtien(nes).
— employé au lieu de l'accent grave dans: blasphêmes.

4. Trait d'union
— employé dans: aussi-tôt, Procureur-Général, trés-souvent.
— absent dans: au dessous, au dessus, ce temps là.

5. Majuscules

— Abbesse, Ambassadeur, Août, Archers, Archevêque, Armées, Avo-
cat(s), Bourgeois (mais aussi: bourgeois), Capitoul, Cardinal, Catho-
lique (adj.), Chancelier, Chevalier, Chrêtien(nes), Cité, Codes,
Compagnie (de Cavalerie), Confesseur, Conseiller, Couvent,
Dame, Déclaration, Dieu de pâte (un), Dominicain, Eglise, Election,
Evêque, Eucharistie, Février, Généraux (subst.), Juge, Juifs, Juillet,
Juin, Jurisconsulte, Jurisprudence, Justice (mais aussi: justice),
Lieutenant, Madame, Magicien, Magistrat, Magistrature, Maréchal,
Marquis, Ministre, Monitoire, Mortier, Nonce, Officier, Ordonnance,
Paroisse, Président, Prêtre, Procureur-Général, Putain, Réformée,
Régiment, Religieux, Religion, Roi, Romaine (adj.), Sénéchaussée,
Septembre, Société (mais aussi: société), Sœur, Taille, Tante (mais
aussi: tante), Temple, Touriére, Tribunal (Tribunaux), Ville(s).

6. Miniscule

— (crime) d'état

7. Points de grammaire

— pluriel en x dans: loix.
— pluriel employé dans l'expression: à coups de couteaux.

8. Divers

— cahos pour chaos.
— Enfants Jesu pour Enfants Jésus.
— &tc. pour etc.
— abréviations: Mr., Sr., Srs., St., Ste. deviennent M., sieur, sieurs, saint,
sainte.

RELATION DE LA MORT *DU CHEVALIER* DE LA BARRE, *Par* MONSIEUR CASS***
Avocat au Conseil du ROI, *à Monsieur le Marquis* DE BECCARIA, *écrite en* 1766

Il semble, Monsieur, que toutes les fois qu'un génie bienfaisant cherche à rendre service au genre humain, un démon funeste s'élève aussitôt pour détruire l'ouvrage de la raison.

A peine eûtes-vous instruit l'Europe par votre excellent livre sur les Délits et les Peines, [1] qu'un homme qui se dit jurisconsulte écrivit contre vous en France. [2] Vous aviez soutenu la cause de l'humanité, et il fut l'avocat de la barbarie. C'est peut-être ce qui a préparé la catastrophe du jeune chevalier De La Barre, âgé de dix-neuf ans, [3]

5

---

5   w68: écrit

[1] *Dei delitti et delle pene* de Cesare Bonesana marchese di Beccaria paraît en 1764 sous la fausse adresse de Monaco, 112 p. in-8° (imprimé sans doute à Livourne); une 'edizione seconda rivista e corretta' paraît la même année sous la même adresse. L'ouvrage est traduit en français d'après la troisième édition (Lausanne, 1765) par l'abbé Morellet (*Traité des délits et des peines*, Lausanne, Paris, 1766), commenté par Voltaire (*Commentaire sur le livre 'Des délits et des peines' par un avocat de province*, Genève, 1766), loué par les philosophes, traduit dans les diverses langues de l'Europe. L'épithète 'excellent' lui est fréquemment appliqué par Voltaire épistolier (D13404, D13451).

[2] Allusion possible à la *Réfutation des principes hasardés dans le 'Traité des délits et des peines' traduit de l'italien* (Lausanne, Paris, 1767) de Pierre-François Muyart de Vouglans (1713-1791), avocat au parlement de Paris depuis 1741, spécialiste de la législation criminelle de France. Contrairement à ce que pense Beuchot, ce n'est pas parce que cet auteur est cosignataire de la Consultation du 27 juin 1766 (voir ci-dessous, n.85, et *Le Cri du sang innocent*) que Voltaire ne saurait ici faire allusion à cette *Réfutation*.

[3] Fils de Jean-Baptiste-Alexandre Lefebvre, chevalier, seigneur de La Barre, et de Claude-Charlotte La Niepce, François-Jean est né le 12 septembre 1745 au château de La Barre, paroisse de Férolles, commune de Brie-Comte-Robert. Il n'aura pas encore 21 ans lors de son exécution. La *Correspondance littéraire* (15 juillet 1766, t.7, p.78) joue, elle, de l'opposition entre le livre de Beccaria et la

et du fils du président De Talonde qui n'en avait pas encore dix-huit.[4]

Avant que je vous raconte, Monsieur, cette horrible aventure qui a indigné l'Europe entière (excepté peut-être quelques fanatiques ennemis de la nature humaine) permettez-moi de poser ici deux principes que vous trouverez incontestables.

1°. Quand une nation est encore assez plongée dans la barbarie pour faire subir aux accusés le supplice de la torture, c'est-à-dire pour leur faire souffrir mille morts au lieu d'une, sans savoir s'ils sont innocents ou coupables; il est clair au moins qu'on ne doit point exercer cette énorme fureur contre un accusé quand il convient de son crime, et qu'on n'a plus besoin d'aucune preuve.

2°. Il est aussi absurde que cruel de punir les violations des usages reçus dans un pays, les délits commis contre l'opinion régnante, et qui n'ont opéré aucun mal physique, du même supplice dont on punit les parricides et les empoisonneurs.[5]

---

12 QE70: qui excite l'étonnement et la pitié de l'Europe entière (excepté peut-être de quelques

15-16 QE70: assez attachée aux anciens usages pour

19 QE70: cette cruauté contre

21 QE70: Il est contre la nature des choses de

'catastrophe' d'Abbeville: 'Voilà les premiers fruits que nous recueillons du livre *Des Délits et des peines*. On dirait qu'à chaque réclamation un peu remarquable des droits de l'humanité, le génie de la cruauté se déchaîne, et, pour en faire sentir l'inutilité, suggère à ses suppôts de nouveaux actes de barbarie.'

[4] Jacques-Marie-Bertrand, quatrième fils de Louis-Joseph Gaillard, seigneur de Boëncourt, Framicourt le Grand et Morival, second président au Présidial d'Abbeville par provisions du 24 mars 1731, et d'Angélique d'Auberville. Par sa fonction et sa fortune, le père est une notabilité d'Abbeville.

[5] La peine des parricides est celle de la roue: 'Avant que de les mettre sur la roue, on leur fait faire une amende honorable et on leur coupe le poing.' Les empoisonneurs, eux, 'sont condamnés au dernier supplice et leurs corps brûlés après leur mort' (Domat, *Les Lois civiles dans leur ordre naturel; le droit public et Legum delectus*, nouvelle éd., Paris, 1777, t.2, p.209-10). Aux crimes du parricide et du poison, Voltaire oppose ce qu'il appelle dans le *Dictionnaire philosophique* les 'délits locaux' selon le titre de l'article publié en 1767. La même indignation devant

Si ces deux règles ne sont pas démontrées, il n'y a plus de lois, il n'y a plus de raison sur la terre; les hommes sont abandonnés à la plus capricieuse tyrannie, et leur sort est fort au-dessous de celui des bêtes. 25

Ces deux principes établis, je viens, Monsieur, à la funeste histoire que je vous ai promise.

Il y avait dans Abbeville, petite cité de Picardie, une abbesse, fille d'un conseiller d'Etat très estimé; c'est une dame aimable, de mœurs très régulières, d'une humeur douce et enjouée, bien-faisante, et sage sans superstition.[6] 30

Un habitant d'Abbeville nommé Belleval, âgé de soixante ans, vivait avec elle dans une grande intimité, parce qu'il était chargé de quelques affaires du couvent; il est lieutenant d'une espèce de petit tribunal qu'on appelle l'Election,[7] si on peut donner le nom de tribunal à une compagnie de bourgeois, uniquement préposés pour régler l'assise de l'impôt appelé la taille.[8] Cet homme devint amoureux de l'abbesse, qui ne le repoussa d'abord qu'avec sa douceur ordinaire, mais qui fut ensuite obligée de marquer son aversion et son mépris pour ses importunités trop redoublées. 35 40

32   QE70: mœurs au fond très
34   QE70: nommé B***

---

une telle identité de peines est souvent exprimée dans la correspondance des mois de juillet et d'août 1766 (D13405, D13410, D13518). Voltaire revendique ici implicite-ment la nécessaire proportion de la peine au délit et au crime (voir *Dictionnaire philosophique*, article 'Supplices', et *Prix de la justice et de l'humanité*).

[6] Fille d'Anne-Antoinette Lefebvre (petite-fille du lieutenant-général Antoine Lefebvre de La Barre) et d'André-Denis Feydeau, écuyer du roi, seigneur d'Estréelles, Anne-Marguerite Feydeau gouverne à Abbeville l'abbaye royale de Willancourt (ordre de Citeaux) depuis le 23 août 1761. Elle est apparentée à la famille ministérielle des Brou et Marville. Elle semble avoir été une abbesse plutôt 'mondaine'.

[7] Charles-Joseph Dumaisniel, seigneur de Saint-Léger et de Belleval, lieutenant en l'Election de Ponthieu dont il fait aussi fonction de président (la présidence étant depuis longtemps à vendre), est alors âgé de 59 ans. Riche, il est l'un des notables d'Abbeville dont il a été le maïeur en 1757.

[8] Du ressort de l'Election qui compte huit conseillers élus dépendent, pour l'administration de la taille, 186 paroisses.

Elle fit venir chez elle dans ce temps-là en 1764[9] le chevalier De La Barre son neveu,[10] petit-fils d'un lieutenant-général des armées,[11] mais dont le père avait dissipé une fortune de plus de quarante mille livres de rente:[12] elle prit soin de ce jeune homme, comme de son fils, et elle était prête de lui faire obtenir une compagnie de cavalerie: il fut logé dans l'extérieur du couvent,[13] et madame sa tante lui donnait souvent à souper, ainsi qu'à quelques jeunes gens de ses amis. Le sieur Belleval, exclu de ces soupers, se vengea en suscitant à l'abbesse quelques affaires d'intérêt.

45

50

43   w68: En 1764, l'abbesse d'un couvent fit venir chez elle dans ce tems-là le chevalier

50   QE70: Le Sieur B***

50-54   w68: amis. ¶Un citoyen d'Abbeville, brouillé avec l'abbesse pour des affaires d'intérêt, résolut

[9] En fait au cours du printemps 1762 après la mort, le 6 février 1762, du père du chevalier. La mère, elle, est morte en 1754 à 45 ans, alors que l'enfant n'a que 9 ans. François-Jean se rend à Abbeville avec son frère Jacques-François, reçu garde du corps du roi en 1760 et qui, après l'exécution de son cadet, sera contraint de s'expatrier et deviendra capitaine dans la légion de Saint-Domingue en 1766.

[10] Elle est en réalité sa cousine germaine puisque sa mère et le père de François-Jean sont tous deux enfants de François Lefebvre de La Barre (fils d'Antoine) et de Marguerite Dumont.

[11] Il est l'arrière-petit-fils (et non le petit-fils) d'Antoine Lefebvre de La Barre, maître des requêtes, intendant du Bourbonnais, qui, après avoir créé une société pour l'exploitation de 'l'île de Cayenne et terre ferme de l'Amérique' (il séjourne à Cayenne en 1664-1665), est nommé par Louis XIV lieutenant-général à l'occasion du conflit qui oppose la France à l'Angleterre en 1666 aux Antilles (il composera ou inspirera une *Relation de ce qui s'est passé dans les isles et terre ferme de l'Amérique pendant la dernière guerre avec l'Angleterre*, 1671). En 1682, il est nommé gouverneur du Canada; de retour en France en 1685, il meurt le 4 mai 1688.

[12] François Lefebvre de La Barre, mort le 28 février 1727, laisse à Jean-Baptiste-Alexandre et à sa sœur Anne-Antoinette une fortune importante. Mais Jean-Baptiste-Alexandre qui se marie le 29 janvier 1738 est bientôt entraîné sur la pente de la ruine, notamment à la suite des mauvaises affaires faites par sa belle-famille. Lorsqu'il meurt, il est couvert de dettes (voir M. Chassaigne, *Le Procès du chevalier de La Barre*, Paris, 1920, p.16 et suiv.).

[13] 'Dans une chambre en la cour du dehors de la clôture de l'abbaye', ms. Siffait, conservé à la Bibliothèque d'Abbeville et cité par Chassaigne, *Le Procès du chevalier*, p.39.

Le jeune La Barre prit vivement le parti de sa tante, et parla à cet homme avec une hauteur qui le révolta entièrement.[14] Belleval résolut de se venger; il sut que le chevalier De La Barre et le jeune Talonde fils du président de l'Election avaient passé depuis peu devant une procession sans ôter leur chapeau: c'était au mois de juillet 1765.[15] Il chercha dès ce moment à faire regarder cet oubli momentané des bienséances comme une insulte préméditée faite à la religion. Tandis qu'il ourdissait secrètement cette trame, il arriva malheureusement que le 9 août de la même année on s'aperçut que le crucifix de bois posé sur le pont neuf d'Abbeville était endommagé, et l'on soupçonna que des soldats ivres avaient commis cette insolence impie.[16]

Je ne puis m'empêcher, Monsieur, de remarquer ici qu'il est peut-être indécent et dangereux d'exposer sur un pont ce qui doit être révéré dans un temple catholique; les voitures publiques peuvent aisément le briser ou le renverser par terre. Des ivrognes peuvent l'insulter au sortir d'un cabaret, sans savoir même quel excès ils commettent. Il faut remarquer encore que ces ouvrages

53-54   QE70: B*** résolut

[14] Dans le *Recueil intéressant sur l'affaire de la mutilation du crucifix d'Abbeville, arrivée le 9 août 1765, et sur la mort du chevalier de La Barre pour servir de supplément aux causes célèbres* (Londres, 1776), Louis-Alexandre Devérité (1743-1818), avocat, imprimeur, auteur d'études historiques, reproduisant le *Mémoire à consulter* de Linguet (voir ci-dessous, note 85), rappelle en note le motif de l''animosité personnelle' de Belleval à l'encontre du chevalier: 'La Barre arrivé chez l'abbesse faisait sa société et remplaçait Belleval son voisin. Lequel en fut offensé. Il osa s'en plaindre à l'abbesse dans une lettre que La Barre intercepta. Comme il se trouvait offensé, il crut devoir en proposer la vengeance à Belleval un jour qu'il le rencontra sur le pont des Capucins. Belleval, en ne l'acceptant pas, eut d'autant plus lieu d'en être courroucé qu'il ne lui fut plus permis de voir l'abbesse avec laquelle il était lié d'amitié' (p.58).

[15] Il s'agit de la procession de la Fête-Dieu du 6 juin 1765 qui, aux alentours de midi, sort du prieuré de Saint-Pierre et Saint-Paul et qu'ouvrent les capucins.

[16] La mutilation a lieu dans la nuit du 8 au 9 août 1765. Voir le procès-verbal de cette mutilation en date du 10 août 1765 (An X² B 1392, première pièce). 'Cette action est probablement d'un soldat ivre de la garnison', écrit Voltaire au marquis de Florian le 28 juillet 1766 (D13457).

grossiers, ces crucifix de grand chemin, ces images de la Vierge   70
Marie, ces Enfants Jésus qu'on voit dans des niches de plâtre au
coin des rues de plusieurs villes, ne sont pas un objet d'adoration
tels qu'ils le sont dans nos églises: cela est si vrai qu'il est permis de
passer devant ces images sans les saluer. Ce sont des monuments
d'une piété mal éclairée:[17] et au jugement de tous les hommes   75
sensés, ce qui est saint ne doit être que dans le lieu saint.

Malheureusement l'évêque d'Amiens étant aussi évêque d'Abbeville,[18] donna à cette aventure une célébrité, et une importance
qu'elle ne méritait pas. Il fit lancer des monitoires;[19] il vint faire une
procession solennelle auprès de ce crucifix,[20] et on ne parla dans   80
Abbeville que de sacrilèges pendant une année entière. On disait
qu'il se formait une nouvelle secte qui brisait tous les crucifix, qui
jetait par terre toutes les hosties et les perçait à coups de couteau.
On assurait qu'elles avaient répandu beaucoup de sang. Il y eut des
femmes qui crurent en avoir été témoins. On renouvela tous les   85
contes calomnieux répandus contre les juifs dans tant de villes de

[17] Devérité (*Recueil intéressant*, p.2-4) rappelle que les crucifix exposés dans les rues et sur les ponts (Abbeville en comptait une quinzaine) ont été multipliés à la suite des missions jésuites.

[18] Né à Carpentras le 13 janvier 1683, Louis-François-Gabriel d'Orléans de La Motte, grand vicaire d'Arles, administrateur du diocèse de Senez après la déposition de Jean Soanen, est nommé évêque d'Amiens le 25 août 1733, réputé pour son austère piété et jouissant d'un crédit à Versailles; c'est lui qui a fait appel aux missions des jésuites; lors des affaires de refus de sacrement, il est durement traité par le Parlement (voir Liévin-Bonaventure Proyart, *Vie de M. d'Orléans de La Motte, évêque d'Amiens*, Paris, 1788). La *Correspondance littéraire* le présente comme 'un des plus fanatiques d'entre les évêques de France' (15 juillet 1766, t.7, p.75).

[19] Trois monitoires furent respectivement fulminés les dimanches 18 août, 25 août et 1er septembre 1765. N'oublions pas cependant que l'information a commencé le 13 août et que, dans l'intervalle du 13 au 18 août, les principales dépositions ont déjà été faites.

[20] C'est le 8 septembre que l'évêque procède à une cérémonie expiatoire 'sur la sollicitation et avec l'accord des corps de la ville'. Cette cérémonie (vêpres, sermon, procession, amende honorable prononcée devant le crucifix) à laquelle assistaient le sénéchal et sa compagnie, les magistrats municipaux et une grande foule devait échauffer les esprits et alarmer les consciences (voir Devérité, *Recueil intéressant*, p.11-13).

l'Europe. [21] Vous connaissez, Monsieur, à quel excès la populace porte la crédulité et le fanatisme, toujours encouragés par les moines.

Le sieur Belleval voyant les esprits échauffés confondit mali- 90 cieusement ensemble l'aventure du crucifix et celle de la proces- sion, qui n'avaient aucune connexité. [22] Il rechercha toute la vie du chevalier De La Barre: il fit venir chez lui valets, servantes, manœuvres; il leur dit d'un ton d'inspiré qu'ils étaient obligés en vertu des monitoires, de révéler tout ce qu'ils avaient pu apprendre 95 à la charge de ce jeune homme; ils répondirent tous qu'ils n'avaient jamais entendu dire que le chevalier De La Barre eût la moindre part à l'endommagement du crucifix.

On ne découvrit aucun indice touchant cette mutilation, et même alors il parut fort douteux que le crucifix eût été mutilé 100 exprès. On commença à croire (ce qui était assez vraisemblable) que quelque charrette chargée de bois avait causé cet accident. [23]

88-90 68A: fanatisme. ¶Le sieur
      QE70: fanatisme trop souvent encouragés par quelques moines. ¶Le
Sr. B*** voyant
90 w68: L'ennemi qui avait suscité cette affaire, voyant
100 68A: même il parut alors fort

---

[21] Un jeune homme d'Abbeville aurait rapporté comme un fait récent l'histoire ancienne d'un Juif qui achète une hostie consacrée et la profane (on se souvient de l'histoire qui est à la source de la fondation du couvent des Billettes à Paris). De là des imputations vagues qui courent et dont se fait l'écho le procureur du roi à Abbeville dans sa lettre du 17 août 1765 adressée au procureur général: 'J'apprends dans le moment par l'information qu'on a ouï-dire sur la fin du mois dernier qu'un jeune homme, ayant entendu parler de l'histoire d'un Juif qui avait piqué une hostie dont il était sorti du sang, avait voulu voir si effectivement il en sortirait; qu'en conséquence il avait communié, avait gardé l'hostie, et l'avait piquée; et que voyant qu'il n'en sortait pas de sang, il avait jeté l'hostie à terre, l'avait couverte de crachats et l'avait même polluée' (Paris, BnF: fonds Joly de Fleury 418, dossier 4817, f.20).
[22] C'est-à-dire d'un côté un sacrilège, de l'autre de simples impiétés. Les deux objets seront finalement joints dans la procédure.
[23] 'On n'a jamais cru cela à Abbeville et l'on voit bien par les détails de la plainte qu'il n'en pouvait être ainsi' (Devérité, *Recueil intéressant*, p.103, note de l'éditeur).

Mais, dit Belleval, à ceux qu'il voulait faire parler, si vous n'êtes pas sûrs que le chevalier De La Barre ait mutilé un crucifix en passant sur le pont, vous savez au moins que cette année au mois de juillet,[24] il a passé dans une rue avec deux de ses amis à trente pas d'une procession sans ôter son chapeau. Vous avez ouï dire qu'il a chanté une fois des chansons libertines;[25] vous êtes obligés de l'accuser sous peine de péché mortel.

Après les avoir ainsi intimidés, il alla lui-même chez le premier juge de la sénéchaussée d'Abbeville.[26] Il y déposa[27] contre son ennemi, il força ce juge à entendre les dénonciateurs.

La procédure une fois commencée il y eut une foule de délations.[28] Chacun disait ce qu'il avait vu ou cru voir; ce qu'il avait entendu ou cru entendre; mais quel fut, Monsieur, l'étonnement de Belleval, lorsque les témoins qu'il avait suscités lui-même contre le chevalier De La Barre, dénoncèrent son propre fils comme un des principaux complices des impiétés secrètes qu'on cherchait à mettre au grand jour.[29] Belleval fut frappé comme d'un

105

110

115

103 QE70: dit B***, à
       w68: Mais le persécuteur dit à
108 68A: chansons impies; vous
111 w68: Il déposa
116 QE70: de B*** lorsque
119 QE70: jour. B*** fut

[24] Le 6 juin (voir ci-dessus, n.15).

[25] Voir ci-dessous, n.43.

[26] Nicolas-Pierre Duval sieur de Soicourt est, depuis le 24 juillet 1739, assesseur du lieutenant criminel en la sénéchaussée de Ponthieu, Philippe Becquin depuis le 21 juillet 1741. Nommé maïeur d'Abbeville en 1763 et 1764. Il passe pour un magistrat scrupuleux, ami du détail.

[27] Le 13 août comme vingtième témoin (An X² B 1392, troisième pièce, f.125).

[28] Voir les dépositions faites à la suite de la première plainte en date du 10 août 1765, l'information commençant le 13 août à 8 heures (An X² B 1392, troisième pièce).

[29] Pierre-François Dumaisniel de Saveuse, né à Abbeville le 8 juin 1743, reçu chevau-léger de la garde du roi le 6 septembre 1763, a fait ses preuves le 2 janvier 1764 et ses exercices en 1765. Il a été entendu le 7 octobre comme soixante-seizième témoin dans l'information qui débute le 13 août (An X² B 1392, troisième pièce, f.464). Le décret de prise de corps contre lui est daté du 30 octobre.

coup de foudre, il fit incontinent évader son fils; mais ce que vous   120
croirez à peine, il n'en poursuivit pas avec moins de chaleur cet
affreux procès.

Voici, Monsieur, quelles sont les charges.

Le 13 août 1765 six témoins [30] déposent qu'ils ont vu passer trois
jeunes gens à trente pas d'une procession, que les sieurs De La   125
Barre et De Talonde avaient leur chapeau sur la tête, et le sieur
Moinel [31] le chapeau sous le bras.

Dans une addition d'information, [32] une Elisabeth Lacrivel
dépose avoir entendu dire à un de ses cousins, que ce cousin
avait entendu dire au chevalier De La Barre qu'il n'avait pas ôté son   130
chapeau. [33]

Le 26 septembre [34] une femme du peuple nommée Ursule
Gondalier, dépose qu'elle a entendu dire que le chevalier De La
Barre voyant une image de saint Nicolas en plâtre chez la sœur
Marie tourière du couvent, il demanda à cette tourière si elle avait   135
acheté cette image pour avoir celle d'un homme chez elle. [35]

124   w68: 13 avril 1765

[30] Sur les vingt entendus ce jour-là.

[31] Charles-François-Marcel Moisnel, né à Abbeville, orphelin dont Belleval, cousin, est le tuteur. Interrogé le 14 août comme vingt-deuxième témoin, il se présente dans son premier interrogatoire (3 octobre) comme 'surnuméraire dans la compagnie des gendarmes de la garde ordinaire du roi'. Bien que le prince de Soubise, capitaine-lieutenant des gendarmes, lui dénie cette qualité dans sa lettre du 5 novembre 1765 (An X² B 1393), il ne cessera d'être qualifié comme tel.

[32] Faite à partir du 28 septembre (An X² B 1392, huitième pièce).

[33] Nous n'avons pas relevé le nom de Lacrivel dans les dépositions. Peut-être s'agit-il de Marie-Elisabeth Manessier de La Vieville entendue le 30 septembre et qui rapporte des propos d'Alexandre Hecquet 'son cousin' (An X² B 1392, huitième pièce, f.33 et suiv.).

[34] L'information du 26 septembre a lieu sur la plainte du 13 septembre, deuxième plainte, relative aux impiétés et aux blasphèmes commis dans la ville (la première plainte du 10 août est relative, elle, à l'affaire de la mutilation du crucifix).

[35] Ursule-Scholastique Gondalier, femme de Jacques Tirmon, âgée de 44 ans, est entendue comme deuxième témoin de cette seconde information (An X² B 1392, septième pièce, f.12 et suiv.). Sa déposition a plusieurs objets dont celui que

Le nommé Bauvalet[36] dépose que le chevalier De La Barre a proféré un mot impie en parlant de la Vierge Marie.[37]

Claude, dit Sélincourt, témoin unique, dépose que l'accusé lui a dit que les commandements de Dieu ont été faits par des prêtres;[38] mais à la confrontation l'accusé soutient que Sélincourt est un

140

---

139   68A: Claude dit *La Cour*, témoin unique, dépose qu'il a entendu dire au chevalier *de La Barre*, qu'il avait connu un paysan qui s'appelait *Bon-Dieu*, et qu'il n'en était pas moins un J... F... ¶Le 28 septembre le nommé *Selincourt*, témoin

---

mentionne Voltaire. Elle le tient de la sœur Marie même; mais la remarque rapportée de La Barre n'est pas celle qui est consignée dans la déposition: 'A ouï dire à la sœur Marie tourière de Willancourt que ledit sieur chevalier de La Barre étant entré dans sa chambre et ayant remarqué des images de la sainte Vierge et saint Nicolas en plâtre, il lui demanda ce qu'elle faisait de cela, que lui ayant dit que c'était pour les honorer, ledit sieur chevalier de La Barre: à quoi pensez-vous? La sainte Vierge est une putain du paradis, jetez cela.' C'est la sœur Marie qui au récolement déclare que La Barre 'lui demanda en badinant si elle l'avait acheté pour avoir un homme' (Oxford, Taylor: Th. D. N. B. ms. 55, f.170).

36 Philippe-Louis-Adrien Beauvarlet, âgé de 45 ans, ancien marchand ayant fait de mauvaises affaires, réside alors à l'abbaye de Willancourt où il est nourri et logé par 'charité depuis deux ans' (lettre de l'abbesse de Willancourt au Président d'Ormesson du 27 octobre 1765, Paris, BnF: fonds Joly de Fleury 418, dossier 4817, f.51). Le 30 septembre, après l'arrestation du chevalier, il reçoit l'ordre de quitter l'abbaye.

37 Ayant, avant de déposer, pris conseil de Belleval – car, embarrassé par l'assignation, il redoute de déplaire à l'abbesse – il est entendu les 17 et 19 août comme trente-et-unième témoin dans le cadre de la première information (An X² B 1392, troisième pièce, f.188, 194 et suiv.) et comme cinquième témoin dans le cadre de la deuxième information: 'dépose [...] qu'il a entendu ledit sieur chevalier de La Barre dans différentes occasions tenir des propos impies, entre autres traiter la sainte Vierge de putain' (septième pièce, f.42). Il soutiendra sa déposition à la confrontation (trente-huitième pièce, f.81 et suiv.).

38 Entendu comme soixante-dix-septième témoin lors de la première information (An X² B 1392, troisième pièce, f.465 et suiv.), Jean-Baptiste-Marie Manessier de Sélincourt, âgé de 22 ans, dépose, le 7 octobre, à l'occasion de l'addition d'information ouverte le 28 septembre, 'qu'au commencement de la foire de la Madeleine dernière, étant à se promener dans la rue avec le sieur Lefebvre chevalier de La Barre, ledit sieur chevalier de La Barre lui dit en parlant de la religion qu'elle était ainsi que les commandements de Dieu une invention des prêtres pour gagner de l'argent (An X² B 1392, huitième pièce, f.94v et suiv.).

calomniateur, et qu'il n'a été question que des commandements de l'Eglise. [39]

Le nommé Héquet, témoin unique, dépose que l'accusé lui a dit ne pouvoir comprendre comment on avait adoré un dieu de pâte. [40] L'accusé dans la confrontation soutient qu'il a parlé des Egyptiens. [41]

Nicolas La Vallée [42] dépose qu'il a entendu chanter au chevalier De La Barre deux chansons libertines de corps de garde. [43] L'accusé avoue qu'un jour étant ivre il les a chantées avec le sieur De Talonde sans savoir ce qu'il disait, [44] que dans cette chanson on

145

150

149   68A: chansons impies de
       CAN69: libertines du corps

[39] A la confrontation qui a lieu à partir du 28 novembre 1765, La Barre déclare, alors que Sélincourt persiste, ne pas se souvenir du propos; il peut lui avoir dit 'que les prêtres avaient inventé les commandements de l'Eglise' (An X² B 1392, trente-huitième pièce, f.135v).

[40] Entendu le 1er octobre dans le cadre de l'addition d'information ouverte le 28 septembre, Pierre-Alexandre Hecquet, fils de Jacques Hecquet entrepreneur de la manufacture royale des moquettes, âgé de 17 ans, dépose, entre autres choses, qu'un jour 'étant dans la chambre dudit sieur chevalier de La Barre, il dit qu'il ne savait pas comment on pouvait adorer un dieu de pâte' (An X² B 1392, huitième pièce, f.54).

[41] 'L'accusé [...] n'a point dit qu'il ne concevait pas comment on adorait un dieu de pâte; a dit seulement qu'il avait vu dans un livre que dans un pays on adorait des oignons et que dans ce pays-ci, on adorait des petits morceaux de pain comme autant de dieux et que l'auteur disait qu'il ne savait pas comment on pouvait adorer un dieu de pâte' (An X² B 1392, trente-huitième pièce, f.15).

[42] Lazare-Nicolas Lavallée, âgé de 34 ans, maître-perruquier qui accommodait le chevalier. Entendu le 5 septembre comme quarantième témoin dans l'information ouverte le 13 août (An X² B 1392, troisième pièce, f.240 et suiv.), il est le septième témoin dans le cadre de l'information ouverte le 26 septembre (septième pièce, f.52 et suiv.).

[43] Il s'agit de la Madeleine et de la Saint-Cyr, deux chansons 'connues depuis plus de cent ans' et qui 'se chantent dans toutes les villes de garnison', précise la *Correspondance littéraire* qui ajoute: 'C'est un garçon perruquier, excité par le monitoire, qui a déposé avoir entendu le chevalier de La Barre fredonner ces chansons le matin à sa toilette pendant qu'il le coiffait.' (15 juillet 1766, t.7, p.78-79.)

[44] A la confrontation, La Barre, s'il reconnaît avoir chanté les chansons devant le témoin, assure qu'il 's'était grisé le matin en mangeant des huîtres' et 'ne savait ce qu'il faisait' (An X² B 1392, trente-huitième pièce, f.52v-53r).

appelle à la vérité sainte Marie-Madelaine *putain*; mais qu'avant sa conversion elle avait mené une vie débordée: il est convenu d'avoir récité l'Ode à Priape du sieur Pirron. [45]

Le nommé Héquet dépose encore dans une addition, qu'il a vu le chevalier De La Barre faire une petite génuflexion devant les livres intitulés Thérèse Philosophe, [46] la Tourière des Carmélites [47] et le Portier des Chartreux. [48] Il ne désigne aucun autre livre; [49] mais au

155

---

152   QE70: vérité la sainte
153   68A: convenu aussi d'avoir

---

[45] Ode composée par Alexis Piron (1689-1773) à Dijon avant 1719 et qui empêcha l'écrivain d'entrer à l'Académie française en 1753. Mais Louis XV, s'il s'opposa à cette élection, n'en accorda pas moins à l'auteur une pension de 1200 livres égale au traitement d'académicien.

[46] *Thérèse philosophe, ou Mémoires pour servir à l'histoire du P. Dirrag et de Mlle Eradice* (La Haye, 1748), 2 vol. in-8°. Sur les éditions et le problème de l'auteur toujours non identifié, voir *Thérèse philosophe*, éd. F. Moureau (Saint-Etienne, 2000). Les livres sont posés sur une tablette de bois dans la chambre du chevalier.

[47] *Histoire galante de la tourière des carmélites. Ouvrage fait pour servir de pendant au Portier des chartreux* (La Haye? 1743? 1745?). Attribué à Meusnier de Querlon.

[48] *Histoire de Dom B... portier des Chartreux, écrite par lui-même* (Rome, Philotanus, s.d. [1743? 1745?]). Cet ouvrage de J. Ch. Gervaise de Latouche, avocat au Parlement de Paris, a été, sous des titres d'ailleurs divers, maintes fois réédité.

[49] Hecquet dépose que 'le sieur de La Barre en passant devant une trentaine de volumes de mauvais livres placés dessus une planche suspendue avec des cordes, lesquels livres étaient Thérèse philosophe, Le Portier des Chartreux, la Tourière des Carmélites, la Religieuse en chemise, Grécourt et autres de cette espèce, il fit des génuflexions' (An X² B 1392, huitième pièce, f.54). Le témoin désigne donc d'autres livres et l'ensemble de la procédure révèle que La Barre possédait un certain nombre d'ouvrages érotiques ou pornographiques (*Thémidore*, La Haye, 1745, de Cl. Godard d'Aucour; *Le Sultan Misapouf et la princesse Grisemine*, 1746, de Voisenon; *Le Cousin de Mahomet et la Folie salutaire*, Leyde 1742, de N. Fromaget; *Le Canapé couleur de feu*, Amsterdam, 1741, de Fougeret de Montbron; *Les Dévirgineurs ou les trois frères et Combabus, contes en vers*, Amsterdam, 1765, de Cl. Jos. Dorat, etc.) et aussi le *Dictionnaire philosophique portatif*, un volume du livre de l'*Esprit* (voir An X² B 1392, quatorzième pièce: Liste des livres trouvés dans la chambre du sieur Lefebvre de La Barre et brûlés, à l'instigation de l'abbesse, par un religieux cistercien le 4 octobre 1765; et vingtième pièce: Procès-verbal de saisie des livres en date du 10 octobre 1765).

récolement et à la confrontation, il dit qu'il n'est pas sûr que ce fût
le chevalier De La Barre qui fit ces génuflexions. [50]   160

Le nommé La Cour dépose qu'il a entendu dire à l'accusé *au nom
du C...* au lieu de dire au nom du père etc. [51] Le Chevalier dans son
interrogatoire sur la sellette a nié ce fait. [52]

Le nommé Pétignot dépose qu'il a entendu l'accusé réciter les
litanies du C... [53] telles à peu près qu'on les trouve dans Rabelais, [54]   165
et que je n'ose rapporter ici. L'accusé le nie dans son interrogatoire
sur la sellette; il avoue qu'il a en effet prononcé C... mais il nie tout
le reste. [55]

Voilà, Monsieur, toutes les accusations portées contre le
chevalier De La Barre, le sieur Moinel, le sieur De Talonde,   170

---

159   68A: confrontation, dit
160   68A: La Barre.//
162   68A: père. Le
167   68A: sellette, avoue
169   QE70: Ce sont là, Monsieur, toutes les accusations que j'ai vues portées

---

[50] A la confrontation, La Barre convient d'avoir fait des génuflexions devant les
livres, 'mais par badinerie et plutôt pour se moquer des livres que de la religion'
(An X² B 1392, trente-huitième pièce, f.17). Il exprime la même défense dans ses
interrogatoires.

[51] Claude-Antoine Lestudier dit La Cour, âgé de 32 ans, maître-perruquier,
neuvième témoin dans l'information consécutive à la plainte du 13 septembre,
dépose notamment qu'un jour qu'il accommodait le chevalier, celui-ci 'se mit à
genoux et au lieu de dire au nom du père en se signant, il dit au nom du Con' (An X²
B 1392, septième pièce, f.74).

[52] L'interrogatoire sur la sellette a lieu le 26 janvier 1766 (An X² B 1392,
quarante-neuvième pièce, f.46).

[53] Joseph Petignat, âgé de 18 ans, fils de Jean-Baptiste Petignat faiseur de bas,
entendu comme onzième témoin dans la deuxième information, rapporte que,
remplaçant dans l'été 1764 le domestique de l'abbaye que l'abbesse avait emmené
avec elle dans un voyage en Artois, il faisait la chambre du chevalier et servait la
messe: le chevalier 'l'engageait à bénir les burettes en disant Diable de con, foutu
con, sacré con'. Même invitation lorsque Petignat fait les bénédictions à table
(An X² B 1392, septième pièce, f.84, 88).

[54] *Le Tiers Livre*, ch.26.

[55] Voir An X² B 1392, quarante-neuvième pièce, f.49.

Jean-François Douville de Maillefeu,[56] et le fils du nommé Belleval auteur de toute cette tragédie.

Il est constaté qu'il n'y avait eu aucun scandale public, puisque La Barre et Moinel ne furent arrêtés[57] que sur des monitoires lancés à l'occasion de la mutilation du crucifix, mutilation scandaleuse et publique, dont ils ne furent chargés par aucun témoin.[58] On rechercha toutes les actions de leur vie, leurs conversations secrètes, des paroles échappées un an auparavant;[59] on accumula

175

171-72   QE70: nommé B*** auteur
175-76   QE70: crucifix, dont
178-79   68A: on cumula des

[56] Pierre-Jean-François Douville de Maillefeu, né le 28 juin 1748, reçu dans la compagnie des gendarmes de la garde du roi le 30 mars 1763, est le fils de Jean-Nicolas Douville (1714-1780), conseiller au Présidial d'Abbeville, maïeur en 1759 et 1760, et ami des belles-lettres. Il est décrété de prise de corps le 30 octobre 1765 en même temps que P. Fr. Dumaisniel de Saveuse.

[57] Le décret de prise de corps contre La Barre et Moisnel (et aussi contre d'Etallonde) est daté du 27 septembre 1765 (An X² B 1392, septième pièce, f.102 et suiv.). Les deux jeunes gens sont arrêtés les 1er et 2 octobre, La Barre à l'abbaye cistercienne de Longvilliers à 8 ou 9 lieues d'Abbeville, entre Montreuil et Boulogne (Paris, BnF: fonds Joly de Fleury 418, dossier 4817, f.31-32), Moisnel dans une maison de campagne de Belleval sise à Crécy-en-Ponthieu (voir An X² B 1392, neuvième et dixième pièces).

[58] De fait, seul d'Etallonde est soupçonné de cette mutilation, chargé notamment par La Barre dans son premier interrogatoire. Le chevalier déclare pour sa part n'être pas sorti le 8 août au soir: étant entré dans sa chambre, il a joué du violon et s'est couché ensuite (An X² B 1392, onzième pièce, f.63 et suiv.).

[59] Dans une lettre adressée au procureur général et datée du 18 octobre 1765, l'abbesse de Willancourt s'élève contre de pareilles informations: on a, dit-elle, enquêté sur toutes les paroles du chevalier prononcées 'pendant trois ans', mais, ajoute-t-elle, 'ce sont des paroles échappées dans le secret et dans des conversations particulières [...]; il n'y avait rien dans tout cela qui ait rapport à l'ordre public de la société' (Paris, BnF: fonds Joly de Fleury 418, dossier 4817, f.39-40). Mêmes considérations dans un Mémoire présenté au Procureur général (f.47): 'inconsidérés', les discours du chevalier sont 'des discours hasardés dans le secret' et qui 'n'avaient rien de public'.

des choses qui n'avaient aucun rapport ensemble, et en cela même la procédure fut très vicieuse. [60]

Sans ces monitoires et sans les mouvements violents que se donna Belleval, il n'y aurait jamais eu de la part de ces enfants infortunés ni scandale ni procès criminel; le scandale public n'a été que dans le procès même.

Le monitoire d'Abbeville fit précisément le même effet que celui de Toulouse contre les Calas; [61] il troubla les cervelles et les consciences. Les témoins excités par Belleval comme ceux de Toulouse l'avaient été par le capitoul David, rappelèrent dans leur mémoire des faits, des discours vagues, dont il n'était guère possible qu'on pût se rappeler exactement les circonstances ou favorables ou aggravantes.

Il faut avouer, Monsieur, que s'il y a quelques cas où un monitoire est nécessaire, il y en a beaucoup d'autres où il est très dangereux. Il invite les gens de la lie du peuple à porter des accusations contre les personnes élevées au-dessus d'eux dont ils sont toujours jaloux. C'est alors un ordre intimé par l'Eglise de faire le métier infâme de délateur. Vous êtes menacés de l'enfer, si vous ne mettez pas votre prochain en péril de sa vie.

Il n'y a peut-être rien de plus illégal dans les tribunaux de

182 QE70: donna B***, il
    w68: donna B... il
183-84 QE70: public a été surtout dans
187 QE70: par B*** comme
195 68A: contre les gens au-dessus
198 68A: vous n'accusez pas votre prochain à tort et à travers.//

[60] Le vice de la procédure résulte notamment de la jonction des deux affaires – procès de sacrilège et procès d'impiétés – prononcés par sentence du 8 octobre 1765 (An X² B 1392, quinzième et seizième pièces): les deux plaintes sont jointes 'pour être statué sur icelles par un seul et même jugement'. Véritable vice de forme, cette jonction se révélera lourde de conséquences puisqu'elle rendra possible le prononcé de la peine afférente au sacrilège alors que le jugement ne fait grief aux accusés que d'impiétés et de blasphèmes.

[61] Voir *Mémoire de Donat Calas pour son père, sa mère, et son frère* (1762; *OCV*, t.56B, p.307).

l'Inquisition et une grande preuve de l'illégalité de ces monitoires, 200
c'est qu'ils n'émanent point directement des magistrats, c'est le
pouvoir ecclésiastique qui les décerne.[62] Chose étrange qu'un
ecclésiastique qui ne peut juger à mort, mette ainsi dans la main des
juges le glaive qu'il lui est défendu de porter.

Il n'y eut d'interrogés que le chevalier et le sieur Moinel, enfant 205
d'environ quinze ans. Moinel tout intimidé et entendant prononcer
au juge le mot d'attentat contre la religion, fut si hors de lui, qu'il se
jeta à genoux et fit une confession générale, comme s'il eût été
devant un prêtre.[63] Le chevalier De La Barre plus instruit et d'un

202-203   68A: étrange que ces mêmes ecclésiastiques qui ne peuvent juger à
mort, mettent ainsi
204   68A: qu'il leur est
208-209   68A: générale. Le chevalier

[62] Si le monitoire est en effet décerné par l'Eglise, la demande de publication d'un
monitoire dérive de l'autorité judiciaire (en l'espèce, le procureur du roi qui, dès le
10 août, demande de faire publier un monitoire en la forme ordinaire). Si d'autre
part, le monitoire est un appel public à la délation par l'intermédiaire du clergé, il
faut rappeler que le clergé était très réticent face à ce procédé. Pie V, en 1570, avait
défendu d'accorder des monitoires en matière criminelle. Mais le pouvoir en France
avait continué d'en exiger (Ordonnance criminelle de 1670), et le clergé de France
ne cessait de protester contre cette exigence – la dernière protestation datant de
l'Assemblée du clergé de 1760. L'attaque ici menée est un leitmotiv de la polémique
philosophique. Voir, par exemple, *Correspondance littéraire*: 'Cet usage de troubler
par des monitoires les consciences timorées, d'allumer les imaginations faibles en
enjoignant, sous peine de damnation éternelle, de venir à révélation de faits qui
n'intéressent pas personnellement le déposant; cet usage, dis-je, est un des plus
funestes abus de la jurisprudence criminelle en France' (15 juillet 1766, t.7, p.75).

[63] Ce n'est qu'au cours de son deuxième interrogatoire en date du 7 octobre 1765
que Moisnel, qui, dans le premier (3 octobre), a tout nié, en vient, sous l'effet du
trouble causé par sa faiblesse physique, son emprisonnement, l'intervention aussi de
Belleval, à faire l'aveu de fautes réservées au 'tribunal de la pénitence' (Devérité,
Recueil intéressant, p.54 et suiv.). Voir An X[2] B 1392, dix-huitième pièce, f.59-60:
'Interrogé pourquoi lors de son interrogatoire du 3 de ce mois il nous a nié les faits
dont il vient de nous faire l'aveu. A dit qu'il était si intimidé et si troublé qu'il ne
savait ni ce qu'il disait ni ce qu'il devait dire, que dès le jour même il s'est repenti de
ne nous avoir point tout déclaré et nous a fait prier de vouloir bien le mettre à portée
de réparer ses fautes.' Dans son troisième interrogatoire (26 octobre, An X[2] B 1392,

esprit plus ferme, répondit toujours avec beaucoup de raison,[64] et 210
disculpa Moinel dont il avait pitié. Cette conduite qu'il eut jusqu'au
dernier moment prouve qu'il avait une belle âme. Cette preuve
aurait dû être comptée pour beaucoup aux yeux de juges
intelligents, et ne lui servit de rien.

Dans ce procès, Monsieur, qui a eu des suites si affreuses, vous 215
ne voyez que des indécences, et pas une action noire; vous n'y
trouvez pas un seul de ces délits qui sont des crimes chez toutes les
nations, point de brigandage, point de violence, point de lâcheté;
rien de ce qu'on reproche à ces enfants ne serait même un délit dans
les autres communions chrétiennes. Je suppose que le chevalier De 220
La Barre et M. De Talonde aient dit que l'on ne doit pas adorer un
dieu de pâte, c'est précisément et mot à mot ce que disent tous ceux
de la religion réformée.

Le chancelier d'Angleterre prononcerait ces mots en plein
Parlement, sans qu'ils fussent relevés par personne. Lorsque 225
Mylord Lokart était ambassadeur à Paris,[65] un habitué de paroisse

---

213   CU69, QE70: yeux des juges
216   QE70: indécences réprimables, et
217   W68: vous n'y trouverez
217-18 68A: les autres nations; point de meurtre, point de brigandage
218   CAN69: violence, de lâcheté
222   QE70: pâte, ils ont commis une très grande faute parmi nous; mais c'est

---

vingt-quatrième pièce), il tient le même langage; ses déclarations ne devaient pas être
sans effet sur les moyens de défense de La Barre et d'Etallonde. Il sera interrogé une
quatrième fois (14 janvier 1766, quarante-deuxième pièce) et, le 27 février, 'derrière
le barreau' (quarante-huitième pièce).

[64] Au cours de son premier interrogatoire (2 octobre 1765, An X² B 1392,
onzième pièce), La Barre se montre assez maladroit dans ses aveux, ce que ne cache
pas le premier *Extrait* de la *Lettre d'Abbeville du 7 juillet 1766* (voir ci-dessous,
Appendice). Voir ses autres interrogatoires du 12 octobre 1765 (vingt-deuxième
pièce), du 30 décembre (quarante-et-unième pièce) et du 27 février 'sur la sellette'
(quarante-neuvième pièce).

[65] Fils de James Lockhart de La Lie qui a commandé un régiment à la bataille de
Preston, époux d'une nièce de Cromwell, William Lockhart (1621-1676), après
avoir été nommé commissaire pour l'administration de la justice en Ecosse en 1652,

porta furtivement l'eucharistie dans son hôtel à un domestique malade qui était catholique; Mylord Lokart qui le sut, chassa l'habitué de sa maison; il dit au cardinal Mazarin qu'il ne souffrirait pas cette insulte. Il traita en propres termes l'eucharistie de dieu de pâte et d'idolâtrie. Le cardinal Mazarin lui fit des excuses. 230

Le grand archevêque Tillotson, le meilleur prédicateur de l'Europe, et presque le seul qui n'ait point déshonoré l'éloquence par de fades lieux communs, ou par de vaines phrases fleuries comme Cheminais,[66] ou par de faux raisonnements comme 235 Bourdaloue;[67] l'archevêque Tillotson,[68] dis-je, parle précisément

229   68A: l'habitué. Il dit
234-35   68A: fleuries, ou par de faux

---

devint ambassadeur à la cour de France en décembre 1655, mais ne prit pas son poste avant avril 1656. Il jouit d'un grand crédit auprès de Mazarin qui, de son côté, l'avait en haute estime. Même après la mort de Cromwell (1658), il se fit respecter et obtint que Mazarin refusât d'avoir une entrevue avec Charles II, roi titulaire d'Angleterre (*Le Siècle de Louis XIV*, M, t.14, p.222). En 1839 paraîtra *The Protectorate of Oliver Cromwell and the state of Europe during the early part of the reign of Louis XIV, illustrated in a series of letters between Dr John Pell, resident ambassador with the Swiss cantons, Sir Samuel Morland, Sir William Lockhart, Mr. secretary Thurloe and other distinguished men of the time*, ed. by Robert Vaughan... with an introduction on the character of Cromwell and of his times (2 vol., in-8°, London, H. Colburn).

66 Timoléon Cheminais de Montaigu (1652-1689), jésuite. Ses *Sermons*, publiés en 1690 par les soins du Père Bretonneau, se distinguent par une onction touchante.

67 Louis Bourdaloue (1632-1704), jésuite, débute à la Cour par l'avent de 1670. Prédicateur des rois, il fut appelé 'le roi des prédicateurs'. Ses sermons frappent notamment par leur ordonnance d'ensemble et la suite rigoureuse qui lie chaque partie.

68 John Tillotson (1630-1694), nommé en 1691 archevêque de Cantorbéry, auteur de nombreux sermons. Ces sermons dont un volume fut publié du vivant de l'auteur et dont les autres ont paru posthumes furent traduits en français par Beausobre et Barbeyrac sous le titre de *Sermons sur diverses matières importantes* (5 vol., 1708-1716; 2e éd., 1718-1722; 3e éd., 1725-1727). Dans ses *Sermons*, il a l'occasion à plusieurs reprises de s'élever contre la croyance du changement de toute la substance du pain et du vin en toute la substance du corps et du sang de Jésus-Christ: ainsi, dans son Sermon 'De l'incertitude du salut dans l'Eglise romaine', il parle d'un 'petit morceau d'oublie' et d'une 'idolâtrie énorme' (*Sermons sur diverses matières importantes*, Amsterdam, 1744, 7 vol., t.2, Sermon IX, p.84, 92; voir aussi Sermon XXVII,

de notre eucharistie comme le chevalier De La Barre. Les mêmes paroles respectées dans Mylord Lokart à Paris, et dans la bouche de Mylord Tillotson à Londres, ne peuvent donc être en France qu'un délit local, un délit de lieu et de temps, un mépris de l'opinion vulgaire, un discours échappé au hasard devant une ou deux personnes; n'est-ce pas le comble de la cruauté de punir ces discours secrets du même supplice dont on punirait celui qui aurait empoisonné son père et sa mère, et qui aurait mis le feu aux quatre coins de sa ville?

240

245

Remarquez, Monsieur, je vous en supplie, combien on a deux poids, et deux mesures. Vous trouverez dans la 24ᵉ Lettre Persane de M. De Montesquieu, président à mortier du Parlement de Bordeaux, de l'Académie Française, ces propres paroles: *Ce magicien s'appelle le Pape; tantôt il fait croire que trois ne font qu'un, tantôt que le pain qu'on mange n'est pas du pain, et que le vin qu'on boit n'est pas du vin*; et mille autres traits de cette espèce. [69]

250

M. De Fontenelle s'était exprimé de la même manière dans sa Relation de Rome et de Geneve sous le nom de *Mero et d'Enegu*. [70]

239   68A: Mylord de Cantorberi à Londres
242-43   68A: comble de l'iniquité et de la cruauté de punir ce discours secret du
244   CAN69: père et qui
248-49   w68: parlement de Bourdeaux, ces
252   68A: autres choses de

'Défense de la religion protestante contre l'accusation de singularité et de nouveauté', où, à propos de la transsubstantiation, il reproche aux catholiques de tomber 'dans la plus grossière idolâtrie du monde', t.4, p.32). Tillotson est également l'auteur d'un *Discours contre la transsubstantiation* traduit par J. Barbeyrac (Amsterdam, 1726) où il dénonce 'le monstre affreux' de ce dogme (p.42) qui n'est appuyé d'''aucune preuve tirée de l'Ecriture' et heurte 'les lumières les plus évidentes de la raison et des sens' (p.53) et où il reprend le terme d'''idolâtrie' (p.59). Ses sermons ont été loués par Dryden, Burnet, Addison et se caractérisent par la simplicité alliée à la solidité.

[69] Citation littérale: 'il *lui* [au roi] fait croire que trois ne sont [...] *ou* que le vin [...] et mille autres *choses* de cette espèce.

[70] Imprimée pour la première fois dans les *Nouvelles de la République des lettres* (janvier 1686) sous le titre de *Relation de Borneo* et présentée par Bayle comme 'adressée à Basnage', cette œuvre dont le titre ici donné repose sur l'anagramme (il

Il y avait dix mille fois plus de scandale dans ces paroles de 255
Messieurs de Fontenelle et de Montesquieu, exposées par la lecture
aux yeux de dix mille personnes, qu'il n'y en avait dans deux ou
trois mots échappés au chevalier De La Barre devant un seul
témoin, paroles perdues dont il ne restait aucune trace. Les discours
secrets doivent être regardés comme des pensées; c'est un axiome 260
dont la plus détestable barbarie doit convenir.

Je vous dirai plus, Monsieur: il n'y a point en France de loi
expresse qui condamne à mort pour des blasphèmes. L'ordonnance
de 1666 prescrit une amende pour la première fois, le double pour la
seconde etc. et le pilori pour la sixième récidive. [71] 265

257   QE70: yeux du public, qu'il
260   CU69: secrets devait être
      QE70, W68: secrets devraient être
260-62   68A: pensées. ¶Je

---

devrait être écrit 'Enegue') n'a pas été avouée par l'auteur en raison de sa hardiesse en
matière religieuse. Faussement attribuée à Catherine Bernard, réimprimée dans les
Œuvres diverses de Bayle, elle n'apparaît dans les *Œuvres* de Fontenelle qu'en 1818
(Paris, 3 vol. in-8°) et 1824 (5 vol. in-8°). Rapportant la coutume selon laquelle les
reines de l'île donnent certains jours des festins publics à leurs sujets, la *Relation*
précise: 'Mréo en avait retranché la moitié de ce que donnaient les autres reines; bien
plus, le pain était sous son règne d'un prix excessif dans toute l'île, et l'on ne savait ce
qu'il était devenu, si ce n'est qu'on accusait certains magiciens qu'elle avait à ses gages
de le faire périr avec des paroles.' Avec la nouvelle reine Eénegu, les choses changent:
'point de magiciens qui fassent enchérir le pain' (Fontenelle, *Œuvres complètes*, Corpus
des Œuvres de philosophie en langue française, Paris, Fayard, t.1, 1990, p.521-22).
   [71] La déclaration pour la punition des jureurs et des blasphémateurs (Fontaine-
bleau, 30 juillet 1666), qui renvoie notamment à la déclaration du 7 septembre 1651,
énonce: 'Voulons et nous plaît que tous ceux qui se trouvent convaincus d'avoir juré
et blasphémé le saint nom de Dieu et de sa très sainte Mère et des saints soient
condamnés pour la première fois en une amende pécuniaire selon leurs biens, la
grandeur et énormité du serment et blasphème [...]; et si ceux qui auront été ainsi
punis retombent à faire ledit serment, seront pour la seconde, tierce et quatrième
fois, condamnés aux amendes double, triple et quadruple, et pour la cinquième fois
seront mis au carcan aux jours de fêtes, de dimanches ou autres [...] et en outre
condamnés à une grosse amende; et pour la sixième fois seront menés et conduits au
pilori, et là auront la lèvre de dessus coupée d'un fer chaud, et la septième fois seront
menés et mis audit pilori et auront la lèvre de dessous coupée; et si par obstination et

Cependant les juges d'Abbeville[72] par une ignorance et une cruauté inconcevable, condamnèrent le jeune De Talonde âgé de 18 ans, 1°. à souffrir le supplice de l'amputation de la langue jusqu'à la racine, ce qui s'exécute de manière que si le patient ne présente pas la langue lui-même, on la lui tire avec des tenailles de fer, et on la lui arrache.

2°. On devait lui couper la main droite à la porte de la principale église.[73]

3°. Ensuite il devait être conduit dans un tombereau à la place du marché, être attaché à un poteau avec une chaîne de fer, et être brûlé à petit feu.[74] Le sieur De Talonde avait

270

275

266-67   68A: et une barbarie inconcevable
268   w68: à soutenir le supplice

---

mauvaise coutume invétérée ils continuaient après toutes ces peines à proférer lesdits jurements et blasphèmes, voulons et ordonnons qu'ils aient la langue coupée tout juste' (Isambert, Decrusy, Taillandier, *Recueil général des anciennes lois françaises*, 420-1789, t.18, Paris, 1829, p.86-87). J. Pontas (*Dictionnaire des cas de conscience ou décisions des plus considérables difficultés touchant la morale et la discipline ecclésiastique*, nouvelle éd., t.1, Paris, 1741, p.482-83) signale cependant cinq arrêts de mort prononcés contre des blasphémateurs, le dernier rendu par le Parlement de Bordeaux le 7 novembre 1660. Voltaire reviendra sur le problème du blasphème et de ses peines dans l'article correspondant des *Questions sur l'Encyclopédie* et aussi dans l'article X du *Prix de la justice et de l'humanité* (voir notre édition, *OCV*, t.80).

[72] A la suite du retrait de Lefebvre du Grosriez et de Blondin pour cause de parenté avec les deux derniers accusés (Douville de Maillefeu et Dumaisnel de Saveuse), Duval de Soicourt a pour assesseurs Louis-Charles-Alexandre Lefebvre de Villers, né en 1713, conseiller par provisions du 7 octobre 1740, et Louis-Pierre Broutelle, un des derniers inscrits (sur ce 'juge', voir *Le Cri du sang innocent*, *OCV*, t.77).

[73] Il est condamné à faire amende honorable devant le crucifix placé sur le Pont-Neuf et devant l'église royale de Saint-Wulfran et là 'avoir la langue coupée et le poing coupé sur un poteau qui sera planté devant ladite porte de ladite église' (An X² B 1392, cinquantième pièce).

[74] Il sera 'conduit dans ledit tombereau dans la place publique et principal marché [...] pour y être attaché avec une chaîne de fer à un poteau qui y sera à cet effet planté, et brûlé vif, son corps réduit en cendres et icelles jetées' (An X² B 1392, cinquantième pièce).

heureusement épargné par la fuite à ses juges l'horreur de cette exécution. [75]

Le chevalier De La Barre étant entre leurs mains, ils eurent l'humanité d'adoucir la sentence, en ordonnant qu'il serait décapité avant d'être jeté dans les flammes; [76] mais s'ils diminuèrent le supplice d'un côté, ils l'augmentèrent de l'autre, en le condamnant à subir la question ordinaire et extraordinaire pour lui faire déclarer ses complices; [77] comme si des extravagances de jeune homme, des paroles emportées dont il ne reste pas le moindre vestige, étaient un crime d'Etat, une conspiration. Cette étonnante sentence fut rendue le 28 février de l'année 1766.

La jurisprudence de France est dans un si grand chaos, et conséquemment l'ignorance des juges est si grande, que ceux qui portèrent cette sentence se fondèrent sur une déclaration de Louis XIV émanée en 1682 à l'occasion des prétendus sortilèges et

280

285

290

277-79   QE70: épargné à ses juges l'horreur de cette exécution par la fuite. ¶Le
287   68A: de cette année
288   68A: si déplorable chaos
289   QE70: juges de province est quelquefois si

[75] Il se réfugie d'abord chez le curé d'Etallonde, puis à l'abbaye cistercienne du Lieu-Dieu près de la mer à deux lieues de la ville d'Eu. Il devait passer en Angleterre, mais ne le peut à cause de la tempête continuelle (d'où l'information erronée de la *Correspondance littéraire* le 15 juillet 1766, t.7, p.76: 'Cet infortuné s'était heureusement sauvé en Angleterre'). Finalement, il passe en Hollande comme l'annonce le procureur du roi Hecquet au procureur général le 12 octobre 1765 (Paris, BnF: fonds Joly de Fleury 418, dossier 4817, f.37-38) – plus précisément dans la Gueldre. Décrété de prise de corps en même temps que La Barre et Moisnel, il échappe donc à l'arrestation. L'exécution sera faite par effigie.

[76] Il est condamné à 'avoir la tête tranchée, et être son corps mort et sa tête jetés au feu dans un bûcher ardent pour y être réduits en cendres et les cendres jetées au vent' (An X² B 1392, cinquantième pièce).

[77] 'Avant l'exécution', il sera 'appliqué à la question ordinaire et extraordinaire pour avoir par sa bouche la vérité d'aucuns faits résultant du procès et la révélation de ses complices' (An X² B 1392, cinquantième pièce). Le réquisitoire du procureur du roi Hecquet ne fait pas mention de la question; le recours à ce supplice semble donc être le fait de Duval de Soicourt.

des empoisonnements réels commis par la Voisin, [78] la Vigoureux, et les deux prêtres nommés Le Vigoureux [79] et Le Sage. [80] Cette ordonnance de 1682 prescrit à la vérité la peine de mort pour le *sacrilège joint à la superstition*; [81] mais il n'est question dans cette loi que de magie et de sortilège; c'est-à-dire, de ceux qui en abusant de la crédulité du peuple, et en se disant magiciens, sont à la fois profanateurs et empoisonneurs. Voilà la lettre et l'esprit de la loi; il s'agit dans cette loi de faits criminels pernicieux à la société, et non pas de vaines paroles, d'imprudences, de légèretés, de sottises commises sans aucun dessein prémédité, sans aucun complot, sans même aucun scandale public.

295

300

293   CU69: nommés Vigoureux
296   68A: de sortilèges, c'est-à-dire,
300   QE70: de légèreté, de
302-303   QE70: public. ¶Que dirait-on d'un juge qui condamnerait aux galères perpétuelles une famille honnête pour avoir entrepris un pèlerinage à Notre-Dame de Lorette, sous prétexte qu'en effet il y a une loi de Louis XIV enregistrée, laquelle condamne à cette peine les vagabonds, les artisans qui abandonnent leur profession, qui mènent une vie licentieuse, et qui vont en pèlerinage à Notre-Dame de Lorette, sans une permission signée d'un ministre d'état? ¶Les

5

[78] Catherine Deshayes, veuve Monvoisin, connue sous le nom de Voisin, s'exerça dans la science des poisons. Elle se vantait aussi de posséder l'art de deviner. Condamnée à être brûlée par sentence du Parlement, elle fut exécutée le 2 février 1680. Voir *Le Siècle de Louis XIV*, ch.26. 'Ils [La Barre et d'Etallonde] ont été traités comme la Brinvilliers et la Voisin', écrit Voltaire à Servan le 13 janvier 1768 (D14668). Voir aussi D19196.

[79] Empoisonneuse qui se donnait comme sorcière, la Vigoureux ainsi que son frère l'abbé sont brûlés en place de Grève en 1680. Voir *Le Siècle de Louis XIV*, ch.26.

[80] Egalement brûlé en 1680. Voir *Le Siècle de Louis XIV*, ch.26. En réalité, la sentence ne s'appuie sur aucun texte, selon un usage fréquent de la procédure du temps. Elle ne fait aucune allusion à l'ordonnance de 1682 qui remonte à l'affaire des poisons.

[81] L'ordonnance de juillet 1682 (Versailles) renouvelle les anciennes ordonnances en ajoutant de nouvelles précautions. Tandis que des punitions exemplaires sont prévues pour les pratiques superstitieuses, il est précisé: 'Et s'il se trouvait à l'avenir des personnes assez méchantes pour ajouter et joindre à la superstition l'impiété et le sacrilège, sous prétexte d'opérations de prétendue magie ou autre prétexte de pareille qualité, nous voulons que celles qui s'en trouveront convaincues soient punies de mort' (Isambert, Decrusy, Taillandier, *Recueil général des anciennes lois françaises*, 1829, t.19, p.396-401).

Les juges de la ville d'Abbeville péchaient donc visiblement contre la loi autant que contre l'humanité, en condamnant à des supplices aussi épouvantables que recherchés un gentilhomme et un fils d'une très honnête famille, tous deux dans un âge où l'on ne pouvait regarder leur étourderie que comme un égarement qu'une année de prison aurait corrigé. Il y avait même si peu de corps de délit que les juges dans leur sentence se servent de ces termes vagues et ridicules employés par le petit peuple, *pour avoir chanté des chansons abominables et exécrables, contre la Vierge Marie, les Saints et Saintes*:[82] remarquez, Monsieur, qu'ils n'avaient chanté ces *chansons abominables et exécrables contre les Saints et Saintes* que devant un seul témoin qu'ils pouvaient récuser légalement. Ces épithètes sont-elles de la dignité de la magistrature? Une ancienne chanson de table n'est après tout qu'une chanson. C'est le sang humain légèrement répandu, c'est la torture, c'est le supplice de la langue arrachée, de la main coupée, du corps jeté dans les flammes, qui est *abominable et exécrable*.

La sénéchaussée d'Abbeville ressortit au parlement de Paris.[83] Le chevalier De La Barre y fut transféré,[84] son procès y fut instruit. Dix des plus célèbres avocats de Paris signèrent une consultation

303   QE70: d'Abbeville semblaient donc pécher visiblement
309-10   68A: termes, *pour*
313   68A: *exécrables*, que
319   68A: abominable et exécrable [*pas d'italique*]
322   68A: avocats du Parlement de Paris

[82] Le jugement parle de 'chansons impies et remplies de blasphèmes les plus énormes, les plus abominables et exécrables contre Dieu, la sainte Eucharistie, la sainte Vierge, les saints et saintes' (An X² B 1392, cinquantième pièce).

[83] La *Correspondance littéraire* le rappelle: 'Les sentences criminelles ont besoin d'être confirmées par un arrêt du Parlement dans le ressort duquel on les rend' (15 juillet 1766, t.7, p.76). Parce qu'il est gentilhomme, La Barre comparaît devant la Tournelle et la Grand'Chambre assemblée.

[84] Remis (ainsi que Moisnel) à l'inspecteur de police Muron parti de Paris le 12 mars 1766 (Paris, BnF: fonds Joly de Fleury 418, dossier 4817, f.68-70, lettre du 14 mars 1766 de Hecquet au procureur général), il quitte Abbeville le 13 au soir et il est emprisonné à la Conciergerie (f.168: greffe de la Conciergerie, 14 mars 1766).

par laquelle ils démontrèrent l'illégalité des procédures et l'indulgence qu'on doit à des enfants mineurs qui ne sont accusés ni d'un complot, ni d'un crime réfléchi;[85] le procureur général versé dans la jurisprudence conclut à casser la sentence d'Abbeville:[86] il y avait vingt-cinq juges, dix acquiescèrent aux conclusions du procureur général; mais des circonstances singulières que je ne puis mettre par écrit, obligèrent les quinze autres à confirmer cette sentence étonnante le 5 juin de cette année 1766.[87]

325

330

326   QE70: à réformer la
328-30   QE70: procureur général; les quinze autres animés par des principes respectables, dont ils tiraient des conclusions affreuses, se crurent obligés de confirmer cette abominable sentence le
330-32   QE70: 1766. Ils voulaient signaler leur zèle pour la religion catholique; mais ils pouvaient être religieux sans être meurtriers. ¶Il est triste, Monsieur, que cinq voix sur

[85] Signée par huit avocats seulement (Cellier, Benoist fils, Gerbier, Linguet, Muyart de Vouglans, d'Outremont, Timberge, Turpin), la *Consultation* que précède un *Mémoire à consulter* et qui paraît le 27 juin 1766 (Paris, Cellot), c'est-à-dire après la sentence du Parlement, est donnée 'en faveur du jeune Moisnel et des autres accusés au jugement desquels l'arrêt avait sursis' (*Correspondance littéraire*, 15 juin 1766, t.7, p.77). Rédigé par Simon-Nicolas-Henri Linguet (1736-1794), le Mémoire s'intitule: *Mémoire à consulter et Consultation pour les sieurs Moynel, Dumesniel de Saveuse et Douville de Maillefeu, injustement impliqués dans l'affaire de la mutilation d'un crucifix, arrivée à Abbeville le 9 août 1765.*
[86] On n'a pas les conclusions de Guillaume-François-Louis Joly de Fleury, procureur général titulaire depuis 1746 après avoir rempli la charge dès 1740 en survivance de son père Guillaume-François.
[87] L'arrêt du Parlement sur le rapport (non conservé) de Pellot est du 4 juin; il confirme la sentence d'Abbeville sans changement pour les accusés présents et, selon l'usage, ne se prononce pas sur les contumaces. Rendant compte de la *Relation* le 15 mars 1768, la *Correspondance littéraire* (t.8, p.48) commente le silence de Voltaire: 'Il n'a osé dévoiler les ressorts qui ont fait confirmer la sentence fanatique de la sénéchaussée d'Abbeville par un arrêt barbare du parlement de Paris. Ceux qui ont fait rendre cet arrêt coupable sont pourtant les véritables assassins du jeune chevalier de La Barre.' Dès le 15 juillet 1766, la même *Correspondance* signalait: 'Il passe pour constant qu'un autre conseiller de Grand'Chambre, nommé Pasquier, qui n'est pas trop connu du public, a le premier ouvert l'avis de la rigueur, qu'il a péroré avec beaucoup de violence contre les philosophes et contre M. de Voltaire, qu'il a nommé; qu'il a présenté les profanations d'Abbeville comme un effet funeste de

Est-il possible, Monsieur, que dans une société qui n'est pas sauvage, cinq voix de plus sur vingt-cinq, suffisent pour arracher la vie à un accusé, et très souvent à un innocent![88] Il faudrait dans un tel cas de l'unanimité; il faudrait au moins que les trois quarts des voix fussent pour la mort; encore en ce dernier cas le quart des juges qui mitigerait l'arrêt, devrait dans l'opinion des cœurs bien faits l'emporter sur les trois quarts de ces bourgeois cruels, qui se jouent impunément de la vie de leurs concitoyens sans que la société en retire le moindre avantage.

La France entière regarda ce jugement avec horreur. Le chevalier De La Barre fut renvoyé à Abbeville[89] pour y être

335

340

333-36   QE70: accusé, et quelquefois à un innocent! Ne faudrait-il pas, peut-être, dans un tel cas de l'unanimité? ne faudrait-il pas au moins que les trois quarts des voix conclussent à la mort? encore en ce dernier cas le quart des juges qui mitigerait l'arrêt, ne pourrait-il pas dans

337-38   CU69: sur ces trois quarts, qui

337-40   QE70: quarts? Je ne vous propose cette idée que comme un doute, en respectant le sanctuaire de la justice, et en le plaignant. Le

68A: cruels qui pour avoir acheté leurs charges environ quarante mille livres, se jouent impunément de la vie de leurs concitoyens. ¶La

341-46   QE70: y subir son horrible supplice; et c'est dans la patrie des plaisirs et des arts qui adoucissent les mœurs, dans ce même royaume si fameux par les grâces

---

l'esprit philosophique qui se répand en France et qu'il a fait nommer dans l'arrêt le *Dictionnaire philosophique*' (*Correspondance littéraire*, t.7, p.77). Cette intervention de Denis-Louis Pasquier, conseiller au Parlement depuis le 30 décembre 1718 et qui a rapporté les procès de Damiens et de Lally-Tollendal, satiriquement surnommé le 'bœuf tigre', passe pour avoir été décisive, même s'il n'est pas certain qu'il ait nommément désigné Voltaire: 'Je ne sais pas bien exactement', écrit D'Alembert à Voltaire le 9 septembre 1766, 'si la tête de veau a parlé contre vous à ses confrères les singes; on prétend au moins qu'il a dit qu'il ne fallait pas s'amuser à brûler des livres, que c'était les auteurs que Dieu demandait en sacrifice' (D13544). Pasquier n'est pas épargné par Voltaire dans sa correspondance.

[88] Dans ses lettres notamment de juillet 1766, Voltaire ne cesse de se récrier contre cette 'chose abominable' qui fait que la mort dépend de 'cinq radoteurs' (D13409), de 'cinq vieux fous' (D13420; voir aussi D13410, D13430.) Dans *Le Cri du sang innocent* il réduit la majorité de cinq à deux voix. On ignore en réalité l'exacte répartition des voix.

[89] La Barre ainsi que Moisnel partent de Paris dans la nuit du 26 au 27 juin (Paris,

exécuté. On fit prendre aux archers qui le conduisaient des chemins détournés; on craignait que le chevalier De La Barre ne fût délivré sur la route par ses amis;[90] mais c'était ce qu'on devait souhaiter plutôt que craindre. 345

Enfin le premier juillet de cette année se fit dans Abbeville cette exécution trop mémorable: cet enfant fut d'abord appliqué à la torture. Voici quel est ce genre de tourment.

Les jambes du patient sont serrées entre des ais; on enfonce des coins de fer ou de bois entre les ais et les genoux, les os en sont 350 brisés. Le chevalier s'évanouit, mais il revint bientôt à lui à l'aide de quelques liqueurs spiritueuses, et déclara sans se plaindre qu'il n'avait point de complice.[91]

---

et par la mollesse, qu'on voit de ces horribles aventures. Mais vous savez que ce pays n'est pas moins fameux par la Saint-Barthelemi, et par les plus énormes cruautés. ¶Enfin 5

344 CAN69: amis; c'était
350 68A: fer entre des ais
CAN69: et genoux

BnF: fonds Joly de Fleury 418, dossier 4817, f.86) sous la conduite de Muron et arrivent le samedi 28 juin. Le transfèrement des deux jeunes gens se fait respectivement dans une berline et dans une chaise pour éviter toute communication entre eux (f.163).

[90] La route prévue est celle qui passe par Saint-Quentin, Péronne et Bapaume (Paris, BnF: fonds Joly de Fleury 418, dossier 4817, f.98). Mais, 'pour obvier aux inconvénients qui auraient pu arriver', Muron prend la route de Rouen, Dieppe et Eu. Il est accompagné de deux archers à cheval et en poste et de trois hommes de confiance dont un dans chaque voiture et un autre derrière (f.163). Ils entrent de jour dans Abbeville par une porte opposée à celle de Paris (Devérité, *Recueil intéressant*, p.37). Comme livres saisis dans la chambre du chevalier ont été envoyés au greffe du Parlement, le *Dictionnaire philosophique* qui doit être brûlé est renvoyé dans un sac par 'un exprès en poste' dont l'arrivée est prévue en même temps que celle de Muron.

[91] La Barre est soumis au procédé dit des 'brodequins'. La séance, à laquelle assistent aux côtés du bourreau, Duval de Soicourt et Paul-Augustin Gatte, médecin-chef de l'Hôtel-Dieu d'Abbeville, débute à 5 heures du matin et dure une heure. Trois coins lui sont appliqués, mais non le dernier pour la question ordinaire ni les quatre autres pour la question extraordinaire. Le chevalier reste ferme (il ne semble pas s'être évanoui) et ne dit rien de plus que dans ses interrogatoires (Paris, BnF: fonds Joly de Fleury 418, dossier 4817, f.123-28, Procès-verbal de torture).

On lui donna pour confesseur et pour assistant un dominicain ami de sa tante l'abbesse, avec lequel il avait souvent soupé dans le couvent. [92] Ce bon homme pleurait, et le chevalier le consolait. On leur servit à dîner. Le dominicain ne pouvait manger. Prenons un peu de nourriture, lui dit le chevalier, vous aurez besoin de force autant que moi pour soutenir le spectacle que je vais donner. [93]

Le spectacle en effet était terrible: on avait envoyé de Paris cinq bourreaux pour cette exécution. [94] Je ne puis dire en effet si on lui coupa la langue et la main. [95] Tout ce que je sais par les lettres d'Abbeville, c'est qu'il monta sur l'échafaud avec un courage tranquille, sans plainte, sans colère et sans ostentation: [96] tout ce qu'il dit au religieux qui l'assistait se réduit à ces paroles, *je ne croyais pas qu'on pût faire mourir un jeune gentilhomme pour si peu de chose.*

Il serait devenu certainement un excellent officier: il étudiait la

361   68A: dire si en effet on

[92] Contrairement à l'usage, ce n'est pas un capucin qui est désigné, mais un jacobin, docteur en Sorbonne et théologal de Saint-Wulfram. Devérité le nomme le Père Bosquier, Chassaigne (*Le Procès du chevalier*, p.194) le Père Bocquet. Il passait pour 'le plus propre à persuader un esprit fort *in articulo mortis*' (Devérité, *Recueil intéressant*, p.37).

[93] Le 16 juillet [1766] (D13424), D'Alembert rapporte à Voltaire que La Barre demanda du café 'en disant *qu'il n'y avait pas à craindre que cela l'empêchât de dormir*'.

[94] Dès le 12 juin 1766, Hecquet prévient le procureur général 'qu'il n'y a dans cette province aucun exécuteur capable de mettre [l']arrêt à exécution'. Le 26 juin, il lui est répondu que l'exécuteur de Paris se rendra à Abbeville. Celui-ci 'prendra à cet effet le monde qui lui sera nécessaire pour ladite exécution' (Paris, BnF: fonds Joly de Fleury 418, dossier 4817, f.72 et 96). Il s'agit de Charles Sanson qui avait tranché la tête de Lally. Selon Devérité (*Recueil intéressant*, p.39), les cinq bourreaux auraient été appelés de cinq villes différentes dont Saint-Omer.

[95] Le jugement concernant La Barre ne parle que de 'langue coupée' (c'est d'Etallonde qui est condamné à avoir la 'langue' et le 'poing' coupés). L'action de percer la langue avec un fer rouge fut seulement simulée (Devérité, *Recueil intéressant*, p.38).

[96] Il a la tête tranchée à six heures du soir. Dès le 15 juillet, la *Correspondance littéraire* souligne: 'Il est mort avec un courage et avec une tranquillité sans exemple' (t.7, p.76). D'Alembert parle aussi de courage et d''un sang-froid digne d'une meilleure tête' (D13424). Rappelée souvent par Voltaire (D13441, D13457, D13459), cette contenance noble et résolue est unanimement reconnue.

guerre par principes; il avait fait des remarques sur quelques ouvrages du roi de Prusse et du maréchal de Saxe, les deux plus grands généraux de l'Europe. [97]

370

Lorsque la nouvelle de sa mort fut reçue à Paris, le nonce dit publiquement qu'il n'aurait point été traité ainsi à Rome, et que s'il avait avoué ses fautes à l'Inquisition d'Espagne, et de Portugal, il n'eût été condamné qu'à une pénitence de quelques années. [98]

373 QE70, K: d'Espagne ou de Portugal

374-436 QE70: années. ¶Je vous prie, Monsieur, de vouloir bien me communiquer vos pensées sur cet événement. ¶Chaque siècle voit de ces catastrophes qui effraient la nature. Les circonstances ne sont jamais les mêmes; ce qui eût été regardé avec indulgence il y a quarante ans, peut attirer une mort affreuse quarante ans après. Le cardinal de Retz prend séance au parlement de Paris avec un poignard qui 5 déborde quatre doigts hors de sa soutane; et cela ne produit qu'un bon mot. Des frondeurs jettent par terre le saint sacrement qu'on portait à un malade domestique du cardinal Mazarin, et chassent les prêtres à coups de plat d'épée; et on n'y prend pas garde. Ce même Mazarin, ce premier ministre revêtu du sacerdoce, honoré du cardinalat, est proscrit sans être entendu, son sang est proclamé à cinquante mille 10 écus. On vend ses livres pour payer sa tête, dans le temps même qu'il conclut la paix de Munster, et qu'il rend le repos à l'Europe; mais on n'en fait que rire; et cette proscription ne produit que des chansons. ¶*Altri tempi, altre curae*; ajoutons d'autres temps d'autres malheurs, et ces malheurs s'oublieront pour faire place à d'autres. Soumettons-nous à la Providence qui nous éprouve tantôt par des calamités 15 publiques, tantôt par des désastres particuliers. Souhaitons des lois plus sensées, des ministres des lois plus sages, plus éclairés, plus humains.

[97] Leitmotiv de la correspondance. Voir, par exemple, D13448: 'On m'assure que ce jeune homme [...] aurait été un excellent officier, et qu'il avait commencé un très bon commentaire sur les rêveries du maréchal de Saxe' (Maurice, comte de Saxe, 1696-1750, vainqueur de Fontenoy, maréchal en 1744, auteur de *Mes rêveries ou Mémoires sur l'art de la guerre*, publiés par l'abbé Gabriel-Louis Calabre Pérau, Amsterdam, 1757, 2 vol in-4°). Voltaire semble bien exagérer la valeur du chevalier, qui, même s'il était d'esprit vif, n'avait reçu aucune instruction suivie.

[98] Il s'agit de Pietro Pamphili-Colonna, archevêque de Colosse. Le 16 juillet [1766] (D13424), D'Alembert rapporte à Voltaire qu''il y a ici un religieux italien, homme d'esprit et de mérite, qui ne revient point de cette atrocité, et qui dit qu'à l'inquisition à Rome ces jeunes fous auraient tout au plus été condamnés à un an de prison'. La *Correspondance littéraire* note de son côté: 'Dans les pays d'inquisition, ces crimes auraient été punis par un mois de prison, suivi d'une réprimande' (15 juillet 1766, t.7, p.77). L'allusion à l'attitude moins barbare de l'Inquisition revient souvent sous la plume de Voltaire épistolier (D13428, D13430, D13516).

Je laisse, Monsieur, à votre humanité et à votre sagesse, le soin 375
de faire des réflexions sur un événement si affreux, si étrange, et
devant lequel tout ce qu'on nous conte des prétendus supplices des
premiers chrétiens doit disparaître. Dites-moi quel est le plus
coupable, ou un enfant qui chante deux chansons réputées impies
dans sa seule secte, et innocentes dans tout le reste de la terre, ou un 380
juge qui ameute ses confrères pour faire périr cet enfant indiscret
par une mort affreuse?

Le sage et éloquent marquis De Vauvernagues a dit, *ce qui
n'offense pas la société n'est pas du ressort de la justice*. [99] Cette vérité
doit être la base de tous les codes criminels: or certainement le 385
chevalier De La Barre n'avait pas nui à la société en disant une
parole imprudente à un valet, à une tourière, en chantant une
chanson. C'étaient des imprudences secrètes dont on ne se
souvenait plus; c'étaient des légèretés d'enfant oubliées depuis
plus d'une année, et qui ne furent tirées de leur obscurité que par le 390
moyen d'un monitoire qui les fit révéler; monitoire fulminé pour
un autre objet, monitoire qui forme des délateurs, monitoire
tyrannique fait pour troubler la paix de toutes les familles.

Il est si vrai qu'il ne faut pas traiter un jeune homme imprudent
comme un scélérat consommé dans le crime, que le jeune M. De 395
Talonde condamné par les mêmes juges à une mort encore plus
horrible, a été accueilli par le roi de Prusse et mis au nombre de ses
officiers; [100] il est regardé par tout le régiment comme un excellent

---

376-78   68A: affreux et si étrange. Dites-moi
391-92   w68: fulminé par un
392   68A: qui forma des

---

[99] Citation littérale: 'du ressort de *sa* justice', *Réflexions et maximes*, dans *Œuvres
complètes*, éd. H. Bonnier (Paris, 1968), p.415.

[100] Réfugié dans la Gueldre, d'Etallonde, condamné à être brûlé vif (tandis que
La Barre est condamné à avoir la tête tranchée, puis le corps et la tête réduits en
cendres), s'engage, sous le nom de Morival, dans l'armée prussienne et sert equalité
de cadet dans un régiment à Wessel. Il sera nommé enseigne (D14121, Voltaire à
Florian, 16 avril [1767]).

sujet; qui sait si un jour il ne viendra pas se venger de l'affront
qu'on lui a fait dans sa patrie?   400

L'exécution du chevalier De La Barre consterna tellement tout
Abbeville, et jeta dans les esprits une telle horreur, que l'on n'osa
pas poursuivre le procès des autres accusés. [101]

Vous vous étonnez sans doute, Monsieur, qu'il se passe tant de
scènes si tragiques dans un pays qui se vante de la douceur de ses   405
mœurs, et où les étrangers même venaient autrefois en foule
chercher les agréments de la société: mais je ne vous cacherai point
que s'il y a toujours un certain nombre d'esprits indulgents et
aimables, il reste encore dans plusieurs autres un ancien caractère

403-404   w68: accusés. ¶Misérables juges! fanatiques ignorants! si ces co-
accusés étaient coupables, il fallait les punir; s'ils ne l'étaient pas, il ne fallait pas
assassiner par des bourreaux le chevalier de la Barre; mais voici l'explication de cette
contrariété. Un conseiller au parlement de Paris, d'un esprit atroce, mais léger, qui
avait seul persuadé à ses confrères de prononcer le supplice, reçut de tout Paris de si   5
violents reproches qu'il se repentit. Il fut troublé par ses remords, et il reprocha aux
juges d'Abbeville cette même barbarie dont il était plus coupable qu'eux. Alors ceux-
ci s'arrêtèrent, non seulement à la voix de ce conseiller de Paris, mais aux cris de tout
Abbeville soulevé contre eux; de sorte qu'après avoir violé les lois de la raison et de
l'humanité, ils violèrent les formes de la justice. ¶Vous   10
406   68a: même vinrent autrefois
       κ: venaient en

[101] Le 19 août 1766, Voltaire écrit à Richelieu: 'La voix du public indigné s'est
tellement élevée contre ce jugement atroce que les juges n'ont pas osé poursuivre le
procès après l'exécution du chevalier de La Barre' (D13502). L'arrêt du Parlement
concluait au 'sursis à faire droit' sur les accusations intentées contre Moisnel,
Douville de Maillefeu et Dumaisniel de Saveuse 'jusqu'à l'entière exécution' de la
sentence contre La Barre. Douze jours après l'exécution du chevalier, J. N. Douville
demande qu'on juge les trois accusés (Paris, BnF: fonds Joly de Fleury 418, dossier
4817, f.82-86) car le sursis place ceux-ci dans un état d'incertitude qui suppose plus le
crime que l'innocence. Le 10 septembre 1766, Moisnel comparaît 'en la chambre du
conseil criminel de la sénéchaussée de Ponthieu' composée de Lefebvre de Villers,
rapporteur à la place de Duval de Soicourt qui s'est déporté le 3 septembre
précédent, de Paul-Henri Crignon, lieutenant particulier civil, et de Lefebvre de
Branlicourt, gradué (f.177); il est pour la forme 'admonesté' (f.183, Copie du
jugement). Maillefeu et Saveuse sont déchargés du 'chef d'accusation formé contre
eux' et renvoyés 'quittes et absous'. L'autorisation est obtenue de publier la sentence
d'absolution (18 septembre 1766).

de barbarie que rien n'a pu effacer: vous retrouverez encore ce 410
même esprit qui fit mettre à prix la tête d'un cardinal premier
ministre, et qui conduisait l'archevêque de Paris un poignard à la
main dans le sanctuaire de la justice. [102] Certainement la religion
était plus outragée par ces deux actions que par les étourderies du
chevalier De La Barre; mais voilà comme va le monde: *hic pretium* 415
sceleris tulit, hic diadema. [103]

Quelques juges ont dit que dans les circonstances présentes la
religion avait besoin de ce funeste exemple; [104] ils se sont bien
trompés; rien ne lui a fait plus de tort; on ne subjugue pas ainsi les
esprits, on les indigne et on les révolte. 420

J'ai entendu dire, malheureusement à plusieurs personnes,
qu'elles ne pouvaient s'empêcher de détester une secte, qui ne se
soutenait que par des bourreaux. Ces discours publics et répétés
m'ont fait frémir plus d'une fois.

On a voulu faire périr par un supplice réservé aux empoison- 425
neurs, et aux parricides, des enfants accusés d'avoir chanté
d'anciennes chansons blasphématoires, et cela même a fait prononcer plus de cent mille blasphèmes. Vous ne sauriez croire,
Monsieur, combien cet événement rend notre religion catholique
romaine exécrable à tous les étrangers: les juges disent que la 430
politique les a forcés à en user ainsi. Quelle politique imbécile et

419   68A: subjugue point ainsi
430   w68: juges, pour s'excuser, répondent que
431   w68: forcés à cette barbarie. Quelle
431-32   w68: imbécile et cruelle! Quoi! être assassins pour paraître chrétiens?
Ah!

[102] Voltaire évoque respectivement Mazarin et le cardinal de Retz. Sur ces
épisodes qui remontent à 1649, voir *Le Siècle de Louis XIV*, ch.4, et *Histoire du
Parlement de Paris*, ch.56.
[103] Citation du vers 105 de la Satire 13 de Juvénal: 'Tel, pour prix de son forfait, a
eu la potence, et tel autre, le diadème.'
[104] 'On a prétendu que le parlement de Paris, accusé tous les jours de sacrifier la
religion à sa haine contre les évêques, a voulu donner un exemple terrible qui
démontrât combien il est bon catholique' (D13516; voir aussi notamment D13512,
D13518, D13538).

barbare! Ah! Monsieur, quel crime horrible contre la justice de prononcer un jugement par politique, surtout un jugement de mort, et encore de quelle mort!

L'attendrissement et l'horreur qui me saisissent ne me permet-   435
tent pas d'en dire davantage.

J'ai l'honneur d'être etc.

437   68A: etc. / FIN.

APPENDICE

Nous avons, dans l'étude de la genèse et des sources de la *Relation*, identifié les 'trois lettres manuscrites' dont, le 6 août 1766, font état les *Mémoires* de Bachaumont, aux trois extraits que nous présentons ici en appendice.

Rédigées à partir d'éléments fournis par Florian (voir D13455), ces lignes qui constituent le premier compte rendu voltairien de l'affaire s'organisent autour de la figure centrale de Belleval dont les motivations psychologiques sont révélées (amour, jalousie, vengeance) et dont l'activité fébrile est rapportée – procédure lancée, arrestation favorisée. Elles soulignent également la haine dont le lieutenant de l'élection devient l'objet de la part de ses concitoyens. Sans atténuer le rôle joué par Belleval, la *Relation*, elle, dégagera les problèmes de tous ordres – juridique, social, moral, religieux, philosophique – que soulève le cas d'espèce.

Le premier extrait, qui fait allusion à la mauvaise éducation de La Barre (ce dont la *Relation* ne dira mot), attribue à l'un des jeunes accusés le coup donné – involontairement certes – au crucifix: Voltaire le niera énergiquement dans son texte ultérieur qui, d'ailleurs, minimise 'l'indécence' jugée ici 'très répréhensible' du chevalier et de ses amis (la procession du saint sacrement ne sera plus qu'une procession de capucins). Remarquons, d'autre part, que la Lettre présente de façon inversée par rapport à la *Relation* la conduite de La Barre et de Moisnel lors de leurs interrogatoires.

De ce document, reproduit dans l'édition de la correspondance (D.app.279), trois manuscrits sont conservés:

MS I

Extrait d'une Lettre d'Abbeville du 7 juillet *1766*.

Cet Extrait est suivi d'un NB.

Après le titre et avant l'ouverture du texte, une ligne un quart en pointillé.

Copie; trois pages; 185 x 230 mm.

Note de la main de Condorcet (première page en haut à gauche): 'voir si elle n'est pas dejà imprimée dans les œuv. vol. de politiq^e et legislation'.

Vraisemblablement copie pour l'édition Kehl.

Genève, ImV: Ms.V.43/48.

MS2

Extrait d'une Lettre d'Abbeville du 7 juillet 1766.

Copie; trois pages; 185 x 230 mm.

Fait partie des archives Suard.

Genève, ImV: Ms.V.43/49.

MS3

Extrait d'une Lettre d'Abbeville du 7 juillet *1766*.

Cet extrait est suivi d'un 'autre extrait' lequel est lui-même suivi d'un 'autre extrait'.

Après le titre et avant l'ouverture du texte, un début de ligne en pointillé.

Copie; quatre pages; 145 x 200 mm.

Envoyé à Constant Rebecque seigneur d'Hermenches (D13448).

Hague-Constant.

Nous choisissons comme texte de base le MS3, le seul qui contienne les trois extraits. Dans l'établissement des variantes, nous faisons état des versions des MS1 et MS2 et aussi de l'édition Kehl où la lettre fut publiée pour la première fois (t.59, 1784, *Recueil des lettres de M. de Voltaire, 1765-1766*, lettre 226, à M. le maréchal duc de Richelieu, aux eaux de Rolle, 18 de juillet: l'Extrait est présenté en note, p.401-403). Nous ne notons pas les différences de ponctuation ni les différences dans le jeu des majuscules et minuscules et des abréviations.

Nous reproduisons fidèlement le MS3. Simplement, nous mettons une majuscule au début de l'Extrait et après un point, de même qu'aux noms propres qui s'ouvrent sur une minuscule. Nous ne conservons pas le *s* long. Nous ajoutons l'apostrophe à 'Lhorreur' (ligne 51). Nous utilisons le point-virgule après 'se venger' (ligne 11), la ponctuation étant illisible sur le manuscrit.

EXTRAIT D'UNE LETTRE D'ABBEVILLE
DU 7. JUILLET *1766*

Un habitant d'Abbeville, lieutenant de L'election, riche, avare nommé Belleval âgé de 60 ans,[1] vivait avec la plus grande intimité avec l'abbesse de Vignancours fille de Mr de Brou,[2] Lorsque deux jeunes gentils hommes nommés de la Barre, parents de L'abbesse arrivèrent à Abbeville.[3] L'abbesse les reçut chez elle, les logea dans l'intérieur du Couvent,[4] plaça peu de temps après, L'ainé des deux frères dans les mousquetaires,[5] le plus jeune âgé environ 20 ans toujours logé chez sa Cousine, toujours mangeant avec elle, fit

5

a K: 7 de juillet

1-2 MS1, K: avare, et nommé *Belleval*, vivait

MS2: avare et nommé Belleval, vivait

3 MS1: de Vignancour fille de M^r *De Brou*

MS2: de Vignancour fille

K: de Vignancour, fille de M. de *Brou*

4-5 MS1, MS2: gentils hommes parents de L'abbesse, dénués [MS2: dénué] de fortune et assez mal élevez [MS2: élevés], arrivèrent

K: jeunes gentilshommes, parents de l'abbesse, nommés de *la Barre*, arrivèrent

7-8 K: jeune, âgé de seize à dix-sept ans, toujours

MS1: mousquetaires et trouvant sans doute le plus jeune préférable à M^r L'Elu, elle congedia celuicy. Dès lors Le Chev^er de *la Barre*, toujours logé

MS2: mousquetaires et trouvant sans doute le plus jeune préférable à M^r L'Elu, elle congedia celuicy. Des lors le chev^er Des Barres, toujours logé

[1] Charles-Joseph Dumaisniel, seigneur de Saint-Léger et de Belleval. Voir *Relation de la mort du chevalier de La Barre*, ci-dessus, n.7.

[2] Anne-Marguerite Feydeau, fille d'André-Denis Feydeau, écuyer du roi, seigneur d'Estréelles, apparentée à la famille ministérielle des Brou. Voir *Relation*, n.6.

[3] Ce sont ses cousins germains: Jacques-François et François-Jean Lefebvre de La Barre. Ils arrivent à Abbeville au cours du printemps 1762 après la mort de leur père (6 février 1762) – leur mère étant décédée antérieurement (1754). Voir *Relation*, n.3, 9 et 10.

[4] En fait 'dans une chambre en la cour du dehors de la clôture de l'abbaye'. Voir *Relation*, n.13.

[5] Reçu garde du corps du roi en 1760 (tel est son titre à la mort de son père), Jacques-François passe en 1765 aux mousquetaires.

connaissance avec La jeunesse de la ville; L'introduisit chez L'abbesse. On y soupait, on y passait une partie de la nuit. [6]   10

Le Sr Belleval congedié de la maison, resolut de se venger;[7] il savait que le Ch[er] de la Barre avait commis de grandes indécences 4 mois auparavant avec quelques jeunes gens de son âge mal élevés. L'un d'eux même avait donné en passant un coup de baguette sur un poteau, auquel était attaché un crucifix de bois, et quoique Le   15 coup n'eut été donné que par derriere, et sur le simple poteau, la baguette en tournant avait frappé malheureusement le crucifix.[8] Il scut que ces jeunes gens avaient Chanté des chansons impies[9] qui avaient scandalisé quelques bourgeois. On reprochait surtout au ch[er] de la Barre d'avoir passé à trente pas d'une procession qui   20 portait le S[t]. Sacrement, et de n'avoir pas oté son Chapeau. [10]

Belleval courut de maison en maison éxagérer L'indécence très répréhensible du Ch[er] et de ses amis. Il écrivit aux villes voisines, le bruit fut si grand que L'Evêque D'Amiens se crut obligé de se transporter à Abbeville pour réparer le scandal par sa piété. [11]   25

10   MS2: partie des nuits.
11   K: *Belleval*
      MS1: S[r] De *Belleval* jaloux et chassé, resolut
      MS2: Sr de Belleval jaloux et chassé, résolut
12   MS1: de *La Barre*
      MS2: que ce chevalier Des Barres avait
      K: chevalier de *la Barre*
20   MS1: Chev.[er] de *La Barre*
      MS2: ch[er] Des Barres
      K: chevalier de *la Barre*
22   MS1, K: *Belleval*

[6] L'abbesse semble avoir mené une vie assez mondaine.
[7] Sur les rapports entre Belleval et le chevalier, voir *Relation*, n.14.
[8] Allusion à Gaillard d'Etallonde, quatrième fils de Louis-Joseph Gaillard, seigneur de Boëncourt, second président au Présidial d'Abbeville (voir *Relation*, n.4).
[9] La Madeleine et la Saint-Cyr. Voir *Relation*, n.43.
[10] Il s'agit de la procession de la Fête-Dieu du 6 juin 1765 qui, aux alentours de midi, sort du prieuré de Saint-Pierre et Saint-Paul.
[11] Louis-François-Gabriel d'Orléans de La Motte, évêque d'Amiens depuis le 25 août 1733, procède à une cérémonie expiatoire le 8 septembre 1765 (voir *Relation*, n.18, 20).

Alors on fit des informations,[12] on jetta des monitoires,[13] on assigna des temoins, mais personne ne voulait accuser juridiquement de jeunes indiscrets dont on avait pitié. On voulait cacher leurs fautes qu'on imputait à L'yvresse et à la folie de leur âge.

Belleval alla chez tous les temoins; il les ménaça, il les fit trembler, il se servit de toutes les armes de la réligion. Enfin, il força le juge d'Abbeville à le faire assigner lui-même en témoignage.[14] Il ne se contenta pas de grossir les objets dans son interrogatoire, il indiqua les noms de tous ceux qui pouvaient témoigner, il requit même le juge de les entendre. Mais ce délateur fut bien surpris Lorsque le juge ayant été forcé d'agir et de rechercher les imprudents complices du Ch^{er} de la Barre, il trouva le fils du délateur Belleval à la tête.[15]

Belleval désesperé fit évader son fils avec le Sr de Talonde fils du président de Bancour,[16] et le jeune D'Ouville fils du maire de la

30
35
40

30 κ: *Belleval*
35 ms1, ms2: Mais cet indigne délateur
36 ms2: le juge [*en surcharge*]
37 ms2: du chevalier des Barres,
     κ: du chevalier de *la Barre*,
38 κ: *Belleval*
39 κ: *Belleval*
     κ: sieur d'*Etallonde*, fils
40 κ: *Bancour*; d'*Ouville*,
     ms2: Douville

[12] Une première information consécutive à la plainte du 10 août 1765 est ouverte le 13 août; une deuxième l'est le 26 septembre à la suite d'une seconde plainte en date du 13 septembre. Il y aura aussi une 'addition d'information' à partir du 28 septembre (voir An X² B 1392, troisième, septième et huitième pièces).

[13] Le 18 août, le 25 août et le 1er septembre 1765. Voir *Relation*, n.19.

[14] Entendu le 13 août, il est le vingtième témoin. Voir *Relation*, n.27.

[15] Pierre-François Dumaisniel de Saveuse, né le 8 juin 1743, chevau-léger de la garde du roi (voir *Relation*, n.29).

[16] Voir ci-dessus, n.8. Gaillard d'Etallonde se réfugie d'abord chez le curé d'Etallonde, puis à l'abbaye du Lieu-Dieu. Voir *Relation*, n.75.

ville. [17] Mais poussant jusqu'au bout sa jalousie et sa vengeance contre le ch[er] de la Barre, il le fit suivre par un espion. Le jeune chev[er] fut arrêté avec le Sr Moisnel son ami. [18] La tête leur tourna comme vous le pouvez bien penser dans leur interrogatoire. Cependant Moisnel répondit plus sagement que La Barre. [19]   45
Celui-cy se perdit lui même. Vous savez le reste.

Je me trouvai samedy à Abbeville où une petite affaire m'avait conduit, Lorsque de la Barre et Moisnel escortés de quatre archers, y arrivèrent de Paris par une route detournée. [20] Je ne saurais vous donner une juste idée de la consternation de cette ville, de   50
L'horreur qu'on y ressent contre Belleval et de L'effroy qui règne dans toutes les familles. Le peuple même trouve L'arrêt

42   MS2: ch[er] Des barres, il
      K: le chevalier de *la Barre,*
42-43 MS1: espion. Le Chev.[er] fut
      MS2: espion. Le ch[er] fut
      K: espion. Le chevalier fut
43   K: *Moisnel*
45   K: *Moisnel*
      MS2: Des Barres.
      K: *la Barre.*
46-47 MS2: reste. Je
48   M2: Des Barres
      K: de *la Barre* et *Moisnel*
51   K: *Belleval*

[17] Pierre-Jean-François Douville de Maillefeu, fils de Jean-Nicolas Douville qui a été maïeur d'Abbeville en 1759 et 1760. Voir *Relation*, n.56.
[18] Les 1er et 2 octobre. Le chevalier et Charles-François-Marcel Moisnel (voir *Relation*, n.31) sont l'objet d'un décret de prise de corps en date du 27 septembre 1765. Ils sont arrêtés, l'un à l'abbaye de Longvilliers, l'autre à Crécy-en-Ponthieu (voir *Relation*, n.57).
[19] Dans son premier interrogatoire (2 octobre 1765, An X[2] B 1392, onzième pièce), La Barre se montre assez maladroit. Interrogé pour la première fois le 3 octobre (treizième pièce), Moisnel nie fermement, mais il s'effondre dans les interrogatoires suivants (voir *Relation* et *Le Cri du sang innocent*).
[20] L'inspecteur de police sous la surveillance duquel s'opère le transfèrement décide de passer par Rouen, Dieppe et Eu (voir *Relation*, n.90).

trop cruel, il déchirerait Belleval; il est sorti d'Abbeville, et on ne sait où il est &c

autre extrait

Le Chev[er] de la Barre a été condamné par le parlement de Paris en confirmation de la sentence d'Abbeville,[21] à avoir La langue et le poing coupés,[22] la tête tranchée et à être jetté dans les flammes, le tout après avoir subi la question ordinaire et extraordinaire. Le ch[er] de la Barre a été éxécuté,[23] on a brulé avec lui ses livres[24] qui consistaient dans les pensées philosophiques,[25] le sopha de Crebillon,[26] des lettres sur les miracles,[27] le dictionnaire philo-

55

60

---

53   K: *Belleval*;
54   MS2: &c. [*fin du manuscrit*]
54-55 MS1: &c. ¶NB: Les accusés ont été condamnés par
       K: est. ¶*Nota bene*. Les accusés ont été condamnés par
57-58 MS1: être jettés dans les flammes, après
       K: être jetés dans les flammes, après
58-59 K: Le chevalier de *la Barre*
58-65 MS1: Le Chev.[er] de *La Barre* a été seul éxécuté. On
       K: Le chevalier de *la Barre* a été seul exécuté; on continue

---

[21] Du 28 février 1766. L'arrêt du Parlement de Paris est, lui, du 4 juin 1766.
[22] Le jugement ne parle, en ce qui concerne le chevalier, que de 'langue coupée'. La mention 'langue et poing coupés' est relative à Gaillard d'Etallonde. Voir *Relation*, n.95.
[23] Le 1er juillet 1766.
[24] Seul le *Dictionnaire philosophique portatif* est brûlé avec le corps et la tête du chevalier.
[25] L'ouvrage de Diderot est publié en juin 1746 (La Haye [Paris, Laurent Durand]).
[26] Ouvrage paru en février 1742 sous le titre: *Le Sopha, conte moral* (Gaznah, de l'imprimerie du Très Pieux, Très Clément et Très Auguste Sultan des Indes).
[27] On sait qu'il y a eu vingt *Lettres* sur les miracles. Voir *Collection des lettres sur les miracles écrites à Genève et à Neufchâtel, par M. le proposant Théro, M. Covelle, M. Needham, M. Beaudinet et M. de Montmollin, etc.* (Neufchâtel, Genève, Cramer, 1765).

sophique, deux petits volumes de Bayle,[28] un discours de l'empéreur Julien grec et français,[29] un abregé de l'histoire de L'église de Fleuri[30] et L'anatomie de la messe.[31]

On continue le procez du Sr Moisnel; les autres sont condamnés à être brulés vifs.[32] Plusieurs avocats ont signé une consultation[33]   65

65-66 MS1: Moisnel. Plusieurs
    K: *Moisnel*. Plusieurs

[28] Extrait du *Dictionnaire historique et critique de Bayle*, composé par Frédéric II et le marquis d'Argens et publié par D. Thiébault, 2 vol. (Berlin, 1765).

[29] *Défense du paganisme, par l'empereur Julien, en grec et en françois, avec des dissertations et des notes pour servir d'éclaircissement au texte et pour en réfuter les erreurs* (Berlin, 1764): c'est la traduction par J. B. de Boyer, marquis d'Argens, des fragments du traité de Julien l'Apostat contre les chrétiens (conservé dans l'œuvre de saint Cyrille d'Alexandrie). Voltaire donnera une édition de la traduction seule avec un certain nombre de modifications et d'additions: *Discours de l'empereur Julien contre les chrétiens, traduit par M. le marquis d'Argens ..., avec de nouvelles notes de divers auteurs* (Berlin, 1768 [Genève, 1769]; *OCV*, t.71B).

[30] De Frédéric II (voir *Abrégé de l'Histoire ecclésiastique de Fleury*, nouvelle éd. corrigée, Berne, 1767).

[31] L'*Anatomie de la messe, où est monstré par l'Escriture Saincte et par les tesmoignages de l'ancienne Eglise, que la messe est contraire à la parole de Dieu et esloignée du chemin de salut* de Pierre Du Moulin (1568-1658) a paru en 1636 (Genève, P. Aubert; Genève, J. Chouet; Sedan, J. Jannon). L'ouvrage est réédité en 1638, 1640, 1641. Sur les livres que possédait le chevalier, voir la liste des livres brûlés le 4 octobre 1765 à l'instigation de l'abbesse par un religieux cistercien (An X² B 1392, quatorzième pièce) et le procès-verbal de saisie des livres faite le 10 octobre 1765 (vingtième pièce): il s'agit essentiellement d'œuvres galantes et érotiques (voir *Relation*, n.49).

[32] Le jugement qui condamne La Barre condamne également Gaillard d'Etallonde (celui-ci est effectivement condamné à être 'brûlé vif'). Mais il conclut au 'sursis à faire droit' sur les accusations intentées contre Moisnel, Douville de Maillefeu et Dumaisniel de Saveuse 'jusqu'à l'entière exécution' de la sentence contre La Barre. Parce que le sursis semble impliquer plus le crime que l'innocence, le procès est repris, sans le concours de Dural de Saicourt, en septembre à la demande du père de l'un des accusés, J. N. Douville: Moisnel sera pour la forme 'admonesté', les deux autres accusés seront renvoyés 'quittes et absous'.

[33] Signée de huit avocats, elle paraît le 27 juin 1766 (voir *Relation*, n.85).

parlaquelle ils prouvent L'illegalité de L'arrêt. Il y avait vingt cinq juges. Quinze opinèrent à la mort, et dix à une correction Légère. [34]

autre extrait

Le Ch[er] de La Barre a soutenu Les tourments et La mort sans aucune faiblesse et sans aucune ostentation. [35] Le seul moment où il a paru ému est celui où il a vû le Sr de Belleval dans la foule des spectateurs. Le peuple aurait mis Belleval en piéces, s'il n'y avait pas eu main forte. Il y avait cinq bourreaux à L'éxécution du Chevalier. [36] Il était petit fils d'un lieutenant general des armées [37] et serait devenu un excellent officier. [38] Le cardinal le Camus dont il était parent avait commis des profanations bien plus grandes, car il avait communié un cochon avec une hostie. Il ne fut qu'exilé; il devint ensuitte cardinal et mourut en odeur de sainteté. [39] Son parent est mort dans les plus horribles supplices pour avoir chanté des chansons et pour n'avoir par oté son chapeau.

70

75

80

[34] Sur la répartition des voix et les variations de Voltaire en ce domaine, voir *Relation* n.88.

[35] Fermeté d'attitude unanimement reconnue.

[36] Parmi lesquels Charles Sanson venu de Paris (voir *Relation*, n.94).

[37] Arrière-petit-fils d'Antoine Lefebvre de La Barre, lieutenant général des armées en 1666 (voir *Relation*, n.11).

[38] L'expression est reprise dans la *Relation* (voir n.97).

[39] Issu d'une illustre famille de robe, Etienne Le Camus (1632-1707), aumônier du roi, mena une vie assez scandaleuse à la Cour avant de se retirer et d'être nommé en 1671 évêque de Grenoble où il se consacra avec un zèle pieux à son diocèse et vécut dans la pénitence et l'austérité. Il fut élevé à la dignité de cardinal en 1686. Le 31 juillet 1766, Damilaville, après avoir lu le troisième extrait (voir D13449), écrit à Voltaire: 'L'anecdote du cardinal Le Camus est bien singulière, et mérite d'être consacrée. Son sort et celui de son parent forment un étrange contraste' (D13464).

Shorter verse of 1767

Critical edition

by

Simon Davies

CONTENTS

COLLECTIVE EDITIONS OF VOLTAIRE'S WORKS
REFERRED TO IN THIS EDITION

w68

Collection complette des œuvres de M. de Voltaire. [Geneva, Cramer; Paris, Panckoucke] 1768-1777. 30 vol. 4°.

Bengesco 2137, Trapnell 68, BnC 141-44.

w70x

Œuvres de M. de Voltaire. Dresden, Walther, 1770. 1 vol. [vol.9]. 12°.

This appears to be an imitation of Walther's 1752 edition.

Bengesco 2132, Trapnell 70x.

w72p

Œuvres de M. de V... Neuchâtel [Paris, Panckoucke], 1771-1777. 34 (or 40) vol. 8° and 12°.

Bengesco 2140, Trapnell 72p, BnC 152-57.

w75g

La Henriade, divers autres poèmes et toutes les pièces relatives à l'épopée, [Geneva, Cramer et Bardin] 1775. 37 (or 40) vol. 8°.

The *encadrée* edition.

Bengesco 2141, Trapnell 75g, BnC 158-61.

k

Œuvres complètes de Voltaire. [Kehl] Société littéraire-typographique, 1784-1789. 70 vol. 8°.

Bengesco 2142, BnC 164-93.

À MONSIEUR DESRIVIÈRES, SERGENT AUX GARDES

Ferdinand Desrivières apparently sent his *Loisirs d'un soldat* [1] with a 'belle lettre' to Voltaire (D14325). Unfortunately, this letter has not come down to us. Voltaire was most impressed with the work and had difficulty believing that it had been composed by someone he termed a 'caporal' (D14325). Indeed, in the same letter, he wondered whether the work had in fact been written by the soldier's commander, the chevalier de La Tour. If Desrivières was the author, he should be made an 'aide major'. In fact, Voltaire had already recommended Desrivières to the duc de Lauzun on 20 July 1767 (D14295) and was to do so again on 18 August (D14381). Lauzun followed up Voltaire's recommendation, praised Desrivières's character and arranged his promotion to sergeant (D14407). Lauzun further informed his correspondent of Desrivières's pleasure at the great man's interest. [2] Voltaire himself would doubtless have been pleased at the number of quotations from his works which he had read in the *Loisirs d'un soldat*. [3]

Voltaire wrote to Desrivières on 14 August (D14361). He began the letter with the poem below, and commented: 'J'ai bien de la peine à croire que vous soyez simple soldat. Si vous l'êtes vous êtes capitaine à mes yeux'. The poem appeared immediately in a couple

---

[1] *Loisirs d'un soldat au régiment des gardes* (n.p., 1767). Thiriot sent another work of Desrivières to Voltaire in 1769 (D15973), *Essais sur le vrai mérite de l'officier* (Dresden, 1769, BV1020).

[2] On 22 April 1778, Desrivières wrote to Benjamin Franklin offering his services to the American army. He stressed his military experience and stated that his writings 'have been praised by experts, and the most glorious praise came from Voltaire in 1767. His letter was headed by some verse that modesty prevents my quoting' (*The Papers of Benjamin Franklin*, ed. W. B. Willcox and others, New Haven and London, 1987, vol.26, p.322-23).

[3] For example, p.51, 69, 98, 132.

of periodicals but was not printed in a collected edition until Kehl. We reproduce the version which appears in the correspondence.

Manuscripts: MS1: D14361; secondary copy, *Correspondance littéraire*, vol.1, p.303, no.138, 16 August 1767 (uncollated).

Editions: *Mercure de France* (September 1767), p.29; *Suite de la clef* (*Journal de Verdun*, September 1767), p.210; K, vol.14, p.389.

Base text: D14361.

A Monsieur Desrivières, sergent aux gardes

Soldat digne de Xénophon
Ou d'un César, ou d'un Biron[4]
Ton écrit dans les cœurs allume
Un feu d'une héroïque ardeur;
Ton régiment sera vainqueur,   5
Par ton courage et par ta plume...[5]

---

[4] Louis Antoine de Gontaut Biron, duc de Lauzun (1701-1787), was colonel of the regiment of the *gardes françaises*.

[5] The poem is followed in the same volume of the *Mercure de France* by a eulogy of Desrivières from the pen of the vicomte de la Cressonnière, an officer in the same regiment: 'Soldat plein de vertu, d'honneur et de sagesse / Ton livre m'a surpris autant qu'il m'a touché; / Jamais lecture enfin ne m'a plus attaché: / Juge combien il intéresse! / Combien il remuait mon cœur! / Mes yeux, en te lisant, étaient baignés de larmes. / Oui, Voltaire a raison; du succès de nos armes / Cet écrit est garant ainsi que la valeur'.

RÉPONSE À MESSIEURS DE LA HARPE ET DE CHABANON

This poem was composed as a response to verses penned for Voltaire's *fête* on 4 October 1767. The *Correspondance littéraire* records the festivities and the presence of 'les poètes commensaux', that is, La Harpe and Chabanon. [1] The latter had been staying at Ferney, acting in plays and writing for the theatre. To celebrate their host's *fête*, the guests contributed the following:

Vers de Monsieur de La Harpe à Monsieur de Voltaire, pour le jour de la Saint-François

> François d'Assise fut un gueux
> Et fondateur de gueuserie,
> Et ses disciples n'ont pour eux
> Que la crasse et l'hypocrisie.
> François, qui de Sales eut le nom
> Trichait au piquet, nous dit-on;
> D'un saint zèle il sentit les flammes,
> Et vainquit celles de la chair,
> Convertit quatre vingt mille âmes
> Dans un pays presque désert.
> Ces pieux fous que l'on admire,
> Je les donne au diable tous deux,
> Et je ne place dans les cieux,
> Que le François qui fit *Alzire*.

---

[1] *Correspondance littéraire*, vol.7, p.454.

Bouquet au même, par Monsieur de Chabanon

L'Eglise dans ce jour fait à tous les dévots
Célébrer les vertus d'un pénitent austère:
Si l'Eglise a ses saints, le Pinde a ses héros,
Et nous fêtons ici le grand nom de Voltaire.
Je suis loin d'outrager les saints,
Je les respecte autant qu'un autre,
Mais le patron des capucins
Ne devait guère être le vôtre.
Au fond de ces cloîtres bénis
On lit peu vos charmants écrits,
C'est le temple de l'ignorance.
Mais près de vous, sous vos regards,
Le dieu du goût et des beaux arts
Tient une école de science.
De ressembler aux saints je crois
Voltaire assez peu se soucie,
Mais le cordon de saint François
Pourrait fort bien vous faire envie:
Ce don, m'a-t-on dit, quelquefois
Ne tient pas au don du génie.
Allez, laissez aux bienheureux
Leurs privilèges glorieux,
Leurs attributs, leur récompense:
S'ils sont immortels dans les cieux,
Votre immortalité sur la terre commence. [2]

Voltaire's poetic reply soon appeared in the periodical press but was not printed in a collected edition until Kehl. It is the Kehl edition which we reproduce.

[2] Louis Petit de Bachaumont, *Mémoires secrets pour servir à l'histoire de la république des lettres en France, depuis 1762 jusqu'à nos jours, ou journal d'un observateur*, 36 vol. (London, 1780-1789), vol.3, p.255, 27 October 1767. It may well be that Voltaire sent these verses to the marquise de Florian on 12 October if they are the 'petites bagatelles' to which he refers (D14475).

Manuscripts: MS1: New York, Pierpont Morgan Library: MA 635; St Petersburg, National Library of Russia: annexes manuscrites, vol.2, f.181 (see F. Caussy, *Inventaire des manuscrits de la Bibliothèque de Voltaire*, Paris, 1913, p.12); manuscripts for *Correspondance littéraire*, vol.7, p.470, 1 November 1767 (uncollated) – see U. Kölving and J. Carriat, *Inventaire de la Correspondance littéraire de Grimm et Meister*, vol.1, *SVEC* 225 (1994), p.211, 67:313; *Correspondance littéraire*, vol.1, p.303, no.140, 15 November 1767; Jean-Daniel Candaux, 'Précisions sur Henri Rieu', in *Le Siècle de Voltaire: hommage à René Pomeau*, ed. Christiane Mervaud and Sylvain Menant (Oxford, 1987), p.236, item 89.

Editions: Bachaumont, *Mémoires secrets*, vol.3, p.256, 27 October 1767; *Journal encyclopédique* (15 November 1767), p.110; Voltaire, *Mon petit portefeuille* (London, 1774), vol.1, p.130; K, vol.14, p.366-67.

Base text: K.

Réponse à Messieurs de La Harpe et de Chabanon

Ils ont berné mon capuchon;　　　　　　　　　　
Rien n'est gai ni si coupable.
Qui sont donc ces enfants du diable,
Disait saint François, mon patron?
C'est La Harpe, c'est Chabanon:　　　　　　　　5
Ce couple agréable et fripon,
A Vénus vola sa ceinture,
Sa lyre au divin Apollon,
Et ses pinceaux à la nature.
Je le crois, dit le penaillon;　　　　　　　　　10
Car plus d'une fille m'assure
Qu'ils m'ont aussi pris mon cordon.

4　*Mon petit portefeuille*, *Journal encyclopédique*: ....
8　*Mémoires secrets*: La lyre
9　*Mémoires secrets*: Et les pinceaux
12　MS1: m'ont pris aussi mon

À MONSIEUR LE COMTE DE FÉKÉTÉ

Janos Fékété, count of Galánta (1741-1803), wrote to Voltaire for the first time on 9 June 1767 (D14220). He was a Hungarian nobleman who developed a wide network of European correspondents.[1] He was eager to receive Voltaire's works and comments on his own poems composed in French. Voltaire congratulated him on his handling of a foreign language (D14236) and also showed his appreciation for the gift of bottles of Tokay (D14498). Fékété wished to obtain a copy of *Les Scythes* (D14260); this was duly dispatched (D14498) and acknowledged (D14505). It would appear that Voltaire sent the poem under discussion with his tragedy. It was printed for the first time in 1781 in Fékété's collection, *Mes rapsodies*, with a footnote that claimed that 'Monsieur de Voltaire avait collé ces vers sur la tragédie'.[2]

Manuscript: Budapest, Széchényi Library.[3]

Edition: Janos Fékété, *Mes rapsodies, ou recueil de différents essais de vers et de prose du comte de* *** (Geneva [Vienna], 1781), p.251.

Base text: Budapest, Széchényi Library.

---

[1] C. Michaud, 'Lumières, franc-maçonnerie et politique dans les Etats de Habsbourg: les correspondants du comte Fékété', *Dix-huitième Siècle* 12 (1980), p.327-79. During the 1780s Fékété made use of the *Dictionnaire philosophique* in terms of its structure and satiric style (see Jean-Paul Barbe, 'Un *Dictionnaire philosophique* austro-hongrois: les *Buchstaben* du comte János Fekete', in *Travaux sur le dix-huitième siècle*, Angers, 1983, p.27-46).

[2] Janos Fékété, *Mes rapsodies, ou recueil de différents essais de vers et de prose du comte de* *** (Geneva [Vienna], 1781), p.251.

[3] I should like to record my thanks to Ilona Kovács for locating the Fékété text for me in the Széchényi Library.

A Monsieur le comte de Fékété

Un descendant des Huns veut voir mon drame scythe;
Ce Hun, plus qu'Attila[4] rempli d'un vrai mérite,
A fait des vers français qui ne sont pas communs.
Puissiez-vous dans les miens en trouver quelques-uns
Dont jamais au Parnasse Apollon ne s'irrite!   5
Ceux qu'on rime à présent dans la Gaule maudite
Sont bien durs et bien importuns.
Il faut que désormais la France vous imite:
Nos rimeurs d'aujourd'hui sont devenus des Huns.[5]

---

[4] Voltaire told Fékété on 24 June 1767 (D14236) that 'on bénira le ciel d'avoir produit des Messala et des Catulle dans le pays où l'on prétend, que les compagnons d'Attila s'établirent'.

[5] Fékété wrote that it was astonishing how 'toute l'Europe, à l'exemple de la France, commence à donner dans le goût des lettres. Les pays les plus barbares s'y appliquent avec quelque succès' (*Mes rapsodies*, p.328). Gwenaëlle Boucher quotes the whole of this poem to suggest Voltaire's concern at the state of poetry in his day (*La Poésie philosophique de Voltaire*, SVEC 2003:05, p.111).

VERS À MONSIEUR DE BELLOY

This poem formed part of a letter to Pierre Laurent Buirette de Belloy (D14192). De Belloy (1727-1775) had enjoyed an enormous theatrical success with his *tragédie nationale, Le Siège de Calais*, in 1765. This poetic reply was provoked by de Belloy's *Vers sur la première représentation de la tragédie des Scythes* which Voltaire describes as 'vos beaux vers' in his letter. Later he termed it a 'belle et longue épître', although he was displeased at the publication of his own letter in the *Mercure de France* (D14232).

The poem was printed quite often in Voltaire's lifetime, including the *encadrée* edition. It is the *encadrée* edition which we are offering as the base text as there are two minor alterations to the original version in the letter; one of which, changing an imperfect tense to the present in line 11, seems an appropriate correction.

Manuscripts: MS1: D14192; MS2: St Petersburg, National Library of Russia: annexes manuscrites, 50, f.1r (in the handwriting of Rieu); Candaux, 'Précisions sur Henri Rieu', p.237 (uncollated).

Editions: *Mercure de France* (June 1767), p.207-208; NM, vol.5 (1768), p.332-33; *Almanach des muses* (1768), p.41; *Elite de poésies fugitives* (London, 1770), vol.5, p.98; *Le Trésor du Parnasse* (London, 1770), vol.6, p.46; *Œuvres de M. de Voltaire* (Dresden, 1770), vol.9, p.494; w68, vol.18 (1771), p.484; w72P, vol.4, p.168; w72P, vol.15, p.327; w75G, vol.13, p.334; *Poèmes, épîtres et autres poésies* (Geneva, 1777), p.196.

Base text: w75G.

Vers à Monsieur de Belloy

Les neufs muses sont sœurs et les beaux arts sont frères.
    Quelque peu de malignité
A dérangé parfois cette fraternité:
La famille en souffrit; et des mains étrangères
    De ces débats ont profité.   5
C'est dans son union qu'est son grand avantage;
Alors elle en impose aux pédants, aux bigots,
    Elle devient l'effroi des sots,
La lumière du siècle et le soutien du sage;
Elle ne flatte point les riches et les grands;   10
    Ceux qui dédaignent son encens,
    Se font honneur de son suffrage,
    Et les rois sont des courtisans.

11 MS1, MS2, *Le Trésor du Parnasse*: dédaignaient
13 MS1, *Mercure de France, Almanach des muses*: sont ses courtisans

À MONSIEUR DE VILLETTE SUR SON ÉLOGE DE CHARLES V

Charles Michel, marquis Du Plessis-Villette, published his *Eloge historique de Charles V* in 1767. He had not entered it for the competition organised by the Académie française (won by La Harpe) and claimed to have had it printed only at the request of friends. The work is prefaced by a letter to Voltaire, eulogising his advice and encouragement and placing the *éloge* 'sous votre protection'.[1] Voltaire appears to have possessed only the second edition of Villette's work (D14430, n.1), yet he evidently read it soon after its publication. In a letter sent on 4 October (D14465), he told Villette: 'Je vous ai deux obligations: celle de m'avoir témoigné publiquement l'amitié dont vous m'honorez et celle de m'avoir fait passer une heure délicieuse en vous lisant'.

The quatrain begins this letter of thanks. We have adopted it as the base text as the omission of 'sage' in the first line of a number of printed versions unbalances the syllabic count.

Manuscripts: MS1: D14465; MS2: St Petersburg, National Library of Russia: annexes manuscrites, 50, f.2 (in the handwriting of Rieu); *Correspondance littéraire*, vol.1, p.304, no.142, 14 January 1768 (uncollated); Candaux, 'Précisions sur Henri Rieu', p.237.

Editions: Bachaumont, *Mémoires secrets*, vol.3, p.251, 22 October 1767; NM, vol.5 (1768), p.334; *Almanach des muses* (1768), p.74; *Nouvelle Anthologie française* (Paris, 1769), vol.1, p.404; w68, vol.18 (1771), p.483; w72P, vol.4, p.155; w72P, vol.15, p.338; w75G, vol.13, p.333; *Poèmes, épîtres et autres poésies* (Geneva, 1777), p.195; K, vol.15, p.301.

Base text: D14465.

---

[1] *Eloge historique de Charles V, roi de France* (Paris, 1767), p.vii.

A Monsieur de Villette sur son éloge de Charles V

Votre sage héros, très peu terrible en guerre,
Jamais dans les périls ne voulut s'engager,
Il ne ravagea point la terre
Mais il la fit bien ravager. [2]

---

1 MS2, NM, *Almanach des muses, Nouvelle Anthologie française*, w68, w72p
(vol.4), w72p (vol.15), w75G, *Poèmes, épîtres et autres poésies*: Votre héros si peu
2 *Mémoires secrets*: ne voulant s'engager

[2] Villette's *Eloge* has on the title page the motto: ' "On ne peut être un Héros sans ravager la Terre" (Voltaire)'. Boileau wrote: 'On peut estre Heros sans ravager la terre', in his first epistle, *Au Roy* (*Œuvres complètes*, ed. Antoine Adam, Paris, 1966, p.105).

AU ROI DE DANEMARK

The king of Denmark had sent a sum of money to aid the unfortunate Sirven family. Once again Voltaire was able to claim on 4 February 1767 that an example of enlightened conduct came from the north (D13917). He concluded his letter of appreciation with this poem.

The poem was frequently printed, either as part of the letter or on its own. Broadly speaking, this created two textual traditions. The reproduction of the entire letter, or part of it, followed the version in D13917. Usually, when found separately, there is a minor modification in the second line. We present the original draft from the letter.

Manuscripts: MS1: D13917; MS2: St Petersburg, National Library of Russia: annexes manuscrites; MS3: Oxford, Taylor; manuscripts for *Correspondance littéraire*, 1 April 1767 (uncollated) – see Kölving and Carriat, *Inventaire de la Correspondance littéraire*, vol.1, *SVEC* 225 (1994), p.200, 67:106; *Correspondance littéraire*, vol.1, p.302, no.135, 15 April 1767.

Editions:
(1) letter: *L'Avant-Coureur* (25 May 1767), p.333; NM, vol.5 (1768), p.320-21; W70X, vol.9, p.487; W68, vol.18 (1771), p.441; W72P, vol.4, p.207; W72P, vol.15, p.357; W75G, vol.13, p.187.
(2) separate publication: Bachaumont, *Mémoires secrets*, vol.3, p.154, 8 March 1767; *Almanach des muses* (1768), p.70; *Nouvelle Anthologie française* (Paris, 1769), vol.2, p.356; *Elite de poésies fugitives* (London, 1770), vol.4, p.142; NM, vol.10 (1770), p.354; W68, vol.19 (1774), p.519; W75G, vol.13, p.186.

Base text: D13917.

Au roi de Danemark

Pourquoi généreux prince, âme tendre et sublime,
Pourquoi vas-tu chercher dans nos lointains climats
Des cœurs infortunés que l'infortune opprime?
C'est qu'on n'en peut trouver au sein de tes Etats. [1]

Tes vertus ont franchi par ce bienfait auguste   5
Les bornes des pays gouvernés par tes mains
Et partout où le ciel a placé des humains
Tu veux qu'on soit heureux et tu veux qu'on soit juste.

Hélas! assez de rois que l'histoire a faits grands
Chez les tristes voisins ont porté les alarmes,   10
Tes bienfaits vont plus loin que n'ont été leurs armes,
Ceux qui font des heureux sont les vrais conquérants.

---

2   MS3: Pourquoi viens-tu

    NM, *Almanach des muses, Nouvelle Anthologie française, Elite de poésies fugitives*, W68, W75G: dans de lointains

3   MS3: que la justice opprime

8   MS2, *L'Avant-Coureur*: et tu veux que l'on soit

10   MS3: Sur leurs tristes voisins ont versé les alarmes

[1] Mme Du Deffand sent a copy of the poem to Horace Walpole on 18 March 1767 and stated that 'le quatrième vers me paraît charmant' (*The Yale Edition of Horace Walpole's correspondence*, ed. W. S. Lewis, 48 vol., New Haven, 1937-1983, vol.3, p.268). The poem is lauded by Chardon on 27 March (D14071).

LISTE DES OUVRAGES CITÉS

Abbadie, Jacques, *Traité de la vérité de la religion chrétienne, où l'on établit la religion chrétienne par ses propres caractères*, 3 vol. (La Haye, 1750, BV6).

Affaire importante de biblionomie sur la question de savoir: 1° jusqu'à quel point le commerce des livres étrangers peut être toléré et permis; 2° ce qu'on doit entendre précisément sous la dénomination de mauvais livres; 3° que peut imprimer cette qualification à un ouvrage: de l'opinion des particuliers, ou de la décision formelle de la loi (Besançon, 1767).

Ages, Arnold, 'Voltaire and the rabbis: the curious allies', *Romanische Forschungen* 79 (1967), p.333-44.

Argens, Jean-Baptiste de Boyer, marquis d', *Défense du paganisme par l'empereur Julien, en grec et en françois; avec des dissertations et des notes pour servir d'éclaircissement au texte et pour en réfuter les erreurs* (Berlin, 1764).

Aristote, *Rhétorique*, éd. M. Meyer (Paris, 1991).

Artigas-Menant, Geneviève, 'Questions sur la *Notice des écrits les plus célèbres, tant imprimés que manuscrits, qui favorisent l'incrédulité et dont la lecture est dangereuse aux esprits faibles', La Lettre clandestine* 2 (1993).

Aucour, Claude Godard d', *Thémidore* (La Haye, 1745).

Bachaumont, Louis Petit de, *Mémoires secrets pour servir à l'histoire de la république des lettres en France depuis 1762 jusqu'à nos jours*, 36 vol. (Londres, 1777-1789).

Balbany, André-Christophe, *Appel à la raison des écrits et libelles publiés par la passion contre les jésuites de France* (Bruxelles, 1762, BV246).

Balcou, Jean, *Fréron contre les philosophes* (Genève, 1975).

Barbe, Jean-Paul, 'Un *Dictionnaire philosophique* austro-hongrois: les *Buchstaben* du comte János Fekete', dans *Travaux sur le dix-huitième siècle* (Angers, 1983), p.27-46.

Barbeyrac, Jean, *Traité de la morale des pères de l'Eglise, où en défendant un article de la préface sur Puffendorf, contre l'Apologie de la morale des pères du P. Ceillier, [...] on fait diverses réflexions sur plusieurs matières importantes* (Amsterdam, 1728, BV178).

Barbier, Antoine Alexandre, *Dictionnaire des ouvrages anonymes* (Paris, 1872).

Barral, Pierre, et Eustache Guibaud, *Dictionnaire historique, littéraire et critique, contenant une idée abrégée de la vie et des ouvrages des hommes illustres en tout genre, de tout temps et de tout pays*, 6 vol. (Avignon, 1758-1759, BV269).

Barre, Joseph, *Histoire générale d'Allemagne* (Paris, 1748, BV270).

Basnage, Jacques, *Histoire des Juifs, depuis Jésus-Christ jusqu'à présent*, 7 vol. (Paris, 1710, BV282).

Bayle, Pierre, *Dictionnaire historique et critique*, 5e éd., 5 vol. (Amsterdam, 1740).

— *Lettres choisies de M. Bayle, avec des remarques* (Rotterdam, 1714).

Beaumont, Elie de, *Mémoire à consulter et Consultation pour la dame Anne-Rose Cabibel, veuve Calas, et pour ses enfants sur le renvoi aux requêtes de l'hôtel au souverain* (Paris, 1762).

— *Mémoire à consulter, et Consultation pour Pierre-Paul Sirven, commissaire à terrier dans le diocèse de Castres, présentement à Genève, accusé d'avoir fait mourir sa seconde fille pour l'empêcher de se faire catholique; et pour ses deux filles* (Paris, 1767, BV1208).

Belin, Jean-Paul, *Le Commerce des livres prohibés à Paris de 1750 à 1789* (Paris, 1913).

Boileau, Nicolas, *Œuvres complètes*, éd. Antoine Adam (Paris, 1966).

Bolingbroke, Henry Saint-John, 1st viscount, *The Philosophical Works*, 5 vol. (Londres, 1754, BV456).

Bossuet, Jacques Bénigne, *Recueil des oraisons funèbres prononcées par messire Jacques-Bénigne Bossuet, évêque de Meaux* (Paris, 1749, BV486).

Boucher, Gwenaëlle, *La Poésie philosophique de Voltaire*, SVEC 2003:05.

Boyse, Samuel, *An historical review of the transactions of Europe, from the commencement of the war with Spain in 1739, to the insurrection in Scotland in 1745*, 2 vol. (Reading, 1747, BV532).

Brantôme, Bourdeille, Pierre de, seigneur de, *Œuvres*, 15 vol. (La Haye [Rouen], 1740, BV538).

Braun, Theodore E. D., *Un ennemi de Voltaire: le Franc de Pompignan, sa vie, ses œuvres, ses rapports avec Voltaire* (Paris, 1972).

Bredenburg, Johannes, *Joannis Bredenburgii Enervatio Tractatus theologico-politici, una cum demonstratione, geo-metrico ordine disposita: naturam non esse Deum, cujus effati contrario praedictus tractatus unice immititur* (Roterodami, 1675).

Candaux, Jean-Daniel, 'Précisions sur Henri Rieu', *Le Siècle de Voltaire: hommage à René Pomeau*, éd. Christiane Mervaud et Sylvain Menant (Oxford, 1987), p.203-43.

Carriat, Jeanne, et Ulla Kölving, *Inventaire de la Correspondance littéraire de Grimm et Meister*, vol.1, *SVEC* 225 (1994).

Castel de Saint-Pierre, Charles-Irénée, *Ouvrages de politique* (Rotterdam, 1733-1741).

— *Projet pour rendre la paix perpétuelle en Europe* (Utrecht, 1713).

Castillon, Jean-François-André Le Blanc de, *Arrêt de la cour de Parlement, aides et finances de Dauphiné du 22 mars 1766* (Grenoble, 1766, BV116).

Cave, Christophe, 'Mélange et brouillage dans *Les Honnêtetés littéraires:* les ambiguïtés textuelles de la vérité', *Revue Voltaire* 6 (2006), p.215-29.

Cerfvol, *Législation du divorce* (Londres, 1769).

Chappe d'Auteroche, Jean, *Voyage en Sibérie*, éd. M. Mervaud, *SVEC* 2004:04.

Chassaigne, Marc, *Le Procès du chevalier de La Barre* (Paris, 1920).

Chaudon, Louis-Mayeul, *Dictionnaire anti-philosophique* (Avignon, 1767, BV728).

Chaumeix, Abraham, *Préjugés légitimes contre l'Encyclopédie et essai de réfutation de ce dictionnaire*, 8 vol. (Bruxelles, Paris, 1758-1759).

Chompré, Etienne-Maurice, *Dictionnaire abrégé de la fable* (Toul, 1787).

Chubb, Thomas, *Nouveaux Essais sur la bonté de Dieu, la liberté de l'homme, et l'origine du mal* (Amsterdam, 1732, BV769).

Collins, Anthony, *Discours sur la liberté de penser. Ecrit à l'occasion d'une nouvelle secte d'esprits forts, ou de gens qui pensent librement*, trad. Jean Rousset de Missy (Londres, 1714).

Coquerel, Athanase, *Jean Calas et sa famille* (Genève, Slatkine Reprints, 1970).

Coste, Pierre, *Le Christianisme raisonnable, tel qu'il nous est représenté dans l'Ecriture sainte*, 2 vol. (Amsterdam, 1731, BV2147; Amsterdam, 1740, BV2148).

Creusen, Debora Helena, *Racine versus Pradon: eine alte Kontroverse neu Aufgegriffen* (Titz, 1999).

Cronk, Nicholas, 'The 1770 reprinting of Des Périers's *Cymbalum mundi*', *Revue Voltaire* 4 (2004), p.177-96.

– 'Voltaire autoplagiaire', in *Copier/coller*, éd. Olivier Ferret, Gianluigi Goggi et Catherine Volpilhac-Auger (Pise, 2005).

Cruppi, Jean, *Un avocat journaliste au XVIIIᵉ siècle, Linguet* (Paris, 1895).

Dale, Anton van, *De oraculis ethnicorum* (Amsterdam, 1683, BV931).

Damas, Pierre, *Les Origines du divorce en France* (Bordeaux, 1897).

Daniel, Gabriel, *Histoire de France, depuis l'établissement de la monarchie française dans les Gaules*, 9 vol. (Paris, 1729, BV938).

Des Essarts, Nicolas-Toussaint Lemoyne, *Choix des nouvelles causes célèbres* (Paris, 1785).

Des Maizeaux, Pierre, *La Vie de M. Bayle* (La Haye, 1732).

Des Périers, Bonaventure, *Cymbalum Mundi*, éd. Max Gauna (Paris, 2000).

– *Cymbalum Mundi: avec un dossier et des textes d'accompagnement*, éd. Yves Delègue (Paris, 1995).

Desrivières, Ferdinand, *Essais sur le vrai mérite de l'officier* (Dresde, 1769, BV1020).

– *Loisirs d'un soldat au régiment des gardes* (s.l., 1767).

Devérité, Louis-Alexandre, *Recueil intéressant, sur l'affaire de la mutilation du crucifix d'Abbeville, arrivée le 9 août 1765 et sur la mort du chevalier de La Barre pour servir de supplément aux causes célèbres* (Londres, 1776).

Déy, Aristide, 'Le libraire Fantet et le parlement de Besançon', *Mémoires de la Société d'émulation du Doubs* (Besançon, 1886), p.73-112, séance du 9 mai 1885.

Dictionnaire d'analyse du discours, éd. Patrick Charaudeau et Dominique Maingueneau (Paris, 2002).

Dictionnaire de l'Académie française (Paris, 1694; Paris, 1762).

Dictionnaire général de Voltaire, éd. Raymond Trousson et Jeroom Vercruysse (Paris, 2003).

Dictionnaire universel françois et latin, vulgairement appelé dictionnaire de Trévoux (Paris, 1743, BV1029; Paris, 1752; Paris, 1771).

Diderot, Denis, *Mémoires pour Catherine II*, éd. P. Vernière (Paris, 1966).

– *Œuvres*, éd. Laurent Versini (Paris, 1994).

Domat, Jean, *Les Lois civiles dans leur ordre naturel*, nouv. éd. (Paris, 1777).

Dorat, Claude-Joseph, *Les Dévirgineurs ou les trois frères et Combabus, contes en vers* (Amsterdam, 1765).

Doucin, Louis, *Instruction pour les nouveaux catholiques* (Paris, 1686).

Du Deffand, Marie, *Correspondance complète de la marquise Du Deffand avec ses amis*, éd. Adolphe Maturin de Lescure, 2 vol. (Paris, 1865).

Du Fresny, Charles Rivière, *Œuvres*, 4 vol. (Paris, 1747, BV1128); éd. J. Dunkley (Exeter, 1976).

Du Moulin, Pierre, *Anatomie de la messe, où est monstré par l'Escriture Saincte et par les tesmoignages de l'ancienne Eglise, que la messe est contraire à la parole de Dieu et esloignée du chemin de salut* (Genève, 1636).

Durand, David, *La Vie et les sentimens de Lucilio Vanini*, éd. Didier Foucault (Paris, 2001).

Echard, Laurence, *Histoire romaine, depuis la fondation de Rome jusqu'à la translation de l'empire par Constantin*, 6 vol. (Paris, 1728, BV1200).

Encyclopédie, ou dictionnaire raisonné des sciences, des arts et des métiers, par une société des gens de lettres, éd. Jean Le Rond D'Alembert et Denis Diderot, 35 vol. (1751-1780).

Epictète, *Manuel d'Epictète*, trad. André Dacier, 2 vol. (Paris, 1715, BV1225).

Eusèbe de Césarée, *Histoire de l'Eglise*, trad. Louis Cousin (Paris, 1675, BV1250).

– *Préparation évangélique* (Paris, 1628, BV1251).

Exposé fidèle de l'affaire du sieur Fantet, libraire à Besançon (s.l., 1767).

Fantet, Pierre-Etienne, *Question intéressante, sur la nature et l'étendue du commerce des livres. Examen des lois qui règlent ce commerce. Réflexions impartiales sur la protection due aux citoyens qui occupent cette branche importante* (s.l., s.d., BV1294).

Fékété, Janos, *Mes rapsodies, ou recueil de différents essais de vers et de prose du comte de **** (Genève [Vienne], 1781).

Fénelon, François de Salignac de La Mothe, *Réfutation des erreurs de Benoît de Spinosa, par M. de Fénelon [...], par le P. Lami [...], et par M. le Cte de Boullainvilliers* (Bruxelles, 1731, BV1326).

Ferret, Olivier, 'Des "pots-pourris" aux "mélanges"', *Revue Voltaire* 6 (2006), p.35-51.

– *La Fureur de nuire: échanges pamphlétaires entre philosophes et antiphilosophes (1750-1770)*, *SVEC* 2007:03.

– 'Notes sur "Nonnote"', *Revue Voltaire* 7 (2007).

Flacius Illyricus, Mathias, *Catalogus testium veritatis qui [...] pontifici romano ejusque erroribus* (Bâle, 1562).

Fléchier, Esprit, *Recueil des oraisons funèbres* (Paris, 1749, BV1347).

Fleury, Claude, *Abrégé de l'Histoire ecclésiastique de Fleury, traduit de l'anglais* (Berne [Berlin], 1766, BV1388).

Fontenelle, Bernard Le Bouyer de, *Œuvres* (Paris, 1742).

– *Œuvres complètes* (Paris, 1990).

Francheville, Joseph Du Fresne de, *L'Espion turc à Francfort pendant la diète et le couronnement de l'Empereur en 1741* (Londres, 1741, BV1127).

Franklin, Benjamin, *The Papers of Benjamin Franklin*, éd. W. B. Willcox et autres (New Haven et Londres, 1987).

Fromaget, Nicolas, *Le Cousin de Mahomet et la Folie salutaire* (Leyde, 1742).

Galland, Elie, *L'Affaire Sirven, étude historique d'après les documents originaux* (Mazamet, 1911).

Garasse, François, *La Doctrine curieuse des beaux esprits de ce temps, ou prétendus tels: contenant plusieurs maximes pernicieuses à la religion, à l'Etat et aux bonnes mœurs, combattue et renversée par le P. François Garassus* (Paris, 1623).

Gargett, Graham, *Jacob Vernet, Geneva and the philosophes*, *SVEC* 321 (1994).

Gillet, Jean, *Le Paradis perdu dans la littérature française de Voltaire à Chateaubriand* (Paris, 1975).

Giordano, Bruno, *L'Expulsion de la bête triomphante proposée par Jupiter, effectuée par le Conseil, révélée par Mercure, récitée par Sophie, entendue par Saulino, enregistrée par le Nolain; divisée en trois dialogues, subdivisée en trois parties; dédiée au très illustre et excellent chevalier Sir Philip Sidney*, trad. Bertrand Levergeois (1584; Paris, 1992).

Godard d'Aucour, Cl., *Thémidore* (La Haye, 1745).

Goudar, Ange, *L'Espion chinois, ou l'envoyé secret de la cour de Pékin, pour examiner l'état présent de l'Europe. Traduit du chinois*, 6 vol. (Cologne, 1764, BV1501).

Gouhier, Henri, *Rousseau et Voltaire, portraits dans deux miroirs* (Paris, 1983).

Goujet, Claude-Pierre, et autres, *Extrait des assertions dangereuses et pernicieuses en tout genre que les soi-disant jésuites ont, dans tous les temps et persévéramment, soutenues, enseignées et publiées, etc.* (Paris, 1762).

Gourville, Jean Hérault de, *Mémoires [...] concernant les affaires auxquelles il a été employé à la cour, depuis 1642, jusqu'en 1698*, 2 vol. (Paris, 1724, BV1507).

Grimm, Friedrich Melchior, *Correspondance littéraire, philosophique et critique, par Grimm, Diderot, Raynal, Meister, etc.*, éd. Maurice Tourneux, 16 vol. (Paris, 1877-1882).

Guarini, Batista, *Le Berger fidelle* (Paris, 1687).

Guidi, Louis, *Lettre à un ami, sur un écrit intitulé: Sur la destruction des jésuites en France, par un auteur désintéressé* (s.l., 1765, BV1572).

– *Nouvelles ecclésiastiques, ou mémoires pour servir à l'histoire de la constitution* (Paris, 1728-1803).

Guyon, Claude-Marie, *L'Oracle des nouveaux philosophes* (Berne [Paris], 1759, BV1586).

Hoffmann, Paul, *La Femme dans la pensée des Lumières* (Paris, 1977).

Holbach, Paul Henri Dietrich, baron d', *Le Christianisme dévoilé, ou examen des principes et des effets de la religion chrétienne, par feu M. Boulanger* (Londres [Nancy], 1756 [1761], BV1649).

Huber, Marie, *Lettres sur la religion essentielle à l'homme, distinguée de ce qui n'en est que l'accessoire*, 2 vol. (Londres [Amsterdam], 1739, BV1685).

Hübner, Johann, fils, *La Géographie universelle, où l'on donne une idée abrégée des quatre parties du monde, et des différents lieux qu'elles renferment*, 6 vol. (Bâle, 1761, BV1687).

Hutten, Ulrich von, *Epîtres des hommes obscurs du chevalier Ulric von Hutten*, trad. Laurent Tailhade (Paris, 1924).

Ibn Paquda, Bahya ben Joseph, *Les Devoirs du cœur*, trad. André Chouraqui (Paris, 1972).

Inventaire Voltaire, éd. Jean Goulemot, André Magnan et Didier Masseau (Paris, 1995).

Irailh, Simon-Augustin, *Les Querelles littéraires, ou mémoires pour servir à l'histoire des révolutions de la république des lettres depuis Homère jusqu'à nos jours* (Paris, 1761).

Joinville, Jean de, *Mémoires de Messire Jean, sire de Joinville* (Paris, 1666).

Jourdan, A.-J.-L., Decrusy, François-André Isambert et Alphonse-Honoré Taillandier, *Recueil général des anciennes lois françaises* (Paris, 1829).

Kämpfer, Engelbert, *Histoire naturelle, civile et ecclésiastique de l'empire du Japon*, 3 vol. (La Haye, 1729, BV1771; La Haye, 1732).

Kaplan, Yosef, *From Christianity to Judaism: the story of Isaac Orobio de Castro* (Oxford, 1989).

Kunisch, Johannes, 'Friedrich der Große, Friedrich Wilhelm II. und das Problem der dynastischen Kontinuität im Hause Hohenzollern', *Persönlichkeiten im Umkreis Friedrichs des Grossen* (Cologne, Vienne, 1988).

La Beaumelle, Laurent Angliviel de, *Mémoires pour servir à l'histoire de Madame de Maintenon, et à celle du siècle passé*, 6 vol. (Amsterdam [Avignon], 1757, BV1794).

Lacroix, Claude, *Theologia moralis [...] nunc pluribus partibus aucta* (Coloniae Agrippinae, 1716-1720).

Ladvocat, Baptiste, *Dictionnaire historique-portatif* (Paris, 1752; Paris, 1760).

La Fontaine, Jean de, *Œuvres complètes*, éd. J. Marmier (Paris, 1965).

Lagrée, Jacqueline, *Le Salut du laïc. Sur Herbert de Cherbury, étude et traduction du De religione laïci* (Paris, 1989).

La Mettrie, Julien Offray de, *Œuvres philosophiques de Monsieur de La Mettrie* (Amsterdam, 1753, BV1893).

La Mothe, dit de La Hode, *La Vie de Philippe d'Orléans*, 2 vol. (Londres [La Haye], 1737, BV1899).

La Mothe Le Vayer, François de, *Œuvres de François de La Mothe Le Vayer*, 2 vol. (Paris, 1662, BV1900).

La Porte, Joseph de, *Observations sur l'Esprit des loix, ou l'art de lire ce livre, de l'entendre et d'en juger* (Amsterdam, 1751).

La Serre, *Examen de la religion dont on cherche l'éclaircissement de bonne foi. Attribué à M. de Saint-Evremond, traduit de l'anglais de Gilbert Burnet* (Londres, 1761, BV1937).

Latouche, Jean-Charles Gervaise de, *Histoire de Dom B... portier des Chartreux, écrite par lui-même* (Rome, s.d. [1743/1745?]; Paris, 1960).

Lauriol, Claude, *La Beaumelle: un protestant cévenol entre Montesquieu et Voltaire* (Genève, 1978).

– éd., *La Beaumelle et le 'montesquieusisme'*, *Cahiers Montesquieu* 3 (1996).

Lavie, Jean-Charles, *Des corps politiques et de leurs gouvernements* (Lyon, 1764).

Le Clerc, Jean, *Sentiments de quelques théologiens de Hollande sur l'Histoire critique du Vieux Testament, composée par M. Simon prêtre* (Amsterdam, 1711).

Le Jay, Gabriel François, *Le Triomphe de la religion sous Louis le Grand, représenté par des inscriptions et des devises, avec une explication en vers latins et français* (Paris, 1687).

Leriche, François-Louis-Henri, *Mémoire justificatif pour Pierre-Etienne*

Fantet, libraire à Besançon, et citoyen de la même ville, actuellement détenu dans les conciergeries du palais à la poursuite de M. le procureur général (s.l., s.d.).

– Second Mémoire pour le sieur Pierre-Etienne Fantet, citoyen et libraire de Besançon, accusé et défenseur. M. le procureur général, demandeur et accusateur (s.l., s.d.).

Lignac, Joseph-Adrien Lelarge de, Lettres [Suite des –] d'un Américain sur l'histoire naturelle, générale et particulière de Buffon (s.l., 1751; Hambourg, 1756).

Limborch, Philippus van, Philippi a Limborch De Veritate religionis christianae amica collatio cum erudito Judaeo (Basileae, 1740, BV2118).

Linguet, Simon-Nicolas-Henri, Mémoire à consulter et Consultation pour les sieurs Moynel, Dumesniel de Saveuse et Douville de Maillefeu, injustement impliqués dans l'affaire de la mutilation d'un crucifix, arrivée à Abbeville le 9 août 1765 (Paris, 1766).

Lough, John, Essays on the Encyclopédie of Diderot and D'Alembert (Londres, New York, Toronto, Oxford, 1968).

Lyttelton, George, Poems by the right honourable the late Lord Lyttelton (Glasgow, 1773).

Madariaga, Isabel de, La Russie au temps de la Grande Catherine (Paris, 1987).

Maintenon, Françoise d'Aubigné, marquise de, Lettres de Madame de Maintenon, 6 vol. (Amsterdam, 1756).

Marana, Giovanni Paolo, L'Espion du grand seigneur et ses relations secrètes envoyées du divan de Constantinople, découvertes à Paris pendant le règne de Louis le Grand, traduites de l'arabe en italien par le sieur Jean-Paul Marana (Paris, 1684).

Mason, Haydn T., Pierre Bayle and Voltaire (Oxford, 1963).

Maurice, comte de Saxe, Mes rêveries, ou mémoires sur l'art de la guerre (Amsterdam, 1757).

Mémoire à consulter pour Pierre-Etienne Fantet, citoyen et libraire de Besançon (s.l., 1767).

Mémoire pour le sieur Calas, négociant de cette ville; dame Anne Rose Cabibel son épouse; et le sieur Jean-Pierre Calas un de leurs enfants (Toulouse, s.d.).

Mervaud, M., 'Une lettre oubliée de Catherine II à Voltaire', Revue Voltaire 4 (2004), p.293-97.

Mézeray, François Eudes de, Abrégé chronologique de l'histoire de France, 6 vol. (Amsterdam, 1701, BV2444; Amsterdam, 1712).

Michaud, C., 'Lumières, franc-maçonnerie et politique dans les Etats de Habsbourg: les correspondants du comte Fékété', Dix-huitième Siècle 12 (1980), p.327-79.

Michel, Charles, Eloge historique de Charles V, roi de France (Paris, 1767).

Montbron, Fougeret de, Le Canapé couleur de feu (Amsterdam, 1741).

Montesquieu, Charles-Louis de Secondat, baron de la Brède et de, Œuvres complètes, éd. Roger Caillois (Paris, 1951).

Montgrédien, Georges, 'Une vieille querelle: Racine et Pradon', La Revue bleue (15 janvier 1921; 5 février 1921).

Montillet-Grenaud, Jean-François de Chatillard de, Lettre pastorale de Monseigneur l'archevêque d'Auch, au clergé séculier et régulier de son diocèse (s.l., 1764, BV2505).

Mori, Gianluca, 'Du Marsais philosophe clandestin: textes et attributions', *La Philosophie clandestine à l'âge classique*, éd. Antony McKenna et Alain Mothu (Paris et Oxford, 1997).

Morris, T., *L'Abbé Desfontaines et son rôle dans la littérature de son temps*, *SVEC* 19 (1961).

Moureaux, J.-M., 'Voltaire éditeur: de sa conception de l'édition à sa pratique éditoriale des recueils', *Revue Voltaire* 4 (2004), p.11-38.

Néaulme, Jean, *Abrégé de l'histoire universelle* (La Haye, 1753).

Newton, Isaac, *Principes mathématiques de la philosophie naturelle* (Paris, 1759).

Niderst, Alain, éd., *Autour de Françoise d'Aubigné, marquise de Maintenon*, *Albineana* 10-11 (Niort, 1999).

Nonnotte, Claude-François, *Dictionnaire philosophique de la religion*, 4 vol. (s.l., 1772, BV2578).

– *Les Erreurs de Voltaire*, 2 vol. (Paris et Avignon, 1762; Amsterdam [Paris], 1766, BV2579).

– *Lettre d'un ami à un ami sur les Honnêtetés littéraires* (Avignon, 1767).

Novi de Caveirac, Jean, *Nouvel Appel à la raison des écrits et libelles publiés par la passion contre les jésuites de France* (Bruxelles, 1762, BV2594).

Origène, *Traité d'Origène contre Celse, ou défense de la religion chrétienne contre les accusations des païens*, trad. Elie Bouhéreau (Amsterdam, 1700, BV2618).

Osier, Jean-Pierre, *D'Uriel da Costa à Spinoza* (Paris, 1983).

Paganini, Gianni, *Les Philosophies clandestines à l'âge classique* (Paris, 2005).

Palissot de Montenoy, Charles, *La Comédie des Philosophes et autres textes*, éd. Olivier Ferret (Saint-Etienne, 2002).

Pellisson-Fontanier, Paul, *Relation contenant l'histoire de l'Académie française* (Paris, 1653).

Philbert, François Antoine, *Cri d'un honnête homme qui se croit fondé en droit naturel et divin à répudier sa femme; pour représenter à la législation française les motifs de justice tant ecclésiastique que civile, les vues d'utilité tant morale que politique, qui militeraient pour la dissolution du mariage dans de certaines circonstances données* (s.l., 1768).

Pineau, Joseph, *L'Univers satirique de Boileau: l'ardeur, la grâce et la loi* (Genève, 1990).

Pluche, Noël-Antoine, *Le Spectacle de la nature* (Paris, 1732-1746, BV2765; Paris, 1755-1764, BV2766).

Poésies sacrées traduites ou imitées des Psaumes, trad. Pierre François Guyot Desfontaines (Rouen, Michel Lallemant, 1717).

Pomeau, René, *La Religion de Voltaire* (Paris, 1969; Paris, 1994).

Pomeau, René, René Vaillot, Christiane Mervaud et autres, *Voltaire en son temps*, 2ᵉ éd., 2 vol. (Oxford, 1995).

Pompignan, Jean-Jacques Lefranc, marquis de, *Poésies sacrées de M. L*F***** (Paris, 1751, BV2003).

Pontas, Jean, *Dictionnaire des cas de conscience ou décisions des plus considérables difficultés touchant la morale et la discipline ecclésiastique*, nouv. éd. (Paris, 1741).

Proschwitz, Gunnar von, 'Gustave III et les Lumières: l'affaire de *Bélisaire*', *SVEC* 26 (1963), p.1347-63.

Proust, Jacques, *L'Encyclopédie* (Paris, 1965).

Pufendorf, Samuel von, *Le Droit de la nature et des gens ou système général des principes les plus importants de la morale, de la jurisprudence et de la politique*, trad. Jean Barbeyrac (Amsterdam, 1712, BV2827).

Querlon, Anne-Gabriel Meusnier de, *Histoire galante de la tourière des carmélites. Ouvrage fait pour servir de pendant au Portier des chartreux* (La Haye, 1743/1745?; s.l., 1774).

Rabelais, François, *Œuvres de Maître François Rabelais* [...] *avec des remarques historiques et critiques* (Paris, 1732, BV2851).

Racine, Jean, *Œuvres complètes*, éd. G. Forestier (Paris, 1999).

Recueil général des pièces contenues au procès du père Jean-Baptiste Girard [...] *et de demoiselle Catherine Cadière*, 5 vol. (Aix, J. David, 1731, BV2908).

Rétat, Pierre, *Le Dictionnaire de Bayle et la lutte philosophique au XVIIIᵉ siècle* (Paris, 1971).

Richelieu, Armand-Jean Du Plessis, cardinal de, *Testament politique* (Amsterdam, 1688; éd. Louis André, Paris, 1947).

Roches, François de, *Défense du christianisme, ou préservatif contre un ouvrage intitulé Lettres sur la religion essentielle à l'homme*, 2 vol. (Lausanne et Genève, 1740).

Rollin, Charles, *Traité sur la manière d'enseigner et d'étudier les belles-lettres par rapport à l'esprit et au cœur*, 4 vol. (Paris, 1748-1755, BV3007).

Rostworowski, Emanuel, 'Voltaire et la Pologne', *SVEC* 62 (1968), p.101-21.

Rousseau, A.-M., *L'Angleterre et Voltaire*, *SVEC* 145-47 (1976), p.234-37.

Rousseau, Jean-Jacques, *Correspondance complète*, éd. R. A. Leigh, 52 vol. (Oxford, 1965-1998).

– *Œuvres complètes*, éd. Bernard Gagnebin et Marcel Raymond (Paris, 1962).

Saint-Evremond, Charles de Marguetel de Saint-Denis, seigneur de, *Œuvres* [...]. *Avec la vie de l'auteur par M. Des Maizeaux* ([Paris], 1740, BV3061).

– *Œuvres mêlées* (Paris, 1689, BV3062).

Saint-Foix, Germain-François Poullain de, *Essais historiques sur Paris*, 3 vol. (Londres et Paris, 1755-1757, BV3064).

Sanchez, Tomas, *De sancto matrimonii sacramento disputationum* (Lugduni, 1739, BV3081).

Schwab, Richard Nahum, 'The extent of the Chevalier de Jaucourt's contribution to Diderot's *Encyclopédie*', *Modern Language Notes* (1957), p.507-508.

Second Mémoire à consulter, pour le sieur Pierre-Etienne Fantet, libraire à Besançon (s.l., 1768).

Severin, N. H., 'Voltaire's campaign against saints' days', *SVEC* 171 (1977), p.55-69.

Sgard, Jean, éd., *Dictionnaire des journaux*, 2 vol. (Paris et Oxford, 1991).

Soloviov, S. M, *Istorija Rossii s drevneichikh vremion* [*Histoire de la Russie depuis les temps les plus anciens*], 2ᵉ éd. (Saint-Pétersbourg [1897]).

Sommervogel, Carlos, *Bibliothèque de la Compagnie de Jésus*, 12 vol. (Bruxelles et Paris, 1891).

Somov, Vladimir, 'Vol'ter na konkourse

Vol'nogo ekonomitcheskogo obchtchestva' ['Voltaire au concours de la Société libre d'économie'], dans *Roussko-frantsouzskie koultournye sviazi v epokhou Prosvechtchenia* [*Les relations culturelles franco-russes à l'époque des Lumières*], éd. S. Ja Karp et autres (Moscou, 2001).

Suétone, *Vita Terenti*, dans *Fragmenta poetarum Latinorum epicorum et lyricorum praeter Ennium et Lucilium*, éd. Willy Morel (Leipzig, 1927).

Swift, Jonathan, *Le Conte du tonneau, contenant tout ce que les arts et les sciences ont de plus sublime et de plus mystérieux, avec plusieurs autres pièces très curieuses, par le fameux Dr Swift*, trad. Justus van Effen (La Haye, 1721).

Taxe de la chancellerie romaine, ou la banque du pape dans laquelle l'absolution des crimes les plus énormes se donne pour de l'argent (Rome, 1744, BV3252).

Taylor, Jeremy, *Ductor dubitantium, or the rule of conscience in all her general measures, serving as a great instrument for the determination of cases of conscience* (Londres, 1676).

Théophile de Viau, *Les Œuvres du sieur Théophile divisées en trois parties* (Lyon, 1630; Rouen, 1643, BV3272).

Thérèse philosophe, ou mémoires pour servir à l'histoire du P. Dirrag et de Mlle Eradice (La Haye, 1748; éd. F. Moureau, Saint-Etienne, 2000).

Thou, Jacques-Auguste de, *Histoire universelle*, 11 vol. (La Haye, 1740, BV3297; Bâle, 1742).

Tillotson, John, *Discours contre la transsubstantiation*, trad. Jean Barbeyrac (Amsterdam, 1726).

– *Sermons sur diverses matières importantes*, trad. Jean Barbeyrac, 7 vol. (Amsterdam, 1744).

Tindal, Matthew, *Christianity as old as the creation, or the Gospel, a republication of the religion of nature* (Londres, 1730, BV3302).

Toland, John, *Adeisidaemon: sive Titus Livius a superstitione vindicatus* (Hagae-Comitis, 1709).

– *Christianity not mysterious, or a treatise shewing that there is nothing in the Gospel contrary the reason, nor above it; and that no Christian doctrine can be properly call'd a mystery* (Londres, 1696).

– *Nazarenus: or Jewish, Gentile, and Mahometan Christianity* (Londres, 1718).

– *Pantheisticon, sive formula celebrandae sodalitatis Socraticae* (Cosmopoli, 1720).

Toledo, Francisco de, *De instructione sacerdotum, et peccatis mortalibus, lib. VIII* (Lugduni, 1642).

Toussaint, François Vincent, *Les Mœurs* (Amsterdam, 1749; réimpression, Westmead, 1972).

Trublet, Nicolas Charles Joseph, *Mémoires pour servir à l'histoire de la vie et des ouvrages de M. Fontenelle et de la Motte* (Amsterdam, 1761, BV3370).

Varry, Dominique, 'Jean-Baptiste Reguilliat, imprimeur-libraire lyonnais destitué en 1767', *La Lettre clandestine* 12 (2003), p.201-18.

Vaughan, Robert, éd., *The Protectorate of Oliver Cromwell and the state of Europe during the early part of the reign of Louis XIV, illustrated in a series of letters between Dr John Pell, resident ambassador with the Swiss cantons, Sir Samuel Morland, Sir Wil-*

liam Lockhart, Mr. secretary Thurloe and other distinguished men of the time, 2 vol. (Londres, 1839).

Vercruysse, Jeroom, 'Voltaire correcteur de ses *Lettres de M. de Voltaire à ses amis du Parnasse*', *SVEC* 201 (1982), p.67-79.

Vernet, Jacob, *Lettres critiques d'un voyageur anglais sur l'article Genève du Dictionnaire encyclopédique; et sur la Lettre de M. D'Alembert à M. Rousseau*, 3ᵉ éd., 2 vol. (Copenhague [Genève], 1766, BV3426).

Vertot, René Aubert de, *Origine de la grandeur de la cour de Rome, et de la nomination aux évêchés et aux abbayes de France* (Lausanne, 1745, BV3434).

Villiers, Pierre de, *Pensées et réflexions sur les égarements des hommes, dans la voie du salut* (Paris, 1695).

Voisenon, Claude-Henri de Fusée de, *Le Sultan Misapouf et la princesse Grisemine* (Londres [Paris], 1746).

Volpilhac-Auger, Catherine, '1748, l'année merveilleuse', *1748, année de l'Esprit des lois* (Paris, 1999), p.47-60.

Voltaire, *Articles pour l'Encyclopédie*, *OCV*, t.33 (1987).
– *Anecdote sur Bélisaire*, *OCV*, t.63B (1990).
– *Annales de l'Empire*, *M*, t.13.
– *Appel au public*, *M*, t.25.
– *Avis au public sur les parricides imputés aux Calas et aux Sirven*, *M*, t.25.
– *Balance égale*, *M*, t.24.
– *Candide, ou l'optimisme*, *OCV*, t.48 (1980).
– *Carnets*, *OCV*, t.81-82 (1968).
– *Les Choses utiles et agréables*, 3 vol. (Berlin [Genève, Cramer], 1769-1770, BV3507).
– *Collection d'anciens évangiles*, *OCV*, t.69 (1994).

– *Commentaires sur Corneille*, *OCV*, t.53-55 (1975).
– *Commentaire sur le livre Des délits et des peines*, *M*, t.25.
– *Contes de Guillaume Vadé* (Genève, 1764).
– *Conversation de Lucien, Erasme, et Rabelais dans les Champs-Elysées*, *M*, t.25.
– *Le Cri des nations*, *M*, t.27.
– *La Défense de mon oncle*, *OCV*, t.64 (1984).
– *Des conspirations contre les peuples ou des proscriptions*, *M*, t.24.
– *Des mensonges imprimés*, *OCV*, t.31B (1994).
– *Dictionnaire philosophique*, *OCV*, t.35-36 (1994).
– *Dieu et les hommes*, *OCV*, t.69 (1994).
– *Le Dîner du comte de Boulainvilliers*, *OCV*, t.63A (1990).
– *Discours aux confédérés catholiques de Kaminieck en Pologne*, *M*, t.27.
– *Discours de l'empereur Julien contre les chrétiens*, *OCV*, t.71B (2005).
– *Eléments de la philosophie de Newton*, *OCV*, t.15 (1992).
– *Epître sur la calomnie*, *OCV*, t.9 (1999).
– *Essai sur les probabilités en fait de justice*, *OCV*, t.74A (2006).
– *L'Examen important de Milord Bolingbroke*, *OCV*, t.62 (1987).
– *Extrait des sentiments de Jean Meslier adressés à ses paroissiens, sur une partie des abus et des erreurs en général et en particulier*, *OCV*, t.56A (2001).
– *Epître à M. D'Alembert*, *M*, t.10.
– *Essai sur les mœurs et l'esprit des nations et sur les principes faits de l'histoire depuis Charlemagne jusqu'à Louis XIII*, éd. René Pomeau, 2 vol. (Paris, 1990).

– *La Fête de Bélesbat*, *OCV*, t.3A (2004).
– *Fragment sur l'histoire générale*, *M*, t.29.
– *La Guerre civile de Genève*, *OCV*, t.63B (1990).
– *Histoire de Charles XII*, *OCV*, t.4 (1996).
– *Histoire d'Elisabeth Canning et de Jean Calas*, *OCV*, t.56B (2000).
– *Histoire de l'empire de Russie sous Pierre le Grand*, *OCV*, t.46-47 (1999).
– *Homélies prononcées à Londres*, *OCV*, t.62 (1987).
– *L'Homme aux quarante écus*, *OCV*, t.66 (1999).
– *Lettre à M. Hume*, *M*, *t.26*.
– *Lettre anonyme*, *M*, t.27.
– *Lettre [...] au docteur Jean-Jacques Pansophe*, *M*, t.26.
– *Lettre curieuse de M. Robert Covelle*, *M*, t.25.
– *Lettre de M. de la Visclède*, *M*, t.30.
– *Lettres de M. de Voltaire à ses amis du Parnasse, avec des notes historiques et critiques* (Genève [Amsterdam, M.-M. Rey], 1766, BV3672).
– *Lettre d'un quaker à Jean-George Lefranc de Pompignan*, *M*, t.25.
– *Lettres philosophiques*, éd. Gustave Lanson, revue par André-Marie Rousseau (Paris, 1964).
– *Lettres secrètes de M. de Voltaire, publiées par M. L. B.* (Genève, 1765, BV3674).
– *Les Lois de Minos, tragédie, avec les notes de M. de Morza et plusieurs pièces curieuses détachées*, *OCV*, t.73 (2004).
– *Mélanges*, éd. Jacques van den Heuvel (Paris, 1961).
– *Mémoire de Donat Calas*, *OCV*, t.56B (2000).
– *Mémoire du sieur de Voltaire*, *OCV*, t.20A (2003).
– *Mémoire sur la satire*, *OCV*, t.20A (2003).
– *Nouvelles Probabilités en fait de justice*, *OCV*, t.74A (2006).
– *Ode sur le fanatisme*, *OCV*, t.16 (2003).
– *Ode sur le vrai Dieu*, *M*, t.8.
– *Œuvres historiques*, éd. R. Pomeau (Paris, 1957).
– *Le Pauvre Diable*, *M*, t.10.
– *Le Philosophe ignorant*, *OCV*, t.62 (1987).
– *La Philosophie de l'histoire*, *OCV*, t.59 (1969).
– *Poème sur la loi naturelle*, *OCV*, t.32B (2007).
– *Prix de la justice et de l'humanité*, *M*, t.30.
– *La Pucelle*, *OCV*, t.7 (1970).
– *Le Pyrrhonisme de l'histoire*, *OCV*, t.67 (2007).
– *Questions sur l'Encyclopédie, par des amateurs, t.2: A-Aristée*, *OCV*, t.38 (2007).
– *Questions sur les miracles*, *M*, t.25.
– *Relation du bannissement des jésuites de la Chine*, *OCV*, t.67 (2007).
– *Relation du voyage de M. le marquis de Pompignan*, *M*, t.24.
– *Remerciement sincère à un homme charitable*, *M*, t.23.
– *Romans et contes*, éd. Jacques van den Heuvel et F. Deloffre (Paris, 1979).
– *Sermon du papa Nicolas Charisteski*, *OCV*, t.73 (2004).
– *Le Siècle de Louis XIV par M. de Voltaire, nouvelle édition, augmentée d'un très grand nombre de remarques par M. de La B****, 3 vol. (Francfort, 1753, BV3786).
– *Les Souvenirs de Madame de Caylus*, *OCV*, t.71A (2005).
– *Sur Mlle de Lenclos à M. ****, *M*, t.23.

– *Le Temple du goût*, *OCV*, t.9 (1999).
– *Traité sur la tolérance à l'occasion de la mort de Jean Calas*, *OCV*, t.56c (2000).
– *La Vie de Molière*, *OCV*, t.9 (1999).
Vouglans, Pierre-François Muyart de, *Réfutation des principes hasardés dans le Traité des délits et des peines traduit de l'italien* (Lausanne, Paris, 1767).

Wagenseil, Johann Christoph, *Tela ignea Satanae, hoc est Arcani et horribiles Judaeorum adversus Christum Deum et christianam religionem libri Anekdotoi*, 2 vol. (Altdorfii Noricorum, 1681, BV3820).
Walpole, Horace, *The Yale Edition of Horace Walpole's correspondence*, éd. W. S. Lewis, 48 vol. (New Haven, 1937-1983).
Warburton, William, *The Divine Legation of Moses demonstrated on the principles of a religious deist, from the omission of the doctrine of a future state of reward and punishment in the Jewish dispensation* (Londres, 1738-1741, BV3825).
Weil, Françoise, 'Les libraires de Franche-Comté et les livres interdits à la fin du dix-huitième siècle', *Mémoires de l'Académie des sciences, arts et belles-lettres de Dijon*, t.132 (1991-1992), p.395-405.
Wollaston, William, *Ebauche de la religion naturelle* (La Haye, 1726).
– *The Religion of nature delineated* (Londres, 1725).

INDEX